U0508701

美国西部牧业研究

Study on the Livestock Industry of the American West

周钢 著

人民出版社

国家社会科学基金项目　首都师范大学史学丛书

首都师范大学史学丛书

编委会（姓名以汉语拼音为序）

主　任：郝春文

委　员：李华瑞　梁景和　梁占军　刘　城　刘乐贤

　　　　刘　屹　史桂芳　郗志群　晏绍祥　姚百慧

　　　　袁广阔　张金龙

蒙大拿牧场上的围栏

蒙大拿牛仔在放牧羊群

长途驱赶中遭遇印第安人

N-Bar 牧场牛群横渡鲍德河

得克萨斯长角牛经齐泽姆小道被赶往北方

东蒙大拿 N-Bar 牧场长途赶牛队（1890 年）

牛镇与牛道

Robert E. Eagan Collection, Dodge City

道奇城——牛道的终点

牛仔群像

非裔牛仔 Nat Love

19 世纪末 LS 牧场总部

Flying Pan 牧场总部

查尔斯·古德奈特
和他在卡罗拉多的牧场

加利福尼亚一个牧羊场主和他的牧羊场

在怀俄明牧羊

俄勒冈的一处牧羊场

爱达荷的牧羊人和羊

俄勒冈的牧羊人

为羊群药浴

剪羊毛

用马车运销羊毛

牧羊帝国出产的羊毛
被制成时尚的衣物

得克萨斯长角牛

得克萨斯长角牛

打上烙印的公牛

西南部牧区使用的烙印符号

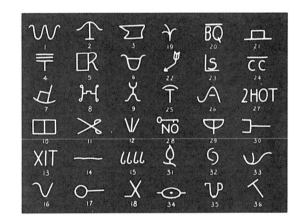

Some of the great brands of southwestern cattle ranching are shown above

1　Richard King's Running W
2　Hash Knife
3　Anvil
4　Curry Comb
5　John Blocker's Block R
6　Stirrup
7　Rocking Chair
8　Spanish Bit
9　Andiron
10　Bible
11　Scissors
12　Hansford's Turkey Track
13　XIT
14　John Chisum's Long Rail
15　Burk Burnett's Four Sixes
16　Matador's Flying V
17　Glidden and Sanborn's Frying Pan
18　LX

19　Three Feathers
20　Barbeque
21　Hat
22　Broken Arrow
23　LS
24　Henry Creswell's Bar CC
25　Bugbee's Quarter Circle T
26　Goodnight and Adair's JA
27　W. E. Jackson's Too Hot
28　Cabler and Maths' Keno
29　Captain John Rabb's Bow and Arrow
30　Driscoll's Wrench
31　Mifflin Kenedy's Laurel Leaf
32　Halff's Quien Sabe
33　Pipe
34　Hog Eye
35　Seven Up
36　Tumbling T

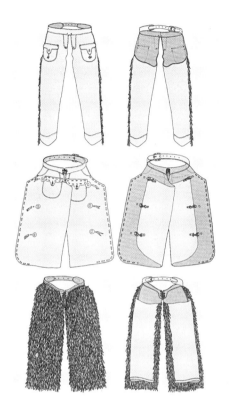

常见的几种牛仔工裤

得克萨斯形制的马鞍

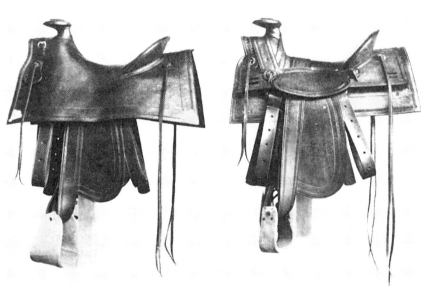

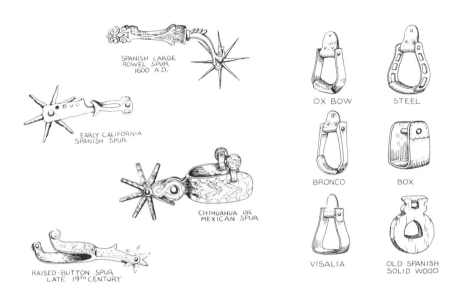

马刺的几种样式　　　　　　　　马镫的几种样式

牛仔帽的演变

目　录

| 第三编 |

牧畜王国的衰落

| 第四编 |

牧畜王国的历史地位

前　言

一、西部开发与"牧畜王国"的兴起

美国的"西进运动"（Western Movement）是由东到西横跨北美大陆的拓殖运动。美国独立后至内战前，群众性的西进运动和联邦政府的大陆扩张政策在开拓中互相促进。领土扩张为群众性的移民和开发提供了前提；群众性的移民和开发对新建州和扩大美国的疆域起了决定性的作用。[1]"从根本上说，西进运动是资本主义条件下开发美国西部广大地区的一次壮举"[2]。到1850年，美国大陆本土的扩张已经结束，故内战后的西进运动主要是在西部大草原和太平洋沿岸的广袤地域进行勘探和大规模的开发。[3]

美国学者关于西进运动的著作，大多以英国殖民者在1607年从大西洋登上北美大陆作为开端，以1890年美国人口普查当局宣布"边疆消失"作为基本结束的标志，叙述近三个世纪美国人从东向西，直抵太平洋的艰苦开拓历程。[4]

我国学者对于美国西进运动的开端观点不尽一致，但重点都讲述19世

---

① 参见余志森：《美国史纲——从殖民地到超级大国》，华东师范大学出版社1992年版，第96页。

② 刘绪贻、杨生茂主编：《美国通史》第2卷《美国的独立和初步繁荣（1775—1860）》（本卷主编张友伦），人民出版社2002年版，第231—232页。

③ 参见杨生茂、陆镜生：《美国史新编》，中国人民大学出版社1990年版，第257页。

④ 参见雷·A.比林顿：《向西部扩张——美国边疆史》（Ray A. Billington, *Westward Expansion, A History of the American Frontier*），纽约1974年版，第50—69页；罗伯特·E.里格尔、罗伯特·G.阿塞恩：《美国西进》（Robert E. Riegel, Robert G. Athearn, *America Moves West*），纽约·芝加哥1971年第5版，第1—14页。

纪的规模巨大的西进和拓殖运动。[①] 因这一问题不是笔者在本书中论述的重点，故不赘述。

美国内战以后的西进运动，是美国不断扩张的运动，也是美国人民和移民不断开发西部的群众性运动。[②] 这一更大规模的开发运动表现为西部采矿业、牧业和农业三大开发性行业的兴起。[③] 牧业开发是三大行业开发的重要组成部分之一，在西部开发史上占有重要地位，对美国现代化的进程也产生了一定的影响。

内战后美国西部的牧业开发表现为"牧畜王国"（Livestock Kingdom）的兴起。虽然密西西比河以西的牧牛业和牧羊业起源可以追溯到克里斯托弗·哥伦布在第二次驶向新大陆时带去的一些家畜，但从殖民地时期到美国内战前，那里的牧业发展非常缓慢。由于生产方式落后，西部牧业虽经历三个多世纪的发展，却规模较小，分布地区有限。牧牛业主要集中在得克萨斯南部，牧羊业则多在新墨西哥。牧业的影响所及在西南部地区和太平洋沿岸的加利福尼亚等地区。辽阔的大平原地区的牧业开发尚未起步，需要等待新

---

① 段牧云认为，"历时三个世纪之久的西进运动"始于 1607 年，参见段牧云：《美国西进简史》，载《美国研究参考资料》1986 年第 11 期；何顺果认为大规模的西进运动"是伴随着独立战争才兴起的，但它的背景可以追溯到殖民时代，至少可以追溯到英法七年战争前后"，参见何顺果：《美国边疆史——西部开发模式研究》，北京大学出版社 1992 年版，第 17 页；黄安年认为：西进运动"自 18 世纪 80 年代到 19 世纪 80 年代经历了 100 多年以上时间"，参见黄安年：《美国的崛起》，中国社会科学出版社 1992 年版，第 213 页；侯文蕙认为西进运动"自 18 世纪末到 19 世纪末经历了整整一个世纪"，参见侯文蕙：《十九世纪的美国西进运动》，载《兰州大学学报》（社会科学版）1986 年第 2 期；余志森也是从"18 世纪末"论述西进运动，参见余志森：《美国史纲——从殖民地到超级大国》，第 98 页；刘绪贻、杨生茂主编的《美国通史》（第 2 卷）写美国早期移民从 1795 年的"韦恩战役"之后，重点讲述 19 世纪初开始的西进运动，参见刘绪贻、杨生茂主编：《美国通史》第 2 卷《美国的独立和初步繁荣（1775—1860）》，第 231—278 页。

② 参见刘绪贻、杨生茂主编：《美国史丛书》，《美国内战与镀金时代（1861—19 世纪末）》（本册主编丁则民），人民出版社 1990 年版，第 108 页；刘绪贻、杨生茂主编：《美国通史》第 3 卷《美国内战与镀金时代（1861—19 世纪末）》（本卷主编丁则民），人民出版社 2002 年版，第 113 页。

③ 参见何顺果：《美国边疆史——西部开发模式研究》，第 118—138 页。

的时机。

内战结束后，美国的第二次工业革命随之兴起。在世界第二次现代化浪潮中，美国的工业化和城市化以空前的规模和速度展开，西部的开发也加大了力度，步入新的阶段。城市化的发展，使美国国内外市场对肉类的需求日益增加，仅靠内战前密西西比河以东原有农场饲养的牲畜已无法满足这种需求。这种客观需求刺激了牧牛业和牧羊业竞相发展，促成了西部牧区的繁荣。继《宅地法》之后，联邦政府继续实行赠予土地、土地分配的补充措施和掠夺印第安人土地向白人移居者开放的政策，使大量西部土地落到大牧场主和牧牛公司巨商的手中，为大牧场和牧业公司的发展提供了有利条件。内战爆发后，第一条横贯大陆铁路从堪萨斯首先向西铺设，修建速度快于拓荒农场主向西迁居的速度。这使得克萨斯的牛群获得了向北移动并进入芝加哥的通途。为了避免与农场主发生争执和冲突，牧牛场主常常有意将牛群赶到农场主尚未到达的铁路西端，把它们装火车运往东部市场。继第一条横贯大陆的铁路修通后，联邦政府又在西部修建了四条横贯大陆的铁路及其支线。西部铁路网的形成，使赶牛小道和赶羊小道的距离日益缩短。铁路提供的便利运输条件，方便了牛羊的外运和向新牧区的输送，不仅扩大了牧区的范围，而且把西部的牧业产品与东部和外国的市场紧密地联系在一起。1875 年后，铁路逐渐采用冷藏车运输肉类，使牧场主大大节约了运费，方便了运输。现代屠宰方法和冷库等设备的采用，为牧场主提供了极其便利的肉类和皮革加工、贮藏及输往市场的条件，促进了牧业的发展。牧场主利用“先占权”使用公共牧区经营牧业，西部“不花钱的野草”为牛羊提供了天然的饲料。得克萨斯长角牛和新墨西哥丘罗羊都适于在西部草原生长。

第二次现代化浪潮的大背景为内战后美国西部的牧业开发提供了新的机遇。国内外市场的需求、联邦政府的政策、现代化交通和机械化加工设备与西部牧业资源优势结合在一起，使西部牧牛业和牧羊业在 20 余年的发展速度和规模超过了内战前的三个多世纪。在东起密西西比河西至落基山斜坡、南始格兰德河北抵美加边界，兴起一个辽阔的“牧牛王国”（Cattle

Kingdom）。同时，一个"牧羊帝国"（Sheep Empire）也迅速崛起，疆域覆盖从太平洋沿岸至密西西比河之间的广袤土地。在美国西部史中，"牧牛王国"和"牧羊帝国"合称"牧畜王国"。内战以后至19世纪80年代中期，"牧畜王国"繁荣兴旺了20余年。在现代化的推动下，密西西比河以西凡是有草的地方，遍地牛羊成群，骏马驰骋。

"牧畜王国"的黄金时期虽然短暂，但它在美国编年史上写下了壮丽的篇章，对合众国的发展产生了深远影响。"牧畜王国"的兴起与发展，是美国大规模西进运动的重要组成部分，对美国现代化的进程产生了一定的影响。"牧畜王国"的兴起使内战前还被视为"美国大荒漠"的大平原上丰富的牧草资源得到了开发利用，使四处漫游的无主长角牛和不断退化的丘罗羊经改良培育成了西部的宝贵牧业资源。"牧畜王国"吸收了大量东部和欧洲的资本，使大牧业公司成为西部牧区的主要经营方式。《宅地法》实施后，在美国西部确实存在过"一种最原始最粗放的畜牧业和农业发展方式"，但是由于资本家和土地投机者在"牧畜王国"进行大量投资和土地兼并的结果，"小生产者受到排挤"。[①]"牧畜王国"的兴起伴随着美国工业化迅猛发展和向垄断资本主义过渡的大变革，使西部牧牛业和牧羊业传统的原始游牧经营方式同垄断资本结合在一起，具有鲜明的时代特点。"牧畜王国"的兴起和发展，有力地支持了西部矿业的开发和铁路建设。牧区为采矿营地和铁路工地提供了大量马匹和肉类，保证了城镇居民的肉食供应，并成为铁路公司的重要客户。"牧畜王国"对西部的全面开发起了巨大的促进作用，改变了西部的面貌。伴随着西部牧牛业的蓬勃发展，大批牛镇在辽阔牧区的铁路沿线迅速崛起。这些牛镇不仅解决了牛群集散和外运的难题，为美国的牛贸易开辟了更广阔的市场，而且成为"牧畜王国"的经济和政治中心，成为西部城市化的一种模式。"牧畜王国"的兴起，促进了美国的肉类加工和羊毛制造业不断西移。芝加哥成为世界上最大的肉类加工中心。圣路易斯、堪萨斯城和奥马哈等城

---

① 参见列宁：《关于农业资本主义发展规律的新材料》，《列宁全集》第27卷，人民出版社1990年版，第203、238页。

市的肉类屠宰加工业发展很快。羊毛制造业在犹他建立起来。美国西部的牧牛业和牧羊业被置于肉类加工垄断企业的控制之下，最终被纳入垄断资本主义的发展轨道。西部成为美国重要的畜牧业生产基地。

　　"牧畜王国"的兴起对美国政治现代化的进程产生了推动和促进作用，对美国联邦制的扩大、资产阶级民主政治的发展都产生了深刻影响。"牧畜王国"的兴起促进了"边疆的消失"。成千上万的牧牛场主、牧牛人和牛仔先于拓荒农场主，定居于昔日无人敢驻足的大平原辽阔的荒野上，使这片从未被人所识、相当于"半个欧洲"的土地成了牧牛人的边疆。牧牛业成为内战后美国最具魅力和最赚钱的行业之一，在西部开创了一个"牧牛人的时代"[1]。"牧畜王国"的兴起，使美国西部边疆中少有白人移居者居住的空白地带基本上得到填补。西部牧业边疆与矿业边疆、农业边疆逐渐融合，合为一体，形成别具特色的西部经济和社会结构。在政治上，内战后的西部开发使西部"自由土地"区域"不断退缩"[2]，使"简单的原始社会"迅速美国化并纳入美国的联邦共和国体系。在内战后至 20 世纪初加入联邦的一些州，其早期开发都与牧牛业或牧羊业相关。在"牧畜王国"里，各牧区建立的"牧牛者协会"和"羊毛生产协会"，体现了西部边疆的民主精神，发展了美国人的自治传统，这些牧业组织，在牧业经营管理上提出了扩大民主自治的要求，并被写入一些州草拟的州宪法中。这对美国资产阶级政治制度的进一步民主化起了一定程度的促进作用。在美国西部牧区社会的形成中，美利坚民族性格中的"流动性"、"拼命赶"和"求实进取"等重要特点得到了充分的展现。在"牧畜王国"的艰苦环境中，这些性格特点有了进一步的发展并具有独特的牧业边疆特色。"牧畜王国"的形成和发展对进一步塑造美利坚民族性格产生了深刻影响。因"牧牛王国"兴起而产

---

　　[1]　欧内斯特·S.奥斯古德：《牛人的时代》（Ernest S. Osgood, *The Day of the Cattleman*），芝加哥·伦敦 1968 年版第 5 版，第 I 页。

　　[2]　弗雷德里克·J.特纳：《边疆在美国史上的重要性》，《特纳的论文——关于边疆在美国历史上的作用》（Frederick J. Turner, "The Significance of the Frontier in American History", *The Turner Thesis, Concerning the Rose of Frontier in American History*），波士顿 1949 年版，第 1 页。

生的牛仔文化，不仅成为美国大众文化的重要组成部分，而且在世界范围广为流传。牛仔文化已经同其他世界文化融合在一起，成为一种国际文化现象。上述种种事实表明，"牧畜王国"的兴起和发展对美国政治的现代化也产生了一定程度的影响。

"牧畜王国"的兴起和发展，是"19世纪后期，美国西部开发过程中乃至整个美国历史过程中最令人瞩目的现象之一[①]。西部开发对美国历史的影响是全方位的，甚至是难以估量的。可以毫不夸张地说，没有西部开发就没有"现代化美国"[②]。"牧畜王国"的兴起和发展，是内战后美国西部三大行业性开发之一，其作用和影响也是巨大的。

"牧畜王国"的黄金时期是短暂的。由于人祸、天灾、掠夺式经营和国际竞争等因素的影响，"牧畜王国"在1885年盛极而衰。牧牛场主和牧羊主在开放牧区采取散放游牧的掠夺式经营，给"牧畜王国"带来灾难性的后果。由于牧业大王们无节制地扩大畜群，在牧区放牧过多的牛羊，超过了草地的承载能力。超载过牧造成牛羊争草争牧的残酷竞争局面，导致了牧草资源的枯竭。大批拓荒农场主挺进大平原后，把大片草地开垦成农田，形成农牧争地的恶性发展，使放牧区面积不断缩小。牛羊之争和农牧之争，酿成长期的牧区纠纷和流血冲突，甚至引发牧区战争。美国西部牧区的产品在国际市场上遇到了激烈的竞争，特别是澳大利亚和阿根廷成为美国的强劲劲敌。到19世纪末，美国的畜牧业产品在国际竞争中处于不利地位。美国西部牧区，自然灾害多。旱灾、火灾、蝗灾和暴风雪频频发生。牧牛场主和牧羊主为了攫取最大利润从不搞防灾抗灾的基本建设。牧场几无抗灾设施。牧业大王们完全"靠天养牧"，结果是小灾小减产，大灾大减产。他们"竭草而牧"的掠夺式经营更加重了天灾。特别是1886—1887年美国西部历史上罕见的暴风雪，使牧业大王们遭受了灭顶之灾。很多大牧场和

---

① 王旭：《再版后记》，刘绪贻、杨生茂主编：《美国通史》第3卷《美国内战与镀金时代（1861—19世纪末）》（本卷主编丁则民），人民出版社2002年版，第456页。

② 王旭：《再版后记》，刘绪贻、杨生茂主编：《美国通史》第3卷《美国内战与镀金时代（1861—19世纪末）》（本卷主编丁则民），第460页。

牧业公司都破了产。诸多因素交相作用的结果，使靠天然牧场实行开放游牧的"牧畜王国"衰落下去。西部畜牧业开始结束原始、传统的游牧方式，转向现代化的定居规模经营。以市场销售为目的的养牛业和养羊业随后在西部成为一项稳定而审慎的事业。

西部牧区掠夺式开发的消极后果在19世纪末开始凸显。掠夺式的牧业经营不仅浪费了大量牧草资源，而且破坏了草原植被，造成土壤水土流失，导致草原沙化。草原沙化又引发沙尘暴肆虐。到20世纪30年代，西部的沙尘暴成了危害全美国的严重天灾。在西部开发中，大平原上的千万头野牛遭到灭绝性的屠杀，依赖野牛为生的印第安人也遭到了驱逐、杀戮，甚至遭受联邦军队的战争讨伐和白人文化的围剿和征服。[①] 大平原本是印第安人的家园，在"牧畜王国"的兴起和发展中，印第安人没有被融入牧区社会，反而被剥夺了土地，并被逐出了家园。这是在西部开发史上最不光彩和最残暴的一面。牧业大王们是以破坏自然环境和生态平衡、屠杀野牛等野生动物和对印第安人实行残暴的种族灭绝政策造就了"牧畜王国"的繁荣。在我们肯定其辉煌成就时，不能忽视美国西部牧业开发中的严重失误和消极影响。

二、美国的"牧畜王国"史学

"牧畜王国"兴起在内战后的西部开发中占有十分重要的地位，美国西部的牧业发展史一直是吸引众多美国学者研究的重要课题。百余年来，"牧畜王国"一直激发着美国历史学家的浓厚研究兴趣，成为他们著书立说的重要主题。美国历史学家对"牧畜王国"的"研究热"历经百年而长盛不衰，论著浩瀚，形成独具特色的"牧畜王国"史学。牧业史在美国史学领域占有重要地位。在这一研究领域，美国史学家已经作出重要贡献，留下不少传世

---

① 参见李剑鸣：《文化的边疆——美国印第安人与白人文化关系史论》，天津人民出版社1994年版，第5页。

杰作。同时，美国西部牧业史的研究还有待进一步深入。

美国西部牧业成为广泛研究和著述的主题始于 19 世纪 70 年代。早期著作多数出自到西部去的观察家和牧牛业经营者之手。约瑟夫·G. 麦科伊是早期作者中的重要一员，曾在美国西部牧牛业中扮演过重要角色。1874 年，麦科伊出版了《西部和西南部牛贸易史略》。他在书中描述了自己为实现建立牛镇的宏愿如何以极大的热情和决心奔波于两大铁路公司之间。在遭到密苏里太平洋铁路公司总经理倨傲轻蔑的拒绝后，他如何不屈不挠，在 60 天内建成了设有牲畜围栏和配套设施齐全的阿比林牛镇。①9 月 5 日，第一批牛从阿比林装火车外运，他热情洋溢地描绘了伊利诺伊的牧场主为此而举行的热烈庆典。麦科伊认为"西部赶牛人和北部买主可以在那里平等相见"②，谁也不会受暴徒和偷牛贼的干扰。尽管麦科伊对美国西南部的牧牛场作了乐观的描述，但他的态度是较谨慎的。

指挥几个西部要塞的詹姆斯·S. 布里斯宾将军，在 1881 年写了《牛肉源泉——或如何在大平原致富》一书。这一著作标题极富夸张色彩。在书中，布里斯宾以极尽渲染的口吻说美国东部的牧场主无法同"大平原的牛肉竞争"，因为东部的牧场每亩要花 50—100 美元，还得储备喂牛的冬草；而"西部不花钱的野草"使牧场"没有市场价值"，天然的牧草使牛群冬天也能在外面放牧，1—3 月都能"使牲口长膘"。他宣扬"西部财富唾手可得"，抱怨人们"为什么要待在过分拥挤的东部"。③四年后，沃尔特·冯·里希特霍芬男爵出版了《在北美平原养牛》一书。作者介绍了一些在科罗拉多获得成功的牧牛大王，进一步提供了在西部牧场能够赚钱的证据。④

在 19 世纪晚期至 20 世纪 20 年代，有许多关于西部牧牛业的论文面世，

---

① 参见约瑟夫·G. 麦科伊：《西部和西南部牛贸易史略》(Joseph G. McCoy, *History Sketches of the Cattle Trade of the West and Southwest*)，哥伦布 1951 年版，第 50—51 页。

② 约瑟夫·G. 麦科伊：《西部和西南部牛贸易史略》，第 40 页。

③ 参见詹姆斯·S. 布里斯宾：《牛肉源泉——或如何在大平原致富》(James S. Brisbin, *Beef Bonanza, or how to Get Rich on the Plains*)，诺曼 1959 年版，第 14—15 页。

④ 参见沃尔特·巴龙·冯·里希特霍芬：《在北美平原养牛》(Walter Baron Von Rich-thofen, *Cattle-Raising in the Plains of North America*)，诺曼 1964 年版，第 50—56 页。

涉及方方面面。论文大致有以下几类：（1）论述地区牧牛业的发展状况；（2）评述牧场主侵占印第安人土地；（3）介绍西部一些著名的大牧场；（4）开始关注开放牧区的衰落问题。一些高质量的论文主要出自克拉拉·M. 洛夫、W. E. 格思里、哈罗德·E. 布里格斯、爱德华·E. 戴尔、哈利·T. 伯顿、伯莎·A. 库恩和罗伯特·S. 费莱彻等人之手。[①] 从 19 世纪 80 年代末期到 20 世纪 20 年代末期，美国史学家虽然对西部牧畜业的诸多问题进行了深入研究，写出了大量有价值的论文，但几乎没有什么专著问世。这些专题论文研究的作用是开阔了史学家的视野，拓宽了他们的思路，为后来有价值的学术著作问世奠定了基础。

　　19 世纪 70 年代中期到 20 世纪 20 年代末期，是美国史学家对西部牧畜业研究的第一阶段，是"牧畜王国"史学的初创和奠基时期。这个时期的研究有两个特点。第一，早期著作的主要倾向是对西部牧牛业广作宣传、推销。如麦科伊、布里斯宾和里希特霍芬在其著作中都对西部的牧牛业作

---

　　① 　克拉拉·M. 洛夫：《西南部牧牛业史》（Clara M. Love, "History of the Cattle in the Southwest"），《西南部历史季刊》（*Southwestern Historical Quarterly*）1916 年 4 月第 19 卷，1916 年 7 月第 20 卷；W. E. 格思里：《怀俄明开放牧区牧牛业》（W. E. Guthrie, "The Open Range Cattle Business in Wyoming"），《怀俄明年刊》（*Annals of Wyoming*）1927 年 7 月第 5 卷；哈罗德·E. 布里格斯：《南达科他领地的牧场和家畜饲养业》（Harold E. Briggs, "Ranching and Stock Raising in the Territory of South Dakota"），《南达科他历史集成》（*South Dakota Historical Collections*）1928 年第 14 卷；爱德华·E. 戴尔：《俄克拉何马牧区牧牛史》（Edward E. Dale, "The History of Range Cattle Industry in Oklahoma"），《1920 年美国历史学会年度报告》（*American Historical Association, Annual Report for 1920*），华盛顿 1925 年版；爱德华·E. 戴尔：《牧场主最后的边疆》（Edward E. Dale, "The Range Man's Last Frontier"），《密西西比河流域历史评论》（*Mississippi Valley Historical Review*）1923 年 6 月第 10 卷；爱德华·E. 戴尔：《从夏延至阿拉珀霍保留区上的牧场》（Edward E. Dale, "Ranching on the Cheyenne-Arapaho Reservation"），《俄克拉何马纪事》（Chronicles of Oklahoma）1928 年 3 月；哈里·T. 伯顿：《J. A. 牧场史》（Harley T. Burton, "History of the J. A. Ranch"），《西南部历史季刊》1927 年第 31 卷；伯莎·A. 库恩：《在密苏里斜坡上的 W-B 牧场》（Bertha M. Kahn, "The W-B Ranch on the Missouri Slope"），《北达科他历史学会编年史》（*State Historical Society of North Dakota, Collections*）1923 年第 5 卷；罗伯特·S. 费莱彻：《蒙大拿东部牧区开放牧区的终结》（Robert S. Fletcher, "The End of the Open Range in Eastern Montana"），《密西西比河流域历史评论》1929 年 9 月第 16 卷。参见雷·A. 比林顿：《向西部扩张——美国边疆史》，第 786—790 页。

了乐观的描述，为牧牛场主吸引来了大量投资。因此，早期著作中对西部牧牛业不乏过头的夸张之词。这类代表者以布里斯宾将军最为典型。第二，对牧牛业的研究尽管有方方面面的专题论文，但没有真正高水平的学术专著出现。

直到 1929 年，有关牧牛业的高水平学术专著才开始出现。明尼苏达大学的历史教授欧斯特·S.奥斯古德所著的《牧牛人时代》，是第一部从学术的角度对美国西部牧牛业进行全面评述的佳作。虽然作者主要着眼于北部平原上怀俄明和蒙大拿的牧牛业，但他也论述了 19 世纪晚期美国西部牧牛业发展的一般趋势。奥斯古德在书中论及 1845—1887 年牧场主边疆的发展状况、得克萨斯牛向北部扩展、印第安人阻拦、牧牛业繁荣、牧牛者协会、牧牛场主和国有土地以及天灾和开放牧业的变迁等诸多问题。他证明了牧牛场主利用半干旱的平原地区和天然的青草创建起一个巨大而有利可图的商业企业。《美国学者》杂志对他的著作予以高度评价说："他远比继他之后出现的有关西部荒野的戏剧、小说和电视节目受到了更多的赞誉。"① 正因如此，奥斯古德的书一版再版，到 1968 年已出到第 5 版。《牧牛人时代》至今仍是我们研究美国西部牧牛业的重要参考书。

与《牧牛人时代》同年出版的另一重要著作是《得克萨斯 XIT 牧场》一书。该书的作者是出生于得克萨斯的牧场主兼历史学家 J.埃弗里茨·黑利。他利用了包括牧牛公司档案在内的广泛翔实的史料，写成这一著作。作者描述了这个当地最大围栏牧场衰落的问题。黑利的著作有助于人们较深入地了解美国西南部平原牧牛业的发展状况。来自牛乡的历史学家 J.弗兰克·多比赞誉道，"虽然许多牧场提供了各种放牧区的基本历史"，但这一著作却是"精华"。②

奥斯古德和黑利的著作鼓励和促进了更多的人对西部牧牛业进行专门

---

① 欧内斯特·S.奥斯古德：《牧牛人时代》，第 V 页，封底。

② J.埃弗里茨·黑利：《得克萨斯 XIT 牧场》（J. Evetts Haley, *The XIT Ranch of Texas, and the Early Days of Llano Eslacado*），诺曼 1953 年版。参见霍华德·R.拉马尔主编：《美国西部读者百科全书》（Howard R. Lamar, ed., *The Reader's Encyclopedia of The American West*），纽约 1977 年版，第 481 页。

研究。1930 年，E. E. 戴尔出版了《牧牛业》一书。戴尔在成为历史学家之前是俄克拉何马的一个小牧牛场主。他在书中评述了内战结束时得克萨斯的牧牛业、长途驱赶牛群以及直到 1900 年牧牛业在中部平原、得克萨斯和俄克拉何马的发展状况。后来，戴尔还出版了一本有关牧牛业的社会史——《牛乡》。①

　　享有美国西部史学家领头人之一声望的路易斯·佩尔泽在 1936 年出版了他的名著《牧场主的边疆》。尽管他在书中论及了一些与奥斯古德和戴尔的著作中相同的问题，但与前两人不同的是他对"怀俄明家畜饲养者协会"的重要性格外重视。同时，佩尔泽在自己的著作中论述了东部和外国资本对美国西部牧业发展所起的重要作用。正是这一杰作的出版，建立了他作为西部史专家领头人之一的声望与地位。② 出生于内布拉斯加州的女历史学家玛丽·桑多写过一本小说和 6—7 本历史著作，但她最好的作品是 1935 年所写的第一部书《老朱斯》。该书实际是她父亲的一部传记。桑多在书中讲述了她的父亲——一个老拓荒者在 19 世纪 80 年代在内布拉斯加西北部牧场和农场的经历。作者认为一个到大平原去的坚强拓荒者要为那里的恶劣环境作出巨大牺牲，理应获得先驱者的荣誉。她的著作成了典型西部文学的代表作之一。这部人物传记同时也成为当年最杰出的非小说类文学作品，桑多因此获得《大西洋月刊》奖。1958 年，她写了一本论述平原地区的牧牛业扩大到 20 世纪的著作，同样颇具影响。③

　　莫里斯·弗里克、W. 特伦坦·杰克逊合著的《青草为王时》从总的

　　① E. E. 戴尔：《牧牛业》（E. E. Dale, *The Range Cattle Industry*），诺曼 1930 年版重印，《牛乡》（*Cow Country*），诺曼 1942 年版。参见迈克尔·P. 马龙：《历史学家和美国西部》（Michael P. Malone, *Historians and the American West*），林肯 1984 年版，第 221—222 页。

　　② 路易斯·佩尔泽：《牧场主的边疆》（Louis Pelzer, *The Cattlemen's Frontier*），格伦代尔 1936 年版。参见霍华德·R. 拉马尔主编：《美国西部读者百科全书》，第 901 页。

　　③ 玛丽·桑多：《老朱斯》（Mari Sandoz, *Old Jules*），波士顿 1935 年版，1962 年林肯版；《牧场主从格兰德河远至玛里亚斯》（*The Cattle Men from the Rio Grande across the Far Marias*），纽约 1958 年版。参见拉马尔主编：《美国西部读者百科全书》，第 1067 页；马龙：《历史学家和美国西部》，第 231 页。

方面论述了 19 世纪后半期的牧牛业。该书也是了解开放牧区的基本著作之一。① 著名的西部史学家查尔斯·L.桑尼希森撰写了大量的论文和书评，出版了十多本专著。1950 年，他出版的《牛仔和牧牛大王——当今牧区生活》，把西部牧畜业的历史带进了 20 世纪，是关于现代牛仔工作和生活的记述。② 对于 20 世纪平原地区养牛业论述最好的著作是约翰·S.施莱伯克所写的《1900—1961 年大平原地区养牛业的兴起》，作者在书中展示了牧场主们如何不断进行调整，使养牛业适合大平原的环境；论述了新的牛种、科学养牛方法及与现代化养牛有关的其他问题。③

1929 年后 10 余年间，奥斯古德、戴尔、佩尔泽等人所撰写的有关开放牧牛业的优秀历史著作，主要集中在大平原地区和事实上使用"不花钱的青草时期"。他们的著作与黑利对 XIT 牧场的研究，使牧场"个案史"和西部牧牛业专题史数量大为增加。对西得克萨斯的"斗牛士土地牧牛公司"、南得克萨斯的"马刺牧场"和著名的"金牧场"、俄克拉何马的"101 牧场"、怀俄明的"斯旺土地牧牛公司"以及加利福尼亚"欧文牧场"研究的专著，都使我们可以更好地了解 19 世纪末和 20 世纪初美国西部牧场业的发展状况。

牧场个案史的研究，又极大地促进了有关牧牛业的高水平学术著作的问世。黑利除著有《XIT 牧场》一书外，还撰写了两本关于得克萨斯著名牧场主查尔斯·古德奈特和乔治·利特菲尔德的人物传记。④ 相对来说，论述 20

① 参见莫里斯·弗林克、W.特伦坦·杰克逊、阿格危斯·W.斯普林：《青草为王时》(Maurice Frink, W. Turrentine Jackson, Agnes W. Spring, *When Grass Was King*)，博尔德 1956 年版，第 20、97—98、337—339 页。

② 参见查尔斯·L.桑尼希森：《牛仔和牧牛大王——当今牧区生活》(Charles L. Sonnichson, Cowboys and Cattle Kings, *Life on the Range Today*)，诺曼 1950 年版，第 XVIII 页。

③ 参见约翰·S.施莱伯克：《1900—1961 年大平原地区养牛业的兴起》(John T. Schlebecker, *Cattle Raising on the Plains, 1900-1961*)，林肯 1963 年版，第 VII—VIII 页。

④ J.埃弗里茨·黑利：《查尔斯·古德奈特——牧场主和大平原人》(J. Evetts Haley, Charles Goodnight, *Cowman and Plainsman*)，波士顿 1936 年版；《乔治·W.利特费尔德——得克萨斯人》(*George W. Littlefield, Texan*)，诺曼 1943 年版。参见霍华德·R.拉马尔主编：《西部读者百科全书》，第 481 页。

世纪牧场主的著作少了些，但唐纳德·E.格林撰写的亨利·C.西契传不失为杰作之一。该书记述了这位牧牛场主在俄克拉何马狭长地区的活动和经历。[①]如果说对 20 世纪牧场主的研究略显不足的话，那么对 19 世纪晚期大牧牛场主的研究却较深入。诸如他们是哪种类型的人，他们对其社区有何影响的探讨论著很多。这类书中最好的著作是刘易斯·阿瑟顿的《牧牛大王》。这位密苏里大学教授强调，他的书集中论述牧牛场主在美国文化中的作用。作者论证了与牛仔相比，牧牛场主更是真正的英雄，认为这些头脑冷静的生意人使西部真正得到了发展。《密西西比河历史评论》、《芝加哥论坛》和《农业史》杂志对这一著作都发表了专门评论文章，予以高度的评价。美国史学界认为，该书是关于牧牛大王在得克萨斯经营牧牛业的权威著作。[②]罗伯特·R.戴克斯特拉是研究美国 19 世纪边疆社会和政治史的专家。他于 1968 年出版的《牛镇》是一本很有趣的、具有很高史料价值的著作。作者在书中考察了堪萨斯州五个牛贸易中心阿比林、埃尔斯沃斯、威奇托、道奇城和考德威尔 1867—1885 年的历史，探讨了牧牛业与西部牛镇发展的关系。戴克斯特拉揭示出在牛镇的兴起发展过程中，牛贸易并非持久的影响因素。[③]特里·G.乔丹在《通往得克萨斯的牛道——西部牧牛场的南部根基》一书中，提供了西部牧场一个方面的重要背景材料。[④]

　　罗伯特·G.克莱兰的《千山上的牛群》是关于加州早期牧场的论著。J.奥林·利芬特集其多年的研究成果于《俄勒冈地区的牧牛场》一书中。这是一

---

　　① 　唐纳德·E.格林：《潘汉德尔的先驱者——亨利·C.希契，他的家庭牧场和家庭》（Donald E. Green, *Panhandle Pioneer: Henry C. Hitch, His Ranch, and His Family*），诺曼 1979 年版。参见马龙：《历史学家和美国西部》，第 223、233 页。

　　② 　参见刘易斯·阿瑟顿：《牧牛大王》（Lewis Atherton, *The Cattle Kings*），林肯·伦敦 1961 年版，第 XI 页。

　　③ 　参见罗伯特·R.戴克斯特拉：《牛镇》（Robert R. Dykstra, *Cattle Towns*），纽约 1968 年版，第 7—8 页。

　　④ 　特里·G.乔丹：《通往得克萨斯的牛道——西部牧牛场的南部根基》（Terry G. Jordan, Trails to Texas, *Southern Roots of Western Cattle Ranching*），林肯 1981 年版。参见马龙：《历史学家和美国西部》，第 232 页。

本关于太平洋沿岸西北部地区牧牛业的具有指导性的权威著作。①

专门介绍美国东部和外国资本投资西部牧牛业的论述也较多。1949 年，赫伯特·O.布雷耶发表了题为《英国资本对西部牧区牧牛业的影响》一文。该文的重要性在于它为投资这个系列的研究建立起了一个模式。在这方面的研究中，最有价值的著作是怀俄明大学西部史研究中心主任吉恩·M.格雷斯利于 1966 年出版的《银行家和牧场主》一书。为写该书，作者作了大量调查，广为收集资料，着重论述了 19 世纪 80 年代西部牧场主在东部筹措资金的情况。关于外国投资的重要著作应属 W.特伦坦·杰克逊的《有魄力的苏格兰》。他论述了苏格兰投资者在 1873 年后投资美国西部牧畜业的作用。②

20 世纪中期，有关牧场方面的著作包括蒙特·H.桑德森的《西部牧畜场》、马里恩·克劳森的《西部牧场的饲养业》和菲利普·O.福斯的《政治和青草》。福斯的著作研究了 1934 年《泰勒青草法》的背景和牧牛场主们如何利用公共土地的问题。查尔斯·L.伍德的《堪萨斯的牛肉业》则涵盖了 1890 年后包括大饲养场在内的牧场发展状况，论述了现代养牛业诸多方面的问题。③

---

① 罗伯特·G.克莱兰:《千山上的牛群——1850—1880 年的南加利福尼亚》(Robert G. Cleland, *The Cattle on the Thousand Hills Southern California, 1850-1880*)，圣马力诺 1964 年版;J.奥林·利芬特《俄勒冈地区的牧牛场》(J. Orin Oliphant, *On the Cattle Ranges of the Oregon Country*)，西雅图 1968 年版。参见马龙:《历史学家和美国西部》，第 223、232 页。

② 赫伯特·O.布雷耶:《英国资本对西部牧区牧牛业的影响》(Herbert O. Brayer, "The Influence of British Capital on the Western Range Cattle Industry")，《经济史杂志》(*Journal of Economic History*) 1949 年第 9 卷 (增刊);吉恩·M.格雷斯利:《银行家和牧场主》(Gene M. Gressley, *Bankers and Cattlemen*)，纽约 1966 年版，第 X—XII 页;W.特伦坦·杰克逊:《有魄力的苏格兰，1873 年后在美国西部的投资者》(W. Turrentine Jackson, *The Enterprising Scot, Investors in the American West after 1873*)，爱丁堡 1968 年版。参见马龙:《历史学家和美国西部》，第 232 页;比林顿:《向西部扩张——美国边疆史》，第 786 页。

③ 蒙特·H.桑德森:《西部畜牧场》(Mont H. Saunderson, *Western Stock Ranching*)，明尼阿波利斯 1950 年版;马里恩·克劳森:《西部牧场的饲养业》(Marion Clawson, *The Western Range Livestock Industry*)，纽约 1956 年版;菲利普·O.福斯:《政治和青草——公共牧区的放牧管理》(Phillip O. Foss, *Politics and Grass, The Administration of Grazing on the Public Domain*)，西雅图 1960 年版;查尔斯·L.伍德《堪萨斯的牛肉业》(Charles L. Wood, *The Kansas Beef Industry*)，劳伦斯 1980 年版。参见马龙:《历史学家和美国西部》，第 223 页。

　　因为有关牛仔的早期著作缺乏综合研究的佳作，所以到 20 世纪中期这个问题仍然是史家著述的"热门"题目。最早描写牛仔的著作当推查尔斯·A.西林戈的《一个得克萨斯牛仔》。[1] 埃默森·霍夫在 1898 年出版的《牛仔的故事》也是研究牛仔的最早著作之一。[2] 他在书中主要探讨了牛仔在牧场的生活和工作状况。1903 年，安迪·亚当斯的《一个牛仔的日记》出版。他的书在有关西部牛仔这类著作中堪称值得信赖的少数经典之作。作者为我们提供了牛仔在牛道上的真实记录。菲利浦·A.罗林斯 1922 年出版的《牛仔》和 E.道格拉斯·布兰奇 1926 年写的《牛仔和他的译员》，都渲染了浓厚的牛仔生活氛围，收集了大量的牛仔轶事。此外，还有一些从前的牧场主回忆录发表。如弗兰克·S.黑斯廷斯 1921 年出版的《一个牧场主的回忆》、约翰·克莱 1924 年写的《我的牧区生活》和林肯·朗 1926 年面世的《与罗斯福经营牧场》均属这类著作。[3] 这些回忆是采用有关牛仔和牧场生活的第一手资料写成的。其中克莱的著作在这一方面尤为突出。上述有关牛仔的大量著作中，有两个突出的特点：(1) 多数是记述有关牛仔个人的经历和生活；(2) 对牛仔的生活勾画了一种相当浪漫的画面，其突出代表作是霍夫的书。因此，尽管其间有大量有关牛仔的著作问世，但大多是充满浪漫、传奇色彩的个人经历的描写，少有对牛仔工作和生活进行综合研究的上乘之作。

　　在 20 世纪中期以后，研究牛仔生活及其在牧场企业中作用的论著数量极多。然而，对美国西部牛仔最好的综合性研究是乔·B.弗朗茨与小朱利

---

　　[1]　查尔斯·A.西林戈：《一个得克萨斯牛仔》（Charles A. Siringo, *A Texas Cowboy*），纽约 1885 年版。参见比林顿：《向西部扩张——美国边疆史》，第 789 页。

　　[2]　埃默森·霍夫：《牛仔的故事》（Emerson Hough, *The Story of Cowboy*），纽约 1898 年版。参见马龙：《历史学家和美国西部》，第 223 页。

　　[3]　安迪·亚当斯：《一个牛仔的日记》（Andy Adams, *The Log of a Cowboy*），林肯 1903 年版；菲利浦·A.罗林斯：《牛仔》（Phillip A. Rollins, *The Cowboy*），纽约 1922 年版；E.道格拉斯·布兰奇：《牛仔和他的译员》（E. Douglas Branch, *The Cowboy and His Interpreters*），纽约 1926 年版；弗兰克·S.黑斯廷斯：《一个牧场主的回忆》（Frank S. Hastings, *A Ranchman's Recollections*），芝加哥 1921 年版；约翰·克莱：《我的牧区生活》（John Clay, *My Life on the Range*），芝加哥 1924 年版；林肯·朗：《与罗斯福经营牧场》（Lincoln Lang, *Ranching with Roosevelt*），费城 1926 年版。参见比林顿：《向西部扩张——美国边疆史》，第 789—790 页。

安·欧内斯特·乔特合著的《美国牛仔——神话与现实》。该书的分析极为深刻，是任何想了解牛仔的人首选的必读之作。[1] 当代报纸和杂志上刊登的有关资料被汇集成了《牛道上的牛仔——边疆记者讲述的他们的生活和知识》。同时其他作者的作品由朗·廷克尔和艾伦·马克斯韦尔编成《牛仔读本》一书。在唐·武斯特的《奇泽姆小道——牧牛王国的最好通路》中，也有大量有关牛仔的真实材料。[2] 菲利普·德拉姆和埃弗里特·L.琼斯在教美国西部文学时，发现数量多得难以想象的黑人牛仔被众多的历史学家遗忘了。为此，他们以极大的兴趣收集有关 5,000 多黑人牛仔的材料，合著了美国《黑人牛仔》一书。作者论述黑人牛仔的生活和工作状况，也阐述了黑人牛仔对美国西部牧牛业的贡献等问题。[3] 小威廉·W.萨维奇在 20 世纪 70 年代出版了两本书。他编辑的《牛仔的生活——重建美国神话》，揭示了在美国历史中有关于牛仔的神话和浪漫主义观点的形成、发展概况。在《牛仔英雄——在美国历史和文化中的想象》中，萨维奇则通过从广告、电影和其他大众媒体中搜寻大量有关牛仔形象描写的材料，试图揭穿在美国流行的有关对牛仔想象、神话的观点。[4]

　　进入 20 世纪 80 年代，有关美国西部牧畜业的著作虽然出版数量远不如

---

[1]　参见乔·B.弗朗茨、小朱利安·欧内斯特·乔特：《美国牛仔——神话与现实》（Joe B. Frantz, Julian Ernest Choate, Jr., *The American Cowboy, The Myth & The Reality*），诺曼 1955 年版，第 VII—IX 页。

[2]　克利福德·P.威斯特迈耶：《牛道上的牛仔——边疆记者讲述的他们的生活和知识》（Clifford P. Westermeier, *Trailing the Cowboy, His Life and Lore as Told by Frontier Journalists*），考德威尔 1935 年版；朗·廷克尔、艾伦·马克斯韦尔编：《牛仔读本》（Lon Tinkle, Allen Maxwell, ed., *The Cowboy Reader*），纽约 1959 年版。参见马龙：《历史学家和美国西部》，第 224、232 页；唐·武斯特：《奇泽姆小道——牧牛王国的最好通路》（Don Worcester, *The Chisholm Trail, High Road of the Cattle Kingdom*），纽约 1980 年版，第 81—104 页。

[3]　参见菲利普·德拉姆、埃弗里特·L.琼斯：《黑人牛仔》（Phillip Durham, Everett L. Jones, *The Negro Cowboys*），纽约 1965 年版，第 1—2 页。

[4]　参见小威廉·W.萨维奇：《牛仔的生活——重建美国神话》（William W. Savage, Jr. ed., *Cowboy Life, Reconstructing an American Myth*），诺曼 1975 年版，第 3—13 页；小威廉·W.萨维奇：《牛仔英雄——在美国历史和文化中的想象》（William W. Savage, Jr., ed., *The Cowboy Hero, His Image in American History and Culture*），诺曼 1979 年版，第 3—18 页。

70 年代以前多，但史学家却从新角度和更深的层次上进行研究。在这方面戴维·达里教授于 1981 年出版的《牛仔文化》一书实属杰作。该书有别于过去已成定式的牧牛业史，也不同于传统写法的牛仔著作。在书中，作者主要跟踪的是近五个世纪的牛仔文化。他把牛仔的历史和文化有机地结合在一起，给读者提供一种新知识，并力图消除人们对现存有关牛仔的历史和文化的误解。《牛仔文化》出版后，《纽约时报》、《芝加哥太阳报》、《时代》、《洛杉矶时报》和《南达科他历史》等都给予很高的评价。达里因该书获得国家牛仔厅著名的"骑马牧者奖"、美国西部作家"金马刺奖"和西部人国际"最好非小说文学作品奖。"作为纪念哥伦布发现美洲 500 周年活动的举措之一，《牛仔文化》在 1989 年又获再版。①

在已往的牛仔研究中，很少涉及妇女的作用，从 20 世纪 80 年代初，开始在口述史中出现研究"牧牛女郎"的著作。特雷莎·乔丹的《牧牛女郎——美国西部的妇女》是出版较早的一部书。作者访问了 30 名妇女。书中所写的是她们"真实的"故事；在牧场，她们遇到更大的挑战。② 如果说乔丹对"牧牛女郎"的研究在大量关于牛仔的著述中还是点缀之作，那么近期这一问题似乎成了研究的"热点"。从乔丹的著作出版后，至今已有大量著作问世。美国国会图书馆关于"牧牛女郎"的藏书多达 20 余种。③

1929 年至 20 世纪末，是美国历史学家对西部牧畜业研究的第二阶段。这是"牧畜王国"史学的大发展时期、成熟时期和丰收时期。这个时期的研究有以下特点：其一，60 年间，有大量高水平的学术专著出版。奥斯古德、戴尔、佩尔泽等人的著作是经得起时间考验的佳作。继他们之后大量优秀著作

---

① 参见戴维·达里：《牛仔文化——五个世纪的传奇》（David Dary, *Cowboy Culture, A Saga of Five Centuries*），劳伦斯 1989 年版，第 X—XII 页，封底。

② 参见特雷莎·乔丹：《牧牛女郎——美国西部的妇女》（Terresa Jordan, *Cowgirls, Women of the American West*），加登城 1982 年版，第 VIII、XXX 页。

③ 在美国国会图书馆内，藏有 20 世纪 80 年代出版的"牧牛女郎"著作两三种，90 年代的有十余种。21 世纪出版的有四五种，如：休·卡拉比内：《圣诞节前的牧牛女郎之夜》（Sue Carabine, *Cowgirl's Night before Christmas*），2001 年版；鲍勃·韦德：《鲍勃·韦德的牧牛女郎》（Bob Wade, *Bob Wade's Cowgirls*），2003 年版。

问世。这与第一阶段缺乏高水平的史学专著的状况相比无疑是天壤之别。其二，关于牧场个案史以及与牧畜业相关的专史研究硕果累累。这一方面是受到了奥斯古德等人的启迪和推动，使很多学者转向牧畜业的研究。另一方面是适应美国西部牧畜业发展的需要，使专家们研究一些新课题。自 19 世纪 80 年代末到 20 世纪 30 年代，美国西部牧畜业经历了由原始粗放的游牧阶段向现代化定居集约经营方式的转变。现代化大型牧场逐步建立起来。史学家研究了这一转变过程及与此有关的运输、投资、牛镇、肉类加工包装等相关的问题，探讨了现代化牧场的经营和管理的经验及教训。他们撰写了大量牧场个案史和专史，使"牧畜王国"史学获得极大丰收。其三，对牛仔问题的研究有了较大突破。20 世纪 60—70 年代有大量著作出版，突破了以前佳作较少的局面。在难以数计的著作中，不仅有对牛仔的工作、生活和他们对西部牧牛业发展作用的综合性研究，而且把历史和文化结合起来进行深入探讨，试图突破早期牛仔著作中构筑的浪漫主义神话模式。其四，口述史研究被引入牧业史的研究。除前面提及的"牧牛女郎"之外，在牧场主的研究中也有口述史著作发表。斯坦·斯坦纳的《牧场主》属这一类著作。书中还有专门讲述"妇女"的一章。[1]

纵观一个多世纪的美国"牧畜王国"史学，我们可以看到有如下特点：

首先，美国的历史学家业已对西部的牧畜业作了很好的研究和论述，特别是他们对牧牛业的研究范围极其广泛深入。著作中既有对牧牛业一般发展趋势的综合研究，又有牧场个案史及与牧牛有关的长途驱赶、运输、投资、牛镇、牛贸易、与印第安人关系和农牧冲突等专题史的研究。其中不乏优秀著作。牧牛场主和牛仔更是史学家关注论述的主题。第一手资料写成的回忆录；涉及对牛仔某时期、某地区及其生活某一方面的专著和通俗读物；对牛仔的综合性研究和对历史文化渊源探寻的佳作都极为丰富，美国史学家取得了举世瞩目的研究成果。"牧畜王国"史学在美国史学领域中占有重要的地位。

其次，美国西部牧业史的研究在一些问题上还有待于深入。

---

① 参见斯坦·斯坦纳：《牧场主——一本关于几代人的书》(Stan Steiner, *The Ranchers, A Book of Generations*)，诺曼 1980 年版，第 130—154 页。

　　第一，美国史学家对西部牧羊业的研究著作还不够丰富，尤其是综合性学术著作仅有 20 世纪 40 年代出版的两本书。查尔斯・W. 汤与爱德华・N. 温特沃斯合著的《牧羊人的帝国》，论述了西部牧羊业是美国经济发展中的重要组成部分。温特沃斯的《美国的赶羊小道》，讲述了美国商品羊的发展史。牧羊人在牧区和赶羊小道上，不仅要严防野兽对羊群的袭击，而且还要在各种恶劣的天气条件下保护羊群。在西部牧区，牧羊没有浪漫，只有艰辛。[①] 这两部著作属于长时段的综合性研究。从哥伦布把绵羊带到新大陆至 20 世纪 40 年代，书中对养羊业在美国东部和西部的发展历史都有论述，且重点讲述了西部牧区的牧羊业。在 20 世纪 40 年代，还出版了温弗雷德・库珀的《金蹄子——西南部的绵羊史》[②]，但这本书只是一本通俗读物。此后，鲜有牧羊史的著作问世，直到 20 世纪 60 年代末以后，才有一些专著出版。然而，这些著作多是关于地区性牧羊业的论述。其中包括瓦尔吉恩・W. 莱曼的《被遗忘的军团——得克萨斯格兰德平原上的绵羊》、理查德・比奇的《上俄亥俄地区两百年的养羊业》、亚历山大・C. 麦格雷戈的《到来的绵羊——哥伦比亚高原从开放牧区到农业综合企业》[③] 和保罗・H. 卡尔

---

　　① 　参见查尔斯・W. 汤、爱德华・N. 温特沃斯：《牧羊人的帝国》（Charles W. Towne, Edward N. Wentworth, Shepherd's Empire），诺曼 1946 年版，第 XII 页；爱德华・N. 温特沃斯：《美国的赶羊小道——历史与人物》（Edward N. Wentworth, America's Sheep Trails: History, Personalities），埃姆斯 1948 年版，第 VII 页。

　　② 　温弗雷德・库珀：《金蹄子——西南部的绵羊史》（Winifred Kupper, Golden Hoof, The Story of the Sheep of the Southwest），纽约 1945 年版。参见罗杰・L. 尼科尔斯编：《美国边疆和西部问题——史学著作评论》（Roger L. Nichols, ed., American Frontier and Western Issues, A Historiographical Review），纽约・韦斯特伯特・伦敦 1986 年版，第 67 页。

　　③ 　瓦尔吉恩・W. 莱曼：《被遗忘的军团——得克萨斯格兰德平原上被遗忘的绵羊》（Valgene W. Lehmann, Forgotten Legions, Sheep in the Rio Grande Plain of Texas），埃尔帕索 1969 年版；理查德・比哥：《上俄亥俄地区两百年的养羊业——特别与宾夕法尼亚州华盛顿县参照》（Richard Beach, Two Hundred Years of Sheep Raising in the Upper Ohio Area: with Special Reference to Washington County, Pennsylvania），华盛顿 1976 年版；亚历山大・C. 麦格雷戈：《到来的绵羊——哥伦比亚高原从开放牧区到农业综合企业》（Alexander C. McGregor, Coming Sheep, From Open Range to Agribusiness on the Columbia Plateau），西雅图 1982 年版。参见戴罗杰・L. 尼科尔斯编：《美国边疆和西部问题——史学著作评论》，第 67 页。

森的《得克萨斯毛茸茸的羊脊背——牧区的绵羊业和山羊业》。麦格雷戈
的《到来的绵羊》是论述华盛顿州牧羊业的专著，探求了从开放牧区时
期的游牧经营到垄断资本家拥有大牧场的历史变迁。卡尔森的《得克萨
斯毛茸茸的羊脊背》则是对得克萨斯养羊业发展历史的详细论述。麦格
雷戈和卡尔森的著作都是地区性牧羊史的上乘之作。《得克萨斯毛茸茸的
羊脊背》向世人展示了牧羊业在该州的久远历史，它像牧牛业一样始于
西班牙殖民统治时期。作者论述了牧羊业从殖民地时期到 20 世纪 30 年
代在得克萨斯的发展及其在美国的历史地位，分析了在该州"你养牛只
为了声望，你养羊是为了赚钱"的原因。① 自 20 世纪 50 年代至 80 年代，
有关牧羊业的综合性专著出版甚少，仅有弗吉尼亚·保罗的《牧羊场的
经营——往日与现在》。然而，这本书仅对美国西部的牧羊业作了一般概
述，而非详细论析。本书的特色是作者访问了西部各州，走访了数百名
从业者，听他们口述了许多历史并获得大量图片。② 从一定意义上讲这是
一本关于牧羊业的口述史和画册。牧羊业的兴起在美国西部是一个重要
方面。仅上述几部著作远不足以反映"牧羊帝国"的全貌及其在西部牧
畜业中的地位。虽然从 20 世纪 60 年代末以后，关于牧羊业的著作有所
增加，但多数是区域性论著，缺乏综合性研究。这种状况使得《牧羊人
的帝国》和《美国的赶羊人小道》在问世半个多世纪之后仍是人们全面
了解美国牧羊史的主要著作。由此我们看出，在美国学者关于西部牧业
史的研究中，有重牧牛业轻牧羊业的倾向。我们希望美国史学家今后写
出更多、更好的牧羊业论著。

第二，就牧牛业而论，绝大多数著作集中在牧场史、专门史和牛仔史方
面。即或有些对牧牛业的综合性研究，也大多集中在大平原地区和"不花钱
的青草时期"（内战后到 19 世纪 80 年代末）。对美国西部牧牛业进行综合性

① 参见保罗·H.卡尔森：《得克萨斯毛茸茸的羊脊背——牧区的绵羊业和山羊业》(Paul H. Carlson, *Texas Woolly Backs, The Range Sheep and Goat Industry*)，科利奇站 1982 年版，第 XIII 页。
② 参见弗吉尼亚·保罗：《牧羊场的经营——往日与现在》(Virginia Paul, *This Was Sheep Ranching, Yesterday and Today*)，西雅图 1976 年版，第 6 页。

研究的著作尚不多见，更缺乏对整个西部牧业（包括牧羊和养马）的研究之作。因此，我们期盼美国史学家进一步去挖掘广散在全国各地丰富的一、二手资料，把对西部牧业的研究更深入下去。我们希望美国的牧业史专家不仅对尚未涉及的重要专题写出新作，而且对整个西部的牧业（包括牛马羊）进行全面深入的研究，特别是应对牧业发展与西部农业的关系、"牧畜王国"在西部开拓中的作用和地位及其对美国历史的影响加以全面的综合考察研究。我们期待这样的论著早日面世。

第三，在美国学者的论著中，对西部牧业开发的负面消极影响重视不够。在美国学者的著作中，多是对西部牧业开拓成绩的赞颂。虽然有的学者探讨了开放牧场衰落的原因，但主要归因于暴风雪等自然天灾的破坏，而对于人为的掠夺式开发关注不够。大多数论著对"竭草而牧"以及牧牛场主、牧羊主和农场主在牧区的残酷竞争所造成的灾难性后果未能充分展开论述。掠夺式开发既浪费牧草资源，破坏草原植被和自然环境的生态平衡，造成野牛等野生动物濒临灭绝，又使印第安人失去赖以生活的物质基础，置他们于生存危机之中，酿成极其恶劣的社会后果。这一切终成严重的历史失误。令人高兴的是，美国学者近期已开始关注这一问题。

第四，在美国学者的著述中，存在着"扬"牛仔"抑"牧羊人的倾向。尽管牛仔和牧羊人都对西部牧业开发作出了重要贡献，但牛仔被赞誉为西部开发的"先驱者"和"民族英雄"，牧羊人却被忽视，成为被学者难得一提的"小人物"。甚至连《美国的赶羊小道》这样以写人物为特色的著作，讲述的也多是牧羊主发迹的历史。牧羊人的功绩在书中论述较少，即或提到牧羊人，有姓名者极少。这是一种不公正的错误倾向。在关于牛仔的论著中，反映牛仔真实生活和艰辛劳作的上乘历史著作不多，而以想象把牛仔浪漫化、偶像化的作品却汗牛充栋。达里教授深刻指出，造成这种状况的一个重要原因是史学家没有认真关注牛仔和牛仔文化。"他们简单地不理睬牛仔及其文化，也不做任何纠正公众错觉的事"[1]。最突出的例子是著名史学家弗雷

①　戴维·达里：《牛仔文化》，第336页。

德里克·L.帕克森。他在 1910 年出版的《最后的美国边疆》①，是一本全面论述边疆史的著作。然而，帕克森在书中不但不理睬牛仔和牛仔文化，而且忽视了牛贸易，甚至连牛仔都没有提及。所以，在牛仔和牛仔文化作品的提供者中没有历史学家，多是大众媒体。各种媒体讲述的是一个在马背上虚构的英雄而非 19 世纪的真实牛仔。菲利普·A.罗林斯在 1922 年出版了一本关于牛仔真实生活的著作。②尔后，包括一些历史学家在内的作者便寻求讲述牛仔真实的东西，但虚构的牛仔及其文化至今仍有很强的生命力。这表明真的牛仔史著作远远少于虚构的牛仔及牛仔文化作品。牧羊人在西部开发中的功绩之所以被湮没也与历史学家没有去关注他们有密切关系。因此，美国史学家在努力去写作真实的牛仔与牛仔文化史的同时，也应积极关注牧羊人的生活和历史，以弥补这方面研究的不足和缺憾。

诚如詹姆斯·W.怀塔克评论的那样，美国西部的牧业史研究还要做更多的工作。在研究中，史学家们不但要述及牧业开发的过程，而且还要研究在这一进程中方方面面的相互联系。③要采用新的研究方法，把社会科学与自然科学的研究方法结合起来，进行交叉学科研究和比较研究。在西部牧业史的研究中，研究者要注意把开发时期的自然生态环境和社会环境结合起来，考察牧羊业、牧牛业和粮食生产的相互激烈竞争所造成的后果及其影响，比较牧业开发在不同地区的特点，阐明牧业在西部和美国历史中的地位。研究既要关注 19 世纪后期西部开发时期"牧畜王国"的兴衰，又要重视 20 世纪美国西部牧业在实现现代化过程中所面临的问题，并把两者很好

① 弗雷德里克·L.帕克森：《最后的美国边疆》（Frederick L. Paxson, *The Last American Frontier*），1910 年版。参见霍华德·R.拉马尔主编：《美国西部读者百科全书》，第 897 页；戴维·达里：《牛仔文化》，第 336 页。

② 菲利普·A.罗林斯：《牛仔——在西部开发中他的特征、他的装备和他的职责》（Phillip A. Rollins, *The Cowboy, His Characteristics, His Equipment, and His Part in the Development of the West*），纽约 1922 年版。参见戴维·达里：《牛仔文化》，第 365 页。

③ 参见詹姆斯·W.怀塔克：《农业和畜牧业生产》（James W. Whitaker, "Agriculture and Livestock Production"），戴罗杰·L.尼科尔斯编：《美国边疆和西部问题——史学著作评论》，第 60 页。

地结合起来。在这方面研究中，美国学者已经有了良好的开始。[①] 我们期待
着他们有更多的新著问世。

三、本书研究的取向

本书是关于美国西部"牧畜王国"发展历史的研究，为何用"牧畜王
国"而不用我们习惯说的"畜牧王国"呢？笔者在 1990 年准备撰写论文时，
曾请教了已故著名历史学家丁则民教授。丁先生向笔者讲述了美国西部先
是在开放牧区"放牧"，后走向固定围栏"畜养"的历史。随后，笔者阅读
了一些美国学者的论著，大多讲到美国西部的牧牛业和牧羊业不同于东部。
东部是在农场上实行固定的围栏"饲养"，西部先是"游牧"，后走向固定
围栏"饲养"。1990 年，丁先生主编的美国通史丛书之一《美国内战与镀金
时代：1861—19 世纪末》出版。书中第四章——《西部的开拓及其对美国
发展的历史作用》是丁先生撰写的。该章第二节《西部开拓与"最后的边
疆"》中有一目为"牧畜王国"[②]，讲述的是内战后美国西部牧业开发的概况。
"牧畜王国"表明了美国西部牧业发展的历史事实。在国内的美国史著作中，
丁先生已最先采用"牧畜王国"这一术语。笔者在 1991 年完成的论文《美
国"牧畜王国"的兴衰》经丁先生审定后发表。故笔者自论文始一直沿用"牧
畜王国"至今。

本书的"牧畜王国"研究，是对包括牧牛、牧羊和养马在内的美国西部
牧业开发的综合论析。如前所述，美国学者对西部牧业开发的研究存在着重

---

① 参见彼得·K. 辛普森：《牧牛业的社会方面》（Peter K. Simpson, "The Social Side of the
Cattle Industry"），《农业史》（*Agricultural History*）1975 年 1 月第 49 卷；杰拉尔德·D. 纳什：《远
西部的农业社会——对价值问题的评论》（Gerald D. Nash, "Rural Society in the Far West, A Com-
ment on the Problem of Values"），《农业史》1975 年 1 月第 49 卷，。

② 刘绪贻、杨生茂主编：《美国通史丛书》，《美国内战与镀金时代（1861—19 世纪末）》
（本卷主编丁则民），第 126 页。

牧牛业轻牧羊业的倾向。在大量"牧牛王国"的论著中，他们偏重于过程的叙述及对牧场、牧牛场主的个案分析，缺乏对整个西部牧区发展史的全面综合论述。国内关于美国西部牧业的论述为数甚少，也只涉及牧牛业。本书把"牧牛王国"、"牧羊帝国"的兴起和"野马的驯养和使用"结合起来，进行综合考察分析。从时段截取上，本书主要论述美国内战后至19世纪末的"牧畜王国"兴衰史。为了探讨美国西部牧牛、牧羊和养马的起源，本书追溯到西班牙殖民统治时期。在论述"牧畜王国"的兴衰对西部开拓和美国历史的作用和影响时，本书有时延至20世纪中期，以便能纵观历史的全貌。本书论及的西部，从地域上主要是密西西比河以西至太平洋沿岸。这是"牧羊帝国"的疆域。"牧牛王国"占据的是密苏里河至落基山斜坡的大平原地区。

美国学者的著作多在论述牧牛业的开放过程。本书研究重点放在了对"独具特色的牧区社会"的论析上，约占了五分之二篇幅。笔者详细论述了牧区社会的构成，对牧区社会的统治者牧牛场主、牧羊主和牧业公司巨商及牧区社会的主要劳工阶层牛仔、牧羊人、黑人牛仔及其他雇工都作了较深入的阐述。书中对牧区妇女的重要贡献和印第安人的悲惨命运亦予以了特别关注。此外，书中对牧区盗贼和牛镇妓女等另类人物也有所介绍，以求全面地展示这个独特的牧区社会。笔者详细论述了美国东部和外国资本流入西部牧区以及大公司经营牧业的概况，探讨了原始游牧方式如何与垄断资本结合起来并使西部牧业最终被置于垄断资本控制之下的问题。书中分析了自由放牧区的特点及"赶拢大会"和"长途驱赶"这两大景观。"赶拢大会"是为了区分新增小牛的归属，它经历了"自发"到按"赶拢法规"进行的发展过程。"长途驱赶"是把牛群输往东部市场和新牧区的主要途径，使辽远的西部牧区与市场联系在一起。牧业经营和牧区社会的管理都是在"牧牛者协会"和"羊毛生产者协会"的领导下进行的。这些协会影响着所在州和领地的政治和经济，是西部牧区的真正主宰。书中详细论述了这些牧业组织的产生、发展和相互的矛盾冲突。随牛贸易兴起的牛镇，是牧区的经济和政治中心。书中对牛镇的兴起和变迁也作了论析。笔者的意图是不仅要论述美国西部牧业开发的经济问题，而且也要展示牧业开发中的社会变迁，介绍有别于东部的西部牧区社会的构成、法律、习俗和文化等问题。

笔者从多方面探讨了"牧畜王国"的衰落原因，对美国西部牧业开发的失误和负面影响作了较深入的分析。掠夺式的开发破坏了草原植被和自然生态平衡，造成草地沙化和沙尘暴频生。"牛羊争牧"和"农牧争地"酿成牧区流血冲突乃至"牧区战争"。旱灾、火灾、蝗灾和暴风雪等自然灾害给牧区造成了严重损失。美国西部牧区的产品在国际市场的激烈竞争中也遇到了强劲对手并处于不利地位。各种自然灾害是导致"牧畜王国"衰落的"天灾"，自由放任政策下的无序掠夺性开发是造成"牧畜王国"衰落的"人祸"。"人祸"加重"天灾"。在"人祸"与"天灾"相互作用下最终导致繁荣至极的"牧畜王国"走向了衰落。美国西部牧业开发中的严重历史失误和消极影响，给后世留下了极为深刻的教训。

"牧畜王国"之所以成为众多美国学者关注的"热门"课题，是因为内战后的西部牧业开发是西进运动的重要组成部分。它在美国历史上占有十分重要的地位，是边疆开发史中的壮丽篇章。书中对"牧畜王国"与"边疆消失"和西部开发的关系、西部牧区在美国的重要地位、西部牧区开发中所体现出的美国向垄断过渡时期的时代特点，以及西部牧业在由原始游牧向现代化集约经营的转变中牧业托拉斯与肉业加工垄断组织的矛盾和斗争均有所论析。由牛仔而产生的牛仔文化是美国大众文化的重要组成部分，并已成为一种国际文化的现象。书中对牛仔文化的产生、内容、发展和传播等都作了阐述。

我国西部牧区的气候和其他自然条件与美国西部牧区有很多相似和可比之处。笔者结合对美国"牧畜王国"兴衰的研究和在我国内蒙古呼伦贝尔盟牧区的见闻作了一些思考，写在了书中。这些管见权作笔者研究的粗浅心得和体会。世界各国的畜牧业都要经历由传统、原始的游牧方式向现代化定居生产方式的转变。美国西部牧区开始这种转变的时间比我国约早一个世纪。它既有成功的经验，又有失误的惨痛教训。无论是其好的经验还是失误的教训，对我国西部牧业发展和生态保护都有参考的价值。研究美国"牧畜王国"

的兴衰，我们可以吸收其成功的经验，并结合我们的国情使之更加完善；吸取其失误的教训，我们可以防止类似情况的重演，或是把一些不可避免的损失降低到最低程度。研究美国西部的牧业开发对实现我国畜牧业的现代化有借鉴和警示之处。这便是研究这一课题的意义所在。

笔者在研究中，力图以马克思主义的历史唯物主义为指导，以史实为基础，搜集和阅读了大量的英文资料和论著，借鉴吸收了美国学者的研究成果，进行了较多的专题研究，最终完成本书。笔者才疏学浅，书中所论仅是一管之见。所论述问题对笔者来说是个全新的题目，虽竭尽努力，但未必达到预想的目的。书中疏漏、不当和谬误之处，恳请方家指正和读者批评。

第一编

牧畜王国的兴起

美国西部畜牧业的起源，可以追溯到西班牙在美洲殖民时期。克里斯托弗·哥伦布在 1492 年 10 月 12 日首次抵达巴哈马群岛的一个小岛，将其命名为圣萨尔瓦多岛。[①] 他发现新大陆没有牛、马、羊等家畜。在旧大陆，这些家畜一直十分重要。马是重要的运输和作战工具。牛羊不仅可以供人肉食，而且牛皮、羊毛和油脂都是人类生活中离不开的东西。这些家畜对到新大陆的西班牙殖民者同样是十分必要的。于是，哥伦布在第二次驶向新大陆时，随船带了一些家畜。许多牲畜在艰难的航程中死亡，被丢入大海。一些家畜熬过千辛万苦活了下来。1494 年 1 月 2 日，哥伦布的船队抵达伊斯帕尼奥拉北岸（今海地角附近）。在那里，船员们从船上卸下 24 匹雄马、10 匹牝马和一些牛。[②] 这是首批运抵西半球的家畜。这些种畜及其繁衍的后代逐渐改变着新大陆的面貌。继哥伦布之后，西班牙殖民者不断把牛、羊、马等家畜带到新大陆。在圣多明各岛和西印度群岛的其他岛屿上，西班牙王室的牧场和私人牧场逐步多起来。随着西班牙殖民势力在美洲的不断扩张，殖民者又把牛、马、羊等家畜带到中、南美洲新建的殖民地。西班牙在征服墨西哥的过程中也把家畜带到那里，并发展了一种在开放牧区由骑马牧人巡游管理牛群的方式。西班牙"印度事务委员会"下令将植物、种子和"挑选过的家畜"不断从国内运抵墨西哥。美国从墨西哥获取得克萨斯、加利福尼亚、亚利桑那和新墨西哥等领土后，开放牧场的家畜牧养业也进入了西部美国人的生活。哥伦布首次带到新大陆的家畜"在美洲导致的巨大变革不亚于约三个世纪后的工业革命在那里产生的影响"[③]。

美国西部的家畜放牧业在内战以前发展较为缓慢。内战后，伴随着美国第二次现代化浪潮的兴起，在密西西比河以西，迅速兴起了一个疆域辽阔的"牧畜王国"。从内战以后到 19 世纪 80 年代末，是"牧畜王国"的全盛时期。在美国西部牧区，牛羊遍地，万马奔腾。以开放经营的大牧场为特点的牧牛、牧羊和牧马业空前兴旺繁荣。

---

① L. S. 斯塔夫里阿诺斯：《全球通史——1500 年以后的世界》（L. S. Stavrianos, The World Since 1500, A Global History），恩格尔伍德·克利夫斯 1982 年第 4 版，第 88 页。

② 塞缪尔·E. 莫里森：《海洋商船队长》（Samuel E. Morison, Admiral of the Ocean Sea），波士顿 1940 年版，第 49 页；转引自戴维·达里：《牛仔文化》，第 4 页。

③ 戴维·达里：《牛仔文化》，第 6 页。

第一章　牧牛王国的形成

第一节　摇篮和大本营

一、牧牛业的发源地

1.西班牙殖民统治时期

从西班牙人统治时期起，得克萨斯的东南部已成了美国牧牛业的摇篮。得克萨斯是美国本土 48 州中最大的一个州，位于美国的中南部。它东临路易斯安那州，西界新墨西哥州，北接俄克拉何马州。其东南部临墨西哥湾，西南隔格兰德河与墨西哥相望。其面积为 26.6807 万平方英里（69.103 万平方公里）。[①] 得克萨斯原为科曼奇族、基奥瓦族、乔克托族、库沙塔族和阿帕契族等部族的印第安人居住地。1691 年，得克萨斯成为西班牙的殖民地。1821 年墨西哥独立后，它成为墨西哥的一个省。得克萨斯于 1836 年宣布脱离墨西哥独立，1845 年被并入美国，成为美国的第 28 州。得克萨斯被称为美国西部"牧牛王国"的"摇篮"和"大本营"。其东南部的菱形地区是得克萨斯牧牛业的发源地。

牧牛王国形成的第一步是由西班牙人和墨西哥人迈出的。1519 年西班牙殖民者到达今墨西哥城的中心地带。西班牙人在征服阿兹台克人后在城市废墟上建起新的城市。他们先是在墨西哥城的南部和西部的草地上放牧牛群。到 16 世纪 30 年代，一些西班牙人把他们的牛群放牧在该城西部和西

---

① 《美国百科全书》（*The Encyclopedia Americana*）第 26 卷，丹伯里 1997 年国际版，第 542 页。

北部的一些草地上。在 16 世纪终结时，牧牛业已经在新世界牢固地建立起来。它从两个方向往北扩展。一个从西，另一个从雄伟的马德雷山的东坡方向。在不到一个世纪的时间里，牧牛业从墨西哥城的西南面向北扩展了一千多英里。[①] 随着牛群的扩大和偷牛贼的增多，西班牙牧牛场主不得不照看他们的牛群。这些自认为是"上帝之子"的西班牙人视骑马照看牛群为有损尊严。于是，他们只好放弃占领墨西哥城时不准非西班牙人拥有马匹和骑马的禁令，教顺从的印第安人骑在马上照看牛群。慢慢地，墨西哥骑马牧人便产生了。牧场主把牛群放养在开放的牧场上，由骑马牧人巡游管理。今墨西哥北部崎岖不平的奇瓦瓦州、克阿韦拉州、新莱昂州和杜兰戈州有占地成千上万英亩的大牧场。那里是墨西哥牧民传统的故乡。牧牛业是代代相传的职业。从 1690 年起，墨西哥牧民开始在格兰德河岸边的灌木丛中和大草原上放牧牛群。

有记载说，克阿韦拉总督阿隆索·德·莱昂上校和达米安·马桑内特神父为给在得克萨斯的新传教区送供应品，曾于 1690 年赶着 200 头牛和 400 匹马抵达得克萨斯东部。在新传教区，他们只留下了 20 头母牛、2 头公牛和 9 匹马。返回的途中，德·莱昂在河流多的地区每过一条河就留下一头母牛和一头公牛、一匹雄马和一匹牝马。[②] 第二年，多明戈·德洛·奥里斯也把牛群赶到了得克萨斯东部，但未留下具体数字的记载。在西班牙殖民者向东北部推进，跨越得克萨斯的过程中，他们带的很多牛散落在途中，更多的牛到了得克萨斯。到 18 世纪早期，人们已经可以在得克萨斯看到大量牛群了。1714 年，法国人路易斯·德·圣丹尼斯在靠近戈利亚德的传教区看到了 5,000 头牛，在位于圣安东尼奥所在地的传教区看到了 1,500 对同轭的公牛和 5,000 只绵羊与山羊。[③] 在格兰德河两岸的圣安东尼奥和巴伊亚段，有一些私人牧场。牛数量的增加，一方面是因为自然增殖，另一方面是因为西班牙人从克阿韦拉和南部其他地区把更多的牛群赶进了得克萨斯。

---

① 戴维·达里：《牛仔文化》，第 26 页。
② 戴维·达里：《牛仔文化》，第 37 页。
③ 戴维·达里：《牛仔文化》，第 38 页。

在 1721 年，以马基耶斯·德·阿瓜约为首的探险队从新莱昂把 400 只绵羊和 300 头牛带进了得克萨斯。[①] 由于树木浓密、食肉动物多和缺少训练有素的牧人等原因，羊的数量在新的生存环境中增长缓慢。然而，牛在得克萨斯南部地区却繁衍兴旺。牛成了早期得克萨斯人基本的食物之源，也是传教区的主要财富。

得克萨斯的东南部像一个菱形。这一地区是美国西部牧牛业的发源地。圣安东尼奥是这个菱形的北部顶点。南部端点是印第安诺拉旧城（海湾和格兰德河的交汇点）。布郎斯维尔是菱形的东端（圣安东尼奥向东延伸到海岸处）。拉雷多是其西部端点（圣安东尼奥向西伸展到格兰德河处）。菱形南北两端的距离稍长于东西两端的距离。这块菱形地区对牧养牛群提供了几乎尽善尽美的条件。它广阔无垠，到处布满终年长绿的丰美牧草，树丛缀生在绿地之上，可以为牛提供阴凉和庇护处。那里气候温和，差不多属热带型，从未降过雪。即使偶有北方的寒流袭来，在南部阳光和墨西哥湾温暖气流的影响下，也会逐渐减弱和消失。在菱形地区，最多只会出现植物萎谢或歉收的情况。这个地区水源充足。特别是努埃西斯河谷地区，有欢快的溪流穿过，周围如同天然的公园。尤其重要的是它有利的地理位置，使其免遭大平原印第安人的袭击。努埃西斯河谷距离这些印第安人所在大平原的家园遥远且道路崎岖。他们须绕经圣安东尼奥，再沿森林边沿走过，继之向南向东而行，才能到达努埃西斯河谷。其归程还要冒太多被截阻的危险。在大平原印第安人的眼中，"努埃西斯河谷就像一条死亡的胡同"，故他们通常置之不顾。正因如此，墨西哥牧场主们才能得以安然自在地在那里放牧牛群，直到美国人到来。

在菱形东南边一线，是由海湾岸构成的天然保护屏障，同时又提供了出海口。菱形的西南边线散布着墨西哥牛群，西北边线及其周围地区布满了青草，从拉雷多城建立起（1755 年），那里就成了牛群、马群和羊群的家

---

① 奥迪·B. 福尔克：《西班牙时期得克萨斯的放牧业》(Odie B. Faulk, "Ranching in Spanish Texas")，《西班牙美洲历史评论》(*Hispanic American Historical Review*)1965 年第 14 卷第 2 期。

园。菱形的东北边线，生活着未来的牛仔。英裔美国人在 19 世纪 20 年代初开始移居这里。他们按照墨西哥牧民的生活方式学会了骑马和在马背上放牧管理牛群。在广阔草原上驰骋的野马提供了免费的坐骑。得克萨斯的牛并非完全是由西班牙人和墨西哥人喂养起来的。除大部分安达卢西亚牛和西班牙牛外，还有美国移民带来的奶牛和肉牛，被称为"美利坚牛"或"东部牛"。也有少量"法兰西牛"被法国人从路易斯安那带入了得克萨斯。[①] 另外，还有许多牛是无主的野牛。

到 18 世纪临近结束时，得克萨斯的牧牛场主面临着一系列难题。诸如西班牙政府的严格控制、缺少经验丰富的骑马牧人、大量盗贼出没、对侵占其家园充满敌意的印第安人和比格兰德河南部墨西哥牧场主的经营条件差得多的原始生存环境等。尽管如此，得克萨斯牛的数量，特别是南部菱形地区牛的数量还是不断迅速增加。从 17 世纪末至 18 世纪末，得克萨斯牧牛业的发展为它在 19 世纪成为"牧牛王国"的大本营奠定了基础。

2. 墨西哥共和国时期

1821 年，墨西哥宣布脱离西班牙殖民统治独立。新政府要求前殖民政府成员和教职人员宣誓反对西班牙。在得克萨斯的西班牙传教士拒绝宣誓，离开了墨西哥。行前，他们或将在教区内拥有的牛群送给皈依的印第安信徒，或干脆把牛放掉，让其像野牛一样自寻生路。这是后来得克萨斯牧区野牛增多的一个重要因素。

早在 1819 年，泰勒·怀特就来到了得克萨斯南部。那时西班牙政府还未将这一地区向美国移民开放。怀特是这个地区美国牧场主的先驱。他来时带了三头母牛和一些牛犊，还有两匹小马。他的妻子和三个孩子也随同而来。[②] 后来，怀特打有"JTW"烙印的牛群遍及特里尼蒂河两岸，并向南直到墨西哥湾。他最早在得克萨斯西南部经营牧牛业，无疑为许多美国移民树立了榜样。

---

① 沃尔特·P. 韦布：《大平原》(Walter P. Webb, *The Great Plains*)，沃尔瑟姆·多伦多·伦敦 1959 年版，第 210 页。

② 戴维·达里：《牛仔文化》，第 73 页。

1821 年，一些英裔美国人在斯蒂芬·奥斯汀的带领下，经墨西哥政府允许，移居得克萨斯的东南部，定居在牧草丰饶和树木繁茂的布拉佐河和科罗拉多河流域。他们几乎都一无例外地投身于牧牛业。奥斯汀花了大量时间，经过不懈努力，终于使墨西哥政府在 1825 年通过了一个移民法。随后，成千上万的美国人移居得克萨斯。他们都是在美国处于困境时到得克萨斯的。1812—1814 年美英战争后，1819 年的经济危机接踵而至，使许多美国人生活艰难。《1820 年土地法》，未能使那些渴望在新拓展的领土上寻找生活新起点的美国人受益。该法规定：在新拓州，一次性购买土地不能少于80 英亩，必须以每英亩 1.25 美元的现金支付。[1] 许多美国人无力购买。然而，在得克萨斯土地几乎是白白赠予的。一个人只要声明自己是农民移居者，就可以获得最多达 277 英亩的土地。如果他声称准备养牛，就能得到最多为4,338 英亩的土地。倘若他说自己兼营种植和养殖业，则可获得 4,615 英亩土地。[2] 这些移居得克萨斯的美国人从墨西哥骑马牧人那里学会了骑马、巡牧、使用套索、赶拢、打烙印和驱赶牛群等技能。

到 19 世纪 30 年代中期，得克萨斯的人口超过了 3 万人。其中 2/3 是美国移民，居住在东部和东南部的森林地带，许多人都从事牧牛业。墨西哥人主要居住在圣安东尼奥，约有 2,500 人，戈利亚德约 800 人。在圣安东尼奥东南的瓜达卢普河沿岸的维多利亚，是一个规模较小的墨西哥人居民点。在得克萨斯东部的纳科多奇斯有 500 名墨西哥人。其余的墨西哥人散居在得克萨斯境内的各居民点。他们受雇于其他移民，绝大部分人当了牧民。"他们被雇佣来管理牛、马和其他家畜，被公认是这方面可以寻到的最佳人手"[3]。得克萨斯墨西哥人的职业一般是饲养家畜，农垦者只占有限的比例，也有少数人为获得牛皮和油脂从事屠宰业。

---

① 罗伊·M. 罗宾斯：《我们的土地遗产，1776—1936 年的公共土地》（Roy M. Robbins, *Our Land Heritage, The Public Domain 1776-1936*），林肯 1962 年版，第 34 页。

② 戴维·达里：《牛仔文化》，第 68 页。

③ 小戴维·伍德曼：《得克萨斯移民指南》（David Woodman, Jr., *Guide to Texas Emigrant*），韦科 1974 年版，第 119 页。

美国移民到来之后，得克萨斯牛的数量增长得很快。据统计，1830 年得克萨斯有牛 10 万头。大约有 20%属美国牛，其中包括很少量的法兰西牛。其余的 80%在努埃西斯河和格兰德河流域，十之八九是西班牙纯种牛。这些牛绝大部分为野牛，活动于格兰德河和雷德河之间广阔的草地上。① 这一地区占今天得克萨斯州的 4/5。野牛通常分小群活动。它们白天躲在灌木丛中，晚上才出来。野牛比美国牛活动迅捷得多。它们可以数日不喝水而跑动如常。这些西班牙野牛所处的自然环境把它们造就成强壮的牛种。它们有长长的角，身体过分瘦削且两侧扁平，腰部细瘦，背脊下凹，长着一双大耳和一根长尾巴。在早期，这些牛被称为西班牙牛或墨西哥牛。到 19 世纪 40 年代，在得克萨斯边界地区，西班牙牛与美国牛杂交产生了一种更优良的混血牛种——"得克萨斯牛"。美国内战时期，这种新牛种以其长角而声名远噪，被称为"得克萨斯长角牛"（Texas Longhorns）。

"得克萨斯长角牛"与"西班牙牛"有显著的区别。这种混血的长角牛虽然和西班牙野牛一样野性十足，但母牛较西班牙牛更关心自己的幼犊。野生的长角牛不聚群。公牛喜独来独往，几头母牛却常与它们的幼犊聚在一起行走，以便能互相保护。长角牛的嗅觉比鹿还灵。公牛暴烈异常，始终处于肌肉紧张状态。即使最轻微的挑衅发生，它也会成为最具攻击性和危险的猛兽。遇人向它走去，它会突然用蹄刨起地上的泥土，一摇头，闪电般地向人猛冲过去。而对一队士兵，会像一台割草机一样把队伍切割成几块。驯服的母牛也像公牛一样危险。在保护幼犊免受伤害时，它像公牛一样凶猛。在野生状态下，它又像鹿一样胆小。因此，人只有骑在马上才能接近野牛。即使这样，疯狂的野牛也会对骑马者穷追不舍。人们要想看管住"摇篮"中这些粗暴的长角牛，最好是骑在马上，带着套索和六响枪。在大平原上的印第安人消失后，长角牛的存在是使得克萨斯人必须骑在马背上并带枪的重要原因。

尽管许多得克萨斯人从墨西哥牧民那里学了很多东西，但由于这些美

---

① 克拉伦斯·W. 戈登：《关于牛、羊和猪的报告》，《农业产量报告，第 10 次普查》（Clarence W. Gordon, "Report on Cattle, Sheep and Swine", *Report on the Productions of Agriculture*）第 3 卷，华盛顿 1883 年版，第 965 页。

国移民与墨西哥人和印第安人的文化差异，特别是他们信奉"白人至上论"，这使他们与墨西哥人发生许多冲突。他们的语言、生活方式、信仰及各自的梦想和野心与墨西哥人有很大差异。他们不喜欢对得克萨斯有管辖权的墨西哥政府。随着冲突的发展，墨西哥政府在 1830 年颁布法令，禁止一切美国移民进入得克萨斯境内，但立即遭到得克萨斯人的强烈反对。到 1833 年，墨西哥政府取消了限制美国人移居得克萨斯的禁令。1835 年底，美国为获得得克萨斯，利用该地区的美国移民，策动了所谓得克萨斯革命。1836 年 4 月 21 日，得克萨斯宣布独立，成为"孤星共和国"。

在得克萨斯共和国时期（1836—1845 年），努埃西斯河流域成为科罗拉多河的得克萨斯人和格兰德河的墨西哥人之间边界战争的战场。经过长时间的拉锯战，得克萨斯人取得了绝对优势。墨西哥人发现其格兰德河以北的土地难以守住，便放弃了那里的牧场和绝大部分牛群，回到现在的墨西哥境内。那些被丢下的牛群只得自寻生路。其中很多牛变成了野牛。得克萨斯人便涌进牧牛区，接管了墨西哥人留下的一切。共和国宣布所有未打烙印的牛群属于公共财产后，得克萨斯人开始用烙铁在这些牛身上打上他的烙印，把无主的牛群转为自己的财产。

在墨西哥人回到格兰德河以南后，得克萨斯的牧牛业主要由移居该州的美国人（即得克萨斯人）经营。但必须强调指出的是，在美国西部"牧牛王国"形成的过程中，是西班牙人和墨西哥人走出的第一步。他们在努埃西斯河流域建立起自己的牧场，并发展了一种由骑马牧人在开放牧区巡游管理牛群的方法。那里的自然条件把西班牙牛改造成为一个强壮耐劳的牛种，并使很多牛变野。墨西哥牧民还教会了从 19 世纪 20 年代开始移居得克萨斯的美国人骑马管理牛群的方法。西班牙人和墨西哥人走出的第一步为"牧牛王国"的形成奠定了基础。

3. 得克萨斯人与牧牛业

1845 年初，美国国会通过合并得克萨斯的决议。同年 12 月 29 日，得克萨斯加入联邦，成为美国领土的一部分。墨西哥政府拒不承认以格兰德河为两国国界，并断绝了与美国的关系。美国遂在 1846—1848 年挑起侵略墨西哥的"美墨战争"。美国获胜。1848 年 2 月 2 日，美墨两国签订了《瓜达卢佩—伊达尔哥和约》，规定格兰德河为得克萨斯与墨西哥的边界，墨西哥割让上加利福尼亚和新墨西哥（包括今天亚利桑那州的大部分）给美国。美国同意支付 1,500 万美元，承担美国公民向墨西哥政府要求的 325 万美元赔偿。① 美国割取了墨西哥半壁江山。这一结果对得克萨斯牧牛人的生活将产生巨大的影响。

得克萨斯人迈出了"牧牛王国"兴起的第二步。到得克萨斯加入联邦时，养牛的方式正在这个新州悄然发生变化。在 19 世纪 20 年代移居得克萨斯的美国人是把养牛业和种植业结合在一起的。因为这些对早期移民的生存都极为重要。后来得克萨斯人受到墨西哥牧民的影响，慢慢地接受并采用了在开放牧区骑马放牧牛群的方式。在得克萨斯人拓居区，牧牛业成为一个独立行业，牧牛人亦成了一个独立的群体。到 40 年代末，与得克萨斯平原接壤的大部分地区的英裔得克萨斯人，都采用了在开放牧区放牧牛群的技术。

位于格兰德河东段的大片地区（今斯塔县向北，直越过拉雷多），灌木丛生。墨西哥人称之为"死亡的荒漠"。如今，人们见到这一地区也会觉得毛骨悚然。然而，在这片令人生畏的原野上，到处点缀着生机盎然的橡树、牧豆树，生长着茂密的灌木丛，能为牛群提供丰美的牧草。墨西哥牧民在墨西哥独立前已在这里建立了一些大牧牛场。墨西哥独立后，科曼契印第安人加紧了对这一地区的侵扰。② 一些墨西哥牧民只得放弃他们的牛群逃离这一地区。被放弃的牛群很多变成了野牛。在得克萨斯革命期间，一些得克萨斯人闯入了这一地区，抢走了在马塔莫罗斯北部的维戈、拉斯阿尼马斯、圣罗莎和沿格兰德河上游地区牧场的牛群。在 19 世纪 20 年代初，移居得克萨斯的美国人只是定居在菱形地区的东北一线的地区。到 30 年代中期后，他们

---

① 亨利·S. 康马杰编：《美国历史文献》（Henry S. Commager, ed., *Documents of American History*）第 1 卷，纽约 1963 年第 7 版，第 313—314 页。

② 大平原地区是印第安人的家园。白人移居者在开发西部的过程中，夺去了他们的土地，侵占了他们的家园，破坏了他们的狩猎场。印第安人为了生存而自卫。所谓对白人的"侵扰"等，完全是白人引起的。在以后章节的论述中，为了行文方便，免去更多的前提说明。

经营的牧牛业已经越过了菱形的西部端点拉雷多，扩展到格兰德上游的广大地区。一些得克萨斯人抢走墨西哥人的牛群，用墨西哥人的技巧围捕野牛。得克萨斯革命后，一些退伍士兵也在努埃西斯河和格兰德河之间围捕漫游的野牛。这些人被多比等称为"牛仔"（Cow-boys）。到1900年左右，牛仔一词在拼写上由"Cow-boys"演变为"Cowboy"。①

　　大约在得克萨斯革命发生三年以后，一些得克萨斯人开始使用左轮手枪。这种手枪是由塞缪尔·科尔特在1835年发明的。它装有五发子弹，人称五响枪。曾是得克萨斯骑警队员的塞缪尔·瓦尔克使用过这种手枪。1846年初，他升为骑警队的中校，后来又成为新组建的步枪骑兵团的上尉。在对墨西哥的战争中他曾指挥作战。在瓦尔克的建议下，科尔特把手枪改制成能连续打六发子弹。他在1847年造出了大约两百四十支新式手枪。② 手枪便以"六响枪"闻名起来。"六响枪"等武器，最终帮助得克萨斯人打败在边界地区的印第安人、击毙凶兽和发疯的野公牛等，保证了牧牛业的迅速发展。

　　19世纪20年代，来自美国南方诸州北部的移民经南、北卡罗来纳进入得克萨斯东北部。这里曾是骏犇长驻、野马奔驰和野狼出没的地方，后被英裔美国移民引进的牛群所继承，成了很好的牧区。得克萨斯东北部为开放牧牛业提供了极好的条件。整个地区属亚热带气候，在19世纪被很多牧草所覆盖，是广阔的黑土草原。稠密的松树和硬木森林耸立在草原旁。在这片多草的栎木开阔地上，还有浓密的灌木丛。森林和草原镶嵌交错，构成一幅错综复杂的图案。它是穿越得克萨斯东北部从东向西伸展的"草原走廊"。在一年中的大部分时间里，牛群可以放牧在这片青草地上。只有在短暂的冬季，牛群才需要到河流和小溪的底部寻找庇护处。在那里，牛可以找到很多藤茎、黑麦草和冬季生长的草。甚至在动物打滚形成的坑洼里，牛都可以找到四季生长的青草做饲料。在19世纪20年代，得克萨斯东北部的养牛业还未受到西班牙牧牛方式的影响，是传统的英式方法（东部方法）。据1825年

---

①　戴维·达里：《牛仔文化》，第83页。

②　戴维·达里：《牛仔文化》，第80页。

的调查，得克萨斯东北部地区有牛5.5万头，居民2,500人，两者的比率为22：1。① 到30年代，东部养牛方式在得克萨斯东北部地区处于兴旺时期。50年代以后，那条多草的"走廊"引导着英裔牧场主向西到了得克萨斯北部的中心地区。他们西移到克罗斯廷伯斯、北部的草原地区及更远的地方。在那里，采用英式—法式—西班牙式管理方法的牧牛人交融在了一起。美国西部的牧牛业是多种牧牛方式的合成物。其中，在开放牧区骑马管理牛群的西班牙方式对美国西部牧牛业的影响更大。

到1850年，有越来越多的美国人到得克萨斯这个新建州定居。许多人因受了在该州养牛致富是如何容易的传闻诱惑而前往。对某些人来说，"牧牛热"也像加利福尼亚的"淘金热"那样，成为吸引他们到得克萨斯去的主要动因。也有一些人在决定移居得克萨斯前对那里的情况有所了解。如有人从先移居得克萨斯的亲人信中得到忠告：到那里去要在靠近海湾的地方，弄到一块树木葱郁、水草丰美的"地力永远不会耗尽的土地"；要"找一个好女人做妻子"一同前往定居；能带多少牛去就带多少牛去等等。② 很多人在沿海湾岸边地带靠近加尔维斯顿、布拉索斯、圣地亚哥（伊莎贝尔港）、科珀斯克里斯蒂和印第安诺拉诸港附近定居。绝大部分移民宁愿到得克萨斯东部和西部的森林地带居住。也有许多人涌入西经95°线以西的大草原地区，散居于如今沃思堡、达拉斯向南至奥斯汀以西，再向西南到圣安东尼奥西面一点的地带。

得克萨斯东部与移民原来居住的州（诸如田纳西、佐治亚和东邻的其他地区）条件相似。然而，得克萨斯的草原则和其他地方截然不同。它比森林地区干燥，树木稀稀拉拉，且少得多。该州的草原和平原地带还是科曼契印第安人的活动范围。总之，全新的环境使这些移民难以生活得舒心。到19世纪50年代初，一些得克萨斯人已经仿照墨西哥人的牧场经营模式开始了

---

① 特里·G.乔丹：《早期得克萨斯东北部与西部大牧场的演变》（Terry G. Jordan, "Early Northeast Texas and the Evolution of Western Ranching"），《美国地理学家学会年刊》（*Annals of the American Geographers*）1977年3月，第67卷第1期，第73页。

② 戴维·达里：《牛仔文化》，第105页。

自己的放牧生活。得克萨斯人迈出了"牧牛王国"形成的第二步。到 19 世纪中期，得克萨斯的牧牛业有了突飞猛进的发展。1860 年，得克萨斯牧区的牛大约有 300 万—400 万头。[①] 牧牛业被公认为是得克萨斯的象征。

二、牛贸易的源泉

1. 新奥尔良市场

"牧牛王国"形成的第三步是长角牛从得克萨斯被驱赶着北上去寻找销售市场。从得克萨斯革命起，直到美国内战前，得克萨斯的牛群以极快的速度和稳定的比率不断繁衍与变野。其间，不时有人尝试着把长角牛在新奥尔良卖掉，或销往"淘金热"冲击下的加利福尼亚，甚至出售到北部市场。然而，得克萨斯的牛贸易直到美国内战以后才得以规范化。

在 19 世纪 30 年代初，绝大部分得克萨斯人除了牛之外没有可以用来进行交易的东西。那时几乎没有什么货币。普通用于流通的仅仅是一种地区性的薄薄的银币：这是一种墨西哥革命时期的银币。它是墨西哥爱国者在取得造币厂所有权之前制造出来的。相较之下，牛，特别是母牛和小牛在交易中常常比这种银币更有用。渐渐地许多人的财富多寡就由他拥有多少打了烙印的牛的数量来判定。"一个人要是拥有 100 头母牛，就可以在得克萨斯为所欲为"[②]。如果一个牧牛者拥有了大群的牛，就可以驱赶它们跋涉 300 英里的路程，到新奥尔良。在得克萨斯南部牧区，一头牛犊值 5 美元。在新奥尔良，一头 5 岁口的牛则可带来 35 美元的收益。如果一个人赶着 60 头牛组成的牛群到新奥尔良，需要 21 天。把包括人与马的所有开销计算在内，平均每头牛要花费 4.125 美元。[③] 如果一群牛的头数越多，其耗费就会越小。

泰勒·怀特被认为是第一个从得克萨斯赶牛到新奥尔良出售的白人。从

---

① T. R. 费伦巴赫：《孤星——得克萨斯和得克萨斯人史》（T. R. Fehrenbach, *Lone Star, A History of Texas and the Texans*），纽约 1991 年版，第 556 页。

② 小戴维·伍德曼：《得克萨斯移民指南》，第 34 页。

③ 克拉伦斯·W. 戈登：《关于牛、羊和猪的报告》，《农业产量报告，第 10 次普查》第 3 卷，第 965 页。

19世纪20年代至1850年，他时常赶着牛到新奥尔良出售，并把卖牛的钱存入银行。怀特是一个既不会读又不会写的人。他靠着养牛起家成了牧场主。在1841年底，怀特已给3,700头小牛做了标记或打上烙印。他还卖出1,100头重量均在1,000磅左右的牛。到1842年，怀特的牧场已拥有约4,000英亩的土地、90多个黑人奴隶和3,000头牛。他在新奥尔良还有6万美元的硬币存款。[①]

在1837—1838年，"牛仔们"在努埃西斯河和格兰德河流域收集许多未打烙印、变野的牛群。每群牛有300—1,000头不等。随后他们将这些牛群赶往内地销售。有记载说，在1842年，一次有1,500头牛被驱赶到了密苏里售出。爱德华·派珀在1846年把1,000头牛赶到了俄亥俄州。他在那里将牛喂养后卖掉。[②]从1846年至南北战争，一直有赶牛向得克萨斯以外地区的出售活动，但都没有什么规律。大部分从得克萨斯赶出的牛，经长途驱赶被销往大平原地区，也有一些牛被赶进了加利福尼亚、亚利桑那和新墨西哥。

得克萨斯早期的牛贸易，除陆路驱赶外，还经水路将牛外运。在1883年公布的《第10次人口调查报告（1880）》中提及："得克萨斯牛船运业务最早是在1848年从摩根的汽船开始的"[③]。由于受此影响，大多数历史学家都持得克萨斯海运牛贸易始于19世纪40年代末或是1848年的观点。然而，近年的研究认为得克萨斯湾岸港口的生牛船运业务的开展还要早得多。早在1839年，就有一些得克萨斯人赶着小股牛群到什里夫波特或是路易斯安那的其他几个小河镇上去。牛在那里被装上浅底船顺雷德河而下，再转入密西西比河，直到新奥尔良市场上。从那里，得克萨斯牛可能被装上汽船运往莫比尔，然后再运到沿墨西哥湾的其他一些主要市场。[④]摩根航线始建于1836

---

① 戴维·达里：《牛仔文化》，第73页。
② 沃尔特·P. 韦布：《大平原》，第211页。
③ 克拉伦斯·W. 戈登：《关于牛、羊和猪的报告》，《农业产量报告，第10次普查》第3卷，第965页。
④ 戴维·达里：《牛仔文化》，第86页。

年前后，到 1837 年摩根已拥有 3 艘汽船往返于得克萨斯水域。到 1845 年，加尔维斯顿和韦拉斯科成了得克萨斯最重要的港口。仅在加尔维斯顿停泊的船只就有 250 艘，其中有 52 艘汽船往返于得克萨斯与新奥尔良之间。[①]19世纪 30 年代末和 40 年代初从事贸易运输的船已适于装载各种货物。因此，完全有可能早在 1848 年之前，甚至还要早于 1839 年时，有一部分牛是从得克萨斯装船横越墨西哥湾远售到了新奥尔良。在 1845 年，得克萨斯的产牛量约为 24 万头。[②]当然，用船运这种方式输出的牛只占得克萨斯产牛总数的微不足道的一部分。

2. 赶牛到加利福尼亚

与得克萨斯东邻的南部诸州自己已有充足的牛肉供应。其境外的南部和西南部地区则人烟稀少。格兰德河以南的墨西哥，牛更是供大于求。得克萨斯北部被人们称为"大荒漠"的地区是印第安人的活动区，根本不存在售牛市场。只有在距离得克萨斯边界约一千英里的东北部地区，才有大量的人口和对牛供应的巨大需求。随着得克萨斯人赶着成群的长角牛不断向东北部出售，对他们来说，只有那里才确实存在着待开发的更好的全新市场。然而，美墨战争的爆发和加利福尼亚"淘金热"的兴起，却使得得克萨斯人向东部开拓新市场的进程延搁下来，而在远西部为他们开辟了一个新市场。许多得克萨斯人因此可以驱赶着牛群到太平洋沿岸出售。

在美墨战争以前，加利福尼亚的牧牛业能为当地的居民提供足够的活牛供应。签订结束战争和约的前几天，在加利福尼亚北部靠近科洛纳的约翰·A.萨特的锯木厂发现了金矿。金矿的发现，将对加利福尼亚牧牛场主无忧无虑的生活和苦苦寻求新市场的得克萨斯牧牛人产生巨大的影响。多少世纪以来，黄金一直是梦想飞来富贵的人们追逐和贪求的对象。当加利福尼亚发现金矿的消息飞越群山、荒漠和辽阔的平原传到得克萨斯草原、密苏里起伏的田野和东部更远的地方后，淘金者纷纷涌进了加利福尼亚。在不到

---

① 克拉伦斯·W.戈登:《关于牛、羊和猪的报告》,《农业产量报告,第 10 次普查》第 3 卷,第 985 页。

② 戴维·达里:《牛仔文化》,第 347 页注 26。

一年的时间内，那里的白人从 1.4 万人猛增到 6 万人。① 假如没有发现金矿，由西班牙人和墨西哥人在加利福尼亚建立起来的牧场体系可能还将保留 50 年或更长的时间。因为按照结束美墨战争和约的规定，美国政府要承认西班牙人和墨西哥人对加利福尼亚牧场主的土地转让。可是淘金热吸引着大量移民流入加利福尼亚。随着移民洪流的涌入，所产生的一切复杂问题差不多都与土地有关。新移民要求相距两千多英里、远在"美国大荒漠"以东的美国国会作出反应。国会众参两院经过长时间的激烈辩论，通过了《1850 年妥协案》。9 月 9 日，国会接受加利福尼亚以自由州的身份成为联邦的第 31 州。国会还通过一项法案，授权总统组成一个三人委员会，负责解决该州私人要求土地的问题。根据这一法案成立的土地委员会规定，美国移民只要在申请书上获得两次签证手续，就可以获得对现有土地的占有权。加利福尼亚北部的牧场体系开始瓦解。尽管那里的牧牛场主为保住自己的牧场进行了不懈的斗争，但他们最终还是失去了很多土地。美国东部的养牛模式开始在加利福尼亚北部的一些地区沿用。相比之下，加利福尼亚南部原有的牧牛体系却被完整地保留下来。大批移民涌入北部淘金区，为南部的牧牛场主提供了一个较近便的牛肉市场。整个加利福尼亚牛肉的价格都在上扬。在圣弗朗西斯科，成龄牛每头的价格上升到 75 美元。连小牛每头都卖到 20—25 美元。就是在极远的南部牧场里，成龄食用公牛每头的售价也达 30—40 美元。② 由于该州北部和南部的牛肉市场存在巨大差价，加利福尼亚南部的牧牛场主便开始赶着牛群到北部的圣弗朗西斯科、斯托科顿和萨克拉门托出售。加利福尼亚南部以获得牛皮和牛脂为目的的传统屠宰业已让位给更有利可图的牛贸易。

得克萨斯盛产牛，但市场不多。一些得克萨斯人把加利福尼亚金矿的发现视为解决他们过多存牛销路的一个好去处。日益增多的淘金者为得克萨斯牛提供了一个全新的且不断扩大的市场。早在 1848 年春，几个得克萨斯

① 戴维·达里：《牛仔文化》，第 90 页。
② 戴维·达里：《牛仔文化》，第 90 页。

人便开始赶着他们的长角牛西行，前往加利福尼亚。他们需要长途跋涉约
1,500 英里的艰难历程，将牛群赶往金矿区。[1] 这是一场冒险，但很少有人失
手。因为当时得克萨斯牛价低到每头只能卖 2 美元，即使赶牛人在途中失掉
半数的牛，到加利福尼亚仍可以获得可观的利润。得克萨斯州华盛顿县的 T.
J. 特里迈尔是早期往加利福尼亚的赶牛人之一。据说他把 500 头牛赶到了太
平洋沿岸，每头卖了 100 美元的高价。[2] 第二年春天，他在返程中遇到了一
群又一群的牛被从得克萨斯赶往加利福尼亚。这些牛群经由南线入境被卖往
加利福尼亚市场。

　　从得克萨斯赶着一群牛经南线到加利福尼亚，需要约 5—6 个月的时间。
圣安东尼奥和弗雷德里克斯堡是长途赶牛起点中重要的两个城镇。从圣安东
尼奥西行，穿越得克萨斯西部，到富兰克林牧场[3]，有一条小路从富兰克林
的商店门前向西而去。牛群沿这条小路通过现今新墨西哥南部到亚利桑那境
内的希拉河和科罗拉多河。牛道在那里靠近图巴克和图森的村庄处，向前渐
渐与菲力普·圣乔治·库克上尉在几年前开通的一条马车道会合。牛群沿此
道前行，一俟穿过科罗拉多大沙漠，便进入了加利福尼亚境内，随后集中向
沃纳牧场进发。[4] 牛群从这个牧场被赶往圣迭戈、洛杉矶，或北上送到获利
更好的圣弗朗西斯科、斯托科顿及萨克拉门托的市场上。

　　还有几条从南部进入加利福尼亚的路线。与沿经普拉特、南山口和洪堡
河一线的北路相比，南路承载了更多的牛群前往加利福尼亚。但北路却是大

---

[1]　戴维·达里：《牛仔文化》，第 88 页。

[2]　J. 埃维茨·黑利编：《得克萨斯——加利福尼亚的牛道日记》（J. Evetts Haley, ed., "A
Log of the Texas-California Cattle Trail, 1854"），《西南部历史季刊》1932 年第 35 卷。

[3]　该牧场位于现今得克萨斯的埃尔帕索（Elpase），因圣菲商人富兰克林·库恩斯
（Franklin Coons）而得名。大约在 1847 年，他在此地建立了一个大众化的杂货商店。牧场亦被
称为库恩斯牧场。

[4]　牧场属约翰·T. 沃纳（John T. Warner）所有。他于 1831 年从康涅狄克迁入加利福尼
亚。1844 年沃纳获得了圣地亚哥附近的巴列·德·圣乔斯（Valle de San Jose）牧场。他把这个
牧场改造成为一个贸易站，并使之成为给成千上万前往加利福尼亚的淘金者提供休息、食宿的
场所。

部分淘金者去加利福尼亚的必经之路。这些南部路线大多从崎岖不平和无人定居的荒蛮地区穿过。草和水并不总是很充足的，印第安人袭击的问题也比北路严重很多。然而，如此漫漫长途赶牛中所要遭逢的无数困难、凶险和障碍，在赶牛人对征程尽头那巨大的利润的渴求和梦想面前，已变得微不足道了。况且，得克萨斯人已经认识到，即使他们把牛群赶到加利福尼亚时，那里的牛价远非他们所预想的那么高，也无伤大雅。他们暂时可以不把牛卖掉，在当地放牧育肥一段时间，一旦牛价上涨，再把它们出售。这并不会让得克萨斯人付出更大的代价。走南路损失的牛比走北路损失的多，但仍可获大利。约翰·哈克特曾于 1849 年前往加利福尼亚寻找黄金。50 年代初，他返回了阿肯色州。1853 年，哈克特凑集了有 937 头牛的牛群。他赶着牛群西行穿过得克萨斯，沿着那条最常用的南边路线前往加利福尼亚。哈克特的牛有 3/4 在长途驱赶中死掉。等到他抵达加利福尼亚的斯塔尼斯劳斯县时，仅有 182 头牛幸存了下来。尽管他损失了 755 头牛，但仍大赚了一笔钱。①

一些得克萨斯青年人，以帮助照顾牛群为条件，换取由牛主提供他们移居加利福尼亚途中所有的开销。其中，21 岁的詹姆斯·G. 贝尔是个值得一提的代表，因为他是留下从得克萨斯到太平洋沿岸牛贸易最早的记录的人之一。年轻的贝尔曾居住在圣安东尼奥。他的父亲开了一家珠宝店。贝尔想到加利福尼亚他哥哥那里，便和得克萨斯赛金的牧牛场主约翰·詹姆斯达成协议。他同意为詹姆斯干活以挣得去加利福尼亚途中的生活费。1854 年 6 月 3 日，贝尔随牛群从圣安东尼奥起程，顺南路前往加利福尼亚。后来，他定居加利福尼亚，直到 35 岁在那里去世。在 1854 年往加利福尼亚赶牛的途中，贝尔写了大量日记，反映出当时牛贸易的真实情况。在 7 月 5 日的日记中，他记载了本赶牛队的史密斯报告在前面 40 英里外另一支赶牛队与印第安人发生战斗的情况。厄斯金先生的牛群被印第安人偷了 3 头公牛。他狠狠还击了他们，杀死其中的 6 名印第安人，夺得了 10 匹马。②厄斯金愚蠢地追击

---

① 戴维·达里:《牛仔文化》，第 99 页。
② 戴维·达里:《牛仔文化》，第 101 页。

这些印第安人到其居住地时，他遭到增援的印第安人的反扑，被迫狼狈地逃了回来。9月1日，贝尔记下了遭受雷击的经历。那天，他们的赶牛队在离圣贝纳迪诺旧牧场约三英里的地方扎营。牛群被放牧在小谷地里。差不多在午后4点钟，一场暴雨倾盆而下。突然，一道雪亮的闪电伴着一声炸雷，像万炮齐鸣，击中了一头白色的小公牛。一个火球沿着它的肚子滚过，烧焦了它的皮毛。瞬间，火球又滚向了约五十码外的另一头牛，它身上没留下什么痕迹。两头牛都被雷电击死。其间，雷电还在它掠过的那条线上把约20头牛都击昏在地。虽然赶牛人的宿营地远离牛群约有150码，但也有几个人受到了雷电的波及。① 贝尔在10月3日的日记中，记载了晚饭后他们几个人对近几年赶牛损失的估算。经过比较合理的计算，他们认为损失的牛为3,000头，每头牛以25美元计，总计7.5万美元，加上骡马和其他财产的损失2.5万多美元，全部损失可达10万美元。其中3/4落入印第安人手中。②

像贝尔一样，其他赶牛远售加利福尼亚的得克萨斯人也有在长途驱赶中的艰苦经历。然而，在加利福尼亚，他们看到、听到和学到了太平洋沿岸牧牛业和牧场经营的更多东西。得克萨斯和加利福尼亚的牧牛场主也有过多方面的接触。

移居加利福尼亚人口的迅速增长，很快引起食品供应的不足。当地牧场难以满足居民对肉类的需求，不仅因为自然资源贫乏，而且其生产方式也欠得当。加利福尼亚的牧牛场主为了一夜间把无数金钱装进腰包，总是急切地卖掉尽可能多的牛。他们常常把母牛、小牛随公牛一起卖，不知道留下足够数量的牛来繁衍更替。其结果使加利福尼亚南部牛群的自然繁殖率逐渐降低。从19世纪50年代初年均产牛1.5万头，到1855年下降到不足此数的1/2。③ 因为加利福尼亚产的牛不能满足市场的需要，一些奶、肉类制品需要从州外输入。以圣弗朗西斯科为例，在1853年，有2,000万磅黄油、

① 戴维·达里：《牛仔文化》，第103页。
② 戴维·达里：《牛仔文化》，第103页。
③ 戴维·达里：《牛仔文化》，第104页。

700 桶和 9,400 箱咸猪肉以及 1.6 万桶牛肉被输进。[1] 加利福尼亚也需要东部提供活牛。最初，东部牛在加利福尼亚市场上还少于本地牛，但在 1852 年以后，优质东部牛的数量迅速增加。到 50 年代中期，大量来自得克萨斯、密苏里和其他地方的牛都被加利福尼亚市场很容易地消化掉。由于大量牛群的涌入，加利福尼亚市场到 1856 年时差不多已经饱和。每头牛价已跌至 16—18 美元，带了小牛的母牛也只能多卖 7—8 美元。[2] 这年夏天，加利福尼亚部分地区遭受了一场大旱的袭击，迫使许多牧牛场主以低价卖掉了更多的牛。到 1856 年底，加利福尼亚牧牛业的"黄金时期"结束。1857 年来临时，该州的牛市场已经完全饱和。这使那些在 1856 年夏天兴冲冲从得克萨斯等地起程长途驱赶售牛的人，到了加利福尼亚后变得无比沮丧。

加利福尼亚市场崩溃的消息传到东部后，涌向该州的牛群流随之减退，到 1859 年，只剩下一股涓涓细流了。得克萨斯的牧牛场主不仅把目光投向了东北部铁路沿线地区，而且有些人已经赶着他们的长角牛群，北上密苏里河，试图在那里为得克萨斯牛开辟梦寐以求的市场。

3. 到东北部寻找市场

还是在向加利福尼亚"赶牛热"时，一些得克萨斯牧牛场主便专心把注意力投向东北部。这是因为他们不愿冒险到遥远的加利福尼亚市场，也放弃了通过船运向外售牛的尝试。1851 年，詹姆斯·福斯特在得克萨斯以低价套购优质长角牛，用摩根船队运到新奥尔良高价出售，从中获得大笔收益。他迅速取得了新奥尔良—得克萨斯所有汽船贩牛业务的独占权。到 50 年代中期，福斯特几乎垄断了海湾的牛贸易。由于福斯特拒绝牧牛场主们提高收购价格的要求，致使他们对通过船运为不断扩大的牛群解决销路失去了信心。更多的人通过陆路赶牛，到东北部去寻找销售市场。

因为在 19 世纪 40 年代已有了往东北部驱赶牛群的尝试，到 50 年代初，

---

① 克拉拉·M.洛夫：《西南部的牧牛业历史》，《西南部历史季刊》1916 年第 19 卷。
② 戴维·达里：《牛仔文化》，第 104 页。

向东北方向的牛贸易路线已建立起来。这条贸易路线是从得克萨斯州靠近现在格雷森县普雷斯顿的罗奇布拉夫渡口，涉过雷德河进入查克托印第安人的领地，稍拐了一下伸向东北方向。这段路上有个岔道口。赶牛人可以选择一个方向，经过沃希托堡附近，也可以沿另一条更直接的路线到东部去。这两条路在雷德河以北约 50 英里的波吉迪波特南面再次汇合。波吉迪波特位于克利波吉克里克地区。这里曾是一个为重又定居该地的奇科索印第安人分发粮食的配给点。路在此继续向东北延伸，穿过加拿大河南北支流的交汇处，接着恰好在格兰德河或尼欧肖河河口上游和弗迪格里斯河下游之间的地区穿越了阿肯色河。由此沿格兰德河延伸北去，经过吉布森堡（1824 年建），路在这里借用一条军用路线继续沿格兰德河西岸向东北去，一直到达今天堪萨斯州西南部距它南边州界仅几英里的地方。在那里，路穿过格兰德河上了东岸，再经过现今堪萨斯州的巴克斯特泉。路从此处转而向东北进入密苏里，一直到达现在该州乔普林以南的地方。

"锡代利亚小道"是"肖尼小道"的一条支路，曾被前往得克萨斯的移民使用过，在贩牛人经过它北上时这条路才真正变得出名起来。这条赶牛小道从普雷斯顿过雷德河后就拐弯通向西北，穿过印第安人控制区进入阿肯色史密斯堡以南的地区。从史密斯堡附近过阿肯色河通到欧扎克斯北部，沿阿肯色线以西抵达切罗基印第安人部落。这条牛道是从阿肯色州进入密苏里南部的梅斯维尔附近，并继续向北延伸到密苏里州的锡代利亚。

4. 庞廷与马隆

首次把牛从得克萨斯赶往密苏里贩卖的人是来自伊利诺伊州的托马斯·坎迪·庞廷。这个青年人最终还把牛送到了纽约市。19 世纪 50 年代初，庞廷和华盛顿·马隆合伙从伊利诺伊往威斯康星贩卖牛。到 1853 年初，伊利诺伊牛在威斯康星市场上衰落下去。庞廷和马隆也听到了一些关于得克萨斯州的牛是多么便宜之类的传闻，便决定去得克萨斯州贩牛。两人到达得克萨斯后不久，遇到了一位想返回伊利诺伊州的老人。他们以老人帮赶牛和四轮马车为条件答应带他回去。于是，三人一起去了现今得克萨斯州的格林维尔正东的霍普金斯县。在那里，庞廷遇到梅里达·哈特。在哈特的帮助下，庞廷和他的合伙人买了 700 头长角牛。[1] 随后他们就准备把这群牛赶回伊利诺伊。

他们从普雷斯顿渡口以东数十英里的地方渡过雷德河。一进入印第安人地区，庞廷让马隆照看 700 头牛，他决定去买更多的牛。他从几年前定居此地的英国人普利斯手中买了 80 头牛，赶着它们追上了马隆等人和大牛群。[2] 在庞廷牛队的前头，是由几头公牛拉着的四轮货车，由那位老人驾驭着。一头脖子上系着铃铛的公牛被拴在货车后，它是牛队的头牛。它往哪儿走，其他牛会跟着往哪去。在穿越印第安人地区时，庞廷等人心存疑惧，害怕牛群受到惊扰，每晚不敢进帐篷睡觉，都是在马背上过夜。然而，他们没有受到任何侵扰就很容易地走过了印第安人住区。牛队到达阿肯色河时，庞廷在吉布森堡西边大约 15 英里处请了几个印第安人帮助绑了一只大木筏，把四轮货车渡过了河。牛都游到了对岸，人也骑马安全过了河。从那里牛道便沿着弗迪格里斯河和格兰德河的走向往前了。走出印第安人住区，他们就进入了密苏里境内靠近保存至今的堪萨斯州的巴克斯特斯普林斯处。可是，在 1854 年庞廷的牛队经过此地时，斯普林斯还没有什么村落。随后，庞廷和马隆赶着牛群向密苏里州的斯普林菲尔德附近进发。在向东北方向行进的途中，他们从农场主那里买到一些黄油、鸡蛋和咸肉食用。牛队一到圣路易斯，他们就把牛放在太平洋牲畜围栏中，然后在附近搭帐篷过夜。次日凌晨，他们又赶牛起程。到密西西比河边，牛被用船运过了河，继续向东北前行，到伊利诺伊一程，也像从得克萨斯至密苏里的四个月行程一样平安无事。庞廷和马隆让他们的牛群在伊利诺伊州过冬。1854 年春天，他们把大部分长角牛卖掉，只留下了 150 头最肥的肉牛，准备把它们送到纽约市。[3]

5. 长角牛到纽约

庞廷和马隆让带铃铛的头牛在前面引路，把这群牛从伊利诺伊赶到了印第安纳州的威廉斯波特，在那里渡过了沃巴什河。过河时，庞廷带着头牛乘

① 戴维·达里：《牛仔文化》，第 110 页。
② 戴维·达里：《牛仔文化》，第 110 页。
③ 戴维·达里：《牛仔文化》，第 112 页。

渡船前行，其余的牛听到铃声便纷纷跳进河里，不需马隆用力驱赶就游到了对岸。过河后，他们继续把牛群一直向东驱赶，直抵印第安纳州的曼西。在那里，他们改用火车装运牛群到纽约。因为在1854年以前铁路从未办理过牛的托运业务，庞廷和马隆不得不搭建了一个临时斜台，才把他们的牛群弄进不是为装运牲畜设计的车厢里。在火车往纽约方向行进的途中，庞廷和马隆让牛群在克利夫兰、邓里克、哈尼斯维尔和伯根山四次下车吃草和透气。因为当时铁路还不承运牲畜运输业务，在火车站没有修建供牛群食宿的围栏，所以他们只能让牛在停车站附近吃草。如在克利夫兰停车时，他们让牛跳下车，到附近的草地上去觅食。1854年7月1日下午，庞廷和马隆的牛群被火车运至新泽西州的伯根县境内。这里与纽约市只有哈得孙河相隔。当天是星期六，他们把牛群放养到伯根山的牧场上。直到星期日午夜过后，他们才把牛装船运过了哈得孙河，然后赶进纽约第100街的市场。

7月3日凌晨，庞廷和马隆找到一个出生于俄亥俄的牛商詹姆斯·吉莱里斯，请他在这群牛都卖出之前不能将一头带出围场，也不能透露这些牛来自什么地方。这些牛被分成10—20头的小群被卖掉。每次成交后都要在卖出的牛身上打上买主的烙印。纽约的屠夫们没人想到这些牛是得克萨斯长角牛，他们还认为这些牛来自艾奥瓦州呢。在所有的牛被卖出后，一个穿着入时、自称是市场信息报道员的男子走上前去，开始向庞廷询问一些关于这批牛的问题。被问者侃侃而谈，提问人迅速记下了所有的内容。原来这位采访者是纽约《每日论坛》的新闻记者索伦·鲁滨逊。第二天（7月4日），该报第8版上刊载了鲁滨逊写的一篇报道。[1]

这篇长篇报道的内容涉及如下几个方面：（1）描绘庞廷和马隆如何把130头得克萨斯长角牛从伊利诺伊州运抵纽约（途中损失了20头），进一步指出贩牛人在利益驱使下，可以驱赶牛群长途跋涉两千余英里，再按时下纽约流行的价格将牛售出；（2）他评论说，随着加利福尼亚贩牛热潮的衰落，

---

① 托马斯·C.庞廷：《汤姆·坎迪·庞廷的一生——自传》（Thomas C. Ponting, *Life of Tom Candy Ponting: Autobiography*），埃文斯顿1952年版，第42页。

今后将会有更多的牛从得克萨斯、阿肯色、密苏里和两个新建州堪萨斯与内布拉斯加涌到纽约来；(3) 披露这些得克萨斯牛在途中消耗的费用和在纽约的售价，每头牛从伊利诺伊到纽约的耗费为 17 美元，这批牛有 21 头牛每头重量近 800 磅，以每头 80 美元卖给了威克斯，其余的牛按每磅 10 美分的价格售出；(4) 描述了这些牛的特征，它们都在 5 岁或 6—7 岁口，腿嫌长了点，可那种尖而长的角长得很漂亮，看上去野性十足；(5) 介绍了长角牛的肉质特点，鲁滨逊依据庞廷所言，称肉质紧密，口感像鹿肉，适于煮得老一点，故吃起来不如本地养的牛肉那样嫩，但把长角牛在幼小时关起来养两年，其肉质就会有所改变。①

庞廷买了好几份登载了这篇文章的《每日论坛》。他寄给了远在英格兰的父母，也给帮他买牛的哈特寄去了一份。哈特回信称庞廷已经为得克萨斯做得够多了。无疑，哈特也将那份报纸给其他得克萨斯人看过。况且，极有可能还有一些得克萨斯人从他们远在东部的亲朋好友那里得到了 7 月 4 日的《每日论坛》。鲁滨逊的文章是否对得克萨斯 1854 年的牛贸易产生影响，没有材料留下来，今天已无法考证。

6. 赶牛北上

早在这篇文章于秋天传到得克萨斯前，其他一些得克萨斯人已经赶着长角牛北上了。奥斯汀出版的《得克萨斯州报》在 1854 年 8 月 5 日报道说，那个夏天有 5 万头长角牛从普雷斯顿渡过雷德河，绝大部分前往密苏里继而向东。北部临界的那些牛绝大部分来自科罗拉多河谷和布拉索斯。据说这些牛中有 500 头是属于乔治·斯夸尔斯的。② 他的贩牛之行不单因经过了漫漫长途值得一提，更具意义的是他的妻子艾米琳也参与其中。她是从得克萨斯经过长途跋涉到芝加哥的第一位女士。在 1854 年 2 月，斯夸尔斯携妻子、岳父及妻弟离开伊利诺伊，乘火车、汽船到了新奥尔良。从那里，斯夸尔斯先行一步去了得克萨斯，在休斯顿附近买了 500 头长角牛。他的岳父因生病

---

① 《每日论坛》(New York Daily Tribune)，1854 年 7 月 4 日第 8 版；转引自戴维·达里：《牛仔文化》，第 113 页。

② 戴维·达里：《牛仔文化》，第 114 页。

从新奥尔良乘汽船返回。他的妻子和妻弟很快在奥斯汀追上了他。三人从那里赶牛北上。令人遗憾的是，他们赶牛走了哪条路线没有留下记载。一般认为斯夸尔斯的牛队穿越了印第安人地区、堪萨斯领地和密苏里州，在汉尼拔过了密西西比河后继续向伊利诺伊州行进。牛在迪卡尔布西南的草地里吃饱后，便被赶到了芝加哥的屠宰场。一路上，艾米琳绝大部分时间是坐在一辆带篷的四轮车上，有时也下车在周围转转，捡些奇形怪状的石头放进她的毯制袋里。当牛队穿行在今天的俄克拉何马州时，印第安人便好奇地盯住在马车中半倚半躺的艾米琳。因为她是个白人妇女，"尤其是长了一头柔软的细发，像个怪物"①。

许多得克萨斯赶牛人在穿越查克托印第安人土地时被索要每头长角牛付 10 美分的过境费。他们虽然表示抗议，但还是照付了。不久，查克托族的部落大会接手了征税工作，并将税额增至每头 50 美分。后来，切罗基族和克里克族的印第安人也这样做了。切罗基印第安人征税每头为 75 美分。②有时，赶牛人穿越印第安人地区也会畅通无阻，遇不到征税的麻烦。庞廷可能就是其中的幸运者之一，因为他在回忆录中没有提付什么过境税。

7. 走奇泽姆小道

1854 年秋，返回得克萨斯家园的赶牛人开始把他们走过的北进之路称为"堪萨斯小道"。一部分赶牛人不再进入密苏里西南部，而是转向沿着堪萨斯这一新建州东部边界的内侧北进。他们通常是沿着一条从吉布森堡—斯科特堡的军用路线北上利文沃思堡。这条路又叫"奇泽姆小道"。③可以说，1854 年有些得克萨斯人是沿着"奇泽姆小道"赶牛的。其原因之一是，在 19 世纪 50 年代初，韦斯特波特和堪萨斯城等城市的牛贸易市场正在逐步扩

---

① 乔治·S. 赫林顿：《从得克萨斯至伊利诺伊的早期赶牛》（George S. Herrington, "An Early Cattle Drive from Texas to Illinois"），《西南部历史季刊》1951 年第 55 卷。

② 戴维·达里：《牛仔文化》，第 115 页。

③ 因杰西·奇泽姆（Jesse Chisholm）曾用这条路线为斯科特堡驻军运送过印第安牛而得名。奇泽姆的父亲是苏格兰人，他的母亲是田纳西州的一个切罗基印第安人。1843—1853 年，奇泽姆使用了沿堪萨斯东部边界的那条军用路线。1853 年斯科特堡被放弃，来自得克萨斯的长角牛队就经由今天堪萨斯州的巴克斯特斯普林斯北上韦斯特波特和堪萨斯城。

大。堪萨斯城和韦斯特波特已成为从事"圣菲小道"贸易的承运人和取道"俄勒冈小道"或"加利福尼亚小道"的移民供应装备的中心。这两个城市对牛的需求量很大。得克萨斯赶牛人走"奇泽姆小道"的第二个原因是为了避开密苏里。1853 年 7 月，密苏里州西部贝茨县愤怒的农民和牧民将沿该州西部边界前往韦斯特波特和堪萨斯的赶牛人及其 3,000 头长角牛截了回去。①原因是这些长角牛会使当地的密苏里牛染上"得克萨斯热病"。这是由长角牛身上所携带的扁虱所引发的一种很厉害的疾病。密苏里当地牛与长角牛接触或被放养到长角牛经过的地方，都易染上得克萨斯热病。染病的当地牛背变得弯曲，头低垂，两耳耷下来，目光呆滞，走起来摇摇晃晃，两条后腿摇摆蹒跚。许多病牛最终死去，即使有的牛恢复过来，其健康状况也很差。早在 1851 年，位于韦斯特波特和堪萨斯城正南方的两个密苏里的西部县——杰克逊县和卡斯县，有"大量的"密苏里牛因染上"得克萨斯热病"死掉。密苏里农民组织武装监视、拦阻甚至迫使州立法机关制定法律禁止得克萨斯长角牛进入该州。在 19 世纪 50 年代中期，得克萨斯赶牛人为了避免与密苏里农民发生冲突，有意避开该州的农垦村落。他们走过斯科斯特堡以后，继续顺堪萨斯领地人烟稀少的东北边界北进。这一状况一直持续到 80 年代。

使密苏里等北部地区当地牛染上很厉害热病的是长角牛身上所带的扁虱。它可以使长角牛发病，但却不会导致这些强悍、健壮和野性十足的家伙死亡。当时，致使牛患热病的原因还无人知道。这种热病除了被人强冠一个与得克萨斯相关的名字外，它根本就不是原发于得克萨斯州。早在 1796 年，南卡罗来纳的牛种被引进宾夕法尼亚州后，这种热病就在当地被发现。到 1812 年，弗吉尼亚州一直限制在每年 4—11 月气候温和的月份里引进南卡罗来纳州和佐治亚州的牛。因为在这一段时间内这种病具有扩散性。但在北部更远地方的寒冷月份，扁虱是不能存活的。在 1837 年，北卡罗来纳州也制定了类似的限制法令。在得克萨斯长角牛被赶着穿越密苏里州时，这种热病慢慢开始在该州蔓延起来，随后又在其他北部州发生。尽管密苏里的农民

① 戴维·达里：《牛仔文化》，第 117 页。

知道这样一个事实：只要得克萨斯长角牛一经过，他们的牛就会染上致命的热病。然而，却从来没有一个人明白是长角牛身上携带的扁虱传播了这种疾病。导致得克萨斯热病的真正原因是什么？在大约 30 年的时间里，这对其他各州的养牛人来说一直是个谜。相信长角牛是病因的观点一直给得克萨斯赶牛人带来损失和麻烦。甚至到 1889 年科学家已经断定出病毒的携带者是种叫作环状牛蜱的扁虱时，得克萨斯热病错误观念的影响也远未消失。① 所以，北部各州的农民都以仇恨的态度对待过境的得克萨斯长角牛和赶牛人。

绝大多数得克萨斯人对将导致牛热病的原因归罪于他们的长角牛的做法困惑不解，也非常不满。因为正如上面述及，即使得克萨斯长角牛携带了致病的扁虱，它们主人所见到的仍然是健康、活泼和没有染上热病的牛群。第一批遭到密苏里农民堵截被迫改道的得克萨斯赶牛人非常恼火。他们在进入密苏里州前已经赶着牛群长途跋涉了数百英里，大部分赶牛人在穿越印第安人地区时还不得不交纳了他们视为"无理敲诈"的过境税。遭遇上了愤怒的密苏里人后，他们被迫改道向西远离农垦村落，这将使他们的赶牛旅程耗费更多时间。这一切会使得克萨斯赶牛人感到无比沮丧。但是，意志坚强的得克萨斯人为了使他们的牛群变成财富，他们能面对和克服各种困难。为了避免与密苏里农民的冲突，很多得克萨斯赶牛人踏上了人烟稀少的"奇泽姆小道"。

1854 年 10 月下旬，圣路易斯有家报纸曾报道过长角牛群安全抵达并在那里卖掉的情况。那批牛的售价为每头 15—30 美元。② 人们问赶牛人，牛群被驱赶了 500 英里左右的路程，为何以那么低的价格卖掉？他们得到的回答是长角牛是吃青草长大的，它们一生没吃过一穗谷物。有人做过试验，试图用谷物和粮秣喂长角牛，可它们见到后却望风而逃。文章评论说，长角牛是比人们见过的野马还接近野生动物的种群。人们曾估算过，1854 年有 5 万头得克萨斯长角牛被赶到了北方，其中有 600 头去了芝加哥。芝加哥的一个

---

① 戴维·达里：《牛仔文化》，第 119 页。
② 戴维·达里：《牛仔文化》，第 118 页。

报社记者曾带着疑问参观了抵达的长角牛群。他认为长角牛是有着漂亮外表的牲口，"它们光滑的皮毛和长长的双角尤其值得注意"。然而，这位记者的结论是长角牛不比在当地喂养的牛更"优良"。①

尽管圣路易斯和芝加哥报纸的文章都没有提到"得克萨斯热病"，但是这种可怕的牛病早已印入了伊利诺伊、俄亥俄、密苏里和北部其他地方的养牛人的脑海里。那些地方的许多牛已染上了"热病"。愤怒的密苏里农民组织起了"守护委员会"。他们还力促州立法机关在1855年12月15日通过了禁止染上"得克萨斯热病"的牛群输入和过境的法律。该法令规定，对触犯者的每头3岁口以上的成龄牛处以20美元的罚金。其执行权授予了当地的治安官。②

8. 堪萨斯牛市

密苏里1855年的法令对得克萨斯赶牛人来说并无多大不利。因为长角牛对"得克萨斯热病"有较大的免疫力，在它们身上显现不出染病的征兆。在1856年并没留下长角牛群因染"得克萨斯热病"被阻回的任何记录。一些执意要往锡代利亚和圣路易斯市场去的赶牛人，停下来让密苏里的养牛人检查长角牛群，因牛没有任何染病的症状而被放行过境。然而，1855年法令确实使沿堪萨斯东部边界内侧的赶牛小道的利用率增高了。1856年夏天，一些赶牛人为避开在密苏里可能出现的麻烦而改走"奇泽姆小道"。那一年到底有多少得克萨斯长角牛通过了这条牛道，没有留下记录。仅就堪萨斯城的市场看，1857年有5.2万头牛被售出，1858年有4.8万头牛被卖掉。这些牛有2/3来自得克萨斯。③ 那时，堪萨斯已迅速发展成为西部边疆最大的牛贸易市场。

1855年，约翰·J.巴克斯特在堪萨斯西南部斯普林河的一些泉眼附近④定居下来。这个定居点在美国内战后以巴克斯特斯普林斯而广为人知。它成

---

① 戴维·达里：《牛仔文化》，第118页。
② 戴维·达里：《牛仔文化》，第118页。
③ 戴维·达里：《牛仔文化》，第119页。
④ 距今俄克拉何马州边界以北约一英里的地方。

了堪萨斯的第一个牛镇。巴克斯特是个身高 6 英尺 7.5 英寸的魁伟大汉。他的头发浓黑，髭须修剪得整整齐齐。他的妻子和 4 个女儿总能让他穿着整洁的手织布衣服。巴克斯特出门全副武装，经常挎上两支露在外面的海军科尔茨枪。① 在定居点建立之初，巴克斯特除了能给途经此地疲惫不堪的得克萨斯人和墨西哥牧民及他们的长角牛群提供冰凉的泉水、树荫和他小木屋中可怜的一点货物外，再也没有任何其他东西了。得克萨斯赶牛人很喜欢从巴克斯特和他妻子那里买到烟叶和面粉等物品。从最初几年的状况看，这个定居点很难成为后来堪萨斯的一个牛镇。然而，到 19 世纪 50 年代末，巴克斯特已建起了一些牛栏，供牛群歇脚使用，小木屋已扩大成他叫的"小旅馆"。在附近，他还建了一座自己经营的制革厂。巴克斯特是个北部人，并是个废奴主义者，但他和得克萨斯人相处得很好。不幸的是他未能看到巴克斯特斯普林斯镇的进一步发展。1859 年 1 月 26 日发生了一次索赔争端，巴克斯特被枪击中，死在他的小木屋旁边。

1858 年这一年，对得克萨斯赶牛人来说特别难熬。又一场新的得克萨斯热病席卷了密苏里西部和堪萨斯东部地区。成千上万的当地牛死掉。6 月，因损失惨重被激怒的堪萨斯城西南亨利县的养牛人开始阻止长角牛通过，不让它们接近克林顿以西 5 英里处沿格兰德河的边界。即使一些外表很健壮按 1855 年法令可以通过的牛也被强令折回。几天之内大约有 3,000 头长角牛被迫掉头。因自由州还是蓄奴州被弄得焦头烂额的堪萨斯人，现在又被"得克萨斯热病"搅得心烦意乱。他们力促堪萨斯临时立法会在 1859 年 2 月通过一项与密苏里法令相似的法令。该法令禁止来自今俄克拉何马的得克萨斯牛、阿肯色牛和印第安牛在 6 月 1 日至 11 月 1 日间进入堪萨斯西南部边界新建的四个县。② 少数不知道这个法令的得克萨斯赶牛人，试图在 1859 年 6 月进入堪萨斯，他们遇到了当地农牧民组织的步枪队的阻拦。在夏季过去之

---

① 多尔夫·尚奈尔：《巴克斯特斯普林斯的约翰·巴克斯特——边疆时代生动的知名人物》（Dolph Shaner, *John Baxter Springs: Picturesque Character of Frontier Days*），巴克斯特斯普林斯 1955 年版，第 1 页。

② 戴维·达里：《牛仔文化》，第 120 页。

前，一些长角牛被愤怒的堪萨斯人射杀了。堪萨斯法令迫使一些得克萨斯赶牛人改道而行。有些牛队在 7—8 月进入四个禁入县以西的地区。赶牛人只好沿一条偏北的路线继续向西，过堪萨斯河后向东折，在堪萨斯城以北的圣约瑟夫过密苏里河。在河的对面，他们可以看到新近完成的汉尼拔——圣约瑟夫铁路的西部终点。用火车装牛东运，可以为它们找到一个扩大的市场。另一些得克萨斯赶牛人又改道回到了密苏里西部的牛道上。因为在那里看起来状态良好的牛会被放行继续北上。也有一些人是在 10 月份抵达堪萨斯东南部边界的。他们把牛群放养在草地上，等到 11 月 1 日来临，立即动身赶牛沿堪萨斯东部边界北上，前往堪萨斯城。

9. 洛文往落基山金矿区赶牛

1858 年传出的落基山区发现金矿的消息，为得克萨斯长角牛开辟了新的牛道和新的市场。当时，落基山还属于堪萨斯领地的一部分。年初，风传住在劳伦斯北边保留地的一个名叫法尔·利夫的特拉华印第安人从落基山带回一些高纯度的黄金样品。春天，成群结队的寻金者离开堪萨斯东部边界，前往落基山脉东麓。到夏天，消息传遍全国。人们为一个"新的淘金热"的到来继续蜂拥到那里。当消息传到得克萨斯时，人们对落基山能否像 10 年前的加利福尼亚那样出现一个绝佳的牛贸易市场还充满狐疑。然而，也有人认识到，从得克萨斯到落基山的距离只有到加利福尼亚路程的一半，而且沿途没有愤怒的农牧民拦截。他们还知道，从得克萨斯中部向西北方向的赶牛小道都是直线，即穿越得克萨斯锅柄形狭长地区的荒凉平原，继而走过现今俄克拉何马锅柄狭长带的中间条形地带，便可进入堪萨斯的远西部地区（现属科罗拉多）。沿途美中不足的是得克萨斯平原的水草并不都是很丰美。另外，这里的大部分地区未曾开发，任由好战的科曼契印第安人穿梭往来。尽管如此，奥利弗·洛文在 1860 年 8 月 29 日赶着约 1,000 头牛开始向落基山新产金地区进发。他在约翰·B. 道森、西尔维斯特·里德、乔伊尔·W. 柯蒂斯和查尔斯·古德奈特的帮助下，从帕洛平托县出发北上。古德奈特帮助洛文把牛群赶到得克萨斯北部便返回了。其余人和他一起继续赶着牛群穿过现今俄克拉何马的中部，进入堪萨斯领地，到达今天的阿肯色城。从那里，牛群被赶着渡过沃尔纳特支流上游 35 英里与阿肯色河汇流处，然后又在现今堪萨斯州威奇托附近涉过小阿肯色河。从那里，牛群沿阿肯色河经过大本德向西抵达现今科罗拉多州的普韦布洛。牛群由此转而向北，沿方廷奎伯尔小河东岸到小巴茨附近，再向东至斯夸尔小河的源头，从那里改向西北方向，过两河分水岭，一直到切里小河的河口，靠近今天丹佛的所在地。在那里，洛文把牛群放养在草地上过冬。1861 年初春，他便把牛卖了。

1861 年 1 月 29 日，堪萨斯领地成为联邦政府的正式州。春天内战爆发时，洛文仍滞留在丹佛。当政者拒绝让他返回得克萨斯。洛文结交的几位山地朋友劝说当局将他放行。在回程中，洛文从堪萨斯州前往密苏里州的圣约瑟夫，从那里南下赶回了他在得克萨斯的家园。就目前所知，除洛文的牛队之外，再没有其他牛群被赶往落基山金矿区。

10. 早期牛贸易的特点

在 1860 年春，从得克萨斯到堪萨斯和密苏里的长途赶牛，至少留下了两次记录。一次是 F. M. 哈里斯上尉，他因赶了一群劳务牛抵达堪萨斯的利文沃思而获利；另一次是杰西·戴和他的两个儿子，他们从得克萨斯州的海斯县出发，赶着一大群牛前往堪萨斯城。途中发生不幸。1860 年 4 月 22 日，在得克萨斯的韦科，戴与其子游泳赶着牛群过布拉索河时，他被暴涨的河水淹死。两个儿子在得克萨斯的贝尔顿将父亲埋葬后，继续向堪萨斯城行进。牛队行至巴克斯特的木屋时，遇到了当地的武装农民。他们只得掉头，将牛群赶进印第安人地区，然后转向东北，穿过密苏里州，抵圣路易斯后将牛卖掉。[①]

美国联邦政府的统计认为，1860 年得克萨斯的产牛量为 350 万头，但达里教授估计，这一年该州的实际产牛量将近 450 万头。[②] 他所持的理由是政府的统计数字中不包括努埃西斯河和格兰德河之间的地区，以及该州西部边界地区。保守的估计认为，在 19 世纪 60 年代初，被赶过密苏里河的得克

---

① 韦恩·加德：《肖尼小道》（Wayne Gard, "The Shawnee Trail"），《西南部历史季刊》1953 年第 16 卷。

② 戴维·达里：《牛仔文化》，第 126 页。

萨斯牛多于 10 万头。① 得克萨斯牛贸易的北进，特别是向密苏里和堪萨斯东部的长途赶牛，到 1860 年减缓下来。其一是受到"得克萨斯热病"的困扰。其二是迫在眉睫的内战影响。

到 1861 年初，密苏里立法机关通过授权各县法院组建一支牛群检查队的措施，来加强关于"得克萨斯热病"的法律的实行。每支检查队有权检查进入该地区的得克萨斯牛群，逐回染了热病或被怀疑带病毒的长角牛。如果得克萨斯赶牛人拒绝，他们的牛群将被密苏里人赶出境外或被杀掉。可是，在没有任何一个得克萨斯赶牛人敢对这一新法令以身试法时，内战就爆发了。

通过上面对得克萨斯人驱赶长角牛群到北部寻找市场的历史考察，我们可以得出以下几点认识。第一，对于 19 世纪 50 年代从得克萨斯赶牛北上活动的记述并不具体。除庞廷在回忆录中谈及他是用一头头牛带动整个牛队向前行进外，其余的赶牛队采用了什么技巧，很少有人提到。第二，关于早期牛贸易的记述中，没有关于赶牛人在长途驱赶途中是如何生存的细节情况。绝大多数赶牛人几乎没时间或没有兴趣去写他们的回忆录，或许他们把长途赶牛看成一件苦差事。当时，赶牛队用的炊事车还没有发明。或许有的牛队像庞廷那样用四轮车来拖运包括食品在内的储藏品，但更多赶牛人是在沿途从印第安人和当地居民那里买食品，或从牛群中取出几头牛宰食。赶牛人常常是睡在帐篷里，或露宿野外。因此，他们的赶牛生涯并不像内战后东部作家所极力渲染的那样"浪漫"和那样令人振奋。第三，因受"得克萨斯热病"和"落基山区发现金矿"等因素的影响，"赶牛小道"处在不断的变动之中。前面已经提到"奇泽姆小道"是 50 年代很多得克萨斯赶牛人愿走的牛道，但并不意味着这条小道是承载一批又一批得克萨斯长角牛前往堪萨斯的唯一通道。赶牛人为躲避密苏里和堪萨斯的法律，不得不经常改道绕行。为了寻找新的市场，有人进行了开辟前往落基山金矿区牛道的尝试。第四，50 年

---

① E. 默顿·库尔特:《1861—1865 年的美国同盟州》(E. Merton Coulter, *The Confederate States of America 1861-1865*)，巴吞鲁日 1950 年版，第 246 页。

代得克萨斯与北部的牛贸易是为"牧牛王国"兴起迈出的第三步。初次北上售牛的赶牛人，通过亲身经历，尽力寻求对长途驱赶所遇问题的解决办法，以便在日后赶牛中少受损失。可以说，19世纪50年代给一些得克萨斯赶牛人提供了一个学会长途驱赶牛群的良机。这段经历为内战后牛贸易大规模的发展积累了经验，做了技术准备。它是把得克萨斯牧牛业扩大到整个大平原地区承前启后的重要中间环节。

11. 内战期间的牛贸易

美国内战爆发后，得克萨斯州站到了南部同盟一边。按照南部政府的法律规定，凡能上交500头牛（或同样数量的羊）或250匹马（或骡）的人，可以免于服兵役。[①] 绝大多数牧牛场主没有利用这一规定。他们或是参加南部同盟的军队，去与联邦军作战；或是加入保卫得克萨斯州的边疆行列，与印第安人交锋。该州议员约翰·A.威尔科克斯在南部同盟议会宣布，在战争期间他的州可以向整个同盟军提供全部牛肉供应而不收分文。他只要求南部同盟政府负担从得克萨斯往东赶牛的费用。南部议会没有明确估算这笔费用究竟需多少钱，但确实指定了大量的得克萨斯牧牛场主是"政府的牲畜饲养者，其职责是向军队供应尽可能多的牛肉。每头牛将付给40元的南部同盟币"[②]。显然，这些牧牛场主被免除了服兵役。约翰·S.奇苏姆、泰雷尔·杰克逊、奥利弗·洛文等人都是与南部同盟签订牛肉供应合同的立约人。

到1861年夏末得克萨斯海岸被封锁之时，还有一些牛用汽船运到新奥尔良。也有赶牛人从一些未被封锁的地方，经陆路驱赶牛群到路易斯安那。关于得克萨斯人向东部赶牛的情况，南部同盟政府并没有留下多少记录，只有报纸留下了些零散的消息，大多数牛队过了密西西比河抵达维克斯堡以南。密苏里州雷蒙德（在维克斯堡东南部以东35英里处）的一家报纸报道，

---

① 戴维·达里：《牛仔文化》，第125页。
② 詹姆斯·考克斯：《得克萨斯和临近领地牧牛业和牧场主的历史和传记记录》（James Cox, *Historical and Biographical Record of the Cattle Industry and the Cattlemen of Texas and Adjacent Territory*），圣路易斯1895年版，第300页；转引自戴维·达里：《牛仔文化》，第125页。

有一支 600 头的长角牛队通过了该镇。编者按说:"大量的得克萨斯肉牛继续经过此地"。①

W. D. H. 桑德斯留下了往密苏里赶牛的文字记载。1862 年 10 月,他 17 岁,曾帮助两名得克萨斯牧牛场主吉姆·博尔鲁姆和门罗·乔特赶着 800 头肉牛前往密苏里。许多年后,他记述下了那次赶牛的经历和所遇到的麻烦。他们的牛队在克林顿渡过瓜达卢普河后,向拉瓦卡县的斯威特霍姆行进。在那里,租来围拢牛群过夜的场地内有一个干草垛。牛群因此受到惊吓到处乱窜。次日清晨牛队离宿营地行进了 8 英里就丢失了 300 头牛。用了好几天的时间他们才把跑散的牛围拢起来继续起路。进入路易斯安那后,牛队渡过了古列休(卡尔克苏)河,经过了奥普卢瑟斯。在那里,桑德斯等人遇到了吉伦普和弗莱明。他们两人买了博尔鲁姆和乔特牛群的一半股权,并把 300 多头牛放在了大牛群之中。牛的总数达到了 1,100 头。在牛队接近密西西比河时,他们一行人被南部同盟军的士兵逮捕,因为他们被怀疑要将牛卖给"北方佬"。他们被关了四五天才被放行,继续赶牛向前。牛队抵达密西西比河时,1,000 头牛被很容易地赶过了河。不肯过河的 100 头牛只好卖掉。过河不久,他们再次被南部同盟的士兵逮捕,并被送往哈德逊堡关了好几天。因为没有任何证据表明他们为北方赶牛,又被释放。在伍德威尔,牛群被分开。博尔鲁姆和乔特就地卖掉了他们的牛。吉伦普和弗莱明把他们的牛赶往亚拉巴马州的莫比尔卖掉。②

内战开始的最初几年,南方军队的士兵把得克萨斯公牛赶到密西西比河以东是很普通的事。战后移居得克萨斯的布兰奇·伊塞贝尔在回忆中提到,1863 年他曾在家乡亚拉巴马州的萨姆特县看见一队南部同盟的士兵赶着"300 头大公牛"③,在他母亲收割的谷物地里夜宿,次日继续赶路,在盖恩斯维尔渡过了汤比格比河。

① E. 默顿·库尔特:《1861—1865 年的美国同盟州》,第 246 页。

② J. 马文·亨特编:《得克萨斯的牛道赶牛人》(J. Marvin Hunter, ed., *The Trail Drivers of Texas*),奥斯汀 2000 年版,第 267—268 页。

③ J. 马文·亨特编:《得克萨斯的牛道赶牛人》,第 571 页。

内战的前两年，还有一些得克萨斯牛被赶到了阿肯色。1862 年，伯内尔·巴特勒的哥哥被从阿肯色的南部同盟哨所派遣回得克萨斯搜集牛群。为此，当时只有 14 岁的巴特勒前往奥克维尔附近的希科克围栏。那里的牧牛场主们立即集中了 500 头赶往阿肯色的牛。他帮助驱赶牛群，远至皮坎斯普林斯。在现今圣马科斯镇附近，他才告别哥哥，返回家乡。①

内战期间，得克萨斯牧区遭受了严重的自然灾害。这使得克萨斯人的日子更加艰难。1861 年的夏季，标志着"灾难性干旱"的开始。到 1863 年干旱严重到了极点。努埃西斯河和圣安东尼奥河只剩下了一线细流，有的地方偶尔还断流，只剩下一个个的小水坑。许多牧区牛的死亡率高达 75%，有的地方，没有牛能活下来。②1863—1864 年冬天，从北方突袭而来的风暴席卷了得克萨斯的草原和海湾平原地区。北风有时夹着冰冷的细雨和雪。严寒使加尔维斯顿湾部分结冰。很多牛冻死。随着风暴横扫得克萨斯南部，成千上万的长角牛被从北部、中部驱赶着，漂移不定。很多牛回到了得克萨斯南部的老家。在墨西哥湾，许多带着奇形怪状烙印的牛，在稀疏的草地上争食。更多的牛死掉。到 1863 年秋，许多家庭的存货已全部用光。虽然得克萨斯政府拨了 60 万美元的救济款，但这对 60 余万得克萨斯人来说无济于事。③ 为了艰难度日，一些家庭不得不赶着小股牛群到墨西哥交换货物。威廉·卡罗尔·麦卡当斯从帕洛平托县赶来了一小群牛渡过格兰德河，换回一些糖和其他东西。1864 年，乔治·W.桑德斯年仅 10 岁。他不得不帮助搜集美墨边界的长角牛去墨西哥换点补给品。他家交给乔治·贝尔 20 头牛。贝尔赶着几家凑的 200 头牛去了墨西哥。返回时，贝尔先生给了桑德斯一家 1 包咖啡、2 套刀叉、2 个马刺、2 副马嚼子和 2 副上好的马笼头。④ 这是他家的 20 头牛换回的全部东西。对这笔交易，桑德斯的家人非常满意，因为

---

① J. 马文·亨特编：《得克萨斯的牛道赶牛人》，第 481 页。

② 詹姆斯·考克斯：《得克萨斯和临近领地牧牛业和牧场主的历史和传记记录》，第 58—59 页；转引自戴维·达里：《牛仔文化》，第 131 页。

③ 戴维·达里：《牛仔文化》，第 124、132 页。

④ J. 马文·亨特编：《得克萨斯的牛道赶牛人》，第 429 页。

这些东西当时被认为是奢侈品。当时人们不得不用木制刀叉，换的这些金属刀叉就更显得珍贵。

1863年夏，联邦军队控制了密西西比河。到秋季，密西西比河以东的南部同盟军队再也无法得到得克萨斯的牛肉供应了。佛罗里达成了南部同盟唯一可以得到牛肉供应的地方。内战期间，得克萨斯除了向南部同盟军队供应牛肉外，其牛肉贸易几乎完全被停止了。1863年后，往密西西比河以东的赶牛活动完全中断。1864年春天到来时，干旱和风暴给得克萨斯牧区造成的严重灾难基本解除。随着春雨的降临，河溪中注满了清水，草原上绿草复苏，春意盎然。一些灾害时期从北部、中部流落到得克萨斯南部的牛群，被人们围拢起来，赶回到它们原来生活的地方。由于水草丰美，牛繁衍得很快，加之对东北部牛贸易被中断，使大量牛群滞留在州内。到内战结束时，得克萨斯的存牛达到了500万头。[①]

第二节　新机遇与新发展

一、现代化带来的新机遇

从殖民地时期至美国内战前，密西西比河以西的牧牛业虽经历了近三个世纪的发展，但由于生产方式落后，其发展规模较小，进展速度缓慢。牧牛业主要集中在得克萨斯，影响所及多在西南部地区，经营主要是在开放牧区采取原始落后的游牧方式。美国内战后，西部的牧牛业被纳入资本主义轨道，在短短的20余年中出现了蓬勃发展的局面。

美国在内战结束后不久便开始了第二次工业革命。在世界第二次现代化浪潮的推动下，美国的工业化、城市化以空前的规模和速度推进。现代化的新发展，为美国西部牧区的开发注入了新的活力，为"牧牛王国"的兴起提

---

① 雷·A.比林顿：《向西部扩张——美国边疆史》，第583页。

供了新的机遇。

1.国内外市场的需求

城市化的发展，使美国国内外市场对肉类的需求量日益增加，刺激了牧牛业的繁荣。内战以后，美国迅速由农业国向工业国转变。城市人口急剧增加。美国城市人口占总人口的比例由 1870 年的 1/4 上升到 1890 年的 3/10。到 1910 年更猛增到 1/2。[①] 城市人口随着经济的富裕，大幅度增加了对肉类的需求量。工业化使巨大的肉类市场日益集中在城市，美国的产牛量在 60 年代却因内战减少了 7%。[②] 特别是东部城市，更需要西部牧区源源不断地输送牛羊和肉类。与此同时，欧洲市场对美国牛肉的需求量也与日俱增。1860—1890 年它向西欧出口的肉类和动物制品的贸易额由 150 万美元上升到 1,730 万美元。[③] 国内外市场对肉类需求量的日益增加，为美国的牧牛业提供了天赐良机，有力地促进了"牧牛王国"在西部的勃兴。

2.优惠的土地政策

政府的支持促进了大牧场在西部的建立和发展，加速了"牧牛王国"的形成。联邦政府以赠予土地的方式作为鼓励竞争、加速工业化和促进西部开拓的重要措施。内战尚未结束，林肯政府的国务卿威廉·西沃德就提出以西部土地来促进工业化的设想。他认为，"在最短的时间内，通过最有效的办法将西部带入文明与发展"，将有助于整个国家。[④] 美国政府掌握的最大财富是土地。联邦政府对西部现代化的支持主要表现在土地的赠予上。1863 年初，《宅地法》实施。这对移民拓居密西西比河以西地区无疑起了很大的推

---

① 罗伯特·A.迪万、T. H. 布林、乔治·M.弗雷德里克森、R.哈尔·威廉斯：《美国的过去与现在》（Robert A. Divine, T. H. Breen, George M. Fredrickson, R. Hal Williams, *America, Past and Present*）第 2 卷，伦敦 1984 年版，第 556 页；托马斯·A.贝利、戴维·M.肯尼迪：《美国的庆典——共和国史》（Thomas A. Bailey, David M. Kennedy, *The American Pageant, A History of the Republic*）第 2 卷，列克星顿 1979 年第 7 版，第 498 页。

② 欧内斯特·S.奥斯古德：《牧牛人时代》，第 28 页。

③ 欧内斯特·S.奥斯古德：《牧牛人时代》，第 99 页。

④ 斯蒂芬·B.奥茨编：《美国画像》（Stephen B. Oates, ed., *Portrait of America*）第 2 卷，波士顿 1982 年版，第 67 页。

动作用。然而，对牧牛场主来讲，160 英亩土地实在太少。有的大牧场至少需要 2,000—5,000 英亩的土地。[1] 在此情况下，为了鼓励美国东部移民移居和开拓西部，联邦政府对西部土地的分配采取了补充措施。国会通过了一系列土地赠予法案。如 1873 年的《育林法》、1877 年的《荒地法》、1878 年的《木材和砾石法》等。其中《荒地法》是国会在牧牛场主的压力下通过的。该法案规定：定居大平原的移民可临时拥有 640 英亩土地，按每亩 1.25 美元的地价先交 25 美元现款，在三年内至少灌溉其中的 1/8，所灌溉的荒地经有关机关检查合格后，再补交 1 美元的地价，则可正式取得土地的所有权。[2]1862—1890 年，联邦政府共拨出了 8,000 万英亩土地，但其中为宅地移居者所购买的土地仅有 60 万英亩，绝大部分为冒充的定居者领取。[3] 冒充者往往以好几个姓名申请土地，随后转手卖给牧牛公司。根据《荒地法》登记的土地达 914.0517 万亩，而发了地契的只有 267.4695 万亩。购得荒地的农民，因无力灌溉，有 3/4 的人在三年期满前就放弃了预购的土地。[4] 大部分土地都落在牧牛场主手里。

美国联邦政府在内战后继续实行驱赶、屠杀、掠夺和灭绝印第安人的政策，极力缩小保留区。"血腥"的讨伐战争一直持续到 1890 年。大平原上的印第安人被胁迫前往极其偏僻、贫瘠的黑山保留区和已经居住了"五个文明部落"的俄克拉何马保留区。大批移民移居大平原后，牧牛场主又驱赶了俄克拉何马保留区的印第安人，把那里变成了"牧场主的最后边疆"[5]。联邦政府开放西部国有土地和缩小印第安人保留区的政策，使牧牛场主在密西西比河以西侵占了大量草地。他们凭借"先入为主"的"优先放牧权"，把在法

---

① 雷·A.比林顿：《向西部扩张——美国边疆史》，第 607 页。

② 罗伊·M.罗宾斯：《我们的土地遗产，1776—1936 年的公共土地》，林肯 1954 年版，第 288 页。

③ 雷·A.比林顿：《向西部扩张——美国边疆史》，第 611 页。

④ 马里恩·克劳森：《美国的土地制度》（Marion Clawson, *The Land System of the United States*），林肯 1968 年版，第 65 页。

⑤ 爱德华·E.戴尔：《牧场主的最后边疆》（Edward E. Dale, "The Rancher's Last Frontier"），《密西西比河流域历史评论》1923 年 6 月第 10 卷。

律上连一英尺也不属于他们所有的广阔牧场据为己有，随意放牧牛群。广袤的西部草原地区是"牧牛王国"兴起的先决条件。

3. 便利的运输条件

横贯大陆铁路的修筑，便利了牛群和肉类的外运，使"牧牛王国"与市场更紧密地联系在一起。为了适应开发西部的需要，美国联邦政府在内战尚未结束时，就开始了修建横贯大陆铁路的浩大工程。到 1893 年，美国在内战后不到 30 年的时间内建成了五条横贯大陆的铁路干线，形成了通向西部的庞大的铁路网。西部铁路网与密西西比河以东的铁路网相连，从根本上改变了西部的交通运输状况，促进了全国统一市场的形成与发展。便捷的铁路交通使西部牧区与国内外市场更紧密地联系在一起，对"牧牛王国"的兴旺发展起了很大的推动作用。联邦政府在修建横贯大陆铁路时，赠予各铁路公司大批土地。铁路公司将铁路两侧的草原地区出售、出租给牧牛公司或牧牛场主。牧牛公司经理和牧牛场主争相租用铁路两边的草地建立大牧场，以利用便利的铁路运输，使"牧牛王国"的疆域不断扩大。牛群从"大本营"得克萨斯向北部高草原地区流动。"牧牛王国"的领域一直扩展到美加边界。横贯大陆铁路解决了美国西部牧区与东部和欧洲市场的运输问题。有数百万头牛快速地被送往市场。实际上等于缩短了牧场与市场的距离。很多火车站成为集散、装运牛的货运站。

二、贸易的新发展

1. 内战后的得克萨斯牧区

内战结束后，牛道成了把得克萨斯和东北部市场连接起来的第一条渠道。内战期间，得克萨斯的牧场主要由老人、妇女、孩子或残疾人照看。由于疏于管理，牧场没有打烙印跑掉的牛占 1/3 或 1/4。[①] 有些打了烙印的牛跑掉变成了野牛。数百万长角牛主要集中在得克萨斯南部地区。牧区显得过分

---

① 劳伦斯·I. 塞德曼：《马背生涯——1866—1896 年的牛仔边疆》（Lawrence I. Seidman, *Once in the Saddle, The Cowboy's Frontier,1866-1896*），纽约 1973 年版，第 42 页。

狭小。如果不调整牧区布局，长角牛的高增长率将会在得克萨斯造成牛满为患的公害。在得克萨斯没有规范的市场，只有过剩的牛群。它必须依附于进入工业化新阶段的北部。那里迅速增加的城市人口急需肉食供应。向东北部驱赶出售牛群，减少牧区压力，是得克萨斯在内战之后的当务之急。于是，牛群就被驱赶着，沿着森林边缘走出河谷，踏上草原的"天然"牛道，经过圣安东尼奥、奥斯汀、沃斯堡……这样走啊走，一直将肉送到北部"工业巨人"的嘴里。

尽快恢复和扩大以"长途驱赶"为主要途径的牛贸易对得克萨斯的经济复苏具有重要的意义。内战使得克萨斯的经济遭受严重的破坏。战争结束时，绝大多数得克萨斯人生活在贫困之中。战争使 1/4 有劳动能力的得克萨斯白人男子伤亡。[①] 农场长满杂草。牧场濒临毁灭。返回家乡的士兵们口袋里的南部同盟纸币分文不值。得克萨斯的银行关闭，人们的存款化为乌有。该州所拥有的"唯一财产"就是四处漫游的数百万头长角牛。直到 1870 年，得克萨斯的人口不及全国人口的 1/18，而牛产量却高达全国的 1/8。这一年，东部宾夕法尼亚州的 300 万人只拥有 72.5 万头牛，纽约州的 400 万人仅占有 74.8 万头牛，但 50 万得克萨斯人却拥有约 400 万头牛。[②] 然而，没有市场这些牛就毫无价值。牧牛场主们被戏称为"有牛的穷人"。内战结束时，牛在得克萨斯是卖不出去的东西。一些牛被宰杀，只是为了取其皮和油脂。好的肉牛只要有人索取，有时便能免费得到。东北部对肉类需求量的增加和得克萨斯牛群的极度过剩，造成牛的地区差价极为悬殊。一头成龄牛即便卖 3—4 美元，在得克萨斯也很难找到买主，但到北部市场上可以卖到 30 或 40 美元。韦布教授在其名著《大平原》中曾做过一个简单的推算：如果牧牛人以每头 4 美元的价钱在得克萨斯买 3,000 头牛，到北部市场以每头 40 美元卖掉，其利润可达 10.8 万美元。那么，内战结束时的 500 万头长角牛

---

① 戴维·达里：《牛仔文化》，第 136 页。

② 勒鲁瓦·R.哈芬、W.尤金·霍朗、卡尔·C.里斯特：《西部美国》（Le Roy R. Hafen,W. Eugene Hollon,Carl Coke Rister,*Western America*），恩格尔伍德·克里夫斯 1970 年第 3 版，第 428 页。

出售到北部市场，将给得克萨斯带来 1.8 亿美元的利润。① 内战以后，北部的牛肉资源枯竭，对牛肉的需求量远远超过其供应量。得克萨斯人从迟到一个月的《纽约论坛》上得知，1865 年春季，1 磅牛腰排骨肉在纽约可以卖到 25—35 美分的高价。② 少数精明的得克萨斯人在得知北部市场可以卖到高价后，巨大的利润成了他们从事"长途驱赶"售牛的巨大的推动力。为解决存牛过量和恢复经济，得克萨斯与东部的牛贸易迅速恢复起来。在美国第二次现代化浪潮提供的诸多有利因素的影响下，内战后的牛贸易较战前有了巨大的发展。

[猎牛] 要恢复和扩大牛贸易，对得克萨斯人来说，首要的任务是把大量走失或变野的牛围捕起来，赶往市场。牧牛场主们四处去寻找自己的牛。幸运者能找到大部分牛及它们繁衍的未打印的后代，不幸者可能一头也找不回。在得克萨斯西南部，人们便共同努力，组织"猎牛队"，去寻找、围捕他们的牛群。猎牛生活很艰苦，经常风餐露宿。有的"猎牛队"在遇到小股牛群时就把它们围拢起来，这些牛有的是参加猎牛队的人的，也有没有烙印走失的小牛。有的猎牛队当晚就把一些牛赶入其主人家里的畜栏中，然后在那里守卫过夜。次日再开始新的猎牛活动。有的猎牛队要到猎牛结束时才作出决定，把牛分开，各自把属于他的牛带回家。对围拢的未打印小牛，有的猎牛队在守夜时以玩赌牌决定归属。1—2 岁口的小牛每头为 55 美分，最高的价格为每头 5 美元。每隔几天，他们就把牛分配好，各自带牛"还乡"。带回家的牛必须打上其主人的烙印后，才能在牧场上出现。猎牛活动时间都较长，有的猎牛队的猎牛持续了 1865 年的整个夏天。③

大多数得克萨斯牧牛场主直到 1865 年夏季末才竞相收集牛群。要把牛群驱赶到密苏里和堪萨斯已为时太晚。因为在把牛群赶到北方买主面前时，冬季就会来临。因此，牧牛场主们便在得克萨斯的南部和西南部的地方寻找市场。一些人把牛赶到了新墨西哥。一些人从得克萨斯中部把牛群赶往路易

---

① 沃尔特·P. 韦布：《大平原》，第 216 页。
② 戴维·达里：《牛仔文化》，第 168 页。
③ 戴维·达里：《牛仔文化》，第 137—138 页。

斯安那的市场。

2. 海湾外运

一些得克萨斯牧场主把牛赶到印第安诺拉和加尔维斯顿，再用船运往新奥尔良或古巴。但是，摩根汽船公司开业后，恢复了内战前的海运垄断，以提高运价阻止牧场主自己运牛。一些摩根公司的代理人还廉价收购一些优质得克萨斯牛，再用船运往新奥尔良和古巴，从中牟取暴利。用汽船从得克萨斯运牛到新奥尔良只需要 2 天时间，但到古巴得用 4 天。汽船上的牛栏有 5—6 英寸深，并有足够的地方使牛安卧。因为得克萨斯牛野性十足，短途中很少吃得舒服。像到新奥尔良这样的短途运输，就干脆不带草料，不给牛喂食。到古巴这样的长旅程，一般给每头牛带 15—20 磅的干草。牛在第二天因饥饿和对环境的适应会安心地吃草。摩根的汽船运牛时，甲板上和甲板与甲板之间到处都装满了牛。一路上，船员或专门照料牛群的人会给牛喂水喂料。一般情况下，牛的体重在途中会平均减少 1%，但在装卸这些带有野性且易受惊吓的肉牛时，常有偶然事件发生，使损失大大超过这个平均数。即使在照料最好的情况下，在前往古巴的航程中，900 磅的公牛会减少 100—125 磅的重量。得克萨斯牛两角间的间距长达 5 英尺，且非常尖利。每艘船能载 200—300 头牛。美国联邦政府的报告表明，在 19 世纪 60 年代末至 70 年代初，用船从得克萨斯运出的牛每月为 1,200—1,500 头。以此速率计算，从内战结束至 70 年代初，由该州运出的牛每年约为 1.8 万头。[①] 据《得克萨斯年鉴》所载，仅 1868 年从该州运往新奥尔良和哈瓦那的牛就达 3.8568 万头。[②] 那么，从得克萨斯用船运出的牛总数要比估计的多一些。但即使估计得再高一些，与韦布教授估计的 500 万头相比，通过海湾外运的得克萨斯牛只能算是很少的数量。除了得克萨斯人用船往州外运牛外，也有东部人前来用船贩牛的。两名艾奥瓦人哈维·雷和乔治·C.达菲尔德听说在

---

① 克拉伦斯·W.戈登：《关于牛、羊和猪的报告》，《农业产量报告，第 10 次普查》第 3 卷，第 976—977 页。

② 《1871 年得克萨斯年鉴》（Texas Alamanac for 1870），第 126 页，转引自戴维·达里：《牛仔文化》，第 169 页。

得克萨斯能以 8—10 美元买到一头长角牛时，便结伴前往买牛。1866 年 3 月，他们到了奥斯汀以西的科罗拉多河，经新奥尔良从海湾进入得克萨斯。在那里，两人以每头 12 美元的价格买了 1,000 头牛，由哈维·雷用汽船经密西西比河运往艾奥瓦。①

3. 牛皮、牛脂生意

内战以后，美国对牛皮和牛脂的需求量增加，从事这方面的贸易也成为得克萨斯人的一项重要的经营活动。在内战前，得克萨斯只有一些墨西哥人经营牛皮厂和牛脂厂。战后，牛皮、牛脂、牛角和牛骨等部件在得克萨斯单卖比活牛更值钱。一些得克萨斯牧牛场主看到有利可图，从 1865 年开始经营牛皮、牛脂厂。他们不仅用自己的牛做原料，而且也用开不起工厂的小牧场主的牛。这样的工厂几乎都建在海岸边。富尔顿和罗克福德成了得克萨斯主要的牛皮和牛脂生产中心。60 年代末，看到一堆堆牛皮和牛角、成堆的牛脂和牛肉被装上船，运往新奥尔良，然后再运往东海岸和其他地方是很普遍的事。"偷牛贼"经常在科珀斯克里斯蒂湾和加尔维斯顿岛之间的丛林中打死他们发现的牛，把牛皮扒下来，用车送到海岸边出售。有两个因素对得克萨斯的牛皮贸易非常关键。其一是任何人都可以把打有烙印的牛皮从牛尸上剥下来，在得克萨斯已成惯例。其二是得克萨斯牧区广阔。冬季，牛群南下越多，被谋皮者杀死的越多。就像"打烙印"一样，剥牛皮也多发生在春季。这一季节被称为"剥皮季节"。尤其在缺水和草的春季，牛会大批死去。海岸附近的牧场主们会充分利用这有利时机，去牛皮市场上获利。1872—1873 年冬季，努埃西斯河边的牧场主吉姆·米勒得到了因天灾死去的 4,000 头牛的牛皮。②70 年代初，杀牛取皮和牛脂在得克萨斯盛极一时。1872—1873 年冬，大批牛死于饥饿。牧牛场主们赶着残存的牛送到了牛皮和牛脂的加工厂。到 1875 年，这类贸易开始冷淡下来。五年后，一些牛皮厂和牛脂厂被放弃。到 1880 年，在得克萨斯再也找不到这种贸易了。

---

① 戴维·达里：《牛仔文化》，第 177 页。

② J.弗兰克·多比：《一个灌丛地区的牧民》（J. Frank Dobie, *A Vaguero of the Brush Country*），达拉斯 1929 年版，第 29 页。

4. 重闯北部市场

并不是所有的得克萨斯牧场主都把牛赶到牛皮厂和牛脂厂里去寻出路。巨大的地区差价使许多牧牛场主重闯北部市场。据约瑟夫·麦科伊在1874年回忆，在内战结束时，一头牛在得克萨斯值5—6美元，但在北部市场，其售价却增长10倍之多。[①] 故1865年冬天至1866年春天，在得克萨斯集中了大量的牛，等待着夏秋季节赶到北部去。但是，"得克萨斯热病"的问题此时依然没有解决。密苏里州1861年法令还在生效。堪萨斯在1865年2月16日又通过法令，禁止从得克萨斯和堪萨斯南部的任何地方把牛赶入本州。尽管在临近得克萨斯人准备赶牛北上前夕托皮卡的立法机关又撤销了这一法令，但以前的法令仍然有效。而有些得克萨斯赶牛人可能意识到了把牛群赶入密苏里或堪萨斯的麻烦后果，而有些人并未意识到这一点。但是，几乎所有的得克萨斯牧牛场主们都意识到了铁路正在由东部向西部延伸，其速度在内战后进展很快。铁路会将得克萨斯的牛群与东部市场连结起来的可能性对牧牛场主们极具诱惑力。虽然铁路在1866年春还只修到大平原的边缘地带，牧区距市场还有1,200英里或1,500英里的路程[②]，但得克萨斯的牧牛场主们等不及了。1866年春天，他们开始赶着牛群北上。

得克萨斯人初次赶牛北上的目的是要为其牛群寻找一处市场。为此目的，他们首要的目标是找到一个可以把牛群运往东部的铁路终点站。查阅一下1866年的美国铁路干线图，我们可以看到由数条铁路蜿蜒穿过密西西比河和人口稠密区，一直延伸到大平原边缘地带。其中的密苏里—太平洋线通到了密苏里州的锡代利亚。据统计，在1866年有26万头得克萨斯牛被赶过雷德河，送到了北部市场。[③] 这些牛群的绝大部分被送到锡代利亚。在那里，灾难也正在堪萨斯东南部、密苏里南部和阿肯色州的北部等待着得克萨斯人和他们的牛群。

首先，通往锡代利亚的赶牛小道路途遥远而艰险。牛群必须经过无人定

① 约瑟夫·G.麦科伊：《西部和西南部牛贸易史略》，第20页。
② 沃尔特·P.韦布：《大平原》，第217页。
③ 雷·A.比林顿：《向西部扩张——美国边疆史》，第584页。

居的地区和欧扎克森林。在路上，牛群不仅容易掉膘，而且常在曲折的森林中乱窜、失散，难以控制。

其次，沿途经过的许多印第安人部落，他们对侵入其领地的赶牛人索取很多过境费。有时，赶牛人因不肯付过境费不得不绕行。1866 年春，年仅 16 岁的詹姆斯·M.多尔蒂与其他五个牛仔从得克萨斯赶着 1,000 头牛前往密苏里。① 多尔蒂的牛队在罗克布拉夫斯过雷德河，开始向东北部穿过现今的俄克拉何马。几天后，他们遇到了切罗基部落的印第安人。因拒付过境费，多尔蒂的牛队只得转而向东，在史密斯堡附近进入阿肯色。从那里，他们再赶牛群北进。在阿肯色西北的艾尔克霍恩山顶附近的艾尔克霍恩塔弗恩停留后，牛队再向西北行进，返回印第安人的领地，恰好到了 20 英里宽的纽特勒尔狭长地带。从那里，牛队穿过印第安人领地的北部边界，抵达堪萨斯的巴克斯特斯普林斯以南的地方。多尔蒂的牛队为躲避印第安人收取过境费绕行了多远的路啊！在哈维·雷用密西西比河上的航船向艾奥瓦运牛的同时，乔治·C.达菲尔德雇了一些人，集拢一些牛并给它们打上烙印，准备往北驱赶。4 月初，他弄到一些口粮和炊具，买了两辆车，用五头公牛拉着，雇 37 名牛仔，赶着牛群从奥斯汀西部起程，向北行进。② 在他留下的不甚详细的日记中，记述了从 4 月 5 日由得克萨斯起程至 11 月 7 日抵达艾奥瓦州伯灵顿的长途驱赶的全过程。在历时八个多月的艰苦行进中，达菲尔德在日记中多次记下了与印第安人的冲突。6 月 19 日，有 15 名塞米诺印族的印第安人聚在一起，要带走达菲尔德牛群中的一些牛。赶牛人不许，双方发生激烈争吵。一名印第安人拔出了刀。达菲尔德抽出了左轮枪，才把他们吓跑。6 月 22 日达菲尔德的牛有一头被印第安人杀死。6 月 23 日，牛队至少丢了两头牛。③

第三，牛队在牛道沿途遭到定居农民阻截和强盗的袭击。达菲尔德在 8 月 8 日的日记中记载了与农民的冲突。这天，他的牛队抵达大沃尔纳特。因

---

① 戴维·达里：《牛仔文化》，第 171 页。
② 戴维·达里：《牛仔文化》，第 177 页。
③ 戴维·达里：《牛仔文化》，第 179 页。

为惊牛，牛群跑散到两个农场附近。许多愤怒的农民都来以法律相威胁。两天以后，牛队才得以离开。武装匪徒和强盗比农民对赶牛人危害更大。有一批自称"废奴派游击队员"的家伙，他们在堪萨斯—密苏里边境一带，联合起来对付赶牛人。这些人多是不法之徒。圣路易斯的一家报纸报道说，这些武装匪徒称赶牛人为"入侵者"。他们不需要任何借口便跟踪牛队，"包围一个赶牛人的营地，挑起纠纷"。武装匪徒"会杀死赶牛人，然后把牛赶走"。[①]有许多得克萨斯赶牛人被杀死，但这些不法之徒却逍遥法外，谋杀和抢劫的活动仍在继续。在多尔蒂的牛队到达巴克斯特斯普林斯之前，已有几批赶牛队被"堪萨斯游击队"的人阻挡在那里。他们杀死牛的主人，驱散牛仔，带走了牛群。凯纳和他的牛队便遭此厄运。一日下午 4 点左右，当多尔蒂的牛队行进到斯科特堡以南 20 英里处时，遭到一股 15—20 人的"堪萨斯人"的袭击。[②]牛仔约翰被击毙在马上。其他牛仔与惊散的牛在一起。许多牛在惊逃中丢失。多尔蒂被拿枪的"堪萨斯人"包围，并被带到考河附近拷问。这些"堪萨斯人"说多尔蒂的牛群里有扁虱，会伤害他们的牛。因为多尔蒂拿不出牛健康的证据，一些"堪萨斯人"就喊着要把他吊死，另一些人则叫着要用鞭子将他抽死。多尔蒂向他们求饶，说他的牛没有任何扁虱。因为他只是个十几岁的孩子，他的话感动了一个大个子"堪萨斯人"，最后他被放了。多尔蒂回到牛队后，他和两个牛仔偷偷溜回出事地点，埋了约翰。他们砍了一棵小树，削去头尾，为同伴插枝为碑后又回到牛队中去。多尔蒂发现牛已经少了 150 头。[③]他和其他牛仔只好把牛群再赶回中间地带。后来，多尔蒂在买主基斯先生派来的向导的帮助下，夜间赶牛，白天隐蔽，经过五个夜晚，才把牛群赶到斯科特堡。在那里把牛群卖给基斯先生后，多尔蒂返回了得克萨斯。随后几年，多尔蒂又多次往堪萨斯赶牛。他在得克萨斯经营着一个大牧场，成了著名的牧牛场主，被人尊称"吉姆叔叔"多尔蒂。

---

① 《共和国报》（*The Republic*[*St. Louis*]）1892 年 8 月 7 日；转引自戴维·达里：《牛仔文化》，第 176 页。

② 戴维·达里：《牛仔文化》，第 173 页。

③ 戴维·达里：《牛仔文化》，第 174 页。

密苏里西南部通往锡代利亚的路段是这类不法行为最为猖獗的地区。当强盗不能以杀死赶牛人这种最便捷的方式得到一群牛时，他们便鞭打赶牛人，直到牛主答应放弃牲口，骑马以最快的速度逃离那个地区才算罢休。如果用恐吓不能使赶牛人放弃牛群，这些恶棍便采取一种稍微"温和的方式"获取牲口。他们在夜间把牛群惊散，次日清晨再尽可能多地把四散的牛聚拢起来，将牛群隐藏在一个被山岭和森林覆盖的地方。随后，这些无赖找到牛主，以帮助寻找丢失的牛为由索取酬金。如果赶牛人应允支付足以使这些强盗满意的高价，那么第二天他们便归还牛主走失的牛。反之，这伙人就会把牛留下来，等日后送到市场上卖掉，将所有的收入都装入自己的腰包。在边界附近，还有一些穿着得体的骗子和小偷。他们带着据称是纽约的"银行支票"。这些骗子用毫无用处的假支票骗买赶牛人的牛群。等到赶牛人明白上当后，他们早已把骗到的牛群弄到不知什么地方去了。"在得克萨斯的历史上，牧场的牛贸易从来没有像 1866 年这样糟"[1]。

多尔蒂在 1866 年往北驱赶的牛，是那年春夏两季所有赶往堪萨斯和密苏里的 26 万头中的一部分。但是，所有这些牛中只有不足一半到达了它们的目的地。1866 年，北上的得克萨斯长角牛并非全去了堪萨斯或密苏里的市场，也有一些牛被赶到了艾奥瓦州。达菲尔德赶回艾奥瓦的牛不到他在得克萨斯所买牛总数的 1/2，但他是那一年幸运和成功的赶牛人之一。对大多数赶牛人来说，1866 年是多灾多难的。在牛道沿途，赶牛人面对的是定居农民的堵截、牛群的失散（有时是整群牛的丢失）、用钱为牛群买路和武装强盗的劫掠。他们整日都充满焦虑和恐惧。很多人都像达菲尔德那样想方设法避开灾难，远远躲开暴行出没的巴克斯特斯普林斯周围地区。有的赶牛人把牛群赶过堪萨斯河后就转向东北，在圣约瑟夫渡过密苏里河，把牛群卖掉。有的赶牛人在即将靠近巴克斯特斯普林斯时转向东，到达印第安人生活区东北部，再次改道而行，赶着牛群沿密苏里—阿肯色州边界走下去，目标直指圣路易斯或锡代利亚以东的某些铁路停车站。这一线路对赶牛人吸引力

---

① 《共和国报》(圣路易斯)1892 年 8 月 7 日；转引自戴维·达里：《牛仔文化》，第 183 页。

不大。因为沿路多山，被森林覆盖，道路崎岖，且法纪混乱，牛被赶到市场时已积弱不堪，变得又瘦又小，赶牛人往往会亏本。有些赶牛人折向西行，沿堪萨斯南边界走150英里，直到走出绿茵茵的大草原，再往北走很远后转而东行，绝大多数赶牛人都到达了圣约瑟夫铁路线一带，从那里直接把牛装火车运往芝加哥。有些牛在艾奥瓦州和伊利诺伊州被畜养起来。还有些被赶往西行的牛，北上远抵怀俄明。① 大多数赶牛人还在巴克斯特斯普林斯附近停留，他们期待着情况会好转。然而，直到1866年第一场早到的霜冻使牧草枯死时，转机并未出现。

1866年末，牛群被赶到堪萨斯和密苏里遭遇麻烦的消息迅速传回到得克萨斯，令牧牛场主们大为沮丧。在得克萨斯，牛群不断繁殖，牧牛场主日益增多，甚至越来越多的农民在这年夏季还没将庄稼收上来时也转向经营牧场。这些人意识到，必须找到更好更安全的牛道通向北部市场才行。

1866年的整个赶牛季节对得克萨斯人来说是灾难性的。这一年是赶牛人不断摸索实践、寻求安全赶牛路线和连续碰壁的一年。然而，在这一年难以确定的混乱中却明白地显示着一个事实，这就是未来的赶牛小道在西部。尽管那里有悍勇的印第安人骑在马上等待着赶牛人，但他们还是宁愿碰着印第安人也不愿与密苏里人或堪萨斯人相遇。为什么这些曾在大草原上养牛或者至少是在那里将牛聚拢起来的得克萨斯人没有立即认识到在大草原上赶牛是最佳途径呢？这看来似乎很奇怪。然而，他们在1866年所做的一切又是合理的，因为他们是要找到通往市场的最佳路线。尽管赶牛人遭受了一些损失，且伤亡者大多是有经验的人，但他们还是发现，如果能找到一条安全通道的话，他们的牛群就会有一个无限广阔的市场。得克萨斯赶牛人遇到过盗贼，也找到了买主。他们未来所面临的问题是如何和买主建立永久的联系，同时避开那些盗贼。

---

① D. E. 麦克阿瑟：《得克萨斯的牧牛业》（D. E. McArthur, *The Cattle Industry of Texas, 1685-1918*），《得克萨斯大学档案》，第144页，1918年；转引自沃尔特·P. 韦布：《大平原》，第219页。

5. 更严厉的检疫法

1867 年，得克萨斯的牧牛场主仍然面对严峻的形势。为不断增加的牛群寻找市场是他们最感头疼的问题。一些去年赶牛遭受损失的人决定不再向北赶牛，转向海岸做卖牛皮和牛脂的生意。一些人仍被北方市场的高价所诱惑，决定再试一试。但是，他们面对的是北部各州更加严厉的法律限制。因为去年得克萨斯热病使密苏里、堪萨斯、科罗拉多、内布拉斯加和伊利诺伊等州的牛群遭受了很大损失，密苏里州加强了阻止得克萨斯牛进入的法律。上面提到的其他州，甚至连肯塔基州在内，都颁布新的法律，禁止或限制得克萨斯牛或印第安人区域的牛群进入该州。堪萨斯州因当地牛群染病损失惨重，州长塞缪尔·J.克劳福德在 1867 年 2 月 26 日签署一项法令，保护本州的家畜饲养者免遭"西班牙热病"的侵害。该法令规定，除第六子午线以西和现今的麦克弗森东北一线以南地区外，在 3—12 月间禁止得克萨斯牛和印第安人的牛进入堪萨斯。该州的养牛者都在第六子午线以东。在保护他们牛群的同时，这一法令在堪萨斯南部中心地带和南部开放了一大片无人定居的地区。该地区到得克萨斯的牛道需要用 12 个月才能走完。该法令规定任何个人、组织或公司，可以选择一条路线通过这一无人区，前往联合太平洋铁路的一些站点，到达东部分界线。这些牛便能装运出州外。如果得克萨斯牛给该州招致任何损失，赶牛人必须付 1 万美元的赔款。[1]

在托皮卡的州立法机构中，一些人明显地代表着那些想占有得克萨斯牛贸易者的利益。他们最后修改了对埃尔斯沃思[2]有利的法令条文。在 2 月末法令签署时，联合太平洋铁路已经越过东部界线进入了堪萨斯。虽然因为坏天气和水灾等原因铁轨未能铺到埃尔斯沃思，但铁路却抵达了迪金森县内的阿比林小拓居区。这样，第六子午线便成了这一地区的西部边界。事实上，阿比林在这条"不可逾越的界线"以东和以北，从 3—12 月，得克萨斯牛群被禁止进入堪萨斯这个被限制的范围。

---

[1]　戴维·达里：《牛仔文化》，第 183 页。

[2]　埃尔斯沃思在堪萨斯境内，从阿比林西南往西 60 英里处。

尽管堪萨斯有严格的法律禁止得克萨斯牛进入第六子午线以东的地区，但这并未能阻挡住伊利诺伊州的年轻肉商约瑟夫·G.麦科伊与他的两个兄弟一起在伊利诺伊州从事大宗的牲口托运生意。他首先发现有必要在东部买主和得克萨斯赶牛人之间建立一个永久性的和相当安全的联系地点。

6. 麦科伊的贡献

麦科伊是一个重视实践的梦想家。1867年时，他仅有29岁，身材修长。因为留着一脸山羊胡子，他看起来比实际年龄老成得多。麦科伊抱定一个观念，认为有一个对牛贸易具有全局意义的地点，能使从得克萨斯通来的牛道与向西延伸而去的铁路线相交。在这个相交点上，得克萨斯赶牛人可以遇见来自北部和东部的买主，所有的人都会因此而获得成功。麦科伊设想了一个"计划"。他想在某些牛道和铁路都通过的地方建个车站或市场，使得克萨斯牧牛场主可以把牛群安置在那里不受侵扰。即使在那里找不到买主，赶牛人也可以通过公共交通干线把牛群赶到他想去的地方。如果能建立起这样的一个市场，"会使来自南部的赶牛人和来自北部的买主到达那里只需走远近差不多的路程，而且不会受到暴徒或以欺诈为生的盗贼的侵扰"[①]。麦科伊想建立而且确实建立起了美国西部的第一个牛群集散地，他把堪萨斯的阿比林建成了第一个牛镇。

1867年春天，麦科伊几经磨难和周折，最终才选择了阿比林作为建立"牛镇"的地址。最初他还不能确定把牛镇建在哪里。他花了很多时间研究地图，思考可否把牛镇建在西部大草原上或南方的河流沿岸。正当他苦苦思索，难以敲定时，一场生意出行把他带到了堪萨斯城。在那里，他遇到一些人。他们对据说正从得克萨斯赶来的一群牛感兴趣。他先去了章克申城，想在那里买块地皮做牲口围栏，因地价过于昂贵作罢。随后他又去几家铁路公司游说。堪萨斯太平洋铁路公司的老板认为麦科伊的计划是行不通的，只表示了适度的热情，同意提供帮助。密苏里太平洋铁路公司的

---

① 约瑟夫·G.麦科伊：《西部和西南部牛贸易史略》，第40页。

老板认定麦科伊从来没有卖过牛，而且永远不会有，干脆把他轰出了办公室。后来的事实证明，密苏里太平洋铁路公司的粗暴拒绝，使牛群的转运生意被永久性地赶出了圣路易斯—芝加哥的铁路线。在密苏里太平洋铁路公司遭到拒绝几小时后，麦科伊与汉尼拔和圣乔铁路货运总代办处签订一份合同，获得了从密苏里河到芝加哥的运输优惠。这一结果使麦科伊获得了整段的铁路运输来实现他的计划。在堪萨斯境内到密苏里河，由堪萨斯太平洋铁路公司承运，从密苏里河到芝加哥和东部更远的市场由汉尼拔和圣乔铁路货运总代办处负责。取得这一满意的结果后，麦科伊立即返回堪萨斯，去选定他在堪萨斯太平洋铁路线上集散牛群的牛镇地点。因为萨莱纳和所罗门城都不同意成为一处牛群集散地，麦科伊最终选定了位于迪金森县中心的阿比林。

在麦科伊选中阿比林作为第一个"牛镇"的镇址时，它还是个拓居历史不足六年的边疆小村。① 这个小小的草原荒村之所以被麦科伊选中，是因为它藏于斯科摩盆地之中，周围地方宽广、平坦，有充足的适于做饲料的牧草。麦科伊认为：这个地区完全没有开发拓殖，居民很少，"水源充足，牧草丰美，几乎所有的地方都可以用来养牛"②。当然，铁路是关键。它提供了去往东部的运牛通道。阿比林是最靠近堪萨斯太平洋铁路的一处地点，可以在那里为牛贸易建起一个很好的装运站。因为一些得克萨斯人在 1867 年 3 月初就开始往北赶牛，麦科伊迅速行动起来。他以较低的价格买下了阿比林周围 250 英亩的土地③，便以极大精力、热情和智慧投入了牛镇的建设。麦科伊计划建一个粮仓、一间小办公室、一个容 3,000 头牛的畜栏、一家银行和一座豪华的三层旅馆。他雇佣居住在阿比林的内地工程师蒂姆·赫西负责改建工作。由于阿比林缺少木材，便从密苏里州的汉尼拔运进枕木，由堪萨斯州的利纳皮输入硬杂木。建造畜牧场、畜栏和装车斜道的工作迅速展开。不到两个月，建筑工人们就改变了阿比林死气沉沉的旧貌。到 7 月初，展现

① 劳伦斯·I.塞德曼：《马背生涯——1866—1896 年的牛仔边疆》，第 51 页。
② 约瑟夫·G.麦科伊：《西部和西南部牛贸易史略》，第 50 页。
③ 罗伯特·R.戴克斯特拉：《牛镇》，第 21 页。

在人们面前的是一个设备齐全的崭新牛镇。① 但初建时，阿比林只不过是一个没有一头牛的空牛镇。为了使阿比林的牛贸易迅速开展起来，麦科伊进行了一系列有效的工作。

首先，他考虑解决牛源的问题。在选中阿比林的同时，麦科伊从伊利诺伊州雇了一个养牛的朋友去南方搜寻"每群游荡的牛"。此人名叫 W. W. 萨格，是一个非常了解该地地理状况和熟稔草原生活的人。他带着麦科伊的指示，去寻找每一支正在漫游而不知去向何方的赶牛队，告诉赶牛人，阿比林正在为得克萨斯创建一个市场和打开一条销路。萨格骑马从在阿比林以北20英里的章克申城出发，向西南方向独自骑行了约两百英里。在现今威奇托所在地越过了阿肯色河，然后深入印第安人地区，再折向东，直到发现了牛群。② 萨格开辟出了进一步北上的道路。顺着这条路，他追上了牛群，告诉牛群的主人阿比林是一个为他们准备了完备的装运设施而且安全的好地方，任何人都能在那里把牛卖掉或运到东部的市场上。对得克萨斯赶牛人来说，这真是个令他们欣喜万分的好消息。因为在赶牛途中遇到的种种困难和对暴行的恐惧正像一团梦魇日夜困扰着他们，使他们寝食不安。这消息好得令人难以置信。赶牛人万分狐疑：会不会有人在以往的劫掠等暴行之外又要对他们玩什么新花样？认为有个设好的圈套等着他们去钻。这种心态使他们不愿听信萨格关于公平交易的新一天已经到来，而暴行盛行、残忍谋杀和专横排斥的时代已永远结束的陈述。然而赶牛人的大脑"已被不断更替的希望和恐惧占满了"，致使他们还是掉头向萨格指明的地点进发了，"只是北上行进得缓慢而又小心翼翼"。③ 第一批来自得克萨斯而抵达阿比林的牛是由汤普森驱赶的。他在印第安人领地把牛卖给一些北方人，由他们将牛群赶到了阿比林。另一批牛归威尔逊、惠勒和希克斯所有。他们要寻路将牛群赶往太

---

① 哈里·S. 德拉戈：《荒凉、恶劣与粗犷——堪萨斯牛镇和得克萨斯牛贸易》（Harry S. Drago, *Wild, Woolly Wicked, The History of the Kansas Cow Town and the Texas Cattle Trade*），纽约1960年版，第19页；转引自戴维·达里：《牛仔文化》，第184页。

② 约瑟夫·G. 麦科伊：《西部和西南部牛贸易史略》，第51页。

③ 约瑟夫·G. 麦科伊：《西部和西南部牛贸易史略》，第51页。

平洋沿岸各州，曾在阿比林附近停留放牧，最终在那里把牛卖掉。

其次，麦科伊在 1867 年夏天去托皮卡拜访克劳福德州长。他把计划和所做的一切告诉了州长，希望能得到州长的批准和支持。克劳福德已得知阿比林在第六子午线以东以北。麦科伊向州长解释赶到阿比林的牛只停留在居住区以西，不会损害任何农场或使当地牛染病。克劳福德很喜欢麦科伊的计划。事隔多年后，这位州长记得他当时写了一封简短有力的信，"赞扬了麦科伊先生的计划和他选定的地点"，给予"半官方的承诺"。[①] 麦科伊很高兴地返回了阿比林，显示出他已得到保证：由克劳福德签署的"不可逾越的界线"法令将不再执行。9 月 5 日，第一批牛从阿比林运往芝加哥。当晚举行了盛大的庆祝会。许多牧牛场主和来自伊利诺伊州的斯普林菲尔德及从其他地方赶来的买主坐在一起"宴饮歌唱"，从而宣告了在"棉花王国"衰落之后，"牧牛王国"正在迅速崛起。虽然阿比林牛贸易市场开放时售季已近尾声，但到 1867 年冬季以前还是有约 3.5 万头牛被赶到了那里。其中约有 2 万头装成 1,000 节车皮用铁路运到了东部。有 17 节车皮通过堪萨斯太平洋铁路前往芝加哥并又东下到更远的地方。那一售季有些牛远销到纽约州的奥尔巴尼。在那里 900 头牛的售价比运费还少了 300 美元。[②] 没能售出东运的牛准备留下来在阿比林以西和以北的地区过冬。因为大量得克萨斯牛群的流入，导致阿比林、堪萨斯城和其他通往东部市场的牛肉价格有所下降。然而，这样的销售量已使得克萨斯赶牛人兴奋不已。他们回到南方后，把得克萨斯牛可以在阿比林卖掉的消息迅速传播开来。这消息好得使许多牧牛场主难以相信。正如麦科伊所言，他们"几乎不相信这里面没有骗局"[③]。

第三，为了进一步发展阿比林的牛贸易，麦科伊在 1868 年做了一些更细微而有效的工作。首先，他通过广告宣传使赶牛人和买主相信阿比林是一个安全的好牛市，并无半点谎言。为了迎接 1868 年售季，麦科伊经过认真准备，打印一封关于市场状况和告诉赶牛人如何抵达阿比林的通告信。信中

---

①　戴维·达里：《牛仔文化》，第 184 页；罗伯特·R.戴克斯特拉：《牛镇》，第 21 页。

②　沃尔特·P.韦布：《大平原》，第 222 页。

③　约瑟夫·G.麦科伊：《西部和西南部牛贸易史略》，第 54 页。

许诺，在去阿比林的牛道途中，有充足的水草。在阿比林，每头肉牛平均可以卖到 15 美元。牛主可以把牛售出，或装火车运往别处的市场。[1] 这封信被散发到牧场主手中，登在报纸和得克萨斯牛仔能够读到的刊物上。为了吸引买主，他让伊利诺伊州的哥哥在《密苏里共和党人》等报纸上刊登广告。如 3 月 27 日的一则广告这样写道："牛——美国最好的牧养牛，不论多大的数量，从 1868 年 5 月 15 日起，在堪萨斯的阿比林都能买到。这些从西南部抵达阿比林的牛受到了很好的照料。每头牛体重为 1,000—1,200磅，比本地牛重 50—150 磅，但价格减半。5 月 1 日前，我们在伊利诺伊州的斯普林菲尔德，此后在堪萨斯的阿比林恭候您光临洽谈。W. K. 麦科伊及其兄弟"[2]。其次，麦科伊雇了一批人到南方调查，以缩短从阿肯色河到阿比林的赶牛路程。4 月 1 日，他在阿比林附近找到一个曾做过调查员和农场主的人。此人名叫蒂莫西·F. 赫西，由他领一批人，调查得克萨斯前往阿比林赶牛的最佳路线。他们从阿比林出发往北行 90 英里，抵达现今威奇托附近的阿肯色河口。[3] 一路上，他们不时有间隔地切下方块草皮，使之露出泥土，成为明显的行路标记。赫西一行人到达小阿肯色河口附近时，恰遇第一支往北驱赶的得克萨斯长角牛队，便引导赶牛人把他的牛赶往阿比林。工人们已经建成的"赶牛人小屋"，正开门营业，迎候远道而来的赶牛人。

从得克萨斯到阿比林的牛道被人们称为"奇泽姆小道"。实际杰西·奇泽姆开辟的只是整条牛道的一段路。正如前面已述的那样，奇泽姆曾在1832 年帮助开出了从阿肯色的史密斯堡到印第安人保留地中托森堡的马车道。1836 年，他又引导着一批寻找金矿的人抵达现今堪萨斯州威奇托附近的小阿肯色河。内战后，奇泽姆烧荒开出了一条向南通往得克萨斯北部边界雷德河的马车道。这条从堪萨斯的威奇托向南通往得克萨斯北部边界的马

---

[1] 哈里·S. 德拉戈：《荒凉、恶劣与粗犷——堪萨斯牛镇和得克萨斯牛贸易》，第 26 页。

[2] 戴维·达里：《牛仔文化》，第 187—188 页。

[3] 戴维·达里：《牛仔文化》，第 188 页；哈里·S. 德拉戈：《荒凉、恶劣与粗犷——堪萨斯牛镇和得克萨斯牛贸易》，第 26 页。

车道才是真正的"奇泽姆小道"。直到奇泽姆在印第安人保留地去世后两年，大约在 1870 年前，从得克萨斯南部通往堪萨斯州阿比林的较长牛道还不被称为"奇泽姆小道"。

由于麦科伊做了大量有效的工作，1868 年大约有 7.5 万头得克萨斯长角牛被赶到了阿比林。事实使得克萨斯赶牛人相信阿比林不是个骗局。随后的几年，越来越多的得克萨斯牛被赶到阿比林。1869 年秋季，有 35 万头长角牛进入了这个牛镇。1870 年，阿比林又容纳与上年同样数量的得克萨斯牛。[①] 1871 年，赶入阿比林的长角牛数量达到了顶点，有 70 万头。[②] 此后，由于阿比林居民的反对和堪萨斯立法机关把"不可逾越的界线"进一步向西推移，赶牛队到阿比林成为不合法的事情。随着第一条横贯大陆铁路——联合太平洋铁路的完工和其他西部铁路的修建，更多的牛镇在各铁路沿线兴起。得克萨斯长角牛被赶往了更多的市场。

阿比林牛镇的建立具有重要的意义，它为"牧牛王国"的兴起迈出了关键的第四步。阿比林是在大平原上建起的第一个永久性的牛群集散地、出售市场和中转站。它使得克萨斯粗放经营的牧牛业紧紧与市场联系起来，成为真正的市场经济，并使牛贸易日趋规范化。前面我们已经较详细地梳理了内战以后得克萨斯牧场主驱赶牛群北上寻找市场的历史。从 1866—1871 年的五年间，他们有时这样做，有时那样做，一直处在摸索、试探阶段。他们之所以如此，目的是为了把过剩的牛群转化成商品，变成财富。在反复试验的探索中，赶牛的牧场主们懂得了避开森林和农田，学会了如何绕开强盗出没的地区、击败印第安人和渡过有急流沙的河流。在麦科伊的帮助下，他们弄清了最好的赶牛路线，奔向了在堪萨斯太平洋铁路上的阿比林牛镇。在那里，得克萨斯牧牛场主找到了买主和稳定的市场。完成交易后，他们不止一次地听到口袋中实实在在的金属钱币叮当碰响时所奏出的令其陶醉的美妙乐

---

① 关于 1870 年赶入阿比林的牛数，戴维·达里的《牛仔文化》和欧内斯特·S. 奥斯古德的《牧牛人时代》均计为 35 万头，沃尔特·P. 韦布的《大平原》计为 30 万头，略有出入。

② 1871 年阿比林容纳的牛数达里和韦布书中都为 70 万头，奥斯古德书中为 60 万头，亦有出入。

声。他们的牛群真的变成了财富。阿比林的牛贸易也使东北部的人有了肉吃。尽管长角牛的肉有时太坚韧，不好嚼，但对肉食供应不足的工厂工人、筑路员工和装卸工人来说，即使是吃最差的得克萨斯牛肉，他们也感到足够好了。对于格兰特共和党治下保留地内的印第安人来说，长角牛则更是美味佳肴。

阿比林开辟了美国西部牧区牛贸易的新时代。从 1867—1885 年，在堪萨斯的铁路附近，几乎每座小镇都装牛外运。它们偶尔被人们称为"牛镇"，但有的并非是真的牛镇。在堪萨斯，只有 15 座大小不等的城镇可以以"牛镇"称呼它们。这些牛镇除阿比林外，还有道奇城、威奇托、牛顿、考德威尔、布鲁克维尔、萨莱纳、所罗门、埃尔斯沃思、大本德、章申克城、沃特维尔、希托帕、科菲维尔和巴克斯特斯普林斯。[①] 随着铁路向西延伸，"赶牛小道"的终点就从阿比林不断西移。关于得克萨斯与北部牛贸易的增长情况，从下表中清晰可见。

1866—1880 年得克萨斯牛被驱赶出售情况（万头）

售地 年份	锡代利亚（密苏里）	阿比林（堪萨斯）	威奇托、埃尔斯沃思（堪萨斯）	道奇城、埃利斯（堪萨斯）	道奇城、考德威尔亨尼威尔（堪萨斯）	总计
1866	26					26
1867		35				
1868		7.5				
1869		35				146
1870		30				
1871		70				
1872			3.5			
1873			40.5			
1874			16.6			107.2618
1875			15.1618			

---

① 戴维·达里：《牛仔文化》，第 198 页。

续表

售地\年份	锡代利亚（密苏里）	阿比林（堪萨斯）	威奇托、埃尔斯沃思（堪萨斯）	道奇城、埃利斯（堪萨斯）	道奇城、考德威尔亨尼威尔（堪萨斯）	总计
1876				32.2		
1877				20.1159		
1878				26.5646		104.6732
1879				25.7927		
1880					38.4147	38.4147
15 年总计						442.3497

（资料来源：沃尔特·P. 韦布：《大平原》，第 223 页。）

从上表中，我们可以清楚地看到：1867—1871 年，阿比林已成了得克萨斯牛的主要市场。从那时起，得克萨斯牧牛场主已经实现了将堪萨斯作为售牛市场的梦想，赶牛群北上已是很平常的贸易。尽管许多得克萨斯牧场主仍然自己向北赶牛出售，但越来越多的牧场主把牛群交给职业的赶牛人。这些赶牛人在堪萨斯与买主签好合同，详细列出牛的类型、数量、性别、年龄等项。如有的买主想要继续放牧育肥的小牛或幼龄母牛；印第安人机构、包装加工和屠宰厂则需要旱地母牛或公牛等等。赶牛人按合同要求，到得克萨斯牧场主那里把需要的牛赶回牛镇交给买主，从中获利。以长途驱赶、在牛镇出售为特点的牛贸易高潮一直持续到 19 世纪 80 年代中期。从 80 年代初，得克萨斯牛不仅销往堪萨斯市场，还销往西部其他州或领地的牛镇。这些州或领地的新牧场也把牛群赶往当地牛镇出售。80 年代后期，随着西部铁路网的形成，牧场主们则就近在本地的铁路站点装车外运牛群。得克萨斯的牧牛场主经过多年的反复探索和试验、付出了极大的牺牲以后，最终获得了成功。他们把牧区通过牛道和铁路、牛镇连接起来，开创了牛贸易的新时代。这种反复试验的探索模式是大平原一切进步所共有的特点。

三、放牧区的扩展

1.新牧区拓展的条件

我们在前面论述内战后美国西部的牛贸易时，已经提到，从得克萨斯赶到阿比林的牛群并非所有的都能卖掉。有的牛不适合出售，有的牛一时找不到买主。在这种情况下，过剩的牛就被放养在草原上，或是建立一些永久性的牧场，作为牛群的育肥地。通过这种方式，使开放牧区从得克萨斯拓展出去，布满整个大平原，形成疆域辽阔的"牧牛王国"。把过多的牛群驱赶着北上、西进，占据大平原牧草充足的地区，是"牧牛王国"最终形成所迈出的第五步。新开放牧区的不断拓展，取决于以下几个因素。

第一，要有充足的牛源向新牧区输送。这一点可以从得克萨斯牧区得到充分保证。从 1866—1871 年，由得克萨斯牧区赶往锡代利亚和阿比林等地的牛有 172 万头左右。[①]这个数目占内战结束时得克萨斯存牛量的 1/3 多一点。况且，内战以后，大量移民进入得克萨斯从事牧牛业，牧区在得克萨斯仍在扩大，牛产量仍在增加。因此，得克萨斯牧区的数百万头牛除送往市场出售外，还有大量的牛可以赶往大平原上新开辟的牧区。得克萨斯成了向新牧区输送牛源的"大本营"。

第二，新开辟的牧区必须具备牛群生存、繁衍的自然条件，有充足的牧草和水源。19 世纪的西部牧场主把内布拉斯加中部以北的大平原地区称为北部平原，往南称南部平原。科学家则把沿着怀俄明东南部拉勒米堡附近向东北延伸，直到内布拉斯加中部以北的瓦伦泰恩城一线，作为大平原的南北天然分界线。这条线以南，是平坦的平原，偶尔有河谷、峡谷和孤山出现。绝大多数草长得较矮，以蓝格兰马草和野牛草居多。其分界线以北的平原，因为有较多的峡谷和孤山的出现变得更加起伏。再往北，山脉中断了平原的连续性。北部平原的矮草也占多数，但也有像蓝茎草和针线草一类的高草生长在其中。整个大平原都可以为牛群提供充足的牧草，这是毫无疑问的。密

---

① 1866 年赶往锡代利亚的牛为 26 万头，1867—1871 年赶往阿比林的牛为 146 万头。

苏里河及其支流黄石河、普拉特河、堪萨斯河和阿肯色河自落基山东坡流经大平原上的广阔河谷，向东注入密西西比河。北部平原也有溪流、河谷，为牛群提供饮水地。

问题是北部平原的寒冷气候是否适应牛和人的生存。这一点，在19世纪早期被穿越平原的探险者和军人所误解。他们认为人和动物都很难在寒冷和多雪的北部平原生存，而把大平原视为"美国大沙漠"的一部分。一般说，北部平原比南部的冬季更长，更寒冷，但天气并非总是从冬天持续到冬天。在有些年份降雪是很大，而其他年份却降雪很少。在现今的蒙大拿、怀俄明部分地区、南北达科他和内布拉斯加西北部，每年冬季的气温都会降至零度以下。在有些地区，气温常常在 −30 ℉——40 ℉（−36℃——42℃）①，这样的低温有时会持续几个冬季。正因如此，北部平原作为天然牧区的价值迟迟未被认识。美国内战以后，得克萨斯的牧牛场主们才从认识误区中走出来，赶着长角牛到大平原北部开辟新牧区。大平原南部的人，由于捕获来自北部的野牛和麋鹿等动物而推断出北部的草原也适合放牧得克萨斯牛群。北部草的育肥效果是在1864—1865年冬季的一个偶然事件中得到实际验证的。E.S.纽曼引导一列满载的运牛车横越大陆，送往道格拉斯营地。列车途径拉勒米平原时遇到了大雪。他建了一个越冬的营地，以免把不得已丢弃在那里的牛群冻死。第二年春天，纽曼回来查看，竟意外地发现那些牛不仅没有饿死或被狼吃掉，而且长得膘肥肉壮，活得相当好。这一意外的发现，使人们开始购买牛群，到西北部草原地区放牧。

第三，内战后的西部牧牛业不是独立存在的，它受东部经济形势的影响，是美国总的经济形势的附属物。如1873年的经济危机对西部的牧牛业带来灾难性的影响。从1872年起，通货膨胀问题就困扰着美国，市场状况日渐疲软，到1873年发生了经济危机。这一年，得克萨斯本来有希望丰收的谷物最终歉收，北部牧场不再需要更多的储备牛，市场的需求也很小。1873年9月18日，杰伊·库克公司的倒闭，促发得克萨斯牧牛场主经历了

---

① 戴维·达里：《牛仔文化》，第228页。

首次经济危机的恐慌。一个单一的托运商公司在三周内损失了18万美元。①
一个牧场主把他的牛运往芝加哥出售，所得的钱还不够支付运费。从1873
年的灾难中，南部牧场主们深刻认识到：再也不能向北部牧区销售矮小的牛
了，必须输送优质肉牛或是能育肥取肉的良种牛才行。因为市场对牛肉质量
的要求逐日提高，而来自北部牧区的牛比得克萨斯牛的肉质好。得克萨斯
长角牛与东部牛在堪萨斯相遇时，繁殖产生了一种独特的杂交牛种——白脸
牛。这个新牛种是强健的得克萨斯母牛与较为笨重的赫里福德种和安格斯种
公牛杂交繁殖的后代。白脸牛膘肥体壮，兼有东部牛的体重和肉质鲜嫩与长
角牛的力气，能够经受得住严冬，在芝加哥市场上能卖得较好的价钱。得克
萨斯牧场主发现，花7—8美元在南方买一头小牛，向北赶到一个青草茂盛
的地方，使之与来自东部的公牛杂交，任其自然繁殖。过几年之后，他的每
头肉牛就可以在最近的铁路上卖到50—60美元。② 这种情况促使得克萨斯牧
场主把他们的小牛赶到北部育肥后伺机往市场上出售。这样，既可以避免在
市场不景气时出售牛群遭受损失，而在市场旺销时获取大利；又可以减少南
方牧区的过分拥挤。

　　第四，多条铁路不断伸展穿过大平原北部与一些州和领地通过更加严厉
的检疫法也推动了牧牛区不断向西北扩展。在内战结束后的十多年中，联合
太平洋铁路、堪萨斯太平洋铁路、圣菲铁路、北太平洋铁路、伯灵顿铁路及
其他较短的铁路，不断向前伸展，穿过大平原北部。随着铁路不断向西延
伸，一些州和领地对长角牛划定的"限制线"不断向西推移，检疫法的限制
也越来越严格。以堪萨斯为例，从内战以后，划定的禁止得克萨斯牛进入的
"隔离线"从政策上更改了六次。为了保证堪萨斯的当地牛不受得克萨斯热
病的侵染，州立法机关分别在1867年、1872年、1876年、1877年、1879
年和1883年把禁止长角牛进入的"限制线"进行了更改。这种检疫法政策
的变化有两个明显特点。其一是对检疫法的实行越来越严格。如果说在60

---

　　① 沃尔特·P.韦布：《大平原》，第231页。
　　② 雷·A.比林顿：《向西部扩张——美国边疆史》，第591页。

年代后期还有对麦伊科的阿比林网开一面的情况，那么到 70 年代以后，随着越来越多的长角牛涌入堪萨斯，法律的执行便越来越严格。其二是每一次"限制线"的更改，都使得克萨斯赶牛小道的终点向西移动一次。随着赶牛小道不断西移，向西延伸的铁路与赶牛小道的相交点便成为新的牛镇。这些新型的牛镇在大平原的西部、西北部相继出现，取代先建的牛镇成为新的牛群集散中心和牛贸易市场。得克萨斯的牛群被驱赶着向西、向北扩散，放牧区不断扩展。

由于上述因素的影响，牧牛区从得克萨斯向北、向西不断扩展，很快布满了大平原。大平原地区在美国境内的范围，南起美墨边境的格兰德河，北及美加边境，东为美国中央低地，西达落基山脉。占现今美国的得克萨斯、堪萨斯、内布拉斯加、科罗拉多、南达科他、北达科他、怀俄明、蒙大拿、俄克拉何马和新墨西哥等 10 个州的一部分。不过，直到 1876 年，只有得克萨斯、堪萨斯、内布拉斯加和科罗拉多获得了联邦州的资格，其余的只具有领地的身份。我们把美国内战后牧牛区由得克萨斯向大平原扩张的大致脉络概述如下。

2. 堪萨斯牧区

从 19 世纪 60 年代末，开放牧牛区从得克萨斯扩展到了堪萨斯和内布拉斯加州的大部分地区。堪萨斯于 1861 年以美国第 34 州的身份加入联邦。它北接内布拉斯加，南临俄克拉何马，东界密苏里，西与科罗拉多相接。面积为 8.2277 万平方英里（21.3098 万平方公里）。[①] 其中有一个 200 英里 × 400 英里的矩形的天然植被是草。高草生长在较潮湿的东部低地。野牛草蔓延在平均降水量不足 20 英寸的西部。[②] 到 1860 年，拓居地已经扩展到堪萨斯河上章克申城以西那么远的地方。在随后的 10 年间，该州东部的 1/3 已经被拓居。1870 年的普查表明，拓居线北到靠近大布卢河多于两平方英里的地方，西南至阿比林，南达威奇托西南的阿

---

① 《新不列颠百科全书》（*The New Encyclopedia Britannica*）第 29 卷，芝加哥 1998 年版，第 363 页。

② 霍华德·R.拉马尔主编：《美国西部读者百科全书》，第 607 页。

肯色河转弯处。^①自从阿比林在 1867 年被改建为牛镇后，每年有大量的牛群被赶往那里。但是，并不是所有赶往阿比林的得克萨斯牛都能作为肉牛出售。如赶牛数量最高的 1871 年，70 万头牛只有一半找到了买主。没有卖掉的牛不得不在堪萨斯的草原上过冬，或到玉米获大丰收的玉米带各州去做"食客"。这些长角牛中不少与来自东部的赫里福德公牛交配，产生了优质的白脸杂交牛。这种牛的肉质要比长角牛好得多。很多得克萨斯牧场主发现他们出售牛群时必须与来自阿比林附近牧场的肉牛竞争。于是，他们有的自己迁居堪萨斯州，有的在那里建起大牧场，把牛养肥使之杂交后再出售。有"多克"之称的得克萨斯人 D. W. 巴顿和他的弟弟阿尔把开放牧场的牧牛方式带到了西堪萨斯。1872 年 2 月，他们带着 3,000 头长角牛离开得克萨斯南部^②，向西沿今天新墨西哥境内的佩科斯河谷行进，再向北进入科罗拉多。行进到阿肯色河附近的普韦布洛，巴顿兄弟和 14 名牛仔转而将牛群向东驱赶，沿河流进入堪萨斯的西南部。在现在的加登城附近，巴顿兄弟以一棵半烧毁的木棉树干为标杆，在周围建起了牧牛营地。他们在阿肯色河以南至得克萨斯的雷德河之间放牧长角牛，以"OS"作为牛群的烙印。到 19 世纪 60 年代末 70 年代初，大牧场布满了堪萨斯的大部分地区。

3. 内布拉斯加牧区

19 世纪 60 年代晚期或 70 年代早期，对得克萨斯牛仔来说，发现自己赶着长角牛越过了堪萨斯的北部边界是常有的事。60 年代末和 70 年代初，内布拉斯加西部的高草原地区，也布满了大牧场。内布拉斯加 1867 年建州后加入联邦，成为美国的第 37 州。它南临堪萨斯，北接南达科他，东隔密苏里河与艾奥瓦相望，西与怀俄明接壤，西南与科罗拉多相界，面积 7.7355 万平方英里（20.035 万平方公里）。^③其西部属大平原地区，是地势起伏的草原。1866 年，内布拉斯加后来的大牧场主和政治家约翰·布拉特来到内布拉斯加城。在那里，他被雇为赶牛承运人，前往卡尼堡。在卡尼堡，他受雇

---

① 欧内斯特·S. 奥斯古德：《牧牛人时代》，第 25 页。
② 戴维·达里：《牛仔文化》，第 235 页。
③ 《美国百科全书》第 20 卷，第 42 页。

于身兼承包商、承运人和随军小贩于一身的科和卡特。布拉特经营一个路边牧场和驿站，直到 1867 年为止。1869 年，他以"约翰·布拉特公司"的名义成了科和卡特在牛贸易方面的合伙人。1870 年，布拉特建立了一个牧场，总部设在北普拉特。他的牧牛区在普拉特河、梅迪辛河和威洛河之间，西至麦克弗森堡，东到奥法伦斯布拉夫斯。布拉特的牧场在那个地区是最大和最著名的牧场之一。70 年代，内布拉斯加的牧牛业有了一个良好的开端。当布拉特和其他牧场主认识到桑德丘陵的价值后，使这个州的牛产量几乎增长了三倍。[①] 由于牧牛业的增长，奥马哈发展成为一个主要的肉类包装中心。

4. 科罗拉多牧区

科罗拉多刚被堪萨斯太平洋铁路和联合太平洋铁路与外界连接起来，牧牛业就由堪萨斯扩展到了那里。科罗拉多东接堪萨斯，西临犹他，南接俄克拉何马和新墨西哥，北接怀俄明和内布拉斯加，面积有 10.4091 万平方英里（26.9596 万平方公里）[②]，为落基山区一州。它因在 1876 年美国独立 100 周年时成为美国第 38 州，故有"百年州"之称。科罗拉多东部属高平原地区。需要在这里的牧场放牧的母牛，多是从得克萨斯出发，经"古德奈特—洛文小道"北上的。1866 年，查尔斯·古德奈特和奥利弗·洛文前往新墨西哥售牛。他们从得克萨斯的贝尔纳普堡出发，到新墨西哥的萨姆纳堡终止行程。[③] 这一赶牛路线，后来便以"古德奈特—洛文小道"而著名。每年都有得克萨斯牛群沿着这条小道进入科罗拉多。沿阿肯色河及其支流向西越过在格兰德河上的桑格雷—德克里斯托牧区，牧场越来越多，每个季节都有长角牛被赶到这里来。往北部，在南普拉特，随着 10 年前的"淘金热"而兴起的牧牛业增长很快。1866 年丹佛附近已有牛 2 万头。到 1869 年，科罗拉多边界以内已放牧了 100 万头长角牛。[④] 当地牧场主害怕离群的得克萨斯公牛损害他们的赫里福德杂交优质牛，强烈要求政府制定法律，禁止继续输入

---

① 霍华德·R.拉马尔主编：《美国西部读者百科全书》，第 121、810 页。
② 《美国百科全书》第 7 卷，第 319 页。
③ 霍华德·R.拉马尔主编：《美国西部读者百科全书》，第 454 页。
④ 欧内斯特·S.奥斯古德：《牧牛人时代》，第 39 页。

得克萨斯牛。为了保护本地牛的品种，科罗拉多政府通过了牧场主可以射杀任何跑散的得克萨斯公牛的法令。埃尔帕索县的养牛人曾集会反对得克萨斯牛进入。一些偏离牛道的得克萨斯牛群也曾被持枪者赶了回去。但是，科罗拉多的牧场主不久发现，把长角牛运往东部市场，或把它们弄到爱达荷、怀俄明和蒙大拿牧区去，可以获高额利润，便不再反对得克萨斯牛进入了。麦库克州长在评论 1870 年科罗拉多牧牛业的巨大优势时指出：自从第一批牛群到达以来，牛的数量增长了 60%—80%；在科罗拉多草原上放牧一个季节后，牛的体重能增长 20%。① 故到科罗拉多的东部养牛的人日渐增多，东部的资本也投向这一新兴产业。

5.路边牧场

把第一头牛带进北部平原的不是得克萨斯人，而是西班牙人。后来，摩门教徒、"俄勒冈小道"上的运货人、圣菲的商人，或许还有其他人，都曾把牛带入了北部平原。但是，他们带入北部平原的都是家养的母牛，而不是在牧区放牧的牛。首先到达北部牧区的牛是来自艾奥瓦、密苏里和伊利诺伊等东部州的农场饲养牛。这些牛属于 1834 年准备启程前往俄勒冈的移民。许多人带着他们家养的达勒姆种或短角种的母牛同行，以便在向西北移居的漫漫长途中给随行的孩子提供牛奶。这种东部牛如能有幸随其主人抵达俄勒冈，将在那里被继续饲养，并繁衍后代。但是，大多数东部牛在穿越内布拉斯加的时候已疲惫不堪。有的被弃在"俄勒冈小道"沿途等死，有的被食用，有的用来换更强壮的牛。大平原中部和北部最早的移民区，是随"俄勒冈小道"等道路上的商旅需要而建立的。他们迫切需要的是拉车的牲畜和随车队而行的母牛、猪、马等家畜所需要的饮水和饲料。这要靠沿途就近的河流和天然生长的牧草解决。1845 年后，由于大规模向西移民的结果，"俄勒冈小道"不久变成了一条大道。随着车迹日渐加深，道路附近的草地日渐贫瘠，牧草逐渐减少。尤其在每一移民季节的最后几周内，牧草更少。有创业精神的人们看到这种情况便在道路沿途各地定居下来。他们或为过往的车队

---

① 欧内斯特·S.奥斯古德：《牧牛人时代》，第 40 页。

提供当地出产的干草以及由人工照料的牧场，或买卖牲畜和修理车辆等。"这种早年的路旁牧场相当于现代的加油站"。布朗称，"这是大平原畜牧业的开端"。[①] 在"俄勒冈小道"上，这种用养壮的牛换移民积弱不堪的牛的交易，曾在诸如今天怀俄明的布里杰堡和爱达荷的霍尔堡进行过。霍尔堡是"哈德逊湾公司"在斯内克河上的贸易站。1843 年至 19 世纪 50 年代早期，霍尔堡的牛交易十分活跃。理查德·格兰特和他的两个儿子在那里用面粉和其他食物换取西去移民的疲惫牛。1843 年秋季，他们把换来的牛赶入蒙大拿西部的山谷，使牛群在那里过冬和躲避风雪。第二年春天，他们再把那些长壮的牛赶回霍尔堡。他们用一头壮牛换过路移民的两头疲惫牛。这种交易持续了 12 年，在格兰特及其子停止这种牛交易时，他们卖掉了 600 余头牛。[②] 应当指出的是，这种路旁牧场及移居俄勒冈的东部移民在那里的养牛方式，还是东部的"农场养牛模式"，对大平原北部的牧牛业还不能产生根本性的影响。只有得克萨斯的过多牛群和骑马管理牛群的方式被带到大平原北部，使开放牧牛业拓展到怀俄明和蒙大拿时，才走完了"牧牛王国"形成的最后一步。

　　1868 年，牧牛业的边疆开始推进到怀俄明的夏延附近。怀俄明是落基山区的一个州。它东与内布拉斯加和南达科他相邻，西与爱达荷相接，西南毗连犹他，北接蒙大拿，南临科罗拉多，面积有 9.7809 万平方英里（25.3326万平方公里）。[③] 1868 年，怀俄明取得领地资格，1890 年成为美国的第 44 州。怀俄明牧区的开放牧牛业一起步就发展很快。在从领地到州的过程中，它成了北部地势较高的平原地区牧牛业的中心。对于这个典型的牧牛区后文还要做专门讨论，故在此不展开分析。

6. 蒙大拿牧区

　　蒙大拿养牛业起源于 19 世纪 50 年代。1863 年在奥尔德古尔奇发现金矿，次年建蒙大拿地区。1889 年蒙大拿成为美国的第 41 州，是 50 个州中的第

---

① 拉尔夫·布朗：《美国历史地理》下册，商务印书馆 1990 年第 2 版，第 551 页。
② 欧内斯特·S.奥斯古德：《牧牛人时代》，第 12 页。
③ 《美国百科全书》，第 29 卷，第 576 页。

四大州。它东与南、北达科他相界，西与爱达荷为邻，北临加拿大，面积为14.7046 万平方英里（38.0848 万平方公里）。①蒙大拿属落基山区一州。西部占其总面积的 1/3，属落基山区。东部为总面积的 2/3，是北部大草原的一部分，适于放牧。理查德·格兰特是蒙大拿最早的养牛人之一。从得克萨斯的牧牛方式来看他不是一个牧场主，他做牛交换生意时也没有什么养牛的实际经验。但是，至少格兰特从毛皮商那里得知牛在北部能够生存，或者注意到鹿和野牛等野生动物能够度过北部草原的冬季，由此推断出饲养的牛冬天同样也可能在那里存活。格兰特和他的两个儿子还以 12 个冬季把牛群放牧在蒙大拿山谷的实践证明了这一点。不论怎样说，格兰特的牛群是在风雪吹不到的干燥草地上，找到了足够的过冬饲料才生存下来的。后来，仿效格兰特做法的是出生于弗吉尼亚的格兰维尔·斯图尔特。他和弟弟于 1858 年到达今天蒙大拿西部的迪尔洛奇河流域。在那里，他们见到罗伯特·登普西等四人也在移民路过的地方开始经商，并把 600 头牛和一些马赶进蒙大拿②，和格兰特的牛一样在那里过冬。斯图尔特兄弟也开始在移民经过的路旁从事这种牛交易。1860 年秋，他们赶着换来的 60 头牛进入蒙大拿。罗伯特·赫里福德则赶了 75 头牛到迪尔洛奇河流域。在这次赶牛途中，他们还看到在圣伊格纳迪乌斯有小股牛群，在欧文堡有一些牛，在本顿堡有 200 头牛。③

60 年代初，蒙大拿的食品、日用品和牛肉市场因大量"淘金者"的涌入而受到一定刺激。内尔森·斯托里看准了这一时机。他购买了大量咖啡、面粉、腌肉、布匹、盘子、铲子、水壶和其他物品，装满了一辆两头公牛拉的货车和用 11 头骡子驮运，雇了两个帮手，携妻子从丹佛前往蒙大拿。斯托里一行于 1863 年 6 月到达蒙大拿产金地。他和妻子在新兴的弗吉尼亚城开了一家商店，制作苹果干、南瓜和浆果馅饼。矿工们用价值 5 美元的金渣换一个馅饼。斯托里夫妇从自己的金矿地和商店经营中积累了大量金渣。随

① 《美国百科全书》，第 19 卷，第 392 页。
② 格兰维尔·斯图尔特：《蒙大拿的开拓——一个州的创建，1864—1887》（Granville Stuart, *Pioneering in Montana, The Making of a State, 1864-1887*），林肯·伦敦 1925 年版，第 97 页。
③ 格兰维尔·斯图尔特：《蒙大拿的开拓》，第 97 页。

着越来越多的"淘金者"到来，斯托里敏锐地意识到了矿工对牛肉、面粉和其他食品的需求量会更大。于是，他决定前往得克萨斯购牛。他带了价值 3 万美元的金渣，经盐湖城前往纽约。在那里将金子兑换成纸币，从中获利 1 万美元。他带着银行的信用许可证和 1 万美元现金①，随后西行至老落脚处——堪萨斯的莱文沃思。在那里他开了一个账户，并遇到了两个老朋友。他们愿意加入斯托里从得克萨斯往蒙大拿的赶牛行程。三人大约在 1866 年 6 月抵达得克萨斯。他们买了一群牛②、一辆拉食品和货物的马车和一些备用马，雇了 22 名有赶牛经验的牛仔③。斯托里一行于 1866 年 8 月初开始向北驱赶牛群。他们在涨水期艰难地渡过雷德河，向北穿过印第安人地区奔向巴克斯特斯普林斯。为躲过印第安人索取过路税，他们从该地以西进入堪萨斯，赶着牛群直达堪萨斯东北部的"俄勒冈小道"。在那里，斯托里留下他的两个朋友照管牛队，他自己匆忙返回莱文沃思。在那里他买了三轮马车，并装了食品，还买了 24 支"雷明顿步枪"——一种新式速射步枪和弹药④，然后雇人赶着马车，在他的带领下，马车队向西追上了缓慢行进的牛队。斯托里的牛队在 9 月到达了拉勒米堡，见一些货商正等在那里，准备沿"博兹曼路"北去蒙大拿。几名军官警告斯托里，说愤怒的苏族印第安人正在鲍尔河一带，他们肯定会袭击行动缓慢的牛群。斯托里和其他商人经过商议，认为只要他们联合在一起，印第安人就不能袭击他们。于是，他们结伴同行，向北而去。尽管他们天天遇到印第安人，但直到牛队行进到接近荒原边缘的里诺堡时才遭到印第安人袭击。斯托里一行人用"雷明顿步枪"轻易地将印第安人打退。牛队行至现今怀俄明东北部的卡尼堡以南时，一些士兵从刚建好的驿站中骑行过来，要斯托里将牛群赶到三英里以外军队放牛的草地上。他们

---

① 戴维·达里:《牛仔文化》，第 230 页。

② 戴维·达里在《牛仔文化》第 230 页上提供了三个斯托里买牛的数字，分别为 600 头、1000 头和 3000 头，并认为这三个数字哪个正确已无从知道。格兰维尔·斯图尔特在《蒙大拿的开拓》第 98 页谈及斯托里在得克萨斯的达拉斯买了 600 头牛，于 1866 年 12 月 3 日把牛群赶到了蒙大拿的格拉廷河谷。

③ 戴维·达里:《牛仔文化》，第 230 页。

④ 戴维·达里:《牛仔文化》，第 231 页。

还警告斯托里和其他商人，因为还有印第安人，不要再往北走。斯托里等人在那里待了一周多，也得不到军队放行的答复。他们决定不告诉军方，继续北上。在夜幕的掩护下，斯托里的牛队和其他商人离开了卡尼堡。牛仔们夜里赶牛往前行进，白天把牛群围拢在一起，以防印第安人袭击。一路上牛群遇到了印第安人的三次袭击，但他们每次都很快击退了袭击者。牛队接近大霍恩河时，遇到了早到的暴风雪的袭击。许多长角牛随暴风雪的裹挟而失散，所幸的是次日天晴后大部分失散的牛都被找了回来。印第安人也因暴风雪的降临去寻找安身处了，赶牛队再未遇到什么麻烦。进入蒙大拿后，斯托里的牛队和结伴同行的商人们分手。11 月末，他的牛队及货车抵达今哥伦布河口附近的斯蒂尔沃特河口的河滩处。12 月 3 日，斯托里一行将 600 头牛赶进了格拉廷河谷。① 尽管厚雪覆盖着大地，天气十分寒冷，斯托里仍命令牛仔们砍树建造畜栏和牧场。这就是离蒙大拿的博兹曼不远的"斯托里牧场"。斯托里留下大部分人建牧场。他不等工程完工，就和几个牛仔从牛群中挑出数头最好的小公牛，由马车引路，前往弗吉尼亚城。12 月 9 日，他们抵城时受到了市民的欢迎。在博兹曼附近建立的"斯托里牧场"一直经营到 20 世纪初。

基于斯托里是为经商和淘金前往蒙大拿，随去的得克萨斯牛仔没有对其牧场的经营方式产生影响等因素的考虑，一些美国学者认为他的冒险活动对美国的牛仔文化没有什么影响。但是，我们必须承认，是斯托里将得克萨斯的长角牛和牛仔带到了蒙大拿，迈出了往最北部牧区长途驱赶牛群的第一步。这些牛仔随他经过 2,500 英里的艰苦行程才抵达目的地。除他们之外，得克萨斯牛仔在 60 年代后期没有机会经历向北部牧区赶牛的艰辛。所以随斯托里到蒙大拿的 20 余名牛仔是后来众多将得克萨斯牧牛技艺、习俗带入蒙大拿的牛仔的先驱者。他们对 19 世纪 70 年代中期以后的蒙大拿牧牛业产生了重要影响。

斯托里把得克萨斯长角牛和牛仔带入蒙大拿这一事件，在随后的十年中之所以对那里的养牛方式未产生重大影响，有两个主要原因。第一，在现今

---

① 格兰维尔·斯图尔特：《蒙大拿的开拓》，第 98 页。

怀俄明、爱达荷和俄勒冈沿"俄勒冈小道"经营小牧场的人，多是从东部来的移民。他们之中没有在得克萨斯当过牛仔的人，故不熟悉南部开放牧区的情况。在北部牧区，人们对骑马管理牛群的方式直到 19 世纪 70 年代还一无所知。大多数养牛人是农场主。他们只是按照大西洋沿岸和中西部农场的经营方式，养一小群牛。少数人看到过加利福尼亚的开放牧场经营方法，但他们很少吸取其经验。斯托里是到西北部创业的俄亥俄人，处在北部牧区按东部传统模式养牛的氛围中，他也采用了相同的方式来管理牛群。这可能是他带到蒙大拿的得克萨斯牛仔未能对他的牧场产生影响的原因所在。第二，在斯托里赶着牛群通过"博兹曼路"后不久，这条通道被关闭了。大部分得克萨斯与蒙大拿的直接通道要经过印第安人地区。1868 年，政府与红云酋长在拉勒米堡签订了一个条约，禁止牧场主在普拉特以北，即今怀俄明的东部和北部、蒙大拿的南部牧草丰盛的地区放牧牛群。斯托里的长途驱赶并未能为其他得克萨斯牛群开辟道路。在蒙大拿领地的起伏平原上和山谷中，养牛人只能指望得到来自俄勒冈和西北部地区的牛群。

在此，我们必须提及这样一个事实：19 世纪 60 年代后期至 70 年代早期，俄勒冈牛的东进对蒙大拿等北部牧区牧牛业的发展曾起过非常重要的作用。这一点往往被有些美国西部史学家所忽略。因为他们的研究更多地关注麦科伊的故事，并使之浪漫化了。事实上，一些早期到达俄勒冈的移民成了养牛人。他们的牛在亚基马、斯内克、哥伦比亚和威拉米特河谷丰美的草地上育肥。到 19 世纪 60 年代末，西北部的畜牛量已逐渐过剩，牧场主们开始将牛群向东赶往爱达荷和蒙大拿出售。俄勒冈牛的肉质比得克萨斯长角牛和加利福尼亚"西班牙牛"的肉质好。到 1869 年，俄勒冈牛的市场供应量已经超出落基山北部一带矿区矿工的需求。从 1869—1875 年，有 25 万头牛被驱赶着，沿着"俄勒冈小道"向东北赶往博伊西，穿过小卡默斯和大卡默斯草原，再越过大约 100 英里的拉瓦荒地，到达今爱达荷福尔斯[①]，牛道由此向北过莫奈达山口，进入蒙大拿领地。其中一些牛群被继续由爱达荷福尔斯向东驱

---

① 　戴维·达里：《牛仔文化》，第 234 页。

赶，走"马伦路"。这一牛道由哥伦比亚河向东北，穿过爱达荷北部，进入蒙大拿。北部的牛道对于人、马和牛来说，比那些由得克萨斯至堪萨斯的路更难走。蜿蜒的斯内克河及其支流比南部草原的河流更难涉过。南部的牛仔赶牛有可以选择的路，而北部赶牛人在仅有的牛道上，不得不小心翼翼地沿着拉瓦危险地区的草地边缘行走。再者，北部到达极限的低温常使赶牛生活比在南部更难以承受。然而，赶牛人经过千辛万苦把一些俄勒冈牛赶入了蒙大拿。

蒙大拿大量养得克萨斯牛始于1871年。当年10月，一个牧场主将800头得克萨斯长角牛赶入了比弗黑德河谷地区。弗吉尼亚城的一家报纸还对此作了报道。那年，还有同样数量的一群牛被赶到了当时养牛业的北部边疆线——森河。[①] 这些牛进入蒙大拿的唯一通路，是沿着1857—1858年牧场主们向北赶牛时为躲避摩门教徒威胁所走的路。沿着此路能到达把蒙大拿与联合太平洋铁路和外界连接起来的中间通路。因为这条唯一的牛道经过蒙大拿西南部牧区，新来的牧场主越来越多，使那里的老养牛人感受到了咄咄逼人之势。老养牛人便赶着他们的牛群向不太拥挤的北部和东部去了。那些新来的牧场主是瞄准比弗黑德河谷附近采矿区兴起的牛肉市场而来。一则由于那里的高地上牧草丰饶，牛群得以迅速增殖；二则因为蒙大拿矿区人口的增长不如牧场主们企盼的那样快；故到1874年超出当地市场需求的多余牛已达1.7万头。当地只需要4—5岁口的牛[②]，蒙大拿西部的养牛业只是昙花一现。因为附近没有铁路，畜牛难以外运；矿区的人口减少，骡马取代公牛承担了运输任务，牛在当地供大于求。养牛已无利可图。1874年，那里每头成牛的价格已下跌到10美元。一些卖不出去的牛在四处游荡，它们的主人对此也不大在意。东部的买主听说在蒙大拿西部能用低价买到肥壮的牛，这年秋季一些人便涌到了弗吉尼亚城和迪尔洛奇。一些牛以每头18—22.5美元的价格被卖到芝加哥。[③] 从此，蒙大拿的牧牛业逐渐由地方性的行业转变为全

---

① 欧内斯特·S.奥斯古德：《牧牛人时代》，第54页。
② 欧内斯特·S.奥斯古德：《牧牛人时代》，第45页。
③ 欧内斯特·S.奥斯古德：《牧牛人时代》，第46页。

国性的企业。利润之高使蒙大拿的牧场主相信，他们未来的市场在东部而非采矿营地。为了获取高额利润，蒙大拿牧场主不惜花费 60 天的功夫，向南长驱 400 英里，穿过牧草稀疏的地区，把牛群赶到怀俄明领地内位于联合太平洋铁路上的格兰杰。① 从那里再把牛由火车运往芝加哥等地。

由于可以大量卖牛，蒙大拿的牧牛区由西南部的山区谷地扩展到了东部辽阔的草原地区。那里不仅牧草繁茂，且多河流和丘陵，形成天然保护屏障，提供了理想牧场。1878 年以前，由于有反对牧场主侵入的印第安人采取敌对行动，牧场在蒙大拿东部进展得较缓慢。随着最后一队苏族人被赶进保留地，那里的牧牛业发展迅速起来。1878 年后，科罗拉多或怀俄明的大牛群也被向北赶入蒙大拿东部那片辽阔的草地上放牧。对此一位编辑写道："蒙大拿东部突然醒了……牛群从各方面涌入"②。曾经目睹这一变化的格兰维尔·斯图尔特后来回忆道："无法使不在蒙大拿牧区的人们相信两年间那些牧场上所发生的变化"③。1880 年，该地区实际上还无人居住。一个人走上几英里也看不到一个营地。成千上万的野牛在起伏的平原上成了黑压压的一片。每座山上、每个深谷中和树丛里都有鹿、羚羊、美洲赤鹿和草原狼。整个蒙大拿领地内，包括奶牛、耕作用的公牛在内仅有 25 万头牛。到 1883 年秋天，牧区已没有一头野牛，羚羊、美洲赤鹿和鹿也很少。1800 年还没人听说有一个牛仔在"这片树林中"。但是到了 1883 年秋，牧区已有 60 万头牛。见到穿皮衣、戴宽边帽、围鲜艳方巾、钉着银靴刺、穿与肤色相配的高筒靴的牛仔已不再是新鲜事。这已成为一种惯例。④ 尽管牛群必须向南赶到联合太平洋铁路，或向东赶到北太平洋铁路线上的俾斯麦才能外运，销售仍有困难；但是，牧区处于与外界隔离的状态吓不倒向西部扩张时期的养牛人。

---

① 欧内斯特·S.奥斯古德：《牧牛人时代》，第 46 页。

② 雷·A.比林顿：《向西部扩张——美国边疆史》，第 590 页。

③ 格兰维尔·斯图尔特：《在边疆 40 年》（Granville Stuart, *Forty Years on the Frontier*）第 2 卷，克利夫兰 1925 年版，第 188 页；转引自戴维·达里：《牛仔文化》，第 249 页。

④ 格兰维尔·斯图尔特：《在边疆 40 年》第 2 卷，第 188 页；转引自戴维·达里：《牛仔文化》，第 249 页。

7. 达科他牧区

在牧牛业边疆向蒙大拿扩展时，大牧场在 19 世纪 70 年代也进入达科他地区。北、南达科他于 1889 年分别以第 39 州和第 40 州加入联邦。在"牧牛王国"时代，南北达科他还未分离，同属达科他领地。它北临加拿大，南界内布拉斯加，东与明尼苏达和艾奥瓦相接，西部是蒙大拿和怀俄明，面积达 17.7818 万平方英里（38.2849 万平方公里）。[①] 整个领地属温带大陆性气候。现在的北达科他州夏热冬寒，温度低，多风，多日照，东北部与加拿大相邻处最冷。现今的南达科他州温差极大，常年刮风，雨量少，温度低，多晴天。东部地区夏天常有风暴。南达科他属于落基山脉与中西部草原的过渡地带。纵贯境内的密苏里河把它分成河东区和河西区大致相等的两部分。东部大草原无森林，一望无际。西部是延绵起伏的高原，很多地方水草丰美。南、北达科他整年都适合放牧。达科他领地的牧牛业最初因布莱克山发现金矿而起。受"淘金热"的驱使，1875—1876 年有 1 万人涌入矿区。[②] 因为人口急增，矿区对牛肉的需求量增加。1878 年，牧牛业的边疆推进到达科他。安德鲁·福格特是从德国移居美国西部的年轻人。他到了达科他领地的北部，借钱在埃尔伯伍兹以西建起了大牧场。他养赫里福德牛、波且朗种马和羊，获利极大。福格特成了达科他领地的著名牧场主。斯科蒂·菲利浦 16 岁时由苏格兰移居美国。1876 年他受布莱克山"淘金潮"的影响来到达科他领地南部。从 1877 年起，他在怀俄明的兰宁沃特养牛，并不断把牛赶往他在布莱克山附近的小牧场。从 1882—1896 年，菲利浦把经营规模扩大进南达科他巴德河县内，在皮尔堡附近建起了著名的"73 牧场"[③]，成为美国西部的大牧场主之一。在 19 世纪的后 25 年中，他成了从布莱克山到墨西哥边界间的名人。他拥有 1.5 万—2.3 万头牛。由于长期为印第安人供应牛，他获得了下布鲁尔保留地的放

---

① 《美国百科全书》第 25 卷，第 314 页；第 20 卷，第 439 页。

② 霍华德·R.拉马尔主编：《美国西部读者百科全书》，第 283 页。

③ 每个牧场主在选定烙印图案和为自己的牧场命名上为了与其他人不同，往往凭自己的想象力别出心裁，把他脑海里闪现出来的任何字母、数字、图形或乱七八糟的符号拼凑在一起，作为其烙印的图案和牧场的名称。此处的"73 牧场"指何含义，没有具体记载。

牧权。约翰·D.黑尔生于弗吉尼亚。20 岁时到了内布拉斯加的奥马哈，随后又到过怀俄明的夏延、蒙大拿和盐湖城。1876 年布莱克山"淘金热"开始时，他和其弟组织了一个货运队前往那里。从 1879 年春起，他开始为戴德伍德输送更多的供应品和家畜。次年，他转而在迪尔福德经营牧场，养了从丹佛买来的 4,500 只羊。尽管 1881—1882 年冬天黑尔的羊死了 2,000 余只，他还是把牧场经营从南达科他扩大到了怀俄明的克鲁克县，主要养牛和马。[1] 以上三人在达科他是最成功的牧场主。由于联合太平洋铁路在 1867 年底推进到了怀俄明的夏延，达科他西部禁牧草地以南很快受到了得克萨斯牧牛业的影响。不久，得克萨斯牛队进入这个地区。到 1880 年，牧场主占据了达科他的整个牧区。这一年，达科他的存牛量已达 14.0815 万头。[2]

从下表中我们可以更加清楚地看到牧牛业的边疆不断扩展的情况：

牧牛边疆的扩展（万头）

	1860 年头数	1880 年头数
堪萨斯	9.3455 万	153.3133 万
内布拉斯加	3.7197 万	111.3247 万
科罗拉多	无	79.1492 万
怀俄明	无	52.1213 万
蒙大拿	无	42.8279 万
达科他	无	14.0815 万

（资料来源：雷·A.比林顿：《向西部扩张——美国边疆史》，第 590 页。）

牧牛业向西扩展到了亚利桑那和新墨西哥。

8.亚利桑那牧区

亚利桑那东接新墨西哥，西隔科罗拉多河与加利福尼亚相望，南与墨西

---

[1] 霍华德·R.拉马尔主编：《美国西部读者百科全书》，第 1231、908、480 页。

[2] 雷·A.比林顿：《向西部扩张——美国边疆史》，第 590 页。

哥毗连，北与犹他接壤，西北与内华达相接，面积 11.4 万平方英里（29.526 万平方公里）。[①] 亚利桑那于 1912 年成为美国的第 48 州。亚利桑那北部属科罗拉多高原，南部是盆地和山脉区。全境有一半地区属半干燥气候，其余为湿润气候。全部面积 40% 属沙漠灌丛区，25% 为木本群落区，10% 被森林覆盖，只有 25% 为草地。[②] 从亚利桑那的植被状况看不像是能够放牧的地方。然而下列因素也使牧牛业扩大到了那里。第一，亚利桑那成了赶牛人前往加利福尼亚市场的途中休息地。19 世纪 70 年代，一头价值 5 美元的牛在加利福尼亚市场上可以卖到 150 美元。[③] 前往那里寻求发财的赶牛人，途中把牛群放牧在圣佩德罗河与圣克鲁斯河等牧草丰足的河谷中。与此同时，一些牧场主也开始在亚利桑那北部的高原地区、小科罗拉多河沿岸以及采矿城镇普雷斯科特试验放牧。第二，70 年代末至 80 年代初，亚利桑那新建了几个军事据点，提供了牛肉市场。第三，由于不断向阿帕契印第安人施加压力和最终击败他们，被开放的放牧地越来越多。亚利桑那新兴的牧牛业因此而加速扩展。第四，许多牧场主因得克萨斯放牧区的耗竭不断西移，到亚利桑那放牧。上述原因使亚利桑那牧区在 80 年代进入了繁荣时期。由于牛群涌入得过多，亚利桑那牧区到 1890 年已有过度放牧的危险。此时，俄勒冈东部平原也吸引着大平原的牧场主前去放牧，使牧牛业在那里也成为主导经济部门。

9. 新墨西哥牧区

从殖民地时期起，新墨西哥就是密西西比河以西牧羊业的中心。铁路的修建，使牧牛业扩展到了那里。新墨西哥是美国西南部的一州。1846—1848 年美墨战争后归属美国，1912 年成为美国的第 47 州。新墨西哥东部、南部与得克萨斯毗连，西南与墨西哥的奇奇瓦州接壤，西与亚利桑那交界，北部与科罗拉多相接，面积为 12.1593 万平方英里（31.5 万平方公里）。[④] 新墨西哥东

---

① 《美国百科全书》第 2 卷，丹伯里 1997 年版，第 299 页。
② 《简明不列颠百科全书》第 8 卷，中国大百科出版社 1985 年版，第 792 页。
③ 雷·A.比林顿：《向西部扩张——美国边疆史》，第 591 页。
④ 《美国百科全书》第 20 卷，第 207 页。

部为大平原的延伸部分，中部为落基山脉的南支，西部属科罗拉多高原。新墨西哥牧草资源非常丰富，是天然的绿色牧场。但直到 19 世纪 80 年代前，那里主要由羊群所占据。1881—1882 年，圣菲铁路、南太平洋铁路等铁路修到新墨西哥，使牛群很快布满了那里的草地。到 1888 年，新墨西哥的牛已达 125 万头[1]，导致了牛羊在牧区的激烈竞争。新墨西哥的牛多数来自得克萨斯。

10.牧场主的"最后边疆"

俄克拉何马也成了牧场主的"最后边疆"。它位于美国中南部，东界密苏里和阿肯色，西邻新墨西哥和得克萨斯，南隔雷德河与得克萨斯相望，北与科罗拉多和堪萨斯相接，面积 6.9956 万平方英里（18.1089 万平方公里）。[2] 俄克拉何马于 1907 年成为美国第 46 州。其东缘为欧扎克高原和沃希托山脉，西端为锅柄区，南部是从得克萨斯延伸过来的墨西哥湾沿岸平原，北部和中部为广袤的平原。俄克拉何马属温带大陆性气候，大部分地区水草丰足，适宜放牧。在 1889 年 4 月联邦政府决定向白人移民开放前，俄克拉何马是印第安人保留区。"俄克拉何马"的原意为"红色人的土地"，是由两个印第安人乔克托语连缀起来的；"俄克拉"即"人民"，"何马"指"红色"。1830—1840 年，密西西比河以东的印第安人被迫迁入俄克拉何马。有些印第安人是被军队用武力赶出家园，迁徙路途犹如"眼泪之路"。"五个文明部落"定居俄克拉何马东部。内战以后，为了扫除西进运动的"障碍"和夺取印第安人的土地，美国政府采取了驱赶和屠杀印第安人的野蛮政策，计划诱使大平原南部约 8.6 万印第安人到俄克拉何马保留区定居。[3] 到 1880 年，在这一地区已有 60 多个印第安部族。[4] 联邦政府决定将俄克拉何马向白人移民开放后，1889—1907 年间，许多白人纷纷涌入，抢先争夺大片肥沃的土地，使该州有"抢先州"之称。俄克拉何马是由得克萨斯往堪萨斯各牛镇和北部牧

---

① E. O. 伍顿：《新墨西哥放牧区的问题》（E. O. Wooton, *The Range Problem in New Mexico*），拉斯克鲁塞 1908 年版，第 24 页。

② 《美国百科全书》第 20 卷，第 287 页。

③ 丁则民主编：《美国内战与镀金时代》，人民出版社 1990 年版，第 114 页。

④ 《简明不列颠百科全书》第 2 卷，第 762 页。

区驱赶牛群的必经之地，这一地区丰美的水草也非常适合放牧。这两点使得一些牧场主在政府实行向白人移民开放之前就非法占地，经营牧场。在1877—1889 年的 12 年中，牧区从俄克拉何马的西部边界扩展到它的大部分地区。甚至在 1889 年第一批白人移民进入后，那里的牧牛业还持续了15 年。在一些不适于农耕的太干旱、太贫瘠的地区，一些牧场主仍然在经营牧牛业。在美国西部诸农业州中，俄克拉何马是保持牧牛业繁荣的最后一个州。[①]19 世纪 70 年代，移入得克萨斯南部平原的人越来越多，牧区日渐饱和。南部平原的牧场主被迫把目光投向西部的大本德地区。1880—1885 年，是牧场主大量涌入该地区的高潮时期。到 1885 年，大本德地区的牛群过多，开放牧场的数目已明显地被限制。到 1890 年，整个地区已存牛爆满。[②]

11. 牧区兴旺的原因

至此，我们已追寻着牛群扩散的足迹，从得克萨斯由南及北、由东至西，了解了牧牛业在整个大平原扩展的概况。从 1866—1880 年，有近 500万头长角牛被驱赶北上[③]，送往堪萨斯市场和北部及西部新开辟的牧区。此外，有许多牛群直接西进，去了新墨西哥、亚利桑那和科罗拉多的牧场；还有些牛群到了蒙大拿、怀俄明和达科他；也有些牛群进入了加拿大。留在故乡得克萨斯牧场上的长角牛，其数量也有了大幅度增加。用形象的话来说，开放牧区在大平原扩展的过程，犹如一条源自得克萨斯的牛的河流，从南向北不断流去。很多牛群经阿比林或一些后继的牛镇流向了东部。更多的牛群则流入北部和西部日益增多的新牧区。开放牧区由得克萨斯扩展到整个大平原的进程在 10—12 年的时间内全部完成了。在 15 年的时间内，大平原上的牧牛业得到了飞速发展。这在美国历史上是非常突出的现象之一。是多种因

---

① 爱德华·E. 戴尔：《牧场主的最后边疆》，《密西西比河流域历史评论》1923 年 6 月第10 卷。

② 罗伯特·M. 厄特立：《得克萨斯大本德的牧牛业》（Robert M. Utley, "The Range Cattle Industry in Big Ben of Texas"），《西南部历史季刊》1966 年第 69 卷第 4 期。

③ 沃尔特·P. 韦布：《大平原》，第 225 页。

素促成了大平原牧区的繁荣。

首先，大平原北部牧草资源的价值逐渐被牧场主们所认识。在堪萨斯西北部和科罗拉多东部的高平原地区，潮湿年份能为牛群提供丰美的牧草。从科罗拉多东北部向南，至丹佛东南 50 英里处的迪尔特雷尔附近，到处长满半膝高的格兰马草，与富有营养、齐腰的白草相间。牧草随微风起伏，如滚滚的麦浪一般。80 年代初，有的得克萨斯牛仔把牛群赶到离迪尔特雷尔大约 100 英里的阿里卡里，每天沿着汩汩的溪流放牧。[①] 在北部平原怀俄明、蒙大拿等地，松树、蓝结草、蓝茎草等在夏天很少受冷、热的侵袭。每年秋季霜冻到来时，大部分草都不枯萎。这些草的蛋白质含量很高。干燥的气候使它们被保留下来。在整个冬季，这些草成了牛群营养丰富的美味饲料。大平原处处都能为牛群提供不花钱的牧草，这是开放牧区不断扩展的基础。

其次，到 70 年代，已经有了肉质鲜嫩的改良牛种可以满足美国东部消费者挑剔的口味。前面已经提及长角牛肉质坚硬，难以嚼烂，而长角牛与赫里福德公牛杂交产生的新牛种白脸牛肉质鲜嫩很受东部消费者欢迎。1872 年以后，东部市场对肉质好的牛需求量越来越大。这种情况使得克萨斯牧场主认识到，他们必须向东部输出优质牛肉。于是，他们便把长角牛赶到北部牧区养肥后使之与赫里福德牛杂交，然后再把优质杂交牛育肥送往市场出售。杂交产生的"白脸牛"能经受严冬，是北部牧区需要的理想牛种；又因为它备受东部消费者的青睐，牧场主更有利可图。其结果使北部牧区对赫里福德公牛的需求量越来越大，导致将一头这样的公牛价格哄抬到 1,000 美元。[②] 在美国因工业化的不断深入而对肉类需求量猛增时，东部的养牛业却在衰落。美国东部和欧洲很多地方的人们依靠大平原的牧场主为他们提供越来越多的美味牛肉。

其三，大平原的牧牛业有一个旺销的市场。到 1876 年，大平原的牧牛

---

① J.马文·亨特编：《得克萨斯的牛道赶牛人》，第 929 页。
② 雷·A.比林顿：《向西部扩张——美国边疆史》，第 589 页。

业已从三年前的经济危机中复苏。随着对大平原的争夺和美国经济状况的好转，牛价开始上扬。1878—1879 年，在牧区一头普通的牛可以卖到 7 美元或 8 美元；到 1880 年底，已上升到 9.5 美元；到 1881 年则更提高到 12 美元。[①] 从 1876—1880 年，大平原的牧牛业有了一个勃兴而稳固的市场。这是 80 年代大平原牧牛业繁荣的征兆。在 1880 年，牧区有 200 万头牛。一头得克萨斯牛在市场上能获得 50 美元。一头发育好的东北部牧区牛则可得 60 美元。[②] 到 1882 年，因为市场对牛肉需求量的锐增，在牧区每头牛的价格就上升到了 30—35 美元。牧场主们从他们三年前买的牛身上可以获得 300% 的收益。[③] 大平原的牧草仍然是免费的，牧区依旧开放，人们从四面八方涌入西部去经营牧场，导致牧区到处充满了牛群。

其四，现代运输条件，现代屠宰、贮运和冷藏方法扩大了西部的牛肉市场。继 1869 年第一条横贯大陆的铁路——联合太平洋铁路修通后，到 70 年代又有多条铁路向西伸展穿过了大平原北部。随着铁路不断向西延伸，在堪萨斯一些牛镇之后，其他州和领地又有许多牛镇出现，这使得赶牛小道不断西移和向北延伸。一方面使牛群从更多的牛镇装火车运往东部市场，另一方面使牛群从那里扩散到北部、西部牧区。在得克萨斯的牛群向大平原更远的西部进发，使牧区扩展到更干燥地区的同时，工业革命也正在圣路易斯、堪萨斯城和芝加哥等城市展开。在那里建立了现代化的机器屠宰加工厂。这些工厂都位于大平原东部边缘地带，使美国人正在学会吃加工过的罐头肉。现代屠宰方法、冷藏车和冷库使开阔的牧场到厨房的路更加便捷易走，使新鲜牛排运往美国或欧洲各地成为现实。这既导致了美国东部养牛业的衰落，也使人们越来越多地依赖大平原提供肉食。

其五，人们把牧区生活浪漫化，对外界人造成极大的诱惑和吸引力。在开拓时期，大平原牧场主和牛仔的生活是艰辛的。但是一些有关在美国心脏地带巨大广袤的草原上牧牛极易发财致富的传闻和不实报道，使很多人把大

---

① 沃尔特·P. 韦布：《大平原》，第 234 页。

② 沃尔特·P. 韦布：《大平原》，第 233 页。

③ 沃尔特·P. 韦布：《大平原》，第 235 页。

平原视为迷人的去处。他们渴望到那片牧草和水源都是免费的地方，经营一个大牧场，骑着精神抖擞的矮种马，在绿油油的牧场上驰骋，不需很多劳作，就可以使财富快速增长。在一些人看来，做个牛仔是很冒险、很刺激的，而做个牧场主就犹如做了"国王"。当他们看到大平原这片土地正在被越来越多的人占用，便觉得不能再等待观望了，否则会因"插足"太迟而使"好事"落空。于是，很多人抱着发财的愿望，匆匆奔向大平原，投身牧牛业。

正是在诸多因素的相互作用下，开放牧区不断向草原和山麓地区延伸，迅速遍及了大平原。得克萨斯长角牛、赫里福德纯种牛、白脸杂交牛以及怀俄明和蒙大拿的小公牛，在这片茂密的草原上繁衍起来，数量有数百万头之多。在 15 年的时间里，富有冒险、创业精神的牧场主和牛仔创造了一个疆域辽阔的"牧牛王国"。其领域包括东起密苏里河、西到落基山、南起雷德河、北至加拿大萨斯喀切温的广大地区。在一代人的时间内，"牧牛王国"以惊人的速度不断扩张，吞并了相当于半个欧洲的土地，其基础是由来已久的希望突然致富的愿望。[①] 在"牧牛王国"形成后的十余年间，牧场主和牛仔、牛群和马群几乎毫无争议地占有了广袤大平原的所有权。在放牧区，到处是马嘶、牛叫、人喝、鞭响，呈现一派勃兴景象。从内战以后，大平原的牧牛业兴旺发达了 20 余年。从 1880—1885 年，"牧牛王国"的繁荣更是达到了巅峰时期。

四、典型牧区怀俄明

1. 牧牛业蓬勃发展的原因

在开放牧区向大平原拓展的过程中，怀俄明是受得克萨斯牧牛业影响较早的地区之一。怀俄明的西部属于落基山区，占去其面积的大部分。它的东部虽属于大平原地区，但布莱克丘陵又从其东北角深入南达科他。怀俄明境内既有甘尼特峰那样达 4,202 米的高峰，又有弗拉明各等深邃的峡谷；既有境内的最大湖泊黄石湖，又有大角盆地和大分水岭那样的沙漠地区。

---

① 雷·A.比林顿：《向西部扩张——美国边疆史》，第 591 页。

其地形构造极为复杂。怀俄明的气候非常干燥，在沙漠地区，年平均降水量只有 127 毫米。那里冬天寒冷，极端最低值达 –51℃。[①] 怀俄明的自然条件不适于农耕。这是 19 世纪 60 年代前拓荒者不愿在那里定居的根本原因。然而，怀俄明有丰富的牧草资源。在它的东部平原地区，到处长满牛很爱吃的鼠尾草，极为丰美茂盛。在西部山区，也间杂着一些绿草地。草原地区还有较好的牲畜饮水资源。因此，怀俄明是理想的牧牛区，适合进行大规模的放牧。

1868 年，科罗拉多的牧场主 J. W. 艾利夫成为第一个雇人从得克萨斯把牛群赶到怀俄明夏延平原的人。第二年，又有一些得克萨斯牛被驱赶到夏延附近。牧场主们最初在地势起伏、水草丰美的拉勒米河谷地区放牧牛群，继之又把牛群放养到这个领地内的大部分草原地区；最后，又把他们的牧牛场扩展到北部与沙漠临界地区和西部山区中的草地上。怀俄明的牧牛业空前繁荣。牧区呈现一派生机勃发的景象。怀俄明牧牛业蓬勃发展、兴旺发达的原因何在呢？

第一，联合太平洋铁路的推动作用。到 1867 年，联合太平洋铁路推进到怀俄明的夏延平原，一向沉寂的"大荒漠"地区活跃了起来。夏延被选做一个途经站。为了适应筑路的急需，夏延作为怀俄明领地的首府在 1867 年 7 月正式创建。4,000 多东部移民便云集夏延。四个月后，筑路大军也抵达那里。[②] 联合太平洋铁路不仅使怀俄明的居民迅速增加，而且为牧牛业的发展开辟了当地的市场。艾利夫等牧场主就是把牛肉卖给联合太平洋铁路的筑路员工和在夏延平原附近的南山口地区进行探查的矿工们。1869 年联合太平洋铁路贯通后，为怀俄明的牛贸易提供了极其便利的条件。1870 年，第一批怀俄明牛在夏延装车运往欧洲市场。[③] 夏延这个联合太平洋铁路上的途

---

① 《不列颠百科全书》（*Encyclopædia Britannica*）第 19 卷，芝加哥 1980 年版，第 1052—1053 页。

② 罗伯特·G. 费里斯编：《勘探者、牛仔和移居垦殖农民》（Robert G. Ferris, ed., *Prospector, Cowhand and Sodbuster*），华盛顿 1967 年版，第 257 页。

③ 罗伯特·G. 费里斯编：《勘探者、牛仔和移居垦殖农民》，第 258 页。

经站迅速成为美国西部的典型牛镇，成了辽阔怀俄明牧区的牛都。与以往的全部海上运输相比，第一条横贯大陆铁路的建成，大大缩短了美国与欧洲的距离，使欧洲市场上的美国牛肉迅速增加。大批怀俄明牛也从铁路运往美国东部城市。不仅拉勒米像夏延一样成了怀俄明的重要牛镇，而且连格兰杰也被远在蒙大拿的牧场主们选为集散牛群外运的装货站。1885 年秋，约有 200 万头牛从怀俄明牧区装车外运。[①] 牛贸易兴旺发达。在怀俄明牧牛业繁荣时期，那里运出的成牛与运入的小牛数目相当。联合太平洋铁路建成通车对怀俄明牧牛业的蓬勃发展起了巨大的推动作用。

第二，源源不断的牛群被从得克萨斯输进了怀俄明牧区。得克萨斯是美国西部"牧牛王国"的发源地和牧牛业的大本营。美国内战结束时，"大本营"牧场的存牛爆满。得克萨斯牧场主从 1866 年起就驱赶牛群到堪萨斯去寻找市场。特别是阿比林成为第一个牛镇后，每年都有很多牛群被驱赶到那里。如前所述在 1871 年出现了往阿比林赶牛的高峰，一年之内就有 70 万头长角牛被赶进了堪萨斯。这种状况产生两个后果：其一是使大量得克萨斯牛在阿比林被装火车东运，为东部城市人口提供肉食；其二是被赶到阿比林没有卖掉的牛不得不在堪萨斯草原上过冬，使牧牛业的疆界扩展到了堪萨斯。到 70 年代初，堪萨斯牧区已牛满为患。这种状况使得克萨斯牧场主不得不到别处去寻找出路。1873 年的经济危机使市场萎缩，大幅度地减少了对得克萨斯牛肉的需求。这对那里的牧牛业更是致命的一击。寻找出路的得克萨斯牧场主们发现，把在州内花 3—4 美元买的小牛[②]，驱赶到北部公共牧场上，用免费牧草育肥后，在东部市场上可以卖到 50—60 美元的高价。[③] 从 70 年代始，他们便把小牛赶到怀俄明的草原上放牧。1873 年经济危机后，驱赶

① 约翰·K.罗林森：《怀俄明——牛的足迹》（John K. Rollinson, *Wyoming Trails*），卡尔德维尔 1948 年版，第 250 页。
② 理查德·N.柯伦特、T.哈里·威廉斯、弗兰克·弗赖戴尔、艾伦·布林克利：《美国史》（Richard N.Carrent,T.Harry Williams, Frank Freidel, Alan Brinkley, *American History*）第 2 卷，纽约 1987 年第 7 版，第 480 页。
③ 雷·A.比林顿：《向西部扩张——美国边疆史》，第 591 页。

到那里的牛群更逐年增多。这样，得克萨斯牧场主们既可在市场萧条时期免遭破产，又可在少投资的情况下奠定日后发财致富的基础。得克萨斯小牛被源源不断地驱赶到怀俄明牧区放养、繁衍和贮存，使那里的牛群迅速增加。1870 年被赶到怀俄明牧区的牛数为 7.1 万头[1]，1874 年，有 9 万头牛又被放牧在那里[2]，1880 年，怀俄明存牛上涨到 52.1213 万头[3]，六年后猛增到 900 万头的爆炸数字[4]，相当于"牧牛业大本营"得克萨斯在内战结束时存牛 500 万头的 1.8 倍。

第三，怀俄明在 19 世纪 70 年代仍有广阔的草原地区未被圈占，对牧场主们有很大的吸引力。内战以后，在美国西部迅速崛起的"牧牛王国"的疆域不断扩大。到 60 年代末，大牧场已布满了堪萨斯、内布拉斯加和科罗拉多。仅科罗拉多领地内就放牧着 100 万头得克萨斯长角牛。[5]"牧牛王国"的边疆到 1868 年开始推入怀俄明，但到 1874 年在那里放牧牛的数量还不及科罗拉多 1869 年的 1/10。在 70 年代，怀俄明领地内尚有 5,000 万英亩的草地未被圈占。[6]与怀俄明相比，它南边的科罗拉多牧区因为放牧了过多的牛羊，青草地未被圈占的已极为有限，以致那里的牧牛人大声疾呼，要求领地制定法律，禁止得克萨斯牛输入科罗拉多。怀俄明广阔的公共牧场吸引着众多的牧场主们蜂拥而至，连科罗拉多的牧牛人也把牛群驱赶到那里放养。怀俄明的牧牛业便迅速发展起来。

2. 牧牛业的起步

考察怀俄明牧牛业的发展史，它始于夏延附近的平原，继而扩展到拉勒米河谷地区，到 19 世纪 70 年代初，仍处于婴儿时期。最初是艾利夫同联合

---

① 菲力普·德拉姆、埃弗里特·L.琼斯：《黑人牛仔》（Philip Durham & Everett L. Jones, *The Negro Cowboys*），林肯 1965 年版，第 126 页。

② 罗伯特·G.阿塞恩：《高原帝国——高平原和落基山区》（Robert G. Athern, *High Country Empire, The Hignt Plains and Rockies*），林肯 1960 年版，第 138 页。

③ 雷·A.比林顿：《向西部扩张——美国边疆史》，第 590 页。

④ 欧内斯特·S.奥斯古德：《牧牛人时代》，第 46 页。

⑤ 雷·A.比林顿：《向西部扩张——美国边疆史》，第 589 页。

⑥ 雷·A.比林顿：《向西部扩张——美国边疆史》，第 594 页。

太平洋铁路的筑路员工和驻守边远哨所的联邦军队签订了供肉合同而使数千头得克萨斯长角牛被赶到夏延来的。此举获利十分丰厚。在得克萨斯花3—4美元买下一头公牛，把它驱赶到北部后就可卖到35—40美元[1]，增价10倍。1867—1868年艾利夫让查尔斯·古德奈特为他从得克萨斯驱赶价值4万美元的牛群抵达其在夏延的营地。古德奈特与他的同伙奥利弗·洛文从得克萨斯中部的达拉斯附近出发，赶着3,000头长角牛，穿过佩科斯河谷，向北跨越新墨西哥和科罗拉多东部，于1868年2月抵达怀俄明南部联合太平洋铁路上的夏延，将牛群交给了艾利夫。[2]1868年5月，艾里夫以每磅5美分的价格在当地卖出了1,000头牛。[3] 其余的装火车远销到了芝加哥。尽管1868年大批在夏延过冬的牛只是牧场主准备出售的商品牛，几乎对怀俄明的牧牛业没有产生什么影响；但古德奈特和洛文沿着他们自行开辟的新牛道——"古德奈特—洛文小道"，长途跋涉8,000英里的路程[4]，第一次把大群长角牛从得克萨斯驱赶到了怀俄明，仍有不可低估的意义。因为他们为后来大批从得克萨斯往北部牧区赶牛的人及到怀俄明定居的得克萨斯牧场主起了领头和示范的作用。

记录表明，1870年怀俄明地区大约有牛8,143头。然而，第二年差不多有四倍的牛被赶进了怀俄明的东南部，其中大部分是得克萨斯长角牛。有1.5万头得克萨斯瘦牛是属于达德和约翰·斯奈德的。一位得克萨斯牛仔查尔斯·F.科菲曾为他们赶过一群牛。他与其他牛仔从雷德河赶着牛群沿牛道北上，经过三个月的长途驱赶抵达了夏延。一路上，有时他们不得不毁坏牛道与印第安人交火。他们不让野牛靠近牛道，以免惊跑驱赶的牛群。斯奈德在夏延只卖掉了这群牛中的1,200头小公牛。牛仔们将剩下的牛赶到爱达荷

---

① 丹尼尔·布尔斯廷：《美国人——民主历程》，生活·读书·新知三联书店1993年版，第12页。

② 丹尼尔·布尔斯廷：《美国人——民主历程》，第12页。

③ 《夏延每日导报》（*Cheyenne Daily Leader*），1868年5月21日，转引自欧内斯特·S.奥斯古德的《牧牛人时代》，第43页。

④ 丹尼尔·布尔斯廷：《美国人——民主历程》，第12页。

境内斯内克河的罗斯渡口找到了买主。他们在赶牛途中遇到了暴风雪。对一个从未见过雪的得克萨斯赶牛人来说，这如同是平原上的"另一个世界"[①]。70 年代早期，人们发现许多长角牛在楚格沃特和锡比里河谷丰美的草地上育肥。夏季，牛群则在拉勒米附近的梅迪辛博山的高草原和从怀俄明延伸到科罗拉多北部的马德雷山牧区放牧。有一个数字称，1871 年，至少有 10 万头牛被赶到怀俄明南部放牧育肥。[②]1871 年涌入怀俄明的外来牛比上一年该领地的牛增长了 10 多倍。多数牛群属于 1,000 头或 1,000 头以下的小牛群，只有两群牛的数量达 1 万头以上。[③] 高平原上的野牛草对养牛人特别有吸引力。由于干燥的气候和野牛草长叶子的高蛋白含量，使这种牧草制成干饲料后在整个冬季都可以保持美味和营养。然而，早期的怀俄明养牛人并没有充分利用那里的草地。因为大多数养牛人原来是沿威斯特沃特的承运商或采矿者，或是怀俄明南部铁路城镇繁荣时期的商人。那里的繁荣开始消失后，他们转而养牛。在怀俄明，只有少数人是有经验的牧场主。随着长角牛被赶到北部，引来一些得克萨斯牛仔。他们中的一些人留在了怀俄明，为当地的养牛人做工。另一些得克萨斯人看到北部牧区富有营养的草地，开始到怀俄明建立自己的牧场。得克萨斯人很快就把南部开放牧区经营方式的知识和经验教给了怀俄明的牧场主。但直到 1875 年以前，在怀俄明开放牧场的放牧制仍处于初期阶段。

3. 牧牛业的发展

大约从 1875—1880 年，是怀俄明开放牧牛业的发展期。不但南部大部分草地都已被用来放牧廉价的长角牛，而且牧场主们准备侵入东北部的保德河盆地内越过蒂波特山分界线的辽阔草原地区。这一地区按照 1868 年协议的规定，不准牧场主进入放牧。在 1876 年的大霍恩战斗中，联邦"讨伐军"队长乔治·A.卡斯特被印第安苏族人击毙。9 月 26 日，夏延方面和红云代

---

① 戴维·达里：《牛仔文化》，第 239 页。

② 戴维·达里：《牛仔文化》，第 241 页。此处的 10 万头比罗伯特·G.阿塞恩的《高原帝国》第 138 页的 9 万头多。

③ 戴维·达里：《牛仔文化》，第 241 页。

理处签署协议，决定将普拉特河以北、博兹曼路以东的广大地区开放，作为牧牛区。1877 年，怀俄明牧场主准备向东部和北部扩展的急切心情从下面这段描述中可见一斑。

"今天的怀俄明因新生活而光芒四射。宁静被打破。漫长而不能逾越的边境从它 10 年黑暗的梦境中被如此迅速地打开。体味一下吧，这片近 10 万平方英里的地区，到处都是贪婪的'帝国'所需要的丰富资源，它立即并永远从野蛮的控制下解放出来了。在平静的新英格兰，这也许是很容易的事，但在敌对者掌握着发展要害处的地方却不是这样。首批赶牛人驱赶着牛群北上，在旧的坚固的费特曼涉过普拉特河，并毅然踏上印第安人的土地。其经历的刺激性和紧张感，对东部人来说也许是枯燥乏味的工作，但在怀俄明河谷，这将产生令人难以忘怀的、引起共鸣的震颤。"①

在 1878 年最后一批苏族人被赶进保留区后，怀俄明的大批牛群就被向北驱赶到开放的地区。越来越多的牧场主到那片可以大量放牧的草地上去牧牛。直到 19 世纪 70 年代后期，大多数得克萨斯人只是把北部牧区看作他们的长角牛出售的市场。多数牧场主仍然留在得克萨斯，但也有些人到北部牧区定居。70 年代末怀俄明北部牧区开放后，那里对许多得克萨斯牧场主颇具吸引力。尤其对那些一直在公共土地上牧牛的得克萨斯人来说，北部牧区更具有特殊的诱惑力。因为这一地区定居者自由放牧。因此，尽管怀俄明北部的冬天十分寒冷，许多得克萨斯人毅然离开了他们在南部的旧牧场，到北部去寻求其牧牛事业的新开端。他们带着开放牧区经营的方式、习俗、技艺、长角牛、牧牛的矮种马和马鞍，踏上了北迁的旅途。关于许多得克萨斯人在 70 年代末至 80 年代初是如何移居怀俄明牧区的问题，没有历史记载留下。今天我们已无法考证，也一无所知。但是，有许多人留在了怀俄明这是事实。约翰·B. 肯德里克就是其中的一位著名代表。1879 年，他赶着一群牛踏上了北进之路。路的尽头是怀俄明的谢里登。那里是他美丽的家乡。现

---

① R. E. 斯特拉霍恩：《怀俄明手册与布莱克山和大霍恩地区指南》（R. E. Strahorn, *Handbook of Wyoming and Guide to the Black Hills and Big Horn Regions*），夏延 1877 年版；转引自戴维·达里：《牛仔文化》，第 242 页。

在那里是一个博物馆。肯德里克后来成了怀俄明的州长和美国的参议员。[①]

4.牧牛业的繁荣

1881—1885 年，是怀俄明牧区的繁荣时期，牧场扩展到一切有草的地方。为了补充怀俄明牧区牛群的不足，其间有大量得克萨斯牛被驱赶北上。到那时，沿牛道长途驱赶牛群到北部牧区已成为熟练的工作。牛仔们几乎演绎成一种"科学的"赶牛技艺，可以用最小的代价使大量牛向北部牧区迁移。艾克·T.普赖尔上校曾在回忆录中讲述了他在 1884 往北部牧区赶牛的经历。这一年他从得克萨斯南部往堪萨斯北部最远处驱赶了 15 群牛，每群由 3,000 头牛组成。每群牛由 11 人驱赶，每人装备了 6 匹马。驱赶全部牛群用了 165 人和约 1,000 匹马。当他把所有的牛卖给怀俄明、蒙大拿和达科他的牧场主的时候，总共丢失的牛为 1,500 头或占牛总数的 3%。[②]

得克萨斯牛并非唯一用来补充北部牧区牛源的牛种。也有大批俄勒冈牛东移进怀俄明。1879 年进入怀俄明的俄勒冈牛有 10 万头，次年则增至约 20万头。1880—1881 年那个可怕的冬天，怀俄明的气温降到了最低点。尽管横扫平原的暴风雪使成千上万头牛死掉，但大"死亡"过后的春、夏两季又有 10 万头牛由俄勒冈东移到怀俄明。结果使俄勒冈的过剩牛群移出境外。[③]另外，来自东部一些州的"谷仓牛"或"朝圣者"，也被用火车运到了西部。1882—1884 年，运往西部的东部牛同运往东部的西部牛一样多。东部牛到大平原北部牧区后也产生了新的问题。虽然东部牛比得克萨斯牛经济价值高，但它们无法抵御严寒。在 80 年代，很多东部牛染上了一种严重的疾病——胸膜肺炎。瘦长的长角牛比东部牛的耐寒能力强得多，但肉质差。有商业头脑的牧场主开始抵制单纯的长角牛而寻求既耐寒又肉质鲜嫩的改良牛种。截去角的牛或短角牛正越来越受到整个牧区的青睐。许多牧场主认为长角牛干扰运输，而且它们使牛变得争强好斗。牧场主们放弃得克萨斯长角牛

---

① 梅·乌尔巴内克:《怀俄明的鬼道》（Mae Urbanek, *Ghost Trails of Wyoming*），博尔德 1978 年版，第 97 页；转引自戴维·达里:《牛仔文化》，第 248 页。

② 戴维·达里:《牛仔文化》，第 248 页。

③ 戴维·达里:《牛仔文化》，第 248 页。

而改养短角牛，主要受两种观点影响：其一是为了获得更温顺、更能产肉的牛；其二是为了避免长角牛的侵袭。于是，牧场主们越来越多地牧养新的杂交牛。

在长角牛的数量在北部牧区下降的同时，得克萨斯牧牛业的影响在怀俄明牧区却并未减少。定居在怀俄明南部的得克萨斯牧场主和牛仔，将开放牧区经营管理方式、骑矮种马放牧牛群的技术、牛仔的服饰、装备等迅速向北传播扩散，并根据北部牧区的地理状况、气温特点不断改进。这些方面的影响不但越过了普拉特河，传遍直到加拿大边界的辽阔牧区，而且向西进入到西达科他和蒙大拿。

5. 大牧牛公司

怀俄明牧牛业的蓬勃发展，伴随着美国工业化的进程和向垄断资本主义过渡的大变革，具有明显的时代特点。19 世纪 80 年代初，怀俄明的牧牛业进入一个投机活动猖獗的繁荣时期。渴望大发横财的美国东部和外国的资本家，在怀俄明纷纷建立起大牧牛公司。19 世纪的最后 20 年中，怀俄明有 188 家牧牛公司，吸引了 9,400.58 万美元的资金[1]，仅 1883 年就建起 20 家土地和牧牛公司，资本总计达 120 多万美元[2]。牧牛公司风靡一时。怀俄明的牧牛业日益采用大公司的方式经营。

在怀俄明的牧牛公司中，一些是按着西部牧区约定俗成的"优先权"划地取得放牧权的。如果一个牧场主抢先在某条河流的一侧河岸立界标表明他有权放牧，就取得了从该河流一直延伸到与那面一条河流分布高地的全部土地的放牧权。一些大牧牛公司经常发表占地通告，宣布其取得的"优先放牧权"。一则通告这样写道："本公司的活动范围在小贝佛。其扩展范围从野马溪以北到羊孤山，东到落基山脊，南至派洛特丘陵。"[3] 虽然这大片土地在法律上连一英尺也不属于该公司所有，但它有权阻止其他牧场主和农场主侵入其先占的"领地"。

---

① 吉恩·M.格雷斯利：《银行家和牧场主》，第 105 页。

② 雷·A.比林顿：《向西部扩张——美国边疆史》，第 594 页。

③ 勒鲁瓦·R.哈芬、W.尤金·霍朗、卡尔·C.里斯特：《西部美国》，第 432 页。

一些牧牛公司不断剥夺印第安人的土地，扩大自己的牧场。随着怀俄明牧区的不断扩大，居住在夏延平原的印第安人先被驱赶到北部平原，后又被从北部平原赶进温德保留区。在怀俄明牧牛业大发展的 1881—1883 年，牧场主们驱赶着牛群冲进保留区的保德河和通古厄河流域。在联邦军北夏延小队极力压缩保留区的同时，一个临近通古厄河的牧牛公司千方百计强迫印第安人从那里迁走。怀俄明的牧牛大王们极尽欺骗、诬陷、恫吓与暴力等卑劣的手段，诈骗了印第安人数百万英亩土地。

在怀俄明，更多的大牧牛公司是通过合并现存的小牧场建立的。其中，拥有资本最多的"斯旺土地牧牛公司"最为典型。该公司通过在东部发售股票筹款 375 万美元，合并了怀俄明东部的三个牧场，成为一个拥有 10 万头牛、占地 100 万英亩的大牧牛公司。它东起内布拉斯加的奥格拉拉，西至怀俄明的斯蒂尔要塞，从联合太平洋铁路向南扩展到普拉特河。"斯旺土地牧牛公司"还准备购买与联合太平洋铁路交叉地段的 50 万英亩。有的估算认为，在 5 年内该公司拥有的产业价值 5,000 万美元。①

在怀俄明牧牛业兴起、发展时期，牧场主们为了确保其经济、政治利益，把领地变成牧牛业的专用地，便组织起了"怀俄明家畜饲养者协会"。这个由大牧场主和牧牛公司巨商组成的协会，是领地内的真正主宰，统治领地达 20 年。"怀俄明家畜饲养者协会"是从 1871 年建立的"怀俄明家畜放牧者协会"起家的。1873 年，"拉勒米县家畜饲养者协会"取代了两年前成立的仅是夏延周围的地方性组织。到 1879 年，随着牧牛业在怀俄明的蓬勃发展，"拉勒米县家畜饲养者协会"更名为"怀俄明家畜饲养者协会"。此后，这个牧牛者组织的势力不断扩大，管辖权不仅扩大到怀俄明全境，而且延伸到相邻的州和领地，管理着五个领地和州的牧牛业。②"怀俄明家畜饲养者协会"发展成为"牧畜王国"里所有牧牛者协会中规模最大、实力最强的组织。它在一块大约与西欧面积相等的广袤土地上，制定

---

① 霍华德·R.拉马尔主编：《美国西部读者百科全书》，第 1152 页；雷·A.比林顿：《向西部扩张——美国边疆史》，第 595 页；欧内斯特·S.奥斯古德：《牧牛人时代》，第 98 页。

② 罗伯特·E.里格尔、罗伯特·G.阿塞恩：《美国西进》，第 487 页。

和实行自己的法律，对怀俄明领地的立法机关施加强有力的影响，保护大牧场主和牧牛公司的利益，在美国西北部高平原上，建立起了"广阔的牧牛帝国"①。

"怀俄明家畜饲养者协会"制定了有关赶拢（围捕牛）、打烙印、长途驱赶、检疫、管理土地和使用水源等许多规定，强令会员和非会员一律执行，加强了大牧场主和牧牛公司巨商们在怀俄明牧区的统治。它支持牧牛公司强占印第安人土地，反对联邦政府修改赠予土地的优惠政策，竭力保持牧牛大王们对土地的控制权，使整个领地变成大牧牛公司的独占王国。"怀俄明家畜饲养者协会"还联合其他州和领地的牧牛者组织，向"联合太平洋铁路公司"施加压力，使其降低牧牛公司的运费。该协会的领导权掌握在牧牛大王的手中。怀俄明领地的政界要员都是协会的重要领导成员。其中包括总督、两名参议员和领地家畜监督官。② 他们在制定领地政策时，就必然同协会的利益联系起来，使政策向牧牛业倾斜，使牧牛公司在领地的政治、经济和社会生活中占据统治地位。"怀俄明家畜饲养者协会"是一个强大的集权者，几乎像"帝王"一样把怀俄明变成了一个"牧场主的联邦"③。

6.牧区衰落

1886年以后，怀俄明"开放牧区"的牧牛业结束了其蓬勃发展的繁荣景象而衰落下去。原因如下：第一，1886—1887年罕见的暴风雪使一些牧场的牛群丧失了60%—70%④，许多牧牛公司出于对灾难的恐惧，都纷纷低价变卖了牛群。第二，由于在牧牛业繁荣时期的过度放牧，致使怀俄明牧区的

---

① 路易斯·佩尔泽：《西部牧区的牧牛人联邦》（Louis Pelzer, "A Cattlemen's Commonwealth on the Western Range"），《密西西比河流域历史评论》1926年6月第13卷。

② W. 尤金·霍朗：《边疆的暴力》（W. Eugene Hollon, *Frontier Violence*），伦敦·牛津·纽约1974年版，第154页。

③ 欧内斯特·S.奥斯古德：《牧牛人时代》，第158页。

④ W. 特伦坦·杰克逊：《怀俄明家畜饲养者协会暂时衰落的年代》（W. Turrentine Jackson, "The Wyoming Stock Growers' Association, Its Years of Temporary Decline, 1886-1890"），《农业史》1948年10月第22卷。

存牛远远超过了市场的需求，导致牛价暴跌。芝加哥的牛肉售价从 1882 年的每百磅 9.35 美元跌至 1.9 美元。[①] 这使牧牛公司陷入绝境。第三，更严重的是大批农民涌入怀俄明以及牧羊场主和牧牛场主对土地的激烈争夺，使那里的牧牛业遭到最致命的一击。从牧区天灾过后的 1888 年起，火车不断把成千上万的农民送进怀俄明，两年后，怀俄明的农民总数已大大超过牧牛人。众多农民定居下来，在牧区筑栏圈占土地，经营农场，对牧牛业构成严重威胁。与此同时，羊群也不断蚕食牧牛场主的"王国"。牧羊主们把大批羊群赶入怀俄明这个传统的小牛放养中心，使那里羊的数量大大超过了牛的数量。1886 年，怀俄明牧区的牛羊数量之比为 3∶1，到 1890 年则变成了1∶8。[②] 在定居农民和牧羊主的夹击下，怀俄明的牧牛数量到 1890 年下降到 300 万头，仅是 1886 年的 1/3。[③] 基于上述原因，许多牧牛公司纷纷破产，连最大的"斯旺土地和牧牛公司"也在 1887 年倒闭。一些小牧牛场主不得不结束在怀俄明"开放牧场"上游牧式的牧牛，转向围栏式的定居饲养。他们把牛群围圈在自己固定的牧场里，建筑畜棚，保护草地，贮存冬草，培育优良牛种，改进饲养方法，精心照料自己的牛群。养牛业在怀俄明作为一种重要的行业被稳定而审慎地保持下去。

7. 怀俄明牧区的地位

怀俄明牧牛业蓬勃发展的黄金时期，虽然只有短暂的十余年光景，但它在怀俄明州的形成、美国西部开拓和美国历史发展中留下了具有重大影响的一页。

首先，怀俄明牧区发展成"牧牛王国"中最典型的牧区。由于"怀俄明家畜饲养者协会"在领地内是主宰者，它制定的政策和法律极大地促进了牧牛业的发展。牧牛业在怀俄明的经济中占绝对优势。大牧牛公司成为领地的主要经济支柱。到 1883 年，牧牛业已占怀俄明经济活动

---

① 理查德·霍夫斯塔德等：《1865 年以后的美利坚共和国》（Richard Hofstadter etc., *The American Republic Since 1865*）第 2 卷，格里伍德·克利夫兰 1959 年版，第 87 页。

② 罗伯特·E.里格尔、罗伯特·G.阿塞恩：《美国西进》，第 489 页。

③ 雷·A.比林顿：《向西部扩张——美国边疆史》，第 597 页。

的 90%。① 正是因为 70 年代至 80 年代中期牧牛业的蓬勃发展，怀俄明成为西部"牧牛王国"的一个主要牧区。它在美国牧牛业中占据十分重要的地位。特别是在"大本营"得克萨斯的牧牛业衰落下去之后，怀俄明牧区却蓬勃发展起来，这就使它在"牧牛王国"的发展中更显出其重要性。在 1860 年，怀俄明与其南边的科罗拉多、东北部的达科他和北面的蒙大拿一样，都属于无牛区。然而，到 1880 年，怀俄明牧区已有 52 万多头牛，与蒙大拿和达科他拥有的牛数的总和 56 万余头相差不多。虽然这一年怀俄明要比科罗拉多少 20 余万头牛②，但此时科罗拉多的牧场主们已经不断把牛群赶入怀俄明。到 1886 年怀俄明牧区的牛群达到 900 万头高峰，这远非其周围领地的牧区所能相比。在美国西北部高平原牧区中，怀俄明地处有利的中心地位。"怀俄明家畜饲养者协会"的管辖权一度延伸到了它周边的科罗拉多、达科他、蒙大拿和内布拉斯加。怀俄明得益于联合太平洋铁路的便利运输条件，不仅向美国东部提供了大量牛肉，而且成为美国供应欧洲市场的主要牛肉基地之一。直到今天，作为怀俄明五大支柱产业之一的农业，仍然以畜牧业为主。③ 从某种意义上讲，怀俄明牧牛业的蓬勃发展，是美国西部"牧牛王国"繁荣兴旺到 19 世纪 80 年代中期的重要因素之一。

其次，怀俄明牧牛业的兴起与发展促进了怀俄明州的形成。牧牛业的繁荣，不仅使怀俄明保住了领地地位，而且使它最终在 1890 年以第 44 州的身份加入了联邦。由于怀俄明的自然条件不适于农耕，在领地初创时期，人口增长和经济发展都极为缓慢。为此，格兰特总统在 1872 年曾准备取消怀俄明的领地资格。正是由于怀俄明牧牛业的大发展，带来了经济繁荣，怀俄明被取消领地资格的潜在危险才彻底消除。特别是怀俄明领地政界要员沃伦、凯里等人是"怀俄明家畜饲养者协会"的重要成员，他们在联邦参议院代表着牧牛业集团的利益。由于他们在国会的多方游说，最终怀俄明以正式州的身份被联邦接纳，成为合众国的重要组成部分。这一结果，使怀俄明这块

---

① 霍华德·R.拉马尔主编：《美国西部读者百科全书》，第 1292 页。

② 雷·A.比林顿：《向西部扩张——美国边疆史》，第 590 页。

③ 《简明不列颠百科全书》，第 4 卷，第 37 页。

19 世纪中期以前的"荒漠地区"被纳入美国垄断资本主义发展的轨道，使相当西欧面积的地区实现了"美国化"，从而加速了西部的开发和"边疆"的消失。

第二章 "牧羊帝国"的崛起

第一节 新墨西哥的牧羊业

一、发展概况

1. 牧羊业的源头

前面我们已经论述了"牧牛王国"在美国西部的兴起。它已成为百余年来众多史学家极为关注的"热门"课题。加之诸多媒体的渲染,"牧牛王国"的历史已颇为人熟知。相较之下,同期在西部兴起的"牧羊帝国"尽管其疆域不亚于"牧牛王国",但其发展的历史却被忽略了。"牧羊帝国"的历史地位和作用应当受到重视。在美国西部史中,所以出现"牧羊帝国"(Sheep Empire)这一专有名词,不仅仅是由于牧羊业在西部所占地域辽阔,更主要的内涵在于牧羊业对西部开拓和美国发展所产生的重要影响。事实上,牧羊业在西部开拓乃至美国经济发展中扮演着一个重要的角色,尤其在落基山区诸州更为突出。羊比牛更多地与很多早期拓居地联系在一起。在"牧羊帝国"的发展史中,新墨西哥牧羊业的作用极为重要。它成为"牧羊帝国"兴起和扩大的源头。

新墨西哥的牧羊业是由西班牙殖民者建立起来的,始于1598年胡安·德·奥尼亚特在新墨西哥建立第一块殖民地圣·胡安。该殖民地位于新墨西哥北部沙马河与格兰德河汇合处靠近印第安人居住的地方。奥尼亚特从奇瓦瓦带了一些家畜到新建的殖民地。除牛和马外,其中还有约1,000只公羊和母羊。① 绵羊的数量比其他家畜多达三倍。有些是优质的西班牙美利奴

---

① 爱德华·N.温特沃斯:《美国的赶羊小道》,第124页。

绵羊。[1] 这些绵羊较易管理，冬天不需要饲料喂养。圣·胡安殖民地的绵羊繁衍增长得很快。牧羊业迅速在新墨西哥扩大、发展起来。

2. 牧羊业迅速发展

新墨西哥牧羊业的兴起受下列因素的影响。首先，绵羊是传教士赖以生存的基础。随着西班牙殖民地在新墨西哥的建立，传教士接踵而至。传教士喜欢绵羊。因为绵羊不仅能为他们提供做衣服用的羊毛，而且还供应他们需要的羊肉和油脂。两位历史学家指出：尽管传教士在这荒原地区受了不少清苦，但"绵羊保障他们生存了两个世纪"[2]。随着传教区域扩大到格兰德河流域及新墨西哥北部中心地带，传教士不断增多。仅靠传教士自己养羊已难以满足他们的实际需要。传教士们便教印第安人如何照料羊群。于是，绵羊在新墨西哥的家畜饲养中占据了优势。这种情况，吸引了少数在西班牙有影响、出身名门的富人，也到新墨西哥从事养羊业。这些西班牙人成了占有极大数量羊群的大羊主。他们把羊群放牧在被授予的大地产上，或者任羊群在无主的开放草地上奔跑。到18世纪传教机构衰落下去后，绵羊的放牧和管理便落到少数西班牙家庭中。

其次，新墨西哥的绵羊在墨西哥北部牧区等地找到了销售市场。在殖民地时期，墨西哥北部的采矿业发展较普遍。每年有成千上万只绵羊被赶往格兰德河以南，为矿工们提供廉价优质的羊肉。出售到矿区的绵羊，主要是食肉，油脂和羊毛的价值并不被看重。到19世纪30年代，新墨西哥的西班牙大羊主们还订有向其他地方的供货合同。每年他们向杜兰戈供应1.5万只绵羊，往维斯卡亚提供2.5万只羊。[3] 羊群也有的被出售到奇瓦瓦，甚至远销到南方的瓜达拉哈拉、墨西哥城和韦拉克鲁斯等地。这些耐劳的绵羊凭着四蹄，持续不断地穿越了北美大陆。

其三，绵羊在新墨西哥被用作交换的工具，"几乎变得比硬币更有

---

① 霍华德·R.拉马尔主编：《美国西部读者百科全书》，第1103页。

② 查尔斯·W.汤、爱德华·N.温特沃斯：《牛与人》（Charles W. Towne & Edward N. Wentworth, *Cattle and Men*），诺曼1955年版，第119页。

③ 查尔斯·W.汤、爱德华·N.温特沃斯：《牧羊人的帝国》，第55页。

价值"[1]。社会下层的人们，在城市里能用他们的绵羊换回所需要的物品。大羊主则主要以交换方式，或以低价购买，不断扩大其羊群，垄断绵羊贸易。在 1821—1846 年间，大羊主们平均每年把 20 万只羊从新墨西哥赶往南方。1839 年，查韦斯上校独自驱赶了 7.5 万只绵羊。这一年共有 50 万只羊被赶往墨西哥南部卖掉。这种垄断性的绵羊贸易是极赚钱的。新墨西哥大羊主的钱在墨西哥成两三倍地增长。[2] 这种状况一直持续到美墨战争时才终止。

其四，加利福尼亚金矿的发现是刺激新墨西哥牧羊业扩大发展的新因素。1848 年加利福尼亚发现了金矿。成千上万的淘金者匆匆奔往矿区。仅靠加利福尼亚传教机构管理下的当地羊群，已无法适应大量新移居者对羊肉的需求。新墨西哥绵羊在加利福尼亚找到了新的市场。原因之一是新墨西哥不仅有大量绵羊可以提供金矿区需要的羊肉，而且也是距离最近的货源地。原因之二是新墨西哥的美味羊肉早已在墨西哥矿工、要塞士兵和到西南方的旅游者中赢得了极好的声誉。原因之三是新墨西哥绵羊能够承受得住长途跋涉之苦。在横贯大陆铁路修建之前，这一点尤显得重要。由于这些原因，从 1849 年开始，在夏季每年有 5,000—2.5 万只绵羊组成的大羊群被从新墨西哥源源不断地向西赶往加利福尼亚。如安东尼奥、赫苏斯·卢纳和曼努埃尔·奥特罗赶了 2.5 万只羊。其他著名的赶羊人还有里金斯·沃顿，他在 1852 年赶了 9,000 只羊；基特·卡斯在 1853 年赶了 6,000 只羊到萨克拉门托。[3] 这些羊群大量来自新墨西哥的佩里阿、奥特拉、马丁内斯和阿来霍的家庭。1852—1860 年，有 55 万只绵羊被赶进加利福尼亚作为肉羊和饲养羊。一些羊进了南加利福尼亚牧场。1856 年是赶羊数量最多的一年，有 20 万只绵羊被赶入了加利福尼亚。[4]

---

① H. B. 卡罗尔、J. V. 哈格德：《三部新墨西哥的编年史》（H. B. Carroll & J. V. Haggard, *Three New Mexico Chronicles*），阿尔伯开基 1942 年版，第 109 页。

② 乔塞亚·格雷格：《大草原贸易》（Josiah Gragg, *Commerce of the Prairies*, Max L. Moorhead, ed.），诺曼 1954 年版，第 134 页。

③ 查尔斯·W. 汤、爱德华·N. 温特沃斯：《牧羊人的帝国》，第 91 页。

④ 鲁珀特·N. 理查森、卡尔·C. 里斯特：《辽远的西南部》（Rupert N. Richardson, Carl C. Rister, *The Greater Southwest*），格伦代尔 1935 年版，第 371 页。

其五，丰富的牧草资源和自然条件使新墨西哥成为密西西比河以西的主要牧羊区。在 1850 年以前，几个美国人已经介绍过这个与美国"隔绝"却"相当好"的移民区。在他们的报道中，生动描述了新墨西哥的自然地理条件，认为"牧羊业在那里变得重要了"[1]。1810 年，泽布伦·派克强调，新墨西哥大部分地区呈现在眼前的是"一片贫瘠的荒地"，仅能提供"多汁的植物和牧草"，作为"动物赖以生存的口粮"。[2]1844 年，在圣菲小道上旅行过几次的乔塞亚·格雷格认为，新墨西哥土地上"最重要的产品是牧草"，大部分高台地提供了"世界上最好的牧草"。因为缺雨，除牧羊外，这些土地"完全没有益处"。[3] 新墨西哥丰富的格兰马草给代理陆军中校 W. H. 埃默里留下了极深的印象。他在 1844 年记述道：终有一天，"这里会变成一个巨大的绿草牧场"。尤其对绵羊来说，"纯静干燥的空气完全适合它们"。绵羊在新墨西哥"被认为是多产的"。[4] 这些描述和评论表明，新墨西哥的自然条件干旱少雨，不利于农耕。其牧草资源非常丰富，是天然的绿色牧场。纯静、干燥的空气，非常适合绵羊繁衍生长。有利的自然条件以及西南部市场的刺激，使新墨西哥在 1850 年就成为密西西比河以西的主要牧羊区。该领地的真正经济是围绕着牧养绵羊而发展起来的。

其六，从新墨西哥被美国兼并到南北战争前的 10 年，其绵羊市场又扩大到了密西西比河以西的广大地区。在 19 世纪 20—30 年代，靠四蹄长途跋涉的新墨西哥绵羊不过是圣菲小道上早期贸易的一部分。1830—1848 年，羊毛制品是圣菲商人在圣贝纳迪诺和洛杉矶的一些重要货物。美墨战争期间，一些新墨西哥的羊毛曾通过运牛列车运抵堪萨斯城。[5] 然而，活羊尚未被驱赶到除

---

① 雷·A. 比林顿：《远西部边疆》（Ray A. Billington, *The Far Western Frontier, 1830-1860*），纽约 1956 年版，第 13 页。

② 埃里奥特·科兹编：《泽布伦·蒙哥马利·派克的探险》（Elliot Coues ed., *The Expeditions of Zebulon Montgomery Pike*）第 11 卷，纽约 1895 年版，第 728 页。

③ 乔塞亚·格雷格：《大草原的贸易》，第 114 页。

④ W. H. 埃默里：《军方侦察记录》（W. H. Emory, Notes of a Military, *Reconnaissance*, 30th Congress, 1st Sess. EX. Doc. No. 41），华盛顿 1848 年版，第 57 页。

⑤ 查尔斯·W. 汤、爱德华·N. 温特沃斯：《牧羊人的帝国》，第 330 页。

西南部以外的其他地区。① 新墨西哥的绵羊市场仅限于墨西哥、加利福尼亚一些地区。从美墨战争后新墨西哥被美国兼并到美国内战前，其绵羊市场发生了很大变化，10 年间逐步扩大到美国西部的其他地区。新墨西哥绵羊被驱赶到犹他的摩门教徒农场和内华达的银矿区。1858 年，在科罗拉多的派克峰发现金矿后，新墨西哥的绵羊成了那里所需羊肉的供应地。羊群被赶入了科罗拉多，交给讲西班牙语的美国人管理。一些新墨西哥的绵羊也被赶进堪萨斯、内布拉斯加、密苏里和怀俄明的拉勒米要塞饲养起来。② 新墨西哥绵羊市场扩大到美国西部其他州和领地的后果有三：一是其绵羊很快在西部变得非常有名；二是在新墨西哥界外许多新拓殖区的经济发展中，绵羊是重要的一部分；三是促进了新墨西哥的绵羊数量得到快速而稳定的增长，从 1850 年的 37.7 万只增加到了 1860 年的 83 万只。威廉·瓦茨·哈特·戴维斯在 1857 年还断言新墨西哥以其妨碍联邦与其他地区交往的"特殊地位而在美国鲜为人知"③。然而，美国内战前的 10 年间，绵羊靠着耐劳的蹄子奔向四方，逐渐消除新了墨西哥与世隔绝的孤立状态，并进一步提高了该领地在美国人中的知名度。

二、制约因素

1. 落后的生产方式

通过上面的分析，我们看到有两个多世纪历史的新墨西哥牧羊业已和西南市场联系起来，成为那里羊肉供应的来源。1848 年新墨西哥并入美国后，这一古老而"孤立"的牧羊区很快成为西部日益扩大着的"牧羊帝国"的资源地。但直到美国内战前，新墨西哥的牧羊业是建立在落后、封闭的生产方式基础上。加之缺乏优良羊种和科学管理方法以及印第安人侵扰等不利因

---

① 乔塞亚·格雷格：《大草原的贸易》，第 214 页。

② 爱德华·N. 温特沃斯：《从加利福尼亚和俄勒冈向东赶羊》（Edward N. Wentworth, "Eastward Sheep Drives from California and Oregon"），《密西西比河流域历史评论》1928 年第 28 卷。

③ 威廉·瓦茨·哈特·戴维斯：《外国佬，或新墨西哥和她的人民》（William Watts Hart Davis, *EL Gringo: or, New Mexico and Her People*），纽约 1957 年版，第 57 页。

素，限制了那里的牧羊业以更大的规模发展，影响了它与美国西部其他地区融合的速度，使其处在相对"孤立"的状态。

在 19 世纪中期以前，新墨西哥的牧羊业是按照西班牙的"分成佃农制"建立起来的。这是一种在其他英裔美国人地区不可能建立的封建式管理方法。按照分成佃农制，富有的大羊主通常占有大量的羊群。很多牧羊佃户按照契约依附于大羊主。新墨西哥还属于墨西哥时，总督巴特洛斯·巴卡（1823—1825 年在任）占有近 200 万只羊，雇有 2,700 名欠债佣工做牧羊人。后来，另一个总督何塞·安东尼奥·查韦斯（1829—1832 年在任）占有 100 万只羊，每 300 只被分成一群或一个放牧地段。[①] 到 1850 年，其他一些大羊主拥有 0.5 万—200 万只羊组成的羊群。这些羊群被分发给分成制佃户放牧。每个牧羊佃户分担有几百只到 2,000—3,000 只羊组成的羊群或牧羊地段。羊群中绝大多数是母羊，少数为育种的公羊。羊主根据每个牧羊佃户订的分成契约，要求每个佃户每年返还羊数增长的 10% 到 20% 和羊毛总量的 10% 到 20%，一般定为 20%。另外，通常五年后牧羊佃户将最初分担的羊偿还给羊主。[②]

按照西班牙的传统，草地是自由支配的。尽管绵羊的故乡在格兰德河流域，但羊群被放牧在遍及整个新墨西哥有绿草的地方。按字面契约，牧羊佃户似乎能够得到足以安家立业的收入，并开始拥有自己较小的羊群。事实上，很多牧羊佃户终身欠大羊主的债。富有的大羊主所以能继续占有大量的羊群，完全赖于他们控制着很多牧羊佃户。由于牧羊业实行分成佃农制，缺少商人和银行，导致在新墨西哥发展起来两个阶级，即富有的大羊主和穷苦的牧羊佃户及农民。在 19 世纪中期，是绵羊称"王"的时代。那些占有大量羊群和土地授予权证书的大羊主是统治者。到 1850 年，新墨西哥牧羊业中的分成佃农制还远未衰落。在 1850—1860 年，这种制度的重要性仍在增加。其间，大羊主绵羊的数量增加了 50 万只。唐·何塞·阿尔维诺·巴卡在 1850 年后移居拉斯维加斯。几年后，他拥有了 6 万只羊，雇了许多牧

---

① 查尔斯·W.汤、爱德华·N.温特沃斯：《牧羊人的帝国》，第 63 页。
② H.B.卡罗尔、J.V.哈格德：《三部新墨西哥的编年史》，第 40—42 页。

羊人。^①早在"牧牛大王"称雄得克萨斯以前的若干年，新墨西哥已形成"牧羊大王"主宰一切的局面。这些"牧羊大王"带有明显的封建色彩，也是制约新墨西哥的牧羊业难以突破旧的生产模式的关键所在。

2. 退化的丘罗羊

虽然在圣·胡安殖民地初建时期引进了一些优质绵羊，但在后来新墨西哥牧羊业两个多世纪的发展史中，占主导地位的绵羊是未经选种的奥尼亚特羊的后代——"丘罗羊"。由于简陋的放养习俗，丘罗羊变为个小、毛少和体格轻微退化的绵羊。^②为此，美国人经常对新墨西哥的牧羊习俗持批评的观点，认为其绵羊产毛少，是一种"耻辱"。新墨西哥人为什么不改良丘罗羊使其能担当既产肉又出毛的双重角色呢？原因如下：

第一，在新墨西哥追求绵羊数量的增加代替提高羊的质量永远是众人竞争的目标。因为谁拥有数量最多的羊就意味着谁在新墨西哥居于统治地位，谁能对新墨西哥产生更大的影响。第二，牧羊佃户不愿意把精力和时间投到改良大羊主的羊群上。第三，富有的大羊主没有长远的市场眼光。他们认为：在羊群能出售时，为什么要改良羊种呢？在大羊主看来，要旨是维护分成佃农制的原则，保证对羊群的占有和对牧羊佃户的控制。第四，在美国内战前，西部的主要需要是羊肉而不是羊毛。新墨西哥的丘罗羊是因其美味的羊肉作为肉类出售而闻名西部，而非为了出售羊毛。丘罗绵羊在新墨西哥放牧得好，产量高，也是耐劳的靠蹄"旅行者"。一些研究绵羊的权威人士承认，在东北部农场里产羊毛多的绵羊不具备这些特点。^③许多美国人因不改良丘罗羊批评新墨西哥人，但成千上万的美国人都爱食新墨西哥绵羊的美味

① 韦尔纳·劳姆贝奇：《1850年前的拉斯维加斯》（Verna Laumbach, "Las Vegas Before 1850"），《新墨西哥历史评论》1933年第28卷。

② 埃兹拉·A.卡曼、H. A.希思、约翰·明托：《美国养羊业史与目前状况的专门报告》（Ezra A. Carman, H. A. Heath, John Minto, *Special Report on the History and Present Conditions of the Sheep Industry of the United States*），华盛顿1892年版，第918—919页。

③ 斯蒂芬·鲍尔斯：《美国美利奴羊》（Stephen Powers, *The American Merino: For Wool and For Mutton*），纽约1887年版，第232页；爱德华·N.温特沃斯：《美国的赶羊小道》第170页；查尔斯·W.汤、爱德华·N.温特沃斯的《牧羊人的帝国》，第96页。

羊肉。① 第五，新墨西哥与美国其他地区长期处于隔离状态，产毛量高的优质羊种难以引进。欧洲人先是把产羊毛的优质绵羊引入到新英格兰各州。随着西进运动的发展，这些优质羊种又被带到中西部，甚至移入远西部的俄勒冈。然而，直到美国内战后，引入西南部的优质羊种的情况连美国学者都认为无法评估。新墨西哥牧羊区所产的羊毛怎么能与运输条件良好的各主要羊毛生产州相比呢？由于采取粗放、落后的经营方式，管理方法简陋，缺少优良羊种，新墨西哥的牧羊业长期停留在原始的靠天养牧阶段。

3. 印第安人的影响

在美国内战前，印第安人的袭击也是对新墨西哥牧羊区的一个持续的威胁。J. W. 艾伯特中尉在 1846 年报告中说："如果不是那伐鹤人的劫掠，养羊业仍将是非常有利可图的。"② 后来，埃斯库德罗又写道："当政府的保护手段扩展到该领地时的这一天将是幸运的"，现在这些杳无人迹的荒地，"将变成多产而欢乐羊群的牧场"。③ 印第安人频繁地对牧羊人和羊群进行袭击，有时劫走一整群羊。那伐鹤人因此成了有羊的农民。到 1850 年，他们大约拥有 50 万只羊，并成为人数众多的粗羊毛编织者，编制地毯和毛毯。④ 那伐鹤人大部分羊得自于格兰德河流域的羊群。阿帕契人主要在新墨西哥南部劫掠羊群。格雷格认为，阿帕契人主要依靠能从"牧场和农场中偷来的羊为生"⑤。

印第安人的侵扰不仅威胁到羊贸易的分成佃农制，而且也影响到拓居区发展的模式。由于印第安人在赶羊小道上的劫掠，到 1858 年，再没有羊群

---

① 威廉·瓦茨·哈特·戴维斯：《外国佬，或新墨西哥和她的人民》，第 95 页。

② J. S. 艾伯特：《1846—1847 年对新墨西哥的调查》（J. S. Albert, *Examination of New Mexico in the Year 1846-47*, 30th Congress EX. Dec. No. 41），华盛顿 1848 年版，第 452 页。

③ H. B. 卡罗尔、J. V. 哈格德：《三部新墨西哥的编年史》，第 103 页。

④ 安妮·H. 艾布尔编：《詹姆斯·S. 卡尔霍恩的公函》（Annie H. Abel, ed., *The Official Correspondence of James S. Calhoun While Indian Agent at Santa Fe and Superintend of Indian Affairs in New Mexico*），华盛顿 1915 年版，第 6 页。

⑤ 乔赛亚·格雷格：《大草原的贸易》，第 202 页。

从新墨西哥赶往加利福尼亚。两地间的羊贸易到 1860 年完全停止。[①]为了防止印第安人的侵扰,牧羊主和农民喜欢聚居在一个靠近水源的大牧场里,并筑起泥墙保护羊群。对任何个人来说,在一个与其他拓居区分离的开放牧区建立家园实在太危险。大部分牧羊主定居在格兰德河流域。在夏天,他们把羊群放牧到远离定居地的开放牧区。在冬季,羊群则被圈养在家中。一年到头,羊群都可享用有营养的格兰马草。在美国内战前,新墨西哥的牧羊业已开始了由原始游牧方式向定居饲养的缓慢转变。

正是上述因素,制约着新墨西哥牧羊业的进一步发展,影响它突破持续了两个多世纪的旧的生产方式。新墨西哥牧羊业的发展变化在美国内战前是非常缓慢的。

第二节　"牧羊帝国"的形成

一、以新墨西哥为中心时期

1. 牧羊区的扩展

随着新墨西哥绵羊市场的不断扩大,牧羊业被推进到一些新拓殖区。这样,到美国内战前,其西部的牧羊业以新墨西哥为中心,已经发展起来。除新墨西哥之外,西南部的加利福尼亚、得克萨斯和亚利桑那的牧羊业已有了一定程度的发展。其中,以加利福尼亚更为突出。1779 年,在亚利桑那东北部霍皮印第安人的村庄里,大约放牧着 3 万只羊。加利福尼亚的一个传教机构报告说,它拥有 10 万只羊。[②]到 1800 年,绵羊和其他家畜(牛、山羊)已成为从加利福尼亚的圣弗朗西斯科扩展到得克萨斯的圣安东尼奥辽阔区域传教士们的主要经济供应品。[③]从 1852—1860 年,加利福尼亚州从新

---

① 鲁珀特·N.理查森、卡尔·C.里斯特:《辽远的西南部》,第 371 页。

② 罗伯特·G.费里斯编:《勘探者、牛仔和移居垦殖农民》,第 60 页。

③ 勒鲁瓦·R.哈芬、W.尤金·霍朗、卡尔·C.里斯特:《西部美国》,第 433 页。

墨西哥引进了 55 万只绵羊。[①]除供应金矿区肉羊外，在每个牧场上放牧着 4 万—30 万只不等的羊群。[②]犹他、内华达、科罗拉多、堪萨斯、内布拉斯加和怀俄明等也开始引进新墨西哥绵羊，起步经营牧羊业。在新墨西哥绵羊不断向周围的州和领地扩散的同时，美国的养羊业基地也开始由东向西推移。到 19 世纪 40 年代，养羊业开始从新英格兰向俄亥俄、印第安纳、密歇根和伊利诺伊转移。同时，移民移居俄勒冈地区，并带去了改良的各种优良羊种。[③]华盛顿州皮地斯县的"尼西斯奎尔利农场"是"皮吉特农业公司"（哈得逊湾公司的子公司）于 1840 年建立的。1845 年，这个农场养着 5,872 只羊。[④]1859 年，美利奴羊也从肯塔基引进了新墨西哥。

2. 存在的问题

从殖民地时期至美国内战前，西部的牧羊业是以新墨西哥为中心的发展时期。新墨西哥的牧羊业是按照西班牙封建的"分成佃农制"建立起来的。美国西部多数地区的牧羊业也沿袭了新墨西哥的生产方式。这种落后的生产方式不仅使新墨西哥的牧羊业发展变化非常缓慢，也制约着整个西部牧羊业扩展的规模和速度。在西部，除这种实行分成生产方式的大羊主外，也有一些独立拥有小羊群的牧羊主，他们自己干大部分工作。[⑤]直到美国内战，西部牧羊业的这种落后生产方式在长达三个世纪的时期中，变化非常小。

由于西部的牧羊业是建立在落后的生产方式的基础上，缺乏科学的管理方法和优良羊种，加之受到印第安人的侵扰等不利因素的影响，不仅其发展速度缓慢，而且存在一些严重问题。首先，追求绵羊数量的增加而不重视提高羊的质量。大羊主们不愿在其羊群能够出售时花费精力和财力去改良羊种。其次，除犹他外，西部的牧羊业在内战之前只求羊产肉不求羊产毛。这样便大大降低了经济效益。东部的美利奴绵羊，每只平均年产羊毛 7—8 磅，

---

① 查尔斯·W.汤、爱德华·N.温特沃斯：《牧羊人的帝国》，第 96 页。
② 罗伯特·G.费里斯编：《勘探者、牛仔和移居垦殖农民》，第 61 页。
③ 霍华德·R.拉马尔主编：《美国西部读者百科全书》，第 1104 页。
④ 罗伯特·G.费里斯编：《勘探者、牛仔和移居垦殖农民》，第 252 页。
⑤ 勒鲁瓦·R.哈芬、W.尤金·霍朗、卡尔·C.里斯特：《西部美国》，第 433 页。

而新墨西哥的丘罗羊每只年平均产羊毛仅为 1.5 磅。① 因此，羊毛在西部被视为不赚钱的副产品。再次，由于简陋的放牧习俗，使西部羊逐渐退化。由新墨西哥扩散到西部其他地区的主要是不断退化的丘罗羊。这种羊虽然能抵抗多种疾病，善于长途奔走和具有在沙漠中生存的能力，但逐渐变得个小、毛少、无脂肪和消瘦，且肉多筋而咬不动。② 为此，19 世纪前半期移居西部的英裔美国人拒绝吃这种羊肉，批评西部养羊只取肉不取毛的落后习俗。正是上述问题，使西部的牧羊业在美国内战前虽历经三个世纪的历史，但发展较为缓慢。

二、牧羊帝国崛起的有利条件

1. 促成因素

内战以后，美国进入了由自由资本主义向垄断资本主义过渡的新阶段。工业化和城市化向纵深发展促进了西部的开拓，为西部牧羊业注入了新的活力，使"牧羊帝国"迅速崛起。

内战后，美国西部牧羊业的繁荣首先得益于国内市场对肉类需求的增加。随着美国由农业国转变为工业国，现代化城市迅速发展。城市人口的迅速增长使对牛、羊肉的需求日益增加。1880—1881 年严冬后的数年，牛肉价格在市场上一直居高不下，而羊肉价格却比较平稳。美国人普遍需要更多的羊肉。城市人口不断增加和羊肉价格较低，导致美国市场对羊肉的需求日益增加，有力地推动了西部"牧羊帝国"的迅速崛起。

横贯大陆铁路的修筑和冷藏车的发明，为西羊东运和把羊群转送到育肥地提供了便利的条件。此为促使西部牧羊业迅速发展的第二个有利因素。五条横贯大陆铁路和很多支线的修筑、冰冻冷藏车的发明，解决了西部牧羊业与东部市场间的运输问题。牧羊主利用便利的铁路把牧羊区的范围扩大到密

---

① H. A. 希思：《密西西比河以西牧羊业的状况》（H. A. Heath, *Condition of the Sheep Industry West of Mississippi*），华盛顿 1891 年版，第 318 页。

② 埃兹拉·A. 卡曼、H. A. 希曼、约翰·明托：《美国养羊业史与目前状况的专门报告》，第 918—919 页。

西西比河以西辽阔的草原地区。铁路也便利了东部养羊业西移，加速了东西部养羊业的交融。随着铁路不断向西推进，向东的赶羊小道不断缩短。东部市场喜欢西部的羊肉和羊毛。运输条件和设备的改善使西部牧区和东部市场紧密地联系在一起。西部的羊肉和羊毛可以更快地销售到东部市场。在市场经济的刺激下，牧羊主不断扩大其生产规模，加速了西部牧羊业的发展。

内战以后美国西进运动的规模不断扩大，东部养羊中心随之不断向西推进。这也推动了西部"牧羊帝国"的扩展。随着美国现代化的深入，养羊业在东部面临越来越多的困难。内战后，东部的地价不断升高，1英亩达50美元。[①] 内战期间，由于北部棉纺厂的棉花供应严重不足，曾增加了对羊毛的需求。战争结束后，南部恢复了对北部充足的棉花供应，羊毛市场就变得不景气起来。同时，美国东部的养羊主又遇到了来自南非、南美和澳大利亚的廉价羊毛的冲击。原因是这些地区有四季都能放牧的廉价牧区，不必为羊群购买冬季饲养的干草和谷物，故能把大量低价羊毛输入美国市场。从1860年以来，美国的羊毛产量又增加了70%，加上外国廉价羊毛的涌入，致使美国的羊毛市场过于饱和。在内战后20年间，美国的羊毛价格下跌。[②] 上述因素导致了东部养羊业的衰落。每只绵羊的平均价格从1860年的3.37美元跌落到1868年的2.17美元。被淘汰的母羊或其他低级羊则只能以每只0.75—1.5美元的低价处理给屠户。其结果迫使东部各州的养羊者减少羊的数量。如俄亥俄从1867—1869年，把羊的总数减少到近两百五十万只。[③] 在此境况下，一些养羊主放弃了本业，另一些缩减经营规模，还有一些人则借鉴南美、澳洲和南非人的经验，到辽阔的西部去寻找廉价的牧场。

西部对东部的养羊人有诸多的诱惑力。第一是联邦政府鼓励开拓西部的优惠土地政策。牧羊主也像牧牛场主一样，利用《育林法》和《荒地法》等法令，凭借"优先购买权"，不断扩大"牧羊帝国"的疆域。有的牧羊主雇

---

① 弗雷德·A.香农：《农场主的最后边疆：1860—1897年的农业》（Fred A. Shannon, *The Farmer's Last Frontier, Agriculture, 1860-1897*），纽约1945年版，第209页。

② 弗雷德·A.香农：《农场主的最后边疆》，第208—209页。

③ 弗雷德·A.香农：《农场主的最后边疆》，第208—209页。

用 25 个或更多的人，为其立桩划界，标明他最远的控制分界线。也有的牧羊主，以每英亩年付 5 美分的租金，租用铁路经过的土地。这样，到 1890年，在怀俄明，大多数牧羊主都拥有了水源周围的一小片土地，并在此基础上不断扩大。① 第二，一个农业特派员在 1870 年指出，辽阔的美国西部，是能仿效南非、南美和澳大利亚获得廉价的牧场、极好地发展养羊业的地方。第三，来自西部的建议力促东部的羊毛生产者卖掉东部的高价土地，把羊群赶到西部一个能够获利的地方。个人投资者、铁路公司和西部拓殖开发商都印发小册子，宣扬西部牧区很适合绵羊生长。1885 年，西部牧牛业的倡导者詹姆斯·布里斯宾，以异乎寻常的热情，对怀俄明发展牧羊业的前景作了大胆而夸张的预测。他预言怀俄明能放牧美国、澳大利亚和阿根廷所有的羊，一年能产价值 1 亿美元的 3 亿磅羊毛。② 这些有诱惑力的宣传，吸引着越来越多的在东部贫瘠土地上的养羊人移往西部牧区。于是，东部养羊人开始了新的移民运动。最初是移往得克萨斯、新墨西哥和太平洋沿岸各州。也有些养羊人把羊群从俄亥俄流域迁往蒙大拿。到 1880 年，大量羊群又被赶进所有山区各州。

东部养羊者移居西部后，对那里传统落后的牧羊业进行了系统改造。他们通过不断引进优良羊种，与西部退化的"丘罗羊"杂交，不仅提高了西部羊的质量，而且改变了西部牧羊业只取肉不取毛的陋习，使西部羊逐渐改良为既产肉又产毛的优质羊。内战前引入西部的美利奴羊与丘罗羊杂交后，产生了一种年产毛 4 磅且肉嫩的新羊种，但却失去了抵抗严寒的能力。内战后的几十年间，移居西部的东部养羊主，又引进了诸如科茨沃尔德、索思唐、施罗普罗尔、林肯和郎布依埃等新的优质羊种，与西部羊杂交，经过多次选育良种，最后培育出了能适应美国西部气候、肉味鲜美和产毛量高的优质羊。每只羊年产毛量达 5—10 磅。③ 这不仅改变了以往西部牧羊业只产肉的单一经营模式，使之取得既产肉又产毛的双重经济效益，而且满足了东

① 弗雷德·A.香农：《农场主的最后边疆》，第 208—209 页。
② 詹姆斯·S.布里斯宾：《牛肉源泉，或如何在大平原致富》，第 103 页。
③ 勒鲁瓦·R.哈芬、W.尤金·霍朗、卡尔·C.里斯特：《西部美国》，第 433 页。

部市场对羊羔日益增长的需求。随着东部养羊人不断涌向西部，也吸引来了东部和外国的资本投入西部牧羊业。布里斯宾在1880年承认，牧羊业比养马和牧牛吸引了更多有效的投资。[①] 商业资本的投入，加速了对西部牧羊业落后生产方式的改造，在一定程度上改变了新墨西哥牧羊业中落后的分成佃农制。东部养羊人移居西部，也带去了东部在农场围栏养羊的先进管理方式。在山区和北部严寒地区，牧羊主为羊群过冬不断增加干草饲料的储备来取代游牧。在落基山区，1870年有270万英亩灌溉的土地，到1890年则增长了两倍。[②] 1889年，怀俄明牧区也用灌溉土地的方法来增产冬季喂养的干草，以此来代替从该领地以外运进冬饲料。一些牧羊主，采取夏季在开放牧区放牧和冬季在自己牧场或租用的土地上用干草饲养相结合的办法扩大羊群。这样，西部传统落后的游牧式牧羊业逐渐向固定围栏牧场养羊过渡。

2. 牧羊帝国的特点

得益于上述诸多有利因素的影响，美国西部的牧羊业得到迅速发展。从内战后至20世纪初的30余年的时间里，在密西西比河以西形成了一个疆域辽阔的"牧羊帝国"。它东起密苏里河，西到太平洋沿岸，南起得克萨斯南端，北达美加边界。"牧羊帝国"的形成和发展有三个明显的特点。其一，在中西部养羊主向大平原肥沃的草地和落基山区大举进军的同时，西部的牧羊业（除北部牧区外），也向山区各州和大平原扩展。牧羊区东西相向扩展，加速了东西部的交融，有利于用东部先进的养羊经验改造西部牧羊业的落后经营方式。其二，牧羊区从西南部向太平洋沿岸各州发展，再由太平洋沿岸各州扩大到北部辽阔牧区。其结果使落基山以西所有的州和地区都发展起了牧羊业。其三，继新墨西哥之后，加利福尼亚、得克萨斯、怀俄明和蒙大拿都成了产羊大州或领地，并相继居于牧羊业的领头地位。新墨西哥失去了内

---

① 霍华德·R.拉马尔主编：《美国西部读者百科全书》，第1104页。

② 奥利弗·E.贝克：《北美的农业区域，第10部分——放牧区和灌溉农作物区》（Oliver E. Baker, "Agricultural Regions of North America, part 10-The Grazing and Irrigated Crops Region"），《经济地理学》1931年第7卷第4期。

战前的"中心"地位。"牧羊帝国"的普遍繁荣代替了新墨西哥"一枝独秀"的局面。

三、新墨西哥牧羊业的变化

1.改良羊种与牧羊业的新发展

美国内战、采矿业的衰落、优质羊毛的匮乏,特别是其他州和领地在很大程度上以新墨西哥绵羊为基础建立起来的养羊业采用科学管理方法等等,导致新墨西哥的牧羊业暂时趋于稳定。内战中,联邦政府不允许新墨西哥和得克萨斯把家畜卖给南部同盟。正如战后得克萨斯成了"牧牛王国"的大本营一样,新墨西哥的牧羊业也发生了深刻变化。在美国向垄断资本主义过渡时期,随着西部开拓力度的加大,新墨西哥古老的牧羊业被纳入了资本主义的发展轨道。

新墨西哥的牧羊业发生显著变化起因于美国内战。经济史学家切斯特·赖特认为,内战对生产羊毛是一个促进因素。[1] 由于关税率较大幅度地减少,包括新墨西哥在内的西部各地,开始响应全美国对羊毛需求日益增长的趋势。西部牧羊业或多或少地由产肉转向生产羊毛。美利奴绵羊繁殖的后代被从东部各州引进西部,与新墨西哥羊杂交。但是,新墨西哥的西班牙羊主因愚昧无知而踌躇不前。内战后,美国牧羊人随着西进运动新浪潮移居新墨西哥的东北部。他们带来了身材较矮胖、产毛多的纯种美利奴羊。这些绵羊大部分来自佛蒙特、宾夕法尼亚和俄亥俄。也有一些美利奴羊被从得克萨斯赶来。新移居到新墨西哥的美国牧羊人,用纯种美利奴羊的公羊与丘罗羊的母羊杂交,使羊种逐渐得到改良。到1880年,有4.08万只改良杂交的美利奴绵羊从加利福尼亚赶入了新墨西哥。[2] 一些羊主逐渐开始改良羊群。在1880年,新墨西哥近40%的羊是改良型的羊。[3]

---

① 切斯特·W.赖特:《羊毛生产和关税》(Chester W. Wright, *Wool-Growing and Tariff*),剑桥1910年版,第187页。

② 鲁珀特·N.理查森、卡尔·C.里斯特:《辽远的西南部》,第371页。

③ 爱德华·N.温特沃斯:《美国的赶牛小道》,第239页。

而美国全国在 1870 年羊的 4/5 已经是纯种的或改良杂交的美利奴绵羊。①
到 80 年代后，每只羊在新墨西哥的平均价为 1.52 美元，比全国的平均价
2.21 美元低 30％。与密西西比河以西任何一个州或领地相比，新墨西哥
的羊价也是最低的。② 因此，改良羊种对新墨西哥的牧羊业经济具有重要
的意义。

　　羊种的改良使新墨西哥的牧羊业有了较大的发展和较好的收益。没有
改良过的丘罗绵羊平均每只年产羊毛 1.5 磅。美利奴绵羊每只平均年产羊毛
7—8 磅。③ 这种改良绵羊最终受到西南部和西部一些地区牧羊主的喜爱。因
为改良绵羊兼有丘罗羊强壮、多产和羊肉美味可口的优点及美利奴羊出毛好
的特性。在新墨西哥，1830 年的 38 万只绵羊只产了 3.3 万磅羊毛。因此羊
毛在那里被认为是赚不到钱的副产品。④ 到 1880 年，该领地的 200 万余只羊
年剪毛超过 400 万磅。这些羊毛当然有很多是从未进行改良的丘罗羊身上剪
下的。故每只羊平均出羊毛 2 磅。⑤ 因为羊毛在新墨西哥变得有利可图了，
许多牧羊人在改良羊种，扩大羊群。同时，内战后那伐鹤和阿帕契印第安人
已被征服。不花钱的青草放牧区已进一步扩大到国有土地上。诸多有利因素
使新墨西哥的一些牧羊人以保有羊群代替向领地外出售。随着移居者的增
多，领地内增加了更多的牧羊人。所以，到 1880 年，新墨西哥羊的数量已
有了较大增加。是年 6 月 1 日的统计数字表明，春产羔羊不计算在内，羊的
总数已达 209 万只。⑥

　　虽然新墨西哥的一些牧羊人以保留羊群代替了出售，但在 80 年代仍有
很多羊被赶出领地。80 年代的赶羊与早期相比有明显的不同。羊群所到地

---

　　① 《美国第 12 次普查统计数字：1900 年的农业》（*Twelfth Census of the United States:
1900, Agriculture*）第 5 卷，华盛顿 1900 年版，第 1 部分，第 ii—vi 页。

　　② H. A. 希思：《密西西比河以西牧羊业的状况》，第 204 页。

　　③ H. A. 希思：《密西西比河以西牧羊业的状况》，第 318 页。

　　④ 《美国第 12 次普查统计数字：1900 年的农业》第 5 卷，第 3 部分，第 626 页。

　　⑤ 《美国第 12 次普查统计数字：1900 年的农业》第 5 卷，第 3 部分，第 708—709 页。

　　⑥ 《美国第 10 次普查统计数字：1880 年的农业产量》（Tenth Census of the U.S. 1880, *Pro-
ductions of Agriculture*），华盛顿 1883 年版，第 169 页。

区更广，范围更大，使新墨西哥的牧羊业经历着另一次繁荣。虽然在 70 年代末曾有数千只羊被向西赶到亚利桑那，但到 80 年代初有更多的羊群被向北和东北方向赶入科罗拉多、怀俄明、蒙大拿，甚至进入达科他西部。这些新墨西哥羊群被放牧在山麓、北部高平原和落基山地区。更多的新墨西哥羊群则被驱赶到堪萨斯和内布拉斯加的大平原上。也有一些羊群被向东赶进得克萨斯的北部和西部。80 年代被赶出新墨西哥的羊群比美国内战前赶入西部各州和领地的羊群多。新墨西哥的美国牧羊人向领地以外的其他地区出售羊群。在 1880 年，当新墨西哥包括当年春产羔羊在内有近 400 万只羊时，其肉牛才仅有 13.7 万头。[①] 在这个领地，成为牧羊主的人比成为牧牛场主的人多。绵羊在新墨西哥依然是"王"。

内战以后，羊肉的地位再次变得重要起来。新墨西哥为许多羊群育肥地输送了大量羊群。堪萨斯、内布拉斯加乃至科罗拉多对新墨西哥绵羊需求量不断增加，带来的一个后果是新兴农业区——羊群育肥地在西部的兴起。羊群被放养在有大量苜蓿和谷物的滋润土地上。育肥的羊群在市场上出售后被送往芝加哥、圣路易斯和奥马哈的肉类加工厂。仅 1876—1878 年，每年有 30 多万只新墨西哥羊经拉顿被赶出。这些羊大部分进入堪萨斯和内布拉斯加，一些进入怀俄明。[②]1880 年，约 20 万只作饲养用的绵羊和 3 万只阉羊被赶到堪萨斯州的威奇托、道奇城和哈钦森。同年，约 5 万只绵羊被送入科罗拉多。[③] 在 80 年代早期，也有许多新墨西哥绵羊被赶入得克萨斯，并多次以羊换牛。因为新墨西哥羊的肉味道鲜美，出售时备受青睐。明尼苏达和艾奥瓦的农场主则更喜欢新墨西哥的母羊。美国内战以后，新墨西哥从改良过的绵羊身上获得了羊毛和羊肉两项收入来源。

横贯大陆铁路的修建，对新墨西哥的牧羊业产生了深远的影响。作为横贯大陆铁路系统的一部分，铁路修到了新墨西哥。有四家大铁路公司修建、经营该领地内的铁路，并使铁路长度不断增加。1880 年，新墨西哥有 700

---

① E.O.伍顿：《新墨西哥放牧区的问题》，第 24 页。

② H.A.希思：《密西西比河以西牧羊业的状况》，第 308 页。

③ 爱德华·N.温特沃斯：《美国的赶牛小道》，第 273 页。

多英里的铁路。1890 年，其铁路长度增加了近两倍。到 1900 年，这个领地内的铁路线超过了 1,700 英里。[①] 早在 1857 年，戴维斯已经认识到铁路对新墨西哥的重要性。他认为，铁路将把这个"孤立的拓殖区"与美国其他地区"联系起来"，促进"农产品的出口"。[②] 与人工长途赶羊相比，铁路运输为羊群销售提供了更广阔的销路。适于育肥的羔羊、阉羊和羊毛一样，能通过火车运到任何地方。80 年代后，对新墨西哥羔羊的需求超过了母羊。哈钦森、托皮卡和圣菲铁路公司在 1891 年大约装运了 70 万只阉羊，共 3,000 车厢。[③] 这些阉羊都被运往了中西部的育肥地。

2. 商业资本介入

70 年代以后，美国的商业资本逐渐与新墨西哥的牧羊业结合起来。内战以后，随着新墨西哥转向生产羊毛和阉羊重要性的增加，一些贸易公司开始在这个领地出现。这些公司多数是由德国犹太血统的美国人建立的。在新墨西哥的牧羊业中，这些商人扮演着越来越重要的角色。他们不仅在羊和羊毛的销售方面，而且在改良羊群和向牧羊人筹措资金方面都起着重要作用。在 70 年代，最早到新墨西哥的商人是拉斯维加斯的艾尔费尔德兄弟。他们把羊毛送到芝加哥和费城。包括乔治和弗兰克·邦德兄弟在内的其他商人，在 80 年代随着铁路的修建来到新墨西哥。两兄弟以他们在阿尔巴克基和埃斯沃拉的办事处经营扩大的业务。

这些商人开始作为中间商，从牧羊人手里收集数千只羊和几吨羊毛。他们经营和贮藏铁路装运的羊毛，同时接受中西部各州育肥地买主的购羊合同。这些买主不愿意为买羊而从中西部到新墨西哥作一次旅行，便把信任寄托在中间商身上。此外，这些商人也拥有自己的羊群。如邦德兄弟很快便得到 2.5 万只羊。作为中间商，他们每年管理 10—20 万只羊和 50 万磅羊毛。[④]

---

① 威廉·S. 格里维：《铁路在西南部的发展》（William S. Greever, "Railway Development in the Southwest"），《新墨西哥历史评论》1957 年第 32 卷。

② 威廉·瓦茨·哈特·戴维斯：《外国佬，或新墨西哥和她的人民》，第 205 页。

③ H. A. 希思：《密西西比河以西牧羊业的状况》，第 315 页。

④ 查尔斯·W. 汤、爱德华·N. 温特沃斯：《牧羊人的帝国》，第 330—331 页。

作为筹措资金的一种结果，他们拥有了羊群。这在一定程度上改变了新墨西哥牧羊业的分成佃农制。牧羊人现在归之于那些商人，是为了出售羊和羊毛并得到现金，以便从羔羊和羊毛上获利。如果牧羊人不能支付欠债，商人有时就取走他们的羊和羊毛。像邦德一家这样的商人，他们自己有羊群，通常接受羊毛"做租金，并以其羊群作为抵押"①。故一旦商人有了羊，他们也接受分成佃农制。两者的结合，极大地保证了羊和羊毛出售地贸易货源持续不断的供应。商人持有资本，变得在新墨西哥的羊贸易中很有影响。由于安置印第安人的需要和全国对肉类和羊毛需求的增加、运输条件的改善以及更好的销售方法等等，所有这些实际有效的因素促使新墨西哥的牧羊业有了更大的发展。整个领地更多地处在羊群的包围之中。

贸易公司的发展，使富有的西班牙大羊主感受到严重威胁。随着新墨西哥牧羊业的发展，一些贸易公司不仅用奔走于牧区和城镇的中间商，而且在主要火车站开办了商行。在诸如拉斯维加斯、索克罗、阿尔巴克基和埃斯派诺拉等关键性的铁路终点站都开办了贸易商店。大量贸易商行的出现，使富有的西班牙大羊主不久就感受到他们的重要性在降低。然而，养羊在新墨西哥还是获利的行业，故许多讲西班牙语的美国人仍然与西班牙大羊主——或称作这个时期的"牧羊大王"，保持着分成制合同。包括贝伦的唐·弗朗西斯科、唐·弗里佩和贝尔纳罗的唐·何塞·佩雷斯在内，很多西班牙大羊主在分成制合同下仍占有很多羊。但是，因为开放牧羊区的一些土地和水源被定居农民所取得，"牧羊大王"所拥有的羊群数量与内战前西班牙大羊主相比，已被极大地限制了。在1900年，新墨西哥有20%—50%的羊群被置于分成制合同下。② 大羊主的土地授予证书也受到了限制。在格兰德河和佩科斯河流域北部，这种土地授予证书曾是非常牢固的。但在那里，大羊主和西

---

① 弗兰克·H.格拉布斯：《弗兰克·邦德：新墨西哥北部的绅士牧羊人》（Frank H. Grubbs, Frank Bond: "Gentleman Sheepherder of Northern New Mexico, 1883-1915"），《新墨西哥历史评论》（New Mexico Historical Review）1960年第35卷。

② 拉尔夫·查尔斯：《分成佃农制在新墨西哥牧羊业中的发展》（Ralph Charles, Development of Partido System in New Mexico Sheep Industry），新墨西哥大学出版社1940年版，第28页。

班牙家庭的独占时代也开始终止。贸易商开始承担起西班牙分成佃农制的职责，并被承认是新的"大羊主"。

3. 牧牛业的进逼

由于铁路的修建，火车把牛群运到了新墨西哥。其结果导致牛与羊在这个领地展开了激烈竞争。1884年，新墨西哥有13万余头牛和大约550万只羊。到1888年，羊下降为350万只，牛却增长到125万头。[①] 与1880年相比，这个领地牛的总数增长了近10倍，羊的总数却下降了12.5%。新墨西哥的牛大多数来自得克萨斯。一些牧羊人认为，养牛是比养羊获利更大、收效更快的投资。于是，这些牧羊人把羊群销售到得克萨斯，转而牧牛。这种变化，既对新墨西哥牧区增加了压力，又注入了新吸引力。其结果是牧羊主和牧牛场主的斗争愈演愈烈，乃至发生流血冲突。对双方来说，在牧草资源即将耗尽时，便以公共牧区立法和加强管理的措施来缓解冲突。

到1900年，诸多因素导致新墨西哥被迫像中西部各州一样，转而对羊群实行定居的管理和饲养。引起这一重大变化的原因有牧草管理法和疾病检疫法的实施，分成合同制正在过时，水源归私人所有，数百万英亩农民定居区的建立和成千上万英亩草地被开垦等等。[②] 在1900年，新墨西哥有350万英亩土地被作为森林保护区。这一年，领地内仅有羊350万只，价值760万美元。由于美国人的拓殖，位于新墨西哥东北隅的联合县成了产羊毛的第一大县。该县仅有84.3万头牛，但价值近1,600万美元。[③] 联合县牛的价值比新墨西哥养羊业的两项收入960万美元还多640万美元。这一比较是非常耐人寻味的。在新墨西哥，羊的数量在1900年仍居首位，但其价值并非如此。在19世纪与20世纪之交，美国产羊量列前三名的州仍在密西西比河以西。后起的蒙大拿、怀俄明排在前两位。作为"牧羊帝国"发展源头的新墨西哥则退居第三名。

---

① E.O.伍顿：《新墨西哥放牧区的问题》，第24页。
② E.O.伍顿：《新墨西哥放牧区的问题》，第24页。
③ 《美国第12次普查统计数字：1900年的农业》第5卷，第3部分，第605页。

第三章　西部牧区的野马

第一节　野马在新大陆的扩展

一、野马的来源

1. 新大陆的西班牙马

在美国西部史中，有两个关于野马的专门术语："Mustang"是指保留了西班牙血统的马；"Wild Horse"则是对保持着野性或未被驯服的马的称谓。如今，人们更易接受的"野马"定义是在使用"Mustang"和"Wild Horse"时可以互换。其义是指"野性的"、"自由驰骋的"和"无人认领的马"。

考古化石表明：直到 1.5 万年前后，北美大陆的大部分地区还广泛分布着大量土生土长的野马。由于一些未知的原因，野马群在此后 7,000 年间完全绝迹。[①] 故下面论及的不是北美的土著野马，而是西班牙殖民者从欧洲带到新大陆的"西班牙马"。[②] 摩尔人在公元 8—13 世纪进入并统治了西班牙。他们把马从北非带入西班牙。[③] 其中，一些由西班牙人在瓜达基维尔盆地等地饲养的马所繁衍的后代被称为"安达卢西亚马"，[④] 即"西班牙马"。这是一种灰斑栗色的马。在 16 世纪以前，西班牙马已闻名世界。

[①] 　霍华德·R.拉马尔主编：《美国西部读者百科全书》，第 514 页。

[②] 　英国、法国和荷兰等国的殖民者曾把马带到北美大陆，但主要集中在弗吉尼亚、卡罗来纳及其毗邻的岛屿。西班牙人不仅使北美大陆西部野马的数量达到顶峰，而且使之具有西班牙马的血统特征。

[③] 　罗伯特·G.费里斯编：《勘探者、牛仔和移居垦殖农民》，第 44 页。

[④] 　罗伯特·M.登哈特：《马在新西班牙和边疆地区》（Robert M. Denhardt, "The Horse in New Spain and Borderlands"），《农业史》1951 年 25 卷。

野马在美国西部扩展的历史始于克里斯托弗·哥伦布的第二次新大陆航行。1492 年 10 月 12 日，哥伦布首抵新大陆时没有发现马、牛等家畜。尽管当时马在西班牙也较缺乏，但哥伦布在 1493 年第二次驶向新大陆时，还是带去了一些牛、马、羊作为种畜。1494 年 1 月 2 日，他的船队抵达海地角附近的伊斯帕尼奥拉北岸。在那里卸下的一些家畜中包括 24 匹雄马和 10 匹牝马。[①] 继哥伦布首次把西班牙马引入新大陆后，在圣多明各岛和西印度群岛其他岛上，西班牙王室牧场及私人牧场的马逐渐多起来。马被从西印度群岛输送到墨西哥、佛罗里达和南美洲。[②] 在 1519 年，埃尔南·科尔特斯及其同伙首次把 11 匹雄马和 5 匹牝马带到了墨西哥的韦拉克鲁斯。[③]1520—1542 年，一些西班牙远征队把马带进了佛罗里达和亚利桑那之间的地区。这些早期远征队的西班牙马，没有能活下来并留下后代的。有一则传说认为，1541 年从德·索托马群中走失的西班牙马，在得克萨斯中心地区某地，遇到了科尔纳多马群中走失的马。或许它们繁衍了美国西部最初的野马。人类学家一般接受这一观点。[④]

2. 对马需求的增加

西班牙殖民者占有墨西哥北部的辽阔高原后，发展了一种由骑马牧人在开放牧区对牛群进行巡游管理的新方法。这种方式具有特殊的意义。因为它后来扩展到美国辽阔的西部地区。甚至到现在，这种方法仍以被改进了的方式继续使用。按照这种骑马巡牧的方式管理牛群，要求在每个牧场上拥有一个相当大的马群，以提供必要的坐骑。这对马群的繁衍、数量的增加起了很大的促进作用。西班牙征服墨西哥后，"印度事务委员会"（The Council of Indies）下令将植物、种子和"挑选过的马"从国内运往墨西哥。一些富有的牧场主也进口阿拉伯马在墨西哥饲养，以适应牧牛业发展的需要。

---

① 戴维·达里：《牛仔文化》，第 4 页。
② J. 弗兰克·多比：《野马》（J. Frank Dobie, *The Mustangs*），波士顿 1952 年版，第 4 页。
③ 戴维·达里：《牛仔文化》，第 6 页。
④ 沃尔特·P. 韦布：《大平原》，第 57 页。

二、野马的扩展

1. 野马的扩散

随着西班牙殖民范围的不断扩大，马群逐步向大平原地区扩展。在 17 世纪早期，西班牙牧场主在新墨西哥沿格兰德河开拓殖民地。不久，由牛和马组成的大畜群被交给墨西哥的普韦布洛印第安人放牧管理。一些不堪奴役的印第安人从西班牙牧场主那里逃走，加入"野蛮"部落的野牛猎杀者行列中。他们带去少数驯化的良种马和驯服、管理与使用马的技术，教狩猎的印第安人使用这些马。狩猎的印第安人在几年内把 1—2 匹温顺的老马送给相邻的北部印第安人，并在马的使用和管理方面予以指导，作为允许他们在那里打猎的回报。这种方式使西班牙马及其饲养方法迅速扩展到人烟稀少的大平原地区。在 1650—1770 年间，马已影响到所有印第安人部落的生活。

大约在 1690 年，落基山以西的马群向北迁徙，到达那伐鹤人、犹他人和肖肖尼人的部落，进而深入到斯内克河上游地区和蒙大拿西南部。肖肖尼人的马群向黄石河上游的克劳印第安人和哥伦比亚盆地的印第安人部落供应马匹。不久，那里的内茨珀西印第安人因拥有良马而变得闻名起来。

野马的扩散始于 1541 年，到 1784 年完全布满了大平原地区。但是，在相同时期内野马在密西西比河以东和落基山以西两个地区的扩散是极其有限的。野马向东从未扩及弗吉尼亚以北或俄亥俄河以东，向西未达加利福尼亚北部。[1] 然而当 19 世纪美国人移居西部时，他们发现西班牙血统的马已遍及各地。直到现在，西班牙马在美国西部也以最大的种群被保留下来。

2. 野马的类型

野马的历史起源于西班牙殖民者拓殖新大陆时带来的驯养马。那么是什

---

[1]　沃尔特·P. 韦布：《大平原》，第 57 页。

么原因使之变成野马的呢？有的学者认为是西班牙人探险队中未经阉割的雄马和牝马挣断系绳逃进了荒野地区。有的学者认为是牧区的马群被野牛群或印第安人惊吓而逃入荒野。也有的研究者认为，一些马因太疲弱或跛足等原因已无用处而被主人放归自然。① 在多树木的地区只有少量野马出现。在大平原地区，野马由南向遥远的北方扩散，变成庞大的野马群。一方面这是因为野马没有受到白人移居者的干扰。更重要的则是野马在大平原地区找到了适合它们生存、繁衍和广泛扩散的自然环境。野马与野牛分享了辽阔的大平原。

今天美国的野马始于引进的"西班牙种"的马。然而，所谓"西班牙种"的马从来都不是纯粹的"西班牙种"马群。西班牙马往往与其他马种（如阿拉伯马和蒙古马等）混杂在一起。有人称"西班牙野马看起来像没有独特出身的、矮小的杂交马"②。野马的颜色有黑、白、灰、棕、暗褐、栗色和红棕色夹杂白毛或灰毛的花毛色等。③ 西班牙马有较短的背脊和鹰钩鼻子。④ 如果一个马群在数代内没有受到外来马群的介入，使繁衍的马在形体和颜色上像西班牙马，也被称作西班牙马，即野马（Mustang）。

美国西部的野马发展成两种类型。一种是骨架小、形体漂亮的马，被称为轻型马或坐骑马。另一种是重骨骼、形体平常的马，被叫作负重马（驮马或拖拉重物的马）。在轻型马中，还可以细分为更健壮的饲养马和矮种马。西部马的马肩隆是不同的，为 14 手—15 手 2 英寸不等（1 手 =4 英寸）。完全成龄马的体重达 800—1,050 磅。马肩隆低于 14 手的马叫小马（即矮种马）。⑤ 这种马因生活在印第安人部落的环境中，缺乏精良的饲料，其成长受到了限制，故成了矮种型。

---

① 沃尔特·P.韦布：《大平原》，第 57 页。
② 乔·B.弗兰茨、小朱利安·E.乔特：《美国牛仔——神话与现实》，第 22 页。
③ J.弗兰克·多比：《野马》，第 140、234 页。
④ 霍华德·R.拉马尔主编：《美国西部读者百科全书》，第 516 页。
⑤ 霍华德·R.拉马尔主编：《美国西部读者百科全书》，第 514 页。

第二节　野马的捕获与驯养

一、围捕和驯养

1.围捕的艰辛

在美国西部，野马数量的增加非常迅速。得克萨斯是野马活动的中心地区。何塞·德·埃斯坎东在 1747 年开始沿格兰德河建立殖民地时，发现得克萨斯野马的数量并不多。到得克萨斯被美国吞并后不久，那里的野马数量已多得惊人。托马斯·A.德怀尔于 1847 年要在努埃西斯河下游建了一个牧马场。他初抵得克萨斯时，曾看到在该州西部地区有数千匹或数万匹野马组成的野马群飞奔而过。[①] 多比猜测，到 19 世纪 70 年代，得克萨斯的野马近 100 万匹，分散在西部其他地区的野马约为 100 万匹。[②] 后来的研究者估计，到 19 世纪末，美国西部的野马已达数百万匹。[③]

随着欧洲殖民者在北美殖民地范围的扩大和美国西进运动的持续发展，对马的需求量越来越大。除建立牧马场或在牧牛场养马外，围捕和驯养野马供拓居者使用亦成为一种主要手段。

围捕野马是非常困难的。因为"一个野马群是由一匹雄马统领着一批母野马组成的一个群居体。这正如一个印第安人部落一样"[④]。一个野马群在方圆 25 英里的区域内迅捷驰骋，行动规律令人难以捉摸。[⑤]

墨西哥牧民捕捉野马的方法是把野马赶入筑好的围栏中。在围捕时，牧

---

① 托马斯·A.德怀尔:《在得克萨斯西部饲养骡马》(Thomas A. Dwyer, *Horse and Mule-Raising in Western Texas*)，圣安东尼奥 1872 年版，第 43 页；转引自多比的《野马》，第 104 页。

② J.弗兰克·多比:《野马》，第 108—109 页。

③ 霍华德·R.拉马尔主编:《美国西部读者百科全书》，第 516 页。

④ J.弗兰克·多比:《丛林地区的骑马牧人》(J. Frank Dobie, *A Vaquero of the Brush Country*)，波士顿 1943 年版，第 229 页；转引自菲利普·德拉姆、埃弗里特·L.琼斯的《黑人牛仔》，第 165 页。

⑤ 菲利普·德拉姆、埃弗里特·L.琼斯:《黑人牛仔》，第 165 页。

民们骑上最好的马到荒野中四处搜寻，直到最终找到一个野马群。一部分人把野马群看住，另一部分人在附近筑起围栏。在大围栏内的一面留一个通入小围栏的门。围栏从入口到底部犹如一只鸟展开的双翼。筑好围栏后，牧民们合力把野马赶到大围栏里。通常，他们只将"少量的而非大群的野马"赶进围栏，以免大批野马在围栏内互相践踏使部分马匹死亡，或撞毁围栏成群逃跑。如果发生这种情况，猎马人只好放弃这个地方。因为马尸腐烂后的恶臭令人难以忍受，其他马再也不愿进入这个围栏。倘若一次把二三百匹野马赶入一个大围栏中，猎马人只能选择那些最健骏、最幼龄的马用套索套住，把它们放入小围栏中，而把其余的马放掉。随后，牧民们再把关在小围栏的马慢慢驯养。

后来，许多得克萨斯人都成了捕捉野马的能手。特别是得克萨斯南部和西南部的牧人，更精于围捕野马之术。在现今的科珀斯克里斯蒂西北部地区，猎马者会把一个木偶人绑到一匹被捉的野马背上，然后放掉它。被捉的野马会冲向野马群，引动成群的野马疯狂地追赶它。有时，聚集起的野马可达数千匹之多。这些飞奔的野马，嗓子里会发出极大的声响，犹如旋风刮过时可怕的呼啸声。等到野马狂奔得精疲力竭时，猎马人再把它们赶进两翼延展得很长的围栏里。到 19 世纪 30 年代末期，位于努埃西斯河和格兰德河之间的得克萨斯边界地区已有几百个围捕野马的围场。①

很多牛仔都是围捕野马的能手，特别是一些黑人牛仔，本领更为高强。1875 年，黑人牛仔洛夫·纳特加入精选出的 20 人中，去围捕一群野马。他们围成一个方圆 10—15 英里的包围圈，将野马群围住。当野马奔跑时，骑马的牛仔则慢行。野马跑到离一个骑手 2 英里时，种马会领着马群掉头在圈内朝另一个方向奔跑。用这种方式使野马每天奔跑 60—70 英里，牛仔大约只需骑行 10 英里。经过 10 余天后，野马的速度便减慢下来。包围圈逐渐缩小，使牛仔靠近到足以能击毙领头种马的距离。到 30 天时，野马因精力完全耗尽而被牛仔套住。20 名牛仔经过一个月的日夜围

---

① 菲利普·德拉姆、埃弗里特·L.琼斯：《黑人牛仔》，第 76 页。

捕捉获 60 匹野马。① 黑人牛仔围捕野马，一般是两人骑马沿着野马的足迹追踪。两个牛仔交替跟踪奔骑，不时更换马匹，一直把野马群追得因不能停蹄而累得趴下为止，然后再把马群赶进围栏中。但有时牛仔的坐骑在追赶野马群时会因过度疲劳而死。黑人牛仔约翰·扬就曾有过这样的经历。一年夏天，他与比尔·纳恩骑马在努埃西斯与弗里奥交界处追踪一个野马群。这个马群由一匹栗色种马领着 35 匹牝马组成。② 他们两人轮流追踪野马群。几天后，野马群已疲惫至极。在只差几英里就很容易捕获野马的关键时刻，扬的坐骑累得倒地而死。他不得不孤独一人徒步艰难行走了数小时，双脚全磨起了泡才回到临时宿营地。随后纳恩找了两名墨西哥猎马者做帮手，才把野马群捕获。由此足见围捕野马的危险与艰辛。

2. 非凡才能

多数猎马人捕获野马必须看到马群，但黑人牛仔鲍勃·莱蒙斯却与众不同。他不必见到马群，只凭野马的足迹便能跟踪，找到野马群。即使他的马的脚印与其他野马的很多脚印混杂交叉在一起，他也能辨别得出来。他还能识别自己的坐骑和野马粪便的不同。莱蒙斯在追踪一群野马时，便中断与人的一切来往，不换衣服，不换马匹。他把食品放在一棵树上，直到食品带有的人类气味完全消失后才食用。在最初几天，莱蒙斯远远地尾随野马群，然后逐渐接近它们。在追着野马群到达一个狭小的牧区时，他开始被野马所接受，成为其中的一分子。第二周时，他进入到马群之中，取代种马成为这些母马的统领。经过这段旅程，莱蒙斯赢得了野马的信任。他带领马群找到水源，躲避凶险，也会搅动得野马惊慌逃窜。在野马不知不觉之中，莱蒙斯把它们带到一个新的牧区。在那里，野马对他的信任经受了进一步的考验。"除不吃草和保有人的长远思维外"，无论从哪方面看，莱蒙斯已成了"野马群中一匹领头的种马"。③ 在这群野马完全被他控制时，莱蒙斯把它们带回牧场。他一阵飞奔，跑进临时性的牲口棚的大门。整群野马也精神抖擞地随他

---

① 菲利普·德拉姆、埃弗里特·L.琼斯:《黑人牛仔》，第 199—200 页。

② J.弗兰克·多比:《野马》，第 240 页。

③ J.弗兰克·多比:《野马》，第 240 页。

跑进去。多比和弗洛伦斯·芬利在书中写到莱蒙斯时，曾不约而同地使用了同一个标题："变成野马的猎马人"[①]。多比称赞莱蒙斯是"最有创造性的人"。尽管他无法说出这位黑人牛仔具有非凡才能的全部原因，但他认为只有墨西哥人和黑人是两种纯朴的人。他们"纯朴的天性并未被社会机器磨圆滑"[②]。这或许是这位黑人牛仔被野马视为同类的主要原因。

3. 驯服野马

野马一旦被捉住，随时企图逃跑，经常自杀或自残。[③] 因此，围捕的野马必须驯服后才能饲养使用。通常的做法是不让被赶进围栏的野马有片刻安静，使它们不停地跑动和饥饿，直到它们因疲劳和饥饿而变得老实起来，最后顺从地让人给它们套上笼头，备上马鞍。被捕获的种马，要在两周内将它驯服才行。否则它会变成一头恶兽，使驯马人不得不把它放弃。

要给一匹野马拴上缰绳、套上笼头或马勒和马鞍是极其困难的。传统的西班牙方式是驯马人用套索把野马的前腿套住，用力将马放倒在地，接下来在马头上套上用软绳做成的临时制服它的马勒或笼头，随后将一条粗 1 英寸长 20 英尺的缰绳的一端绕马脖子上系一圈，从马颏下的马勒或笼头的下端穿过。缰绳的另一端拴到一棵树或结实的木桩上。不喜欢被约束的野马拼命地向后挣或向前蹿跳，或用一只前蹄踩住缰绳狂怒地嘶鸣，试图挣开羁索。它要跨立、蹿跳和挣扎好长一段时间，最后才精疲力竭地躺倒在地上。"野马挣扎得越激烈，它最后屈服得越彻底。"[④] 被拴住的野马，嘴戴着马勒或被绳子系紧，不让它吃草。这样的野马要挣扎两天，才彻底放弃抗争。在这段时间里，要有人监视着它，直到它的脖子疼痛难忍，再也不能向后拉拽缰绳，其后腿疼得再也不能尥蹶子时，驯马人从旁边第一次给它备上马鞍。至

---

① 菲利普·德拉姆、埃弗里特·L.琼斯：《黑人牛仔》，第 166 页。

② J.弗兰克·多比：《野马》，第 240 页。

③ 理查德·W.斯莱塔：《牛仔百科全书》（Richard W. Slatta, *The Cowboy Encyclopedia*），圣巴拉拉 1994 年版，第 207 页。

④ H. T. 利连克兰茨：《一个加利福尼亚牧场主的回忆》（H. T. Lilliencrantz, "Recollections of a California Cattleman"），《加利福尼亚社会史季刊》（*California Historical Society Quarterly*）1959 年第 38 卷。

此，饥饿过度的野马才被允许去吃青草，直到它吃得过饱胃十分不舒服为止。为了进一步使它驯服，这匹吃得过饱的马要被数名骑手轮流骑乘数小时，直到它彻底精疲力竭为止。[①] 在草地上骑乘时，有的骑手一天被烈性的野马摔下来 2—3 次。[②] 有的野马要经过数天才能最后彻底驯服。其标志是这匹马载着骑手平静地低头往前奔跑，不再挣扎反抗，完全习惯了骑手的命令和听从他的指挥。[③]

上述这种驯服野马的方法也广泛用于对饲养马的驯养中。在美国西部牧区，特别是加利福尼亚，早期牧民从不驯服小于三岁口的饲养马。因此很多马变成了半野性的马。到这些马长到了 3—4 岁口时，他们才采用前面述及的驯服野马的"传统西班牙"方式进行驯化。在北部怀俄明牧区，除了保留这种传统的驯马方式之外，人们更喜欢采用一种较温和的、渐进式的方法。在夏延地区，从小马驹出生，直到第二个秋天它长到 18 个月时，人们不会对它进行驯服工作。这些小马通常在草原上与孩子们一起玩耍，每天由牛仔照料放牧。一匹小马的主人还时常到草原上看它，给它唱歌，抽着烟斗，把烟吹到它的脸上。等小马长得稍大时，由孩子们骑着玩，锻炼它能载一定重量。在正式驯马时，由兽医配合马的主人进行，让马在歌唱和烟雾的氛围中走过，并逐渐习惯于人给它套上软绳笼头，备上马鞍和让骑手骑乘。对于拉车和驮运包裹的负重马，其驯服方法更温和，并且多半由妇女和女孩进行。只有对用于狩猎和作战的雄马，才采取大强度的严格的西班牙方式驯服，以使它们更富于攻击性和不怕火枪与弓箭。[④] 相较之下，夏延人更愿意采取有兽医配合进行的现代驯马方法，而不是残酷的西班牙传统的方式。

经过长期的驯养，一些野马变成饲养马。饲养马中也有一些逃离牧场，

---

① 约翰·H. 穆尔：《夏延》（John H. Moor, *The Cheyenne*），剑桥 1996 年版，第 44 页。

② 科尔迪厄·S. 杜克、乔·B. 弗朗茨：《6,000 英里的围栏：在得克萨斯 XIT 牧场的生活》（Cordia S. Duke & Joe B. Frantz, *6,000 of Miles Fence: Life on the XIT Ranch of Texas*），奥斯汀 1961 年版，第 129 页。

③ 约翰·H. 穆尔：《夏延》，第 44 页。

④ 约翰·H. 穆尔：《夏延》，第 43 页。

加入到野马群中。在美国西部，大量的马以"西班牙种"的马为主。此外还有东部移民带去的"东部马"和从国外引进的阿拉伯马及蒙古马。尽管阿拉伯马和蒙古马的数量在美国西部增长很快，在娱乐骑乘和放牧方面也很出色，但它们从未像西班牙马那样紧密地同西部的开拓与发展联系起来。

二、马的使用

1. 西班牙人对马的使用

不论是野马还是饲养马，都需要经过饲养才能使用。从殖民地时期至美国内战前，马已被广泛用于许多方面。马被殖民者所用。它影响改变印第安人的生活方式，并在早期西进运动和西部初步开发中发挥了作用。

马是西班牙殖民者征服印第安人和在美国西部扩展殖民地的重要工具。1519 年，科尔特就是靠着印第安人对马的恐惧征服了墨西哥阿兹台克人。当地的印第安人把从未见过的可怕的马称为"大狗"，认为人和这怪兽是连在一起的。一名西班牙人 1590 年在信中写道："尽管这个地区的人拼命抵抗，但他们怀着极大的恐惧，很快就被这些骑兵打败了。"[1] 正因为马在当时的战斗中作用如此巨大，故西班牙殖民者在征服墨西哥城时，只允许西班牙人拥有马匹。直到 18 世纪后期，他们还不允许加利福尼亚的印第安人拥有马或骑马。[2] 在西班牙殖民者征服中、南美洲建立庞大殖民帝国的过程中，马起了十分重要的作用。新西班牙总督区的范围囊括现今美国西部的广大地区。

马在西班牙牧场主的牧场上有广泛的用途。在 16 世纪结束时，西班牙人经营的牧牛业已经在新世界牢固地建立起来。随后，牧牛业越过格兰德河，扩展到得克萨斯、加利福尼亚和新墨西哥等地。在开放牧区巡牧管理牛群，春秋季赶拢时把混杂在一起的牛群分开并给小牛打烙印，把需要驯服的马从马群中分离出来，把成龄牛围捕起来送往市场，进行这些工作都需要有好马作为坐骑。围捕野牛、猎杀伤害牛群的灰熊也需要骑马。马还是牧场主

---

[1] 戴维·达里：《牛仔文化》，第 6 页。
[2] 戴维·达里：《牛仔文化》，第 12、47 页。

的交通工具。加利福尼亚的牧场主们把牧场交由总管管理，整日忙于社交和其他娱乐活动。他们跃上马背的敏捷与平日的怠惰形成奇特的对比。[①]赴宴、赌博或仅仅是为到朋友家喝杯咖啡，牧场主们都要策马前往。牧场女主人为确保过河的安全，让牛仔集合 4—5 个马群多次往返涉水，直到把河床踩实。再者，加利福尼亚牧民喜欢骑着最好的马斗牛或赛马。跑马赛异常激烈。银币、牛甚至牧场都成为押上的赌注。西班牙人的这一运动传到了墨西哥大部分地区，在加利福尼亚更为流行。虽然在西班牙殖民统治时期西部开放牧区的规模不能与美国内战后相比，但它却为后来"牧畜王国"的兴起奠定了基础。马在早期牧区初创和发展中发挥了重要作用。

2. 马对印第安人的影响

马对土著印第安人的生活产生了直接而深远的影响。阿帕契人和科曼人是美国西南部最早获得马匹的印第安人部落。随着马匹向大平原地区扩散，在 1650—1770 年，所有的印第安人部落都获得了马匹。[②] 在没有马匹之前，印第安人是靠徒步迁徙、狩猎的民族。他们掌握骑马的技术后，成了马背上的民族。马对印第安人的重要性是非常明显的。首先，马使印第安人行动更快速，更具流动性。其次，印第安人骑马狩猎可以更靠近野牛，比徒步时更易获得猎物而少有危险。再次，马可以使印第安人更具战斗力。骑马的印第安人能更有效抵抗西班牙等殖民者的入侵和美国联邦军队的驱赶。在 1650年印第安人抗击西班牙殖民者时已开始使用马匹。[③]19 世纪 50 年代，联邦政府部署了约 1,500 人的军队，侵入阿帕契和纳瓦霍部落所在的西南部山区。在此后的四年中，完全适应峡谷和沙漠地区的阿帕契人和纳瓦霍人骑着快马同军队进行了殊死战斗。仅 1863—1864 年，双方交战多达 143 次。直到7,000 个印第安人被基特·卡森上校的军队围在一个峡谷中，致使两个部落严重崩溃，其反抗斗争才停止。[④] 大平原诸部落的印第安人都是技艺高超的

①　戴维·达里：《牛仔文化》，第 59 页。
②　理查德·W. 斯莱塔：《牛仔百科全书》，第 142 页。
③　戴维·达里：《牛仔文化》，第 36 页。
④　雷·A.比林顿：《向西部扩张——美国边疆史》，第 564 页。

骑手，能迅速穿过大平原打击劫掠者，又像一阵风似的消逝。这些印第安人能把身体藏在飞奔的马身下，又能出人意料地翻上身来投出凶器。[①] 到 50 年代，联邦军队使用了柯尔特式"六响枪"，也未能完全抵消印第安人的优势。最后，马使印第安人部落的男子有了更多的闲暇时间去发展大平原地区复杂而多彩的文化。在 19 世纪早期，由于印第安人的辛勤劳作，那里长满了多种开花的植物。得克萨斯印第安人部落养的马，吸引着密西西比河流域的贩马商。早在 1793 年，他们就到得克萨斯北部购买印第安人的马匹，赶往新奥尔良或纳奇兹的市场，供大种植园使用。一股稳定的马流从纳奇兹进入田纳西、肯塔基和俄亥俄。有一些人把马往北赶往圣路易斯的市场。[②] 印第安人的男子能有更多时间投入与联邦军队的战争较量，保卫自己的家园。他们也能参与和发展印第安人壮观的宗教仪式，保留本民族的宗教和文化传统。

3.马与西部探险和早期拓殖

马为从美国东部到西部去的探险者提供了巨大的帮助。1803 年，美国从法国手中购买了路易斯安那。托马斯·杰斐逊总统要在任何欧洲强国定居美国边境附近以前探明西部尚未开发的富源，弄清生产何种动物和植物，以及怎样才能把密苏里河作为横越大陆的通道。因为他要实施把东部印第安人驱赶进小保留区的计划，为美国捕兽者寻找新的毛皮交易地区。为此目标，杰斐逊制定了向西部探险、进攻的战略。他选定 28 岁的梅利韦瑟·刘易斯和 32 岁的威廉·克拉克为远征队的领导人。1804 年开春后，他们率领的远征队前往太平洋沿岸探险，刘易斯等人先经水路行进到密苏里河的源头。在三条小河相会的三岔口处，这些探险者选择了最北面的一条被他们命名为杰斐逊河的小河，艰难跋涉前行。从曼丹堡开始为远征队引路的肖肖尼族妇女萨卡哈维亚告诉他们，这条河将把他们带到她的家乡。经肖肖尼山坳，在海拔 7,373 英尺高的伦希山口（在今蒙大拿的阿斯特德以西）越过大分水岭。[③]

---

① 雷·A.比林顿：《向西部扩张——美国边疆史》，第 564 页。
② 霍华德·R.拉马尔主编：《美国西部读者百科全书》，第 514 页。
③ 戴维·拉文德：《辽阔的西部》（David Laverder, *The Great West*），纽约 1965 年版，第 66 页。

远征队必须翻越落基山才能继续前进，但没有马匹和补充供应品将寸步难行。被抓的两个肖肖尼妇女把他们带到萨蒙河源头附近的部落所在地。该部落的首领是萨卡哈维亚的弟弟。在她的帮助下，解除了肖肖尼族印第安人的敌意。他们为远征队提供了马匹，并引导刘易斯等人翻过了山地。没有肖肖尼族印第安人的帮助和他们提供的马匹，刘易斯和克拉克率领的远征队是不会在 1805 年 11 月中旬站到太平洋岸边的。1806 年，26 岁的泽布伦·M.派克中尉从密苏里河到科罗拉多落基山区的西部探险，也是依靠印第安人的马匹装备了他的驮队。

　　在 19 世纪上半期毛皮贸易和通向新墨西哥市场的"圣菲小道"上，马是重要的运输工具。刘易斯和克拉克带回的西部山地布满海狸的振奋人心的消息，驱动毛皮商到那里去冒险。最早到西部去的毛皮商之一是威尔逊·P.亨特。[①] 他从 1811 年开始，率领一队毛皮商从圣路易斯前往哥伦比亚河口，把船留在南达科他的阿里卡拉村。随后，他们依靠印第安人的马匹向西，翻越高山后奔向斯内克河。其他毛皮商也是在西部购了数百匹印第安人的马，用作坐骑和驮运供应品及皮货。1821 年秋季，密苏里印第安商人威廉·贝克内尔带着约 20 人和一队驮着商品的驮马，沿阿肯色河西行，穿过曲折的拉顿山口，随后抵达圣菲。圣路易斯的商人托马斯·詹姆斯带着他在 1819 年经济危机时积压的存货也在同年 12 月 1 日抵达圣菲。他只比贝克内尔晚到了两个星期。这一年，雅各布·富勒和休·格伦率领由 18 个拓殖者组成的商队，也前往圣菲。1822 年 6 月，贝克内尔率 21 人带着三辆满载的马车，从他的家乡富兰克林镇出发，进行第二次远征。这一次他们跨过了危险的马伦沙漠，开辟了一条通往圣菲的更短的通路。这些贸易商带着衣料和金属器具前往圣菲，换得银子、马、骡子以及毛皮等返回。他们成功的远征，吸引着更多的贸易商踏上"圣菲小道"。到 1824 年，圣菲贸易已经建立起来。该年有 80 人带着 25 辆牛车、159 匹驮马及价值 3 万美元的货物抵达圣菲。返回时，他们带的是价值 19 万美元的白银和

---

　　① 　霍华德·R.拉马尔主编：《美国西部读者百科全书》，第 526 页。

毛皮等。①"圣菲小道"是穿越平原地区通向西部的新通路，从密苏里的独立城抵达现在新墨西哥州的首府圣菲约长九百英里。②每一次商旅可以获得平均10%—40%的利润。故美国商人不顾墨西哥政府不准进入圣菲的禁令和征收60%进口税的威胁，继续前往。③圣菲贸易在美墨战争中曾中断，战后随即恢复，并一直很兴旺。不论是贸易商的货车或驮子队，主要是由马承担运输任务的。随着圣菲小道对马匹需求量的增加，这种情况一直持续到圣菲贸易的运输被铁路所取代时为止。

马在俄勒冈小道上起着重要的作用。这条小道以密苏里的独立城为起点，终点是俄勒冈的哥伦比亚河口地区。全线约2,000英里。最初，毛皮商和传教士使用俄勒冈小道。19世纪40年代，渴望得到土地的移民纷纷踏上这条小道，奔向俄勒冈地区。小道顿时繁忙起来。这条小道地势不平，要经过沙漠、山地和印第安人居住区。自1843年始，马拉着运货的大篷车，排成长列，在俄勒冈小道上向西滚滚而去。约有1.2万移民的大篷车通过小道去了俄勒冈。仅1845年一年通过小道西去的就多达3,000人。④40年代末期，大批淘金者也由这条小道的东段前往加利福尼亚。车队在经过落基山区和爱达荷南部的沙漠地区时，损失的马匹，要由从居住在爱达荷南部的内兹珀斯、华盛顿和俄勒冈的凯尤斯印第安人手中购买的马替换。更新过的马匹，继续拉着大篷车翻越俄勒冈南部的山脉，向着远远的哥伦比亚河口驶去。在俄勒冈小道上，形成了西去移民和印第安人之间的马贸易，致使在那个时期所有的西部马都被称为"印第安种"的马。1846年，弗朗西斯·帕克曼和他的朋友昆西·A.肖结伴沿着俄勒冈小道到西部去旅行探险。他们看到一个营地的阿拉珀霍印第安人在阿肯色河的西岸约一英里长的地段内散放着

① 雷·A.比林顿：《向西部扩张——美国边疆史》，第389—390页。
② 约翰·A.斯科特：《美国的故事》（John A. Scott, *The Story of America*），华盛顿1984年版，第181页。
③ 罗伯特·E.黑格尔、罗伯特·G.阿塞恩：《美国西进》，第325页。
④ 迪安·阿尔贝特松等：《美国历史百科全书》（Dean Albertson, etc., *The Encyclopedia of American History*），吉尔福德1973年版，第250页；《简明不列颠百科全书》第2卷，第764页。

1,500 匹马和骡子。①

从殖民地时期至美国内战前，马被用于开放牧场，帮助美国人到西部探险。马改变着印第安人的生活方式，为他们创造较有利的生活条件。马是毛皮贸易和圣菲贸易的主要运输工具，沟通了美国东部与西部的联系。马帮助美国东部的移民通过难以行走的俄勒冈小道，到西部拓居。在西部开发的初创时期，马帮助拓居者改善着生存环境，为内战后美国西部的大开发奠定了一定的基础。

4.马与牧牛王国

南北战争结束后，美国的西部开拓规模空前，全国迅速由农业社会向现代工业社会转变。马在这个进程中作出了重要贡献。

在"牧牛王国"的兴起和发展中，马发挥了重要作用。内战以前，美国西部的牧牛业主要集中在得克萨斯和西南部地区。在内战后不到 30 年的时间里，开放牧区从得克萨斯南端北延到美加边界，由密苏里河西推进至落基山区，形成了一个疆域辽阔的"牧牛王国"。大型的开放牧场遍布牧区。西班牙统治时期，形成的由骑马牧人在开放牧区管理牛群的方式得到进一步发展。从春季到秋季赶拢，每个牛仔大约需要十匹备鞍马当坐骑。这些马一般是阉割过的4—5 岁口的雄马。在移交给牛仔使用时，要由驯马师试骑三次。平日里，牛仔除轮流骑马在牧场巡牧外，还要进行两种专门技能训练，即用套索把牛或马套住和把牲口从畜群中分离出来。春季赶拢时，牛仔们整日骑马在开放牧场上围捕混群的牛和马，把它们赶到"赶拢"的集合地。"赶拢"中，牛仔们使混群中的幼畜分离出来，用套索把马驹或牛犊套住、放倒，再给它们打上烙印。属于同一马主的"放青"幼马被赶离牧场。需要育肥的牛犊被赶往北部牧区。到秋季赶拢时，牛仔们要把混群的成牛分离出来，赶往市场出售。他们还要分离马群，将所有被骑过的老马、过剩的母马和一般的幼马卖掉。在冬季，只有最好的雄马、母马和供牛仔训练骑乘的马被留下来。牛

---

① 弗朗西斯·帕克曼：《俄勒冈小道》（Francis Parkman, *The Oregon Trail*），纽约 1959 年第 8 版，第 243 页。

仔在牧场的一切劳作、管理活动都离不开马的帮助。他们从得克萨斯把牛群长途驱赶到东北部市场或北部牧区，马是必不可少的帮手。内战以后，得克萨斯的存牛爆满。东北部的牛肉市场和得克萨斯形成巨大的地区差价。于是，以获得高额利润为目的的"长途驱赶"在内战后持续了近20年。"长途驱赶"的目的一是把牛群赶往铁路沿线的牛镇，在那里装火车送往东北部市场；二是把牛群赶往北部的新牧区育肥。在牛道上，每支赶牛队由8—18名牛仔组成，驱赶着1,000—3,000头牛组成的牛群。[①] 每个牛仔在赶牛前往目的地时，要有10匹换乘的马，返回牧场时则仅需要两匹。一支赶牛队从得克萨斯前往堪萨斯市场时，就会把100余匹马带到北方。[②] 在怀俄明及其相邻的州或领地，"长途驱赶"的牛群被放牧在平原和山区的河谷地带。矮种马被用来在北部放牧牛群。较大的俄勒冈马也被出售到怀俄明和蒙大拿。在俄勒冈东部，有一些千余匹马组成的大马群被售出，赶往怀俄明或更远的东部市场。[③]"牧牛王国"的兴起，是美国政府于内战后在西部实施的三大行业性开发之一。牛仔是牧业开发的主要劳动者。马是牛仔骑着进行艰辛劳动的工具，也是牛仔赖以在艰苦环境下生存的朋友和伙伴。牛仔和马结合在一起，使西部的牧牛业蓬勃兴旺地发展了近30年。牧牛业成为美国当时最赚钱的行业之一，对美国的现代化起了积极的促进作用。其中牛仔和马的贡献是不能忽视的。

5. 马与西部开拓

在美国西部的矿业开发和横贯大陆铁路的修建中，马承担了运输原料和供应品的繁重任务。19世纪后半期，在美国西部兴起的采矿业是内战后西进运动的重要组成部分，对西部开发产生了重要的推动作用。"淘金热"在太平洋沿岸和落基山区持续了20余年。从60年代初开始，落基山北部不断传出发现黄金的消息。第二次"淘金热"吸引大量移民进入爱达荷和蒙大拿。1874年，最后一次大规模的淘金热发生在南达科他的黑山地区，吸引着大

---

① 劳伦斯·I. 赛德曼：《马背生涯》，第67页。
② 霍华德·R. 拉马尔主编：《美国西部读者百科全书》，第515页。
③ 约翰·K. 罗林森：《怀俄明——牛的足迹》，第45页。

量淘金者集中在戴德伍德峡谷和弗伦奇河流域。80 年代以后，美国西部铜、铅、锌等贵重金属的开采，成为西部采矿业的主体。采矿营地处在远离东部的偏远山区。落基山区和大平原虽有许多河流，但大部分不适于航运。在铁路修到落基山区之前，那里的运输主要是靠马拉货车和驮子队解决。"俄勒冈小道"和"加利福尼亚小道"等是前往矿区的几条主要运输通道。马拉的货车和马驮子队把供应品送到矿区，再把矿石送到冶炼厂。1864 年 8 月末，有 150 辆马拉货车从奥马哈抵达蒙大拿的弗吉尼亚城。[①]1865 年马驮子队经"马伦小道"运到蒙大拿的货物达 750 吨，价值 120 万美元。[②] 马使西部各个矿区之间的联系日益密切，也使它与东部建立了经常性的交往。因此，结束了西部矿区的封闭、孤立状态，初步形成了一个地方性的市场。在促进西部矿区交通运输的发展中，马起了非常重要的作用。到 1893 年，美国政府在 30 年的时间里，先后在西部修建了五条横贯大陆的铁路。在西部一望无际的荒原上修建铁路，物资极为匮乏。宾夕法尼亚铁厂供应的铁轨、明尼苏达林场提供的枕木和威斯康星采石场送来的石头，都需要由汽船从东部运到西部，然后再由马车装运到施工营地。筑路员工的供应品也靠马的运输解决。联合太平洋铁路的铺路队在铺轨穿越大平原时，装在轻便马车上的铁轨由一匹马拉着飞跑向前。两个铺路队员在铁轨两端扛起向前走。其余人再两人一组相继把铁轨扛下。这种紧张的卸轨铺轨在马车两侧同时进行，一分钟可以铺 7 根轨。这辆车刚一卸空就被移到路轨外侧，马拉着它再飞快地跑回去，重新去装铁轨。后面新到的马车又继续向前。每一辆马车由一个年轻的赶车人吆喝着，策马全速奔跑。[③] 马在横贯大陆铁路的修筑中发挥了重要作用。

在大平原的农业开发中，马是农田耕作和运输的重要劳力。19 世纪 70 年代，宅地移居者拓居大平原东部和西部的一些河谷地区。大平原是一片

---

① 哈罗德·E. 布里格斯：《西北边疆》（Harold E. Briggs, *Frontiers of Northwest*），纽约 1940 年版，第 20 页。

② 迈克尔·P. 马隆、理查德·B. 罗德：《蒙大拿的过去论文集》（Michael P. Malone & Richard B. Roader ed., *Montana's Past Selected Essays*），米苏拉 1973 年版，第 135 页。

③ 雷·A. 比林顿：《向西部扩张——美国边疆史》，第 556 页。

荒草地，拓居条件非常艰苦。气候异常恶劣。夏季烈日炎炎，冬季暴风雪凌厉。整个地区的降水量严重不足，半干旱区平均降雨量在 15 英寸以下。[①]这种气候条件只能保证每年种一茬农作物。农场主们必须靠大面积种植小麦才能取得成功。他们的犁地、播种和收割必须靠农业机械进行。在内燃机发明以前，农业机具都是马做动力。耕地和播种通常是一次操作完成。拉犁的马有 6—36 匹不同的规模。在耕犁后面是一组圆盘耙。播种机跟在最后。操作由一个机手掌握。联合收割机用 18—42 匹马拉，由数人组成的作业组操作。[②] 在收割季节，还需要装运作业队赶着马车，把打下的粮食送往粮仓储藏或送到火车站运走。拉农机具和运粮车的马，多是经改良选育的杂种马（即从西部牧区母马产下的马中挑选的未阉割的马驹）。马拉的农业机械，使在大平原上进行经营的农场主们提高了耕种和收割的效率。在以前，一个农民一年种植的小麦不能超过 7.5 英亩。因为在小麦成熟十天的时限内，用手工收割只能完成这么多。然而，在 1890 年，同一个农民可以种 135 英亩的小麦。[③] 因为，马拉的高效率收割打捆机在同样的时限内完全能收割完这样多土地小麦而不会有遭受损失的危险。

马与移居西部者的生活息息相关，成为他们开发西部必不可少的交通运输工具。在横贯大陆铁路没有建成前，西部的交通运输和通讯完全靠由数百个驿站组成的驿站路线网进行运转。所有的邮件、快投、专递和旅客交通都由马承担。旅客乘坐着由 4—6 匹马拉的马车，每行进 10—15 英里换一次马队。[④] 在矿区、牧区、林区和农业拓居区，马负担着所有的运输任务。马载着骑手和包裹，拉着轻便马车、四轮弹簧马车和运货车，保证人员的交通往来，传递信件，为居民运送牛奶、肉类、杂货和其他家庭用品。马从森林中运出原木、长杆、木材和木柴，把矿石运出矿区，将粮食运出农场。马在西部拓居区的作用是如此重要，致使在小城镇的马房成为多种活动的中心。

---

① 勒鲁瓦·R.哈芬、W.尤金·霍朗、卡尔·C.里斯特:《西部美国》，第 473 页。
② 霍华德·R.拉马尔主编:《美国西部读者百科全书》，第 516 页。
③ 雷·A.比林顿:《向西部扩张——美国边疆史》，第 606 页。
④ 勒鲁瓦·R.哈芬、W.尤金·霍朗、卡尔·C.里斯特:《西部美国》，第 346 页。

到 20 世纪 20 年代后，虽然挽马已基本消失，但在西部的牧场和山区，马仍被作为坐骑使用。

6. 马的其他用途

马在东部有广泛的用途。每年有成千上万西部马被销往东部市场。西部的马是在开放牧区放牧的。直到 20 世纪 20 年代，整个西部的山区和大盆地地区，仍是牧区马的公共放牧场。在西部牧区，放养一匹马只需要 5 美元或更少的钱。那里不仅养了足够的马供西部开拓使用，而且每年可以向东部市场出售大量的马。牧马场主通常把 4 岁口不驯服的阉割马围捕起来，卖往东部。留做繁育马驹的母马被保留到 10 岁口再卖掉。这些马被装运到东部农场上饲养和使用。佩舍龙马则被选做种马出售到东部，以便能产出一种重 1,300—1,400 磅的优等马。[①] 东部需要这些马在农场上干农活或在城市里拉运乘客和货物。直到 20 世纪 20 年代中期，马才在城市的街道上消失。

西部马在骑乘和消遣娱乐方面非常著名。19 世纪 80 年代以后，骑马的牛仔被西部剧、西部小说和西部影片描绘成昔日征服荒野和开拓边疆的传奇英雄，在公众中产生了深刻的影响。人们喜欢骑马的兴趣与日俱增。十几岁少女的兴趣转向了骑马，以此作为主要消遣。服饰考究的牧场主以骑备鞍马在牧场上驰骋为特征。在很多西部城镇，以举行赛马来吸引观光者。在这些因素的影响下，一个十来岁的孩子想要一匹马时，必须是西部饲养的马，且备有西部马鞍。一匹备鞍马的好坏能显示主人的身份和地位。社会地位显赫的家庭，有时能得到两匹良马的赠礼。在公众心目中，有两种优等的骑乘马与西部有联系。一种是在得克萨斯牧养的能快速急跑的 1/4 英里赛马。这种马在管理家畜和娱乐骑乘方面的性能都很好，是在世界范围内要求注册的最大种类的马，有 60 万匹登记在册。[②] 另一种是阿帕路斯马。它是由西班牙原种马在美国西部培育出来的粗壮骑乘马品种。这种马约在 1621 年被西班牙殖民者引入墨西哥，大约从 1750 年起被爱达荷的内兹珀斯印第安人部落使用。

---

① 霍华德·R.拉马尔主编：《美国西部读者百科全书》，第 515 页。

② 霍华德·R.拉马尔主编：《美国西部读者百科全书》，第 516 页。

阿帕路斯马在引入墨西哥以前在欧洲非常流行，传入欧洲以前，在古代埃及、波斯和中国就非常闻名。这种马因其久远的历史对人们特别具有吸引力。其特点是毛色斑驳，四蹄直纹，臀部和腰部有一片白毛，上有黑色斑点。阿帕路斯马以其颜色和毛皮的不俗特点提高了它在饲养和娱乐骑乘方面的价值。

在 1893 年经济萧条时期，因为有大批美国西部马出口英国，给西部牧区带来了繁荣。美国经济危机的后果特别严重。东部经济萧条。马在西部牧区的售价不够支付到市场去的运费。此时恰逢英国准备在南非发动对布尔人的战争，需要很多马用于运输和作战。英国的购马商来到蒙大拿的迈尔斯、怀俄明的谢里登和科罗拉多的丹佛等美国西部马匹出售装运站，买走了成千上万匹牧区马。在 1899—1902 年进行的英布战争中，英方投入的马、骡和驴的总数有 40.0346 万匹，其中有印度马、缅甸马、阿根廷马和美国西部牧区的马。① 英国在购买美国西部马时支付了大量现金。这极大地刺激了迈尔斯等城镇经济的复苏，立即给美国西部牧区带来了繁荣。在英布战争结束时，美国东部市场又购买了西部牧区所有当年产的马。

从美国内战后至 20 世纪 20 年代中期，马在西部的牧业、农业和矿业三大行业开发中发挥了重要作用。马支持了横贯大陆铁路的修筑，确保了西部的交通运输和拓居区的生活品供应。在东部，马是农场的主要劳动力，是城市交通运输的重要工具。马影响到美国人的方方面面。马在美国从农业社会向工业社会转变的现代化进程中作出了重要贡献。

---

① 托马斯·帕克南：《布尔战争》（Thomas Pakenham, *The Boer War*），约翰内斯堡 1979 年版，第 572、318 页；霍华德·R.拉马尔主编：《美国西部读者百科全书》，第 516 页。

| 第二编 |

独具特色的牧区社会

在前一编，我们已经论述了在美国内战后其西部迅速兴起了一个疆域辽阔的"牧畜王国"。这个王国自成体系，有完全不同于美国东部的社会构成、法律准则、经营模式、行为方式和文化习俗等等。牧牛场主和牛仔、牧羊主和牧羊人、牧区侦探和草原盗匪、良家妇女与妓女等构成了独特的牧区社会。大平原地区本来是印第安人的家园。在白人牧场主的侵扰和驱赶下，印第安人被迫离开草原。他们被驱逐出牧区社会。随着西部牧畜业的发展，美国东部和欧洲的资本大量流入"牧畜王国"。在西部牧区，原始的经营方式日益与垄断资本结合起来，使大公司成为牧业经营的主要方式。在"牧畜王国"里，辽阔的牧区基本没有围栏，具有"开放"自由放牧的特点，遂在牧区形成"赶拢"和"长途驱赶"两大奇观。"赶拢大会"是西部牧区的一种盛大仪式，成为牧牛场主划分财产、清点收益和庆贺丰收的节日。"长途驱赶"是在铁路尚未通到各个牧区前把牧区与市场联系起来的一种经济运作方式。伴随"长途驱赶"在铁路沿线兴起的许多牛镇，在把牧业转变为市场经济的过程中，起了重要作用。牛镇逐渐成为牧区的经济、政治和文化中心。由牧牛场主和牧业公司巨商组成的"牧牛者协会"和牧羊主组成的"牧羊者协会"代表着"牧畜王国"的两个不同的利益集团。随着这些协会组织规模的扩大和经济实力的增强，它们不仅成为本州或领地的主要经济支柱，而且是左右地方政府制订政策、法律的重要政治力量。这些协会在很大程度上影响着牧区的社会生活，成为牧区的真正主宰。

第四章　牧区社会的构成

第一节　牧牛场主与牛仔

一、牧场

经营牧畜业的巨商和大牧牛场主是"牧畜王国"的统治者。他们与牧牛人、牛仔、牧羊人、牧场其他雇工及牧区妇女等，在这个广大的领域，逐渐形成一种具有独特风俗习惯的社区。这种牧业社区既不同于美国东部的城镇社区和工业社区，也不同于西部农业社区和矿业社区。它是一种具有美国西部边疆特色的牧区社会。

1. 场址设施

牧牛场主在选择牧场地点时，主要考虑牧草和水源。通常他把牧场建在某条河的一侧或两侧的岸边。在一个牧牛场主建牧场之初，那个地区还广阔无垠，四通无羁，牧草在整个区域里到处疯长。牧牛场主的牛群是得克萨斯长角牛，品种虽低劣，却善吃苦耐劳。牛群的管理主要是任其自由地在草地上漫游、繁衍生长。牧牛场主的牧区也延及他的牛群随意游荡到的地方。牧场除了牧屋、小畜栏和工具车等装备外，通常还包括其他马匹和满牧场的牛群。牧场的所有权归牧牛场主。牛仔和牧场上的其他劳动者只是牧牛场主的雇工。他们的工作是为牧牛场主管理马匹和牛群。

牧区社会的基本经营单位是牧场。在早期，牧场以西班牙语"Rancho"的形式出现，有"营地"、"棚屋"和"一起包伙的人"等意。[1] 后来，"Rancho"

---

[1]　北京外国语学院西班牙语系《新西汉辞典》组编：《新西汉辞典》（*Nuevo Diccionario Español-Chino*），商务印书馆 1986 年版，第 925 页。

由英文"Ranch"取代，意为"大牧场"。① 两词可以互相代替。到19世纪60年代后期，"牧场"一词有多个含义：包括它的建筑物、土地和牲畜，或其他与之相邻的建筑。然而，主要的建筑更常被描述为"ranch house"（牧牛场主的住宅），在墨西哥边界一带，则称之为西班牙语"rancheria"（茅草屋的村落），以此来使牧场建筑与其他建筑相区别。这是1922年菲利普·阿什顿·罗林斯在《牛仔》一书中介绍的。②

寻找定居地的牧牛场主通常要建立起他作为大本营的营地，以后这些营地就会变成牧场的房屋。未婚牧牛场主的牧屋，是一个单间的小棚屋。已婚的牧牛场主，一般建一个两室的房屋，装饰也比单身者的牧屋好一些。在木材充足的地区，牧牛场主就砍树或从附近的城镇运来木材建造房子。缺少资金的牧牛场主便就地取材，用能找到的石头和土建造牧屋。在地势起伏的地区，牧牛场主建牧屋是先从地势高的一侧挖起并切直，作为牧屋的后墙，在向阳一面用石头或土砌三堵墙，留一个门和两扇窗户。如果牧屋建在没有树的草原上，又找不到石头，牧牛场主就会用犁或其他工具从地上割下草皮。每块草皮长约18英寸，宽8—10英寸，厚度同普通砖一样。③ 他用这些草皮泥砖砌成墙，把门窗嵌在墙里。在牧屋里，一端砌一个壁炉，烟囱也使用硬土作材料。室内地面也是土的，但要砸实并弄光滑。墙砌好后再修屋顶。屋顶由一根跨越屋子长度的粗大房梁支撑，在房梁上再用草皮或木头和油纸将房顶盖住。如果牧牛场主较穷，其牧屋的房顶就比较粗糙。这种用草皮建的厚墙牧屋其特点是冬暖夏凉。

在得克萨斯西南部和沿墨西哥边界地区，许多牧屋是用土坯建造的。有的牧牛场主雇墨西哥人为其建造牧屋。土坯是由黏土、沙和水混以草、树根或草木灰制成。建屋人把和好的泥浆浇在土坯木框模中，使它在阳光下晒

---

① 《新英汉辞典》编写组编：《新英汉辞典》（A New English-Chinese Dictionary），增补本，上海译文出版社1995年版，第1098页。

② 菲利普·A.罗林斯：《牛仔》(Philip A. Rollins, The Cowboy)，纽约1922年版，第15页；转引自戴维·达里：《牛仔文化》，第141—142页。

③ 戴维·达里：《牛仔文化》，第142页。

干。每块制成的土坯为 10×18×5 立方英寸。[①] 为了防止印第安人和非法之徒入侵，这种土坯牧屋只在墙里留一个小小的木格子窗户，壁炉砌在屋子的一角。有的牧牛场主将动物的血和木灰掺进地面，以使它更结实。如果混合的比例恰当，地面还可以防止渗水。

牧屋建好后，牧牛场主便集中精力为他的驯马和小股牛群建造畜栏。为了管理驯马，畜栏一般建在牧屋的前面。畜栏大多用 6 英尺高的木桩系上生牛皮绳建成。如果没有木桩，就用草皮泥或土坯砌成 5—6 英尺高和 2 英尺厚的围墙。尽管木桩要由很远的地方运来，因为建墙围栏花费的时间是木桩畜栏的 3—4 倍，故大多数牧牛场主还是选择用木桩。[②]

在早期的牧场里，牛仔经常驻守在"边界营地"里，睡帐篷或洞穴，条件非常艰苦。后来，有的牧牛场主在牧场为牛仔提供了单身住宅——"工棚"。大多数牛仔可以在工棚居住，不用再吃、睡在牧场边界的帐篷或洞穴里。差的工棚仅仅是一间简陋的房子，室内什么设备也没有。牛仔们只能睡在地上。较好的工棚里，设施也很差。工棚在牧场与牧场之间、地区与地区之间亦有很大不同。在南部平原的牧场里，每个牛仔都有工棚住并配备被褥。工棚中间，在靠近烧木柴的炉旁有一张桌子和几把椅子。冬天，第一个起床的牛仔可以往炉中给火添柴，驱赶室内的寒气。盛夏的晚上，不到牧场巡逻的牛仔经常把床移到工棚外面的地上，以享受微风带来的凉爽。在北部平原的牧场，牛仔们在夏夜也睡在室内。大多数工棚内有壁炉或至少有一个烧柴的火炉取暖。有一壶咖啡放在炉上保持热度。大多数大牧场都为牛仔提供一间厨房或食堂。牛仔们可以围在大桌子周围吃饭。小牧场的牛仔工棚兼做厨房。在俄克拉何马的卡门西南的切罗基条形地带，有个"T5 牧场"，其工棚就兼做厨房。小屋长 30 英尺，宽 16 英尺，东西走向，南、北有门，用一种老式的细绳门闩系牢；每个门的东西两头都有一个窗户。墙是由 10 英寸的松杆制成的。房顶是先盖一层松板，上面再压 4 英寸厚的泥和约 12 英

---

① 戴维·达里：《牛仔文化》，第 142 页。

② 戴维·达里：《牛仔文化》，第 145 页。

寸的土，由两根平行的、相距约 5 英尺的柱子支撑着。① 这间吃住合二为一的房子不足以为所有的牛仔提供工棚，有的牛仔在较暖和的日子里就睡在工具车旁的床上。

牛仔们对工棚的称谓是牧牛场主对雇工及雇工对雇主态度的真实反映。如果在工棚内发生过赌博，它就被称为"骰子屋"。如果牧牛场主提供的工棚又破又简陋，牛仔们就叫它"下等酒吧间"。有的牧牛场主毫不关心牛仔的疾苦，连工棚都不准备。牛仔们就把牧场边界的洞穴和帐篷等叫作"工棚"，并给予"狗窝"、"垃圾堆"或"公羊圈"等诸多蔑称。② 能为牛仔提供较好住宿的牧牛场主，往往能留住好的牛仔。不给牛仔提供住处或住处很差的牧牛场主，在牛仔中名声很坏，他的雇工便换了一批又一批。

2. 炊事工具车

炊事工具车的使用是 1865—1870 年在"牧畜王国"中的一项重要革新。在 50 年代，往加利福尼亚、密苏里和堪萨斯等地长途驱赶牛群，得克萨斯人是用牛拉的板车或货车运送食品。在内战结束后早期围捕走失牛的"猎牛"活动中，猎牛者不得不把自备的咖啡、腌肉和食品等挂在坐骑的鞍子上。随着牧牛业从得克萨斯推进到大平原，大量的运货车和后来的"炊事工具车"随即出现。首先在得克萨斯狭长地带定居的牧牛场主查尔斯·古德奈特与第一辆"炊事工具车"有关。1866 年春，他购买了政府货车上的齿轮，把它弄到帕克县的一个工匠那里进行了一番彻底改造。古德奈特这辆车的车轴不再用通常使用的木轴而改为铁轴。在放桶的地方，他放进了一碗牛脂作润滑剂用。在车的后半部装置了他所见过的第一个工具箱。③

后来的"炊事工具车"是在古德奈特工具车的基础上不断改进而成的。在工具箱的铰链盖上装有能摆动的腿。准备做饭时，腿就可以把盖支撑到桌顶的高度。工具箱的架子和抽屉用来放诸如咖啡、面粉、食盐、苏达、烘烤

---

① 戴维·达里：《牛仔文化》，第 285 页。
② 戴维·达里：《牛仔文化》，第 284 页。
③ J. 埃弗里茨·黑利：《查尔斯·古德奈特——牧场主和简朴的人》，第 121—122 页；转引自戴维·达里：《牛仔文化》，第 163 页。

粉、糖、豆荚、猪油、干果、米和做烙饼用的发面等重要东西。箱内还放有锡盘、杯子、勺子、刀叉和一些更小的生铁烹饪器具。很多工具箱还备有一抽屉，装有为人或马用的关节痛搓剂、奎宁、净化过的甘汞和一些药片。另一个抽屉里存着一瓶"蛇咬药"——"威士忌"。牛仔的铺盖也被放在车内弹簧椅后的床上。椅子下面是用来装拉车的骡、马食用的谷物。车的另一侧，有一只水桶，上面装有一个木制笼头。在炎热的夏季，人们会经常看到水桶周围挂满粗麻袋，以便保持袋内的食物低温贮藏。大多数工具车都有一节装工具的车厢，装着马蹄铁、备用套索和缚马脚的绳子等物品。车床的下面，存放大锅、烤锅，尤其是荷兰式炉子的存物柜等大件灶具。也有的厨师将这些大件器具挂在工具车的一边。到 19 世纪 70 年代后期，大多数炊事工具车（特别是从得克萨斯往北部长途驱赶的工具车），都带有一块大帆布，它能在车尾的工具箱上伸展开，为厨师提供阴凉和遮挡。多数工具车还带有挖火沟用的铁锹和铲子、劈木头的斧子和装餐后脏盘子的平底锅。工具车是牧牛业大发展时期牧场的必要装备。一辆装备良好的炊事工具车和一位好的厨师是一个牧场经营管理完善的标志，可以为牧牛场主吸引来更多技艺好的牛仔。

二、牧牛场主

1. 不同的背景

牧牛场主是投资美国西部牧牛业的群体。因为西部的牧牛业成为内战后美国最赚钱的行业之一，吸引着成千上万的人前往西部，从事牧牛业。这些牧牛场主具有地缘不同、职业各异和出身不等的特点。

首先，在美国西部经营牧牛业的牧牛场主来自美国的不同地区和不同的国家。对此，美国历史学家哈伯特·H.班克罗夫特曾作过调查。对他在 1885 年会见 53 位怀俄明牧牛场主的情况，《青草为王时》一书作过概括的介绍。其中 40 人是美国人，13 人在国外出生。在美国本土出生的人来自 38 个州中的 16 个州。有 10 人来自纽约，5 人来自弗吉尼亚，来自宾夕法尼亚和俄亥俄的各 4 人，从马萨诸塞和密苏里来的各有 3 人，两人来自艾奥瓦，其余人分别来自新泽西、特拉华、罗德艾兰、威斯康星、新罕布什尔、佛蒙特、伊利诺伊、印第安纳和缅因等州。国外出生者中有 6 人来自英格兰，两人来自爱尔兰，其余人分别来自加拿大、苏格兰、德国、法国和俄国。① 即使是典型的得克萨斯牧牛场主，也来自四面八方。尽管那里的牧牛场主要由本州的牧牛场主经营，但也有相当数量的人来自宾夕法尼亚、纽约、罗德艾兰、东北部各州和旧南部的弗吉尼亚、密西西比、亚拉巴马、田纳西等州。在得克萨斯从事牧牛业的还有从英格兰、苏格兰、爱尔兰、加拿大、阿尔萨斯—洛林和德国来的外国人。特别是在得克萨斯的潘汉德尔地区，19 世纪70 年代在那里经营牧牛业的既有来自马萨诸塞、宾夕法尼亚、堪萨斯、科罗拉多和得克萨斯的美国人，也有来自加拿大和英格兰的外国人。② 可见，美国牧牛场主的边疆具有很强的全国性和国际性的色彩。

其次，美国西部的牧牛场主在投身牧牛业之前曾从事过各种不同的职业。在前面谈及的 53 位怀俄明牧牛场主中，在经营牧场之前，有相当数量的人从事采矿业，有人做过汽船领航员、移民向导、养路工、画家、铁匠，有人在执法和运输部门工作过，也有人曾经是政治家、银行家、教师、旅店老板或士兵。只有少数人当过一段时间的赶牛人。③1884 年，有人曾对蒙大拿乔托县的 56 位牧牛场主做过调查，此前从事过牧牛业的仅有 4 人。④这些例子表明，美国西部的牧牛场主只有少数人以前涉足过牧牛业；大多数来自多种不同的行业，曾从事过各种职业。少数一直从事牧牛业的人因受益以前的经历再经营牧场时更得心应手。从事过经商或在经济部门任职的人经营牧场时或许比从政、当兵、任教、绘画的人的适应能力更强一些。然而，西部牧牛场主迥然不同的职业背景表明，缺乏牧牛经验并未阻碍人们投身美国西部牧牛业。

再次，西部牧牛场主的出身社会背景也有很大差异。在一些著名的牧牛场主中，有来自美国东部富有家庭的特迪·罗斯福和丹·凯斯门特；来自旧

---

① 莫里斯·弗林克、威廉·T.杰克逊、阿格尼斯·W.斯普林：《青草为王时》，第 20 页。
② 刘易斯·阿瑟顿：《牧牛大王》，第 23 页。
③ 莫里斯·弗林克、威廉·T.杰克逊、阿格尼斯·W.斯普林：《青草为王时》，第 20 页。
④ 刘易斯·阿瑟顿：《牧牛大王》，第 3 页。

南部种植园阶层的乔治·米勒和乔治·W.利特菲尔德；理查德·金则来自纽约的街头，出生在一个贫穷的爱尔兰移民家庭。由于对牧牛业的共同志趣，使这些来自美国和外国出身于不同阶级和阶层的人，在短短的二三十年间聚在一起。在"牧牛王国"里，只要成了牧牛场主便再没有贵贱和贫富之分。辽阔的牧区为贵族与平民、富人和穷人提供了平等的发展机会。成功者往往是那些善于思考、努力勤奋和勇于开拓的人。

2.经营牧场的原因

美国西部牧牛场主来自美国的不同地区和不同国度，他们的职业、社会背景和所受的教育千差万别。是什么原因、什么力量驱使他们投身牧牛业，争做牧场主的呢？

发财致富是最主要的目的。美国内战刚一结束，便拉开了西部大开发的序幕。大平原的牧牛业是西部三大行业开发之一，也是当时美国最赚钱的一种行业。原先南部同盟各州和东北部各州的人，或因战后经济萧条，或因就业机会很少，都把西部辽阔牧区视为开拓事业、积累财富的理想场所。加之各种媒体对西部草原遍地是"黄金"的夸张宣传，不仅使敢于冒险和急于发财的美国人趋之若鹜，也使外国人接踵而至。在"牧牛王国"里，到处长满不花钱的青草，人人都可以自由到公共土地上放牧牛群。即使购买土地，牧牛场主利用联邦政府的优惠土地政策，其投资与养牛的利润相比也微不足道。他们无需任何牛棚和饲料方面的开销，只需付给牛仔放牧的工钱。牛在牧区与销售市场存在悬殊的地区差价。这些有利条件都能使善于经营的牧牛场主很快致富。在当时，养一群牛每头平均每年花费约70美分，加上税收、土地购买中利息的损失等项，每头牛年均花费不超过1.5美元。一头小公牛四年后在市场上可卖到40美元，扣除其生长花费的六美元，纯利润是34美元。[①] 利用地区差价，把牛赶到东部、西北部市场极有利可图。在19世纪80年代，从得克萨斯南部往远西北部赶牛，每头牛的

---

① 马丁·里奇、雷·A.比林顿等：《美国边疆史——西部扩张文献史》（Martin Ridge & Ray A. Billington, etc., ed., *America's Frontier Story, A Document History of Western Expansion*），纽约·芝加哥·圣弗朗西斯科·亚特兰大·达拉斯1969年版，第609页。

费用约一美元，每头两地差价为 3—5 美元。按当时一般牛群为 3,000 头计算，牛群的主人从中可赚 1 万多美元的利润。① 不花钱的牧草和巨大的地区差价使西部牧牛业成了一种最赚钱的投机行业，吸引着越来越多的人到大平原加入牧场主的行列。正如里希特霍芬评论的那样：过去几年，西部牧牛业的巨大利润已广泛地实现，而且将来仍会继续增长……许多人几年前以数量很少的牛起家，现在都很富有，有的甚至成了百万富翁。当然，他们没有在大平原上找到"金子"。他们所以致富，"除了牛的数量不断增加外，没有其他收入来源"②。

　　大平原未被破坏的自然环境及其能为人们提供更多的自我发展机会，也是吸引许多人到西部投资牧牛业的重要动因。直到美国内战前，其西部边疆线一直固定在西经 90º—80º 附近。许多美国人把相当半个欧洲的大平原视为"美国的大荒漠"。西去的白人移民不敢在大平原驻足，经"俄勒冈小道"去太平洋沿岸定居。内战后，直到 19 世纪 70 年代，由东向西扩张的农业边疆仍在大平原东部边缘徘徊。大平原是靠野牛为生的印第安人的家园。大平原保有某些原始生活的特征，具有相当大的隔离性，其环境构成了一种独特的地理单元。那里没有受到大工业的污染，空气新鲜纯净，不仅有利于人的健康，而且可以阻止牛疫的传播。大平原的河流、小溪能为牛群提供洁净的水源。那里丰美的牧草不仅营养丰富，而且冬季可以自然"风化"为干草，为牛群提供一年四季的天然饲料。大平原未被破坏的自然环境对人、对牛都非常有益，吸引着许多人前去经营牧牛业。大平原辽阔的土地大部分没有遭到白人移居者的破坏，向所有人开放，牧草免费使用。这一切极有利于新兴牧牛业的发展，也为那些敢于冒险或无法在城镇找到合适工作的人提供了更充分的自我发展空间。更多享有西部土地的机会无疑对想成为牧牛场主的人来说具有极大的吸引力。大平原为寻求发展、开拓事业的人们提供了更好的空间和机会。西部牧牛业成为投资者看好的行业。

---

① 　J. 弗兰克·多比：《长角牛》，第 17 页。
② 　沃尔特·冯·里希特霍芬：《在北美平原的养牛业》，第 70 页。

3.艰苦创业

怀着不同的目的、来自不同的背景的人到美国西部成了牧牛场主后，大都经历了一个艰苦创业的过程。到西部的牧牛场主，必须首先学会适应大平原恶劣的自然环境，克服生态环境和社会环境的不利因素。内战后的大平原，尚属未开发地区。到处是一望无际的草原，偶尔在弯曲的河畔稀疏地生长着一些树木。牧场没有林带遮盖。夏季是炎炎的烈日，冬季多凛冽的寒风。人畜饮用的水源，只能在河中找到，到枯水季节，河中不是只剩很少的泥汤就是断流。大平原的雨水总是不足。西经 98º 以西的年降水量一般低于 20 英寸。[①] 大平原人口稀少，早期的牧场与牧场之间相距数十英里甚至更远的距离，人们处于彼此相隔的状态，时常会遇到危险。牧场远离城镇，牧牛场主难以找到他们必需的生活用品和熟悉的生活条件。牧区也缺乏传统的法律保护。拓荒的牧牛场主必须自力更生，到很远的地方去寻找建筑牧屋和畜栏的木料。他们必须利用大平原特殊的自然环境，创办一种适合该地区特征的经济事业。牧牛场主们通过在开放牧区骑马放牧牛群的方式实现了这一目的。

牧场建立起来之后，牧牛场主为了扩大经营规模，还必须克服资金和管理技能等方面的不足。前面提及，加入西部牧牛场主行列中的有一些出身低微的人。他也许是一个到西部边疆寻找出路或碰运气的东部人，或是一个农场被烧毁的旧南部的落难者。一些人开始经营牧牛业时没有资本或只能投入很少的资金起家。他们开始只能买少量的牛，或者在公共牧区捕捉一些变野的长角牛，或给走失的小牛打上烙印，甚至有时对已有烙印的小牛改打上自己的印记。他们把积聚的牛群赶往市场卖掉，换成现金，再扩大自己的牛群。因为西部牧区有广阔的土地和不花钱的青草，养牛花费很小。如果运气好，一个牧牛场主两年内就可以扩大其经营规模。然而，要成为一个大牧场主，不断扩大自己的牧场和牛群并不是一件轻而易举的事。他需要控制水源和大片牧草地，掌握管理牛群的技艺和驾驭市场的能力。为此，牧牛场主们

---

① 雷·A.比林顿：《向西部扩张——美国边疆史》，第 599 页。

不仅要付出艰辛的劳动，还要经受得住失败的打击。为了巩固和扩大牧场，发展自己的事业，靠少量的投资是远远不够的。牧牛场主们必须千方百计地筹措资金，追加投资，有时还需要求助于国内外的投资者。成功的牧牛场主都有一段艰苦创业的经历。

得克萨斯著名的牧牛场主查尔斯·古德奈特经历了艰苦创业的每一个阶段。1870年，34岁的古德奈特回肯塔基娶了他的第一个妻子。此前，他开辟了著名的赶牛小道，并在科罗拉多建了一个牧场。然而，1873年的经济危机使他破了产。1874年，他决定到得克萨斯州潘汉德尔地区中部的帕洛杜罗峡谷（在现今阿马里洛以南）建一个新牧场。古德奈特经多方努力，争取到英国人约翰·阿代尔为新牧场投资约50万美元。他同意以阿代尔名字的首字母"JA"为新牧场命名，称"JA牧场"，并以"JA"作为印记为牛打烙印。两人成了合作伙伴。[1] 当古德奈特夫妇和阿代尔夫妇一同抵达山顶俯瞰他们牧场中心的峡谷时，看到的是一群正在吃草的野牛。当天夜晚，两位夫人就体验了什么是真正的恐怖。大雨使河水暴涨横溢，到处闪电雷鸣。无数闪电映在马车的薄板上。乱群的野牛在暴风雨中疯狂地奔窜。几天后，阿代尔夫妇离开牧场，返回了文明之地。在方圆数英里之内，只剩下了古德奈特夫人一个妇女。[2] 虽然时有暴风雨袭来，但帕洛杜罗峡谷是适于牧牛的地方。那里牧草丰美，四周都是岩石，冬季可以使牛群躲避从北方穿过平原呼啸而来的暴风雪。古德奈特以每亩75美分的价格购买了2.4万英亩的土地。由于他用选择交错土地的方法而获得了对整个峡谷的控制权。古德奈特很快把牧场营地建立起来，它在外观和规模上像一个边疆小镇。牧场有50多座建筑物，包括一座为阿代尔夫妇接待客人的石屋，为古德奈特建的两层圆木和木板小屋，一间被称作储藏室的大厨房，外加一个白铁车间和一个黑铁车间，以及牛仔的住所或其他作仓库的建筑物等。[3] 古德奈特拥有了10万头以上的大牛群，他后来卖掉了3万头，获毛利50万

---

① 戴维·达里：《牛仔文化》，第263页。
② 刘易斯·阿瑟顿：《牧牛大王》，第86页。
③ 戴维·达里：《牛仔文化》，第263—264页。

美元。① 阿代尔的 50 万美元投资获利 51.2 万美元。② 古德奈特可谓是成功的牧牛场主代表。像他这样的牧场主在西部还有很多。

三、牛仔

1. 牛仔的构成

牛仔是美国西部牧区社会的另一个重要群体，是牧牛场主的雇工。牛仔的构成也比较复杂，不像好莱坞西部影片所描写的那样几乎都是清一色纯正的盎格鲁—撒克逊人。从人种来看，除白人之外，还有印第安人、墨西哥人和黑人。在 3.5 万名踏上牛道的牛仔中，有 5,000 多名是黑人③，有 1/7 是墨裔美国人。④ 从地域来看，第一批牛仔多是得克萨斯人；后来，随着牧牛业扩展到整个大平原，有来自美国各个地区的人加入牛仔行列；也有少数英格兰人和苏格兰人等外国人成了"牧牛王国"的牛仔。从牛仔的社会背景看，他们之中的大部分是小农场主的儿子、到西部定居的居民、战前的奴隶、破产的农场主和退伍士兵等。可以说，在牛仔之中既有穷汉，也有富人；既有乡下小子，也有城里青年；甚至还有百万富翁之子。这些加入牛仔队伍中的人来自各行各业。标准的牛仔是 17—18 岁的青年男子汉。⑤ 牛仔中也有些未成年的孩子和一些年纪大的人。

2. 当牛仔的诱因

作为西部牧场的雇佣工人，牛仔的生存环境、劳动条件和实际生活都非常艰苦。那么，是什么原因吸引着那么多的人加入这个行列呢？第一，大部分人为生活所迫，到西部牧区为的是寻求改变自身命运的新开端。内战结束后，得克萨斯的经济受到严重破坏。唯一的重要财富是无人管理和四处游荡的数百万头长角牛。因此，以"猎牛"为恢复家业起点的牧牛场主需要雇用

---

① 威廉·H. 福比斯：《牛仔》，第 49 页。

② 戴维·达里：《牛仔文化》，第 264 页。

③ 菲利普·德拉姆、埃弗里特·L. 琼斯：《黑人牛仔》，第 3 页。

④ 霍华德·R. 拉马尔主编：《美国西部读者百科全书》，第 172 页。

⑤ 劳伦斯·I. 塞德曼：《马背生涯——1866—1896 年的牛仔边疆》，第 169 页。

牛仔。在早期的得克萨斯牛仔中，有不少在城镇找不到工作的得克萨斯人。在长途驱赶开始时，约有 18.2 万被解放的奴隶住在得克萨斯。[①] 他们当中的许多人曾在得克萨斯牧场当过奴隶，掌握了骑马、使用套索和对付长角牛的本领。其中有不少人内战后当了牛仔。在牧区周边的农场工人，常常在春天逃往西部做牛仔。在牛仔之中，有很大一部分人曾是参加过内战的士兵。他们有的不愿再返回旧南部荒芜的家园，有的不愿再回到新英格兰不景气的农场。一些南部和东部黑人，为了躲避种族歧视，也到西部加入牛仔行列之中。一部分弃海奔向大平原的渔民之所以改行当牛仔，是被西部有更多挣钱的机会所吸引。来自欧洲贫穷的农村移民，因其原来的生活难以维持生计，便到了美国西部，做了牛仔。因为他们认为西部愿为从事牧牛业的人提供食物和烟草的政策可以使他们获得更好的生存条件。简言之，方方面面的数万人到西部当了牛仔，是迫于生计去寻找新生活。因为新兴的牧牛业会为他们提供相对来说较多的机会。如果幸运的话，他们还可以挣到钱，获得进一步发展。第二，许多年轻人涌入西部争做牛仔是为了追求浪漫传奇的生活。19世纪 70—80 年代，美国东北部的工业化和城市化迅猛发展。农村人口大量涌向城市，数百万身无分文的外国移民也流向美国的城市。在城市化迅速发展的同时，许多严重的城市问题也随之出现。城市交通堵塞，住房拥挤，失业严重，环境污染，犯罪猖獗。工人被束缚在流水线上，每天机械地干着12—14 个小时的紧张工作，住在贫民窟里过着艰难的岁月。他们发现自己成了垄断资本家的牺牲品，被迫生活在非自然的环境中。在美国缔造巨大工业帝国的时代，与被禁锢在贫民窟和工厂中的工人相比，牛仔是作为自由选择自己的命运和具有个人主义的独立性格的英雄人物出现的。一些青年人由于受了媒体把牛仔生活浪漫化的宣传，在心目中把牛仔的生活过分理想化。他们把牛仔视为传奇式英雄人物的象征，认为牛仔纵马驰骋在辽阔的大平原上，自由地生活在大自然的世界里，能主宰自己的命运。正是想象上这种把牛仔生活过分理想化、浪漫化与东部把人变成机器、毁灭民主的现实形成巨

---

① 雷·A.比林顿：《向西部扩张——美国边疆史》，第 593 页。

大反差，使很多青年人把牛仔的生活视为他们实现"美国梦"——实现自己理想的最好选择。其结果促使越来越多的年轻人到"牧牛王国"去寻求独立、自主和冒险的生活。数万个牛仔在美国西部开拓史上，开创了独具特色的牛仔的"黄金时代"。

3. 艰苦的工作

尽管成千上万年轻人抱着不同的目的到了西部牧区，但作为一种谋生的职业，要成为一个好牛仔必须具备三种基本技能。即要有熟练的骑马技术、高超的套索技能和娴熟的使用"六响枪"本事。牛仔们必须在实践中刻苦学习和练习，以便掌握这些基本技能。得克萨斯牛仔骑在疾驰的马上能从地上捡起他的帽子和一个一美元的银币。最好的骑手能站在飞跑的马的马鞍上，或用右手从马左侧的地上捡起一枚硬币。这是最难做到的一种技艺。[1]1882年，在得克萨斯州奥斯汀一次定期集市上，有10名牛仔为得到一副价值300美元的银饰马鞍进行套小公牛的比赛，吸引了上万名观众。谁能用最短的时间扔出绳索、套住小公牛并把它拉倒在地便可得到马鞍。结果技艺最好的牛仔用1分45秒的时间便完成了。[2]快速、准确地用六响枪击中目标，也是牛仔必须掌握的技能。在荒野之中，枪是牛仔用以对付野兽、击退盗匪的自卫武器，但也时有牛仔在牛镇酒后开枪伤人的事件发生。在有些城镇禁止牛仔带枪进入的同时，牛仔们却坚持他们用枪的权利。[3]总之，牛仔是集骑手、套索手和枪手于一身的职业雇佣劳动者。只有拥有这些技能，一个牛仔才能够在蛮荒的西部生存和从事艰苦的牧牛工作。

牛仔的真实生活并不像西部影片和小说描绘的那样充满浪漫的情趣。相反，他们工作和生活历尽磨难，多有艰辛。内战后到19世纪末，美国西部

---

① "他是牛仔"（"The Cowboy As He Is"），载1888年5月9日的《博尔德县先驱》（科罗拉多，博尔德）；转引自克利福德·P.韦斯特迈耶：《牛仔在他的故乡州》（Clefford P. Westerneier, "The Cowboy in His Home State"），《西南部历史季刊》1954年第58卷。

② "家畜评论"（"Stock Notes"），载1882年12月15日的《拉斯阿尼马斯导报》，转引自克利福德·P.韦斯特迈耶："牛仔在他的故乡州"，《西南部历史季刊》1954年第58卷。

③ 克利福德·P.韦斯特迈耶：《牛仔在它的故乡州》，《西南部历史季刊》1954年第58卷。

牧区多是没有围栏的露天牧场。牧牛场主采用原始、传统的放牧式经营。这种粗放的经营方式使牛仔的工作极为繁重和艰苦。牧牛场主雇用牛仔管理牛群、"走马巡边",参与"赶拢",长途驱赶牛群到牛镇出售或到北部牧区育肥。

第一,牛仔们在牧场上从事的工作是繁忙、紧张和艰苦的,有时还有危险。西部牧区地广人稀。许多牧区都是无主荒地。那时经营一个牧场,实际上就是一个牧牛人在一片无主的草地上套住一些变野的或走失的长角牛,给牛打上自己的烙印,再放养在这片野草茂盛的草地上。牧牛人便成了牧牛场主。他们雇用牛仔放牧管理牛群,骑马巡界。有的大牧场从牧屋到牧场大门骑马走 100 英里。[①] 因为牧牛场主让牛仔把牛群散放在牧区,相邻牧场没有围栏相隔,所以不同牧场的牛群经常混杂在一起。牧牛场主为了防止牛群走失和牧群混杂,阻止邻近的牛群侵入,便让牛仔们"走马巡边"。这是日常担负的必不可少的工作。牛仔们一般是两人一组,沿牧牛场主认定的牧地边界,驻守在偏僻的"边界营地"里。组与组之间相距 20 英里。每日早晨,同组的两名牛仔从自己的营地骑马出发,背向而行,直到同临近营地出发的牛仔相遇为止。这些骑马巡边的牛仔沿途不断把本牧场的牛群赶回牧地中心地带,将邻人的牛群朝它们自己牧场的方向驱赶。日复一日的巡边生活非常艰苦。他们不仅自备吃的东西,而且住在极破陋的"边界营地"里。夏日他们住窝棚、帐篷甚至露宿,冬天他们不得不像草原鼠一样钻进阴冷的地穴中躲避寒流袭击。"巡边"牛仔必须学会像野蛮人似的自我生存方式。巡边骑手的生活也非常单调、枯燥和孤单。一个骑手每日在马背上要骑行数小时,有时他可能好几天都遇不到其他人。当他遇到另一个边界骑手或偶尔遇到一辆车带有一些杂货时,这便是他当日或每周日常生活的"大事"。这个边界骑手便停下来,与赶车人进行货物交换,有时是几支雪茄或一满管烟草。一个好的边界骑手应当能够根据牛走过时留下的痕迹,判断牛是否离开了牧场并必须沿路把它们带回来。如果没有充足的降雨把旧痕迹冲掉的话,骑手遇

---

① 雷·A.比林顿:《向西部扩张——美国边疆史》,第 588 页。

到的主要困难是区分交错在一起的新旧痕迹。① 无论是在得克萨斯或蒙大拿，骑手最困难的时期是干旱季节。当牧场上的水洞或小溪干涸时，有时甚至不可能将因口渴而出走找水的牛赶回来。除了"走马巡边"，在牛仔每日的例行工作中，还有医治牛病、赶着牛群从一片草地到另一片草地放牧和割牛角等项枯燥或危险的工作。割牛角是牛仔们必须干的一项危险工作。"得克萨斯长角牛"的双角非常锐利。牛发起疯来不但用角与另外的牛相撞相残，而且极易抵伤牛仔。为了防患于未然，牛仔们每隔一段时间就得把每头牛的双角尖割掉。这一工作大多在赶拢时顺便进行。割牛角极具危险，没有胆量和技术不行。稍有疏忽，发狂的长角牛就会把牛仔抵死。此外，牛仔们还要围捕驯服野马，承担着牧场里的许多其他杂事。春季他们要四处把陷入草地泥沼中的牛救出。夏日他们要在无数的牧场上挖防火线，以防草原火灾。随着牧场规模的扩大和向现代化经营方式转变，牛仔们在秋季要连续不断地收割牧草和庄稼，为牛群贮备冬饲料。严冬季节停止放牧时，牛仔们要确保牛不被饿死或冻死，捕捉伤害牛群的狼等野兽。他们还要干一些诸如修理畜栏、收集取暖的烧柴和铁匠活等。牛仔们承担了牧场所有的生产任务，没有他们的艰苦劳作，牧场就无法正常运转。

　　第二，牛仔们在牧场从事的一项最艰巨、最繁重的工作是参加"赶拢大会"。因为"走马巡边"并不能完全避免相邻牧场牛群的混杂，天天派牛仔到四野茫茫的草原以烙印来识别牛群也徒劳无益。往往是今日刚把牛群分开，次日不同牧主的牛群又混在了一起。于是，牧牛场主们经过实践摸索，便以"赶拢"的形式来区分他们的牛群。"赶拢"是将在辽阔牧区四处漫游的牛赶到一个集中地点围拢成群，再把混杂在一起的群牛实行分割并为他们各自的牛打上其所有权烙印的过程。在西部牧区，赶拢活动经历了一个由自发的合作赶拢到依照"家畜饲养者协会"的相关法律举办"赶拢大会"的发

---

① 　雷金纳德·奥尔德雷奇：《牧场生活——堪萨斯、科罗拉多、印第安人领地和北得克萨斯牧场记录》（Reginald Aldridge, *Life on a Ranch: Ranch Notes in Kansas, Colorado, the Indian Territory and Northern Texas*），伦敦 1884 年版，第 145 页；转引自戴维·达里：《牛仔文化》，第 310 页。

展过程。关于这个问题，后面有专题论述。在此，重点以牛仔的参与略作分析。"赶拢大会"是对牛仔的骑术、套牛和打烙印等技能的一次全面综合的检查，是非常艰苦的工作。从"赶拢大会"开始的当日起，牛仔们被分成若干个小队，每个小队由赶拢工头指派一名队长。每天天未亮各小队就在队长的指挥下奔赴放牧区的指定地段去收集牛群，把它们赶回"赶拢大会"的集中地。牛散落在放牧区的各个角落。有的三五成群，有的几百头、上千头甚至几千头相聚，也有一头牛独在荒野的情况。牛仔们必须把四处漫游的牛围拢成群，在数百乃至千余头奔跑的牛中稳坐马背，把它们赶过河流和翻越山岭。他们要时刻防止坐骑受惊带来的危险。牛仔们在挥动牛鞭驱赶成群或放单的牛时，既要不时准确抛出套索套住欢蹦乱跳的小公牛，又要驾驭座下的烈马。从黎明前出发，到中午时才能从辽阔放牧区的四面八方把数千头牛驱赶到集中地。由于搜寻牛群和往回驱赶要不断穿行荒野、涉过河流和翻山越岭，牛仔的坐骑常常被累垮倒下，为此，牛仔不得不换骑备用马继续驱赶牛群。从各处驱赶到集中地的牛聚成了数千头挤在一起的一大群。随后，牛仔们在赶拢工头指挥下开始紧张的打烙印工作。每个牧场的牛仔按顺序骑马穿行于牛群之中，赶出每一头母牛，它的小牛便尾随其后。这样就把这头母牛和它的小牛从大牛群中分离出来。打有同样烙印的母牛和它们的小牛被分离出来后，形成若干小牛群。紧接着，牛仔们就开始套小牛。他们将套索的一头绕成圈挂在马鞍的相应部位，然后挥舞着结成套的另一头，准确迅速地向蹦跳不停的牛犊抛去，把它套住，再将它拉倒在地，拖到烧着烙铁的火堆旁。套牛有很大的危险性。较大的公牛经常把套住牛角的绳子绷得紧紧的，并使劲往后拖曳，拽得牛仔和他的坐骑跟跟跄跄。稍不留神，牛仔的手指就会被绳子勒破。如果绳子缠住了马，牛仔就有丧生的危险。所以，套牛和驯马一样，是牛仔必须娴熟掌握的技能。被拖到火堆边的小牛，由两名牛仔按住，并喊着："烙铁！"另一个牛仔从火堆中抽出块烧红的带有相应印记形状的烙铁，在牛身的适当部位用力一压。随着小牛的惨叫，它身上就打上了与其母相同的烙印。这头小牛便成了拥有这一烙印所有权的牧牛场主新增加的财产。与打烙印同时进行的是"割耳"。一头牛犊被打上烙印后，另一个牛仔拿出一把磨得非常锋利的小刀，用脚踩住牛鼻子，在牛耳上切割出标记，以表明他的归属权。如果被打烙印的小牛是头小公牛，牛仔们要顺便割去其睾丸，在伤口和烙印处为小牛涂抹些酚油，以防被蚊蝇叮咬后感染。阉割是为了使它变得温顺些和更易长膘。也有的牧区在给小牛打烙印时随手给它割角。这些工作都极具危险性。在"赶拢大会"期间，牛仔们每日都要从黎明前连续工作到夜幕降临以后。持续不断地工作一个月到一个半月，整个赶拢活动才能结束。其工作之繁重、紧张和艰辛可想而知。

第三，除了在牧场承担着上述各项繁重、艰苦和危险的工作外，牛仔们的另一项艰巨而重要的工作是长途驱赶牛群到牛镇和大平原北部牧区。大规模的长途驱赶始于1866年春。这一年有26万头长角牛被赶到了密苏里州的锡代利亚。随后，有大量的牛群被赶往阿比林、威奇托、埃尔斯沃思和道奇城等牛镇，也有大量牛群被驱赶到遥远的怀俄明和蒙大拿等北部牧区。在一些著作中，留给我们的是相差悬殊的统计数字。有人认为，在内战后的20年内，从得克萨斯被赶上北去牛道的牛数有1,000万—4,000万头之多。[1] 有人认为，在这期间被赶进北部牧区的牛达600万头。[2] 70年代的长途驱赶，由于没有炊事工具车，牛仔们不能携带更多的食品，赶牛路上得不到食物补充，不得不宰杀疲弱的牛充饥。全程供牛仔换骑的备用马，每人只有3—4匹。粗糙的马鞍既伤马背又磨损牛仔老式沉重的柯尔特左轮枪的枪带。牛仔们没有帐篷和帆布，雨衣也很少。他们经常淋着大雨赶牛或在雨夜露宿，赶牛生活十分艰苦。80年代，赶牛队装备了由四匹马拉的炊事工具车，食品柜内可以储存较充足的食物。马鞍和手枪也有了改进。每个牛仔换乘的备用马也增加到6—8匹。赶牛的条件变得稍好一点。然而，恶劣的自然条件、难行的牛道、意想不到的凶险、长时间枯燥难熬的时光，每日伙食粗糙单调和长期缺少新鲜蔬菜。这一切也使牛仔的牛道生活倍加艰辛。

要在数月之内长途跋涉数百至千余英里的艰苦行程，把一群野性十足的

---

① 勒鲁瓦·R.哈芬、W.尤金·霍朗、卡尔·C.里斯特：《西部美国》，第430页。

② 罗伯特·E.里格尔、罗伯特·E.阿塞恩：《美国西进》，第480页。

长角牛平安地驱赶到目的地绝非轻而易举之事，也不是靠一个牛仔个人的能力所能完成的。"长途驱赶"所以能成为"牧牛王国"发展史上最具传奇色彩的壮丽篇章，不仅在于其规模巨大和场面壮观，还在于牛仔的赶牛生涯与当时美国一般城市的固定职业者相比更具挑战性、刺激性、风险性和传奇性。"长途驱赶"展现给我们的是以下突出的特点。

其一是严密的组织性和纪律性。"长途驱赶"要组成一个大小适当的"赶牛队"。其成员多少根据牛群中牛的多少而定。赶牛队由一名赶牛老板（Trail Boss）和多名牛仔组成。一支理想的赶牛队通常为 11—12 人。除赶牛老板外，其中有一名看马人、两个车夫、一名厨师和 6—7 名牛仔。牛队的成员由赶牛老板在产牛区或外地招雇。根据实践经验，一支牛队赶 2,000—3,000 头牛组成的牛群为宜。在牛道上，牛队以每天行进 10—15 英里或每月行进 300—500 英里为好。① 赶牛队的牛每头都打上本队特有标志的烙印，以免与其他牛队的牛相混合便于被偷牛贼盗走后去追寻。赶牛老板对招雇入队的牛仔要约法三章，从行动举止、行为规范到牛仔间相互关系都做出明确规定。违反规定的牛仔一律受到严惩，杀害同伴的人可能被大家"公审"后当场绞死。牛队行进时，牛仔们要按赶牛老板分派的任务各司其职。一般由两个最有经验的牛仔为一组，骑行在牛队的前头，成为左右前导（或引路人）。走在牛队左右两侧中间的牛仔叫左侧翼和右侧翼，掌握牛队的长度和密度。两名殿后压阵的牛仔是左、右后卫，负责看管体弱和跛足的牛，以免它们被强壮的牛踩死或掉队。牛队还有一两名看马人，照看换乘的备用马。这些马被拴在一起，走在牛队前面。还有一名厨师和车夫，他们坐在炊事工具车上尾随牛队之后。赶牛队有严密组织和明确的责任分工。其组织形式如准军事组织，充分体现了资本主义化大生产分工合作的管理原则。如不这样，就不能顺利地把牛群赶到目的地。因为能否长途赶牛成功，并不完全取决于牛仔们的主观努力，还要受许多自然的地理气候条件和人为外在因素的制约。如稍有不慎，不但前功尽弃使牛群荡然无存，而且要付出生命的代价。

---

① 贝阿德·斯蒂尔德：《美国西部开发纪实》，光明出版社 1988 年版，第 205 页。

其二是在长途驱赶中，牛仔每日都处在高度紧张之中，大部分时间骑行在马上，十分辛苦。按照上面的牛队组成形式，每天天刚破晓赶牛老板就让起程上路。牛群形成一个长达 1 英里的队伍并疏密适当。牛队行进的快慢，取决于左右两翼的牛仔与牛群的距离，靠近则快，离远则慢。牛队一般保持50—60 英尺宽，靠得最近时只有 10 英尺左右。只有让牛赶路去寻找水源时才能这样靠近。如果牛队的宽度少于 10 英尺，纵队就会出现裂缝，后面的牛就会小跑起来向前补上。领头的牛仔必须稳住牛队，防止牛窜来跑去。两翼的牛仔既要防止牛群挤作一团，又要防止它拉成一条稀稀落落的长线。保持整齐的队形，体现了赶牛队组织的严密性和分工的明确性。在数千头长角牛行进的牛道上，滚滚的烟尘冲天而起，弥漫四野。殿后的牛仔因为迎风，帽子上的尘土有半英寸厚，眉毛和胡子上的尘土厚得像兽毛。他们一摇头，尘土像雨一样落下。两翼的牛仔虽然不总是迎着风头，但走完一天后喉咙里、肺里也都吸满了尘土。很多牛仔患有肺病和呼吸道疾病。牛群的蹄声震耳欲聋。牛仔们彼此不能听到招呼声，他们只能凭手势互相联络。尘土和噪声对牛仔来说是无法忍受的精神折磨。日当中午，人困马乏时，牛停在一条河边吃草。牛仔们分两批轮流吃午饭。饭后随即更换坐骑，迅速回到牛群吃草的地方。让牛吃 2—3 小时草后，牛仔们便赶牛起程向前赶路，以便在天黑前赶到另一个宿营地。在新宿营地，牛仔们吃过晚饭后还要让牛在周围继续吃草。直到晚 9 点牛群卧地睡觉前，牛仔们不能休息。夜里，除赶牛老板、厨师和看马人外，其余的牛仔都要轮流值班放哨，照看牛群。放哨的牛仔通常两人一班，每班约两小时。他们既要防止野兽对牛群的侵扰，又要让牛安睡。当班的牛仔骑马围着安卧的牛群边巡逻边轻声吹着口哨或哼着歌曲小调。牛听着熟悉的小调，知道"围着自己的是朋友而不是敌人"[1]。这样牛不易炸群。牛仔们也能过一个平安夜。在没有任何意外的情况下，牛仔们每天都要紧张地工作长达 18 个小时，[2] 如果天气好，不出事，牛仔们一夜能睡

---

[1]　安迪·亚当斯：《一个牛仔的日记》，第 26 页。
[2]　沃尔特·P. 韦布：《大平原》，第 268 页。

5个小时；如果遇到坏天气，或有意外发生，他们能睡一小时就算幸运了。[①]在牛道上，牛仔们感到最难受的是睡眠不足。如果是三五天尚可支持。但是在数个月内几乎天天如此，这是何等艰苦的劳动和难度的日子啊！

其三是牛道的路况条件很差，给牛仔的赶牛工作增加了很大难度。漫长的牛道，有时要通过令人和牛都感到恐惧异常的无边森林和无尽的荒原，有时要翻越险峻的山岭和涉过湍急的河流。在这些情况下，牛仔都很难使牛群保持完好的队形。有些牛逃离牛群散入森林或山中，有些牛在波涛滚滚的大河边止步不前。牛仔们不得不四处去搜寻逃入林中和山间的牛，不得不用尽浑身的解数赶牛群过河。赶牛群过河是牛仔面临的难关。从得克萨斯往堪萨斯赶牛，沿途必须涉过的主要河流有得克萨斯境内的科罗拉多河、布拉索河和雷德河，印第安人地区（俄克拉何马）的加拿大河、北加拿大河和锡马龙河以及堪萨斯境内的阿肯色河；如果赶牛到奥加拉拉，还要涉过内布拉斯加境内的北普拉特河。其他牛道，如从得克萨斯西部的佩科斯前往蒙大拿的斯廷金沃特也要横渡许多条河流。[②]在一般情况下，牛仔选择水浅的地方，让马和牛群蹚水过河。如果遇到河水暴涨，水流湍急，人、马和牛都不得不游过河去。游泳过河极具危险。一些胆小的牛无论怎样轰赶，就是不肯下水。下水的牛也极易受惊。一个大浪、一根被急流冲来的树枝或喧嚣的水流声，都会使牛群恐惧不已。受惊的头牛会掉头往回游。数百头牛便会立刻挤成一堆，混乱不堪。体弱的牛或小牛有的被急流裹挟而去，有的被漩涡吞没。此刻，牛仔们必须从马上跳入水中，用踢打、咒骂和大声吼叫等一切手段迫使头牛向前游，把牛群领向对岸。常有牛仔被滔滔河水吞没。在前面我们论述牛贸易问题时，已经提到兄弟二人含泪在牛道途中埋葬溺水而死的父亲和赶牛人不得不就地把不肯过河的牛卖掉等史实。乔治·C.多菲尔德的牛队在过布拉索斯河时丢失了200头牛，在过雷德河时，有100头不肯过河。牛仔奋力驱赶了一天才把50头牛赶到

---

① 贝阿德·斯蒂尔德：《美国西部开发纪实》，第208页。

② 乔·B.弗兰茨、小朱利安·E.乔特：《美国牛仔——神话与现实》，第44页。

河对岸，但有 50 头牛仍留在了得克萨斯。① 一次，迪克·威瑟斯驱赶他的 3,500 头小公牛过奔腾咆哮的北加拿大河时，牛群一入水就有 116 头被急流吞没。无怪多比在讲述此事之前，就提醒赶牛人在牛群没有过河时别总想着"鸡生蛋和蛋又生鸡"的发财美事。②

其四是牛仔在赶牛途中要经受变幻莫测的恶劣气候的磨难。从得克萨斯南部牧区往大平原北部牧区长途驱赶牛群，历时数月。一路上大自然变幻莫测。牛仔们为经常遇到的坏天气付出了惨重的代价。多菲尔德一行在 1866 年 4 月 5 日从得克萨斯的圣萨巴起程，次日就遇到了暴风雨，冒着狂风暴雨行进了 12 英里。5 月 1 日发生了严重的惊牛事件，一下走失了 200 头牛。从 5 月 2 日连续下了三天雨。牛仔们不得不在风雨中寻找丢失的牛。5 月 2 日，他们找回了 25 头牛。5 月 3 日风雨更大，他们遭遇更多困难，但还是找回了 23 头牛。5 月 13 日，赶牛队又遇到了伴有闪电雷鸣的更大的暴风雨之夜。因为惊牛又丢了 100 头。次日，牛仔因找牛累得精疲力竭，心灰意冷，结果只找回了 50 头牛。③5 月 28 日清晨寒风骤起。所有的人都冻得发抖。虽然距雷德河仅有 12 英里的路，但牛队行进了一天，只走了 6 英里。6 月 2 日，又是暴风雨天气。所有的人马从昨夜起都在黑夜中追寻惊逃失散的牛群，直到 6 月 2 日下午 4 点，大家才在距宿营地 14 英里处找到了 195 头牛。此时牛仔们已经有 60 个小时没有吃东西了。又过了 8 个多小时他们才返回宿营地。④ 此后，多菲尔德在日记中又多次记下了他的牛队在堪萨斯和内布拉斯加境内所遇到的暴风雨及他们必须面对的诸多困难。

牛仔在牛道上遇到的坏天气中，给他们带来最大灾难的是突然降临的暴风雪。1886 年和 1887 年冬天，美国西部牧区遇到了历史上罕见的暴风雪。1886 年新年伊始，大平原暴风雪肆虐。从达科他到得克萨斯连续遭受三天

---

① 戴维·达里：《牛仔文化》，第 178 页。
② J. 弗兰克·多比：《长角牛》，第 84 页。
③ 戴维·达里：《牛仔文化》，第 177 页。
④ 戴维·达里：《牛仔文化》，第 178 页。

暴风雪的袭击。到处是冰天雪地，气温骤降到 –20℃以下。[①]1887 年的暴风雪从 1 月 9 日起持续了 10 天，气温最低达 –56℃。[②] 大雪覆盖了行进在牛道上的牛队，像是一块移动着的巨大的白色厚毯，分不清人，分不清牛，也分不清马。成千上万头小公牛被冻死在牛道上。许多牛被暴风雪驱赶着，跌进了被白雪覆盖的深谷，在那里互相挤压，直到冻僵而死。在这种情况下，牛仔也难于生还。塞德曼在他的书中曾引用了埃默森·霍夫讲述的两个牛仔舍生救牛群的故事。这两个牛仔赶的牛群被厚厚的冰雪覆盖，已经跑动不起来。他们骑马在白毯前面弯曲的边缘奔跑着，拼命想使牛跑动起来，把白毯的一部分撕开。但是，两个牛仔的努力毫无用处，白幔关闭得太严。慢慢地，他们的眼睛被冰的断片刺伤，他们已不能自由呼吸。暴风雪把他们两人分开了。开始他们互相呼喊着，继之他们用"六响枪"的"噼啪"射击声联络。最后连枪声都没有了。两个牛仔与他们的牛群都冻死在一起。[③] 在这场暴风雪中，有很多牛仔丧生。

其五是牛仔们在牛道上还要克服人为因素设置的种种困难。有时，他们要躲避索要过境税的印第安武士，有时牛队遭到当地不友好的农民和定居者的堵截和驱赶。牛仔们还要时时防范武装强盗的拦路抢劫以及偷牛、盗马贼的袭击。关于这些障碍，在前面论述牛贸易问题时已有不少介绍。遇到这种情况，牛仔们或绕路远行，在牛道上度过更多的艰苦的日子，或钱财被抢劫，牛马被偷盗，牛队遭受重大经济损失。为了保护牛群，牛仔们不得不用"六响枪"向敌对者发出警告信号，或与对方交火，发生武装冲突。[④] 为了保护牛群，牛仔们经常有生命危险或付出生命的代价。前面谈到的多尔蒂的赶牛经历，在同武装匪徒的冲突中，他的同伴——牛仔约翰被盗匪击毙在马上。多尔蒂因为是一个未成年的孩子，经再三向匪徒乞求，才幸免一死。

---

① 劳伦斯·I.塞德曼：《马背生涯——1866—1896 年的牛仔边疆》，第 131 页。
② 托马斯·A.贝利、戴维·M.肯尼迪：《美国的庆典——共和国史》，第 530 页。
③ 劳伦斯·I.塞德曼：《马背生涯——1866—1896 年的牛仔边疆》，第 133、135 页。
④ 约翰·A.斯科特：《美国的故事》，第 206 页。

其六是与上述自然和人为因素所形成的种种牛道难题相比，牛仔最害怕的事莫过于牛群在夜晚突然炸群惊逃。长角牛是一种极易神经过敏的动物。在夜晚，一根划亮的火柴、突然闪现的星光、夜风吹落在牛身上的草和牛仔走动时身上雨衣的轻拍声都会引起长角牛受惊。只要一头牛受惊跑动起来，就会搅得所有的牛炸群，疯狂地在黑夜中四处逃散。尤其是伴着雷声和闪电的暴风雨之夜炸群更易发生。牛仔一切使牛群安静的努力都徒劳无益。呼啸的狂风，倾盆的大雨，夹着闪电的震耳雷鸣顿时使牛群受惊到处乱冲乱撞，逃向茫茫的四野。此刻牛仔们必须立即一跃而起，跳上马背，冒着被牛群践踏身亡的危险，果断地采取围追堵截的行动。否则，整群牛可能在顷刻之间荡然无存。但是，十几个牛仔要想让惊逃狂奔的牛群停下来是极其困难的。牛盲目地互相狂乱冲撞，挤作一团。牛的尖角互相撞击出耀眼的闪光。牛的身体互相挤压，毛皮摩擦出灼人的电光。牛蹄互相践踏，使很多牛受伤。此时，牛仔都把马缰绳松开，借助马的视力和本能让它们随牛群疾驰追赶。狂奔的牛群使大地抖动，散发出的巨大热浪蒸烤得在两旁骑行的牛仔脸上起了水泡。牛蹄撞击后发出的难闻气味让牛仔窒息难忍。每一次炸群都使赶牛队付出惨重代价。一些小公牛逃散到茫茫四野永远找不到了；一些牛跌落到悬崖下摔死；一些牛落入河中被急流吞没；一些牛伤残严重，痛苦地在地上爬行。牛仔们在围追堵截牛的过程中，有人不慎被牛蹄践踏；有人随坐骑或被多刺的荆棘划得遍身是伤，或陷入草原鼠挖的洞穴和沟渠之中；有人在追击牛群时连人带马跌落在悬崖下。比这些更危险更悲惨的是有的牛仔未能起身追赶牛群就被雷电击中；有的骑在马上在奔跑中遭雷击身亡。当然，这些惨剧不会同时发生在一次围追惊牛的事件中。但是，在惊牛多发的牛道上，确实有不少牛仔为保护牛群献出了生命。

从得克萨斯往阿比林赶牛需要2—4个月的时间，而到达科他或蒙大拿则需要6个月。牛仔们数月每天只能睡四五个小时，甚至有时连一个小时也不能睡。他们长年累月以马为伴，与牛为伍，其工作之劳累、路途之危险、生活之枯燥孤独不言而喻。在牛道上，牛仔们要与自然界的和人为的各种凶险搏斗。这是一种挑战人类生存极限的"长途驱赶"。在20年间，3.5万名牛仔，历尽千辛万苦，克服重重困难，把千余万头长角牛从得克萨斯驱赶到许多牛镇和整个大平原北部的牧区。这无疑是英雄般的冒险事业！

4. 黑人牛仔

在前面分析牛仔的构成时，我们已经说明黑人牛仔在其中占了相当大的比例。在黑人牛仔中，既有内战前就在得克萨斯州为牧牛场主放牧牛群熟练掌握了牛仔技能的奴隶，也有为了逃避东部的种族歧视而移居西部加入赶牛大军的人。几乎在每个赶牛队中都能看到两三个黑人牛仔活跃的身影。在"奇泽姆小道"上，一个标准的八人牛队通常包括两名黑人牛仔。[①] 随着"牧牛王国"的兴起，黑人牛仔也散布到大平原各地的牧场。他们为美国西部牧牛业的兴旺发达做出了杰出的贡献。虽然黑人牛仔的技术很好，但他们往往被分派干诸如看护牛群和野外烧饭等一些更卑贱、更劳累的工作。黑人牛仔的功绩也往往被人们所遗忘，为史家所忽略。在美国西部史和牛仔史中，黑人作用很少得到反映。《黑人牛仔》的作者们在准备讲授西部文化查阅资料时，吃惊地发现，想不到那样多的黑人牛仔被"西部史漏掉了"。[②] 在此情况下，两位作者在西部数州的图书馆、博物馆翻阅了大量第一手原始资料，写成了《黑人牛仔》一书，并于 1965 年出版。这或许是在 20 世纪 60 年代黑人民权运动的推动下产生的一个重要成果。此后，在西部史论中关于黑人牛仔的历史才有较多的反映。

历史学家肯尼斯·W. 波特经过较深入的研究指出：很多黑人牛仔像白人牛仔一样被雇用，但是在一个牧场或一个赶牛队里，他们干的都是最艰苦的工作，只有极少数人能升到工头或赶牛老板的地位。在牧场里，黑人和墨西哥人经常被指派作看马人，照料那些不马上使用的备用骑乘马。看马人的工作是牧场上最低下的工作。[③] 波特仔细研究了 19 世纪 70 年代赶牛队的人

---

① 威廉·L. 卡茨：《黑色的西部——文献和图片史》（William L. Katz, *The Black West, A Documentary and Pictorial History*），阿登城·纽约 1973 年版，第 146 页。

② 菲利普·德拉姆、埃弗里特·L. 琼斯：《黑人牛仔》，第 V 页。

③ 肯尼斯·W. 波特：《西部牧牛业中的黑人劳动力》（Kenneth W. Porter, "Negro Labor in the Western Cattle Industry"），《劳工史》（*Labor History*）1969 年第 10 卷第 3 期。

员构成。在 1872 年，赶牛队由一个白人牛道老板、八个墨西哥人和一个黑人组成；1874 年的一些赶牛队除一名赶牛老板外，其他成员均为黑人；1877 年的赶牛队由七个白人、两个黑人牛仔和一名黑人厨师组成，也有的赶牛队是由七个白人、两个黑人牛仔和一名墨西哥看马人组成，有的赶牛队没有墨西哥人，有的赶牛队几乎全是黑人或有 1/3 的黑人，标准的赶牛队包括两名黑人。① 在牛道上，黑人牛仔往往承担诸如在又宽又深的急流中游泳驱赶牛群过河、围追堵截惊逃狂奔的牛群等最危险的工作。很多人为此丧生。在一些牛仔对惊逃的牛群撒手不管时，只有少数黑人牛仔仍然与牛群待在一起。有一个可怜的黑人牛仔，在一场寒冷的北风袭来时，因为放弃了钻进炊事工具车内而被冻死在他的马背上。② 一些黑人牛仔成了骑乘烈马、娴熟使用套索和善唱安定牛群歌曲的能人和高手。在牧场或牛道上，如果没有这些黑人劳动者，不但因缺少了这些专业的骑手、套索手和厨师多有不便，而且因缺乏生动、活泼、自然和优雅的娱乐而使牧场生活和牛道驱赶被更多的沉闷所笼罩。

四、其他雇工

1. 厨师

在牧场和赶牛队里，除牛仔外厨师也是一个重要角色。在牧场里，厨师是管理锅盘碗罐的"专制君王"；在牛道上，他是那辆炊事工具车的管理者。在牧场和赶牛队的雇工中，厨师是高等级的岗位，其地位仅在牧场的工头或赶牛老板之下。在牛道上，在牧牛营地，厨师在炊事工具车周围方圆 60 英尺的范围内享有至高无上的权力。除了烹饪技能外，他必须有在暴风雪、大暴雨和高风天气下准备一顿饭的能力。厨师也是赶牛和赶骡子的能手，能驱赶着 2—3 对公牛或 4 头骡子拉着炊事车穿过最难走的地区，包括涉过洪水暴涨的条条河流。③ 在长途驱赶中，渡河或与印第安人发生冲突时，厨师经

① 肯尼斯·W. 波特：《西部牧牛业中的黑人劳动力》，《劳工史》1969 年第 10 卷第 3 期。
② 肯尼斯·W. 波特：《西部牧牛业中的黑人劳动力》，《劳工史》1969 年第 10 卷第 3 期。
③ 肯尼斯·W. 波特：《西部牧牛业中的黑人劳动力》，《劳工史》1969 年第 10 卷第 3 期。

常被留下来单独保护炊事车。在此情况下，他要面对任何突发事件。在牧场，厨师不仅仅掌管厨房，通常也管理牧屋。一位厨师比牧场或赶牛队的任何成员都能使大家生活得好一点。如呆有一个烹饪技术高的厨师，就能为牧牛场主招来一些好的牛仔。厨师除了其主要任务之外，还在牧场和赶牛队为大家做些额外的服务工作，如准备一些常备药品，为牛仔治疗一些小的疾病。在一个牛仔喝了含碱过多的水感到不舒服时，厨师就让他在食物和饮水中放些西红柿浆，使酸碱中和一些。因为专业的特殊性，只有极少数人能胜任厨师的工作。因此在正常的情况下，每月厨师比普通牛仔工资的两倍还多得5—10美元。① 厨师一般没有年轻人。他们可能是一个黑人、一个墨西哥人，或是来自城市下层的白人。像这样的白人厨师对牧牛仅有的知识就是把"炖的菜盛在盘子里"。厨师中也有很多人是失败的赶牛人。他们骑在马上的日子已经一去不复返了，但又不能忍受远离牛、马的生活，因此做了炊事工具车的厨师。有的赶牛队还有像德国人和瑞典人等外籍厨师。不论是牧场的厨师还是炊事车的厨师，都可以用对伙食上的专断权来弥补他在声望上的损失。没有一个人敢去招惹厨师，因为他有很多实行报复的方法。厨师从来不是牛仔们嘲弄的对象或恶作剧的目标。"脾气乖戾得像个厨子"（as tetchy as a cook）至今仍是一句牧场谚语。②

2. 看马人

在牧场负责管理普通马群（或加鞍备用马）的人被称为看马人。他从不与牛群有什么接触。其任务是看管备鞍马群和驮载牲畜，帮助厨师运回木料。看马人与牧场优秀牛仔的关系，跟"餐馆中洗碗人与厨师长的关系极其类似"。③ 在牧场和赶牛队里，看马人是地位最低和最没有威信的雇工，通常由黑人、未成年的半大男孩和老人担当。实际上，看马人很重要。他必须有很高的能力：能觉察马是否生病或有伤，并能医治；能挑选出适合干每样工作的马；

---

①　肯尼斯・W. 波特：《西部牧牛业中的黑人劳动力》，《劳工史》1969 年第 10 卷第 3 期。

②　沃尔特・P. 韦布：《大平原》，第 250 页。

③　罗斯・桑蒂：《人与马》（Ross Santee, *Men and Horses*），纽约 1926 年版，第 83 页；转引自沃尔特・P. 韦布：《大平原》，第 250 页。

能从马群中挑出难于驾驭的烈马等等。加鞍备用马是牛仔放牛、赶牛时乘坐的矮种马。一个牧场所有的鞍马合在一起被称为"加鞍备用马群"。加鞍备用马群因牧场大小和人员多少不一而有所不同。普通情况下每个牛仔可以领到8—10匹马使用。15个人则可管理50—120匹马。规模较大较全的牧场还会有一个被称为"夜莺"的牧马人。他在夜里放马，在晨曦初现时再把它们赶回圈中。"S.M.S"的牧牛矮种马超过了500匹。[①] 一般牧场装备的加鞍备用马的数量为125—150匹。[②] 这些马由看马人管理。其职责是当牛仔需要更换坐骑时，他把这些马赶到一起，看它们是否饮过水和吃过草，并看住它们以防走失。这些马一般在清晨、中午、晚上以及因工作需要牛仔必须更换马匹的其他时间被驱赶到一起。牛仔在走马巡边时，需要骑乘被驯服的烈性、快速幼龄马。他们在驱集牛群时需要骑老的、温顺的马。看马人必须能从外形上识别出每一匹马并晓得它的名字。如果某匹马丢了，他只要粗略向马群扫视一下，就能说出是少了哪一匹。对一个半大男孩或老人来说，管好马群决非易事。

3. 工头和赶牛老板

工头是牧场上地位最高的雇工。他被指派负责管理和指导牧场的日常工作。诸如牧场巡边和放牧人员的安排、做赶拢和长途驱赶的准备工作等都在工头的指挥下进行。特别是在一些大牧场，牧场主经常不直接参与管理，工头的作用就更加突出。赶牛老板，也称牛道老板，是赶牛队的统领者。早期的长途驱赶很多牧牛场主直接参加，由他雇用牛仔，组织赶牛队。后来，随着牧场规模的扩大，牧牛场主雇用赶牛老板组成赶牛队，将其牛群长途驱赶到牛镇出售或到北部牧区育肥。被牧牛场主雇用的赶牛老板的地位同牧场工头相当，故对其亦有"道头"之称。有的赶牛老板就是牧场的工头。在赶牛队里，赶牛老板是总指挥。他负责安排牛仔的工作岗位、每日行进的速度、寻找水源、选择宿营地点、指挥应对突发事件、到

---

① 沃尔特·P. 韦布：《大平原》，第252页。
② 沃尔特·P. 韦布：《大平原》，第253页。

目的地出售牛群及发放牛仔工资等项工作。牧场工头和牛道老板是牧牛场主雇工中地位最高的人，是领导牛仔完成牧场各项工作和顺利把牛群长途驱赶到目的地的指挥者。他们协助牛牧场主进行经营管理。牧场工头与赶牛老板所得报酬相同，一般为每人每月100—150美元。[①] 这是美国西部牧区雇工的最高工资。

五、劳资关系

1. 天差地别的结果

前面我们已经较详细地剖析了"牧牛王国"的两个群体——牧牛场主和牛仔。牧牛场主和牛仔的关系是雇佣和被雇佣的关系。美国西部牧牛业的繁荣带给牧牛场主和牛仔的是相差极为悬殊的两种结果。

尽管大多数早期牧牛场主在青年时代曾历尽艰辛，但他们"都成了世界上最成功的商人"。[②] 首先，牧牛场主们都因牛贸易而发了财。丹·瓦格纳于1850年在现今得克萨斯北部中心地带怀斯县沿登顿河初建牧场时，只携妻子带去了242头长角牛。第二年，他在距今迪凯特约17英里的特里尼蒂河边的卡克特斯山购买了1.5万英亩土地。1869年瓦格纳开始在堪萨斯北部售牛，获利很大。随后，他的牧场扩大到威尔巴格、福尔德、贝勒、阿切、诺克斯等县。到1895年，瓦格纳成了富翁，拥有4.5万头牛、2,500匹马、1万英亩从得克萨斯州购买的契约地以及从政府那里租用的过雷德河向北至印第安人领地锡尔堡附近的50万英亩土地。1904年他去世时，其牧场覆盖了100多万英亩的土地。[③] 在19世纪80年代，把3,000头牛赶到市场出售，可得1万美元的纯利。[④] 很多牧牛场主因牛贸易发财致富。像瓦格纳这样因牛贸易发了财的许多牧牛场主将一部分或全部利润用于投资土地、购买更多牛以扩大经营。其次，牧牛场主不断改善自己的居住和生活条件。一些人在

---

① 肯尼斯·W.波特：《西部牧牛业中的黑人劳动力》，《劳工史》1969年第10卷第3期。
② 约瑟夫·G.麦科伊：《西部和西南部牛贸易史略》，第290页。
③ 戴维·达里：《牛仔文化》，第256页。
④ 马丁·里奇、雷·A.比林顿等编：《美国边疆史——西部扩张文献史》，第610页。

其旧牧屋旁建造新房，将以前的牧屋改造成工棚或储藏室。绝大部分新牧屋都是一层的木制或土坯结构建筑物。许多牧牛场主的房子在南面留有长长的阳台，以便冬季有充足的阳光和夏季通风好。低矮的房顶可以提供阴凉。室内有客厅、餐厅、大厨房和卧室，还有一小间牧牛场主的办公室。为了方便接待来访者，办公室的门有的朝外开。19世纪70年代，丹·瓦格纳则别出心裁地在迪凯特东部建了一座城堡式的石屋。70年代晚期，牧场流行从商店购买家具。得克萨斯的许多牧牛场主都从沃思堡、圣安东尼奥和其他地方的商店中订购家具。在牧牛场主的客厅里，窗户上挂上了带花边的窗帘。夜晚，牧牛场主的住宅内点着明亮的蜡烛或煤油灯。这样的牧牛场主住宅尽管按今天的标准衡量其外观还很原始，但其内部的布置已相当舒适。再次，牧牛场主不干像牛仔们所干的艰辛工作。70年代后期，一些牧牛场主起床后到工棚看看牛仔们是否起床并布置一天的工作。有的牧牛场主只是与工头交谈而避免与其雇工过分亲近。有些牧牛大王长期住在城镇，雇人替他管理牧场，很少到牧场去。还有些牧牛大王前往当时因豪华而著名的"夏延俱乐部"，舒适地坐在椅子上，吸着哈瓦那雪茄，"常常用英国方言与同行们讨论着账本"。[①]总之，美国西部牧牛业的繁荣造就了一个富有的牧牛场主集团，产生了一些大牧牛场主和牧牛大王。

虽然在美国造成了一个持久的、迷人的牛仔神话，赋予了他们浪漫、传奇的经历，但实际上他们只不过是牧牛场主的骑在马上的雇工。为牧牛场主管理牛群的西部牛仔与好莱坞影片中的"牛仔英雄"毫无相似之处。首先，真正的牛仔生活和工作条件极其艰苦。虽然19世纪70年代后期多数牛仔住进了工棚，不再在牧场边界的简陋窝棚或洞穴里吃住，但在牧场被带刺铁丝网围起来之前并不是所有的牛仔都能如此。那些被指定走马巡边的牛仔仍然经常住在牧场边界的洞穴或被废弃的窝棚里。即使住工棚的牛仔，其工棚也是牧牛场主废弃的早期牧屋改建的。有的工棚还要兼做牛仔的厨房。牛仔的

---

① 约瑟夫·R.柯林：《美国的过去》（Joseph R. Collin, *The American Past*），芝加哥1987年版，第546页。

伙食也较为单调。1882 年，"T5 牧场"从堪萨斯边界城镇雇了奥利弗·纳尔逊当厨师。他的厨房就在牛仔的工棚里。纳尔逊为牛仔们做的第一顿饭只有面包、咸肉、加面粉的肉汁和一杯糖水。他用车拉回牧场的食品包括 20 磅达勒姆公牛肉、几小盒糖果、100 磅糖、一盒重 160 磅的生咖啡、500 磅咸肉、20 包面粉、200 磅豆子、50 磅苹果干、一盒苏打和一包盐。① 从这些食品中，很难让厨师每日做出什么花样翻新的食谱。每个牛仔必须自备卧具。这些卧具被称作"热卷"。外面是两层 16—18 盎司重、18 英尺长、8 英尺宽的油帆布，行李夹在中间——通常是几床"粗毛毯"和毛毡充当被褥。牛仔的卧具中很少配有褥垫，多余的粗毛毯用作褥垫。这就是他的全部家当。上层油帆布用作临时的遮蔽物，可以用来防雨。② 因为牛仔在长途驱赶、赶拢和巡界中不得不在任何天气下在室外露宿过夜。前面我们已经详细分析过：牛仔们平日的骑马巡边、赶着牛群放牧等例行工作非常枯燥乏味；集中赶拢又是连续的超强度艰苦劳动；长途驱赶更是数月饱经风险和艰辛的经历。其次，牛仔们几乎享受不到什么权利，他们处于牧牛场主的严格管理和控制之下。在美国西部牧区，早期衡量一个牛仔行为的唯一标准是他是否忠诚于其牧牛场主。后来，对多数牧场的牛仔来说，最基本的信条是忠诚于自己的牧场。他们不但要完成牧牛场主和工头分派的各项艰苦的工作，而且还要忍受种种苛刻的限制。特别是在大牧场出现以后，牧牛场主制订的限制牛仔的规定更加全面、更加严格。得克萨斯州西部占地 300 万英亩的"XIT 牧场"制定的规则竟有 23 条之多③，涉及牛仔生活、工作的方方面面。对于这些规定，牛仔的天职就是服从。不遵守这些规定的牛仔会受到严厉的处罚，甚至会被

---

① 安吉·迪博编：《牧场主的西南部——奥利弗·纳尔逊在堪萨斯、印第安人领地和俄克拉何马作为承运人、营地厨师、牛仔和边疆居民的回忆》（Angie Debo, ed., *The Cowman's Southwest, Being the Reminiscences of Oliver Nelson Freighter, Camp Cook, Cowboy, Frontiersman in Kansas, Indian Territory, Texas and Oklahoma, 1878-1893*），格伦代尔 1953 年版，第 98 页；转引自戴维·达里：《牛仔文化》，第 285 页。

② 沃尔特·韦布：《大平原》，第 254—255 页；戴恩·库利奇：《得克萨斯牛仔》（Dane Coolidge, *Texas Cowboys*），图森 1985 年版，第 82 页。

③ 威廉·H. 福比斯：《牛仔》，第 82 页；戴维·达里：《牛仔文化》，第 303 页。

解雇。按规定，牛仔要始终照料好马匹，如果他表现出不耐烦，就很可能失去工作。当一个新手到一个牧场时，如果工头指出了他要骑的马，这便是个良好的信号，意味着工头相信他能驾驭这匹马。当一个工头要开除一个牛仔时，他就会把这个牛仔最心爱的马带走，这也是他被解雇的明确信号。一个牛仔必须照顾自己的马，即使劳累一天后已十分饥饿，他也得先喂好马后再自己吃饭。牧场的任何决定权都属于牧牛场主，他们不允许牛仔在牧场上拥有牛。

其三，牛仔的辛勤劳动为牧牛场主创造了巨大财富，但他们的工资却很少。其付出与所得极不相称。至于变得富起来而成为牧牛场主的牛仔更是寥寥无几。牛仔的工资从 19 世纪 60—90 年代虽然有一点增加，但总体上是低的。北部牧区的工资比得克萨斯和堪萨斯高一些。内战刚一结束，在南部牧区一个普通的牛仔每月的最低工资为 15 美元；60 年代末、70 年代和 80 年代为 20—30 美元；90 年代达到 45 美元；一个有经验的头等牛仔比没有经验的牛仔每月多得 5—10 美元。赶牛的牛仔比在牧场上工作的牛仔每月所得略微多一点，特别是有经验的赶牛牛仔偶尔每月可以领到双倍的工资，达到 60 美元，甚至到 75 美元；但是，一个"放青"的男孩（看马人）只有 5—7.5 美元。在此期间，赶牛老板和牧场工头每月的工资一般为 100—150 美元。厨师的工资与拿头等工资的牛仔相当，或是普通牛仔的两倍，但在赶牛队中他通常比最好的牛仔每月多得 5—10 美元。北部牧区的牛仔一般比南部牧区的牛仔每月多得 10 美元。[①] 牧场雇工的工资中包括其伙食及卧具的开支在内，牛队成员的工资包括伙食费在内。牛仔们还得自置服装、马鞍、辔头、鞍垫以及马刺等。在此我们不妨算一笔粗账。前面提到：在 19 世纪 80 年代，牧牛场主每把 3,000 头牛赶到市场出售可得 1 万美元的纯利。我们以 12 人组成的赶牛队计算，其中有一名赶牛老板以每月 150 美元的最高工资计算，3 人（两名道头和一名厨师）拿牛仔

---

① 路易斯·佩尔策：《1850—1890 年牧场主的边疆》（Louis Pelzer, *The Cattleman's Frontier, 1850-1890*），格伦代尔 1936 年版，第 166、246 页；转引自肯尼斯·W. 波特：《西部牧牛业中的黑人劳动力》，《劳工史》1969 年第 10 卷第 3 期。

最高等级工资每月 75 美元，厨师每月再比此多 10 美元，7 名普通牛仔每月工资 30 美元，看马的男孩每月为 10 美元，12 人 4 个月的工资为 150×4+75×4×3+10×4+30×4×7+10×4=2420（美元）。一个赶牛队完成一次长途驱赶的全部工资所得仅为牧牛场主所得纯利的 24.2%。[1] 况且，每支赶牛队不可能都得到这样的上限工资。对一个普通的牛仔来说，作为对他在充满尘土、饥饿、酷暑、严寒和危险的牛道上数月艰辛劳动的回报仅有微不足道的 100 美元。这些工资收入只是一顶新帽子和一双精美的鞋子的价钱。[2] 牛仔伯罗斯在牛道上度过了 18—20 个春秋。他在后来的回忆中说，其最后的全部所有是：高筒靴、工装裤和其他一些值 4.8 美元的衣服。[3] 与牛仔们为牧牛场主创造的巨额财富相比，他们的所得是微不足道的。牧牛大王们的财富增长，是靠剥削牛仔们的劳动致富的。"牛仔对美国'镀金时代'财富的增长贡献很多"[4]。

2. 牛仔的罢工

随着牧牛业的发展，牛仔们在西部牧区逐渐形成一个独立的劳工阶层。他们为改善自身的生活状况和工作条件采取了不同的斗争形式。由于牛仔无法与牧牛场主的经济实力抗衡，也没有自己的政治组织，所以最初的斗争只是个人的行为，而且是消极的逃避方式。如某个牧牛场主对牛仔非常不好，安排吃住条件很差、不雇好厨师等，该牧牛场主就留不住好的牛仔。牛仔们往往干几个月就离去，另找较好的雇主。留不住有经验的好牛仔的牧牛场主或赶牛队就会蒙受巨大的经济损失。当时，牛仔的流动性非常大，许多牛仔在一个牧场只待 6—8 个月。[5] 虽然在牧牛场主建立起自己的组织——"家畜饲养者协会"后有许多牛仔加入了"劳动骑士团"，但牛仔始终未能建立起

---

① 根据佩尔策提供的 19 世纪 80 年代牧区雇工工资的最高工资和马丁·里奇等人提供的同期售牛利润计算所得。

② 威廉·S. 福比斯：《牛仔》，第 142 页。

③ 劳伦斯·I. 塞德曼：《马背生涯——1866—1896 年的牛仔边疆》，第 270 页。

④ 劳伦斯·I. 塞德曼：《马背生涯——1866—1896 年的牛仔边疆》，第 188 页。

⑤ 比尔·奥登：《早期在得克萨斯——新墨西哥平原》（Bill Oden, *Early Days on the Texas-New Mexico Plains*），坎宁 1965 年版，第 32 页。

其独立的组织。牛仔们在牧区的频繁流动性，实际是他们反抗牧牛场主剥削的一种自发的斗争形式。

有记载的牛仔罢工有两次。一次是 1883 年得克萨斯州潘汉德尔地区的牛仔罢工，另一次是怀俄明领地牧区的牛仔罢工。

1883 年 3 月，在春季赶拢开始前，潘汉德尔地区三个牧场牛仔举行联合罢工。有 24 名牛仔签署了罢工声明。主要要求之一是提高工资，由当时每月所得工资的 25—35 美元提高到 50 美元。好的厨师的工资也要达到 50 美元，巡边骑手的工资不少于 75 美元；要求之二是改善伙食，特别是要增加蔬菜。后来，参加罢工的牛仔扩大到 5—7 个大牧场的 300 人（另一说为 200 人）。罢工持续了一年最终失败。罢工期间，有些牧场被烧，围栏被剪断。罢工的牛仔非常团结，他们常聚在酒吧狂欢。得克萨斯的牧牛场主们联合破坏了这次罢工。[①] 他们雇来了枪手和舞女，使罢工者耗光了积蓄。牧牛场主们以每月 30 美元招雇城镇的无业游民取代罢工的牛仔。在此情况下，罢工的牛仔不得不复工。第一次牛仔罢工以失败告终。尽管这次罢工失败了，但它表明牛仔们已开始关注自己的权利，并为改善工资待遇和生活条件进行了有组织的斗争。

1886 年，在怀俄明领地爆发的牛仔罢工起因于牧牛场主削减牛仔的工资。牧牛场主决定将当时流行每月 35—40 美元的牛仔工资至少减少 5 美元。恰在春季赶拢之前，鲍尔河南支流的牛仔们举行了罢工，为周围地区所有的牛仔每月获得 40 美元工资而斗争。领导这次罢工的是那些每月已得到 40 美元的牛仔。他们的目的是为那些每月仅得 35 美元甚至 30 美元的牛仔争得与他们相同的工资。这次罢工扩展到斯威特沃特至普拉特地区。虽然罢工的领导者后来受到了排斥，但罢工取得了胜利。[②]

---

①　威廉·H. 福比斯：《牛仔》，第 128 页；肯尼斯·W. 波特：《西部牧牛业中的黑人劳动力》，《劳工史》1969 年第 10 卷第 3 期。

②　罗伯特·V. 海因：《美国西部——一部解释性的历史》（Robert V. Hine, *The American West, An Interpretive History*），波士顿 1984 年版，第 135 页；海伦纳·H. 史密斯：《鲍尔河上的战争》（Helena H. Smith, *The War on the Power River*），纽约 1966 年版，第 31—33、289 页。

综上所述，我们可以清楚地看出牧牛场主与牛仔的关系是雇佣和被雇佣、剥削与被剥削的关系。牛仔是牧牛场主雇用的牧场工人，他们属于"镀金时代"美国垄断资本统治下的劳工阶级的一个组成部分。由于美国西部牧区地域辽阔，牛仔具有很大的流动性，他们未能建立起自己的组织。他们所进行的为数不多的罢工，仅限于提高工资和改善生活的经济斗争，甚至连缩短工时的要求也没有提出。然而，从这两次罢工中可以看出，分散性、独立性很强的牛仔们，为维护自身的利益和权利毕竟进行了联合斗争。

第二节　牧羊主与牧羊人

一、牧羊主

1. 牧羊场体制的演变

牧羊主是美国西部牧区社会的重要成员。他们与牧牛场主的利益相左。以牧羊主为代表的牧羊集团与以牧牛场主为代表的牧牛集团都想夺得对牧区的控制权。在"牧牛王国"的疆域从得克萨斯向北、往西扩展的同时，"牧羊帝国"的范围则以新墨西哥为中心向四周开拓。牧牛区和牧羊区在西部公共牧区不断拓展。两者互相蚕食侵占。牧羊主和牧牛场主都想如帝王一样，成为独占牧区的主宰。

美国西部的牧羊主实行牧场经营。在西班牙殖民统治时期和墨西哥时代，大牧羊场属一个大牧羊主所有。他不参与牧羊场的经营管理。牧羊场的管理体制由1个总管、6个牧羊场主、18个骑马牧人和50个牧羊人组成。总管负责牧羊场的日常经营管理。他前往各个牧羊营地周围查看羊群状况，解雇不合格的牧羊人和雇用新人，检查那些在他管辖下的牧羊主的每月账目和经营报告。每个牧羊主管理由3个骑马牧人和9个牧羊人组成的牧羊组。他除了准备账目和报告外，大部分时间用于骑马巡视。他负责为不同的羊群分配放牧区，指导牧羊人寻找走失或被盗的羊，查看疫情，处理其他类似的日常事务。每个骑马牧人监督着 3 个牧羊人，经常关注数群羊的放牧情况。每个牧羊人负责放牧由 2,000 只羊组成的独立羊群。[①] 他日夜与羊群相伴，随吃草的羊群步行移动。牧羊人靠他忠实的牧羊狗保持羊群集拢在一起，保护羊群免遭野兽的侵害。以上是得克萨斯恩西诺县的"卡拉汉牧场"（Callaham Ranch）四级管理体制，到 19 世纪 70 年代以后，该牧场人员构成的复杂性仍反映出西班牙式的牧羊场特征。它可以被视为美国西部牧羊业步入现代化进程中的旧时代牧场的幸存物。

在西班牙牧羊场体制下，大牧羊主实际上很少管理它的羊群。大多数职责由总管承担。然而，西部牧区归属美国之后，美国的大牧羊主却直接管理羊群，羊群的所有权和经营管理权都集中在他的手中。在美国体制下，牧羊场的人员构成趋于简单化。它没有总管及牧羊主的设置。旧式牧羊场中牧羊主的许多职责，也保留在新式牧羊体制的大牧主手中。新式牧场牧羊营地的看管人承担了旧式骑马牧人的大多数任务，通常他只管理着两群羊。也有偶然管理数群羊的看管人，但这种情况非常少见。在美国体制下，牧羊人有了更大的独立性和承担了更多的责任。

2. 不同类型的牧羊主

综观"牧羊帝国"的发展史，我们可以看到，美国西部的牧羊主大致可以分为四种类型。第一种类型的牧羊主是最初把绵羊引进西南部牧区的人。在这类牧羊主中，有些人是为了商业目的而经营。旧的西班牙羊种为太平洋沿岸地区羊群的发展打下了基础。但自西南部地区被美国兼并后，那里的牧羊业却步入了新的阶段。特别是在加利福尼亚发现金矿后，随着"淘金热"的移民流而起的是向西部的赶羊潮。从 1850 年美国的商业快船频频抵达太平洋沿岸始，到南北战争结束，向西部赶羊运动终止。其间，西南部的养羊业发生了巨大变化，从平静的"拉丁方式"转为狂热的美国式快节奏。许多牧羊主从密苏里河以东地区购买了大羊群。他们驱赶着羊群，经过长时间的长途跋涉，抵达加利福尼亚，在那里建立起牧羊场。这些牧羊主向采矿

---

① 爱德华·N.温特沃斯：《美国的赶羊小道》，第 401 页。

营地供应羊肉，也向当地的牧羊人提供羊群。他们是为商业目的而经营的牧羊主。

第二类牧羊主是专门从事纯种羊改良的人。在整个 19 世纪，美国养羊业的历史因美利奴羊的出现而改变。在这个世纪之初，美国人已认识到，他们的服装业要靠优质羊毛的支持。为此，一些养羊人便致力于美利奴羊的引进。从 1840 年起，法国的美利奴羊开始被美国东部养羊人引进康涅狄格州。随后，在 40 年代中期至 50 年代初，纽约、俄亥俄和佛蒙特的羊主也不断从法国政府或私人的羊群中引进优质的美利奴公羊和母羊。在向西部赶羊期间，一些牧羊主则把他们培育改良的美利奴羊①带到西部，在那里建立牧场，专门从事纯种羊的饲养和改良。如果说在 19 世纪中期美利奴羊的饲养还仅限于东北部地区，那么在该世纪之末，美利奴羊及其衍生的后代则布满了西至太平洋沿岸，北抵加拿大边界，南达墨西哥国界的整个美国。正是那些专门从事优质羊种培育者的不断努力，才取得了这样巨大的成绩。

第三类牧羊主是在西南部按旧式西班牙经营方式建立大羊群的人。这类牧羊主或与西班牙家庭成婚，或按旧的西班牙方式建立自己的牧场。关于西班牙式的牧场经营，笔者在第一章已有较详尽的介绍，此处不再赘述。

第四类牧羊主是把东部绵羊引入西部，按照新的经营方法放牧大羊群的人。他们要根据所在牧区的气候条件、地区环境、市场需求等等因素的影响，规划牧场规模，组织管理机构和实行科学经营管理，以求获得好的经济效益。

3. 来自东北部的牧羊主

在西部著名的牧羊主中，有一些人是从美国东部移居西部牧区的。阿瑟·G. 安德森 1851 年生于田纳西州的一个种植园主家庭。在安德森 8 岁那年，其父卖掉了种植园。他一家人乘坐四轮马车，由田纳西良马拖拉的长列大篷车队载着奴隶和家具，举家前往克萨斯。过了达拉斯后，安德森一家在位于麦卡维特堡与默纳德之间的一个仅有少量房屋和数顶帐篷的定居点安

---

① 后来美国人饲养的法国美利奴羊改良衍生的后代称朗布依埃羊（Rambouillet）。

顿下来。时过两年，他家的牧场总部和住宅尚未建好，美国内战便爆发了。安德森一家搬到了圣安东尼奥，后又去了新奥尔良。内战期间，安德森的父亲被任命为南部同盟的代表。为促进南部棉花的出口，其父大部时间在欧洲游说。安德森在新奥尔良上学。内战后的半个多世纪，是得克萨斯的牧羊业由传统的西班牙方式向现代生产方式转变的重要时期。这个"孤星州"的基本经营方式与西部其他州或领地相比，有两个显著不同的特点：其一是羊群在"防狼围栏"的范围内放牧和建立了有效的羊毛仓储体系；其二是该州养羊业向现代化转型的过程融合了西裔美国人、东部美国人、英国人和德国人的技术和传统。正是在这个转型时期，年轻的安德森开始了其养羊生涯。1872 年，他返回了在西得克萨斯的牧场。在那里他一直做牧羊主，直到 1919 年故去。[①]

富兰克林·赫尔希是专门从事由西向东赶羊的牧羊主。赫尔希 1844 年生于宾夕法尼亚。在他还是孩子时，就曾有过在其父指导下从该州西部赶家畜翻山越岭到田纳西的经历。1881 年，他前往芝加哥，专门从事贩卖牲畜的生意。1886—1887 年的暴风雪使西部的牧牛业遭受了巨大损失。其结果进一步刺激了随后两个夏季的向东部赶羊高峰期，为的是占领被牧牛场主放弃的牧区。1887 年，赫尔希吸收在芝加哥的宾夕法尼亚人 E.博克切尔加入他的羊贸易机构。两人合伙从俄勒冈东部和爱达荷西部赶羊群到内布拉斯加的吉本饲养。此时的堪萨斯和内布拉斯加等州已成为重要的绵羊饲养地。赫尔希与博克切尔的合伙经营到 1889 年结束。此后，赫尔希继续从事向东部赶羊和把其养的羊用火车运往东部，直到 1915 年他将牧场处理给 K.E. 柯克和"K.O.R 土地公司"为止。在赶羊期间，赫尔希向东驱赶了近 20 万只羊。在向东部赶羊终结时，他装运的羊达 40 万只。[②] 在长途赶羊中，赫尔希有两个突出的优点。第一，他具有无限的精力且吃苦耐劳。在他的赶羊队中，备有一辆有两匹马拉的马车，装着帐篷、炊具和卧具。赫尔希总是骑马巡视，

---

① 爱德华·N.温特沃斯：《美国的赶羊小道》，第 395、605 页。

② 爱德华·N.温特沃斯：《美国的赶羊小道》，第 613 页。

不停地从这群羊到那群羊之间来回查看。夜晚，他经常把卧具放在沙漠或山地上过夜。第二，赫尔希很有经济头脑。如在1888年，赫尔希从俄勒冈赶出了1.5万只混合羊群，包括母羊和阉羊。在经过罗克里弗时，他从羊群中挑出650只一岁龄的母羊出售给买主①，做了一笔好生意。一路上，他不断把一岁龄或较老的母羊从阉羊群中挑出来。到赶羊终点时，羊群中只剩少数母羊作为肉羊出售。因为当时纯种母绵羊售价高，阉羊售价低，混合羊群不如分类出售赚钱。在赶羊途中，赫尔希能不断把母羊从混合羊群中分离出来，使每次赶羊能获利更多，说明他是一个非常精明的牧羊主。赫尔希的一生跨越了"牧羊帝国"勃兴的时期。他参与了美国牧羊业由东向西的推移。在横贯大陆赶羊的辉煌年代，他是从俄勒冈向东部赶羊的最大经营者之一。在促进发展巨大的羊业中心市场和灌溉地区的养羊业方面，赫尔希都扮演了重要的角色。

从东部移居到怀俄明的牧羊主中，最有影响的是J.M.威尔逊医生和弗朗西斯·E.沃伦参议员。最初在怀俄明东部定居的是牧牛场主，但在19世纪80年代后期一些牧羊主也在那里经营。在道格拉斯和拉斯克附近建了许多牧羊场。1886年，道格拉斯镇址设立。早在四年前，俄亥俄州的一位医生J.M.威尔逊从铁路公司买了一些羊栏。1893年，威尔逊在北普拉特河道格拉斯以南买了一个牧场，建立了自己的大绵羊群。他以拉勒米峰东北坡作夏季放牧区，把奥林章克申以南沿河一带作冬季放牧地。从1893—1901年间，威尔逊开始从俄勒冈向东部赶羊。通常，他每年要赶6,000只母羊组成的羊群。在1898年的赶羊高峰期，他共赶了六群羊。②威尔逊从俄勒冈购买的羊群有些被赶往了拉勒米峰斜坡牧区，有些被赶到爱达荷的韦泽后装火车运到内布拉斯加的饲养地育肥。除沃伦参议员外，威尔逊在怀俄明牧羊主中长期居领导地位。他任"怀俄明羊毛生产者协会"（Wyoming Wool Growers' Association）会长的时间比其他人都长。威尔逊是一个有才能的演说家，是

---

① 爱德华·N.温特沃斯：《美国的赶羊小道》，第277页。

② 爱德华·N.温特沃斯：《美国的赶羊小道》，第277、324页。

反对美国官僚政治控制西部的不屈斗士。

弗朗西斯·E.沃伦是西部牧羊业中杰出的人物和怀俄明的政治家。他1844年生于马萨诸塞州的欣斯代尔，并受教育于"欣斯代尔中等学校"（Hinsdale Academy）。内战期间，沃伦在州内的军队中服役。内战结束后，他受雇于欣斯代尔附近的"乔治·普伦基特畜牧场"（George Plunkett's Stock Farm），当了近三年的主管人。1868年，沃伦被雇为芝加哥、罗德艾兰和艾奥瓦太平洋铁路的建筑老板而在西部奔波。同年，他定居于怀俄明的夏延。在此后的15年中，沃伦在怀俄明逐步奠定了其雄厚的经济基础。1883年，他组建了"沃伦土地家畜公司"（Warren Land and Livestock Company）[①]，并扩大在领地内拥有的土地。沃伦自1871年开始经营牧羊业。他是一个成功的牧羊主。到1889年，该公司拥有28.4万英亩土地。他的牧场全部都筑有围栏。公司的部分土地由长30英里的主渠和65英里的横排水沟承担灌溉任务。这部分土地年产1,800吨干草，可喂养大约7万只羊。"沃伦土地家畜公司"保持着38处牧场房屋和遍布整个放牧区的牧羊点。每个牧场间用电话相互联系。这在19世纪80—90年代是令人吃惊的。该公司肉羊群的冬季育肥地设在内布拉斯加。"沃伦土地家畜公司"的羊群增长得很快。1884年，该公司有2.5万只绵羊；到1889年，其绵羊增长到9万只，安哥拉山羊为2,500只；至1890年，绵羊的产羔量为2.5万只，安哥拉小山羊为700只；到1891年，该公司放牧的绵羊达11万只，安哥拉山羊再次达到2,500只。[②]1889年该公司的羊毛产量为30.2745万磅。[③] 此外，"沃伦土地家畜公司"也保有适量的牛马。1884年，其牛马量共有3,000头（匹）；到

---

① "沃伦土地家畜公司"由"康弗斯—沃伦公司"演变而来。阿马萨·R.康弗斯是先于沃伦定居夏延的马萨诸塞人。他开了一个家具和陶器商店。康弗斯雇用沃伦做店员。受雇的沃伦经过一个时期典型的"北方佬"的节俭，把节省的钱买下商店的一半股权。商店成了"康弗斯—沃伦公司"。到1878年，沃伦买下康弗斯的股权，并力促W.B.迈纳达成合伙在科罗拉多经营牧羊业的合同。其公司以"迈纳—沃伦公司"而闻名。两人的合伙关系维持了五年。其间，沃伦还吸引了大量经营牧羊业的人签订股份合同。到1883年，"沃伦土地家畜公司"成立。

② 爱德华·N.温特沃斯：《美国的赶羊小道》，第313页。

③ 爱德华·N.温特沃斯：《美国的赶羊小道》，第314页。

1889年，牛为2,500头，马为2,000匹。① 沃伦在牧羊业中取得的巨大成功以及生来就有的政治野心和强烈的共和党立场使他步入怀俄明领地的政坛，并在1885年成为该领地的总督。1890年，怀俄明被允许以州的身份加入联邦，沃伦成为该州的第一个参议员。由于沃伦是作为一个成功的牧羊主而在政治上迅速升迁的，故其参议院同僚戏称他为"自亚伯拉罕之后最伟大的牧羊人"。② 沃伦还长期担任"全国羊毛生产者协会"（National Wool Growers' Association）的会长。他使协会的办事机构从美国东部迁往西部。在长达25年的时间里，沃伦是保护牧羊业发展立法的发起人和鼓动者。③

大约在1902年，蒙大拿东北部地区开始有了永久性的大羊群。蒙大拿早期的羊群以美利奴羊为基础，是从大瀑布城的帕里斯·吉布森的羊群和狄龙其他牧羊主的羊群中选育出来的。吉布森是在蒙大拿最早定居的牧羊主之一。他1830年生于缅因州，1851年毕业于"鲍登学院"（Boedoin College）。1858年，吉布森前往明尼阿波利斯。在那里，他建了第一家面粉厂和第一家羊毛厂。1879年，他前往蒙大拿的本顿堡，开始大规模地饲养纯种绵羊。在1884—1885年，吉布森夏天把羊群放牧在佩克堡保留区和加拿大边界之间，冬天把羊群放牧在密苏里河从蒙大拿转入北达科他的地方。④ 在1886—1887年前，吉布森也养牛。然而，在1887年的暴风雪使牛遭到巨大损失后，他便卖掉了剩下的牛而只养羊。1883年，吉布森帮助组建了"蒙大拿羊毛生产者协会"（Montana Wool Growers' Association），他任会长直到1905年。1884年，吉布森与铁路建筑商詹姆斯·J. 西尔选定了大瀑布城的城址。1887年大北铁路通到那里后，大瀑布城便繁荣起来。吉布森是以牧羊业起步的蒙大拿政治家，他是1889年州制宪会议的成员和1891年、1893年立法会的民主党成员。1901年，他被选为美国的参议员，主要致力于印第安人事务、西部开发及与西部利益相关的工作。大瀑布城的进步始终是他主要

---

① 爱德华·N.温特沃斯：《美国的赶羊小道》，第313页。

② 霍华德·R.拉马尔主编：《美国西部读者百科全书》，第1238页。

③ 爱德华·N.温特沃斯：《美国的赶羊小道》，第621页。

④ 爱德华·N.温特沃斯：《美国的赶羊小道》，第305页。

的关注点。他对农业发展、特别是与养羊业相关的问题也非常关心。①

4. 外国出生的牧羊主

在美国西部牧区，有些牧羊主是在外国出生的。他们分别来自英国、法国、德国、俄国和加拿大等国。

J. H. 格利德于 1845 年生于英格兰。为了寻找金矿格利德随 42 个家庭移居美国西部，但他最终却从事了养羊业。到 1860 年，格利德做了一名屠夫，从此他开始养牛和羊。这一年，他在加利福尼亚约罗县的戴维斯附近买了一个农场，并逐步把土地增加到 2,800 英亩，专门饲养法国美利奴羊。他的羊每只平均售价 300 美元。② 格利德将其羊的大多数输往美国西部各州和领地，并向南美洲、非洲和澳大利亚出口。弗兰克·S. 金在 1883 年从英格兰移居到怀俄明。此后，他的两兄弟伯特·金和乔·金也分别于 1887 年和 1890 年到了怀俄明。从 1890 年起，兄弟三人开始饲养纯种羊。在 1893 年"芝加哥世界交易会"（Chicago World's Fair）上，他们购买了得奖的法国美利奴公羊。同时，三兄弟又得到了冯·霍迈尔的美利奴羊群的有力支持。从"芝加哥国际家畜博览会"（International Livestock Exposition at Chicago）始，直到20 世纪 30 年代末，金氏兄弟培育的纯种羊比其他牧场主的参赛羊在历次朗布依埃羊的比赛中获得了更多的冠军称号。他们的朗布依埃羊与克利达利羊一起居于纯种羊的最高位。三兄弟以 10 万美元的股本组建了"F. S. 金兄弟公司"（F. S. King Brothers' Company）。③

罗伯特·泰勒于 1847 年生于苏格兰。泰勒在 20 岁时移居宾夕法尼亚。在那里住了四五年后，泰勒先搭船去了尼加拉瓜，后徒步到加利福尼亚。初抵加利福尼亚，他为一家苏格兰报纸做过短期国外记者，和朋友一起剪过羊毛，还用节省下来的钱买了一小群羊。因羊价太高、存款有限和遭受 1873 年经济危机的打击，泰勒不得不停止养羊而去给其他牧羊主当雇工。直到1880 年，泰勒才获得了足够贷款，开始往怀俄明赶羊。然而，在 1884 年他

---

① 霍华德·R. 拉马尔主编：《美国西部读者百科全书》，第 440 页。

② 爱德华·N. 温特沃斯：《美国的赶羊小道》，第 200 页。

③ 爱德华·N. 温特沃斯：《美国的赶羊小道》，第 615 页。

又遭到了一次致命的打击。这一年，泰勒赶着数千只羊前往蒙大拿。早春的一场暴风雪使他损失了 5,000 只羊。幸亏银行家罗林斯为他筹措了一笔资金，泰勒才能买进另一群羊。他靠着 1885 年好的市场行情，出售了大量羊毛，还清了全部欠债。此后，泰勒的羊群获得稳固而持续的增长。1890 年，他把牧场的大本营迁到了内布拉斯加的阿伯特。泰勒在实现生产 10 万磅羊毛和繁育 10 万只母羊的目标后，又开始进行既能产优质羊毛又能产优质羊羔的牧区型母羊的实验。[①] 他先后选择朗布依埃羊、肯林羊等优质羊种杂交繁育。在多次的实验中，朗布依埃羊与邦德莱斯特羊杂交生育的后代最令他满意。因为新培育的羊种不但产羔好而且羊毛长得更密。泰勒在晚年把主要精力放在了培育市场需要的黑脸羊上。他是一个遭受多次失败而从不气馁的牧羊主，是一位善于培育优质羊种的专家。安德鲁·J.利特尔 1871 年生于苏格兰。1893 年，他移居爱达荷。最初，他曾为罗伯特·L.艾克曼放牧绵羊。后来，利特尔到埃米特河谷独自经营牧场。到 1933 年，他已拥有 30 个牧场，雇了 400 多人经营。利特尔在牧场种植谷物和干草，养了大约 7.5 万只母羊。在高峰期的 1927 年，他拥有羊的总数在 8—10 万只（包括买进的 4,000 只）。利特尔的夏季放牧区位于埃米特以北，在博伊西湖地区。在 1936 年，其羊群的产毛量达 64 万磅，产羔量达 6.6 万只。在四月中旬至五月中旬的剪羊毛期，利特尔需雇用 80 人组成的剪羊毛队。[②] 他的羊群中的公羊是从韦泽的"巴特菲尔德绵羊公司"（Bittlterfield Sheep Company）购买的，他饲养的羊群都是自己育种的羊。

　　爱德华兹兄弟出生于威尔士有教养的家族。他们有娴熟的牧羊技术和进行大规模经营的经济实力。他们移居怀俄明后成了出色的牧羊主。约翰·G.爱德华兹（爱称"杰克"）生于 1855 年，1872 年移居美国。格利菲斯·W.爱德华兹（爱称"格里夫"）移居美国后，兄弟两人前往怀俄明经营牧羊业。在 19 世纪 80 年代早期，他们在怀俄明建立了自己永久性的羊群。直到

① 爱德华·N.温特沃斯：《美国的赶羊小道》，第 620 页。
② 爱德华·N.温特沃斯：《美国的赶羊小道》，第 617 页。

1900 年左右，爱德华兹兄弟仍是怀俄明和科罗拉多的大牧羊主。1882 年 8 月，加利福尼亚的剪羊毛队受雇到怀俄明的罗克斯普林斯，为"格里夫"牧场的羊群剪羊毛。他们工作了三个星期，给 4,800 只羊剪了毛，平均每只羊产毛 6.5 磅。这在当时是较高的产量。更让剪羊毛人感到意外的是在羊皮肤病非常普遍的情况下，那些大羊都没有受到影响。这是他们从未见过的。在剪下的羊毛被送到格林河装船外运时，还有 1,200 只阉羊被赶到夏延装火车运往芝加哥。在 1883 年，他们买了新墨西哥的绵羊，并把羊群赶到斯威特威特县，在那里建立了牧羊基地。爱德华兹兄弟放牧的羊群最多时达到了 5 万—6 万只羊。在 1888 年，他们装运到市场的三岁龄阉羊离开牧场时，平均每只羊的重量达到 135 磅。[1] 在 1900 年，他们卖掉了羊群。"杰克"前往俄勒冈任经理，后来拥有了"海克里克牧场"（Hay Creek Ranch）。从使羊获得产毛产肉的双高和有效控制羊皮肤病等方面看，爱德华兹兄弟属著名的技术型牧羊主。

R. 布拉肯伯里出生于英国。其最初经历是在南非开普以东 400 英里的伊丽莎白港一家羊毛公司工作。那是他第一次在开放牧区实际管理羊群。19 世纪 80 年代后期，他移居怀俄明的梅迪辛博地区。当时，怀俄明很多牧羊主习惯于用羊棚养羊。布拉肯伯里是最初通过拆毁羊棚试图控制梅迪辛博区的牧羊主之一。90 年代中期，他在格兰德艾兰、林肯和内布拉斯加一些地方建立牧羊地，把驱赶和饲养羊群结合起来经营。1898 年，布拉肯伯里在丹佛开了一家羊代理机构，为所有在丹佛市场经营的公司管理羊群。在几位助手的帮助下，他从丹佛几家银行那里购买了科罗拉多南部一块水源好的牧区，控制了 500 平方英里的土地。其羊群中的母羊从 1.8 万只扩增到 3 万—5 万只。布拉肯伯里的羊群成了科罗拉多最大的羊群。母羊产下的羊羔和一岁龄的阉羊在那里育肥。在这一时期，布拉肯伯里还经营一家用消毒液洗羊的工厂。1901—1902 年，他初次将来自拉夫兰糖厂饲养地的母羊分类装运。为适应牧羊主对改良公羊的强烈要求，布拉肯伯里介入优质公羊的培育。他

---

[1] 爱德华·N.温特沃斯：《美国的赶羊小道》，第 611 页。

每年出售数百只公羊，有些年份，其售出的公羊达数千只。① 在塔夫脱总统任期，布拉肯伯里向"美国关税委员会"（United States Tariff Commission）提交了一份牧区羊的价格报告。在那时，他是担任丹佛家畜交易所主席的唯一牧羊主，是羊展会上受欢迎的鉴定行家。作为羊业委员会在丹佛市场的代理商，布拉肯伯里最主要的活动之一是在东西部银行中为牧羊主筹集资金和提供打折出售的票据。

在美国西部牧区，也有一些从德国移居来的牧场主。1852 年，亨利·西本与其父母一起移居美国。1864 年 4 月，亨利·西本和伦纳德·西本兄弟两人驾着由四匹马拉的新货车前往蒙大拿。他们定居在麦迪逊县境内的梅多克里克附近。在 10 年中，亨利和伦纳德从事运输并驱赶和饲养牲畜。1872 年，他们的弟弟雅各布加入经营，成为其牧羊业的合伙人。1874 年，雅各布从加利福尼亚的雷德布拉夫买了一群绵羊。他将羊群赶到普雷克利皮克河谷，在那里放牧了一年。三兄弟的合伙经营持续了数年后，伦纳德返回了伊利诺伊，亨利接了牛的股权。然而，到 1906 年，亨利·西本买下了亨利·坎农在阿德尔的牧场，重新加入了大规模饲养绵羊者的行列。②"西本家畜公司"经营长达 25 年之久，是蒙大拿最大的养羊企业之一。亨利·米勒于 1827 年出生在德国的维尔茨堡。米勒年轻时移居纽约。他原姓克莱塞。在从纽约移居圣弗朗西斯科时，克莱塞不仅以亨利·米勒登记车票而且此后一直使用此名。因有在纽约卖肉的经历，米勒到圣弗朗西斯科不久便成了一名成功的屠夫。他与查尔斯·勒克斯合伙经营时，生意很好。勒克斯很有说服能力。他在家中与商界名人和黄金巨商打交道，为米勒筹措投资牧场的资金。1863 年，米勒买下在圣华金河谷的"圣乔恩·德·圣丽塔牧场"（Rancho Sanjon de Santa Rita），并组建了"米勒—勒克斯公司"（Firm of Miller & Lux）。该公司实际成了太平洋沿岸最大的牧场企业。有 15 个牧场被纳入他们著名的"双 H"（Double H）印记下。到 1890 年，其放牧地扩展到俄勒冈。

---

① 爱德华·N.温特沃斯：《美国的赶羊小道》，第 608 页。
② 爱德华·N.温特沃斯：《美国的赶羊小道》，第 297 页。

在那里，米勒买了托克亨特和迪瓦恩的地产。随后，米勒又将放牧地延伸到内华达，买下了 N.H.A. 梅森的地产。此人是内华达最大的牧场主。虽然有的牧场并不具有"双 H"印记，只是由米勒提供资金，但如果牧场主没有收益，其牧场就被合并。有 10 万头牛被放牧在沿圣华金河 40 英里的米勒和勒克斯的土地上。在他们所有的土地上总共放牧了 100 万头牛。[1] 尽管米勒事业始于 50 年代的牧牛业，但 20 年后"米勒—勒克斯公司"也介入了牧羊业。米勒立刻成为圣华金河谷西部、金斯河和克恩河地区最大的牧羊主。其羊群的规模经常保持在 7.5 万—8 万只。为了保留从羊群中选择羊种的权利，米勒经常为一群羊付出 3 万美元。他始终如一地致力于加利福尼亚羊种的改良。米勒和勒克斯在圣弗朗西斯科、奥兰克、诺斯巴诺斯和巴顿威洛开设了牲畜屠宰加工厂。其牧场上的羊多数都在这些工厂宰杀加工。设在法尔博和巴顿威洛的"米勒—勒克斯电力剪羊毛厂"（Miller & Lux Power-shearing Plants）是美国最大的剪羊毛厂。[2] 米勒还在圣华金河谷建立了贮水坝和灌溉系统，用 50 万英亩土地生产蔬菜和农产品。以无情的手段极力控制当地的水权。这导致米勒与定居者发生很多法庭诉讼。1887 年勒克斯死去。米勒为财产和地产的所有权同勒克斯的继承人进行了长达 20 年的法庭之争。直到 1916 年米勒去世前不久，他以"太平洋家畜公司"（Pacific Livestock Company）的名义重组了地产。"米勒—勒克斯公司"集牧业、牧业加工和农业生产于一身，自成体系。该公司是由原始游牧方式转变为现代化牧业企业的成功典型。米勒是在牧牛业和牧羊业都取得成功的牧场主。

查尔斯·夏尔于 1838 年生于法国阿尔萨斯的里盖维尔。1852 年，夏尔一家移居得克萨斯的圣安东尼奥。1855 年，他被征募到得克萨斯骑警队服务一年。1858 年，夏尔结了婚并在克尔县的上瓜达卢普建了一个牧场，开始养羊。1861 年，他加入同盟军，被任命为军官，服役了四年。1865 年 4

---

① 霍华德·R. 拉马尔主编：《美国西部读者百科全书》，第 732 页。

② 查尔斯·W. 汤、爱德华·N. 温特沃斯：《牧羊人的帝国》，第 321 页。

月，他仅带了一枚 5 美元的金币，从圣安东尼奥返回牧场，重整家业。1866
年，夏尔被选为县和地区职员。从 1868 年始，他任县司库达 30 年。1869 年，
夏尔与奥古斯特·福尔廷一起经商。不久，他们开始牧养绵羊、山羊和牛
群，并对此扩大贷款，作为经营业务的一部分。70 年代中期，夏尔买下了
企业中合伙人投资的部分。到 80 年代早期，他逐步开办了一项与银行贷款
有联系的业务。到 20 世纪初，夏尔积极参与慈善事业。他为通往克尔县的
一条道路提供了 15 万美元的维修费。1918 年，夏尔出资 25 万美元购买了
140 英亩土地，在瓜达卢普河北岸靠近克尔维尔的地方，为孩子们建了一所
学校。① 在加利福尼亚的贝克斯菲尔德，对牧羊业最有控制力的是"阿尔迪
齐—奥尔塞斯公司"（Ardizzi-Olcese Company）。年轻的法国人路易斯·奥尔
塞斯逐步掌握了该公司的管理权。"阿尔迪齐—奥尔塞斯公司"是由法国人
维克托·阿米斯的商店演变而来。1873 年，阿米斯移居贝克斯菲尔德。随
后，他在克恩县的德拉诺开了一家杂货店。该店经营了一段时间后，一位瑞
士—意大利血统的人本·阿尔迪齐入伙经营。他们的杂货店成了为牧羊主服
务的基地。阿米斯故于 80 年代中期。1888 年，奥尔塞斯开始被阿尔迪齐雇
为职员。后来，奥尔塞斯用父亲的资金买了杂货店的一半股权，商店则成了
著名的"阿尔迪齐—奥尔塞斯公司"。1894 年，阿尔迪齐故去，其遗孀之弟
詹姆斯·L.德·保利成了阿氏利益的代表，但公司名称未改。奥尔塞斯接
任了公司的管理权。他不仅是牧羊业的最大经营者，而且通过给牧羊人提供
资金，控制了几十万只羊。他的牧羊人和羊群在山岭地区漫游。在大赶羊
时代，有 100 万余只羊被赶往北部和东部。② 其公司还从给牧羊人提供的资
金中获取利息。"阿尔迪齐—奥尔塞斯公司"因为给牧羊人提供信用贷款而
不断发展壮大。奥尔塞斯为加利福尼亚、内华达和亚利桑那的牧羊主提供
了 100 万美元的贷款。这些贷款供他们购买羊群、办租用土地的执照、建立
放牧营地，采购牧羊人的卧具、衣物、食品和其他用品。"阿尔迪齐—奥尔

---

① 爱德华·N.温特沃斯：《美国的赶羊小道》，第 619 页。
② 爱德华·N.温特沃斯：《美国的赶羊小道》，第 196 页。

塞斯公司"还租用了大约 17.5 万英亩土地，分租给牧羊主放牧羊群。同时，奥尔塞斯还为牧羊主规定羊毛、阉羊和羔羊的生产规模。[①]90 年代末期，"阿尔迪齐—奥尔塞斯公司"曾高价购进很多羊毛，因市场价格大跌而使其破产。1902 年，公司重组。保利任董事长，奥尔塞斯为副董事长。1908 年，奥尔塞斯继任董事长。1929 年奥尔塞斯故去后公司解散。"阿尔迪齐—奥尔塞斯公司"是由法国移民创办的杂货店发展成的大型牧羊公司。他通过向牧羊主提供贷款、分租土地控制着牧羊主的生产品种、规模及产品的销售，以向他们供应放牧所需商品获取利润，还要从贷款中得到利息。

　　彼得·杨森 1851 年末生于俄国的别里斯科。1873 年随家人几经辗转定居内布拉斯加，从事养羊业。杨森的出生地，靠近亚速海的一个专门安置德国门诺派信徒[②]的地区。在杨森 21 岁的那年，他父亲因抨击沙皇政府侵犯门诺派信徒权利而遭到驱逐。1873 年 5 月，杨森一家和几个门诺派信徒在英国领事的保护下，离开俄国前往德国。那年秋天，他们先到柏林，又移往加拿大的安大略，最后到美国的内布拉斯加定居。杨森的童年是与门诺派信徒一起度过的。他们为人平和、节俭和勤劳，有坚定的信仰，对子女的教育和训练都很严格。处在这样的环境中，杨森也深受影响。这对他早期在内布拉斯加草地的创业奋斗大有益处。1876 年杨森在内布拉斯加西南部的阿特丽斯附近开始养羊。然而，直到 80 年代早期，他才把养的羊送往市场。在杨森养羊的全盛期，其饲养地的羊达到 1.5 万—3 万只。[③]杨森是在内布拉斯加大规模饲养羔羊的带头人。他不仅对随其而来的门诺派信徒产生了极重要的

---

　　①　爱德华·N.温特沃斯：《美国的赶羊小道》，第 436 页。

　　②　门诺宗是基督教的一个派别，属再洗礼派的一个分支，由荷兰教会司铎门诺·西门创立。门诺宗信徒初为各国当局所不容。在荷兰杀戮之事一直延续到 16 世纪 70 年代前半期。瑞士在 18 世纪以前一直迫害门诺宗信徒，许多人被迫迁往德意志、法国、荷兰和美洲。有一些门诺信徒从波兰北部前往乌克兰定居，后散居在俄罗斯人中。17 世纪末和 18 世纪，门诺宗信徒移居宾夕法尼亚东北部。在北美洲遂发展成门诺会。随着美国西部的开发，门诺会信徒聚居地散布于美国和加拿大许多地区。

　　③　温特沃斯在同一著作中提供了两个不同的数字，另一个为 2.5 万—5 万只，参见《美国的赶羊小道》，第 254、350 页。

影响，而且凭其领导地位控制内布拉斯加的养羊业达 40 年。从 1880—1920 年，他任"内布拉斯加州羊毛生产者协会"（Nebraska State Wool Growers' Association）会长。靠其在美国西部牧羊业中的影响，1900 年麦金莱总统任命他为"巴黎博览会"的美国委员成员。在 1917—1918 年的禁酒运动期间，杨森应邀访问加拿大西部。他直言批评自治领政府对门诺信徒不平等，引发了争执。访问期间，杨森开始购买加拿大人的土地。后来，他还买下一排从温尼伯向西延伸的谷物仓库。第一次世界大战后的经济危机导致了其企业在财政上彻底失败。他遂于 1923 年故去。

在美国西部经营牧羊业的人中，有些是来自加拿大的移民。邦德兄弟从加拿大移居到新墨西哥。弗兰克·邦德 1863 年生于加拿大魁北克的阿让特伊县。1883 年，他开始在斯帕尼奥拉、格兰德河以及圣菲的北部和西部经销杂货。其总部设在那里达 42 年之久。他与弟弟乔治·邦德合伙经营，直到乔治退休。在他们最初的羊群中多是产毛少的母羊。当地的绵羊还是早期的西班牙羊。其羊群中的公羊则是来自犹他、爱达荷和蒙大拿的朗布依埃羊。兄弟俩既放牧羊群，也从事羊贸易。他们的母羊群售往科罗拉多、怀俄明和堪萨斯西部，阉羊群被赶到内布拉斯加的育肥地。随着经营业务的扩大，他们在阿尔伯克基设立总店办事处，增加了牧羊主所需供应品的数量和种类。弗兰克逐渐接任了办事处的管理工作。他协调与合伙者的关系、管理总的账目和企业经营，同时控制牧区权益、土地交易、羊毛市场及绵羊和羔羊合同的签订。随着财产的扩大，邦德兄弟雇用不同地方、各种类型的牧羊业领头人做助手。在其总店之下有很多供应商店，其中多是杂货店。这些商店归个体企业主所有。大多数新墨西哥的分店在分成制合同下由小经营者经营。一些牧羊人按分成合同从这些商店中获得资金和接受其部分管理。在高峰期，这些牧羊人自己所有的羊每年达 2.5 万只，由总店进行贸易的羊在 20 万—30 万只。邦德兄弟在科罗拉多和内布拉斯加饲养的羊最初仅有 1,900 只。到高峰期已达到 5 万—6 万只。其大宗的羊毛出售在 50 万磅左右。① 另

---

① 爱德华·N.温特沃斯：《美国的赶羊小道》，第 607 页。

外，出生于加拿大安大略省的法尔兄弟在 1880 年前已移居美国西部。威廉·H.法尔于 1877 年定居科罗拉多的格里利。1878 年，他在格里利南部半英里处获得了一个宅地农场。1881 年冬，他回加拿大，把妻子珍妮·D.威尔逊带到了格里利，此后便定居在那里。在 80 年代早期，威廉·H.法尔和他的两兄弟沃尔特·J.法尔、查尔斯·H.法尔是六人小队的成员。他们赶着六匹马和一辆"斯塔德贝克货车"（Studebaker Wagon）横越大陆，从格里利到爱达荷的博伊西，并为修建"俄勒冈短线"（Oregon Short Live）工作过一段时间。法尔兄弟率先在格里利建起了永久性的养羊业。1884 年，沃尔特在怀俄明的奥尔巴尼县和科罗拉多的韦尔德县西北部养羊。这一年，他从怀俄明的拉勒米平原赶着一些羊前往格里利。羊群在泰赛丁和斯廷博特莱克之间起程，被赶到格里利的"珍妮·法尔农场"（Jennie Farr Farm），那里是威廉·H.法尔的宅基。同年，威廉一个较年轻的弟弟托马斯·E.法尔在另一个人的帮助下赶着 800—900 只羊（其中 500 只是阉羊，其余是羔羊），经过同样的路线到了格里利。他们费时一星期，途中遭遇大风雪，吃尽了苦头。[①] 到 1891 年，威廉·H.法尔开始与格里利的银行家和羔羊饲养者 H.B.杰克逊合伙经营。法尔兄弟是在科罗拉多建立永久性羊群、促进该州养羊业发展的领头人。

二、牧羊人

1.牧羊人的构成

牧羊人是牧羊主的雇工，是美国西部牧区社会的下层劳动者群体。他们由墨西哥人、印第安人、英裔美国人和欧洲一些国家的移民构成。在西南部牧区，牧羊人大多数来自西部社会底层的墨西哥人。1852 年春，素有"迪克大叔"之称的里切斯·L.伍顿在新墨西哥的沃特勒斯附近买了大约 9,000 只羊。这些羊在陶顿被交付给伍顿。他从那里启程，把羊群赶往萨克拉门托河谷。伍顿雇了 22 人组成赶羊队，其中有 14 名墨西哥牧羊人和 8 名美国护

---

① 爱德华·N.温特沃斯：《美国的赶羊小道》，第 352—353 页。

卫队员。① 在西南部地区，牧羊人与羊主的关系是父辈长期以来传下来的。羊主与牧羊人签合同是一项重要的仪式。即使只是一项六个月的合同，双方都得在合同上签名。墨西哥牧羊人的工作有专门分工。有的牧羊人只放牧公羊群，有的只放牧母羊群，有的则只放牧旱地母羊。有一些人是专门的冬季牧羊人，负责羊的繁殖和喂养。另一些人是夏季牧羊人，照看羊羔，在剪羊毛季节为羊剪下羊毛和把羊群赶到高原牧区放牧。在大部分西南部牧区，雇用冬季牧羊人的日期为 10 月 25 日，更换成夏季牧羊人的日期在四月份。墨西哥牧羊人也愿意被人雇用，进入赶羊队，但他们不能远离阳光充足的加利福尼亚斜坡。②

美国西部牧区的大多数牧羊人来自所谓的"外国"人种。在西南部，墨西哥人和印第安人占优势。一些来自新墨西哥普韦布洛和纳瓦霍印第安人中的优秀牧羊人非常适合得克萨斯的牧羊业。③1841 年，瑞士人约翰·萨特船长在加利福尼亚的费瑟河边建立了"霍克农场"（Hock Farm）。④ 萨特的羊群有多达 3,000—5,000 只羊。他自己训练牧羊人，几乎完全用印第安人承担管理羊群的任务。⑤ 在加利福尼亚的牧羊人中，还有来自欧洲比利牛斯山西部地区的巴斯克人、法国西南部的贝亚奈斯人和多芬尼奥斯人以及葡萄牙人，偶尔也有德国人。法国和葡萄牙的牧羊人更愿意为他们同种族的牧羊主工作，认为他们能给其更多的善待。在 1870—1890 年，还有很多中国人成了牧羊人。1882 年，托马斯·纳尔逊在内华达州的巴特尔芒廷地区放牧羊群。他的 5,000 只羊放牧在"石房子"（Stone House）附近。多年来，他的牧羊人都是中国人。纳尔逊成功地获得了这些牧羊人有效而忠诚的服务。⑥ 在犹他摩门教徒中和爱达荷南部，大多数放牧工作由拥有羊群的家庭中的年轻人

---

① 爱德华·N.温特沃斯：《美国的赶羊小道》，第 167 页。
② 查尔斯·W.汤、爱德华·N.温特沃斯：《牧羊人的帝国》，第 175 页。
③ 爱德华·N.温特沃斯：《美国的赶羊小道》，第 391 页。
④ 该农场靠近贝尔河口，在今马尔斯维尔以南。
⑤ 爱德华·N.温特沃斯：《美国的赶羊小道》，第 134 页。
⑥ 爱德华·N.温特沃斯：《美国的赶羊小道》，第 222 页。

承担。北部牧区的牧羊人一般是英裔美国人。他们即使以前没有放牧或赶羊的经历和知识，但都爱"说大话"，都想当工头，或自认为比其他牧羊人更适合当赶羊老板。①

2. 牧羊人的艰辛

美国西部牧羊业的不断发展和繁荣，是牧羊人艰苦创业的过程。他们把羊群赶到牧草好的地方放牧并保护羊群免遭野兽袭击和其他危险。他们悉心照料新产下的羊羔和剪羊毛，还要长途驱赶羊群前往育肥地和出售市场。

第一，牧羊人的生活条件和工作环境非常艰苦。他们长期与家人、朋友分离，在四野茫茫的草原或孤寂无人的山坡放牧。牧羊人的居住条件极其简陋。在固定的牧羊点，他们住的只是一间土墙破屋或是一间长满青草、仅能遮住头顶的木屋。耶鲁大学著名的地质学家威廉·H.布鲁尔一行人，在加利福尼亚偶尔进入了一个牧羊营地。他们发现了一间木屋和两个牧羊人。这两个人放牧着 4,000 只羊。其中一位牧羊人在这个极不整洁的木屋内住了五六年。与脏木屋相比，他用的炊具则更加肮脏，且很不充足。他的床是一张脏羊皮。他盖的"毯子"是另一张脏羊皮。②斯蒂芬·鲍尔斯于 1868 年从北卡罗来纳州的罗利前往圣弗朗西斯科进行了九个月的游览。他在加利福尼亚境内遇到了一个绵羊放牧点。后来，鲍尔斯在书中对曾见过的牧羊人小屋作了略带轻蔑的描述。他猜想那间土坯小屋可能曾是盗匪出没的贼窝。它孤立在辽阔的荒原之中，无遮无挡，显出可怕的荒凉。在小屋的周围，除了羊栏之外别无他物，地上散落着白骨和羊的残骸。灰暗而阴冷的墙上没有窗户。屋内没有床、没有地毯、没有椅子。除了卷着的毯子和羊皮，再无其他卧具。木柴块、长枪和手枪、几顶乱糟糟的帽子、靴子和发霉的雨披零落地散放在布满灰尘而从未打扫的泥地上。内墙满是血渍，好像是一个羊头被用

① 查尔斯·W.汤、爱德华·N.温特沃斯：《牧羊人的帝国》，第 175 页。
② 威廉·H.布鲁尔：《1860—1864 年往返加利福尼亚——威廉·H.布鲁尔旅行日记》（William H. Brewer, *Up and Down California in 1860—1864: the Journal of William H. Brewer*），纽黑文 1930 年版，第 277 页；转引自查尔斯·W.汤、爱德华·N.温特沃斯：《牧羊人的帝国》，第 263 页。

力掷到墙上留下的污迹。墙上的长道血迹，可能是某个被杀害的人喷出的热血所染而成。墙角从顶端到底部，挂满多层的蜘蛛网。一些又肥、又老、又懒的蜘蛛，整天待着不动，嗅着那谋杀血迹的血腥气味。那地方从来不见一缕光线。[①] 这就是鲍尔斯所见的那间牧羊人小屋。牧羊人的生存环境是多么险恶啊！在开放牧区游牧的牧羊人，整天随身携带卷起的毯子随羊群露宿。在经过一天辛苦的放牧之后，牧羊人在傍晚时把羊群赶到小溪的一侧或泉眼边。他点燃火堆，吃罢晚饭，拖着沉重的脚步，把毯子打开，睡在羊群边。到山区放牧时，只有少数富有的牧羊主为牧羊人装备了货车、火炉和其他物品。多数牧场主只为牧羊人提供一顶帐篷。有的牧羊人连帐篷也没有，只能栖身在山洞之中。在四野茫茫的牧区，牧羊人的食物也非常单调，多半靠豆子和咸肉维持生活。到较远的山谷放牧时，牧羊人要自带一袋午餐。牧羊人的食品由羊主供应，大约三天往每个牧羊点送一次。如果食品因故不能送到，牧羊人就会断了口粮，他只好临时杀只羊充饥。鲍尔斯在他所遇到的牧羊屋过夜的那天，牧羊人回来后已经断炊。他们杀了一只羊，把它挂在门前的右边，切开它的喉管，剥掉羊皮，拔掉肋骨，架在火上烧黑后就狼吞虎咽地撕咬起来。[②]

　　牧羊人的放牧生活非常孤独寂寞。夏季和冬季，牧羊人必须到较远的山区放牧羊群。对他来说，放牧从来没有星期日。每天清晨，牧羊人迎着黎明的冷风赶羊群去放牧。他整天看护着羊群，让羊在山坡间上上下下，奔跑吃草。直到夜晚，他才把羊群赶回羊栏。牧羊人就睡在羊群的近旁，以免羊群遭受狼群、熊和山狮的袭击。数月之内，牧羊人很少见到有来访者。[③] 这就是地质学家布鲁尔亲眼所见的数百名牧羊人所过的一成不变且令人生厌的单

---

① 斯蒂芬·鲍尔斯：《徒步与孤独》（Stephen Powers, *Afoot and Alone*），哈特福德1872年版，第281—282页；转引自查尔斯·W.汤、爱德华·N.温特沃斯：《牧羊人的帝国》，第263—264页。

② 查尔斯·W.汤、爱德华·N.温特沃斯：《牧羊人的帝国》，第264页。

③ 威廉·H.布鲁尔：《1860—1864年往返加利福尼亚——威廉·H.布鲁尔旅行日记》，第277页；转引自查尔斯·W.汤、爱德华·N.温特沃斯：《牧羊人的帝国》，第266页。

调放牧生活。曾是牧牛场主的威尔·C.巴恩斯曾对牧羊人的孤独寂寞有过同情的描述。一个孤单的牧羊人的身影在蓝天之下。在他的周围有数千只绵羊。在视野之内，再没有其他人和住所。在数周之内，牧羊人看不到他的同类。或许，当货车前来为他送食物时，他才能见到人，但那只不过是短短的几分钟而已。荒凉环境带给他的是离疯狂不远且难以抑制的恐惧。[①] 还有的记述称，牧羊人 6—9 月在山区放牧，过着孤独寂寞的生活。除偶遇个别过路人和送供应品的赶车人之外，几乎无人涉足他的牧羊地。[②] 四野茫茫，只有忠实的牧羊狗是牧羊人的伙伴和帮手，帮他呵护着羊群。

第二，牧羊人的工作劳累而艰辛。一个牧羊人，一旦被牧羊主雇用，多数情况下要独自去放牧一群羊。通常，这群羊的价值超过 1.5 万美元，羊毛的价值超过 1 万美元。[③] 牧羊人在一天中的每时每刻须悉心看护好他的羊群，不得有片刻松懈。他要单独一人负责羊的安全、健康和觅食。他追随着羊群，呵护羊吃草，听着羊的咩声，保护它们免遭恶劣天气袭击以及野兽和盗贼的侵袭，阻止他人进入放牧地。

在草原放牧，牧羊人经常遭受暴风雨和雷电的袭击。几乎没有一个夏天不留下几具被电击烧焦的牧羊人尸体。有一个牧羊人在照看羊群时，被一场突如其来的暴风雨的雷电击死。两天后，寻找他的人才发现其尸体。他脸朝下，惨死在一块高大岩石的向外突出处。他的羊群散落在四面八方。[④] 西部牧区的牧羊人，遇到暴风雨，从来不独自寻找避身处。即使惨遭雷劈电击时，他也必然与羊群待在一起。冬天在北部牧区放牧，对牧羊人和羊群来说最大的危险是暴风雪的突然降临。但坚毅的牧羊人从不畏惧。在一个多暴风雪的冬天，人们发现一位善良的老牧羊人被掩埋在离牧羊营地几英里远的雪堆里。他的羊群就在近旁。老牧羊人的双手都冻伤坏死。事后，他除保留

---

① 威廉·M.雷恩、威尔·C.巴恩斯：《牛》（William M. Raine and Will C. Barnes, Cattle），加登城1930年版，第255页；转引自爱德华·N.温特沃斯：《美国的赶羊小道》，第402页。

② 弗雷德·A.香农：《农场主的最后边疆》，第 213 页。

③ 爱德华·N.温特沃斯：《美国的赶羊小道》，第 402 页。

④ 查尔斯·W.汤、爱德华·N.温特沃斯：《牧羊人的帝国》，第 270 页。

一个大拇指外，其他手指都被截掉了。尽管他已严重伤残，但这位坚强的牧羊老手很快又平静地重新开始了放牧。他甚至以其残废的双手继续独自牧羊。[①] 突降的暴雨或雪暴会使羊受惊乱群。乱群的羊四处惊逃。牧羊人往往忍受饥饿和寒冷四处寻找散落的羊，把它们聚拢成群。有时，牧羊人为此还要付出生命的代价。在科罗拉多，一场空前的暴风雪袭击了一个大羊群。牧羊人和他的羊群再没有生还。暴风雪过后，人们发现那位墨西哥牧羊人的尸体和很多羊被深深埋在悬崖下的雪堆里。[②]

　　牧羊人必须加倍警惕，以防他的羊群遭到野兽的袭击。为此，牧羊人必须用他的智慧保护羊群。在美国西部牧区，有狼、郊狼（又称草原狼）、熊、山猫和山狮等食肉动物。它们经常加害于羊群。林业部门的报告说，有一年在国家森林区被食肉动物咬死的绵羊和山羊达 7.8404 万只。[③] 为了捕杀这些伤害羊群的野兽，西部牧区的家畜委员会甚至张榜悬赏。按其规定，杀死一只郊狼或一只狼者得赏一美元。杀死一只山狮、一只熊的人，可各得三美元或五美元。[④] 在这些野兽中，对羊群危害最大的是郊狼。在内华达州巴特尔芒廷的一个牧场公司，一群 5,000 只的绵羊所产的羊羔被郊狼毁灭了 25%—35%。得克萨斯的一位牧场主，在不到三个月的时间里，被六只郊狼毁掉了 300 多只羊，损失达 3,200 美元。[⑤] 产羔季节是郊狼最爱袭击羊群的时期。为了保护羊群，牧羊人让母羊和羊羔在夜间安卧在一个保护圈里。保护圈或用旗子，或用稻草人，或用燃烧的篝火围起来，以吓退郊狼的袭击。在丘陵地区，郊狼总是从较低的一侧发动对羊群的袭击，意识到危险的羊则往下坡逃跑并四处散开。因此，聪明的牧羊人往往把羊群安营在山坡下面，以阻止郊狼围截更多的羊。这样，当一群郊狼偷袭时，羊群容易四处散开。在牧羊狗和牧羊人闻讯前来击退狼群时，郊狼只能截住一只羊羔或几只羊。牧羊人就

---

① 查尔斯·W.汤、爱德华·N.温特沃斯：《牧羊人的帝国》，第 270 页。
② 勒卢瓦·R.哈芬、W.尤金·霍朗、卡尔·C.里斯特：《西部美国》，第 437 页。
③ 查尔斯·W.汤、爱德华·N.温特沃斯：《牧羊人的帝国》，第 216 页。
④ 弗吉尼亚·保罗：《牧羊场的经营——往日与现在》，第 103 页。
⑤ 查尔斯·W.汤、爱德华·N.温特沃斯：《牧羊人的帝国》，第 217 页。

能保护大多数羊躲过郊狼的劫掠。除了防止四条腿的野兽之外，牧羊人还要防止两条腿的盗贼偷盗羊群和阻止牛群侵占牧羊地。

　　一个好牧羊人必须善于识别对羊有害的植物，以免羊中毒死亡。一本权威性专著列出牧区有 61 种牧草含有对家畜有害的毒素，其中的 10 种对羊特别有害。最终森林部门列出了 8 种毒性最大的青草。这些毒草足以阻止在加利福尼亚、在平原和山区的一些草地放牧羊群。[①] 为此，要求任何一个牧羊人有很强的观察力。他能迅速辨别有毒植物群，赶着羊群避开，以免毛茸茸的羔羊误食毒草而极度痛苦地死去。

　　在产羔期，牧羊人更加繁忙和辛苦。五月是母羊的产羔期，需要牧羊人予以特别的精心照料。因为初产的母羊在产下幼羔后不认其仔。刚刚咩咩落地的小羊羔便成了没有奶吃的"叫花子"羊。它们必须依靠人工喂养才能活下来。为了使产羔的母羊在 10 天内认其幼羔，牧羊人必须为它们建一个小羊栏，把母子圈在一起。在母羊认羔后的短短几天内，牧羊人还必须为幼羊剪掉尾巴和进行阉割，以清点剪掉的羊尾来计算羊群的产羔数量。母羊的产羔率高达 80% 以上。[②] 在西部牧区，大多数牧羊主必须养活当年所产羊羔的80—85% 才能保证不亏本，使新产羊羔存活 90% 以上才能获利。[③] 一只母羊如产下双胞胎，较小的一只很难存活。在多数母羊只产一胎的情况下，要达到这样高的存活率极为困难。在产羊季节，一群羊中有 1,000—1,500 只母羊临产。在产羔期的数天内，母羊需要每天喂草 2—4 次。[④] 有的母羊白天临产，有的母羊夜间产羔。牧羊人既要精心照料母羊，适时给它们喂草，观察它们的临产征兆，又要喂养照看刚出世的羊羔。单靠牧羊人一人实在难以应付如此繁重的工作，牧羊主只好为他雇一个临时帮手——"产羊时的看护人"（Lamber）。牧羊人在母羊产羔的地方，从每天凌晨 5 点甚至更早的时刻开始工作，一直持续到晚上 8 点才能结束。看护人的工作还要延长到深夜。他

① 查尔斯·W.汤、爱德华·N.温特沃斯：《牧羊人的帝国》，第 240 页。
② 弗雷德·A.香农：《农场主的最后边疆》，第 213 页。
③ 爱德华·N.温特沃斯：《美国的赶羊小道》，第 409 页。
④ 爱德华·N.温特沃斯：《美国的赶羊小道》，第 409—410 页。

要照看夜里产羔的母羊。像这样紧张的工作要持续3—4星期。[1] 遇到阴天下雨或晚雪突降，产下的羊羔极易受寒死亡，牧羊人要点燃火堆为它们保暖，加倍呵护。较早产下的小羊羔，在牧羊人因忙碌稍不留意时，还会离群，躲在矮丛里。牧羊人要四处把它们搜寻回来。夜晚，牧羊人和看护人还要加倍警觉，以防止郊狼的偷袭。在产羔期，牧羊人的辛苦可想而知。

在19世纪90年代引进剪羊毛机以前，剪羊毛全靠手工。牧羊人在剪羊毛季节也极为劳累。在格兰德河平原，每年有两个剪羊毛的季节：春季由4月持续到6月，夏秋季由8月延至9月。[2] 春季剪羊毛的工作从4月在美墨边界开始，完成于美加边界的北部牧区，从南到北持续三个月。在剪羊毛前的两个星期，牧羊人要把羊放入烟草、石灰和硫黄制成的溶液中，清洗羊毛。羊毛剪完后，牧羊人要立即为羊治愈剪毛时不慎弄破的伤口。然后，他还要把羊放入消毒液中再次清洗，以杀死羊身上的寄生虫。手工剪羊毛每人每天得剪80—100只羊的毛。剪下的羊毛须打成300—400磅的大包，然后被送往火车站装运。[3] 手工剪羊毛相当劳累。加上产羊毛季节与产羔期交织在一起，牧羊人得集放牧、剪毛和接羔等数种工作于一身，其苦累毋须多言。故牧羊主扩大羊群和收获羊毛的季节也是牧羊人最紧张、繁忙和辛苦的劳作之时。

第三，长途驱赶羊群也是牧羊人负担的一项艰苦工作。随着加利福尼亚"淘金热"的兴起，一些牧羊主为了开辟新的市场，曾多次从中西部各州往太平洋沿岸各州长途赶羊。内战前的长途赶羊多由东向西。更大规模的长途赶羊始于内战以后。1865—1885年是赶羊的高峰期。这种长途驱赶的目的地既有山区放牧地和北部牧区，也有横越北美大陆的东部市场。有的牧羊人从产羔时赶着羊群先到春季牧区，秋天再至山区，冬季前往沙漠地带，最后再返回原出发地。在整年牧羊的行程中，牧羊人要赶着羊群长途跋涉200英里。[4] 往北部、东部驱赶的羊群，早期主要来自新墨西哥、加利福尼亚和

① 查尔斯·W.汤、爱德华·N.温特沃斯：《牧羊人的帝国》，第293页。
② 保罗·H.卡尔森：《得克萨斯毛茸茸的羊脊背——牧区的绵羊和山羊业》，第58页。
③ 弗雷德·A.香农：《农场主的最后边疆》，第213页。
④ 弗吉尼亚·保罗：《牧羊场的经营——往日与现在》，第84页。

得克萨斯。最终俄勒冈的羊群也穿越爱达荷、蒙大拿、怀俄明和达科他，被赶上向东的羊道。牧羊人驱赶着由5,000—7,500只母羊和公羊组成的羊群。[①]他们从加利福尼亚或俄勒冈"指挥它们向东"，直到抵达蒙大拿的采矿营地或内布拉斯加的饲养场才终止前进。从起程地到交给买主的目的地，长途赶羊的行程为1,500—2,500英里。[②]羊群不断被向东驱赶。一些羊被赶往落基山区的采矿营地，更多的羊被赶往育肥地及堪萨斯、内布拉斯加和明尼苏达的火车终点站。随着铁路不断向西推进，长途驱赶的距离才逐渐缩短。与牛仔长途驱赶牛群相比，牧羊人的长途赶羊更加危险和艰辛。在赶羊小道上，牧羊人会遇到更多困难。

首先，羊群每天行进的速度比牛群慢，完成一次长途赶羊用的时间更长。长途赶羊每天约走8—10英里，一个完整的行程得用七个多月。[③]也就是说，羊群的行进速度只能达到牛群的最低速度，长途赶羊用的一般时间超过长途赶牛用的最长时间。

其次，在赶羊途中，羊群比牛群更难找到可饮水源。因为羊对水质过于挑剔。在长途跋涉的羊道上，羊仍然像在牧场一样只想喝池塘、湖泊、缓缓的溪流或泉中的活水，很少饮死水池或泥沼中的水。羊还不喜欢强碱水，对做饭倒掉的油腻的脏水更不屑一顾。羊最讨厌沼泽里的水，即使干渴难耐，也极少喝。另一方面羊在喝水时不像牛那样听从指挥，往往乱成一团。在内华达，有一群羊经过长途奔跑被赶到了一个水洞边。因水面极为平静，所有的羊都认为是死水。尽管它们已十分干渴，但都不肯喝洞里的水。过了很长时间，羊见到水洞一边有少量的水泡冒出，明白了是泉水。于是所有的羊都冲上去，争相喝水。它们在水中相斗和践踏，以致不久就把水洞变成了一个浑浊不堪的烂泥塘。[④]羊都弃之不喝了。另一个典型例子是羊主达尔

① 查尔斯·W.汤、爱德华·N.温特沃斯：《牧羊人的帝国》，第165页；罗伯特·G.费里斯编：《勘探者、牛仔和移居垦殖农民》，第63页。
② 查尔斯·W.汤、爱德华·N.温特沃斯：《牧羊人的帝国》，第165页。
③ 罗伯特·E.里格尔、罗伯特·G.阿塞恩：《美国西进》，第488页。
④ 查尔斯·W.汤、爱德华·N.温特沃斯：《牧羊人的帝国》，第178页。

文·B. 莱昂从加利福尼亚往怀俄明的埃文斯顿赶羊时所遇的麻烦。羊群在酷热的天气条件下已经行走了五天，其中还有三次在月光下的驱赶。在数天内人和羊都没有喝一点水。人畜都已渴到极限。莱昂派了一个人前去寻找水源。这个牧羊人出发时带走了所有的牧羊狗，打算次日清晨返回。当晚午夜，莱昂自己的狗便返了回来。这只狗在找到了水喝后恢复了生气。受此鼓舞，在狗的引领下，莱昂最终迫使 6,000 只羊继续前进。次日，在清冷的晨风中，羊群抵达了牧羊人发现的那条河边。[①] 由于长时间的干渴，这些羊都变得呆傻了。它们只是疯狂地在河两岸跑上跑下而不知啜一口水。牧羊人和所有的牧羊狗一次次把乱作一团的羊赶去喝水，但羊就是不听指挥。直到过了很久，羊才渐渐明白河里是真正可饮的水，它们才洋洋得意地啜饮这久违的河水。

其三，赶羊群过河有更多不便。赶羊人比赶牛人会遭遇更大的难题。在横渡大河和急流时，赶羊人通常摆渡羊群过河，或找到一座桥把羊赶过去，但这需要花费很多过河费。在斯内克河渡口，水流狭窄。有两根砍下的原木横在河上作为渡桥。赶羊人从这里过河，每群羊需交 50 美元的过桥费。在亚利桑那的普雷斯科特，有位名叫彼得·菲兰斯的牧羊主。他在加利福尼亚买了 4,000 只绵羊。在往回驱赶渡过科罗拉多河时，摆渡人向他收了 800 美元的过路和摆渡费。后来他虽向菲兰斯退还了一半的收费，但 400 美元的过河费也是相当高的。因为当时在加利福尼亚每只美利奴羊的价格在 2—2.5 美元[②]，菲兰斯实际付的过河费约可购买 160—200 只羊。换言之，也就是他所购羊的 4%—5% 用于了交过河费。

其四，在长途驱赶中，羊群比牛群更难管理，更容易受到野兽和盗贼等的侵害。在公共牧区放牧，羊群比牛群走散得更远。一支数千只的羊群能分散到五英里远的地方。[③] 牧羊人在傍晚把羊赶拢宿营时颇不容易。最令牧羊人烦恼的事是夜间羊群因饥渴或郊狼的嗥叫而变得心神不安。在顺利的条件

---

① 查尔斯·W. 汤、爱德华·N. 温特沃斯：《牧羊人的帝国》，第 180 页。
② 查尔斯·W. 汤、爱德华·N. 温特沃斯：《牧羊人的帝国》，第 179—180 页。
③ 保罗·H. 卡尔森：《得克萨斯毛茸茸的羊脊背——牧区的绵羊和山羊业》，第 134 页。

下，牧羊人都难得有几小时的足够睡眠。如果在半夜安卧的数千只羊被搅动起来，所有的牧羊人和牧羊狗都被弄得极度紧张。倘若牧羊人驱赶的是较大的羊群，他们经常被分派在夜间轮流值班，每班两小时。值班的牧羊人要环绕羊群巡视，以保持羊能安卧和防止狼群或盗贼的侵袭。每当水和饲草缺乏而迫使羊群走更远的路去寻找水源和草地时，这种夜间值班巡视就特别需要。虽然在正常情况下羊群每天行进的路程较牛群短些。但在穿越特别缺水的沙漠时，牧羊人经常强迫羊群一次行走约 20 多英里。[①] 这样的赶羊往往在夜晚进行。这种驱赶与放牧连续超过两夜，便易招致灾难。因为在长途赶羊中，牧羊人都是徒步行走。连续超过每日行程的夜间赶羊弄得人困羊乏。让困顿不堪的牧羊人再承担夜间放牧和值班的任务无疑是一种过分的强求和沉重的负担。他们因过度劳累和困乏而难以预防突发的危险。赶牛的牛仔只承担日常任务，从不负责夜间放牧。与他们相比，长途赶羊的牧羊人在赶羊小道上要更为辛苦、劳累和危险。

总之，长途赶羊也要翻越高山，穿越沙漠，渡过激流。牧羊人时常遭受野兽和盗贼的袭击，面对恶劣天气的考验。除了躲避印第安武士外，他们还会受到沿途牧牛场主所派牛仔的阻拦和刁难。与长途赶牛相比，每次长途赶羊需要持续更长的时间，但每支赶羊队的牧羊人要比每支赶牛队的牛仔少得多。羊比牛每日行走得慢且对饮水更加挑剔。羊群比牛群更易遭受野兽、盗贼、雷电、大火和暴风雪等危险的袭击和伤害。牛道上的牛仔每天有数匹坐骑换乘。赶羊小道上的牧羊人却日夜靠双脚长途跋涉。在种种险情下，牧羊人还要防止羊群溃散。与赶牛的牛仔相比，牧羊人在长途赶羊的途中经受了更大的艰辛和磨难。

3. 被漠视的群体

牧羊人对"牧羊帝国"的崛起做出了巨大贡献。在西部开发中，牧羊人所付出的艰辛和表现的智慧并不亚于牛仔。两者相比，有一些显著的不同特点。其一，牛仔是马背上的劳工，牧羊人靠双脚行走。前者不论放牧

---

① 查尔斯·W.汤、爱德华·N.温特沃斯：《牧羊人的帝国》，第 177 页。

或长途驱赶都以马代步。后者牧羊和赶羊只能徒步行走。其二，牛仔是每日清晨按照工头的分派，骑上牧马去完成当日的任务；牧羊人是赶着一群羊，到偏远山地牧区，去完成数月的艰辛放牧任务。牛仔的工作通常是一个牧牛队或赶牛队在工头的领导下实行分工协作。牧羊人一般是个人单独放牧。他必须自己制订数月内的放牧计划，竭尽全力保护好价值2万—3万美元的羊群，以确保返回牧场时，使羊比放牧前长得更肥壮，产的羊毛更多。因此，牧羊人除了独自应对暴风、雨雪和食肉动物对羊群的袭击及识别毒草外，还要千方百计保护好来之不易的放牧地，挫败劫掠者和竞争者等的侵入。其三，牛仔在牧场有同桌共餐同住工棚的集体生活，在艰苦的赶牛途中还有在牛镇的放松与欢乐；牧羊人在放牧和赶羊中，要长时间地过着少有人际交往的孤独寂寞的生活。虽然有99%的牧羊人希望有人能造访他的牧羊地，但令人遗憾的是这样的来访者实在少得可怜。尽管牧羊人普遍厌恶辽阔放牧地的空旷孤寂，但为了呵护好羊群，又必须置身于那个环境之中。牧羊人对其羊群尽了"母亲般"的照顾和保护[1]，为此耗尽全部精力。这种"母亲般"的呵护潜入牧羊人的意识和性格中，体现在行动上，并逐渐形成一种耐心、坚韧和独立性的本能。牧羊人孤立的放牧生活，迫使他去认识并排除各种自然因素对羊群的威胁。他的工作需要足智多谋、独立的思考判断、坚忍不拔的意志、随机应变的能力和忠诚的品质。当然，牧羊人的这种忠于职守不是因为他爱其雇主——牧羊主。相反，大多数牧羊人嫌恶牧羊主，甚至强烈痛恨雇主的家长式控制和管理。有时，属于不同雇主的牧羊人偶尔在公共放牧区相遇时，他们除了交流放牧经历外，也常常发泄对牧羊主的不满。牧羊人之所以没有形成牛仔那样的反雇主罢工，主要是因为他们各自单独的放牧特点所决定的。即使是同为一个牧羊主放牧的那些牧羊人，他们被分派到不同的牧羊点，数月难得相见，很难形成集体的反抗行动。牧羊人那样忠于职守，主要是出于他对自己所管羊群的热爱，并在长期的放牧实践中形成一种实质性的本能。这种"母亲般"关

---

[1]　查尔斯·W.汤、爱德华·N.温特沃斯：《牧羊人的帝国》，第273页。

爱羊群的本能渐渐潜入牧羊人能承受孤寂的坚韧性格中和他对所管羊群能获丰厚利润的期盼中。故牧羊人能不顾一切干扰，面对一切危险与困难，承受过度劳累的痛苦。牧羊人应对艰险的能力和付出的辛劳超过了被浪漫化和英雄化了的牛仔。总之，在"牧羊帝国"的崛起和发展中，牧羊人功不可没。其牧羊实践证明，牧羊人是有能力的管理者。牧羊人不是像在基督教《圣经》里所承诺的那样"站在国王们面前"[1]。他们实际上是站在了无数羊群的后面。正是他们的辛勤放牧和悉心管理，为美国西部牧羊业的蓬勃发展奠定了坚实的基础。

牧羊人虽然对西部开拓作出了重要的贡献，但却未得到公正的待遇。与牛仔相比，牧羊人的工资要低得多。内战以后，美国西部牧区的墨裔牧羊人的工资每月为 15 美元，其伙食费每月平均为 4.75 美元。来自新墨西哥普韦布洛和纳瓦霍波的优秀印第安牧羊人的工资待遇与墨西哥牧羊人相同。[2] 在 1892 年，亚利桑那牧羊人的工资为 40—45 美元。这是因为此前该领地生产的羊毛在当地的市场出售，能保持每磅 22—27 美分。1893 年始，亚利桑那的羊毛主要销往东部市场，每磅降至 10—5 美分。受经济危机和羊毛价格下跌的影响，到 1894 年，该领地牧羊人的月工资减少到 25—15 美元。[3] 甚至到了 1935—1940 年间，新墨西哥州牧羊人的月工资也只有 35 美元。[4] 牧羊主只支付给牧羊人少量的现金。牧羊人的大部分工资以记账的方式作为其家庭的消费之用。然而，在很多情况下是牧羊人辛苦劳作后还欠牧羊主的钱。一个牧羊主的一些牧羊人欠款最多时达 0.8—1.2 万美元。[5] 这样，牧羊主就可以控制这些牧羊人。直到还完欠债，这些牧羊人才能离开该牧羊主。

除劳动报酬较牛仔低之外，牧羊人在美国西部还备受轻蔑。在英格兰、

[1]　查尔斯·W.汤、爱德华·N.温特沃斯：《牧羊人的帝国》，第 273 页。
[2]　爱德华·N.温特沃斯：《美国的赶羊小道》，第 391 页。
[3]　爱德华·N.温特沃斯：《美国的赶羊小道》，第 254 页。
[4]　查尔斯·W.汤、爱德华·N.温特沃斯：《牧羊人的帝国》，第 273 页。
[5]　查尔斯·W.汤、爱德华·N.温特沃斯：《牧羊人的帝国》，第 274 页。

苏格兰和比利牛斯山，牧羊人受到人们的尊重和赞美。然而，牧羊人在美国西部却成了被中伤和诋毁的对象。在美墨战争以前，新墨西哥等牧羊业占优势的地区还保持着一些尊重牧羊人的遗风。通常由混血的小女孩或小男孩放牧着"毛茸茸的"羊群，有忠实的牧羊狗与他们相伴。这些牧羊人虽然每天只挣几分钱，但他们可以得到织衣的羊毛、伙食供应和几只羊。牧羊人给他的羊打上标明自己所有权的烙印，并随牧羊主的羊群一同放牧。那时的牧羊人期待着自己的羊逐渐增多，在 50 岁退休后能有一个种植少许果树和玉米的小农场。① 这在当时被视为一种近乎完美的牧羊人的典范。内战以后，美国控制了密苏里河直到太平洋沿岸的全部西部土地。牧羊人的状况发生了令人难以理解的变化。他们受到美国人的歧视。在得克萨斯，牧羊主甚至在内战之前就认为牧羊不是"白人"干的工作。② 内战以后，在牧牛场主和牧羊主竞相扩大牧场和抢占牧区的斗争中，牧羊人更受歧视。对牧羊人不利的荒谬流言四处传播，对其人格和品质的诽谤贬低之词被信以为"真"。③ 相反，人们对西部牛仔却赞美有加。牛仔被誉为西部的开拓英雄，是浪漫的传奇人物。他们的冒险精神被西奥多·罗斯福等政要称为美利坚民族精神。甚至连牛仔在牛镇的荒唐都可原谅。相比之下，人们对美国西部牧羊人的态度岂不有失公正吗？

在西部史和牧业史的研究中，牧羊人也是被漠视的群体。在美国学者的研究中，历来存在重牧牛业轻牧羊业的倾向。与牛仔生活在同时代的人，就把牛仔作为崇拜的偶像。此后，牛仔更是成了西部史、牧业史研究的"热点"课题。关于牛仔的论著、传记、回忆录和百科全书汗牛充栋。长期以来，在美术、音乐、绘画和影视作品中，牛仔成了被争相讴歌的主角。相比之下，同样在美国西部开拓中做出巨大贡献的牧羊人在文学艺术作品中却很少得到反映。甚至在牧羊史的著作中，牧羊人也没有得到应有的尊重。《牧羊人的帝国》和《美国的赶羊小道》是迄今为止最重要的两部关于美国牧羊业的著

① 查尔斯·W.汤、爱德华·N.温特沃斯：《牧羊人的帝国》，第 256 页。

② 保罗·H.卡尔森：《得克萨斯毛茸茸的羊脊背——牧区的绵羊和山羊业》，第 179 页。

③ 爱德华·N.温特沃斯：《美国的赶羊小道》，第 402 页。

作，但重点写的是众多的牧羊主。书中对他们的姓名家世、社会背景、发迹经历和业绩贡献都有较详细的论述。然而，在这两部著作中，作者不但对牧羊人的贡献论之甚少，而且连牧羊人的姓名也没提到几个，只是笼统地说有数千之众。甚至在 20 世纪 60—70 年代写下层群众的历史成为美国史学研究的主要趋势时，一些牧羊业史论著中也没有改变漠视牧羊人的倾向。笔者认为这是很不公平的现象。

第三节　牧区妇女

一、牧场女主人

1. 女牧场主

在美国西部牧区中，牧牛场主多为男性，但也有少数女性。她们同样为"牧牛王国"的兴起做出了重要贡献。利齐·约翰逊是一个不可忽视的女牧牛场主。她的全名是伊丽莎白·E. 约翰逊。1843 年，利齐出生于密苏里州。1852 年其父在得克萨斯州海斯县创建了"约翰学院"，不久她也搬到了那里。"约翰学院"是科罗拉多河以西第一所较高级的学校。利齐从 16 岁开始在学校教书，慢慢地攒钱。她还靠为《弗兰克·斯莱利杂志》写小说增加收入。利齐边攒钱边投资。一次，她从芝加哥的埃文思、斯奈德和贝韦尔牧牛公司买了价值 2,500 美元的股票。三年后，她净赚了 100% 的红利，把股票卖掉后获得 2 万美元。1871 年 6 月，利齐投资牧牛业，在特拉维斯县印记簿上登记注册。她给牛打烙印的印记是"CY"。此后，利齐·约翰逊的财富不断增长，她对牧牛业投入的精力也越来越大。1879 年当她 36 岁时，嫁给了赫齐卡亚·G. 威廉斯。[①] 婚后，利齐·约翰逊继续在奥斯汀教书，为杂志写文章，并投资于牧牛业。她与丈夫签订了一份协议，他同意将她所有的财产留在她

---

① 威廉斯是一个布道者和带有几个孩子的鳏夫。

的名下，故利齐仍保持着对财产的控制权。利齐·约翰逊在 1879 年开始了赶牛生涯。她与丈夫至少两次沿着"奇泽姆小道"把牛群赶到了堪萨斯。利齐是西部牧区第一位自己长途驱赶牛群的妇女。她与丈夫骑行在一队马引导的牛群后面，度过令人烦躁的旅途。在此后几年中，她和丈夫走完赶牛小道后便待在圣路易斯过完秋冬两季。在那里，利齐靠为其他牧场主管理账簿取得额外收入。1881 年，她丈夫开始了自己的牛贸易，但他是个穷商人且喜欢饮酒，利齐不得不帮助他解决财政危机。她的丈夫死于 1914 年。10 年后，利齐在 81 岁辞世时，包括在奥斯汀的大地产在内，她所有的财产超过 20 万美元。①

　　虽然在牧牛业的经营中利齐的丈夫只是个帮手，但那些失去丈夫独自经营的女牧牛场主与利齐相比却更为艰难。在科罗拉多贝德兰茨地区的马多克斯夫人独自经营着她的牧场。她原先嫁给了野牛猎手。当她发现丈夫的恶劣本性后离开了他。她独自经营着"马多克斯牧场"。她在 40 岁时依然肌肉发达，体格健壮。马多克斯夫人从不惧怕当地品行不端的人。她有一套鹿皮装，是神枪手，也是好厨娘，靠打猎、缝补和经营路边牧场为生。② 在同一地区的玛格丽特则是在丈夫被坏人杀害后独自挑起了经营牧场的重担。她有一头引人注目的金光闪闪的卷发，因为人风趣、健谈而受到所有人的喜爱。玛格丽特的丈夫劳埃德·罗伯茨受雇于宾夕法尼亚州米德维尔的伊顿兄弟，为他们经营在科罗拉多的牧场。因为她无畏的天性，使玛格丽特在丈夫外出为雇主做生意时能独自照顾五个小女孩和她家的小牧场。一次，丈夫外出后再也没返回。后来得知他在怀俄明的夏延被暴徒杀害。坚强的玛格丽特便独自挑起了经营牧场和抚养、教育孩子的重担。③

---

　　① 埃米莉·J. 谢尔顿：《利齐·E. 约翰逊——一位得克萨斯牧牛女王》（Emily J. Shelton, "Lizzie E. Johnson: Cattle Queen of Texas"），《西南部历史季刊》1947 年第 50 卷；转引自戴维·达里：《牛仔文化》，第 261 页。

　　② 林肯·A. 朗：《与罗斯福一起放牧》（Lincoln A. Lang, *Ranching with Roosevelt*），费城 1926 年版，第 161—164 页；转引自刘易斯·阿瑟顿：《牧牛大王》，第 92 页。

　　③ 赫尔曼·哈格多恩：《罗斯福在荒原》（Hermann Hagedorn, *Roosevelt in the Bad Lands*），波士顿 1921 年版第 456 页，转引自刘易斯·阿瑟顿：《牧牛大王》，第 92 页。

2.牧场主的妻子

到 19 世纪 70 年代，大多数得克萨斯牧场主基本都结了婚。大平原其他牧区的独身牧场主也很少。因为牧场主的背景情况千差万别，所以他们的婚姻和家庭组成也呈现出明显的不同特点。牧场女主人的出身背景、受教育状况、职业、种族和国籍等也各有很大差异。

第一，有些牧牛场主在投身西部牧牛业前已经成婚，有些人是在经营牧场多年后才建立家庭。像前面述及的得克萨斯大牧牛场主丹·瓦格纳是带着妻子开始其牧牛生涯的。查尔斯·古德奈特婚前已经在科罗拉多建立了一个牧场。1870 年，古德奈特 34 岁，他的妻子 31 岁。古德奈特是在得克萨斯与她一见钟情的，随后几年便展开了求爱攻势。她见科罗拉多的牧场生活很具刺激性，能满足她冒险的欲望，便做了古德奈特夫人。① 大多数到美国西部经营牧牛业的欧洲人也都带去了他们的妻子。詹姆斯·阿代尔、德·莫雷侯爵都有一个对冒险极感兴趣的漂亮妻子。皮埃尔·威博和妻子一起在达科他的牧场中经营。

第二，牧牛场主们的夫人来自各种不同背景的家庭。牧牛场主格雷戈尔·朗的妻子离开了富裕的英国中产阶级家庭和朋友，在美国西部牧区生活了 40 年。科罗拉多著名的牧牛场主约翰·W.鲍尔斯在 1861 年娶了印第安人夏延部落酋长的女儿。牧牛大王爱德华·斯旺与凯瑟琳·安·贝尔斯成婚时，他岳父给女儿的礼服只是一双手工缝制的鞋和一身花布衣服。斯旺认为这样的礼服与他的新娘不太相称，只得为她去商店买了一套结婚礼服，但婚礼只是在她父亲的小屋中由县治安官主持进行的。怀俄明的大牧牛场主、后来当了州长和参议员的约翰·B.肯德里克娶的是牧牛场主查尔斯·伍尔芬的女儿。肯德里克在伍尔芬的牧场干活时，尤拉·伍尔芬还是一个经常爬在这个年轻牛仔膝盖上玩的小姑娘。她 17 岁时成了肯德里克的妻子。得克萨斯大牧牛场主理查德·金的妻子亨利埃特·张伯伦出身于一个宗教家庭。她的父亲是牧师，一个长老派的传教士。他毕业于米德尔堡学院、普林斯顿和

---

① 刘易斯·阿瑟顿：《牧牛大王》，第 91 页。

安多佛神学院。因为强烈的宗教责任感，他离开家乡佛蒙特到西部边疆去传播福音。出生在这样的家庭中，亨利埃特在密西西比州的霍利斯普林斯女子学院过了两年无忧无虑的学习生活。她 17 岁时成了其父教堂中唱诗班的成员，四年后成了与她没有共同兴趣、粗鲁、喜欢喧闹生活和"玫瑰伙伴"威士忌的金的夫人。①

第三，一些牧牛场主的妻子在成婚之前已是独立的职业妇女，从事着各种不同的工作。得克萨斯牧牛场主卢克·布莱特的妻子艾迪·安德森是一位来自密苏里州的女教师。②J. P. 怀特娶了新墨西哥州利特菲尔德的罗斯维尔·卢·明托森小姐。这位年轻的小姐婚前曾在一家商业公司任职。③约翰·W. 艾利夫的妻子伊丽莎白·萨拉·弗雷泽来自芝加哥。她以往曾住在加拿大，后来在丹佛开了一家专营"鸣禽缝纫机"的零售店。1870 年艾利夫最后请求她嫁给他时，伊丽莎白已经在芝加哥"鸣禽缝纫机公司"任出纳员。其经历充分展示了她的商业才干。这是艾利夫的第二次结婚。此时他已拥有相当可观的财富，选择伊丽莎白显然是看到这个有商业头脑的女人与他志同道合。④

第四，美国西部牧牛场主的妻子不仅有白人妇女，而且有印第安人妇女。特别是印第安人妇女在早期牧牛场主的婚姻中还占了相当大的比例。在早期的牧牛场主中，有些人娶白人妇女为妻。通常，他们的妻子来自与他们相同的社会阶层。这是"牧畜王国"婚姻稳定的一个重要因素。这种白人家庭的组成，或是在牧牛场主决定投身大平原牧牛业时携妻子同行；或是牧牛场主只身前往，有了立足之地后再回原来的家乡找一个儿时的熟人。西部牧牛业发展多年之后，在牧区找妻子渐渐变得容易了。新娘们通过直接经历

---

① 刘易斯·阿瑟顿：《牧牛大王》，第 91 页。

② 诺埃尔·L. 基斯：《布里斯特的披风》（Noel L. Keith, *The Brites of Capote*），沃斯堡 1950 年版，第 27 页。

③ 刘易斯·阿瑟顿：《牧牛大王》，第 90 页。

④ 莫里斯·弗林克、威廉·T. 杰克逊、阿格尼斯·W. 斯普林：《青草为王时》，第 364—365 页。

或耳闻得知牧业边疆的情况，愿意与她们的丈夫共同面对困难和危险。那些最不适应牧区生活的白人妇女则拒绝嫁给牧牛场主。牧牛场主的妻子至少要学会适应牧区的环境和生活，这一点非常重要。像斯旺夫妇等大量这类婚姻证实了这一点。除了那些仍沉浸于战前种植园传统的南方人外，大多数牧牛场主愿意娶无论是白人还是印第安人妇女为妻。他们的条件是只要她们具有独立性，能自己照顾好自己。因为早期的牧牛场主娶妻不易，所以他们娶印第安妇女就不足为奇。蒙大拿的牧牛场主詹姆斯·斯图尔特和格兰维尔·斯图尔特都娶了印第安妇女为妻。科罗拉多牧牛场主约翰·W.普劳厄斯的妻子是印第安人夏延部落酋长的女儿阿玛彻·奥切尼。① 早期牧牛场主与印第安妇女的婚姻经历了严峻的考验。因为他们之中的少数人做这种结合只是为了饮食、居住方面的舒适和方便。当东部文明传入西部牧区时，这些人赚了钱或取得一定成就后，往往害怕他们的生意和社会地位受到影响而结束婚姻。然而，大多数娶了印第安妇女的牧牛场主对妻子是忠实的，并不考虑后果。像斯图尔特兄弟和普劳厄斯等人，不论环境发生多大变化，都以忠诚于家庭为荣。牧业边疆不同种族的通婚没有陷入毛皮交易地区夫妇之间令人头痛的危机或孩子归属问题那么多的麻烦。为什么大多数牧牛场主与印第安妇女的婚姻比较稳定？一则是他们想在赚钱的地区留下来，相信在这种环境中只会孕育着这种通婚；二则由于牧区生活的规范化减轻了对那些不愿抛弃印第安妻子的牧牛场主的压力。如怀俄明早期的牧牛场主 E. W. 怀特康博为他混血的妻子和孩子在夏延的"牧场主大街"安了一个家，他们在当地受到尊重。② 更重要的一点是，在一些牧牛场主创业的过程中，他们的印第安妻子也做出了重要的贡献。

第五，外国出生的牧牛场主在"牧牛王国"早期的发展中多保持独身，他们倾向于在事业成功时回国娶一个儿时的熟人为妻。因此，在美国西部牧牛场主的妻子中，有一些是来自外国的妇女。康拉德·科尔斯是蒙大拿的牧

---

① 戴维·达里：《牛仔文化》，第272页。
② 刘易斯·阿瑟顿：《牧牛大王》，第83页。

牛场主兼商人。他于1835年生于德国的一个中产阶级家庭。因为讨厌继父，科尔斯在15岁时离家，在一艘从南美跑非洲的轮船上当服务员。1854年他家的大部分人移居美国。科尔斯去加利福尼亚淘过金，也投身于其他矿业开发，后来做了向矿区供应肉类的批发和零售商。他拥有了自己的牧场。此后，他去欧洲娶了儿时就认识的奥古斯塔·克鲁泽为妻。[①]还有一些欧洲人是带着妻子到美国西部投身牧牛业的。因此，从牧牛场主妻子的国籍来看，既有美国人，也有外国人。

与皮货商和矿主相比，在"牧牛王国"中，婚姻表现出了高稳定性。在皮货贸易地区，皮货商家庭中很少有白人妇女的妻子。白人男子显示出与印第安人后裔女性结婚的兴趣，但婚姻并不稳定，有很多家庭破裂和遗留的难题。在矿区城镇，家庭中有白人妻子，但她们往往不能得到丈夫的持久忠诚。如被称为"山楂"的科罗拉多银业大王泰伯抛弃了他的妻子，又娶了一个被人叫作"小母鹿"的女人，并不惜为她挥霍钱财。住在蒙大拿的奥古斯塔斯·海因策不厌其烦地娶了一连串的女主人。[②]牧业经济和农业经济一样，是一种家庭企业。对于那些找到妻子的牧牛场主来说，他们是幸运的。家庭是牧区社会的基本单位。家庭生活成了牧牛场主社会和经济活动的中心。牧牛场主要在"牧牛王国"长久告待下去需要家庭。在这种家庭中妻子扮演着重要角色并发挥着巨大作用。这可能是牧区社会婚姻高稳定性的最根本的原因。

3. 牧场女主人的贡献

美国西部牧区妇女对"牧畜王国"的兴起和发展起了重要的促进作用。作为牧场的女主人，她们的贡献是多方面的。

第一，不论原先的家庭社会背景和经历如何，作为牧牛场主的妻子都是非常称职的家庭主妇。首先，她们是牧场的厨娘。大多数得克萨斯牧牛场主有早起的习惯。牧牛场主的妻子可能与他同时起床，或者起得更早。她在丈

---

① 刘易斯·阿瑟顿：《牧牛大王》，第83页。

② 刘易斯·阿瑟顿：《牧牛大王》，第81页。

夫穿衣的同时，准备一大壶热咖啡，然后去做早饭。如果某一天牧牛场主要加入牛仔的行列出行，或骑马到镇上做生意，他妻子就做好火腿（或香肠、或牛排）、煮鸡蛋、烤制新鲜的软饼或玉米面包等。她把这些食品放在厨房的一张大桌子上，摆上铁刀、叉和沉重的铁石盘子、杯子和白色的茶碟等餐具。准备就绪后，牧牛场主、工头和牛仔们都进牧屋就座，一起用早餐。直到19世纪80年代早期，在大牧场中才由厨师取代牧牛场主的妻子为牛仔做饭。[1] 其次，牧牛场主的妻子们要日复一日地干着家中的各种杂活，如洗衣、熨衣和清扫等等。春夏两季，她们还得照料花园。在得克萨斯潘汉德尔地区开发的早期岁月中，女人们只是做千篇一律的家务劳动。虽然有些大牧牛场主的妻子可以用几个人为她们干活，但她们之中的大多数也与其他小牧牛场主的妻子一样都在忍受相同的艰辛。她们用仅有的一个盆、一把熨斗洗熨全家的衣服。因为没有晾衣绳，只好在草地上晾衣服。有些妇女到牧场来以前从来没有洗过衣服，但成了牧牛场主的妻子后人人都得洗衣服。在水井和风车还没有出现在大平原上之前，缺水给她们造成了很大困难，洗过的衣服上都留下了微黑的色泽。在她们的牧屋里，地、墙、房顶、草垫、自制床垫、家具和一些盘子到处落满灰尘，但她们须把家里打扫得干干净净。还有不齐全的炊具等等，这些都使早期的牧场生活与艰苦和不方便联系在一起。在潘汉德尔牧区最先富起来的大牧牛场主古德奈特的妻子曾一直忙个不停地缝补牛仔们的衣服，照料那个被她称之为家的小屋。她与丈夫厮守了55年后故去。[2] 科尔斯的德国妻子克鲁泽是从小在城市长大的女孩，刚到美国西部牧区时觉得那里十分可怕。然而，作为一个德国妇女，她以履行妻子的职责而骄傲。她不仅做了牧场的厨娘，而且承担了所有家务活。大牧牛场主理查德·金的妻子伊丽莎白直到1935年以72岁的高龄去世之前，一直在金的牧场上料理家务、负责餐桌和日常的生活。[3] 再次，她们在艰苦的生活环境中为牧牛场主生儿育女，抚养后代。怀俄明的大牧牛场主格兰维尔·斯图尔

---

① 戴维·达里：《牛仔文化》，第260—261页。
② 丹尼尔·布尔斯廷：《美国人——民主历程》，第15页。
③ 刘易斯·阿瑟顿：《牧牛大王》，第96页。

特的印第安妻子埃伦为丈夫生了九个孩子。她不仅养育自己的子女，而且在丈夫的兄弟詹姆斯·斯图尔特去世后，还抚养了他的两个孩子。她操劳一生，到1887年故去。[①] 科尔斯的妻子是在没有任何专业医生在场的情况下生的第一个孩子。在他们第二个孩子出生时，科尔斯才能付得起1,000美元的出诊费，请一位大夫来牧场对妻子照顾一周。[②] 在美国西部牧区，许多成功的牧牛场主正是有了妻子作为贤内助，才克服了拓荒时期的种种困难，在荒野的环境中坚持了下来，最终取得了事业的成功。

第二，大多数牧牛场主的妻子在丈夫的牧场经营中也做出了很大贡献。在美国西部牧区，妻子活跃于丈夫的生意中是很平常的事。皮埃尔·威博与他的英国妻子一起在科罗拉多的牧场中经营。在他因生意去法国待一个冬天时，他妻子便管理他们的牧场。在帮助丈夫取得事业成功方面，最引人注目的是约翰·B.肯德里克的妻子尤拉·肯德里克。他们共同由贫至富的经历震撼着每一个崇尚个人奋斗的美国人。肯德里克早年是个身无分文的孤儿，他从一个赶牛的牛仔变成了怀俄明的大牧牛场主，进而成为该州州长和美国国会的参议员。他的成功，得益于妻子的大力相助。尤拉之父也是一个由身无分文的孤儿发展为拥有个人牧场的成功者。她与丈夫经过到芝加哥、纽约和华盛顿的蜜月旅行后就去了怀俄明牧区定居。他们在距谢里登50英里处的地方经营一个牧场。那里几乎是一个与世隔绝的地方，甚至还没有正常的邮政服务。[③] 在丈夫的经营中，尤拉负责为他保管牧场的账簿，掌管大部分生意往来的信件，也陪他去遥远的城市做生意。在赶拢季节，如果需要，她还亲自为赶拢的牛仔们做饭。肯德里克夫妇从不放过学习的机会。尤拉向她的厨师学习德语。她也学习历史和科学知识，甚至和孩子们一起去简陋的学校里听课。肯德里克迅速攀升到怀俄明州长的职位，使她想去丹佛向一位著名的服装商请教，以便在丈夫的就职舞会上穿着得体的礼服。尤拉与丈夫有着共同的社会背景，具有相同的奋斗雄心，使她与丈夫共同体验着怀俄明牧

---

① 刘易斯·阿瑟顿：《牧牛大王》，第83页。
② 刘易斯·阿瑟顿：《牧牛大王》，第88页。
③ 刘易斯·阿瑟顿：《牧牛大王》，第89页。

场经济与政治生活中的艰辛与乐趣。她证明自己在丈夫不断迅速扩大的政治和社会生活的任何场合都具有与他平等的地位。

第三，牧牛场主的印第安妻子在接受白人文化、促进民族融合方面做出了重要的贡献。前面我们已经提及，牧牛场主的印第安妻子也和其他白人妇女一样生儿育女成为好家庭主妇。更为可贵的是她们为了家庭的稳定和幸福，不断改变自己多年形成的生活习惯，学习、接受白人的文化。突出的例子是前面提及的威特康博夫人。E. W. 威特康博在 19 世纪 50 年代到了美国西部。60 年代早期，他在楚格沃特河上开始经营牧场。威特康博娶了一位苏族印第安人妇女为妻。在经营牧场致富以后，他在夏延以外几英里处建了一座大砖房。随着这一地区发展成聚居区，东部的文化开始传入进来。然而，威特康博的妻子仍然保持着印第安人的习惯，脚穿软皮便鞋，头上和肩上披着毯子。威特康博给他妻子两种选择：要么回到她部落的保留区去，为此她可以得到许多矮种马；要么留下来，但他希望她改变印第安人的装束。她决定回到部落中去，丈夫给了她曾答应过的许多马和供应品。然而，在威特康博夫人回到印第安人的帐篷的那天晚上，她的朋友们鼓励她回到丈夫身边。次日清晨，她又回到丈夫身边，同意改变装束。威特康博在夏延的"牧场主大街"为妻子建造那所大房子时，在前院设置了一个圆形帐篷，以取悦妻子和她的家人。威特康博夫人成了怀俄明最体面的妇女中的一员。她按照"白人家庭主妇的标准把住宅保持得很漂亮"[1]。约翰·W.普劳厄斯的印第安妻子从 1861 年婚后一直梳着辫子，在家里还说着她部落的语言，但多年以后她学会了英语。鲍尔斯对她的家人一直很好，他们来拜访时他还赠送一些礼物。他教育孩子，成功地经营着牧场，成了当地银行的行长，还担任一些公职。[2] 在这种白人与印第安人通婚的牧牛场主家庭里，只要妻子能逐步接受白人文化中好的东西，改变自己原有文化中落后的东西，只要丈夫在改变妻子的原有习俗时不强制实行并尊重她的一些文化传统，那么这样的家庭不

---

[1]　阿格奈什·W.斯普林：《牛区遗产》（Agnes W. Spring, *Cow Country Legacies*），堪萨斯城 1976 年版，第 9 页。

[2]　刘易斯·阿瑟顿：《牧牛大王》，第 83 页。

仅可以保持稳定，而且牧牛场主的事业也能不断取得进展。这样的家庭不论住在牧场还是住在牛镇，都会受到人们的尊重。牧牛场主不会因娶了印第安妻子而蒙受耻辱。

第四，有教养的妻子不但影响改变着丈夫，而且使牧场变成了社会交往活动的场所。她们传播东部的优秀文化，改变牧区封闭孤独的生活和社会风气。

亨利埃塔·张伯伦的丈夫理查德·金在成为牧牛场主前做过水手、船长、船主、投机商和下等旅馆、酒吧的经营者。婚前过着粗野的生活，整日从威士忌酒中寻找安慰。他们第一次相遇是因金咒骂她家的"船屋"阻碍了他的汽船靠岸。亨利埃塔指责了他的粗野言行。她坚定的宗教信仰使金陷入了对她的迷恋。为她，他第一次参加了祈祷会，以此得以被介绍与她相识。四年之后，当她22岁时嫁到了金的牧场。他们一直是忠诚的伴侣，成为"牧畜王国"婚姻稳定的典范。亨利埃塔完全遵照她父亲的道德和宗教信仰处理所有的事情。金尊重他妻子的个人意见。她在家里主宰一切，井然有序地保护丈夫的财产。除了向朋友施舍外，他将宗教和慈善施舍金全交给妻子处理。金为妻子的家庭背景和道德标准而自豪。她对宗教的虔诚和处事的谦恭帮助丈夫建立起了他的家庭和后代的未来。

在美国西部牧区，即使是兴旺发达的大牧牛场主之家，也不能避免孤独之感。古德奈特的夫人有半年时间没有见到其他女人。只有风和孤独困扰着她。一个牛仔给她带来了三只小鸡。它们很快就学会了跟着她跑。她也可以在孤独时与小鸡说话。① 得克萨斯的"马刺牧场"被认为四周都有邻居，但离它最近的邻居是位于其北面35英里处的"斗牛士牧场"。在"牧畜王国"里，"邻居"这词的含义就是几十英里。在"马刺牧场"所在的牧区，有四个大牧场，除"马刺"、"斗牛士"外，还有"利亚诺土地牧牛公司"及"肯德里克土地牧牛公司"。该牧区还有一些小牧场和其他定居者。虽

---

① J.埃维茨·黑利:《查尔斯·古德奈特——牧场主和平原人》(J. Evetts Haley, *Charles Goodnight: Cowman and Plainsman*)，纽约1936年版，第305页；转引自刘易斯·阿瑟顿:《牧牛大王》，第86页。

然按照合作协议四大牧场控制着牧区，分享社区利益，但它们的主人也感到十分孤独。他们渴望招待外来的客人。有时写信催促他们在狩猎季节来牧场访问。1898 年，"马刺牧场"为方便来访者为他们扩建了住所。尽管往火车站跑一趟得用两天时间，牧场还是准备了接送客人的轻型马车。在"斗牛士牧场"的经营者 H. H. 坎贝尔前往科罗拉多的城镇途中，他们受到了"马刺牧场"的热烈接待。[1] 富裕的牧牛场主为了减轻家人的孤独感在小城镇安了家。也有些牧牛场主抽暇携家人外出旅游，以减轻牧区生活的孤独寂寞。然而，这些还不能从根本上解决牧场与牧场间彼此孤立、隔绝的状态，也难以促进牧区的相互交往。在牧区社会交往方面，牧牛场主的妻子们做出了重要贡献。坎贝尔夫人和格雷戈尔·朗的夫人等在这方面起着突出的作用。

"斗牛士牧场"经营者坎贝尔的妻子利齐·邦迪被人称为是一个漂亮、能干又高雅的女人。她真心喜欢到牧场做客的人。"斗牛士牧场"的雇工们也欣赏她的和善。在潘汉德尔拓荒时期，她与古德奈特夫人是邻居。通过1882 年的圣诞节舞会，坎贝尔夫人打开了该地区的社交之门。此后，直到1890 年她丈夫解除与"斗牛士牧场"业主的合同前，这一舞会形式成了该地区每年庆祝圣诞节的固定节目。坎贝尔夫人对社交和与牛仔们打交道很感兴趣。由此扩展到与相邻牧场的交往。1882 年，"斗牛士牧场"第一次举办了圣诞节舞会，使方圆 50 英里的六位妇女聚到了一起，还有该地区的 50 个男人前来参加。厨师本·布罗克和巴德·布朗宁为舞会伴奏。布朗宁对拉提琴竟是那样专一，以致他连舞也不跳，以拉琴度过了两天一夜的美好时光。四对舞、华尔兹和肖提西舞（一种二拍圆舞）在当时都很流行。此后，坎贝尔夫人每年都为舞会准备 50—100 人三天吃的食物。在第一晚舞会的头顿饭后，人们喜欢留下些东西吃自助餐。舞会一直在进行着。直到在主持宗教仪式的教士们疲惫得不得不停下去睡 1—2 个小时时，女士们才躺在牧屋的地板上休息，男人们则自己照顾自己。坎贝尔夫人严禁在圣诞节舞会这种场合

---

[1]　刘易斯·阿瑟顿：《牧牛大王》，第 93 页。

饮酒或争吵。① 她欢迎每个人来"斗牛士牧场"参加圣诞节舞会。这个地区的很多人都渴望这样的舞会年复一年地进行下去。坎贝尔夫人还热心于赞助宗教机构，资助那些需要帮助的人。

格雷戈尔·朗夫人虽然来自英国中产阶级家庭，但她很容易地适应了牧区荒原的环境。她的到来使丈夫的牧场每星期四停工一天。在她的影响下，牧场的骂人声少了，养的马多了。雇工的伙食有了更多的变化，牛奶、黄油和应时的蔬菜都有。朗夫人通过示范行动，将她那高于周围环境的社会行为标准推广开。她接待客人得体周到，使人们心甘情愿地接受她的礼数。因为在待人接物的方式上谁也比不上她。来访者不论是牧牛场主还是牛仔、捕兽者和印第安人，在朗的牧场吃饭都不感到窘迫。他们家的钢琴成了牧区谈论的话题。一天晚上，有 25 名牛仔来到她家，请她女儿弹琴演唱。晚会临结束前，所有来客都加入进来，一齐歌唱。②

斯图尔特兄弟在蒙大拿牧区娶了印第安人妻子不久，有一个白人家庭迁入他们牧区。这家有两个漂亮的女孩。一个女孩长着一头金发，另一个女孩的头发浅黑。这个家庭的到来立刻使当地的风俗和衣着有了变化。牧牛营地的男人都刮了胡子，换了衣服，他们"全在尽力成为一个文明人"。蓝色法兰绒衬衣和黑色领带开始代替鹿皮衬衣。鹿皮靴换成了鞋子。男人们甚至选出除星期日以外的一天去洗衣服。不久，格兰维尔·斯图尔特家买了一把小提琴。他家就能邀请邻近的白人夫妇来跳舞。在斯图尔特与他 17 岁的妻子跳舞时，热心的邻居便拉起了小提琴。③

因为在牧场上的雇工大多是未婚的男子，所以牧场女主人们决定着牧区有组织社交活动的范围。这种活动能否开展起来？是否成功？这在很大程度上取决于这位妇女的性格和兴趣爱好。与上面这些成功的例证相反的是"马刺牧场"经理洛马克斯夫人的离去。她长得高大、苗条，为人随和，说话轻

---

① 刘易斯·阿瑟顿：《牧牛大王》，第 97—98 页。

② 林肯·A.朗：《与罗斯福一起放牧》，第 161—164 页；转引自刘易斯·阿瑟顿：《牧牛大王》，第 82 页。

③ 刘易斯·阿瑟顿：《牧牛大王》，第 78 页。

柔,办事漂亮。她既有良好的教养又周游过许多地方。这一切使周围的许多人都感到相形见绌。然而,洛马克斯夫人不喜欢孤独、贫穷的牧场生活。她在"马刺牧场"只待了很短的一段时间就无法忍受,宁肯搬回沃思堡去住。因此,"马刺牧场"的雇工就不如"斗牛士牧场"的雇工,他们不能指望从雇主那里得到一点正式社交活动的参与。韦德夫人是另一个失败者。在与人的交往中,迪森·韦德和他的东部妻子因为把他们自己的举止准则强加于人而激怒别人。因此他得了"迪王"(D. King)的绰号。韦德夫人是个很有才艺的女人。她总想让牧区社会上层的人们尊重其习惯礼仪,甚至在邀请不同背景的客人时也是如此。一次,格雷代尔·朗、特迪·罗斯福和其他一些人在她家进晚餐。她批评罗斯福先生穿衬衣用餐不合体统,硬是拿出她丈夫的一件上衣让他穿上。韦德夫人知道,罗斯福穿着不合适的上衣吃饭,两只衬衣袖子使他很不舒服。虽然罗斯福的牧场离韦德的牧场仅有 4 英里,但后来他很少与他们往来。[①]明白这些以后,韦德夫妇感到在其牧场家中很不舒服,发现西部不是他们所喜欢的地方,便又搬回了使他们感到更愉快的环境中。

从上面的这些成功者和失败者的例子中可以看出,妇女要想在西部牧区的社区生活和传播文明方面有所作为,必须热爱开拓荒野的艰苦生活并能克服一切困难坚持下来,必须以平易近人的示范方式影响感染周围的人们。这样,她们就能赢得人们的尊重,形成以她们为中心的社区社会交往活动氛围。反之,厌恶荒原牧场生活,待人接物居高临下和强加于人的女性很难在牧区社会立足。

一些成功牧牛场主的妻子们都有仆人管理他们在城里的家。这使这些妇女有更多的时间参与包括艺术课、读书、特别是音乐等社会和文化活动。小提琴或提琴在整个牧区非常普遍。然而,随着牧牛场主致富和东部文化的传入,包括钢琴和管风琴在内的更先进的乐器也在牧区流行起来。怀俄明的第一架钢琴是 1864 年由公牛队从密苏里州穿越平原运进的。它的主人是早期

---

① 林肯·A. 朗:《与罗斯福一起放牧》,第 189—191 页;转引自刘易斯·阿瑟顿:《牧牛大王》,第 82 页。

的牧牛场主比尔·卡特。19世纪70年代晚期，许多钢琴出现在其他牧屋。莫尔顿·弗莱温建造的牧屋是北部平原最精美的牧屋之一。1879年，在他前往纽约市与克拉拉·杰罗姆小姐①结婚前不足两年时，一架钢琴被运进了弗莱温的牧屋。他的牧场位于现今怀俄明州凯西以东鲍尔河的中支流处。这架钢琴先由火车从东部运到距他的牧场还有200余英里的罗克克里克车站。从那里再由马车将钢琴运到他建在河流转弯处高地上有36间房子的牧屋中。②在客厅中，钢琴与书相配，形成另一种文化格调。

毫无疑问，美国东部文化对西部白手起家的牧牛场主及其家庭产生了影响，尤其是在大平原北部牧区表现得更为明显。然而，它从未真正使西部社会的风味消失，也未完全改变旧时的牧牛场主。大多数白手起家的牧牛场主似乎从东部文化中吸取了他们所需要的东西，而抛弃了其他的东西。在这一方面，他们的妻子发挥了重要作用。

4. 牛仔与牧场的妇女

在美国西部牧场的早期，很少有妇女。牧区几乎是男人的世界。因此妇女备受尊重。随着牧场的不断发展，有更多的妇女到了西部牧区。但与男人相比，女人仍是少数。正如前面论及的坎贝尔夫人组织的1882年圣诞节舞会，在方圆50英里内能见到的妇女只有6人，而男子差不多是她们18—19倍。牧场的妇女大多数是牧牛场主的妻子和女儿。因为她们的到来，在有关牛仔的行为准则中又增加了一些新的规定。诸如牛仔不能对雇主家的妇女表示感兴趣，甚至同桌吃饭时只能专心用餐而不能对她们的勤劳表示称赞；牛仔要尊重体面善良的妇女，并维护她们的荣誉等等。对这一规定，怀俄明的一位老牧牛场主奥利弗·沃尔斯用另一种方式作了解释："只要妇女恪守其位，旧时的牛仔对她们是非常尊重的。如果（她们）拆掉了围栏，牛仔就会越过界限。"③

---

① 克拉拉·杰罗姆（Clara Jerome）是珍妮·杰罗姆（Jennie Jerome）的妹妹，珍妮是伦道夫·邱吉尔（Randolph Churchill）的夫人，温斯顿·邱吉尔爵士（Sir Winston Churchill）的母亲。

② 戴维·达里：《牛仔文化》，第273页。

③ C.L.桑尼克森：《牛仔和牧牛大王——现今的牧区生活》，第46页。

牛仔在牧场与妇女的接触中基本按照这些规定的行为准则办事。牧屋进餐通常是安静的。牧牛场主、工头和牛仔都到牧屋就座，用餐时几乎不说一句话。当某人吃完最后一口饭，喝完最后一口热咖啡，也许是吸支烟或嚼点烟草，然后他打一声招呼就到外面去。吃完饭后立刻离开餐桌，是多数牧牛场主和牛仔们养成的习惯。牛仔有时怕与陌生的年轻女子交谈。查尔斯·麦克卢尔在得克萨斯州坎宁的潘汉德尔平原历史博物馆任馆长多年，他讲述过他当牛仔时一次这样的经历。他被指派护送一位年轻女子到一个牧场观光游览。麦克卢尔因为习惯了与其他牛仔那种粗鲁和随意交往方式，所以他很怕与这位富于吸引力的年轻妇女交谈。牧场经理让这位女子骑一匹温驯的马。因为这匹马的消化系统总是咕噜咕噜地响个不停，牛仔们戏称它为"老肚子"。在年轻妇女问这匹马的名字时，诚实但谨慎的麦克卢尔竟变得不知所措。这位当时的牛仔停了一会才回答说："我想它叫'老肠'"[1]。在粗犷的牧区，牛仔使用这样细腻的语言通常是留着对母亲或其他贵夫人讲的。牛仔们在牧场的唯一社交活动是舞会。在牧场举行舞会时，牛仔们会穿上他们最好的衣服。

尽管牛仔们在头脑中坚守只做好自己的工作而不管闲事，但他们中的一些人因不喜欢有人对妇女甚至对妻子的非礼方式而偶加干涉。为此他们往往会给自己惹来麻烦。牛仔对保护妇女的名声十分敏感。他感到如果一个男人使妇女与肮脏联系起来，或允许她们与肮脏接触，他都是十分低下的人。他把她置于高尚的围栏之上，是为了仰视她。他希望她充满女性气息而不喜欢那些穿着长裤和男人装束的男性化的妇女。[2] 这是雷蒙·亚当斯概括的当年牧区牛仔的感觉。无疑，牧区有教养的妇女是符合牛仔所要求她们达到的标准的。

在牛仔对往事的回忆中，有关妇女的记述很多。与此相反，19世纪牧场妇女的回忆中却少有牛仔的记述。我们能见到的仅有布拉·拉斯特·柯可

---

① 戴维·达里：《牛仔文化》，第 280 页。

② 雷蒙·F. 亚当斯：《牧场主及其道德准则》（Ramon F. Adams, *The Cowman & His Code of Ethics*），奥斯汀 1969 年版，第 13 页。

兰在 20 世纪早期留下的回忆。柯克兰是一位早期得克萨斯牛仔的女儿，自信不论走在任何城镇，都能认出真正的牛仔。她不光是根据其装束，而且还根据他那坦率的面容、天真的眼睛和嘴巴。她认为牛仔当然不是幼稚的，因为他生活在开放的空间，贴近大自然，清新的生活在他的脸上反映出来；他"没有或很少有恶习，因为老母亲的天性一直伴随着他"①。从这一评论中，我们可以了解当时开放牧场的妇女判断和识别一个真正牛仔的标准和依据，以及她们对一个真正牛仔的高度评价和真实感受。

对于牛仔与牧场妇女的交往，约翰·C.亚各布斯曾有过评论。他认为，在牧场的 50 年中，他从未看到一个牛仔侮辱妇女，或者"企图去犯不可饶恕的罪行"②。这反映出了牧区社会的一种严格的行为准则及这一准则在牧场主边疆盛行的真实情况。

二、牛镇的妇女

1. 良家妇女

随着以长途驱赶为特点的牛贸易的发展，在铁路沿线兴起了一些牛镇。最初，牛镇是作为集散和装运牛群的牛市出现的。来往于牛镇的主要是牧牛场主、赶牛人、牛仔和买主等等。随着牛贸易带来的牛镇繁荣，一些农民和诸如医生、律师、牧师和教师等也来到牛镇。一些大牧牛场主还把家搬到了牛镇。著名牛都夏延城的弗格森大街就是一些大牧牛场主的聚居区，素有"牧场主大街"之称。这些人是牛镇的常住居民，通常他们住在较寂静的地方，远离喧嚣的牛市区。每个牛镇的常住居民大约有几百人。这些常住居民中的妇女对牛镇社会风气的净化起了重要作用。关于牧牛场主妻子的作用，前面已有不少论述。这里仅对牛镇普通居民妻子的作用稍作分析。

牛镇普通居民的妻子都是贤妻良母。她们饱经平原的日晒风吹之苦，皮肤变得干燥。艰苦劳作和过多生儿育女导致了她们的过早衰老。当她们看到

---

① J.马文·亨特编：《得克萨斯的牛道赶牛人》，第 548 页。
② 刘易斯·阿瑟顿：《牧牛大王》，第 81 页。

一些欢乐被年轻人和邪恶者所垄断时，多日都难以扫除心中的痛苦。她们的每根神经都在呼唤新的和良好的社会秩序，使通常的社会价值观念受到尊重。在牛镇建立新秩序的拥护者中，"居民的勤勉的妻子们是重要的力量"[①]。

在牛镇兴起时，也引来了一些投机商、赌徒、恶棍和妓女等。他们带来犯罪、邪恶，败坏着牛镇的社会风气。在促进牛镇建立良好秩序、净化社会风气方面，有教养的妇女起了重要作用。首先，她们使自己的丈夫抵御了酒的诱惑。在美国西部牛镇中，有很多酒吧，卖着大量的劣质威士忌。在阿比林有一条"得克萨斯街"，那里的酒吧吸引着大量的牛仔。酒后的争吵、打斗和粗暴行为时有发生。阿比林的居民都避开了得克萨斯街的诱惑。究其原因，除他们口袋里没钱和家住在窝棚里外，更重要的是他们想着"妻子在辛勤地工作着"[②]。其次，在"公牛头酒吧"有辱妇女的宣传画事件中，她们促使居民与老板进行斗争并取得了胜利。"公牛头酒吧"由两个得克萨斯人经营。店主为了招揽生意，在酒吧外墙上画满了公牛。有一头公牛如同家畜杂志封面上那样画在墙上，呈配牛状。在自然界中，牛当人的面确实有此行为。人们眼见也不足为怪。然而，把牛的这种自然状况画在墙上，却引起居民的震惊。人们把它与不道德、下流和憎恶联系在了一起。他们认为"这是对镇上所有妇女的一种侮辱，是儿童眼中的可耻行为"[③]。居民们要求店主抹掉这幅有损道德尊严的画，店主拒不接受，得克萨斯牛仔也对镇民的抗议报以讥笑。双方的对立越来越尖锐。两周后，在激烈争论有可能引发暴力冲突的情况下，店主才不得不把公牛画像涂掉。再次，妇女们希望创造一个有利儿童成长的良好社会环境。在阿比林，孩子们能够看到得克萨斯街上可耻的人——赌徒、醉鬼和妓女等。尽管他们的家长教育他们信仰上帝，要过一种正常的生活。然而，孩子们见到"得克萨斯街"上的男男女女穿着时

---

① 罗伯特·E.里格尔、罗伯特·C.阿塞恩：《美国西进》，第478页。

② 戴维·达里：《牛仔文化》，第211页。

③ 斯图尔特·亨利：《征服我们的美国大平原——一种历史性的开发》（Stuart Henry, *Conquering Our Great American Plains: A Historical Development*），纽约1930年版，第82—85页；转引自戴维·达里：《牛仔文化》，第213页。

髦，大手大脚地花钱，每个人天天都在尽情享受。这些不良现象被孩子们看到，很容易引他们走上邪路。特别是 1869 年秋季，"得克萨斯街"附近的学校开学后，很多孩子在上学往返的路上都要穿越这条街道。[①] 阿比林的妇女不愿孩子们受到"得克萨斯街"不良社会风气的影响。作为母亲，她们希望自己的孩子能得到很好的教养，远离粗野和无法无天的地方，免受恶习的污染。在居民的强烈要求下，阿比林不允许酒后的牛仔在学校附近逗留。[②] 阿比林等牛镇居民的妻子们，以她们优良的品德呼唤一种良好的社会秩序和风气。由于牛镇常住居民的努力，一些牛镇都加强了市政管理和治安措施。阿比林镇的住区布局以铁路为界分成两部分。铁路北部是三角地带，设有旅馆、居民住宅、教堂和报馆等。这片安静的地方是有教养的镇民居住区。铁路南边，建有酒吧、赌场、舞厅和妓院等，排列在"得克萨斯街"上，形成一个隔离区。[③] 那里是得克萨斯人的阿比林，是牛仔、妓女、赌徒、酒鬼等出没的地方。

2. 妓女

妓女是一个复杂的社会问题。在美国西部牧区，妓女是牛仔与妇女交往中的主要角色。早期的美国西部牧区绝对是一个男人的世界，那里的妇女非常少。到 1884 年，在达科他荒凉地区的比灵顿县境内，有男子 122 人，妇女仅有 27 人。西部不仅是成年男子的世界，也是一个青年男人的世界。1885 年的调查资料表明，大部分牧场的牛仔只不过二十几岁，他们的老板也只是三十几岁。[④] 探究牧区妇女稀少的原因，无疑与大多数牛仔未婚有关。他们之所以未婚，一则因为他们都是十几岁或二十几岁的年轻人，还没有准备在牧区定居；二则牧场规定牛仔只有在独立放牧或完全放弃牧牛业之后才可以结婚。由于牧区的妇女太少，造成她们过于珍贵，受到每个男人猛烈的追求、珍爱和保护。可是在牧场上，牛仔几乎没有同异性交往的机会。在有

---

①　戴维·达里：《牛仔文化》，第 212 页。

②　威廉·福比斯：《牛仔》，第 202 页。

③　劳伦斯·I. 塞德曼：《马背生涯——1866—1896 年的牛仔边疆》，第 89—90 页。

④　刘易斯·阿瑟顿：《牧牛大王》，第 31 页。

更多移居者进入牧区、城镇有所发展时，牛仔们便能确定"女朋友"。然而，真正能找到牧场主的女儿和城镇居民的女孩交朋友的牛仔为数极少。因缺乏异性友情而空虚的年轻牛仔便与妓女有了更多的交往。

根据堪萨斯州历史社会档案的记载和一位历史学家对地方案例卷宗、警方案件记录、报纸及其他可靠资料的统计，对于美国牛镇妓女的情况，我们大体可以概括出以下几个特点。

第一，据档案记载，1870—1885 年曾在堪萨斯的主要牛镇阿比林、威奇托、埃尔斯沃思、海斯、道奇城和考德威尔涉足妓女行当被列名在册的有 600 余人，还有很多人没有被记录在册。[1] 列入名单中的妓女有些是真名字，有些是假名字。为了吸引来自得克萨斯的牛仔，她们起了诸如明尼、卡蒂、哈蒂、马蒂、安妮、范妮和詹妮等南方女孩的名字。有一个妓女在威奇托叫蒂特·比特，在道奇城又叫卡廷·莉尔·斯拉切。这显然是化名。

第二，牛镇的妓女都是未婚的白人女子，来自不同的家庭背景和不同的国度，每人都有一笔不小的财产。她们有的来自东部家境好的家庭，有的来自美国贫寒的家庭。除来自美国东部的以外，还有些妓女来自英格兰、爱尔兰、德国、法国、拉丁美洲国家，或任何有女孩出生的地方。这些妓女或高或矮，或胖或瘦，或美或丑者都有。

第三，证据表明，大部分妓女在旧的牛镇衰落之后并没有迁往新的牛镇。有的妓女离开了一个牛镇也是迫不得已。1870 年 9 月，约瑟夫·麦科伊下令阿比林的妓女必须离开。许多妓女去了巴克斯特斯普林斯和威奇托。阿比林、埃尔斯沃思、威奇托和道奇城四个牛镇妓女的平均年龄只有 23 岁。道奇城有 14 岁的妓女。17—19 岁的妓女较为普遍。她们当中有的人在很年轻时就洗手不再干了。大部分的妓女都结了婚。[2] 在一些牛镇，妓女嫁给有名望的商人或政治家为妻也不足为怪。特别是道奇城确实如此。在那里，旅馆老板、早先的市长詹姆斯·H.凯利与一个叫"美妙的伊斯顿"的女人生

---

[1] 约瑟夫·W.斯内尔：《牛镇边疆的虚伪妇人》（Joseph W. Snell, *Painted Ladies of the Cowtown Frontiers*），堪萨斯城 1965 年版，第 9 页。

[2] 戴维·达里：《牛仔文化》，第 217 页。

活在一起。1880 年，巴特·马斯特森和吉姆·马斯特森以及道奇城银行行长都与这类姑娘生活在一起。①

第四，在牛镇，凡有牛仔的地方都有妓女出没，但她们主要集中在"红灯区"的妓院中。酒吧、舞厅是牛仔必须光顾的地方，那些地方常常有舞女出现。除阿比林的酒吧不欢迎妓女外，在堪萨斯的其他牛镇，妓女在酒吧、舞厅工作的并不少见。1879 年初，道奇城的一位编辑对此曾有过记述。一座长长的房子里，前面有大厅酒吧，后面是卧房。大厅晚上用作舞场。许多妓女伴随着孤独的男性客人跳舞。后面的房间无论是在舞会进行中还是结束后，都是妓女用来拉客的地方。在很多的牛镇，牛仔的舞伴往往就是妓女。② 在阿比林，红灯区原先位于镇中，后来在良家妇女的一再抗议之下，它被移到了阿比林的东南面。妓女中的大部分集中在那里。③

第五，一些妓女之所以从美国东部到西部的牛镇，是为了摆脱在东部"她们感到像监狱一样"的生活。特迪·B.阿博特在 19 世纪 70—80 年代一直骑行在得克萨斯的牛道上。他是能娶到老板之女并能成为牧牛场主的少数成功的牛仔之一。阿博特曾和一些做妓女的女孩交谈过。她们告诉他关于自己如何开始当妓女及在东部的生活状况等很多的事情。这些妓女讲，在芝加哥和其他东部城市，妓院老板不允许她们上街，为此把她们的衣服拿走，只给她们留下在妓院里所需的东西。这种状况使她们感到像在监狱里一样。④ 由此不难看出，妓女在"镀金时代"的美国东部城市、在所有现代文明高度发展的工业社会里除了做嫖客泄欲的工具之外，连行动的人身自由都没有。相比较之下，这些来自东部的妓女觉得"在西部牛镇能做她们喜欢的事"⑤。

第六，牛镇的居民，特别是妇女强烈地反对妓女到来。其结果促使政府

① 约瑟夫·W.斯内尔：《牛镇边疆的虚伪妇人》，第 9 页。

② 《道奇城世界报》（*Dodge City Globe*）1879 年 2 月 17 日；转引自戴维·达里：《牛仔文化》第 217 页。

③ 劳伦斯·I.塞得曼：《马背生涯——1866—1896 年的牛仔边疆》，第 92 页。

④ 劳伦斯·I.塞得曼：《马背生涯——1866—1896 年的牛仔边疆》，第 93 页。

⑤ 劳伦斯·I.塞得曼：《马背生涯——1866—1896 年的牛仔边疆》，第 93 页

采取了一些限制和惩罚措施。一些妓女来到新建的牛镇，带来了卖淫嫖娼的社会丑恶行为。牛镇的居民对此极为不满。良家妇女害怕这种丑恶现象的蔓延败坏社会的风气，不利于她们的孩子健康成长。她们鄙视妓女，希望政府采取措施加以限制。各地的报纸也以最难听的名字称呼妓女。诸如："脏鸽子"、"放荡的女人"、"坏名声的女人"和"夜召女郎"等等。由此可见牛镇居民对妓女厌恶和鄙夷的程度。也许是来自美国东部的妓女觉得在西部牛镇自由得多和太想做她们想做的事情，以致有令世人瞠目而视的荒唐之举。一个名叫普瑞丽·罗斯的姑娘，只是为了与人打赌，便赤身裸体带着两支装满子弹的手枪在埃尔斯沃思的大街上行走。1875 年的一天傍晚，另一个叫伊夫的妓女，不知出于什么原因，在威奇托也有同样的举动。[①] 妓女给新兴的牛镇带来了不良的社会影响，引起了居民的不满，促使政府干预。在阿比林，限制妓女到酒吧活动，把她们集中在红灯区，麦科伊曾下令赶走她们。堪萨斯州规定，卖淫是犯罪行为，并处以 1,000 美元罚款和六个月的监禁。然而，对这么严格的法令没有一个牛镇严格地执行过，也没有一个牛镇曾严令禁止过这种犯罪行为。原因是包括酒吧、赌场、舞厅和妓院等这些供牛仔娱乐消遣的场所，是牛镇经济收入的重要组成部分，是警察局及警察经费的主要来源。在很多情况下，对犯案妓女只是处以几美元的罚款。在阿比林和埃尔沃斯思，妓女被罚款 5 美元，老鸨被罚款 10 美元。威奇托对妓女罚款 8 美元，外加 2 美元的诉讼费，老鸨则被罚 18 美元，外加 2 美元的诉讼费。考德威尔对妓女罚 5 美元，外加 2 美元的法庭费用。[②] 在早期的牛镇中，巴克斯特斯普林斯是对卖淫处罚最重的牛镇。1871 年 9 月，报纸披露了对 4 例案件的处罚。莫利·鲍曼和萨莉·米勒因经营妓院被各罚款 50 美元外加诉讼费，珍妮·米切尔和内利·赖特因同样的原因被各罚款 30 美元外加诉讼费。[③]

妓女问题是自阶级社会产生以来出现的一种国际现象。卖淫嫖娼是剥削

---

① 戴维·达里：《牛仔文化》，第 218 页。

② 约瑟夫·W. 斯内尔：《牛镇边疆的虚伪妇女》，第 9 页。

③ 《切罗基看守所》（*The Cherokee Sentinel*）1871 年 9 月 1 日；转引自戴维·达里：《牛仔文化》，第 218 页。

阶级腐朽意识的一种社会反应，是至今世界各国尚未解决的问题。美国西部早期荒野牛镇的妓女，主要是来自其发达文明的东部和欧洲一些发达国家。因为妓女的到来而产生的卖淫嫖娼的丑恶现象随即引起了牛镇居民尤其是妇女的强烈不满，也促使市政当局采取了一些限制措施，诸如限制妓女的活动范围、制订惩罚法令，把妓院数量降低到最低等等。然而。只要一个城镇还把色情服务行业作为经济发展的一种来源，或作为执法行政部门的经费收入，卖淫嫖娼这一社会毒瘤就不能根除。这或许是美国早期牛镇的妓女问题留给我们的一些历史启示。

3. 牛仔与妓女的交往

牛仔经过数月长途的鞍马劳顿之苦，抵达了牛镇。他们拿到了工资以后，就急匆匆地去洗澡、理发，购买新衣。把自己打扮干净整齐以后，牛仔们便到饭馆点爱吃的饭菜饱餐一顿，去酒吧喝几杯久违的威士忌，再到赌场赌上两把撞撞运气，以消除数月的寂寞、孤独和劳累。然而，对牛仔来说，他们在牛镇最渴望的是找到女伴。

虽然在酒吧里有不足 16 岁的女孩喝着威士忌，吸着雪茄、用笑骂声诱惑牛仔，[①] 但牛仔们更喜欢在夜幕降临时拥着酒吧女郎步入舞池或到舞厅寻觅女伴。随着酒吧或舞厅里的铜管乐或钢琴奏出的乐曲，牛仔们与舞伴一起跳着边疆舞来度过一个疯狂的夜晚。有的牛仔以特殊的风度步入舞厅。他并不停下来脱掉宽边帽，也不摘下马刺与手枪，直接闯入爆满的舞厅里，发疯般地舞着。牛仔的手枪像羊尾巴一样上下摆动，马刺发出难听的声响。他的眼里放着兴奋、酒力和色欲的火光。由于牛仔的插入，使喧闹的舞会以其猛烈的舞步转入大多数人喜欢的略带笨拙的乡村舞。牛仔把他的舞伴旋转离开地面，转成一个圆圈，并偶尔夹杂着印第安人般的喊叫声。牛仔与舞伴狂舞时，完全忘记了整个世界和一切人。[②] 有的舞厅仅饮料一项的收入每晚就可达 100 美元。[③] 牛仔的舞伴有的就是妓女，双方可以达成进一步的性交易。

---

① 戴维·达里：《牛仔文化》，第 221 页。

② 约瑟夫·G.麦科伊：《西南部牛贸易史略》，第 139—141 页。

③ 威廉·H.福比斯：《牛仔》，第 190 页。

由于一些牛镇的限制，妓女们多集中在红灯区。一些学者认为，"红灯区"一词来源于道奇城。据说源自一座名叫"红灯"的妓院。该妓院前门上有血红的玻璃。透过玻璃，人们可以看到里面闪烁的灯光。"红灯妓院"位于"检疫线"以南的圣菲铁路处的邪恶地区。阿比林的这种地方被称为"啤酒公园"或"麦科伊牛镇的附加部分"。埃尔斯沃思这类地区被称作"诺奇维尔"或"斯克拉格顿"。1871 年，仅仅成为牛镇一年的牛顿，就有很多的妓女在"隐蔽的公园"中出没。这一年是牛顿疯狂的一年，公开经营的妓院有 10 家，暗中经营的有 3 家。有报道说，在所有的牛镇中，牛顿是最放荡的地方。对这个有 1,500 人的牛镇，有个居民抱怨说："这个镇上的好人不足12 个人。"①

许多妓女的回忆录都被保留了下来，但是在得克萨斯的牛仔的回忆录中，他们对与妓女交往的事几乎避而不谈。在这方面最坦率的是 J. L. 麦凯莱布。他在《得克萨斯的赶牛人》中适度地谈到了与妓女的交往，但他和其他的牛仔回忆录一样，没有提到"妓女"一词。② 直接使用"妓女"一词的是特迪·B.阿比博特的《我们指引它们向北》一书。③20 世纪 30 年代末，阿比博特向海伦娜·亨丁顿·史密斯讲述了他当牛仔时期的回忆，谈及他在蒙大拿和其他北部平原与牛镇妓女有染的经历。阿比博特回忆这些往事并无害臊之感。后来，J. 弗兰克·多比对阿比博特的书评论道："与其他所有有关牧区的书相比，这本书是关于妇女与在城镇可能遇到的牛仔嬉戏的较真实的一本。"④ 原因是阿比博特的妻子为牧牛场主格兰维尔·斯图尔特的女儿，她有一半的印第安人的血统。作为印第安人妇女，她不反对部分地叙述性生活的真实情况，并以此表明她的诚实。

---

① 戴维·达里：《牛仔文化》，第 221 页。

② J. 马文·亨特编：《得克萨斯的牛道赶牛人》，第 486—488 页。

③ 特迪·B.阿比博特、海伦娜·亨丁顿·史密斯：《我们指引它们向北》（Teddy B. Abbott and Helena Hantington Smith, *We Pointed Them North*），诺曼 1971 年版，第 109 页。

④ J. 弗兰克·多比：《西南部生活与文化指南》（J. Frank Dobie, *Guide to Life and Literature of Southwest*），达拉斯 1995 年版，第 60 页。

有的牛仔与妓女的交往有别于纯粹的卖淫嫖娼。在红灯区，妓女们活跃在孤独的牛仔之中，拉着生意。虽然妓女是为有钱而与牛仔交往，但在双方的往来中经常有很好的友情成长起来。她们当中的一些人是为了生活所迫才当了妓女，是为了摆脱东部监狱一般的境况才到了西部的牛镇。她们觉得牛仔质朴可爱，把妇女当人看待，不像东部的嫖客那样对她们像对其他东西那样轻蔑。有些年轻的牛仔在第一次进入牛镇前，在牧场上除了女主人外几乎未与任何异性接触过。在牛镇与妓女的交往，对有的牛仔来讲可能是头一次与女性打交道。因此，他们不是轻蔑地看待妓女，以买卖的关系与她们交往。他们质朴地把她们当成人，视为与妇女间的交往。有些妓女也善待她们的男友。因为牛仔在牛镇待两三天就会花掉他长途赶牛的数月工资和在牧场的积蓄，在离开时囊空如洗。在分手时，有的妓女借钱给她的男友去赎回他的马鞍、六响枪或马，等他再来时还给她。[1]

牛仔们数日牛镇生活往往招致非议，认为他们"酗酒"、"堕落"。实际上，牛仔是受牛镇盘剥的人。如果说他们因受到牧场主的剥削而只得到微薄的工资，那么几日的牛镇生活落得囊空如洗则是受到牛镇各行各业老板的第二次盘剥的结果。牛镇各行各业的老板们正是利用年轻的牛仔长期从事艰苦危险的牧牛和赶牛工作，因耐不住孤独寂寞而产生的强烈享乐欲望，设下了酒吧、赌场、舞厅和妓院等一个个引诱他们花钱的陷阱。卖淫嫖娼无疑是应当受到批判的社会丑恶现象。然而，以几个人在牛镇两三天内的所作所为，来取代全体牛仔数月所经历的、人所共知的困乏、诚实和劳累，以几个牛仔在牛镇的活动来评价这个群体是不公正的。素有牛仔总统之称的西奥多·罗斯福认为，评价牛仔应当把他放在主要的工作环境——牧区里来考察。因为牛仔在那里度过了他一生的岁月，干着他毕生的事业；牛仔能以"从容、坚忍和刚毅"面对死亡，具有"勇敢、好客、耐劳和冒险精神"，是美利坚民族"不屈的先驱者"。[2]

---

① 特迪·B.阿比博特、海伦娜·亨丁顿·史密斯：《我们指引它们向北》，第108页。
② 西奥多·罗斯福：《远西部的牧区生活》，第87页。

第四节　盗贼与侦探

一、草原盗贼

1. 盗贼来源

"偷牲畜的贼"（Rustler）这一术语在老西部含有多种用法。有时将"骑马牧人"（Wrangler）或"营地厨师"（Camp Cook）称为"Rustler"，可能是取其"强悍活跃的人"之义。牧场主把劫掠牛、马的人叫作"Rustler"，意为"偷牛盗马贼"，但在美国西部牧区，"Rustler"更普遍的用法是指"偷牛贼"。① 实际上，"偷牛贼"和"盗马贼"（Horse Thief）在西部牧区并无区别。这种草原盗贼往往是见牛偷牛，见马偷马，或是将有牛马在内的整个畜群劫走或盗走。

"牲畜盗贼"的历史如同放牧业本身一样古老。偷盗行为发生在所有的牧区。西班牙殖民者在美国西部经营牧牛业时，就有偷牛贼出现。19 世纪中、后期，在辽阔的美国西部牧区，偷盗畜群成为一个严重的问题。有时，甚至在牧牛场主知道自己的牛被盗之前，偷牛贼已将偷盗的牛群赶到了很远的地方。

尽管在牧区有许多来自衰落矿区的无业游民、捕兽者和威士忌销售商的犯罪因素，但偷牛贼并非来自这些群体。偷牛需要一些专门的经验，往往是从对牛群的管理中学到的。因此，最坏的罪犯也是最难捉到的罪犯。他们大多是那些与牧牛业有关的人，诸如堕落的牛仔和一些急于扩大自己牛群的小牧牛场主等等。

2. 作案手法

因为牛身上打的烙印标志着所有权，故篡改牛身上的烙印也就意味着它的主人发生了转换。因此，改变牛身烙印的行为实质上是偷牛的犯罪行为。偷牛贼惯用的手法是在别人的牛身上设法打上自己的烙印。这些偷牛贼

---

① 理查德·W. 斯莱塔：《牛仔百科全书》，第 338 页。

为了尽快发财致富使出了浑身的解数。其一是利用"宅地法"提出要求，建立自己的小牛群，在县里申请登记注册一个为牛打烙印的印记。这样就为他们偷牛做好了基础的准备工作。其二是制造无母牛领带、未打烙印的无主小牛——"马弗里克牛"（Mavericks）。该词源于得克萨斯的牧牛场主塞缪尔·马弗里克。有的史家说他对牛群疏于管理，从不给小牛打烙印。有人讲他狡猾，以此造成所有未打烙印的牛都属于其财产的印象。[1] 于是"马弗里克牛"就成了无母牛领带的无主小牛的代名词，并在大平原牧区广泛传开。依照得克萨斯早期的惯例，谁先发现"马弗里克牛"并打上自己的烙印者谁就成为牛的主人。后来，这一惯例扩大到牧牛场主有权把在自己的放牧区发现的"马弗里克牛"打上烙印。经不起这种诱惑的牛仔，便在无人处用六响枪杀死领有小牛的母牛，以此既断绝了小牛与母牛在这个世界上再次相见的任何可能性，又使牛犊变成了"马弗里克牛"。随后他再在小牛身上打上烙印据为己有。其三是在"赶拢大会"时巧做手脚。有的不法牛仔，以其娴熟的技术设法在"赶拢大会"时受雇做打烙印工。他趁工作紧张劳累和别人不备之机，把实际有主的小牛打上烙得很浅的"皮毛烙印"或无主的"空头烙印"。因为这种烙印不久就会消失，他可伺机再给牛打上自己登记的烙印。其四是涂改牛身原有的烙印，改打自己的烙印。这是一种较为专业的"烙印伪造法"。偷牛贼用可以随意画出任何图案的火钳作"草写烙铁"，或利用金属片、马蹄铁及能任意弯曲成任何形状的电报线和打包线等金属线做盗窃工具，在"赶拢大会"后的几天里作案。因为此时牛身上的新鲜伤口尚未长好，在烙印上再加上一两条线不易被察觉。作案者把弄潮湿的毛毯或鹿皮蒙在牛身上，再在其上打上自己的烙印。这样新留下的标记和以前合法的烙印便十分协调吻合地结合在了一起。其伪造技术做到了天衣无缝的程度，即使是行家，不仔细辨认也难以识破。以此作案的偷牛贼在牧区以"印匠"（Brand Artist）著称。只要技术娴熟和手脚利索，这样的"印匠"在短期内就可以蓄起自己的牛群，但一次露馅便可

---

① 丹尼尔·布尔斯廷：《美国人——民主历程》，第 27 页。

招来杀身之祸。"印匠"往往把涂改、伪造烙印的本领练到了出神入化的地步。[①] 其五是切断牧场围栏，偷盗未打烙印的小牛。这种偷牛贼以"剪围栏者"（Fence Cutter）而闻名。一些筑有围栏的牧牛场主经常忘了在小牛断奶之前给它们打烙印。偷牛贼便剪断围栏，把断奶的小牛赶回自己的牧场，打上他的烙印。因为母牛和小牛有很强的天性，即使相隔数英里，它们也能互相找到对方。为了阻止母牛和它的小牛重新团聚，偷牛贼会割下牛的一块肌肉撑住小牛的双眼皮，使它暂时失明，或者用一块热铁放在牛趾之间，使它痛得无法走路。偶尔，偷牛贼也会撕裂小牛的舌头，即使它与母牛相遇，也无法吮吸母奶。更常见的是前面提及的杀母牛，使被盗走的小牛永生不能再见其母[②]。其六是杀死小公牛，取其肉到城镇出售。因为有的州要求屠夫出示宰杀后的牛皮，如果他出示的牛皮看不到正当卖主的合法烙印便会招致麻烦。于是，一些偷牛贼便杀死小公牛，剥皮取肉，把牛肉卖到较远的城镇，以逃避法律的惩罚。[③]

　　到 19 世纪 80 年代中期以后，偷牛贼成为对大平原牧牛业的主要威胁。随着对牧牛业投资的增加、铁路时代的到来、进入市场手段的发展、西进的农业边疆抵达牧区和牧场周围其他社区对牧牛业独占优势的抵制等因素的影响，印第安人再不是障碍牧牛业繁荣的危险因素了，但偷牛贼问题变得越来越尖锐突出。从得克萨斯往北，穿过堪萨斯和内布拉斯加，进入怀俄明、南北达科他和蒙大拿，到处都有偷牛贼出没。偷牛贼经常是从离其长居地很远的牧场弄到牛群，再逃到容易改变烙印的偏远地方给牛打上自己的烙印，然后再把偷来的牛混入自己的牛群，这样便能逃过检查。

3. 牧场主的应对措施

　　在辽阔的牧区，起诉偷牛贼常常是非常困难的事且不易找到证据。有时，几个大牧牛场主指控新来的牧牛场主犯有偷盗罪，但陪审团给予由牛仔

---

①　理查德·W.斯莱塔：《牛仔百科全书》，第 338 页；丹尼尔·布尔斯廷：《美国人——民主历程》，第 27—28 页。

②　戴维·达里：《牛仔文化》，第 325 页。

③　理查德·W.斯莱塔：《牛仔百科全书》，第 338 页。

变成小牧场主者的同情往往比给予富裕的大牧场主更多一些。在法律武器尚不强大的牧区，大牧牛场主们便建立自己的组织——"家畜饲养者协会"来保护自己的牛群。有时，大牧牛场主们雇佣组织武装人员，不经审讯就把他们认为是偷牛贼的人处死，以示警戒。

1878年12月，在内布拉斯加卡斯特县，有两名被指控为偷牛贼的人被从县司法官手中转到一伙由25人组成的武装人员手中。他们把那两个人绑在一棵树上烧死了。[①]19世纪80年代后期，怀俄明西部的几个大牧牛场主指控并处死了几个偷牛贼。其中包括詹姆斯·埃夫里尔和一名以"牛卡特"著称的妇女。她的真名叫埃拉·沃森。怀俄明的几个大牧牛场主认为他们做的是一桩很可疑的牛生意。在1889年7月20日，一伙牧牛场主的私刑暴徒杀害了他们。[②]实际上，被杀的人并非都是偷牛贼。有的人可能是大牧场主的竞争对手。一些大牧场主为了独占牧区，有时便以消除偷牛贼的名义把与他竞争的小牧场主除掉。埃夫里尔和沃森被谋杀案便是典型的一例。对此笔者在后面的章节中将作较详的评析。

二、牧区侦探

1. 侦探的任务

牧牛场主的组织还雇佣武装侦探来消灭偷牛贼。这样的侦探队伍分散于各个牧区，监视着每一个从事牧牛业的人。尤其是对牧区的新成员，其监督更严。因此，在牧区很难有人能躲过侦探的监视。引起侦探注意的是在偷牛贼经常出没的小道上赶着小牛群的陌生人。侦探对任何可疑的行为都要进行调查。"怀俄明家畜饲养者协会"的秘书给个人或其他协会的信件都是询问这个人或那个人的资料。因为牛仔是个流动的群体，所以投入牧牛业的劳动力总是变化的。各协会总是努力与这个流动的群体保持联系，以便用那些记录在案的不法之徒警告其他人。每个协会都保留一份"黑名单"，由执委会

---

① 《夏延每日导报》(*Cheyenne Daily Leader*) 1878年12月13日；转引自理查德·W. 斯莱塔：《牛仔百科全书》，第339页。

② W. 尤金·霍朗：《边疆的暴力》(W. Engene Hollon, *Frontier Vilence*)，第154—155页。

不断进行补充修订。"黑名单"被分发给每个协会成员，禁止他们雇用任何上了名单的人。任何违犯该规定的人，都必须直接向执委会作出解释。如果解释不充分或不被接受，那么此人就会被协会开除。协会禁止上了"黑名单"的牧牛场主和牛仔参加赶拢和无烙印小牛的买卖。[①]牧区侦探的任务是侦察、监视和追踪偷牛贼，直至将他逮捕。同时，他们也要防范和化解其他潜在的危险。

2. 蒙冤之死

汤姆·霍恩是一名被雇用的牧区侦探。1860 年，他生于密苏里州的一个贫穷家庭中。霍恩 14 岁时到了西部。他在圣菲铁路上做过邮政员和公共马车的赶车人，当过夜间看牛人，为骑兵放过马，多次当过牛仔。霍恩是一个套小公牛的能手，在多次比赛中获胜并赢得了荣誉。后来，还当过矿主、军队侦察员、代理司法官和牛侦探等。他学会了西班牙语和阿帕契语。1876 年，圣卡洛斯的"阿帕契印第安人保留地"的侦察队长阿尔·西伯尔派给霍恩的第一份工作是当政府的译员。他与阿帕契人在一起生活了大约一年的时间，谁也不知道他第一次被委派的任务。按照霍恩的自传所言，他们给他起了个"多嘴的男孩"的绰号。[②]

1890 年，霍恩放弃侦察员的职业并卖掉了矿场，前往设在丹佛的"平克顿国家侦探机构"工作。他办的第一件案子是追踪火车上的盗贼。因为国家侦探机构的工作缺乏他所喜爱的刺激性，故四年后他辞职不干了。1894 年，"怀俄明家畜饲养者协会"雇霍恩作牧区侦探，收集偷牛贼的证据、追踪和杀死罪犯。在很多案例中，一些小牧牛场主也成了调查的对象。每杀死一个偷牛贼霍恩可以赚到 500 美元。[③] 在 1898 年的"美西战争"中，他又回到军队服役。在古巴，霍恩为"美国第一义勇骑兵团"作运输队长。战争结束后，他又回到了怀俄明，"斯旺牧牛土地公司"雇他作牛侦探。霍恩无情地、成功地追踪偷牛贼，被人称之为杀手，在每个被杀死者的头下，他以两

① 欧内斯特·S.奥斯古德：《牧牛人时代》，第 150 页。
② 理查德·W.斯莱塔：《牛仔百科全书》，第 184 页。
③ 理查德·W.斯莱塔：《牛仔百科全书》，第 184 页。

块石头作为标记。

1901 年，霍恩在怀俄明靠近艾恩芒廷处调查一件偷盗案。两个牧牛场主米勒和尼克尔之间长期不和，情况非常复杂。尼克尔的 14 岁的儿子威利·尼克尔在 7 月 18 日被某人枪杀。可能是尼克尔误杀其子。霍恩站到了被控方一边，引起控方的不满。一个陪审团在证据不足和存在疑点的情况下，认定霍恩在这起杀人案中有罪，定罪的依据是侦探乔·勒福尔和查利·翁豪斯在霍恩酒醉时获得的一个"交待"，认定他有罪。霍恩主要的审判传记作者迪安·克拉克尔认为这是诬陷。他相信现代司法会将此作为不能接受的诡计而排除这种证据。法庭没有考虑西伯尔、纳尔逊·A.迈尔斯将军、约翰·C.科布尔和霍恩的女友格伦多莱纳·基梅尔等人提供的证明他无罪的可信证据。克拉克尔认为霍恩在尼克尔的枪杀案中是清白的。[①] 尽管对霍恩的起诉从未找到一个他杀害这个孩子的合情合理的动机，但他还是于 1903 年 11 月 20 日在怀俄明的夏延被处绞刑。霍恩留下的最后一句话是："这个是我所看到的最败坏的、该下地狱的执法官。"[②] 霍恩死后，关于他的争论一直未了。影视作品的开发商发现了霍恩狂暴且带有一点悲剧的一生是很有吸引力的主题。故以霍恩为题材的影视作品在 20 世纪 50 年代后多次呈现于银屏上。

偷牛贼与侦探是美国西部牧区的一对矛盾，对牧牛业的发展有着重要影响。偷牛贼是危害牧区的危险因素。侦探的出现是牧牛场主为保护其利益而采取的一种防范措施。在美国西部牧区，由于存在着牧牛业内部大小牧牛场主之间、大牧牛场主之间的利益之争，也存在牧牛业集团与牧羊业和其他非牧业集团的尖锐冲突和矛盾，故在雇用侦探打击偷牛贼的过程中，也会伤及无辜。法庭的审判也有不少像霍恩这样的冤假错案。

偷牛贼并没有随着开放牧区的终结而消失。在今日美国西部辽阔的牧区，虽然新的电子设备和打烙印技术能帮助主人随时跟踪家畜的行踪，但

---

① 霍华德·R.拉马尔主编：《美国西部读者百科全书》，第 513—514 页。
② 理查德·W.斯莱塔：《牛仔百科全书》，第 185 页。

有一些不愿受养牛之苦而只图获利的现代偷牛贼，经常开着大拖车偷盗他人的牛。

第五节 大平原的印第安人

一、野牛的灭绝

1. 大平原的野牛

在我们讲述野牛被灭绝的历史前，必须先说明一点，这就是大平原一些特有的动物多数被东部移居者叫错了名字。例如"草原狗"（Prairie Dog）实际是一种"土拨鼠"（Marmot），"杰克兔"（Jack Rabbit）是一种真正的野兔（Hare）。我们要讨论的"野牛"（Buffalo）则是"骏羚"（Bison）的误称。[1]所以产生这样的错误，完全是由于东部美国人对西部大平原缺乏真正了解而产生的一种误解。"Buffalo"一词作为名词解释，有"水牛"和"野牛"两义。可能是初次见到"骏羚"的东部人见其形状有别于他们饲养的"牛"（Cattle），而将其称之为"野牛"（Buffalo）。在英文里，将变野的牛用"Wild Cattle"表示而不用"Buffalo"。然而，在中文里的"野牛"很容易使人与英文里的"Wild Cattle"联系起来，以至有的中国人见到"Buffalo"便译为"水牛"。如果东部美国人不把"骏羚"（Bison）误称为"Buffalo"，或许能减少我们的一些理解困难。《简明不列颠百科全书》的词条"水牛"（Buffalo）在较详细地介绍了"印度水牛"和"非洲水牛"后，外加一句曰："英文Buffalo一词亦常指北美的美洲野牛。"[2]由此可见将"骏羚"（Bison）误称"野牛"（Buffalo）造成的影响已很深，流传已很广。故我们在稍作说明后，下文也只能用"野牛"（Buffalo）而不用"骏羚"（Bison）。

---

① 沃尔特·P. 韦布：《大平原》，第41—42页。
② 《简明不列颠百科全书》第7卷，第388页。

　　野牛是浑身长满粗毛的凶猛动物。它有像骆驼一样的隆峰，有狮子般的毛发。[1] 一头雄性野牛站立时高 5 英尺 6 英寸至 6 英尺，体长为 9 英尺，体重为 2,000—2,800 磅。雌性野牛稍小一些。野牛的寿命为 20 年。[2] 野牛群包括数千个小的牛群。一个典型的小野牛群由一头相当于"家长"的老公牛和它能聚集在一起并保持稳定的尽可能多的母牛、成年公牛和多种年龄不等的幼牛组成。大野牛群列队保护野牛，对付像美洲狮、狼和熊等食肉动物的侵害，因为这些野兽总是在野牛群周围捕捉走散的小牛和小牛群中虚弱无力的野牛。小牛群一旦受到其他动物的袭击，野牛便立即形成一个公牛在外的保护圈，把母牛和小牛围在里面。不论是小的或较大的野牛群都需要是一个永久的群体。野牛群因寻找食物、水或躲藏夏季的酷热会有场所和季节性的转移。野牛不需要走最易行的路线从一个地方迁往另一个地方，特别是在涉过河流时尤其如此。所谓的"野牛道"是真正弯曲的和随意性的。在大量通道中，南北方向有一条似乎连续的野牛道能很容易地从中看出来。这在中西部地区特别明显。在那里的觅食地和靠近溪流的地方之间，有许多连接起来的短野牛道。这说明野牛每年都进行北南迁移。

　　野牛是最重要的一种大平原动物。它们原先的活动范围并不限于大平原。威廉·伯德上校的随员在 1729 年勘查北卡罗来纳和弗吉尼亚的边界时，就发现了野牛。但东部森林地区野牛的数量很少，不足以对当地居民和欧洲新移民产生任何影响。到 1850 年，野牛在西经 95º 以东地区几乎已经消失。[3] 在该线以西，野牛的数量多得不可胜数。在密西西比河以东的野牛只是从野牛群中走散的。大量的野牛群的活动范围在密西西比河至落基山脉、格兰德河到大湖区之间的辽阔西部地区。野牛的真正家园是大平原。在那里它们才能繁衍生息，其数量不断增加。在白人开始到达之前，大平原上的野牛大约

---

　　① 玛丽·桑多：《野牛猎手》（Mari Sandoz, *The Buffalo Hunters*），林肯·伦敦 1954 年版，第vii页。

　　② 《美国百科全书》（*Encyclopedia Americana*）第 4 卷，丹伯里 1997 年国际版，第 18 页。

　　③ 沃尔特·P. 韦布：《大平原》，第 43 页。

有 1,500 万—5,000 万头。[1] 美国内战结束后，仍有 1,200 万—1,300 万头野牛漫游在大平原上[2]，最保守的估计也可达 400 万头。[3] 从历史上看，野牛对人类产生的影响比大平原上其他所有动物的总和还要大。野牛对美国人的生活产生过直接影响，更是与印第安人的生存息息相关。

2. 奔驰的百货商店

1860 年，散居在大平原和山麓地区的印第安人约有 25 万人。[4] 这些印第安人属于很多不同的部落。虽然他们在外貌、语言和宗教上有很大差异，但他们的许多文化传统是共同的，因为他们居住在和适应着一个相同的生活环境。几乎所有的印第安人都以捕捉野牛为生。在西班牙殖民者到达时，大平原的印第安人是猎人和游牧民。他们不耕种土地，也未见过马。狗是他们唯一的驮兽。印第安人在迁移时，有一群狗拉着帐篷等什物。如果装载的东西被弄乱时，狗吠着，提醒主人把它们整好。没有马的印第安人靠徒步来追击和猎杀野牛。其结果是费力大、凶险多和收获少。自从 17 世纪初西班牙人把马带到新墨西哥和亚利桑那新建殖民地后，马不久扩散到大平原地区。在大平原还繁衍出了大野马群。印第安人从西班牙人那里学会了骑马、驯马和使用马，并善于捕捉野马。马改变了大平原上印第安人的生活方式。他们由徒步捕捉猎物的游牧者变成了马背上的骑士。印第安人大都剽悍强壮，善于骑射。英国人威廉·布莱克莫尔对夏延族印第安人观察了八年后得出结论说"他们是世界上最熟练和最勇敢的骑手"[5]。虽然印第安人步行时缓慢而笨

---

① 勒鲁瓦·R.哈芬、W.尤金·霍朗、卡尔·C.里斯特:《西部美国》，第 425 页。

② 关于内战后大平原的野牛数量，一些著作提供的数字不尽一致。雷·A.比林顿在《向西部扩张——美国边疆史》第 579 页提供的数字是 1,300 万;沃尔特·P.韦布在《大平原》第 44 页举出的数字为 1,200 万，J.弗兰克·多比在《长角牛》第 xxii 页给出的数字是 1,000 万头之多。后两位作者的数字来源均出威廉·T.霍纳迪博士（Dr. William T. Hornaday）的估计，故此处采用了 1,200 万—1,300 万头。

③ 沃尔特·P.韦布:《大平原》，第 44 页。

④ 约翰·A.加勒蒂、罗伯特·A.麦考伊:《美国简史》（John A. Garraty, Robert A. Mc-Caughey, *A Short History of the American Nation*），纽约·坎布里奇·费城·伦敦·悉尼·东京 1989 年第 5 版，第 277 页。

⑤ 劳伦斯·I.塞德曼:《马背生涯——1866—1896 年的牛仔边疆》，第 20 页。

拙，但在马背上的骑姿极为优雅。印第安骑士的骑术非常精湛，好像他们是出生在马背上的人。在战斗中，印第安人能突然从飞奔的马背上隐身在马的一条腿后，迅速而准确地用箭射击敌人的颈部。印第安人不仅男子经常骑马在草原上奔驰追捕野牛，而且妇女也大都是能用套索捕捉羚羊和射杀野牛的勇敢骑士和猎手。对印第安人来说，野牛是他们赖以为生的物质基础。狩猎野牛是印第安人日常生活的中心活动，也是他们举行宗教祈祷的主要内容。

野牛是大平原印第安人衣食和各种用品的主要来源。野牛身上的每一部分都为印第安人取来利用。野牛的粗毛被织成毯子或披肩。牛皮被制成皮革，用来做帐篷和床，缝制皮衣和做鞋。没有鞣的皮革被用来制过河的小舟、马鞍、马笼头、拴马绳、套索和鞭梢。野牛角被制成长柄勺和匙。野牛骨被做成马鞍架、战棒、取下牛毛的刮刀和装大碗的器具，或磨成锥子。野牛腱被用来做弓弦、穿珠子和缝衣及帐篷的线。牛胃被制成喝水的水袋和其他容器。野牛脚和蹄被煮后可以制成胶，用来黏固箭头或黏合其他许多东西。从牛头和牛肩上取下的毛较长。这些长毛被用来捻、辫成马缰绳。牛尾被用做蝇刷。野牛粪晒干后被当柴烧。野牛肉是印第安人的主食，有时他们在粪火上将肉烤熟吃。在白人开始定居和勘探西部的初期，野牛毛披肩还是印第安人与白人进行贸易的标准商品。一件好的野牛披肩具有厚、垂直和暖和的特点，对在冬天骑马或乘马车旅行的人来说是很必要的东西。在美国东部和欧洲，对这种披肩的需求量很大。野牛的油脂后来还被制造腊蜡和肥皂。① 有人曾把野牛形象地比喻为印第安人的一个"奔驰的百货商店"。野牛是大平原印第安人赖以生存和繁衍的物质基础。他们崇拜这些野牛。在狩猎时，印第安人做宗教祈祷，感谢上苍为他们送来亲如手足的野牛。虽然他们随意猎杀野牛，但野牛的数量并没有减少。直到内战结束，大平原仍有大量的野牛漫游在绿色的草原上。

3. 野蛮的屠杀

到 19 世纪 60 年代，大平原上南北移动的野牛群仍然非常稠密。东西行

---

① 劳伦斯·I.塞德曼：《马背生涯——1866—1869 年的牛仔边疆》，第 16—17、104 页。

进的旅行者，往东部市场驱赶长角牛的牛仔，甚至修建第一条横贯大陆铁路的员工遇到野牛群经过时，都不得不停下来，让眼前浩浩荡荡的野牛群跑过。随着联合太平洋铁路的修建，巨大的野牛群被分割成南、北两部分。这是破坏大平原野牛和印第安人之间生态平衡的第一个危险信号，是对野牛实行野蛮大屠杀的开始。南部和北部的野牛群都遭到了铁路勘探队、筑路员工、矿工、职业猎人和冒险家的捕捉和杀害。

第一，铁路公司雇用专门的射手组成打猎队以保证筑路员工的野牛肉供应。以绰号"野牛比尔"著称的威廉·科迪在自传中讲述了他与铁路公司签订供肉协议的事。联合太平洋铁路推进到堪萨斯境内后，其西部终点是野牛故乡的中心。因为1,200人的筑路员工难以得到鲜肉，铁路公司便雇用专门的猎人捕杀野牛。科迪以其猎杀野牛的成功经历被古德尔德兄弟雇作猎手，每天大约提供12头野牛的24个腿臀和12个隆峰肉。他的职责是随一辆有灯的货车沿铁道行进5—10英里，以便从被击毙的野牛身上取肉运回筑路工地。[①]

第二，联合太平洋铁路通车后，为了保证火车的行驶安全，铁路公司雇用一批专职猎人枪杀野牛。1867年春天，一列行驶在哈克至海斯间的火车，因遇到一个巨大的牛群像一股持续不断的流水般地通过而被耽搁了8个小时。1868年秋，一列火车从埃尔斯沃思到谢里登行走了120英里，通过这个不断有野牛群吃草的地段，牛密得使火车司机不得不停车好几次。在每次停车笛声响和机车一阵阵冒烟时，野牛群刚刚走过铁轨。[②] 有时，一列行驶的火车突然被受惊吓乱闯的野牛群所撞翻。为了保证行车安全，铁路公司雇用专门枪杀野牛的猎人。由于各条铁路及其支线相继修建，以枪杀野牛为职业的猎人日益增多。

第三，铁路公司还招揽业余打猎爱好者，以捕杀野牛作为"娱乐"。到1868年，铁路的短途客车把来自欧洲和美国东部的打猎爱好者载到野牛的

---

①　劳伦斯·I.塞德曼：《马背生涯——1866—1869年的牛仔边疆》，第108页。

②　玛丽·桑多：《野牛猎手》，第82页。

故乡。车厢是安在轮子上的室内射击场。喜好打猎的人能很容易地射杀野牛而自己没有危险。堪萨斯太平洋铁路在劳伦斯站立有一块醒目的广告牌。上写道：

铁路短途旅游与野牛打猎

短途客车在上午 8 点离开利文沃斯，上午 10 点离开劳伦斯驶向谢里登。

在 1868 年 10 月 27 日（星期四）抵达，次日（星期五）返回。本列车往返中都在主要车站停留。（乘客）有足够的时间遇到一头大野牛。

在平原上打猎

沿线的野牛是那样多，以致它们几乎每天都遭到来自车上的射击。在我们上次的旅行中，我们的同伴在 6 小时的狩猎中打死了 20 头野牛。

所有旅客能吃到价钱公道的便餐。

从利文沃斯往返的车票为 10 美元。[1]

铁路公司雇用的众多职业猎人和大量业余的打猎者都肆无忌惮地枪杀野牛，并以此为"娱乐"。受雇于堪萨斯太平洋铁路的"野牛比尔"因在 17 个月中杀死 4,280 头野牛而遐迩闻名。[2]

第四，野牛皮的商业价值被发现后，枪杀野牛群的活动变得更加猖獗。直到 1870 年，野牛皮还被认为毫无价值。然而，在 1871—1872 年，宾夕法尼亚的两个制革工人成功地把野牛皮制成可以利用的皮革。他们还发现野牛皮革比饲养的小公牛皮革更坚韧和富有弹性。于是，野牛皮革在制革厂里被制成了传送带、皮革家具、地板和墙壁的覆盖物、皮革车厢、雪橇和柜车等。野牛皮革也被用来做马具、皮带、皮鞋和其他革制品。宾夕法尼亚的制革厂以每张 1—3 美元的价格收购野牛皮。为此，许多乘车、骑马或徒步的猎

---

① 劳伦斯·I.塞德曼：《马背生涯——1866—1896 年的牛仔边疆》，第 109 页。

② 罗伯特·E.里格尔、罗伯特·G.阿塞恩：《美国西进》，第 442 页。

人和投机分子都争先恐后地涌向大平原，杀牛取皮，掠取新的致富资源。猎牛队由6—7人组成，猎手携带火力大、射程远的来复枪，并有运出牛皮的运货车随行。1877年，在雷德河和布拉索斯河之间的草原上，有500多猎手枪杀野牛。一支由6人组成的猎牛队每天能杀死50只或更多的野牛，并迅速剥下牛皮，剩下的野牛尸体被狼和郊狼等争食。堪萨斯的猎人约翰·R.库克与他的猎牛小队在一天中午遇到1,000多头野牛。它们喝过水后从河中走到离河约150码的平地上卧下休息。库克走到离野牛群约80步时开始射击。他先是射中一头公牛，随后一连射杀了25头。即使在他射击时，野牛仍然静静地躺在那里，茫然等待对它们的屠杀。待野牛群离去时，库克清点猎物，共有88头野牛倒在他的枪下。它们都眼睛呆滞地死去。库克和他的小猎牛队共获得了2,000张干野牛皮，其中由他剥皮并归其所有的为892张。[①]

第五，野牛骨作为肥料出口后，屠杀之风更甚。大量野牛被枪杀后，皮被人剥，肉被狼吃，大平原上留下白茫茫的片片牛骨。这些白骨成了铁路公司一笔收益的来源。白骨被运到东部后可以磨成粉末作为肥料出口。道奇城一项大宗生意就是野牛骨贸易。在靠近铁道边的地方，常常能见到数百吨的野牛骨被堆成大堆。用白骨铺成的路直达运货车的车顶。车站经常没有足够的棚车把这些野牛骨运走。这些野牛骨对到大平原的早期移民也是天赐之物。很多到堪萨斯去的穷苦移民和定居者，除了一辆旧货车、两匹弱马、几条狗和一些无力抚养的孩子外别无他有。如果没有长期的野牛骨贸易，许多贫困的移民大家庭会因缺乏最必需生活用品而遭受苦难。这些贫穷的家庭既无钱，又找不到任何工作，靠收集野牛骨才得以生存。冬天，这些移民把野牛骨收集起来，堆成大堆，然后再将这些骨头拖曳到道奇城出售。野牛骨贸易进一步加剧了对野牛的屠杀。

随着对野牛屠杀的日益疯狂，捕猎者对枪支弹药等的需求量也越来越大。在得克萨斯的格里芬堡，F.E.康德拉的商店在1877年1月4日一天中，

---

①　勒鲁克·R.哈芬、W.尤金·霍朗、卡尔·C.里斯特：《西部美国》，第426页；劳伦斯·I.塞德曼：《马背上的生涯——1866—1896年的牛仔边疆》，第110—111页。

向当地猎人出售的枪支弹药和其他用品的价值高达 4,000 美元。从大平原用火车运往东部的野牛皮、肉和骨的数量极大。1872—1874 年，东运的野牛皮为 137.8359 万张，野牛肉为 675.1 万磅，野牛骨为 3,238.065 万磅。圣菲铁路一年中就承运了 75.4529 万张野牛皮。[1]

野牛除了体大和成群外没有什么适合大平原生活的优势特征。它行动迟缓而笨拙，视力很差，不惧怕声响。尽管其嗅觉相当敏锐，但当人们逆风逼近它时，这种嗅觉功能便失去了作用。野牛是大平原上最容易被人捕获的猎物。不论是面对拿着弓箭的印第安人还是面对手持来复枪的白人猎手，野牛都会有伤亡。两者所不同的是印第安人为了生存用原始武器捕食一定数量的野牛，没有危害野牛在大平原的繁衍生息，没有破坏人类与野牛间的生态平衡；而白人猎牛队为商业利益驱动，用现代武器残酷地袭击野牛，或从火车窗里射杀，或骑马疯狂追逐，甚至趁野牛成群地蹚水过河时进行屠杀，致使野牛无法生存。到 1878 年，大平原南部的野牛群已经灭绝；到 1883 年，北部的野牛群也都被消灭。有记载表明 1872—1874 年，每年被杀死的野牛为 300 万头；有些估计认为，到 1885 年，整个大平原被杀死的野牛多达 1,000 万头。[2] 尽管一些统计数字不尽相同，但从 1867—1883 年短暂的 17 年间，数百万以至千余万头野牛都被白人开发者屠杀殆尽，是不争的事实。野牛群仿佛遭到了一场巨大的天灾一样被从大平原上彻底扫除了。令人痛惜的是，野牛的灭绝不是"天灾"所致而是"人祸"所为！1883 年，一个博物馆远征队到西部去寻找标本，结果在整个西部寻找到的野牛还不足 200 头。到 1903 年，大平原的野牛减少到 34 头。[3] 大平原上主要的野生动物——野牛被消灭了。美国的一大笔国家财富被彻底毁了。失去生活所依的大平原印第安人及其相关的文化也随之被消除和毁灭。他们作为一个独立的社会实体被消除了，只能成为联邦政府的监护对象，被迫接受奴隶般的命运。

---

① 勒鲁克·R.哈芬、W.尤金·霍朗、卡尔·C.里斯特:《西部美国》，第 426 页。

② 雷·A.比林顿:《向西部扩张——美国边疆史》，第 579 页；勒鲁克·R.哈芬、W.尤金·霍朗、卡尔·C.里斯特:《西部美国》，第 426 页。

③ 雷·A.比林顿:《向西部扩张——美国边疆史》，第 579 页。

二、印第安人的悲惨结局

1. 善遭恶报

在辽阔的大平原地区，有相当一部分已划归印第安人作为永久居留地。然而，这片在内战前还被西去商旅绕道避开的"荒漠"后来却被发现有丰富的矿藏和牧草。落基山麓地区蕴藏着大量的金、银和铜等金属。由得克萨斯向北延伸的大草原可以成为牛、羊的最好牧场。大平原丰富的资源和广阔的土地吸引着资本家和开拓者从四面八方涌向这一地区。为了掠夺印第安人的土地和扫除西进运动的"障碍"，美国政府在内战以后继续采取驱赶和屠杀印第安人的野蛮政策。

流动性和狩猎是大平原印第安人文化的核心，这使得他们能在严酷的生活环境中生存下来。印第安人以弓箭和带有尖石的枪矛为武器猎杀野牛、麋和其他走兽。生存环境使他们形成了与白人颇不相同的生活方式。然而，对与他们和睦相处的外来陌生人予以礼貌的款待几乎是所有印第安人部落的严格规定。1810—1812 年曾在大平原旅行过的约翰·布拉德伯里在日记中对此作了详细记述。他在走进印第安人的帐篷时，总受到主人的迎接。男主人先与他握手，接着立即去寻找烟斗。在点燃烟斗前，男主人把一张熊皮或野牛皮铺在地上，让他坐在上面。印第安人都坐在什么也不铺的地上。男主人点着烟斗抽几下后交到他手中，随后再继续传到帐篷内所有人的手里。主人的妻子则准备好一些吃的东西放在布拉德伯里面前。然后，她在离有一些距离的地方检查来客的衣服和鹿皮鞋。如果有需要修补的地方，她就从一个小皮革口袋里取出锥子和野牛筋，把破损处缝补好。如果临近夜晚，好客的印第安人就会留来访者在帐篷内安睡。布拉德伯里不禁写道："地球上再没有谁比印第安人那样好客待人了"①。

大平原上的印第安人和北美大陆其他地方的印第安人一样，曾真诚地帮助过那些他们认为虚弱可怜的初来白人。但是，美国人一出现在西部，白

---

① 劳伦斯·I. 塞德曼：《马背生涯——1866—1896 年的牛仔边疆》，第 22 页。

人文明的弊端就使印第安人遭殃。在 19 世纪 40 年代，向俄勒冈和盐湖城去的移民把霍乱和天花带到大平原地区，夺走了上千名印第安人的生命。1849年，前往加利福尼亚的"淘金者"带着货车进入大草原时，杀死猎物，砍倒稀有的树木，毁坏和烧掉草地，污染水源，破坏印第安人的家园。其结果使印第安人开始警惕地注视着白人入侵者。然而直到 19 世纪 60 年代，侵入的白人对大平原的破坏相对来说还较少。数不清的数百万头野牛仍然漫游在大平原上。印第安人赖以生存的"命根子"没有被断掉。内战以后，随着横贯大陆铁路的修建和大平原地区采矿业、牧畜业和农业的兴起，美国政府在大平原的开发中继续其野蛮的种族灭绝政策，使印第安人面临种族生存的危机。

2. 种族灭绝暴行

美国独立以后，联邦政府承袭英国等殖民者在殖民地时期曾实行过的对印第安人的剥夺、驱逐和杀戮政策。到 19 世纪 30—40 年代，印第安人被迫迁移到密西西比河以西，散居在大平原地区。联邦政府曾允诺他们可以"永久"住在那里。然而，随着 19 世纪 30—40 年代西进运动形成高潮，白人移民不断越过密西西比河浩浩荡荡西去，侵入联邦政府曾许诺给印第安人的"永久"居住之乡。到 1860 年，已有 17.5 万白人移民散居在大平原各地。[①]白人移民的人数已相当于大平原印第安人的 7/10。这些白人大多数也和印第安人一样，过着不断迁徙的生活。他们除捕猎野牛外，还放牧牛羊、勘探矿藏，有时也托运横越大陆的货物、邮件和为前往加利福尼亚、俄勒冈的移民带路。白人移居者和印第安人既有贸易往来，又不时发生冲突。

内战以后，在开发大平原的过程中，白人移民与印第安人的冲突日益加剧。联邦政府背信弃义，在大平原地区对印第安人实行了种族灭绝政策，给他们带来了深重的苦难。

白人移民与大平原印第安人之间种族冲突的核心问题是土地。对大平原印第安人土地的掠夺是以民间和官方相结合的方式同时进行的。就牧牛场主

---

① 理查德·霍夫斯塔特等：《1865 年以后的美国共和国》，第 66 页。

来说，他们是以强行闯入和蚕食的方式夺占印第安人部落的土地。随着"牧牛王国"的兴起和疆域的不断扩展，牧牛场主们把牧区从得克萨斯推及内布拉斯加、堪萨斯、科罗拉多、南北达科他、怀俄明、蒙大拿、新墨西哥和俄克拉何马等所有的草原地区。这些地区曾是联邦政府划给印第安人各个部落的"永久"保留区，是他们的狩猎场，但不断遭到白人牧场主的蚕食和抢占。牧场主们在把牛羊长途驱赶到牛镇售往东部和北部市场的同时，也在大平原开辟当地的市场。铁路修到什么地方、哪里建起采矿营地，他们就赶牛群尾随而去，在那里建起牧场。根据"和平委员会"与苏族领袖红云在 1866 年达成的协议，苏族人同意集中到密苏里河以西达科他领地内的永久保留区，美国政府承认大霍恩角以东的地区是印第安人不能割让的领地。但这一协议最终也化为一纸空文。1874 年，在达科他西部布莱克山区发现金矿的消息广泛传开后，西部边疆掀起最后一次"淘金热"。在大批探矿者迅速涌入这个荒芜的丘陵地区时，牛群也跟随采矿者而去。因为怀俄明的牧牛场主们发现，戴德伍德对牛肉的需求量比他们本领地内大。蒙大拿的牧牛场主也发现布莱克山是个好市场。联邦军队为保护这伙入侵者，与苏族人发生武装冲突。虽然"狂马"和"坐牛"率领的苏族战士全歼了由 G. 卡斯特上尉率领的政府"讨伐军"，但到 1878 年以后，所谓的印第安人"威胁"对白人入侵者已不复存在。1879 年以后，怀俄明和蒙大拿的一些牧牛场主都涌入达科他的布莱克山保留区，抢占草地，放牧牛群。[1] 美国政府掠夺大平原印第安人的土地时，沿袭了在东部通行已久的与酋长签订"条约"、"购买"、武力胁迫甚至"讨伐"战争等手段。如 1866 年春，联邦事务官强迫俄克拉何马的"五个文明部落"酋长放弃了该保留区西部的大部分土地。政府以每英亩 30 美分的价格购买了克里克族的一半土地。塞米诺尔族人以每英亩获得 15 美分的代价上交了地产，但他们必须以每英亩 50 美分的价格购买一块更小的保留地。[2] 白人移民和美国政府对土地的掠夺给印第安人带来了巨大的灾

---

① 欧内斯特·S.奥斯古德：《牧牛人时代》，第 79—80 页。
② 雷·A.比林顿：《向西部扩张——美国边疆史》，第 571 页。

难，严重地破坏了他们生存环境，极大地减少了他们的狩猎场所，使其谋生能力不断丧失。

为了不断剥夺印第安人的土地，美国政府对印第安人发动了连续不断的"讨伐"战争。这种血腥的"讨伐"从19世纪60年代一直持续到1890年。其中J. M. 齐温顿上校率千余民兵对夏延族和阿拉帕霍族进行的屠杀是惨绝人寰的。因为在科罗拉多北部派克斯峰地区发现了金矿，1859年就有10万采矿者进入两个部落在该地区所有的北普拉特河与阿肯色河间的山麓地区，[①] 并要求军队把印第安人逐出家园。1861年2月18日，美国政府官员把两个部落的酋长召集到莱昂堡开会，强迫他们放弃在拉勒米堡会议时许给他们的保留区，集中到科罗拉多东部位于阿肯色河与桑德河之间更小的保留区去。结果双方发生冲突。从1861—1864年，美军与两个部落进行了三年之久的战争。1864年8月，两族印第安人被迫放弃原有的土地，到被指定的小保留区去。科罗拉多总督要他们立即到指定地点去，才答应停止军事行动。黑壶酋长轻信上当，率700名印第安人前往桑德河畔的一个营地。11月28日，齐温顿率部趁黑夜离开莱昂堡，次日拂晓包围了那个营地，对毫无戒备而熟睡的印第安人进行了野蛮的屠杀。后来，一位目击的商人证实说："他们被剥掉头皮，脑子被敲了出来；这些人用刀子把妇女开膛，用棍棒殴打幼儿，用枪敲进他们的头颅，把脑子打出来，支裂他们的身躯。"除了黑壶和少数青年武士得以逃脱外，齐温顿及其部下数小时的血腥暴行使450具被打烂的印第安人尸体遍布荒野。[②] 牧牛场主们从派克斯峰发现金矿后就追随采矿者而去。1866年后，有大量母牛被从得克萨斯赶出，经"古德奈特——洛文小道"，到科罗拉多的牧场放牧。到1869年，在该领地放牧的长角牛已有百万头之多。[③] 美军用战争胁迫印第安人让出的家园迅即变成了牧

---

① 该保留地区是1851年管理普拉特河前哨基地的事务官托马斯·菲茨帕里克把大平原主要部落的酋长召集到拉勒米堡划定的集中保留区。参见雷·A.比林顿的《向西部扩张——美国边疆史》，第565页。

② 雷·A.比林顿：《向西部扩张——美国边疆史》，第568页。

③ 罗伯特·G.费里斯编：《勘探者、牛仔和移居垦殖农民》，第50页。

牛场主的天地。在长达 30 年的"讨伐"战争中，美国军队对印第安人进行的战斗多达千次左右，致使 4,371 名印第安人战死。^① 美国政府用最残暴的战争手段迫使大平原所有的印第安人部落放弃家园，前往指定的保留区去，白人牧场主迅速占领大平原大部分地区，把它建成疆域辽阔的"牧牛王国"和"牧羊帝国"。白人牧场主也同时侵入大平原。联邦政府把大平原地区扩建为 10 个新州。^②

不断缩小保留区和对保留区实行暴虐统治，是美国政府剥夺印第安人土地、推行种族灭绝政策的又一表现。按照联邦政府的规定。凡是交通线需要通过的地方，印第安人必须离开。大平原的印第安人往往被从他们原来的保留区驱赶到被指定的更小保留区。如果在新指定的保留区内发现了矿藏和适合放牧的草原，印第安人必须放弃这些土地，被迫进入更偏僻、贫瘠的保留区去。美国政府从拉勒米堡会议开始放弃"一大片保留地"政策，把大平原的印第安人部落"集中"在划定的"保留区"去。经莱昂堡会议，政府官员又迫使夏延族和阿拉帕霍族离开可以不受干扰地永远居住下去的"保留区"，迁往科罗拉多东部更小的一块保留地。至 1867 年，按照"和平委员会"在圣路易斯会议上提出的划分保留区的策略，在大平原北部漫游的 5.4 万印第安人被集中在达科他领地的布莱克山保留区。南部的 8.6 万印第安人被安置在俄克拉何马的保留区。^③"和平委员会"之所以做出这样的安排，一则因为布莱克山区是远离横越大陆交通线的多山丘陵地带，对白人开拓者少有吸引力；二则因为俄克拉何马早就是安置从东南部迁来的"五个文明部落"的保留区，他们被迫让出该保留区西部的大部分土地，而腾出来的地方被用来安置大平原南部的印第安人。从 19 世纪 30 年代美国政府允诺将密西西比河以西的土地作为印第安人永远居住的土地，到 1867 年"和平委员会"谋划把大平原所有印第安人

① 罗伯特·M.厄特立：《边疆正规军——美国军队与印第安人》（Robert M. Utley, *Frontier Regulars, The United States Army and Indian*），林肯 1967 年版，第 410—412 页。
② 霍华德·R.拉马尔主编：《美国西部读者百科全书》，第 565 页。
③ 雷·A.比林顿：《向西部扩张——美国边疆史》，第 571 页。

集中到两个保留区，可以看出印第安人的土地不断被掠夺，其保留区越来越小。他们已经被从大平原的大部分地区逐出，只能在两个保留区有限的范围内生活。在印第安人的土地不断丧失的过程中，牧场主们把牧区扩展到大平原所有的草原地区，甚至连俄克拉何马保留区也成了牧场主的最后边疆。

被迫迁入俄克拉何马和布莱克山保留区的印第安人继续受白人的暴虐统治。首先，联邦政府从组织和法律上限制和剥夺部落酋长的权力。1869年，国会设立了"印第安人专员委员会"。该委员会被赋予和内政部官员管理用于补偿印第安人割让土地的拨款，并负责保留区及其宝贵的自然资源的保护。1871年，国会又通过了《印第安人拨款法》。其中的附加条款规定，联邦政府不再承认印第安人是签订条约的独立实体[1]，它无须取得部落同意便有权处理印第安人事务。"印第安人专员委员会"和《印第安人拨款法》使美国政府享有了对保留区及其自然资源的直接控制权，将所有印第安人置于国会法律和总统行政法令的管辖之下，并使政府用"拨款"的方式任意掠夺他们的土地。1883年，印第安人事务局为解除酋长的司法权颁布了建立法庭制度的命令。1885年，国会通过法令将联邦法院的司法权扩及保留区的印第安人。这一系列措施破坏、剥夺了酋长的行政管辖权和司法权，使部落组织进一步解体。其次，保留区内的印第安人失去了活动自由，再不能得到传统的生存资源，经常处于半饥饿状态。政府官员给保留区印第安人提供的食品极少，且往往以非法的高价卖给他们。如给布莱克山保留区的供应品中有"发霉的面粉、腐臭的牛肉和虫蛀的毯子"[2]。投机商人则经常以次品和酒类骗取印第安人仅有的毛皮和财物。保留区一旦发现矿藏，矿主和采矿者蜂拥而入，牧场主则随之闯入，把印第安人撵走。在暴虐的统治下，很多印第安人走投无路，陷入了绝境。再次，不甘心忍受暴虐统治而冲出保留区的印第安人随即遭到了美国军队的弹压。虽然国会于1867年3月通过"与仍在

---

① 罗伯特·E.里格尔、罗伯特·G.阿塞恩：《美国西进》，第457页。
② 雷·A.比林顿：《向西部扩张——美国边疆史》，第575页。

同美国作战的印第安人部落建立和平"的法案，但美国军队同印第安人的激战仍然不断。1868 年秋，夏延族人、阿拉帕霍族人、基奥瓦族人和科曼奇人先后冲出了保留区，约有 2,000 名印第安人在堪萨斯和得克萨斯一带漫游、狩猎，但他们不断遭到菲利普·H.谢里登将军指挥的军队的袭击。11 月中旬，乔治·A.卡斯特上校率领的主力部队包围了在得克萨斯的沃希托河谷的印第安人阵地。经过几个小时的激战，包括黑壶酋长在内的 103 名印第安人惨遭杀戮。① 其余的印第安人又被赶回了保留区。1890 年，南达科他州的蒂顿苏族人因一个新条约使其保留地又被割去一半。他们靠国会很少的拨款度日，却又面临干旱的严重威胁。此时，一位印第安人的宗教领袖沃沃卡告诉苏族人，只要举行某种舞蹈和宗教仪式，就可以使他们的土地还家，让白种人消失。许多处于绝望中的苏族人不顾一切地举行"沃沃卡仪式"。美国人蔑称之为"魔鬼舞"。军队指挥官试图制止跳舞"狂"时，坐牛酋长和一些印第安人进行抵抗而惨遭杀害。美国军队还企图解除另一支苏族战士的武装，遭到他们的顽强反抗。结果招致了岁末的"翁迪德尼"大屠杀，有 200 名印第安人武士、妇女和儿童被杀害，横尸雪地之上。② 生活在保留区的印第安人与白人社会基本隔绝，大多数部落都程度不同地依赖联邦政府的配给和年金艰难度日，靠政府施舍过着乞丐般的生活。大平原印第安人最终落入美国的控制之中。

野牛的灭绝使大平原的印第安人失去了赖以生存的物质基础，使他们最终不得不接受美国政府的强制同化政策。美国政府对印第安人推行的缩小保留区政策和军事"讨伐"的战争政策并非是使他们屈从的根本原因。白种人之所以最后战胜印第安人，是因为职业猎手对大平原野牛的大屠杀使野牛灭绝的结果。1867—1883 年是使野牛灭绝的 17 年。这期间也是印第安人反抗白人拓居者和美军的斗争最壮烈的时期。在野牛群没有被屠杀殆尽前，尽管美国军队的每次武力征讨能使一些印第安人被迫回到保留区，但只要有巨

---

① 雷·A.比林顿：《向西部扩张——美国边疆史》，第 574 页。
② 罗伯特·V.海因：《美国西部——一部解释性的历史》，第 204 页。

大的野牛群在草原上漫游，他们就会不时越出保留区，尾随牛群回到故地，继续维持其狩猎的流动生活方式。然而，1883年大平原上的野牛被灭绝后，印第安人就失去了赖以生存的物质基础，只能在不断缩小的保留区接受联邦政府的施舍了。因为印第安人的经济生活对环境有极大的依赖性，他们的生存系统依赖野牛的支撑。野牛的灭绝使其生存环境发生了根本性的变化，其生存系统受到了致命的打击。失去生活所依的印第安人只能接受美国政府的强制"同化"安排。1887年国会通过的《印第安人土地专有权法》即《道斯法案》解散了作为法律实体的印第安人部落，将其土地分配给成员个人。该法案规定：每户家长分160英亩，每个超过18岁的独身者和18岁以下的孤儿分80英亩，其他18岁以下的人分的土地为40英亩；在政府托管五年期满后把土地所有权移交给个人，并接受美国公民的资格；分配余下的保留区土地向非印第安人定居者开放。[①] 从其内容看，该法实际上已超出了土地分配和所有权问题，它是一次全面而迅速地同化印第安人的重大措施，是强制同化运动进入高潮的标志。《道斯法案》实质上是白人社会贯彻其单方面意志的一次种族压迫行动。从根本上说，该法令的制定和执行丝毫未从印第安人的切身利益出发，而是完全满足白人社会的各种利益要求。因为1887年保留地总面积为1.38亿英亩，印第安人不足30万，即使按每人160英亩分配，所需也不过5,000万英亩，分配给印第安人的土地还不到总面积的1/3；包括大多数好地在内的2/3土地都向白人移居者开放。[②] 可见，《道斯法案》实际上是对印第安人土地的最后一次大规模夺占。

地域辽阔的"牧牛王国"原本绝大多数是印第安人繁衍生息的场所，白人牧牛场主为扩大牧区、开辟牛道，把印第安人逐出家园。印第安人不仅没有被融入牧区社会，反而被牧牛大王们视为开拓的"障碍"，并不断引发种族冲突和流血事件。内战以后，美国西部的开拓是持续一个世纪的西进运动的高潮和最后阶段，是在垄断资本的影响和控制下进行的。白人拓居者，特

---

① 亨利·S.康马杰：《美国历史文献》第1卷，第575页。
② 霍华德·R.拉马尔主编：《美国西部读者百科全书》，第567页。

别是那些铁路大王、矿业大王、牧牛大王和大农场主，为利益驱使在开发中带有明显的残暴和野蛮的掠夺性，不仅破坏了生态环境的平衡，浪费了宝贵的自然资源，乱捕乱杀野生动物，造成了野牛的灭绝，而且对印第安人犯下了历史上罕见的种族灭绝罪行。大平原印第安人各部落的处境更为悲惨，其生存危机日益严峻，他们被推向了毁灭的边缘。印第安人作为一个独立的社会实体被消除了。他们只能成为联邦政府监护的对象，接受奴隶的命运。在印第安人赖以生存的物质基础——野牛被灭绝的同时，他们的文化、宗教传统和生活方式也遭受了严重破坏，其精神受到严重创伤。被置于生存危境中的印第安人或悲痛欲绝，或消沉颓废，完全丧失了生存的活力和对未来的希望。美国政府对印第安人的这种悲惨结局负有不可推卸的罪责。内战后的西部开拓是美国垄断资本主义发展的历史产物，是印第安人根本无法阻止的。在这一过程中，垄断资本主义的发展是造成印第安人的悲惨命运的根源。西部开拓运动中残暴的一面充分证明："资本来到世间，从头到脚，每个毛孔都滴着血和肮脏的东西。"[1] 因此，我们在肯定美国西部开拓的主流时，不能忽视它野蛮、掠夺式开发的负面影响，不能忘记西进运动史上对印第安人实行血腥的种族灭绝政策这一极不光彩的一页。诚如著名美国西部史专家比林顿所言："这将永远是美国边疆编年史上的污点"[2]。

---

[1]　马克思：《资本论》第 1 卷，人民出版社 1975 年版，第 839 页。

[2]　雷·A.比林顿：《向西部扩张——美国边疆史》，第 563 页。

第五章　资本的流入与大公司经营

第一节　东部与欧洲资本的流入

一、投资的狂热

1. 丰厚的利润

大平原上的牧牛业是建立在大规模经营基础上的，它从一开始就与市场联系在一起。美国内战以后，这种资本主义的牧业经营就有很大的利润。对此，我们在前面讨论西部的牛贸易时已做过分析。1873 年的经济危机曾使西部的牧牛场主蒙受了很大的损失。然而，随着经济危机在 1876 年的结束和美国第二次工业化浪潮的兴起，大平原的牧牛业开始复苏，并以一种强劲的势头不断扩展。其表现之一是牧区再次由得克萨斯向大平原北部和西部的草原地区发展，许多牛群从该州被转往亚利桑那、新墨西哥、科罗拉多、怀俄明和蒙大拿。表现之二是市场上的牛价开始上扬。在牧区，1878—1879年一头普通牛的售价为 7—8 美元，1880 年上升到 9.5 美元，到 1881 年时则升至 12 美元。到 1882 年，牛的售价更是好得出奇。在得克萨斯牧区，每头牛的售价为 30—35 美元。[①] 如果是在怀俄明转售，每头牛价则高达 65 美元。[②] 这种不断攀升的售价与内战刚结束时每头长角牛在得克萨斯牧区仅有 3—4 美元的售价相比，竟高出了 10 倍以上。罗伯特·E. 斯特拉霍恩在《怀俄明

---

① 沃尔特·P. 韦布：《大平原》，第 234—235 页。
② 雷·A. 比林顿：《向西部扩张——美国边疆史》，第 594 页。

手册》① 一书中举例说明在大平原养牛可以获得很高的利润。其例子之一谈及在 1874 年 7 月投资买下的 750 头得克萨斯小公牛，被放牧在怀俄明"多汁的"草地上任其漫游，三年后这些牛均被育肥。加上牧牛场主另外买进的 3,200 头牛，他最初 1.04 万美元的投资，幸运地获纯利 3.62 万美元。其例证之二称以 1.5 万美元买下的 100 头母牛和 40 头公牛，在五年内积累的利润是 6.8915 万美元。②

　　大平原上牧牛业的利润为何有如此之高呢？主要是由如下几个原因造成的：首先，在大平原上养牛成本低。这种低成本不仅取决于有大量低价得克萨斯长角牛被源源不断地输入北部和西部牧区，而且还因为大平原在较长的一段时间内（至少到 19 世纪 80 年代初）为牧牛场主们提供了他们所需要的一切条件。这些条件包括牧草丰美的放牧区、较好的水源、牛群的自然增殖等。其次，大平原上的牧牛业规模大。一个大牧场主拥有的牛群往往在数千头、上万头甚至几万头以上。当时有新闻曰：牛在公共牧区漫游吃草，不花主人的一分钱，养 1,000 头牛和养一头牛一样便宜。③ 故牧牛场主便不断扩大经营规模。第三，东部的农民移居者因受自然条件的限制，正止步于从得克萨斯到加拿大的大平原东边一线。因为大平原的土质比较坚硬，难以开垦。适合垦殖这种土质的新式冷铸铁犁和钢犁直到 1877 年才投入使用。在农民移居者在大平原边缘为犁的问题苦恼时，开放牧牛业赢得了最后的发展时间和空间。牧草仍然是免费的，牧区依旧开放，牛群继续向更远的西部进发，"牧牛王国"的疆界扩展到了更干燥的地区。第四，美国第二次工业革命的影响已扩展到大平原的边缘地带。它既为肉类的屠宰、加工和运输的现代化创造了条件，也为西部牧牛业提供了更广阔的市场。随着横贯大陆的铁

---

　　① 该书于 1877 年在芝加哥出版，1881 年，该手册与他写的其他两本关于《落基山手册》和《蒙大拿和黄石国家公园手册》在堪萨斯城出版。在再版的《怀俄明手册》中，他增加了养牛的内容。

　　② 罗伯特·E.斯特拉霍恩：《怀俄明手册》，堪萨斯城 1881 年版，第 29 页；转引自吉恩·M.格雷斯利：《银行家和牧场主》，第 47—48 页。

　　③ 雷·A.比林顿：《向西部扩张——美国边疆史》，第 594 页。

路挺进大平原和远洋轮船使欧洲的顾客更靠近美国，牛肉的市场不断扩大。圣路易斯、堪萨斯城和芝加哥都建立起了肉类屠宰和加工厂，为人们提供越来越多的鲜肉和罐头肉。冷冻技术能把新鲜的牛排运到美国东部或欧洲。其结果使东部的养牛业衰落下去。美国人和欧洲人日益依赖大平原提供的肉食。1880 年，有 200 万头牛被运往市场。[①] 在 1881 年末，仅装运到英国去的牛肉就有 1.1 亿磅。[②]

上述多种因素促成了美国西部牧区的繁荣。1880—1885 年，是美国西部牧牛业繁荣的鼎盛时期，也是当时的人们在心理上和实践上都疯狂过度的时期。得知在大平原养牛可以赚钱以后，任何人都想到西部去碰碰运气，发一笔大财。结果，东部美国人、英格兰人、苏格兰人、法国人、加拿大人，甚至还有澳大利亚人，都涌入大平原，想搞到一个大牧场，成为牧牛场主。

2. 疯狂的炒作

内战以后到 19 世纪末，是美国经济迅猛发展的时期。它为美国从自由资本主义过渡到垄断资本主义奠定了基础。美国官方把 19 世纪这个资本主义"繁荣"时期称为"黄金时代"。现实主义文学大师马克·吐温却敏锐地看到这个时期在经济繁荣掩盖下的政治腐败、贪赃受贿、官商勾结追逐暴利和投机风气弥漫全国的黑暗面。1873 年，他与查尔·沃纳合写的长篇小说《镀金时代》对此进行了深刻的揭露和批判。马克·吐温把垄断资本家津津称道的"黄金时代"辛辣地讥讽为"镀金时代"。此后，"镀金时代"便成了 19 世纪后期美国社会的标记。在早期西部牧牛场主的经营中，所获得的资本主要是当地的。东部人刚刚得知在大平原养牛可能赚钱，商业广告也远未达到 80 年代那样吸引东部和欧洲数百万美元资本流向大平原的程度。然而，80 年代的商业炒作使人们知道在大平原养牛卖牛可以致富，投资变成了投机的狂热。这种狂热支配着美国的企业界，鼓动着美国人和欧洲人都对大平原的牧牛业投资。这种狂热恰好是美国"镀金时代"的一种表现。投资西部

---

① 沃尔特·P. 韦布：《大平原》，第 233 页。
② 劳伦斯·I. 塞德曼：《马背生涯——1866—1896 年的牛仔边疆》，第 118 页。

牧牛业可以致富这一主题在出版的著作中、报刊的文章和牧牛公司的规划里大加渲染和炒作，在教堂的布道讲坛上广为传播，甚至在人们的书信和交谈中也非常流行。

在激发向西部牧区投资热情的宣传中，有三本书起了重要作用。第一本是前面提到的斯特拉霍恩的《怀俄明手册》。该书是"为联合太平洋公司"所写的一本旅行指南，在 1877 出版时没有怀俄明适合养牛的内容。但在 1881 年再版时作者不但以 4 页的篇幅具体列举了在怀俄明养牛如何获巨额利润的事例，而且他认为每年获得 25% 的稳定利润是"很普通的"。斯特拉霍恩甚至认为 40%—50% 利润也可以实现。[1]

第二本书是布里斯宾将军在 1881 年出版的《牛肉的源泉，或如何在大平原致富》。该书用了 51 页中的大部篇幅列出了很多牧牛大王及他们美好声望的回报。布里斯宾在讲述如何在牧牛业上发财致富时完全缺乏严谨的经济分析，他只是向人们展示一个人只要把一些小公牛放牧在开放的牧区，随后在不长的时间内他就变成百万富翁的美景。格雷斯利认为这本书对牧牛业的夸张语气达到了顶点，其目的是吸引东部的投资者和西部的牧牛场主。[2] 罗伯特·V.海因则指出，布里斯宾在书中展示的是一笔令人眼花缭乱的简单黄金结算故事；是让人相信一个人最初在西部牧区投资 5,000 美元，便可期望每年获得 25%—40% 的利润。[3] 这些评价都是学者们后来所作的理性分析。然而在当时，布里斯宾的书不但在美国东部销路很好，而且在英国也很畅销。

第三本书是沃尔特·冯·里希特霍芬男爵[4] 于 1885 年出版的《在北美平原上养牛》。该书是为了赞美美好的牧场生活和"从前"辽阔北美"大荒漠"的丰富牧草资源而作。它与以前的推销性作品相比缺少鼓动性。书中的

---

[1] 罗伯特·E.斯特拉霍恩：《怀俄明手册》，第 35 页；转引自吉恩·M.格雷斯利：《银行家和牧场主》，第 48 页。

[2] 吉恩·M.格雷斯利：《银行家和牧场主》，第 50 页。

[3] 罗伯特·V.海因：《美国西部——一部解释性的历史》，第 128 页。

[4] 此人是一个德国的年轻容克，1877 年到丹佛，1898 年春死于阑尾手术。

资料是这位男爵在"草原牧牛公司"的朋友们提供的。第七章的标题为"养牛，一项合法而安全的事业"。因为在里希特霍芬头脑中存有矿业股票的不能预测性，故他要使读者相信，养牛没有自然因素引起的风险，"连最轻微的不确定因素也不存在"。① 作者在第九、十章和第十三章中列举了大量大牧牛场主和牧牛公司的经营收支状况以及所得的可观利润回报。在该书第八章"所得利润"的最后，里希特霍芬引用了一个爱尔兰女孩在蒙大拿的例子。牧牛场主给了她 15 头母牛，以顶替应付给她的 150 美元工资。女孩的牛被打上了表明她所有权的烙印，并随主人的牛群一同在牧区放牧。她的牛靠不花钱的牧草喂养并不断繁衍后代。十年后，她把牛群卖给了主人，得到了 2.5 万美元的回报。② 韦布在 1931 年出版的《大平原》一书中认为，里希特霍芬在全书持一种适度的态度，"这种适度使所论问题更易为人所接受"③。爱德华·E.戴尔在为 1964 年版《在北美平原上养牛》所写的导言中指出："这本小书有很大的价值。因为它不仅对大平原地区作了出色的描写，而且还列出了 19 世纪 80 年代早期一些最主要的牧牛公司，并以很长的统计表格展示出有望从养牛中获得利润的增长。"④ 里希特霍芬在第十四章中以 13 页的复杂详细的统计表格，提出了一个"利润增长的建议计划"。他最后的结论是39.042 万美元的投资在六年内其利润为 156%。⑤ 格雷斯利认为其预言式的结论是"稀奇古怪"的。⑥ 也许，因为作者在全书中采取的适度态度，使其夸张的语言对投资者更具有诱惑力。

西部报刊的编辑一向以夸张而闻名。他们或以整版的统计数字来证明任何人在牧牛业投资 2.5 万美元都可以在五年内使其财富增加到 8 万美元，或以权威的口吻宣称 40%—50% 的年利是一般的情况。⑦ 这种信口开河的夸张

① 沃尔特·冯·里希特霍芬：《在北美平原上养牛》，第 59 页。
② 沃尔特·冯·里希特霍芬：《在北美平原上养牛》，第 80 页。
③ 沃尔特·P.韦布：《大平原》，第 235 页注①。
④ 沃尔特·冯·里希特霍芬：《在北美平原上养牛》，第 XIV 页。
⑤ 沃尔特·冯·里希特霍芬：《在北美平原上养牛》，第 97 页。
⑥ 吉恩·M.格雷斯利：《银行家和牧场主》，第 52 页。
⑦ 雷·A.比林顿：《向西部扩张——美国边疆史》，第 594 页。

言论经过东部农业杂志的转载宣扬而得到更广泛的传播。其中，最典型的例子是 1883 年 9 月 27 日在芝加哥出版的《饲养者报》上的一则新闻，其来源于未注明日期的《丹佛商业杂志》。该新闻称，在大平原的公共牧区养牛，让牛吃免费的青草。一个养牛人只要投资 5,000 美元买下 1,000 头牛开始经营，四年内他就可以赚到 4 万—4.5 万美元。减去日常 5,000 美元的费用，他仍有 3.5 万甚至 4.5 万美元的纯利。[1]"这就是关于这个问题的一切，这就是我们的牧场主致富的原因所在。"[2]

一些牧牛公司在其简介中也极力宣扬计划中的丰厚利润。"草原牧牛公司"宣布 1882 年的红利为 42%。蒙大拿养牛人的所得为 25%—40%。[3] 拥有新墨西哥股票所有权的"纽约西部慈善团体"（Western Philanthropic of New York）预测，在五年多的时间里，年利润率达 46%。怀俄明的"奥尔巴尼土地牧牛公司"（Albany Land and Cattle Company）则声称，扣除损失和开支，一般牛群的年利润可达 35%—40%。[4] 这些高利润都刊载在家畜杂志上，使东部人投资西部牧牛业的欲望更加强烈。

发财致富这一"镀金时代"的主题在美国教堂也被大加倡导。工业化带来的社会巨变对美国宗教界也产生了深刻影响。从 19 世纪后期，美国的教会开始大力传播社会达尔文主义，推崇个人主义并将其物质化，宣扬取得成功的标志就是获得"大量的金钱"，就是"变富"。拉塞尔·H.考埃尔主教是这一原理表述最率直的代言人之一。他最著名的演讲《钻石般的土地》（Acres of Diamonds），在 40 年间重复了 1,000 多次。考埃尔用生动的预言启示着不幸的信徒：

"我说你们应当变富，你们没有权利受穷。生而不富是不幸的，而且是

---

① 此处作者似计算有误，依照给出的四年利润数字，纯利应为 3.5 万—4 万美元，由此可对西部编辑的夸夸其谈略见一斑。

② 以上新闻载《饲养者报》（Breeder's Gazette）1883 年 9 月第 4 卷；转引自欧内斯特·S. 奥斯古德：《牧牛人时代》，第 95 页。

③ 欧内斯特·S. 奥斯古德：《牧牛人时代》，第 95 页。

④ 吉恩·M. 格雷斯利：《银行家和牧场主》，第 52 页。

双倍的不幸。你我都知道，有些东西比金钱更有价值。当然，你我都这样做……无疑，普通人的感觉也知道，不用钱，那些东西中的一样也不能大量增加。钱就是力量！爱是上帝的土地上最主要的东西，但有大量金钱的命运是更可爱的。对一个人来说，'我不想要钱'就是说'我不想对我的追随者做任何好事'"①。

在西部牧牛业散发着金钱气味的八十年代，这番话就更具感染力了。

大平原牧牛业的繁荣也成了人们书信中和谈话的主题。其中一个典型例子是康涅狄格的法官舍伍德为筹集组建牧牛公司的资金所写的一封信。他在信中写道："这利润是巨大的。世界上没有任何企业像养牛一样，它的全部秘密是养牛不花任何代价。牛长膘'不吃'你的钱。它们实际上自己长大"②。除了在书信中谈论养牛致富外，在很多美国东部的公寓和英国的客厅中，把钱投向牛群和西部的牧场也成了人们最重要的话题。

投资牧牛业的狂热还从美国东部传到了欧洲。在把英格兰人和苏格兰人的注意力吸引到美国西部牧区的过程中，詹姆斯·麦克唐纳的著作起了一定的作用。在麦科伊于 1874 年出版《西南部牛贸易史略》一书后不久，麦克唐纳前往美国游览。麦科伊的著作不仅描述了从得克萨斯到堪萨斯（甚至往更远的北部）的"长途驱赶"，而且介绍了牛贸易的盛况。该书的发行，对使牛贸易市场从 1873 年的危机中得以恢复和使西部牧牛业的前景转好起了积极作用。麦克唐纳在会见了麦科伊后返回了不列颠岛。他无疑从麦科伊那里受到很大启示并看好美国西部平原牧牛业的发展前景。麦克唐纳写了《来自远西部的食物，或美国农业——特别是关于牛肉的生产和英国从美国进口牛肉》一书。该书于 1878 年在伦敦和爱丁堡出版。这本书被广泛传阅，吸引了不少英格兰人和苏格兰人前往美国西部从事牧牛业。③ 在该书出版前后，英国出现了对美国西部牧牛业的第一批投资者。从 1880 年起，英国的投资热不断升温。这一年，英国议会下院的一个委员会发表了美国牧牛业的利润

---

① 劳伦斯·I.塞德曼：《马背生涯——1866—1896 年的牛仔边疆》，第 118—119 页。
② 劳伦斯·I.塞德曼：《马背生涯——1866—1896 年的牛仔边疆》，第 121 页。
③ 戴维·达里：《牛仔文化》，第 263 页。

可达 33 1/3% 的消息，引起了资本家的兴趣。在此后的四年中，英格兰和苏格兰的投资者梦想着 40% 的利润[1]，便倾其财力组织公司，介入美国西部的牧牛业。在整个伦敦，"聚集在客厅的人们都在唧唧喳喳地谈论着这个最后富源的情况；不知道菜牛和小母牛有何区别的稳重的老先生们，在喝葡萄酒和吃坚果时，也谈论着此事"[2]。精于计算的英国家庭则为其非嫡生的或招惹麻烦的儿子打点行装，送他们到美国西部经营牧场和种野燕麦。[3] 于是，源源不断的英国资本跨越大西洋投入到美国西部辽阔的开放牧区。

3. 投资高峰期

媒体对大平原牧牛业高利润的过度炒作和渲染，激起了东部美国人和欧洲人发财的狂热。他们开始组织公司，倾全部积蓄，甚至贷款投入美国西部的牧牛业。美国东部和欧洲的资本大量流入大平原。1880—1885 年是美国西部牧区的"黄金"阶段，也是吸引资本的高峰时期。请看下表：

部分州或领地牧区引入的资本

年代 州或领地	1880—1900		1882—1886	
	公司（家）	资本（万）	公司（家）	资本（万）
蒙大拿	181	2714.18	66	1950.9
怀俄明	188	9409.58	93	5123.2
科罗拉多	324	10201.5	176	7429.6
新墨西哥	186	6134.05	104	2393.5

（资料来源：吉恩·M.格雷斯利：《银行家和牧场主》，第 107、109 页。）

通过计算，我们可以得出如下结果：与 19 世纪的后 20 年相比，1882—1886 这五年，蒙大拿所建牧牛公司为公司总数的 36.46%，所吸收资本为总资金的 71.88%；怀俄明的公司为 49.47%，资本为 54.45%；科罗拉多的公司为 54.83%，资金为 72.83%；新墨西哥的公司为 55.91%，资本为

---

① 雷·A.比林顿：《向西部扩张——美国边疆史》，第 595 页。
② 欧内斯特·S.奥斯古德：《牧牛人时代》，第 101 页。
③ 劳伦斯·I.赛德曼：《马背生涯——1866—1896 年的牛仔边疆》，第 122 页。

39.02%。通过这种粗略的计算比较，使我们清楚地看到，1882—1885年是美国东部和欧洲的资本向大平原牧区投资最活跃的高峰期。

经历了这个投资高峰期以后，1886—1888年是对美国西部牧区投资的最低谷阶段。这是由于1886—1887年历史上罕见的暴风雪带来的严重后果。大平原的牧牛业遭受到毁灭性的打击，投资者也丧失了信心。随着开放牧场的粗放经营向固定围栏牧场转变，1888—1889年对西部牧区的投资出现了短暂的复苏。此后，西部牧区又经受了1893年经济危机的磨难。到1898—1901年，对大平原养牛业的投资才进一步恢复和扩大。那里的牧牛业从1900年以后也经历了由原始粗放的游牧生产方式向现代集约化经营方式的质变。

二、东部投资者

1. 西去的人流

1882年5月24日，百磅牛肉的价格在芝加哥达到9.35美元。[①] 这种未加修饰的事实不仅折服了对牧牛业投资前景心怀疑虑的人，而且更促使东部人移向大平原。媒体的宣传更助长了向牧区移民和投资的热潮。在垄断资本盘剥下破产的东部农民甚至听信了没有钱也有发财机会的神话。1883年6月14日的《落基山农民》，引用了拉勒米《自食其果》中由幽默作家比尔·奈编造的一个故事。他说："在三年以前，一个为人正直的生手只牵着一头得克萨斯牛，带着一把打烙印的烙铁到了怀俄明。现在他富有600头优质牛。显然，这些牛是那头牛的后代。"[②] 这则故事广为传播的结果，不仅使很多人信以为真而且头脑发热。

这种宣传使西部产生许多迷人的东西。东部人向往在大平原上有一个大牧场，骑着精神抖擞的矮种马，驰骋在绿色的牧场上，使财富不断增长。他们不甚了解牧区生活的风险和艰辛。西部对外界充满着诱惑。在东部人眼

---

① 欧内斯特·S.奥斯古德：《牧牛人时代》，第94页。
② 欧内斯特·S.奥斯古德：《牧牛人时代》，第86页。

中，牛仔的生活充满热情，既冒险又刺激，而能做个牧场主简直就是当了国王。眼见人们纷纷西去，大平原的土地不断被一个个大牧场占用，许多东部人感到不能再观望等待了，否则用不了多久，再想"插足"那片神奇的土地就会太迟，美事就会落空。正是在这样一种心态的驱使下，到1880年夏涌向大平原的热潮开始了。火车上挤满了来自东部农场和工厂的年轻人。有些人腰里揣着存款，另一些人准备贷款。尽管银行贷款的利率从每月的2%上升到每天的1%[①]，但当贷款者看到芝加哥牛肉市场不断上扬的价格时，他对这种难以想象的高利率就毫不担心了。在1880—1885年的繁荣时期，整个大平原地区挤满了数以千计的牧牛场主和数百万头牛。下表是怀俄明和蒙大拿牧区人口增加的统计。虽然这些地区人口的增长是由多种因素造成的。然而，在西部牧业迅猛发展时期，吸引了大量人口西移无疑是一个重要因素。怀俄明干旱和多山的地区太多，1868年它成为领地时，农民不到那里去。直到80年代初，才有少量拓荒者在大霍恩山东部边缘有溪流可供灌溉的地方安家。但是，牧牛业的边疆从1868年就推入了怀俄明。到70年代中期以后，牧牛场主就占据了该领地的大部分地区。蒙大拿的情况与怀俄明相似。由于它的大部分地区过于干旱或过于崎岖而不能吸引移民。1871年，这个地区已开始大规模养牛时，只有比尤特和其他山区矿镇吸引了少数农民流入。真正开始有较大规模的农民移民进入蒙大拿是在1881年后的十年。在大批农民因技术问题在大平原东部徘徊时，牧牛业到1880年在那里已经深深扎下了根。

1870—1880年几个州或领地的人口增长

（总数以万为单位，每平方英里平均人数以个为单位）

领地	1870		1880	
	总数	每平方英里	总数	每平方英里
怀俄明	0.9	0.1	2.1	0.2

---

① 雷·A.比林顿：《向西部扩张——美国边疆史》，第594页。

续表

领地	1870		1880	
	总数	每平方英里	总数	每平方英里
蒙大拿	2.1	0.1	3.9	0.3

(资料来源:《美国历史统计——殖民地时代至1970年》[1])

2.93 个投资者的概况

比人群涌入大平原影响更大的是东部资本的流入。金融杂志于1882年发表的"草原牧牛公司"有42%的红利和蒙大拿牧场主获49%利润的消息使东部投资者染上了发财热。[2] 东部的资本家、商人、银行家、律师和政客开始把存款投资于牧牛业。他们纷纷组织公司以分享大平原牧区的财富。纽约州的年轻议员西奥多·罗斯福于1883年在达科他领地的"麋角牧场"(Elkhorn Ranch)投资5万美元。这笔投资占他全部财产的1/5。1884年,罗斯福离开纽约前往他的"麋角牧场",并与合伙人在离小密苏里河20英里的地方买下了第二个牧场——"马耳特斯克洛斯牧场"(Maltese Cross)。[3] 罗斯福在他的牧场上过了三年具有独特经历的生活。

关于投资大平原牧牛业的东部投资者的人数和投资总额,尚未有详细的统计和记载。有的学者对93名投资者的情况进行了分析。从对这些投资者基本情况的分析中,我们可以看出有以下特点。

第一,多数投资者的年龄较高,也有非常年轻的投资人。在第一次认购牧牛公司股票的东部投资者中,有42人的平均年龄为71岁。其中年龄最大的是波士顿的织物商詹姆斯·康弗斯。他第一次投资"特舍马赫和德比勒牧

---

① 美国商业部人口调查局:《美国历史统计——殖民地时代至1970年》(U. S. Department of Commerce Bureau of the Census, *Historical Statistics of the United States, Colonial Times to 1970*),克劳斯国际书刊,怀特普莱恩斯1989年修订版,第25、30、37页。

② 雷·A.比林顿:《向西部扩张——美国边疆史》,第594页。

③ 约翰·A.加勒蒂、罗伯特·A.麦考伊:《美国简史》,第290页;罗伯特·V.海因:《美国西部——一部解释性的历史》,第136页。

牛公司"时已 76 岁。最年轻的是芝加哥的约翰·V. 克拉克，他年仅 19 岁时就在"科罗拉多波特土地家畜公司"（Porter Land and Livestock Company of Colorado）里担任了主要的角色。①

第二，投资于大平原牧牛业的东部金融家和商人都有很深的投资背景和资历。在美国西部，可以有年轻人的土地，但在东部却少有成功的年轻金融家和商人。投资于西部牧牛业的金融家和商人在年龄和金融风险的判断能力上都是成熟的。出现在一家牧牛公司广告的投资者，即使是商人也有 15—20 年与金融业打交道的经历。所以这些投资者不愿将其投资的牧场交给一个年轻而没有经验的经理管理。

第三，通过对投资者所在地区的分析，基本上可以说"芝加哥俱乐部联盟"（Union League Club of Chicago）、"纽约俱乐部联盟"（Union League Club of New York）和"波士顿哈佛俱乐部"（Harvard Club of Boston）控制着大部分投入西部牧区的资金。在 93 名投资者中，超过半数的人在纽约和波士顿有事务所。芝加哥有 15 名金融家投资牧牛业，位居第三。一些投资者分散在美国的中心地带：圣路易斯、路易斯维尔和迪卡布尔各有 4 人，奥马哈为 3 人。其余投资者分布在从波基普西到西弗吉尼亚的查尔斯顿和威斯康星的奥什科什等分散的地区。②

第四，这些投资者受教育的程度参差不齐。在 93 名投资者中，上过大学的为 25 人，毕业者为 19 人。有 37 人上到了六年级。其余的投资者在回忆录中则用"不足"、"初步"和"有限"等词来界定其受教育的程度。③

第五，从职业上看，商人、银行家、金融家和工厂主构成 93 名投资者的主体，此外还有一些从事其他职业的人，如社会名流和政界要员等。在商人中有 12 人是商界人士，7 人是大商店主。④ 其中芝加哥的著名商人马歇尔·菲尔德通过他在"普拉特—费里斯牧牛公司"和其他小公司购买的股票

① 吉恩·M. 格雷斯利：《银行家和牧场主》，第 69—70 页。
② 吉恩·M. 格雷斯利：《银行家和牧场主》，第 71 页。
③ 吉恩·M. 格雷斯利：《银行家和牧场主》，第 72—73 页。
④ 吉恩·M. 格雷斯利：《银行家和牧场主》，第 75 页。

分享蒙大拿、南达科他、内布拉斯加和怀俄明的牧场。与其他投资牧牛业的东部人相比，菲尔德在牧牛业繁荣过后很久仍保有其股票，直到 20 世纪早期他还未从"普拉特—费里斯牧牛公司"撤出。

奥古斯塔斯·孔策及其三兄弟与其他投资牧牛业的东部银行家相比是成功的。他们兄弟几人不仅在牧业、而且在不动产、伐木和铁路方面都拥有财产。奥古斯塔斯兄弟的银行公司包括设在丹佛、印第安那波利斯、奥马哈和纽约的银行。1885 年，得克萨斯海湾沿岸的牧牛场主尚海·皮尔斯与奥古斯塔斯兄弟达成协定，选择 20 万英亩土地和购买 1.2 万头牛。资金由奥古斯塔斯兄弟提供，皮尔斯从这些收益中获得 1/6 的利润①，作为对其服务的报酬。合作的双方均从这项协定中获益。

在投资牧牛业的金融家中，芝加哥的经纪人和委托代理商波特斯·B.韦尔有敏锐的商业眼光和非凡的经营能力。波特斯有多种成功的经历。他生于艾奥瓦的一个地区银行家家庭。波特斯 20 岁时在芝加哥创办了代理公司——"P.B. 韦尔公司"（P. B. Weare and Company）。他从美国西部向不列颠岛和欧洲大陆出口草原鸡，在五年内发了财。随后，波特斯从事越洋的野牛毛披肩贸易，直到野牛群被灭绝才停了赚钱的生意。接着，他经营粮食贸易，在伊利诺伊、内布拉斯加和艾奥瓦建立了 65 个粮储仓库。波特斯于 1877 年组建了"韦尔土地家畜公司"（Weare Land and Livestock Company）。四年后，该公司已拥有 5 万头牛，放牧在蒙大拿、怀俄明和南达科他的公共土地上。②"韦尔土地家畜公司"由波特斯的侄子亨利·韦尔任经理。波特斯在给侄子的大量书信中，率直甚至刻薄地表明其观点，指导公司的经营。亨利对叔叔的信件极为厌烦，便写信给父亲乔治·韦尔寻求安慰。他父亲的答复是"波特斯叔叔的经商能力毋庸置疑！"③事实证明这一简短的评价极为正确。1887 年后，大平原的牧牛业遭受到了毁灭性的打击。"韦尔土地家畜公司"不仅经受住了金融危机，并迅速调整和缩小了牧区，而且其管理使公

---

① 吉恩·M.格雷斯利：《银行家和牧场主》，第 77 页。
② 吉恩·M.格雷斯利：《银行家和牧场主》，第 80 页。
③ 吉恩·M.格雷斯利：《银行家和牧场主》，第 80 页。

司在 1908 年清理时获得了大量利润。在 19 世纪 80 年代末对牧牛公司进行调整的同时，波特斯于 1891 年创办了"北美贸易运输公司"（North America Trading and Transport Company），该公司作为向加拿大的育空（Yukon）和西部其他地方矿工的供应商获得了巨大的成功。

东部的工厂主（或实业家）也是投资大平原牧牛业的一个较大的职业群体。其中，伊利诺伊州迪卡尔布的伊萨克·埃尔伍德是重要的投资者之一。在生产和销售带刺铁丝的过程中，西部对埃尔伍德产生了极强的吸引力。作为一个金属器具商，埃尔伍德看到了其邻居约瑟·格里登发明的简单带刺铁丝的潜在市场前景，他想成为美国最大的制造商。到 19 世纪 80 年代中期，埃尔伍德将其"冒险"的资本投入铁路、矿业、土地抵押和得克萨斯的三个牧场，土地总量达 24.6347 万英亩。这些牧场的牛、土地和改进的设施价值 200 万美元。到 1889 年，这方面的投资超过了埃尔伍德总投资的 25%。[①]

在其余一些投资西部牧牛业的人物中，有的是社会名流，有的是政界要员。诸如博学的地质学家克拉伦斯·金及集编辑、外交官和作家于一身的约翰·比奇洛均属美国社会的名人。西奥多·罗斯福和斯蒂芬·B.埃尔金斯等为政坛的重要人物。在这些投资者中，身为律师、实业家和政治家的埃尔金斯与西部的联系最长并在西部的发展中充当了最有影响的角色。他在 1841 年生于俄亥俄州的佩里县。埃尔金斯在青年时代移居密苏里并毕业于密苏里大学。1864 年，年轻的律师埃尔金斯从密苏里移居新墨西哥。从此，他利用边疆政治作为其在全国商界和政界获得成功的晋身阶。埃尔金斯与另一个密苏里人托马斯·B.卡特伦专门从事处理新墨西哥的西班牙土地转让的赚钱业务，并迅速在该领地的政界崛起。作为"圣菲集团"的官员和土地投机者中的一员，埃尔金斯相继担任领地律师和司法部长、联邦律师和邦联众议院的领地代表。在众议院代表的任期期满（1873—1877 年）后，埃尔金斯还留在东部。在华盛顿，他是院外活动集团的成员；在纽约，他是股票投机商。尽管埃尔金斯在东部的政治和经济活动很多，但直到 1888 年，新

----
① 吉恩·M.格雷斯利：《银行家和牧场主》，第 78 页。

墨西哥仍然是他的政治基地。1891—1893 年，埃尔金斯成为哈里森政府中的陆军部长。1895 年，他成了西弗吉尼亚在国会的参议员。[1] 因为与卡特伦的长期和亲密的友谊，故新墨西哥的土地和银行业仍然是埃尔金斯特别喜欢投资的领域。两人的合作是重组"亚美利加瓦利公司"（American Valley Company）。该公司最初是在得克萨斯牧场主 W.S. 斯劳特管理下的一个牧牛公司。由于旱灾、严冬和管理不当，该公司在 1893 年已陷入苦苦挣扎的境地。原来 2 万头牛仅幸存了 4,000 头。这些牛被卖出后只还给股东们每股 11 美元的股金。然而，1.2 万亩的牧区依然未动。卡特伦看准并抓住这一机会，暗中与持异议的股东们联系。他只用了四个月的时间，就获得了 3,000 股并控制了该公司的股票。[2] 关于卡特伦活动的传闻迷惑了圣菲的企业界，但他在给埃尔金斯的信中却道出了其真正的目的。信曰："牧场的利益现在包含的只是 1.2 万英亩公开的土地，但我经过谈判后可以得到更多一点的地产。那么，我们就能在牧场控制更广大的区域。"[3] 埃尔金斯同意当该公司的董事并购买了价值 2.5 万美元的股票。他更是不停地在内政和司法部进行游说，要求清理这片土地上混乱的所有权。卡特伦认为这是一种战略性的帮助。他对此评论道："当我最需要帮助时，你总是一位最忠实的朋友。"[4] 由于副董事长兼公司经理查尔斯·埃尔门多夫缺乏管理能力，"亚美利加瓦利公司"使埃尔金斯—卡特伦的组合没有能够赚到钱。然而，随后两人在创办矿业公司、银行和投资不动产等方面却是一对成功的合作者。往往是由卡特伦发起创办公司并提供部分资金；同时，埃尔金斯承担大部分资金，并在华盛顿创造一个有利于他们投资的政治氛围。

3. 集资牧牛公司

在上面分析的 93 名投资者中，大学生为 25 人，其中有 7 人是哈佛大学的校友。在这些哈佛学生中，弗雷德里克·O. 德比勒和休伯特·E. 特舍马

---

① 霍华德·R. 拉马尔主编：《美国西部读者百科全书》，第 344 页。
② 吉恩·M. 格雷斯利：《银行家和牧场主》，第 83—84 页。
③ 吉恩·M. 格雷斯利：《银行家和牧场主》，第 84 页。
④ 吉恩·M. 格雷斯利：《银行家和牧场主》，第 84 页。

赫是同班同学。他们于 1878 年毕业。受媒体宣传的影响，德比勒和特舍马赫也想到西部通过牧牛发大财。他们于 1879 年秋天到了怀俄明，把总部设在夏延以北 40 英里处。两人合伙开始了牧场经营。两个月后，他们以 9,000 美元买下了 E.H. 沃纳的"野鸭沙洲牧场"（Duck Bar Ranch）。该牧场位于夏延以北 95 英里处。很快，他们分别以 1.3 万美元和 3,600 美元购买了邻近的"三角叶杨牧场"（Cotton Wood Ranch）和"红孤山牧场"（Red Buttes Ranch）。三个牧场取得专有权的土地总计仅有 1,740 英亩。不过，像先前的牧牛场主那样，他们的牛群被允许放牧在免费的政府土地上。绝大部分购买价值由 1,600 头牛、35 匹马和各种牧场装备体现出来。最后，他们的牛群中又增加了从 H.G. 纽科姆和 S.B. 查菲手中得到的 378 头牛。在到夏延后的九个月里，德比勒和特舍马赫成了拥有三个牧场和 2,000 头牛的业主。到 1881 年秋，他们总计 15.8 万美元的投资可以期望实现 3.4031 万美元的利润。这一年，他们的牛群增加了三倍多，达 6,528 头，相当于 14.72 万美元。[①] 1881 年的极好回报是特舍马赫和德比勒所渴望得到的。他们受到很大鼓励。它消除了两人头脑中关于牧牛业美好前程的任何疑虑。在他们看来，对实现这种好运的唯一制约因素是缺少资本。为了获得补充资金，特舍马赫于 1881—1882 年冬返回波士顿和纽约。

特舍马赫敲开了波士顿联邦广场上办公室的大门，四处游说。到 1882 年春天，他自信"特舍马赫和德比勒牧牛公司"（Teschemacher and deBiller Cattle Company）所必需的 25 万美元有了保证。显然，特舍马赫像布里斯宾一样是一位颇具吸引力的推销商。因为在他返回西部以后，他的一位朋友——波士顿的银行家约瑟夫·埃姆斯写信给他说愿意认购价值 1 万美元的股票。其父约瑟夫·埃姆斯也愿意投入 1 万美元。[②] 1882 年 8 月 28 日，"特舍马赫和德比勒牧牛股份公司"在夏延成立。这是特舍马赫东部之行成功的

---

① 吉恩·M. 格雷斯利：《特舍马赫和德比勒牧牛公司——东部资本在边疆的研究》（Gene M. Gresseley, "Teschemacher and deBiller Cattle Company, A Study of Eastern Capital on the Frontier"），《商业史评论》（Business History Review）1959 年第 33 卷。

② 吉恩·M. 格雷斯利：《银行家和牧场主》，第 63 页。

明证。公司控制的25万美元资金，有21.11万美元是已经交付的，发行2,111股股票上市，每股为100美元。特舍马赫家认购906股，德比勒家买494股；波士顿的金融家E.V.R.塞耶、J.C.惠特尼和E.F.惠特尼共购154股；特舍马赫的哈佛同学H.C.利兹和詹姆斯·E.帕克合买230股；其余的327股按规定分成小股分别由很多波士顿和纽约的企业家认购。在新公司董事会的第一次会议上，特舍马赫和德比勒分别被选为董事长、秘书兼司库。两人共同任公司经理。每年在拿出5%的红利分给股东们之后，两位经理可以从余下的总利润中各得5%的报酬。公司在1882年11月的年度报告中宣布，它拥有8,882头牛，价值21.205万美元，这一年的经营利润为5万美元；以利润总额的两个5%分红，余者作为一笔储备基金的资本。①

1882年秋，在怀俄明对牧牛业投机的狂热达到了巅峰。当地的报纸每天都在报道一些组成公司和合股经营的消息。各牧牛公司相继宣布令人兴奋的高红利。在首府夏延的街道上，到处有人在谈论着扩大牧牛业经营的问题。宣扬牧牛发财的小册子不断出版。如果说布里斯宾将军在《牛肉的源泉》中表达的是一种致富的"热情"，那么巴比特上校带给人们的是"狂喜"。后者是巨大的"旗标牧牛公司"（Standard Cattle Company）的经理。他声称在牧牛业的历史中"没有失败的事例"，认为失败是几乎不可能的。② 特舍马赫和德比勒也无法抵御这种巨额利润的诱惑，他们决定在一年内第二次扩大公司股票的发行量。到1882年11月8日，该公司控制的资本由25万美元增至75万美元，实际到位资本49.16万美元。大量的外加股票由原先的投资者认购。此外，还有三个新的认购者约翰·比奇洛、西奥多·罗斯福和理查德·特林布尔，他们共提供了5万美元。③ 后两人是特舍马赫和德比勒在

---

① 吉恩·M.格雷斯利：《特舍马赫和德比勒牧牛公司——东部资本在边疆的研究》，《商业史评论》1959年第33卷。

② A.T.巴比特：《放牧的利润和牛肉的供应》（A. T. Babbitt, *The Grazing Interest and the Beef Supply*），夏延1882年版，第4页；转引自吉恩·M.格雷斯利：《特舍马赫和德比勒牧牛公司——东部资本在边疆的研究》，《商业史评论》1959年第33卷。

③ 吉恩·M.格雷斯利：《特舍马赫和德比勒牧牛公司——东部资本在边疆的研究》，《商业史评论》1959年第33卷。

哈佛的同学。比奇洛曾任过《纽约邮报》的编辑、美国驻法国的领事和公使。

"特舍马赫和德比勒牧牛公司"在一年内两次集资扩大经营有若干不同之处。首先,该公司两次吸收东部资本的做法有异。第一次引资,是由特舍马赫亲自到波士顿和纽约进行游说,在金融圈里的亲友中争取投资者。第二次扩大公司资本则是以两经理给股东们发信的形式,征询他们对扩大公司资本的可行性建议以及他们个人愿意认购的额外股票。华尔街像夏延的凯里大街一样,对各牧牛公司所发表的热情而乐观的年度报告之反应并不迟钝。"特舍马赫和德比勒牧牛公司"的股东们对调查答复的一致性给人印象深刻。投资者对扩大公司资金的建议几乎是一致的,并主张愈早愈好。可见,在对西部牧牛业投资的狂热不断升温的大环境下,该公司第二次集资比第一次快捷得多。其次,该公司两次吸引东部资本的未到位资金相差程度较大。第一次公司集资 25 万美元,未到位资金仅为 3.89 万美元。当年的经营利润 5 万美元的 90% 又投资储备资金中。因此,公司上市股票的价值与公司拥有的资金相等,没有"掺水"股票。该公司在不到半年的时间里,把公司的资金扩大了两倍,增至 75 万美元,而未到位资金为 25.84 万美元。由此可见,未到位资金已超过第一次的集资。换言之,第二次上市的股票中至少有 1/3 的"掺水"股票。[①] 这就意味着公司的未来潜藏着很大风险。

事实上,在特舍马赫和德比勒提出他们的扩大方案之前,新公司额外资金股票的认购已很难进行。于是,公司在 1882 年 12 月以 1.8 万美元买进了夏延银行家 T.A. 肯特所拥有的"十字形 T 牧场"(Cross T Ranch)。随之,很快以 5.5 万美元获得与公司相邻的牧牛场主约翰·亨顿的一半股权。在 1883 年 11 月,特舍马赫和德比勒以 4.5 万美元购买了 J.H. 科登的牧场。他们扩大牧场规模的计划最终圆满完成。该公司从这三个牧场获得的牛,加上在 1883 年购买的一岁龄牛,总数可达 1.875 万头。这些牛的市场价值可达 48.375 万美元。由于扩大了牛群,加上极好的牛市状况,该公司的牛可以卖到每头平均 38 美元的价钱。据此分析,特舍马赫和德比勒认为有理由期望在 1883 年获得较高的

---

① 这些数字是根据"特舍马赫牧牛公司"两次吸引资本的情况计算所得。

回报。然而，不幸的是这一年的利润较低，两位经理各得了 3% 的红利。[①]

为什么在市场好、资金增加的情况下公司的利润反而下降呢？不寻常的劳动力价格和过度的经费支出是导致资本耗费的唯一解释。特别是经营经费的支出对公司利润的影响更大。所有新近不动产的获得是公司通过扩大投资，利用额外资金实现的。随着时间的推移，这种透支在公司的财政上变得更加明显。

带刺铁丝的发明、得克萨斯牛道的关闭、牧区的过度放牧和牛疫的迅速扩散等，这一切结合在一起，动摇着人们对牧牛业的信心。1883 年发出的警告暗示在随后的两年间变得更加明显。从 1880 年以来，对梦幻般获利的传闻迅速作出反应的投资者，现在对牧牛业的繁荣即将逝去的迹象变得紧张不安。1884 年 11 月，牧区牛在芝加哥的价格跌到了每百磅 2.5 美元。[②] 这是牧牛业不稳定的确实证据。虽然特舍马赫和德比勒在 1884 年、1885 年各设法付了一次 4% 的红利，但这是动用了储备资金兑现的。实际上，公司在 1884 年 6 月借了 4.2 万美元，来应付开支。这笔借债主要靠 11 月的售牛收入付清。管理不严的弊端在 1883 年开始出现，到 1884 年之后问题暴露得更加充分。公司支出完全超出了盈利的范围。1884 年，公司收入 6.5 万美元，支出 4.6276 万美元。由于牛价大幅度下跌，1885 年公司的收入仅为 5.2075 万美元，支出却高达 4.3789 万美元。在年度报告的支出中，有大量的开支没有列入。如在分类账中抽出了特舍马赫走的 1,500 美元和德比勒支取的 500 美元，[③] 但没有说明他们为什么使用资金。这两笔开支以"普通开支"和"劳力"支出为借口，与公司的年度报告完全一致。管理困难大部分是因经理们的分工不明确造成的。从 80 年代中期起，特舍马赫、德比勒和理查德·特林布尔共同负责管理

---

① 吉恩·M. 格雷斯利：《特舍马赫和德比勒牧牛公司——东部资本在边疆的研究》，《商业史评论》1959 年第 33 卷。

② 路易斯·佩尔泽：《牧场主的边疆》（Louis Pelzer, *The Cattlemen's Frontier*），格伦代尔 1936 年版，第 139 页；转引自吉恩·M. 格雷斯利：《特舍马赫和德比勒牧牛公司——东部资本在边疆的研究》，《商业史评论》1959 年第 33 卷。

③ 吉恩·M. 格雷斯利：《特舍马赫和德比勒牧牛公司——东部资本在边疆的研究》，《商业史评论》1959 年第 33 卷。

公司的全部事务。牧场工头们经常收到公司两位或更多领导的冲突和矛盾的指示。显然，如此混乱的后果大多数起因于这种管理上的安排。

下表是"特舍马赫和德比勒牧牛公司"的红利概况：

1882—1892 年"特舍马赫与德比勒牧牛公司"的红利

年度	每年基数	百分比（%）
1882	2	5
1883	2	3
1884	1	4
1885	1	4
1886	1	4
1887	1	4
1888	1	4
1889	1	3
1890	1	1.5
1891	1	1.5
1892	2	10

（资料来源：《商业史评论》1959 年第 33 卷。）

从上表可以看出，在 1886—1888 年，每年都有 4% 的分红，但前两年仍然是靠借贷维持。1886 年，"特舍马赫和德比勒牧牛公司"从在夏延的"家畜饲养者国家银行"（Stock Growers National Bank）借款 2.5 万美元。在遭受了严重暴风雪的破坏后，1887 年公司又从同一家银行贷款 3.6 万美元。[①]只有在 1888 年，该牧牛公司是在没有借款的情况下，实行与前两年持平的分红。一则因为牛价在经过连续四年的跌落之后，在 1888 年开始缓慢回升。二则是当年财务收支状况较往年好。财政状况的改善使特舍马赫依然相信公

---

① 吉恩·M. 格雷斯利：《特舍马赫和德比勒牧牛公司——东部资本在边疆的研究》，《商业史评论》1959 年第 33 卷。

司不久就可能赢利。然而，他对 1889 年经济发展的预测并不准确。这一年，在芝加哥和奥马哈的市场上，牛价跌落到新的低点。当年以每头 31 美元买进的小公牛售出时跌落到 22.5 美元。公司的分红已不能维持前三年的水平，降到了 3%。① 在随后的两年，公司仍无起色。如上面的图表所示，1890 年和 1891 年的红利降至 1.5%。1892 年，在怀俄明发生了"约翰逊县战争"。特舍马赫和德比勒都积极参与了这次"战争"。"约翰逊县战争"给怀俄明的牧牛业带来灾难性的后果，加速了许多牧牛公司（特别是那些财政状况不稳定的公司）的解散。到 1892 年 12 月，"特舍马赫和德比勒牧牛公司"卖掉了 4,113 头牛，另外的 1,008 头在第二年春季卖给怀俄明的参议员和西部大牧牛场主弗朗西斯·E. 沃伦。公司牧场的 2,500 英亩土地转手给了他们的工头托马斯·肖和詹姆斯·肖。② 如上表所示，特舍马赫和德比勒从售牛和出售牧场一些设备的收入中，拿出 20% 作为 1892 年分给股东们的红利。"夏延全国家畜饲养者银行"行长亨利·G. 海被允许管理公司的事务。在 1892 年圣诞节的前六天，特舍马赫离开怀俄明返往波士顿。

虽然特舍马赫的牧牛生涯简单地结束了，但其牧牛公司却是东部资本流入西部牧牛业中的一个具有重要意义的个案。追溯"特舍马赫和德比勒牧牛公司"的历史，可以使我们得到一些有益的启示。

第一，人们会提出一个十分突出的问题，这就是为什么一些有能力的企业领导人信任两个刚刚大学毕业的牧牛生手当经理、把高达 50 万美元的资金交由他们管理？从"特舍马赫和德比勒牧牛公司"成立的背景看，这是因为两个年轻人都来自东部相似的家庭，该公司的很多股东是他们家的朋友和熟人。正如西部其他大量经营不好的牧牛公司一样，"特舍马赫和德比勒牧牛公司"的投资者们不是听信了关于西部牧区高利润的误传，就是因熟人关系没有对其投资给予必要的密切关注。

---

① 吉恩·M. 格雷斯利:《特舍马赫和德比勒牧牛公司——东部资本在边疆的研究》,《商业史评论》1959 年第 33 卷。

② 吉恩·M. 格雷斯利:《特舍马赫和德比勒牧牛公司——东部资本在边疆的研究》,《商业史评论》1959 年第 33 卷。

第二，"特舍马赫和德比勒公司"的经营管理缺乏必要的监督体制是其失败的主要原因。该公司和其他许多西部牧牛公司一样，面临许多难题：诸如牧区存牛过多，因移民涌入和用铁丝围栏圈占土地导致牧场土地减少，80年代中期以来因牛肉出口锐减造成了市场不景气，严寒的冬天使牛群损失严重，以及用"掺水"的方式扩大资本等等。这些不利因素制约着"特舍马赫和德比勒牧牛公司"的收益。然而，这些制约因素是困扰西部整个牧牛业的共同问题，并非该公司独自遇到的困难。在上述不利因素中，1886—1887年的暴风雪给"特舍马赫和德比勒牧牛公司"造成的损失也小于其他牧牛公司。在1887年，怀俄明牛的价值损失了30%，而"特舍马赫和德比勒牧牛公司"只损失了10%。这是因为该公司入不敷出，年年有较大数量的牛售出，不像其他牧牛公司存牛过量。"特舍马赫和德比勒牧牛公司"1885年拥有牛的数量为2.0835万头，到1887年已减少到1.2104万头。在暴风雪中损失了1,210头，[①]远比其他牧牛公司的损失小得多。因此，内部管理混乱和缺乏必要的监督机制是"特舍马赫和德比勒牧牛公司"比其他牧牛公司更为突出和严重的问题。对此问题，无须细查该公司管理的深层东西，仅从公司的账单上看，有相当数量的无节制支出不是用于商业往来，而是用于其他方面，如前面提及的两位经理的个人支款等。1889年，约翰·比奇洛在得知其股票的红利减少后，致信特舍马赫，对他进行了严厉的讥讽。比奇洛责备在特舍马赫等人的管理下，使投资的资金减少了大约1/3，从1887年以来，小牛的数量减少了14%，牛群中母牛的数量比预计的少了40%；牧场从1887年以来所获的4万美元利润有一半归了其所有者。比奇洛认为公司的开支与所得利润严重失衡，要求特舍马赫给他列出在年度报告中未提及的上一年牧场雇工的费用、各种供应品及其价格的清单。他认为公司的管理必定存在一些值得寻找的漏洞。[②] 不少

① 吉恩·M.格雷斯利：《特舍马赫和德比勒牧牛公司——东部资本在边疆的研究》，《商业史评论》1959年第33卷。

② 《约翰·比奇洛致H.E.特舍马赫（1889年2月21日）》(John Bigelow to H. E. Teschemacher, Feb. 21, 1889)；转引自吉恩·M.格雷斯利：《特舍马赫和德比勒牧牛公司——东部资本在边疆的研究》，《商业史评论》1959年第33卷。

股东也反对公司因过度开支导致利润减少，只不过比奇洛的批评更畅言无忌罢了。这些批评无疑是正确的。特舍马赫和德比勒自始至终未能找到必须减少开支的成功方法。当时流行的观点认为，创办一个新公司在其早期是得不到有效价值的，过度支出是难免的。然而，这一理由不能充分解释该公司为什么年复一年地总保持初创时的高支出。因此，管理规章制度不严和缺乏股东监督机制是导致"特舍马赫和德比勒牧牛公司"经营不力的重要原因。

第三，一些研究者对西部牧牛业风险的解释带有一定程度的误导和言过其实的色彩，其结果动摇了东部投资者继续投资的信心。在怀俄明，还有一些牧牛公司是以东部资金建立起来的。诸如"沃伦家畜公司"（Warren Livestock Company）、"N.B. 戴维斯公司"（N. B. Davis Company ）、海和托马斯合伙经营的"LD 牧场"（LD Ranch）以及"皮奇福克牧场"（Pitchfork Ranch）等均属此类。所有这些公司和牧场都以比"特舍马赫和德比勒牧牛公司"较好的状况经受了危机的考验，并获得了利润。之所以如此，是因为这些公司的管理者具有坚忍不拔的毅力和对企业的细心关注。在那个时期，这两点是大多数经理们不愿意和没能力给予其企业的，正如特舍马赫和德比勒所表现的那样。甚至像这两位不称职的年轻经理管理极差的公司，最终也远离了一场严重的金融灾难。该公司的一个投资者在 1882 年买下的价值 1万美元的股票，到 1893 年公司清理时他还剩 5,700 美元，加上利息，他九年共损失了 4,300 美元。[①] 在 19 世纪的最后 25 年中，这种投资的损失在其他行业中也在所难免。一些研究表明，在铁路和矿业的股票和债券中也同样存在陷阱。与这个时期很多其他方面的投资相比，投资者在西部牧牛业上面临的风险和所得的回报没有本质差别。那么东部的投资者为什么在 1887 年以后急于抛出手中牧牛公司的股票呢？这是因为大多数股东的头脑中还保留着80 年代初各牧牛公司许诺的 25%—30% 回报的强烈记忆，他们不满足于 5%的红利。所以，一有牧牛公司红利降低的传闻，股东们就急于让股票脱手。

---

① 吉恩·M. 格雷斯利：《特舍马赫和德比勒牧牛公司——东部资本在边疆的研究》，《商业史评论》1959 年第 33 卷。

特别是在西部牧区遭受了 1886—1887 年历史上罕见的暴风雪的摧残后，投资者往往是在股票价格跌至最低时匆忙抛出。在对西部牧牛业投资热时盲目买进大量股票，一有牧牛业崩溃的传闻就大量抛出，这是投资者遭受重大损失的根本原因。一些研究者也往往忽略"盲目性"这一重要因素，故在牧牛业投资问题上得出一些误导性和夸张的结论。其结果使投资者在对昔日的美好承诺保持强烈怀旧记忆的同时，也对他们失望和遭受的损失留下了抹不掉的印象。当时有一个非常突出的现象，即在 1890 年以后，很少有东部资本流入怀俄明、蒙大拿和科罗拉多等州。

三、欧洲的投资

1. 英国的投资

19 世纪 70—80 年代的美国西部牧区繁荣不仅吸引了许多美国东部的资金，也吸引了很多国外的投资。这些国外投资主要是来自英格兰和苏格兰的资本。列宁指出："自由竞争占完全统治地位的旧资本主义的特征是商品输出。垄断占统治地位的最新资本主义的特征是资本输出"。[①] 从 19 世纪 70 年代，主要资本主义国家开始从自由资本主义向垄断资本主义过渡。为了攫取高额利润，各国都把大量"过剩资本"输出到国外，主要是输往落后国家或者是后起的资本主义国家。英国在资本主义自由竞争时期就开始对外输出资本。在向垄断资本主义过渡时期，英国的工业垄断地位逐渐丧失，资本输出对它更具重要意义。英国资本绝大部分输往殖民地、半殖民地以及美国。英国金融资本向国外扩张的时期与美国大平原牧牛业的繁荣阶段恰好一致。大量英格兰和苏格兰的资本便投到美国西部牧区，以图在那里获取巨大利润和找到新的经济增长点。据称，到 1882 年，英格兰和苏格兰投入美国西部牧区的资本不少于 3,000 万美元。[②]

坎宁·斯科奇和其他一些英国商人，早就看到了把美国西部牧场作为

[①]　列宁：《帝国主义是资本主义的最高阶段》，人民出版社 1979 年版，第 55 页。

[②]　爱德华·E. 戴尔：《边疆状况——老西部生活素描》（Edward E. Dale, *Frontier Ways, Sketches of Life in the Old West*），奥斯汀 1959 年版，第 15 页。

投资场所的可能性。约翰·阿代尔是第一批投资于美国牧牛业的英国人之一。由于曾受过作外交官的教育，阿代尔喜欢世界贸易。1866 年，他在纽约市建立了经纪人机构。阿代尔以 4% 的利率从爱尔兰获得大笔贷款，在美国以 10% 的高利率分成小额借出，从中获利。① 在 1869 年，他娶了 32 岁的年轻寡妇科尼莉亚·沃兹沃思·里奇。阿代尔夫人是美国东部一个显赫家庭的成员。她是一位纽约银行大亨的女儿和一位美国参议员的妹妹。1874 年，阿代尔夫妇有一次到堪萨斯平原捕猎野牛的经历。在到西部之前，阿代尔通过其代理人，向在科罗拉多经营牧场的查尔斯·古德奈特提供了 3 万美元的贷款。② 虽然阿代尔在这次打猎旅行中未击中野牛而只是尽力向自己的马射击，但他还是爱上了大平原。随后，他就将其金融经纪人代理机构迁到了丹佛。1876 年，阿代尔会见了古德奈特，应邀参观了他设在潘汉德尔地区帕洛杜罗峡谷的牧场。如前所述，经两人协商，阿代尔同意投资 50 万美元与古德奈特共同经营牧场。古德奈特的牧场遂改名为"JA 牧场"。1877 年，阿代尔买下了 JA 牧场的一部分，次年，阿代尔夫人购买了该牧场的其余部分。除阿代尔夫妇这样的个人投资者外，在美国西部牧区还有一些合伙投资的英国人。如巴登·特威德穆斯和阿伯丁伯爵，他们在 1883 年购买了"摇椅牧场"（Rocking Chair Ranch）。③

除了个人投资和合伙投资之外，组织投资公司也是英国资本流入美国西部牧区的重要形式。1872 年，W. J. 孟席斯组建了"苏格兰—美国投资公司"（Scottish—American Investment Company），间接参与美国西部的牧业经营。该公司在苏格兰以低利率借钱，然后以高利率给美国有发展前途的牧牛场主提供大量贷款。"苏格兰—美国投资公司"向包括"怀俄明牧牛公司"（Wyoming Cattle Ranch Company）和 "西部牧业有限公司"（Western Ranches Limited）

① 哈利·T. 伯顿：《JA 牧场的历史》（Harley T. Burton, "A History of the J A Ranch"），《西南部历史季刊》1892 年第 31 卷。
② 戴维·达里：《牛仔文化》，第 263 页。
③ J. 弗雷德·里庇：《得克萨斯土地和家畜中的英国投资》（J. Fred Rippy, "British Investments in Texas Lands and Livestock"），《西南部历史季刊》1955 年第 58 卷。

等一些大平原地区的牧牛公司提供贷款。①

更多的英国资本是通过直接组建牧牛公司的形式投入大平原地区的。英国第一家最大的牧牛公司——"英—美牧牛有限公司"（Anglo-American Cattle Company, Ltd.）于 1879 年春在伦敦成立。该公司拥有 35 万美元的股票资本。后来，该公司购买了怀俄明和达科他领地的"国际牧牛公司"（International Cattle Company）的数个牧场和约 2.7 万头牛，由哈里·奥尔里克斯经营牧场。② 奥尔里克斯在公司中有很多股权，是被雇用的美国经理。"英美公司"建立几个月后，英国议会中的苏格兰议员和一家英国土地抵押辛迪加的领头人物詹姆斯·W.巴克利③ 创办了"科罗拉多牧场公司"（Colorado Ranch Company），其资本很快由 12.5 万美元增加到 35 万美元。该公司购买了丹佛以北一片 1 万英亩的土地。④"科罗拉多牧场公司"是巴克利集团随后建立的三个大牧牛公司中最小的一个。后来，它作为将阿肯色河谷公司巨大牧场的牛群向其北部牧区怀俄明和蒙大拿长途驱赶的中间停留地。

根据布雷耶的统计，在 1879—1900 年间，英格兰和苏格兰的资本创立了 37 个牧牛公司，⑤ 最初的资本构成总计超过了 3,400 万美元。⑥ 为了更清晰地表示出这些牧牛公司在美国西部的分布概况，我们制成了下表。

---

① 罗伯特·G.阿塞恩：《高原帝国——高平原和落基山区》，第 104 页；爱德华·E.戴尔：《边疆状况——昔日美国西部生活素描》，第 15 页。

② 赫博特·O.布雷耶：《英国资本对西部牧牛业的影响》（Herbert O. Breyer, "The Influence of British Capital on the Western Range-Cattle Industry"），《经济史杂志》（Journal of Economic History）1949 年第 9 卷。

③ 他先已对落基山的矿业和农业很感兴趣，建立了"科罗拉多抵押和投资公司"（Colorado Mortgage and Investment Company）。

④ 赫博特·O.布雷耶：《英国资本对西部牧牛业的影响》，《经济史杂志》1949 年第 9 卷。

⑤ 布雷耶实际只提供了 1879—1889 年英国组建牧牛公司的数量，按其提供的公司名录实为 36 个，因他称 1883 年新建了 9 家公司，但只列出了 8 个公司，笔者怀疑他将"堪萨斯新墨西哥牧牛公司"（Kansas New Mexico Cattle Company）误记为两个公司；参见赫博特·O.布雷耶：《英国资本对西部牧牛业的影响》，《经济史杂志》1949 年第 9 卷。

⑥ 赫博特·O.布雷耶：《英国资本对西部牧牛业的影响》，《经济史杂志》1949 年第 9 卷。

英国资本所建牧牛公司的地区分布（单位：个）

年	得克萨斯	科罗拉多	新墨西哥	怀俄明	达科他	内华达	堪萨斯	蒙大拿	年计	备注
1880	1								1	
1881	1								1	
1882	4	1	1	2	1				9	
1883		1		2	1	1	2	1	8	注①
1884	4	1	1					1	7	
1885	1	1	1					1	4	
1886	2			3					3	
1887									0	
1888									0	
1889	1								1	
合计	14	4	3	7	2	1	2	3	36	

（资料来源：赫博特·O.布雷耶：《英国资本对西部牧牛业的影响》，第91—92页。）

从上表中，我们可以得出两点结论。第一，英国投资建立牧牛公司的高峰期与美国西部牧区的繁荣期是相吻合的。大平原的牧牛业从1880年进入鼎盛时期，至1885年盛极而衰。英国从1880年前后开始在美国西部投资建牧牛公司，1882—1884年间共建立牧牛公司24家，占其所建全部公司的2/3。从1884年后，开放牧区的弊端开始显露出来，故1885年新建牧牛公司仅有4家。1886年是开放牧牛业临近崩溃的一年，新增的公司只有3家。在大平原牧区遭受严重雪灾的1887年及随后的一年，没有公司建立。1889年英国投资者只在美国西部建立了最后一家公司。此后，再没有英国的公司建立。第二，从地区分布上看，英国人建的牧牛公司以得克萨斯居多，怀俄明为次。英国牧牛公司建在得克萨斯的为14家，占其所建全部牧牛公司的1/3强。这是因为得克萨斯是美国西部牧牛业的大本营，且在19世纪70年代中期较早开始了大牧场经营。怀俄明是大平原北部的重要牧区，在开放

---

① 堪萨斯—新墨西哥牧牛公司计入堪萨斯。

牧区后期其地位尤为重要，故英国在那里建的牧牛公司也较多，占到总数的1/6 强，达到 7 家。

在下面的图表中，笔者将英国投资所建牧牛公司的发展状况及所投入的资本略作展示。有些牧牛公司从其名称中能显示出它所在的牧区，故笔者在图表中不再加括号注明。

英国资本在美国西部所建牧牛公司一览表（1879—1889）

年	公司	资本（万美元）
1879	英—美牧牛有限公司（伦敦） 科罗拉多牧场公司	35 12.5 增至 35
1880	草原牧牛公司（得克萨斯）	300
1881	得克萨斯土地牧牛公司	315
1882	阿肯色河谷土地牧牛公司（科罗拉多） 牧牛牧场土地公司（得克萨斯） 摇椅牧场（得克萨斯潘汉德尔） 汉斯福德土地牧牛公司（新墨西哥） 马特多土地牧牛公司（得克萨斯） 保德河牧牛公司（怀俄明） 西部美国牧牛有限公司（达科他） 西部土地牧牛公司（得克萨斯） 怀俄明牧牛公司	800
1883	达科他土地牧牛公司 迪尔特雷尔牧牛公司（科罗拉多） 堪萨斯—新墨西哥牧牛公司 内华达土地牧牛公司 新美国土地牧牛公司（堪萨斯） 桑德里克牧牛公司（蒙大拿） 斯旺土地牧牛有限公司（怀俄明） 西部牧业公司（怀俄明）	900

年	公司	资本（万美元）
1884	美国放牧者有限公司（得克萨斯） 卡里索索牧牛公司（新墨西哥） 得克萨斯牧牛公司 丹佛牧牛公司（科罗拉多） 联合土地牧牛公司（得克萨斯） 埃斯普埃拉土地牧牛公司（得克萨斯） 蒙大拿羊牛公司	500
1885	锡达河谷土地牧牛公司（得克萨斯） 乔克比尤茨牧场牧牛公司（蒙大拿） 查马牧牛公司（新墨西哥） 克雷斯韦尔牧场牧牛公司（科罗拉多）	540
1886	迪尔瓦尔牧场公司（得克萨斯） 国际牧牛公司（得克萨斯） 怀俄明赫里福特牛业土地公司	
1887	无	0
1888	无	0
1889	牛牧场有限公司（得克萨斯）	40
总计		3,442.5

（资料来源：赫博特·O.布雷耶：《英国资本对西部牧牛业的影响》，第91—92页。）

  上表计算出的英国在美国西部牧区的投资总额为3,442.5万美元，比前面引用的布雷耶提供的3,400万美元多出42.5万美元。所以产生这种差异，原因是3,400万美元只是他行文中的大致结算而非精确计算。上面表格的统计显示出如下特点。第一，1879年是英国投资者在美国西部建立牧牛公司的起步年，仅有两家公司成立，投入的资本仅有47.5万美元。这表明英国的投资者采取的是较谨慎的态度。第二，英国投资的高峰期与美国西部牧区的繁荣期相一致。1880—1881年虽然每年只有一家公司成立，但每家公司的资本均在300万美元以上。1880—1884年所成立公司的合计资本达2,815万美元，占36家资本总额3,437.5万美元的81.89%。第三，从1882年起，布雷耶所给的统计数字只有每年所建公司的总资本，没有每个公司的资本。这使我们无从对各公司资本进行比较，也无法看出在不同牧区投资的多少。但他给出了1884年在得克萨斯成立的两个公司的资本。"美国放牧者有限公司"的资本为150万美元，"埃斯普埃拉土地牧牛公司"的资本为350万美元。[①]这两个牧牛公司的投资金额可以表明，1884年英国投入得克萨斯牧区的资本最多。然而，这两个投资数字的准确度有问题。因为在得克萨斯两牧牛公司的资本总和为500万美元。这相当于布雷耶给出的1884年所建七个牧牛公司的总和。显然，这是矛盾的。因此，布雷耶给出的得克萨斯两牧牛公司的资本数字是不确切的。经与J. 弗雷德·里庇提供的数字比较，我们可以发现布雷耶所给的"埃斯普埃拉土地牧牛公司"的资本额是不准确的。按照里庇的统计，"美国放牧者有限公司"的资本约合166万美元，这个数字与布雷耶的数字大体相当。里庇给出的"埃斯普埃拉土地牧牛公司"的资本约为176万余美元[②]，不足布雷耶所给数字的1/2。应该说里庇的统计较为准确。正如布雷耶所言，350万美元的资本是"埃斯普埃拉土地牧牛公司"所"自夸"的，故带有很大"掺水"的成分。按照里庇的统计，我们也可以得出1884年英国资本投入得克萨斯牧区的数额高于其他牧区的结论。因为两个牧牛公司的资本为342万余美元，占英国这一年在美国西部牧区总投资的68.4%，其他五个牧牛公司的资本总和仅为31.6%。

根据里庇的统计，我们还可以对英国资本在得克萨斯牧区的投资情况作进一步的分析，并与布雷耶提供的资料作些比较。里庇的统计表是以公司名称的第一个字母的顺序排列，打乱了年代顺序。其统计是以英镑为货币单位，只是把资本总量折合成了美元。在下面的图表中，笔者为了便于比较，按牧牛公司建立的先后顺序排列，货币单位按里庇列出的总资本量计算出英镑与美元的比值，各牧牛公司的资本均以美元为计。

---

① 赫博特·O. 布雷耶：《英国资本对西部牧牛业的影响》，《经济史杂志》1949年第9卷。

② J. 弗雷德·里庇：《得克萨斯土地和家畜中的英国投资》，《西南部历史季刊》1955年第58卷。

得克萨斯土地和家畜中的英国投资（截至1886年）

年份	公司	资本（万美元）	资本年计（万美元）
1880	1. 草原牧牛有限公司	289	289
1881	2. 得克萨斯土地牧牛有限公司	132.8	132.8
1882	3. 牧牛场土地有限公司 4. 汉斯福德土地牧牛有限公司 5. 马特多土地牧牛有限公司 6. 西部土地牧牛有限公司 7. 得克萨斯土地抵押有限公司	110 103 245.96 122.69 184	581.65 765.65
1883	无	0	0
1884	8. 美国放牧者有限公司 9. 埃斯普埃拉土地牧牛有限公司	165.45 175.37	340.82
1885	10. 锡达河谷土地牧牛有限公司 11. 克雷斯韦尔牧场牧牛有限公司 12. 大厦保有地产土地投资有限公司	72.36 126.54 753.75	198.9 952.65
1886	13. 得克萨斯土地抵押银行有限公司	27.55	27.55
总计			2508.47

（资料来源：J. 弗雷德·里庇：《得克萨斯土地和家畜中的英国投资》，第333页。）

上表13家公司中，其中有五家是英国资本创建的，其序号为1、8、9、10、11[①]，其余八家公司是由苏格兰资本组建的。对比里庇和布雷耶提供的资料，我们可以得出如下几点看法。第一，两人提供的1880年建立的"草原牧牛有限公司"的资本大致相同。第二，布雷耶提供的"得克萨斯土地牧牛有限公司"的资本多出180万美元，恐怕该公司的资本有很大"计超资本"成分，或"掺水"成分。第三，在布雷耶的统计中，1882年成立的公司不包括"得克萨斯土地抵押公司"，而里庇的统计包括该公司。如果我们不把该公司的资本计算在内，那么四家得克萨斯公司的资本为581万多美

---

① J. 弗雷德·里庇：《得克萨斯土地和家畜中的英国投资》，《西南部历史季刊》1955年第58卷。

元，也占到布雷耶提供的这一年西部牧区英国所建公司总资本800万美元的72.70％以上。第四，1883年是英国资本投资美国西部牧区最多的一年，达900万美元。按照布雷耶和里庇的统计，这一年在得克萨斯没有新的英国牧牛公司建立。但我们从英国所建新牧牛公司的分布中可以看出，随着大平原牧区向北部和西部扩展，英国的资本也进一步向西部的新墨西哥和北部的堪萨斯、科罗拉多、怀俄明和蒙大拿牧区渗透。第五，以布雷耶提供的1884年所建七家英国牧牛公司的总资本与里庇提供的同年建在得克萨斯两家公司的资本相比得出，英国该年在得克萨斯牧区的投资占其在美国西部牧区投资的68.16％。在布雷耶统计的七家公司中，还有"得克萨斯牧牛公司"和"联合土地牧牛公司"未被里庇录入。但这两家公司的资本被布雷耶计入了七家公司的总资本。因此，1884年英国投入得克萨斯牧区的资本占当年投入美国西部牧区总资本的比例较68.16％还要高得多。1883年英国没有在得克萨斯牧区投资，那么1884年为什么会发生反弹现象呢？这是因为1881—1882年北部牧区存牛过多。到1883年牛肉价格开始跌落。从1884年起，从南部牧区长途赶牛售往北部牧区的活动已临近终结。在得克萨斯直接把牛装火车运往市场能有更好的收益。因此，英国资本这一年投资得克萨斯牧区又增多起来。第六，英国在1885—1886年投资美国西部牧区的情况分析起来较为困难和复杂。其一，布雷耶的统计是把这两年的投资合在了一起，未分年度计算。其二，布雷耶和里庇对这两年所建公司的统计多有出入。如在1885年所建的公司中，同一个"克雷斯韦尔牧场牧牛公司"（Cresswell Ranche and Cattle Company），里庇把它计入在得克萨斯，布雷耶却把它计入了科罗拉多。在布雷耶的统计中，这一年不包括"大厦保有地产土地投资有限公司"（Capitol Freehold Land and Investment Company, Ltd.），但里庇却把它列入其中。该公司确实从事过牧业经营，其资本753万多美元，超过布雷耶所统计的1885—1886年英国在美国西部牧区总投资540万美元的39.44％。再如，布雷耶在1886年所列入的两家英国牧牛公司，里庇的统计并未列入，而里庇这一年列入的唯一公司——"得克萨斯土地抵押银行有限公司"（Land Mortgage Bank of Texas, Ltd.）未被布雷耶录入。因此，我们无法对这两年英国在得克萨斯牧区投资与它在美国西部牧区投资总量进行比较。第七，我们从英国在得克萨斯牧区总投资中减去两人统计中有差异的三个公司的资本，再进行比较，可以得出其在得克萨斯牧区的投资占在美西部牧区总投资的47.81%，占在大平原其他牧区投资的91.62%。换言之，英国在得克萨斯牧区的投资比在大平原其他所有牧区的投资仅少不到9%。在通过上面的分析比较后，我们可以得出这样的结论：在美国西部开放牧区的繁荣时期，英国资本的投资重点是得克萨斯牧区，同时它的触角也伸到大平原的各个牧区。

参与美国西部牧业投资的英国人涉及的社会面极为广泛。第一，在牧牛公司的创立者和董事中，有一些英国工业、农业和金融界的领头人物。"联合土地牧牛公司"（Union Land and Cattle Company, Ltd.）的董事中有斯特拉思莫尔伯爵、马尔伯爵、凯利伯爵、瑟洛勋爵和洛瓦特勋爵。此外，曼彻斯特公爵、邓雷文伯爵、艾尔利伯爵、邓莫尔伯爵、艾尔斯福特的伯爵、卡斯尔汤勋爵、内维尔勋爵、托兰维尔·埃贝尔勋爵、沃恩克利夫勋爵以及很多贵族、骑士和一些议会议员都被列在一些牧牛公司董事的名单中。第二，为数众多的普通英国商人参与美国西部牧业投机并有大量投资。这些人没有贵族和议员头衔，但广及英国社会的各个阶层。他们包括船主、造纸厂主、纺织厂主、土地所有主、农场主、产品代理商、谷物商、土地商、出版商、商人、证券经纪人、保险代理人、旅行推销员、银行家、工程师、会计、职员、律师、排字工、印刷工、制蜡漂白工、外交使节、法务官、治安官、海军少将和中将、退休上校和将军，以及"阿伯丁和金卡迪纳最高司法官"的末代世袭者等等。这些人是英国社会经济生活中广泛而混合的群体，在投资者中为数众多。第三，在英国投资者的股东中，也包括一些弱势群体。这些更普通的人包括领退休养老金的低级军官、学校教师、一般职员、牧师、寡妇和未婚女子等。

从上面英国投资者的构成中，我们可以看出一个突出的特点：尽管贵族在牧牛公司创立中起了重要作用，但在美国西部牧业的投资中，明显存在一个稳固的中产阶级投资者的核心。在美国西部的这些牧牛公司或成或败，对几乎遍及大不列颠每个郡的万余名英国投资者来说，其影响都至关重要。①

虽然美国西部的英国牧牛公司吸引了很多投资者，但其投资的回报是令人失望的。在1879—1900年组织的所有牧牛公司中只有八家英格兰公司幸存了下来。② 投资者的损失从1880—1910年大约为2,500万美元。③ 这笔巨款相当于英国同期在得克萨斯牧业投资的总量。在1893年以后，英国的牧牛公司一个个地破产了。1893—1896年，在得克萨斯的"牧牛牧场土地有限公司"（Cattle Ranche and Land Company, Ltd.）、"克雷斯韦尔牧场牧牛公司"和"西部土地牧牛公司"（Western Land and Cattle Company, Ltd.）倒闭。三家公司损失的资本计达350.38万美元，其损失相当于它们创建时投资的总和。④ 从1900年末至1920年，除"马特多土地牧牛公司"（Matador Land and Cattle Company, Ltd.）、"得克萨斯土地抵押公司"（Texas Land and Mortgage Company and Mortgage Company, Ltd.）和"土地抵押银行有限公司"三家公司外，英国在得克萨斯的其他牧牛公司也都破产。"土地抵押银行有限公司"到1922年倒闭。⑤ 只有"马特多土地牧牛公司"依旧经营下去。此后它又存在了30年。⑥ 英国在密西西比河以西其他地区进行的牧业投资与在得克萨斯的投资相比也没有更好的运气。在1879—1886年建立的15家英国牧牛公司，有八家相继在1888—1895年倒闭，其中有五家几乎没有偿付

---

① 赫博特·O.布雷耶：《英国资本对西部牧牛业的影响》，《经济史杂志》1949年第9卷。

② 赫博特·O.布雷耶：《英国资本对西部牧牛业的影响》，《经济史杂志》1949年第9卷。

③ 赫博特·O.布雷耶：《英国资本对西部牧牛业的影响》，《经济史杂志》1949年第9卷。

④ J.弗雷德·里庇的统计表表明，三家公司创立时其投资分别为20.56万英镑、25.724万英镑、24.941万英镑，总计为71.225万英镑。里庇提供的三公司破产的损失为71.225万英镑。笔者折合成了美元。参见里庇：《得克萨斯土地和家畜中的英国投资》，第333、336页。

⑤ J.弗雷德·里庇：《得克萨斯土地和家畜中的英国投资》，《西南部历史季刊》1955年第58卷。

⑥ 理查德·格拉姆与布雷耶的统计中，都不把"得克萨斯土地抵押公司"和"土地银行抵押有限公司"作为牧牛公司，故他们认为1920年以后在得克萨斯只剩下了"马特多土地和牧牛公司"，参见理查德·格拉姆：《英国—得克萨斯牧牛公司的投资兴旺》，《商业史评论》1960年第34卷。

红利。[1]

　　下表是英国在得克萨斯投资所建六家牧牛公司的分红统计。通过该表，我们能够更清楚地看到每个公司的经济状况及发展趋势。在该统计表中，每年分红的计算包括额外红利在内。

六家牧牛公司的红利（%）

公司 ＼ 年份	1882	1883	1884	1885	1886	1887	1888	1889	1890	1891	1892	1893
牧场牧牛有限公司优先股		15	10	无	无	无	无	无	无	无	无	无
汉斯福德土地牧牛有限公司优先股			6	7	无	无	无	3	2.5	无	2.5	2.5
马特多土地牧牛有限公司优先股		8	6	7	无	无	1.667	2.5	无	无	无	无
草原牧牛有限公司优先股	19.5	27.625	20.5	10	10	无	无	无	无	无	无	无
得克萨斯土地牧牛有限公司优先股	15	12.5	6	5	无	无	无	无	无	无	无	无
西部土地牧牛有限公司 普通股			15	25	10	5	无	无	未列			
优先股			5	5	5	5	无	无				

（资料来源：理查德·格拉姆：《英国—得克萨斯牧牛公司的投资兴旺》，第 445 页。）

　　从上表中可以看出如下特点：第一，在得克萨斯这些红利排位居前的牧牛公司中，只有"西部土地牧牛有限公司"有普通股，且比例大大超过了优先股；第二，到 1877 年，其红利高的是"草原牧牛有限公司"，有五年分红，

---

① J.弗雷德·里庇：《得克萨斯土地和家畜中的英国投资》，《西南部历史季刊》1955 年第 58 卷。

"西部土地牧牛有限公司"有四年分红；第三，"马特多土地牧牛公司"和"汉斯福德土地牧牛公司"在 1877 年前的红利虽然不高，但这两家牧牛公司在 1888—1893 年间仍有两年分红，其他公司则全无分红。

在美国西部牧区，所有由英国资本投资建立的牧牛公司中，取得较好回报者为数不多。1883 年在爱丁堡组建的"西部土地牧牛有限公司"在支付红利方面留下了近似完美的纪录。该牧牛公司的经营牧区广及怀俄明、蒙大拿和南达科他。公司成立之初，由杰出的农学家霍勒斯·普伦斯特爵士管理，后由颇具能力的约翰·克莱接手。该公司在 1911 年停业时付出了 4% 至 20% 的 27 年的红利。股东们在此期间获得了平均 11% 的分红。在公司停办时，他们又得到了 17% 的额外红利。[1]"汉斯福德土地牧牛有限公司"（Hansford Land Cattle Company, Ltd.）在 1904 年结束经营，它支付了 17% 的红利，在其存在期间，平均付出 4.33% 的红利。该公司在停业时，给股东们外加了 15% 的额外红利。在得克萨斯和科罗拉多的"马特多土地牧牛公司"在经营了 65 年后依然兴旺。它在美国拥有 87.8625 万英亩土地和一支最大的赫里福德牛群。从 1883 年起，包括有八年未分红在内，该公司的平均红利为 8%。从 1910—1945 年，它的平均红利为 11.33%。经营达 24 年的"密苏里土地牧牛公司"在成功支付 26%、30%、20% 和两次 10% 的红利后于 1920 年结束经营。该公司存在期间对投资者的返还率平均略高于 8%。"得克萨斯土地牧牛公司"的平均分红约为 3%。[2]

除上述为数不多的几个牧牛公司经营状况较好外，大多数英国牧牛公司在经受了巨大损失后纷纷破产。英国的牧牛公司损失大量资本并不特别令人吃惊。一些导致公司亏损的原因是英国投资者和美国东部投资者面临的相同问题，诸如牛肉价格在 19 世纪 80 年代进入走低的不景气时期，1886—1887 年的暴风雪给美国西部牧区带来摧残性的打击等等。除了这些共性的原因之外，造成英国牧牛公司蒙受巨大损失的还有其自身的因素。

① 赫博特·O. 布雷耶：《英国资本对西部牧牛业的影响》，《经济史杂志》1949 年第 9 卷。里庇的统计为"西部牧场公司"于 1919 年结束，其 35 年的平均红利为 10.5%，与布雷耶的略有出入。参见里庇：《得克萨斯土地和家畜中的英国投资》，《西南部历史季刊》1955 年第 58 卷。
② 赫博特·O. 布雷耶：《英国资本对西部牧牛业的影响》，《经济史杂志》1949 年第 9 卷。

第一，大多数英国牧牛公司在制订其盈利计划时依据的是少数同类公司的经营报告，没有考虑美国西部牧区发生的变化。英国的多数牧牛公司建立在80年代，只有少数成立于70年代末期。无论是麦克唐纳在系列论文中关于平均利润率超过25%的报道，还是英国两议员赴美考察数月后提交的利润率超过33%的报告，其调查对象都是70年代末期成立的牧牛公司，反映的是这些公司在80年代前的经营情况。因为他们都是在70年代末被派往美国西部牧区进行调查的。① 当时，那些公司能获取较高的利润是因为经营者可以利用大片的美国西部公共土地，以免费的青草放牧牛群，因而所经营的牧场投资少获利大。然而进入80年代，在美国西部牧区牧牛公司的发展进入高峰期。结果，不仅英国的牧牛公司和美国东部投资的牧牛公司形成激烈竞争之势，而且大量个体牧牛场主、牧羊主和农场主都涌入牧区强占土地。自由地和不受挑战地使用美国西部数百万英亩土地的时代，即"牧牛大王"们以此获利为特征的时期在70年代末已经结束。因此，80年代建立的英国牧牛公司必须投入大量资本购买牧场和土地，已无法取得少投入多收益的效果。

第二，英国的各牧牛公司在分红上存在攀比现象。大多数英国牧牛公司在经营了一、二年后，已经意识到形势不利。为了满足国内投资者对高红利的要求和吸引更多的投资者，公司经营者往往掩盖真相，以超计利润的方式付出高额的分红。其做法之一是牧牛公司把当年向银行的贷款作为红利分掉。做法之二是把公司成立初期购进的小牛在未成熟时就按成牛的市场价格计算分红。做法之三是为了分红把刚购买不久的小牛不待长为成牛就提前卖掉。在见到"草原牧牛公司"和"西部土地牧牛公司"支付高红利后，其他牧牛公司被迫攀比效仿，以超出其资本能力或计算牛群的过早市场价值方式大量分红。这种攀比分红造成诸多不良后果。其一，银行贷款没有转化为生产投资已被分掉。其二，把未成龄牛以成牛的市场价值分掉，其中包括一些两三年后卖不掉的牛。其三，刚购买的幼年牛为了分

---

① 著名作家詹姆斯·麦克唐纳于1877年被《苏格兰人》派往调查，两议员克莱尔·里德和艾伯特·佩里被英国政府派往美国研究西部牧牛业的情况。参见爱德华·E. 戴尔：《边疆状况——老西部生活素描》，第14—15页。

红随即卖掉等于削减公司资本。正如一位作者在 1887 年评论的那样，这些牧牛公司头一两年的"巨大红利是由掏空一个口袋装满另一个口袋的'常青'方案支付的"。[①] 这种没有真正利润的分红只能坚持两三年。英国的一些牧牛公司在经历了 1886—1887 年灾难性的冬天后，不仅红利突然消失，而且很快都纷纷倒闭。

第三，英国牧牛公司在 80—90 年代使用美国西部公共土地方面有颇多麻烦的经历。尽管这些英国公司在签订购买牧场和地产的合同时较为细心，但在最初的地产购买中往往被欺诈的声明和部分卖主的不诚实交易所蒙骗。有的卖主是到美国西部牧区的先行者。他们老奸巨猾，在攫取了相当多的利润之后，到 80 年代准备进一步收获投机的成果。在英国等一些国家纷纷建立牧牛公司时，这些投机的卖主带着根据《荒漠土地法》和其他一些法律获得的"优先放牧权"，前往欧洲出售。有的卖主用一张普通的地图，在图上标明让人心动的风景和牛群，他们因向英国牧牛公司出售土地使用权而大发横财。在很多合同中，按照"优先放牧权"的原则转让给英国牧牛公司的大片土地，在实际经营中完全失效。这些花钱购买的土地使用权，受到美国东部移居来的小牧牛场主、牧羊主和农场主的争夺和占有。一些英国牧牛公司不得不再花大量资金购买和租用大片土地，作为牛群的牧场、冬贮干草地、水源和赶牛地段；还要投资修建围栏，实行自身的保护。其经营费用的大幅度增加不仅减少了原先预期利润的大部分，而且也导致了公司经营亏损乃至破产。一位长期居住在美国的英国人，在 1884 年 1 月写给《时代周刊》的信中说："英国人在这里享有比别国人更易受骗的优胜者荣誉"[②]。

再者，公司大所有主在经营状况不好的情况下撤回投资，也是导致一些

---

① 约翰·鲍曼：《在西部牧场》（John Baumann, "On a Western Ranch",），《双周刊》1887 年第 67 卷；转引自理查德·格雷厄姆：《1880—1885 年英国—得克萨斯牧牛公司投资的兴旺》，《商业史评论》1960 年第 34 卷。

② 《时代周刊》1884 年 1 月 2 日，第 2 页；转引自理查德·格雷厄姆：《1880—1885 年英国—得克萨斯牧牛公司投资的兴旺》，《商业史评论》1960 年第 34 卷。

英国牧牛公司垮台的重要因素。总之，投资者的鲁莽、粗心、不理智等结合在一起，使他们没有得到期望中的高利润。上述因素的交互作用，使英国多数牧牛公司在 90 年代纷纷破产。美国西部牧区繁荣的黄金时代也随之结束。

在美国西部的牧业史中，常常论及早期的牧牛场主和英国等外国考察者。然而，英国人带到西部牧区的大量投资却往往被忽略。在一些著作中，关于英国等国投资对美国西部牧区繁荣的影响以及牧业开发对经济不发达的大平原地区所产生的积极作用也未能充分研究和估量。虽然一些公司在经营中遭受了巨大损失，但是英国投资者对美国牧牛业繁荣和西部开发做出了重要的贡献。

英国和其他欧洲国家的投资对美国牧区的发展产生了积极的促进作用。其一，欧洲资本和东部资本的大量流入改变了美国西部牧区的经营方式。它使早期的大量小牧场组建成大牧牛公司，扩大了生产规模，使牧区的产畜量大幅增加，达到了前所未有的程度。其二，一些大牧牛公司把优质纯种的短角种牛、赫里福德种牛和安格斯种牛引进牧区，饲养成群，改变了美国西部牛的质量。其三，这些大牧牛公司在促进西部牧区由原始游牧方式向现代定居饲养方式的转变中作了有益的尝试。诸如在放牧过度的草原种植良种牧草，改良牧区土地；采用钢质风车和挖掘深井，建立牧区的水利设施，改善家畜的供水条件；花巨资修建铁丝围栏阻止农场主和非公司的牧场主闯入，防止牧区过度放牧；在总结每年冬季畜群损失率较高的教训之基础上，公司经理们对大牛群采用了冬季用干草饲养和建筑畜棚保护牛群的先进方法，以减少其死亡率。所有这些措施，都是为了改变美国西部牧区原先的游牧粗放经营，逐步向固定圈养的现代集约化经营过渡。其四，这些大牧牛公司的经营者和管理者都是美国西部牧区家畜饲养者协会的组织者和主要成员。他们积极参与了改变牧区的混乱状况和促进有序的经营活动，有些人还是西部社区生活的慷慨捐赠者。其五，很多英国牧牛公司的经营者对促进一些西部城市的牲畜围场建立和市场繁荣作出了贡献。他们为了发展自己的牧场，积极参与了芝加哥、堪萨斯城、沃思堡、奥马哈和丹佛等城市的牲畜围场和牛贸易市场的建立，促进了跨越大西洋牛贸易的发展。

2.其他国家的投资者

欧洲其他国家对美国西部牧区的投资与英国有所不同。这些国家的投资不是以组织大牧牛公司的形式出现，而多是一些重要人物的个人投资。这些投资者分别来自法国、德国和爱尔兰等国。

皮埃尔·威博生于法国一个富有的工厂主家庭。1883年，他从纽约到了怀俄明。威博在悬崖下挖了一个洞，在那里度过了第一个冬天。随后，他从美国东部带来了新娘，在一间草泥房内开始了新的生活。威博看着他的牛群最终达到了7.5万头。[①] 他的名字被用在蒙大拿的地图上，标明一个城市。这个城市原来是个小镇，以其最初的镇民"明"和"格斯"命名为"明格斯威尔"。当该城市的居民看到它原先的名称被改为威博时，他们认为皮埃尔·威博在怀俄明牧区的事业发展是成功的。其他法国人看到了这一点。诸如库·德·多雷、维克托·阿尔朗和德·比耶等人，也移居怀俄明，从事牧牛业。

在法国投资者中，最著名的是享有德·莫雷侯爵头衔的安东尼·德·瓦勒姆布罗萨。他出身贵族，甚至有问鼎法国王位的权利。他为人浮夸，专断，爱冒险。这位侯爵强烈反对以公司的方式经营牧业。他与一位家庭富有的纽约姑娘结了婚。德·莫雷靠岳父的钱经营牧场。1883年，他带着大量资本到蒙大拿，在靠近蒙大拿和达科他边界的小密苏里河边建了一个牧场。德·莫雷以其妻子的名字为它命名，称梅多拉镇，以表示对她的尊敬。他构思了一整套的经营方案，包括诸如牧牛、养羊、铁路运输、肉类加工、生产陶瓷印花纸和供应市场的早季蔬菜等等。他甚至想创办一个全国性的消费者合作机构，在纽约开办零售分店，以降低肉类成本。为此，德·莫雷建立了一个肉类加工企业，雇用了200名工人。该加工厂在1883年经营了一段时间，因过度的经费开支而无法支撑下去。因为他的工厂生产的是牧草放牧的牛肉，其他生产商提供的是粮食饲养的牛肉。草原牛的肉质较饲养牛差。在激烈的竞争中，他的工厂赔了本。由于德·莫雷构想的计划一个个地失败，

---

① 罗伯特·G.阿塞恩：《高原帝国——高平原和落基山区》，第140页。

到 1887 年他付出了 150 万美元的代价。为此，他对牧牛生厌，其岳父也停止了对他在美国的各种企业的资助。[①] 这位由狂傲到失意的法国年轻人离开美国，回到了巴黎。后来，他去印度猎过虎。在他为恢复法国的君主制而到非洲去探险时，被当地的部落成员杀死。

在大平原北部牧区投资的还有德国人和爱尔兰人。德国沃尔特·冯·里希特霍芬男爵在科罗拉多投资，从事大牧场经营。另一个德国人奥托拥有在怀俄明领地内米蒂齐的"皮克福克牧场"（Pitchfork Ranch）。他的同乡查尔斯·赫齐则移居到靠近夏延的地方。爱尔兰人霍勒斯·普伦基特爵士在怀俄明经营"EK 牧场"（EK Ranch）。[②]

外国资本大量流入怀俄明、科罗拉多和蒙大拿，使大平原开放牧区的疆界迅速向北部推进。在 1880 年，蒙大拿还是野牛的故乡，其数量远远超过250 万头的家牛。然而，三年过后，该牧区饲养牛的数量达到了 600 万头，而野牛却全部消失了。[③] 这种发展势头是与大量外国资本流入北部牧区密切相关的。

第二节 大公司经营

一、牧牛公司的兴起

1. 个人牧场与合伙经营

在"牧牛王国"发展的早期，牧场主个人经营的牧场和简单的合伙经营是常见的商业组织形式。笔者在前面论述"牧牛王国"发展中所提及的一些

---

① 罗伯特·G.阿塞恩：《高原帝国——高平原和落基山区》，第 141 页；刘易斯·阿瑟顿：《牧牛大王》，第 193—194 页。

② 罗伯特·G.阿塞恩：《高原帝国——高平原和落基山区》，第 141 页；勒卢瓦·R.哈芬、W.尤金·霍朗、卡尔·C.里斯特：《西部美国》，第 432 页。

③ 罗伯特·V.海因：《美国西部——一部解释性的历史》，第 128 页。

牧牛场主大体可以按以上两种组织形式归类。属于个人独资经营牧场的有理查德·金、艾利夫、斯托里和肯德里克等人。在个体牧牛场主中，还包括来自欧洲的移民：如来自德国的移民安德鲁·福格特在达科他建立了牧场，从苏格兰移居美国的斯科蒂·菲利浦也在该领地建立了著名的"73牧场"（73 Ranch）。我们也可以把一些家庭牧场归入此类，如在西堪萨斯建立牧场的巴顿兄弟、在蒙大拿经营的斯图尔特兄弟、在达科他立足的黑尔兄弟以及在"俄勒冈小道"附近经营路边牧场的格兰特父子等。因为这类家庭牧场的资金来源如同个体牧场一样较为简单，不需要像合伙经营者那样考虑资金分摊、利润分配等较复杂的问题。在早期的牧场经营中，合伙制也是一种组织形式。像达德和约翰·斯奎德在怀俄明拥有共同所有的牛群，古德奈特和洛文在1866年就开始合伙往新墨西哥驱赶牛群。不过，在70年代以前，合伙制的经营方式还不普遍。关于早期的牧场经营，我们前面已有较细的介绍，在此不再赘述。

在19世纪70年代，合伙制变得较为普遍起来。发生这种变化，主要因为大量美国东部和外国资本源源不断地涌入西部牧区。亨利·坎贝尔与他人的合伙经营是一个十分成功的例子。早在1840年他还是一个孩子时，坎贝尔就随父母移居到得克萨斯。在那里，他的大部分时间是赶着父亲的公牛队为乡邻们往市场上送棉花。他也为别人照看过牛群。1869年，他曾为一个牛主从得克萨斯往加利福尼亚赶牛。虽然因沿途的牧草遭干旱枯死使坎贝尔不得不在内华达把牛群卖掉，但这次赶牛对他是一次很重要的经历。后来，他又往新奥尔良和道奇城赶过几次牛，并得到了较好的回报。通过小规模赶牛和投机买卖，他聚起了自己的牛群。在1878年，坎贝尔把他的牛群送到了芝加哥出售。在得克萨斯，他的牛每头的成本只有9美元，但在芝加哥市场上却卖到了23美元。在芝加哥，坎贝尔和其他牧牛场主应邀参加由一些银行家组织的一次午餐聚会。作为东道主之一的艾尔弗雷德·M. 布里顿上校对坎贝尔讲的地区差价印象极深。他同意出资收购一群由坎贝尔管理的牛。为了两人的合作，坎贝尔到了得克萨斯潘汉德尔地区。他在古德奈特牧场的南边取得了放牧权。根据得克萨斯的法律，坎贝尔和布里顿于1879年把两人的地产合并组成了"斗牛士牧牛公司"（Matador Cattle Company）。出任新公司经理的坎贝尔最初是把家安在一个山洞里。在那里，他很快获得了所需的牛群和土地。到1882年9月，坎贝尔等人以125万美元的价钱将公司一次性卖给了苏格兰的"马特多土地牧牛公司"。坎贝尔被聘为该公司第一任经理。[①] 由于同外来资本合伙经营，坎贝尔有了扩大公司规模所需要的资金。他管理起了一家在美国西部不断扩展放牧区的巨大牧业公司。这是一个由合伙经营发展到大牧牛企业的成功例证。

在合伙经营牧业时，最好有一个经验丰富的牧牛场主参与。由熟手组成的合伙制企业与那些从未接触过牧牛业的人所合办的牧场相比，其经营状况要好得多。乔治·W.利特菲尔德在内战结束时曾经营家庭种植园，因不堪承受贷款债务高达24%的利息，后改为经营牧场。1871年，他收集了1,300头牛赶往阿比林。其中有600头牛是他自己的，其余的牛是用贷款购买的。[②] 这是他第一次作为赶牛老板长途赶牛出售，所获利润足以能够维持其牧场的经营。此后，利特菲尔德便把主要精力转向了牧牛业。在六年的独立经营中，他既管理牧场，又进行牛群的买卖。随着经营规模的不断扩大，他感到必须把办公室的管理工作和田间的牧牛活动分开。于是，利特菲尔德让他的侄子谢尔顿·C.道尔当帮手。1877年，他吸纳以前的牧场工头詹姆斯·费尔普斯·怀特及其兄弟约翰·威尔伯恩·怀特和托马斯·戴维·怀特合伙经营。他们几人分工合作，进行有序的经营。利特菲尔德作为经理，负责牧场账目、牛群买卖的洽谈，协调几个分散牧场和相互的经营业务。他不必日复一日地去参与牧牛活动，而是非常明智地把牛群的放牧和管理等工作交由他信赖的詹姆斯·费尔普斯·怀特负责。1881年，利特菲尔德以25.3万美元卖掉他的第一个牧场——经营了四年的"LIT牧场"（LIT Ranch）（位于得克萨斯的塔斯科萨附近）。后来，利特菲尔德把其经营范围扩大到新墨西哥的佩科斯河，建起了不断扩展的"LED牧场"（LED

---

① 刘易斯·阿瑟顿：《牧牛大王》，第202页。

② 戴维·B.格拉西：《乔治·华盛顿·利特菲尔德——一个牧场主的画像》（David B. Gracy, II, "George Washington Littlefield, Portrait of a Cattleman"），《西南部历史季刊》1964年第68卷。

Ranch）。1888 年秋，在他的牧区向东移往新墨西哥的四角湖地区时，他已拥有 3.5 万头牛、400 匹马和骡子以及大约 1.5 万英亩的土地。①

　　西奥多·罗斯福与他的合伙人都没有牧牛的经历。他们合伙经营的牧场提供了一个不成功的例证。与其他牧场主相比，罗斯福要幸运得多。因为他选择的合伙者都是诚实的人。他在"马尔特斯克罗斯牧场"（Maltese Cross Ranch）的合伙人西尔万·费里斯和威廉·梅里菲尔德是乘坐北太平洋铁路的火车到西部的。两人都是诚实可靠和有事业心的人，想靠辛勤劳动换取成功。然而，他们的牧牛经验并不比罗斯福多。在罗斯福的另一个牧场上，他安排了两名以前狩猎时的向导负责管理。这两个人来自缅因州，他们对西部牧牛业也一窍不通。这些合伙人对罗斯福投资效益的烦恼有甚于他本人。如果罗斯福当时能听取他合伙人的建议，那么他遭受的经济损失要少一点。在合伙经营失败后，罗斯福合并了自己的牧场财产，但其经济状况并未见好转。在经营了三年以后，罗斯福放弃了牧场，离开了达科他，返回东部。

　　有的牧牛场主与他人签订短期的合伙协议。这种情况多见于长途赶牛和牧场保护方面。1877 年，约翰·W. 艾利夫与 D.H. 斯奈德和 J.W. 斯奈德签订了一个简单的协议。按照合同规定，由斯奈德兄弟负责购买 1.5 万头得克萨斯牛，赶往艾利夫在科罗拉多韦尔德县的牧场。艾利夫同意支付收购和赶牛成本的 9/10。牛群被赶到牧场，艾利夫按事先谈好的价格将牛买下。斯奈德兄弟则取得垫付的 1/10 购牛钱与艾利夫在牧场所付购牛价之间的差价，并以此方式作为他们两人的投资。其余 9/10 的牛群，从艾利夫在科罗拉多所付价钱与在得克萨斯购牛成本价的差价中扣除一笔必要的损失费和成本费后，再由双方均分，以此作为兄弟二人服务的报酬。如果这笔生意最终亏损了，双方同意按合同的相关规定以同样的比例共同分摊。②

　　理查德·金是最不喜欢与人合伙经营的牧牛场主，但他也与牛道老板签订过类似的合同。他们之中的多数人曾在金的牧场上当过工头。理查德·金

① 　戴维·B. 格拉西：《乔治·华盛顿·利特菲尔德——一个牧场主的画像》，《西南部历史季刊》1964 年第 68 卷。
② 　莫里斯·弗林克、威廉·T. 杰克逊、阿格尼斯·W. 斯普林：《青草为王时》，第 414 页。

与牛道老板签订的合同与艾利夫的做法不同，他不付给他们工资。他们按照事先议好的价钱，用支票从金的牧场买下驱赶的牛群。牛道老板出工资雇佣牛仔帮助他把牛群赶往出售地。在牛群出售后，金和订合同的赶牛老板共享利润。1875年，约翰·菲奇上尉[①] 给了金一张支票，以6.251万美元买了金的4,737头牛和必要的装备，并预支了500美元的现金，作为按8%的利率应付的利息。依照这份合同，在最后结算时，金从这次长途驱赶中获得了约5万美元的利润，菲奇得到了5,366.38美元。[②] 菲奇所得的钱远远超过普通赶牛老板所得的工资。理查德·金与菲奇只是一种售牛利润共享的合伙关系，他不愿意与他人合资经营。除此之外，理查德·金在开始牧牛生涯之初曾与得克萨斯州骑兵队长吉迪恩·K.刘易斯上校建立了合伙关系。后者负责牧场的保卫工作，金则集中精力通过他在格兰德河上的汽船航运为牧场筹措资金。这种分工不仅使责任明确，而且对保证牧场在那一片"无法无天"的牧区的经营极具重要意义。

显然，19世纪70年代在美国西部牧区兴起的合伙经营有多方面的好处。第一，这种合伙制可以增加投入牧场的资金，解决个体牧牛场主资本的不足。第二，对牧场的管理可以做到分工明确，各负其责。第三，合伙制可以使赶牛人在长途赶牛中对牛群悉心照料，在各个环节上节省开支。第四，合伙人可以共担风险。

另一方面，合伙制也带来了不少麻烦。在合伙经营中产生的矛盾冲突和办事拖拉使一些参与者变得很不耐烦。那些有独立意识的牧牛场主尤其反感合伙制。查尔斯·古德奈特便是典型的代表之一。首先，他与奥利弗·洛文合伙赶牛使他损失了一大笔钱。在1867年的一次长途驱赶中，洛文在印第安人的袭击中受了重伤。他在临终前请求古德奈特把两人的合伙合同延长两年，以免其家人陷入贫困中。古德奈特答应了他的请求。古德奈特在洛文死后两年的生意中赚下7.2万美元。1869年，他将其中的

---

① 约翰·菲奇曾是理查德·金的一个工头。

② 刘易斯·阿瑟顿：《牧牛大王》，第205—206页。

一半交给了洛文的继承人。① 其次，古德奈特对后来自己与人合伙的举动产生了悔恨之情。由于资金缺乏，他在继与洛文合伙之后又一次与人达成合伙协议，但很快这位合伙者的吝啬让他后悔不已。再次，他与约翰·G.阿代尔的合伙经营虽然带来了极高的利润，但这种合伙制伤害了他的自尊心和独立意识。古德奈特和阿代尔在 1876 年签订了合伙经营牧场的合同。前者需要后者的充足资本。为自己在潘汉德尔地区新建的牧场投入运转资金和雇佣牛仔扩大经营。后者需要前者的丰富牧牛经验，来管理自己的资本并使之增值。因为古德奈特是当时西部大名鼎鼎的牧牛场主，阿代尔再也找不到比他更好的合伙人。根据合同，阿代尔对牧场投资 50 万美元，古德奈特负责聚集牛群并进行管理。作为牧场的管理者，古德奈特可以得到 2,500 美元的年薪。这笔钱及经营费用均由当时的营业收入中支出。阿代尔的投资及 10% 的利息，在五年后将被全部偿清。余下的资产再按古德奈特得 1/3，阿代尔得 2/3 分配。他们的合伙经营一直持续到 1885 年阿代尔去世为止。② 两人从合伙经营中都获得了巨大利润。对此，笔者在前面论及牧场主的内容时已有所分析，故不再赘述。在此，笔者着重强调的是两人合伙经营中的问题。第一，为了这种合作，古德奈特违心地允许阿代尔夫人让其前夫之子到牧场上工作。此人有很多坏毛病，古德奈特不得不免除他的所有责任。第二，阿代尔死后，其遗孀在分割财产时贪心太大，且迟疑不决。为了中止合伙经营，古德奈特接受了一项对他很不利的协议。第三，阿代尔夫人在合同终止后还随意支使古德奈特，要他为她那份财产提出建议和提供服务。第四，最让古德奈特感到有伤自尊心的是允许用阿代尔姓名的首字母命名其牧场为"JA 牧场"和作为给牛打烙印的印记。每想到此事，古德奈特就感到愤愤不平，以至于他在晚年时常纳闷当

---

① J.埃维茨·黑利:《查尔斯·古德奈特，牛仔与平原人》(J. Evetts Haley, *Charles Goodnight, Cowman and Plainsman*)，纽约 1936 年版，第 301—302 页；转引自刘易斯·阿瑟顿:《牧牛大王》，第 206 页。

② J.埃维茨·黑利:《查尔斯·古德奈特，牛仔与平原人》，第 326 页；转引自刘易斯·阿瑟顿:《牧牛大王》，第 207 页。

时自己为什么容忍了阿代尔那个家伙。

理查德·金也饱尝了合伙制变动无常的滋味。吉迪恩·K.刘易斯是金经营牧场的第一位合伙者。1855 年，刘易斯决定参加国会议员竞选，但后来被人谋杀。他没有继承人，也没有留下遗嘱。因此，如何处理刘易斯的财产对牧场至关重要，且归他们共有的两块地产使金陷入两难的境地中。通过 W.W. 查普曼少校帮忙，又付出不菲的代价之后，金才买下了这块属权不明地产的所有权。查普曼也付了一部分购地款。然而，一波暂平又起一波。不久，查普曼出人意料地接到军令，要他去加利福尼亚执行新的军事任务。金不得不再次四处筹款，凑钱还查普曼，才保住了地产的所有权。[①] 有鉴于这些难堪的经历，他不再依靠有可能危害其牧场经营的合伙制，而只在像售牛那样的生意中，临时与他人合作。

2. 牧牛公司的建立

在投资热潮席卷美国西部牧区时，需要有更复杂的商业组织形式来满足牧场创办人的需要。当时的牧业投资有两个特点。其一是投资者分布太分散，既有美国东部的，又有外国的。其二是投资款项数额巨大。这种状况需要把牧场的所有权和管理经营分离。为适应投资者和牧牛场主的需要，牧牛公司应运而生。公司、辛迪加和投资托拉斯为解决这一问题提供了必要的资本和组织结构。牧业经济的组织结构迅速形成有限公司。从 1882—1886 年，在怀俄明、蒙大拿、新墨西哥和科罗拉多成立的牧牛公司就达 439 家。[②]

1879 年在伦敦建立的"英—美牧牛有限公司"是英国在美国西部的第一家大型牧牛企业。它的成立协定成为后来许多牧牛公司仿效的模式。该协定包括以下四项：（1）由一位金融家或出资人进行短期考察后，在美国西部选择一块牧场地产，公司简介宣布："为了给它供应足够的家畜和实现其完全的潜力，需要增加资本"；（2）在伦敦组成一个合股公司，其董事会主

---

① 刘易斯·阿瑟顿：《牧牛大王》，第 207 页。
② 根据吉恩·M.格雷斯利在《银行家和牧场主》第 109 页提供的公司数字计算所得。

要由英国人组成；（3）购买选定的牧场及其牛群，付给卖方 1/3 的现金，另外 1/3 为期票，余下的 1/3 是股票，为确保公司安全，卖方在限定期内不得将股票转卖；（4）与卖主——牧场的创办者或经营者签订协议，由他作新公司的经理，按规定每年付给他一定的工资。"英—美牧牛有限公司"聘任哈里·厄尔里克斯为经理，他在公司拥有大量股权。[1] 该公司的所有者和投资者是英国人，管理经营者是美国人。

"英—美牧牛有限公司"的组建方式成为随后十年间英国等外国牧牛公司建立的一般模式。这些牧牛公司的建立，大体经过四个步骤。第一步，是对投资可行性的考察和评估。英国投资者对有关美国西部牧牛业投资机会信息的了解，一种是直接派英国的金融家或出资人赴美作短期考察，另一种是同频繁前往英国的美国牧牛场主们接触。这些美国牧牛场主或是寻求英国的资本投资，或是推销他们的牧场和牛群。因为他们经营牧场的目的就是为了有朝一日向外国人出售，从中牟利和发财。英国投资方根据直接和间接的信息，经过考察，对美国牧牛业投资市场的前景作出评估。在此基础上，英国投资者迈出第二步。他们在伦敦、爱丁堡、邓迪或阿伯丁组成一个由英国董事会控制的合股牧牛公司，公布公司简介，陈述企业发展计划，吸引投资者认购公开上市的股票。在此过程中，董事会派出一名考察人员，去查看将要购买的牧场地产情况，并向董事会作出考察评估报告。一旦有力的报告被董事会通过，新公司的运作就迅速迈出第三步。新成立的牧牛公司购买卖主的牧场和牛群，通常还留任原先的卖主担任公司经理。这样的卖主多数是美国西部"著名的牧牛大王"，有丰富的管理经验。有的英国牧牛公司在跨州和领地的辽阔牧区购买几个牧场。为了便于管理，该公司还成立一个美国董事会，由它向英国的董事会汇报牧场的经营情况。新成立的牧牛公司运作的第四步是向美国卖主商谈具体资金协定。在早期的公司中，美国的牧场创办人要求在年终的利润中取得一份，但后来的习惯做法是给他"分期利息"。这种"分期利息"是在股东们拿到了规定的年度红利并收回了原来的投资金之

---

[1] 赫博特·O.布雷耶：《英国资本对西部牧牛业的影响》，《经济史杂志》1949 年第 9 卷。

后才支付的。协定还规定卖主在数年内不得处理其股权。有的牧牛公司规定，在牧场经营取得一定程度的成功之前，卖主——经理需无偿工作。有的公司给经理支付一定的年度工资。英国牧牛公司的这一政策是试图将美国的卖主跟英国所有者和投资者的利益联系在一起，以此作为鼓励这些经理一心一意为公司服务的手段。即使这样，卖主通过向新公司出售其牧场和牛群还是大赚了一笔钱，与支出的原始成本相比，卖主获得的利润还是相当可观的。

在美国西部牧区，有些牧牛公司是以东部投资者的资金建立的。如怀俄明的"N.B.戴维斯公司"和"沃伦土地家畜公司"等。后者是1884年注册的20家公司之一，资本为50万美元。[①]东部的商人、银行家、律师和政客都组织牧牛公司。这些牧牛公司组建起来较简单。有时公司的组建者就是公司的经营者，就像特舍马赫和德比勒组建的公司那样。有的牧牛公司的组建者并不直接进行经营。他们只是筹措资本，吸引投资人，再找几个有经验的牧牛场主经营。这些牧牛公司也建立董事会，实行所有权与经营权分离。

也有一些牧牛公司是由在西部经营多年的牧牛场主们组建的。牧牛大王约翰·T.莱特尔便是典型的例子。他于1844年10月8日出生在宾夕法尼亚州亚当斯县的麦克谢里斯敦。他们一家在其叔父威廉·莱特尔的鼓励下，于1860年移居得克萨斯，不久定居在圣安东尼奥。[②]16岁的约翰在贝尔县作了一年职员后，因健康原因于1861年转到他叔叔的牧场上工作。虽然为了每月15美元的工资年轻的莱特尔要从黎明忙到黄昏，但他慢慢地恢复了健康并增长了作为牛仔的技能。1862年，他被任命为工头。[③]1863年

---

① 欧内斯特·S.奥斯古德：《牧牛人时代》，第97页。

② 约翰·T.莱特尔是弗朗西斯和莱特尔和玛格丽特·科林斯之子。1830年，他父母随叔父威廉·莱特尔从爱尔兰移居美国的宾夕法尼亚。不久，其叔父移居得克萨斯，在阿塔斯科萨县经营牧场。1860年弗朗西斯·莱特尔一家先移居到威廉的牧场，不久定居圣安东尼奥。

③ 吉米·M.斯卡格斯：《约翰·托马斯·莱特尔——牧牛大王》（Jimmy M. Skaggs, "John Thomas Lytle: Cattle Baron"），《西南部历史季刊》1967年第71卷。

9月，约翰·T.莱特尔在圣安东尼奥参加了得克萨斯第32骑兵队的H连。到1865年8月，他被允许退伍回家。在此后的两年，莱特尔在重新回到叔叔的牧场工作的同时，也被卷入不断扩大的牛贸易之中。1867年1月，他辞去了叔叔牧场的工头职务。莱特尔借钱在梅迪纳河边的卡斯特罗维尔附近租了一小块草地，放养了1,500头长角牛。[1]他成了一个牧牛场主。1871年，他在现今得克萨斯的莱特尔与托马斯·M.麦克丹尼尔结成合伙经营的关系，把他们自己的牛群赶往北部的铁路终点和牧区出售。不久，长途赶牛出售成为"莱特尔—麦克丹尼尔牧牛公司"（Lytle and McDaniel Cattle Company）的主要业务。随着公司业务的迅速发展，需要资本注入。克尔维尔的商人查尔斯·施赖纳和在金布尔县、梅森的詹姆斯河牧场（James River Rank）拥有6万英亩土地的约翰·W.莱特加入了公司，并购买了一半股权。[2]从1871—1887年，莱特尔在积极参与他和麦克丹尼尔、施赖纳、莱特公司经营的同时，还促成了另一项对牛贸易有益的投资。1881年，他与堪萨斯城有名的牛买主A.康克尔在惠勒县和科灵斯沃思县建立了"摇椅牧场"（Rocking Chair Ranch）。第二年秋天，他们以55.3万美元的价钱将15.04万英亩土地和1.4745万头牛的财产转让。后来的"摇椅牧场"变成了伦敦"摇椅牧场有限公司"（Rocking Chair Ranche Company, Ltd., of London）。在此期间，莱特尔与麦克丹尼尔、P.W.汤姆斯在马弗里克县的一片4.1462万英亩的土地上，开始组建"J.T.莱特尔公司"（J. T. Lytle & Company）。据莱特尔的估计，他们在那里每年能放牧6万多只羊。他和麦克丹尼尔在梅迪纳县获得了1.75万英亩土地的所有权。他与麦克丹尼尔、汤姆森又在金尼县购买了一块1.3188万英亩的土地。与此同时，莱特尔在佩科斯县的斯托克顿堡附近组建了"7D牧场"（Seven D Ranch），并很容易地卖给了一家英国公司——"西北联合牛肉公司"（Western Union

---

[1]　吉米·M.斯卡格斯：《约翰·托马斯·莱特尔——牧牛大王》，《西南部历史季刊》1967年第71卷。

[2]　吉米·M.斯卡格斯：《约翰·托马斯·莱特尔——牧牛大王》，《西南部历史季刊》1967年第71卷。

Beef Company)。① 在 1886 年，莱特尔又与乔治·W.桑德斯、杰西·普雷斯诺尔和 W. H.詹宁斯等牧场主在圣安东尼奥建立了"联合牲畜围场"（Union Stock Yards）。到 1887 年，在得克萨斯的牛贸易中，由莱特尔指导的投资达 900 万美元。尽管在麦克丹尼尔死后卖掉了许多财产，但莱特尔继续把"莱特尔—麦克丹尼尔牧牛公司"经营了好几年。后来，莱特尔—麦克丹尼尔的财产卖给了"美国辛迪加"（American Syndicate）。莱特尔因其在该公司的投资被选为董事，并成为该公司在得克萨斯地产的总经理。他指导着"美国辛迪加"的 30 万英亩土地的经营，直到 1891 年在他 47 岁时因过于劳累辞职。莱特尔在任"美国辛迪加"得克萨斯总经理期间，于 1889 年与拉诺的银行家托马斯·杰斐逊·穆尔、牧牛场主 J.R. 布洛克尔和 W.H.詹宁斯合伙在墨西哥的科厄休拉购买了 50 万英亩的牧场，称之为"彼得拉—布兰科"（Piedra Blanco）。②1891 年，莱特尔辞去"美国辛迪加"得克萨斯地产总经理后回到了他在梅迪纳县的牧场。1901 年 3 月，莱特尔被选为"得克萨斯养牛者协会"（Texas Cattle Raisers' Association）的执委会委员，并成为该组织的副会长。1907 年 1 月 10 日，他在圣安东尼奥去世。

从 1867—1907 年，莱特尔是牛贸易的领头人物之一。最初，他从小牧牛场主做起，随后成了牛道承包人、土地和牛群投机商、牧场开发者和牧场总经理。最后，莱特尔成了有影响的"得克萨斯养牛者协会的重要支柱"。圣安东尼奥的《每日快递》对莱特尔的一生评论道："他是牧场主们的老前辈"。③莱特尔出身贫苦，到他去世时成了较富有的人。他和像他一样的一些人创建了美国西部最具吸引力的一种行业——长途赶牛。莱特尔积极参与了牛贸易的各方面的工作。他从牛道赶牛老板起步，最终登上强有力的"得克萨斯养

---

① 吉米·M.斯卡格斯：《约翰·托马斯·莱特尔——牧牛大王》，《西南部历史季刊》1967 年第 71 卷。

② 吉米·M.斯卡格斯：《约翰·托马斯·莱特尔——牧牛大王》，《西南部历史季刊》1967 年第 71 卷。

③ 《每日快递》(Daily Express)，1907 年 1 月 11 日；转引自吉米·M.斯卡格斯：《约翰·托马斯·莱特尔——牧牛大王》，《西南部历史季刊》1967 年第 71 卷。

牛者协会"副会长的高位。他的一生跨越了得克萨斯牧牛业由开放牧区始到现代化经营管理的整个时期。他本人也由个体小牧牛场主转变成管理大牧牛公司的总经理。与那些毫无牧牛经验而创办经营牧牛公司的东部人和外国人相比,莱特尔无疑是个成功者。

3. 中介公司

因为欧洲的投资者倾其财力组织牧牛公司与美国公司在大平原地区争夺放牧权和繁殖牛群,所以代理人业务随之建立起来。到 1882 年,对外国投资来说,建立新的牧牛公司已经形成了一种固定的组织形式。经过一段时间的发展以后,英国在美国的投资活动导致了美国代理商的出现。这些代理商为贷方和借方牵头搭线,并承担着其他类型的管理服务工作。如在堪萨斯城 1880 年的工商行名录上,有一家从事金融代理的"安德伍德—克拉克公司"(Underwood, Clark and Company)。该公司的负责人是弗兰克·L.安德伍德。另外,他还担任"商业国民银行"(Merchant's National Bank)的行长。安德伍德的公司在艾奥瓦、堪萨斯和密苏里给"苏格兰—美国抵押公司"(Scottish—American Mortgage Company)提供了大量不动产的贷款。他对整个国家各地有潜力的土地投资信息也了如指掌。1880 年,安德伍德说服了苏格兰公司的董事会,使之相信牧牛业具有极高的利润。结果促成了"草原牧牛有限公司"的成立。苏格兰抵押公司的总经理 J.邓肯·史密斯经常赴美进行商业考察。他不仅成为其集团成员中第一位赞同安德伍德主张的人,而且也是新的牧牛公司的第一位创始人。①

弗朗西斯·史密斯是一位富有创业精神的代理人。史密斯 1834 年 3 月生于伦敦附近。他一家人后来移居加拿大的多伦多,并在那里建立了一个蜡烛厂。在经营了八年失败后,他家移居到纽约州的卡南代瓜。在 19 世纪 50 年代,史密斯在游历中到了加利福尼亚和英格兰,最后定居在印第安纳州的首府印第安那波利斯。到 1872 年,史密斯开办了一个经纪人机构——"弗朗西斯·史密斯公司"。经过在印第安那波利斯的三年经营,史密斯充分领

---

① 刘易斯·阿瑟顿:《牧牛大王》,第 216 页。

悟到他的才智能在不列颠群岛得到充分施展。他去英国作了一次九个月的成功商务旅行。返回印第安那波利斯后，史密斯成了"邓迪抵押托拉斯公司"（Dundee Mortgage and Trust Company）的美国代理人、"爱丁堡—美国土地抵押公司"（Edinburgh-American Land Mortgage Company）的常驻代理人以及"苏格兰—美国抵押公司"（Scottish –American Mortgage Company）的顾问。富有创业精神的史密斯在伦敦设立一个办事处，信任他的英国人可以去那里存款。然后，史密斯把代理人分派到美国南部和西部各地，为他得到的足够资金寻找借款人。史密斯因此发了财。如果谈妥一笔贷款的利率为 9%，那么当地的代理人可得到 1%，2% 归史密斯，贷方所得的利润只为 6%。在一般情况下，这种代理中介的价格稳定在 2% 左右。①

美国西部一些牧牛公司获得的投资很多是由中介公司代办的。外国和东部的投资者应得的利润有 1/3 要被当地代理人和中介公司取走。牧牛公司偿还的贷款利息有 1/3 给了代理人和中介公司。意味着中介公司在贷方和借方的交易中以其服务从中牟利。

二、大公司经营状况

1. 著名大公司

在对美国西部牧区的投机狂潮尚未充分发展起来之前，所有能想象出来的各种各样的公司式牧场组织已经建立起来了。美国的西部人、东部人和欧洲人，根据国籍，有的甚至跨越国界进行地区性联合，乃至实行国际合作。他们在美国东部某些州，或者在英格兰、苏格兰创办公司，或者到其想去经营的西部某些牧区创办牧牛公司。有些公司创办的目的只是为了向公众出售股票，从中获利；另一些公司则不发行企业计划书，亦不将其股票挂牌上市出售，而只是以自己的投资从事牧业经营。在这些牧牛公司中，有的是非常著名的大公司。

---

① 吉恩·M. 格雷斯利：《英国的代理人——弗朗西斯·史密斯及其公司》（Gene M. Gressley, "Broker to the British: Francis Smith and Company"），《西南部历史季刊》1967 年第 71 卷。

"斯旺土地牧牛有限公司"是一个典型的大公司。该公司的创办人亚历山大·汉密尔顿·斯旺是一位利用外部资本经营的著名牧牛场主。斯旺于1831年出生在宾夕法尼亚州，从小在一个农场上长大，受过专科教育。1855年，他迁到俄亥俄。在那里待了七年后他又到了艾奥瓦。随后，斯旺在1872年移居怀俄明领地。他最大的梦想是饲养和照料牛群。初到怀俄明，斯旺看到那里比东部各州生活贫困，条件艰苦，但他更喜爱的是那片新土地有"更美好的自由"，有实现其勃勃雄心的足够空间。1873年，斯旺和他的弟兄们建立一家牧牛公司，但很快由于冬季的严寒而倒闭。在怀俄明的头六年，斯旺都是与牛仔们一起在牧场上度过的。

到1883年，斯旺利用375万美元的苏格兰资本建立起了自己的公司——"斯旺土地牧牛有限公司"。[①]斯旺称该公司拥有12万头牛，放牧在一片7,500平方英里的牧区中。[②] 在1882年以前，该牧区由三个独立的牧场组成，由斯旺及其合伙者控制。1883年初，斯旺去了一趟苏格兰，回来后将三个牧场合并起来，置于"斯旺土地牧牛公司"的控制之下。斯旺和他的主要合伙者约瑟夫·弗兰克等人将其地产以238.7675万美元的价值卖给了苏格兰人。斯旺还以1万美元的年薪当上了新公司的总经理。他和弗兰克还认购了公司1/6的股票。[③]据戴维·达里教授称，苏格兰投资者对"斯旺土地牧牛有限公司"的实际投资为250万美元，因为他们后来宣称已多付了80万美元。他们确定这个价值的根据是该公司的牧区有8.9167万头成牛和2.2826万头牛犊。但实际上，前者只有6万头，后者只有1,600头。[④] 除了这个新建的土地牧牛公司之外，斯旺在怀俄明和内布拉斯加还拥有其他产业。1883年，他帮助建立了"怀俄明赫里福德牛协会"（Wyoming Hereford Association）。在那时，斯旺拥有700头纯种赫里福德牛，放养在离夏延六英里的一个牧场

① 戴维·达里：《牛仔文化》，第52页。

② 刘易斯·阿瑟顿：《牧牛大王》，第208—209页。

③ 刘易斯·阿瑟顿：《牧牛大王》，第211页。

④ 戴维·达里：《牛仔文化》，第252页。关于苏格兰投资"斯旺土地牧牛公司"的数额，阿瑟顿和达里提供的数据不同，前者提供的数据较为精确，后者提供的是粗略的数据。

上，其中有 500 头是从英国进口的。他自称，其拥有的赫里福德牛群可能是这种牛在世界上最大的牛群。斯旺与内布拉斯加的"奥加拉拉土地牧牛公司"（Ogallala Land and Cattle Company）有联系，拥有该公司 9 万头牛中相当多的一部分。在以前居住过的艾奥瓦州，他拥有 4,000 英亩土地以及 1,500 头（匹）牛马。斯旺还是内布拉斯加州"奥马哈联合牲畜围场"（Union Stock Yards in Omaha）的创始人之一。当时，他还担任"南奥马哈土地辛迪加"（South Omaha Land Syndicate）的董事长。他还曾经在艾奥瓦州和怀俄明领地的立法机关任过职。其政治立场属于共和党。以上是斯旺这个"牧牛王国"的创业者对自己牧牛生涯"事实"的陈述。①

据一位观察家在 1884 年写的一本未出版的书中估计，斯旺起家经营牧牛业时只有 1,000 美元，但到他任"斯旺土地牧牛公司"总经理的时候，其财产达到二三百万美元。该作者提到了斯旺在夏延的家装饰精美。他的女儿路易莎在欧洲读书，他的儿子帮助他料理地方上的各种事情。这位作者还称赞了斯旺慷慨好施的性格，说他向当地的长老会教堂捐了 3,500 美元，认购了当地歌剧院和"夏延俱乐部"的股票，还资助了邻近的学校。② 后来接任斯旺总经理职务的约翰·克莱在其写的《我的牧区生活》一书中也评论道：就在人们怀疑他是否有可靠的财产时，各商业代理机构评估他拥有一百万美元。③

处于权力顶峰时期的斯旺给人留下了十分深刻的印象。即使那些不喜欢他的人，也记得他那坚强有力的个性。19 世纪 80 年代中期，斯旺约 50 多岁。他身高六英尺左右。他虽相貌平平，举止随意，但颇具吸引力。斯旺有很多的追求者。在夏延，成群的追随者围坐在他的办公室里，对他十分崇敬。在芝加哥，他吸引了许多追随者。银行家、代理人和良种牛饲养者，实际上，从事牧牛业的各阶层人士都迎合巴结他。④ 在这些人的怂恿下，好胜而自负的斯旺总想做大事。然而，在"斯旺土地牧牛有限公司"成立后不到五年，

---

① 刘易斯·阿瑟顿：《牧牛大王》，第 209 页。
② 刘易斯·阿瑟顿：《牧牛大王》，第 209 页。
③ 约翰·克莱：《我的牧区生活》，第 49 页。
④ 约翰·克莱：《我的牧区生活》，第 209 页。

遭受了 1886 年和 1887 年可怕的暴风雪的严重打击后，斯旺就破了产。公司的牛从 11.3 万头减少到 5.7 万头。[①] 股东们罢免了斯旺的总经理职务。公司在重组之后，由约翰·克莱接管了管理权。斯旺在破产失败后离开了夏延，去了奥格登。最后他悄然无声地死在了一家收容所里。

重组后的"斯旺土地牧牛公司"在下滑的基础上继续经营着。该公司的那些苏格兰投资者损失惨重。1892 年，他们同意将每股普通股的十英镑勾销八英镑，并出售了大量土地。与其他苏格兰公司不同的是，该公司未能偿清坚持原始投资股值不变的股东们的基本投资。到 1925 年，这家公司被转交给了一个完全脱离了苏格兰人管理的美国董事会，但苏格兰人仍获得了资金利息。新的斯旺公司获准以 75 万美元的资本并入特拉华。到 1956 年，该公司还在试图争取有利的条款来处理其地产。[②]1876 年在怀俄明东南的楚格沃特所建的牧场总部，今天仍在供人们参观。

斯旺是属于那种迅速建起了牧场帝国而又很快失败者中的典型人物。克莱分析了斯旺的失败原因，认为他滥用了自己的信誉，一步步地把自己的事业推到了危险的境地。在此情况下，诸如气候的恶化、牛价的下跌或者牧牛场主们遇到的许多问题中的任意一个都可以把他打倒。克莱还认为，斯旺是一个举动鲁莽、办事圆滑的创业者，他只不过是在玩大的赌注时失手而已。从牧场经营的角度而言，克莱甚至怀疑斯旺的每一个美元是否是靠诚实的劳动所得。[③]F.W. 拉弗伦茨是纽约一位成功的商人。19 世纪 80 年代，他曾应聘到夏延，在斯旺手下干过。1944 年，拉弗伦茨向人们描绘了一个形象和善得多的斯旺。他记得他的老板看起来有点像山姆大叔。让他深为惋惜的是这样的人竟然失败了。回忆往事，拉弗伦茨一直引以为憾的是当时自己的判断力还不够强，以至未能将斯旺从失败中挽救出来。[④] 事隔半个多世纪以后，拉弗伦茨的言词不仅不失对斯旺的忠诚，而且似有为其失败分担责任之意。

---

① 戴维·达里：《牛仔文化》，第 252 页。
② 刘易斯·阿瑟顿：《牧牛大王》，第 210 页。
③ 约翰·克莱：《我的牧区生活》，第 49—50 页。
④ 刘易斯·阿瑟顿：《牧牛大王》，第 211 页。

客观地讲，斯旺在 1883 年与苏格兰投资者达成交易之时，恰值美国西部牧区创办大型牧牛公司风靡一时的高峰期。他只不过是众多具有鲜明个性的人物中的一员而已。在经历了 1886 年和 1887 年的暴风雪后，北部平原的许多牧牛场主都和斯旺一样遭受了毁灭性打击。斯旺的失败，除了其鲁莽从事和投机的主观因素之外，也有那时所有牧牛场主共同面对的外部难以克服的困难。我们不能因其失败而完全忽视了他对"牧牛王国"所作的贡献。

首先，斯旺是一位能干的牧牛场主和精明的企业家。他为了购买更多的土地，扩大牧场经营规模，以其个人魅力和能力，获得了苏格兰股东们的一笔巨大投资。在此基础上建立的"斯旺土地牧牛有限公司"，一度拥有或控制了从内布拉斯加的奥加拉拉到怀俄明的斯蒂尔堡，从横贯东西的联合太平洋铁路至普拉特河的广阔牧区。虽然克莱对斯旺多持批评态度，但他欣赏斯旺的办事手段和谋略，认为其谈吐值得尊敬。其次，斯旺是个负责敬业的经营者。在创办"斯旺土地牧牛公司"的过程中，他不像多数投机商那样，把其牧场视为包袱，不负责任地抛给苏格兰投资者了事。斯旺对怀俄明牧场的前途和他多年的经营技巧怀有坚定的信心，使他敢于去做那些常人办不到的事情。他要去建立自己的"牧牛帝国"，他和其主要合伙者敢于认购公司的大量股票。曾对斯旺的慷慨好施表示赞扬的那位作者，还称赞他在 30 年间从未因病误过一次生意。其敬业精神可见一斑。再次，斯旺是怀俄明牧区的早期开拓者之一，他对北部牧区的建立和牛贸易的发展做出了重要贡献。斯旺在 1872 年刚踏上怀俄明的荒野土地时，正值这个牧区的初拓期。第二年，他与两个兄弟和一个侄子创办了"斯旺兄弟牧牛公司"（Swan Brothers Cattle Company）。经营了七年后，斯旺与他侄子退出该公司。他们两人在 1880 年创办了"埃尔七牧牛公司"（Ell Seven Cattle Company）。1883 年，斯旺又组建了"斯旺土地牧牛有限公司"。正如当时的一位观察家所言，怀俄明的每一块土地上，都留下了斯旺的足迹。在这个领地的编年史中，他应该占有自豪而威严的一页。① 斯旺以其不懈的努力培育出了西部的优质牛群。他在奥

---

① 刘易斯·阿瑟顿：《牧牛大王》，第 209 页。

马哈和康瑟尔布拉夫斯的牲畜围场的建立中功不可没，为促进西部牛贸易的发展做出了贡献。无怪阿瑟顿对斯旺评价道："从某种程度上说，就连他的失败都带有其一贯的豪迈特征"。[①]

由鲁弗斯·哈奇领头创办的"牧牛场土地公司"是一种以高额投资方式运作的投机公司。该公司提供的只不过是一个"纸上公司"和"账面利润"体系。"牧牛场土地公司"的投资，实际是美国金融界和英国金融界之间达成的交易。哈奇是华尔街的一名精力过人的股票经纪人。他在美国西部赢得了不少朋友。哈奇、厄尔·W. 斯潘塞和弗朗西斯·德鲁在从堪萨斯一直延伸到得克萨斯的牧区获得了一大片放牧地和不少牛。他们想将其售出。"韦伯斯特—豪公司"（Webster, Hoare and Company）代表苏格兰投资者来洽谈这笔生意。该公司休姆·韦伯斯特负责洽商工作。他代表英国金融界。哈奇至少在象征意义上代表着美国的华尔街。约翰·克莱以其对地产价值的判断力成为他苏格兰同胞的依赖者。1882 年，"牧牛场土地公司"建立时颇为顺利。它发行了 20.56 万英镑（约合 101.140725 万美元）的股票，[②] 吸引了大批苏格兰投资者。斯潘塞被聘为该公司的牧场经理。

"牧牛场土地公司"在经营过程中存在一些严重问题。首先，在该公司的组建过程中存在着欺诈和行贿行为。哈奇在出售该公司时，为"放牧权"向购买方索要 5 万英镑（约为 24.596479 万美元）。[③] 这笔费用相当于股票资本总值的 1/4。数年之后，卖方醒悟过来方知上当。韦伯斯特因在筹资开办"牧牛场土地公司"中出了大力而接受了大宗普通股。他将其中的一部分给了其助手们。在这个公司的一些主管人员中，有一部分人在向公众推销该公司时出过力。他们因使一份"光彩夺目"的企业计划书更容易被投资者接受而从馈赠股票上捞了不少好处。公司允诺给克莱支出 1,250 美元作为他考察牧场地产和写出评估报告的费用。如果交易成功，他能拿到价

---

①　刘易斯·阿瑟顿：《牧牛大王》，第 211 页。

②　J. 弗雷德·里庇：《得克萨斯土地和家畜业中英国的投资》，《西南部历史季刊》1955年第 58 卷。

③　刘易斯·阿瑟顿：《牧牛大王》，第 196 页。

值 2,500 美元的额外普通股。[1]克莱认为，这是一种间接的行贿活动，这是他第一次也是最后一次接受贿赂。他承认在自己没有察觉之前就被人套住了。克莱认为，新成立的董事会的董事长穆尔先生是另一位有可能接受韦伯斯特贿赂的人。

其次，在"牧牛场土地公司"创建的主要当事人中，不但缺乏经营牧场的经历，而且多为投机商。英方金融业的代表韦伯斯特像一个任何事都想试一试的当铺老板。虽然风度翩翩，但却不讲道德，还有点酗酒。在促成"牧牛场土地公司"的交易后没有几年，他为了过去做过的一些商业交易免遭刑事起诉，在其乡间别墅中自杀身亡。[2]作为华尔街股票经纪人的哈奇是个"商业机器"，处理问题毫不手软。他不仅参与了"牧牛场土地公司"的股票投机，从中大赚了一笔，而且还从事北太平洋铁路和黄石地区的运输、旅馆业的投机冒险。哈奇过着豪华舒适的生活，拥有私人火车。他的火车备有餐车，挂有既能当卧车又可当观光车的普尔式车厢。他曾邀请莱克和另外 20 人一起乘其私人火车旅行，为筹建兼营黄石公园的运输、旅馆和牧牛业的新公司前去考察。哈奇性情粗鲁。1885 年，"牧牛场土地公司"已经发不出红利。然而，在伦敦举行的董事会议上，他用手杖把桌子敲得砰砰直响，态度强硬地让公司公布一定的红利。克莱在为"牧牛场土地公司"的苏格兰投资者去考察牛群和牧场时，与哈奇在堪萨斯的道奇城相遇。在乘马车南行 90 英里去看牧场地产时，克莱发现哈奇的同行者德鲁是个没有廉耻、满口谎言的投机分子。由于这些毛病，德鲁后来将自己的财产挥霍一空。[3]由这些投机商经营的"牧牛场土地公司"最终难逃厄运。

第三，"牧牛场土地公司"的红利不是靠实际经营所得，而完全是"账面"计算出来的。到 1882 年底，"牧牛场土地公司"成立仅九个月，其董事会就宣布该公司的年红利大约为 15%。这一红利率是这样计算出来的。在公司成立之初，从哈奇等人那里买了 7,000 头牛，在当年夏季，又买进了 4,000—

---

① 刘易斯·阿瑟顿：《牧牛大王》，第 212 页。

② 刘易斯·阿瑟顿：《牧牛大王》，第 212 页。

③ 刘易斯·阿瑟顿：《牧牛大王》，第 213 页。

5,000 头得克萨斯小公牛。如果将这些牛售出，价值为 12.8 万美元，其中作为红利的为 8.5 万美元。[1]该公司的第二个年度报告宣布，1883 年有 4,461 头打过烙印的小牛，售出可得 14.5 万美元，其纯利为 10.1 万美元；在年末，牧场拥有的牛可达 2.8197 万头。然而，该公司在 1884 年实际售牛所得仅为 5 万美元，不足以支付全年的开支，但在账面上的利润仍达 9 万美元。年度报告还宣称公司拥有 3.1762 万头牛。1885 年，公司不得不重组，斯潘塞交出了牧场的管理权。到这一年秋，公司账面上牛的数量仅有 1.35 万头。[2]"牧牛场土地公司"记在账面上的利润为 2.0822 万美元，发了 15％的红利。1884 年在入不敷出的情况下，该公司仍宣布了 10％的红利。此后两年，"牧牛场土地公司"再没有宣布红利，导致了哈奇在伦敦用手杖敲桌子的那一幕闹剧。到 1887 年末，该公司的亏损达 11.445 万英镑（约为 56.301397 万美元）。[3]在美国西部牧区牧牛公司兴起的高潮中，正是出现了一些像"牧牛场土地公司"这样由投机商创办的纸上公司和依靠账面体系进行经营运作的方式，才拖垮了曾管理良好、资金较为充足的美国西部牧牛业。尔后，西部牧牛业为继续生存而苦苦挣扎。

在这些公司式的牧场之中，有的起点之高，规模之大，达到了令人几乎难以置信的程度。"XIT 辛迪加"（XIT Syndicate）便是典型的例子。1875 年，得克萨斯州立法机关批准以出售该州土地的方式，修建一座新的州议会大厦。1879 年，州议会拨出潘汉德尔地区的 305 万英亩土地，用以支付建筑费用，并在次年批准拍卖 5 万英亩土地，以支付勘测费用。到 1881 年，旧议会大厦被焚毁，致使新议会大厦的修建变得十分紧迫。1882 年 1 月，新议会大厦竞标结果公布，合同落到了伊利诺伊州罗克艾兰的马赛厄斯·施内

[1]　理查德·格拉姆：《1880—1885 年英国—得克萨斯牧牛公司投资的兴旺》，《商业史评论》1960 年第 34 卷。
[2]　理查德·格拉姆：《1880—1885 年英国—得克萨斯牧牛公司投资的兴旺》，《商业史评论》1960 年第 34 卷。
[3]　理查德·格拉姆：《1880—1885 年英国—得克萨斯牧牛公司投资的兴旺》，《商业史评论》1960 年第 34 卷。

尔手中。同年 2 月，施内尔在得克萨斯州议会的同意下与"泰勒—巴布科克公司"（Taylor, Babcock and Company）签订了一份使该公司拥有 3/4 股权的合同，到 5 月，又将余下的 1/4 股权移交给了它。作为获得 300 万英亩土地的代价，州议会大厦辛迪加在奥斯汀建造了一座造价为 333.459345 万美元的大楼。[①] 这座议会大厦至今仍在使用。

"泰勒—巴布科克公司"由阿莫斯·C.巴布科克、阿布纳·泰勒、约翰·V.法韦尔和查尔斯·B.法韦尔组成。这些人均住在芝加哥。他们是商人和投机家。后三位一直跟芝加哥的批发公司——"J. V.法韦尔公司"（J. V. Farwell Company）有联系。该公司因进货需要，在巴黎、伦敦和曼彻斯特拥有分公司，且闻名于英国投资者中。因此，"J. V.法韦尔公司"在 1885 年推动了组建"英格兰议会大厦保有地产土地投资有限公司"（Capitol Freehold Land and Investment Company, Limited of England）的谈判进程。这个土地投资公司向美国的集团提供所需要的资金。该公司的董事会由九名成员组成。"苏格兰商业银行"（Commercial Bank of Scotland）总裁特威代尔侯爵为董事长。另外四名英国董事包括一位勋爵、一位地位略低的贵族、一位伦敦商人和一位议员。法韦尔兄弟、泰勒和一名波士顿商人为美国的四个董事。[②] 在英国建立的"议会大厦保有地产土地投资公司"，通过出售 7% 的债券在英国投资者中筹款。[③] 这笔资金被用于牧养牛群和改良土地，租给"可信赖的租户"——"议会大厦辛迪加"。实际上，"XIT 牧场"（XIT Ranch）并不是英国的企业，它是由美国的辛迪加组成。美国的辛迪加将其土地出售给英国公司。后者以这些土地作为从英国投资者那里获取资金的保证，为期数年。英国公司反过来把土地租给美国的公司，再由美国公司组建专门的管理公司，负责得克萨斯州议会大厦的建造和巨大的"XIT 牧场"的开发。

以英国人为后盾的"XIT 牧场"位于得克萨斯西部潘汉德尔地区的哈特

---

① 刘易斯·阿瑟顿：《牧牛大王》，第 214 页。
② 刘易斯·阿瑟顿：《牧牛大王》，第 215 页。
③ 理查德·格拉姆：《英国—得克萨斯牧牛公司的投资兴旺》，《商业史评论》1960 年第 34 卷。

利县和戴夫史密斯县，总部设在钱宁镇。"XIT 牧场"是潘汉德尔地区最大的牧场，建立初期非常兴旺。到 1886 年 11 月，该牧场以 133 万多美元购买了 11.0721 万头牛。① 从那时起，"XIT 牧场"在其 300 多万英亩土地上拥有大约 15 万头牛。它的牛被赶往堪萨斯和其他北部牧区出售给买主。1887 年，该牧场还在蒙大拿建立了一个分场，每年有 1 万头牛被送到那里育肥。"XIT 牧场"从建立之初就修筑围栏，第一年筑栏 781 英里，价值 18.1 万美元。② 在 19 世纪 80 年代，这是一笔数额大得令人难以置信的资金。随后该牧场的围栏逐年增加，最终它筑起了 6,000 英里围栏。这一长度足以筑成从纽约到洛杉矶的往返围栏，且还剩余数百英里。"XIT 牧场"修筑这样长的围栏，其目的是为了把牛群围圈在牧场之内。在"XIT 牧场"建立的头几年，法韦尔及其合伙人的经营方针是控制牛群的饲养，引进赫里福德牛、短角牛和安格斯牛，改良或取代他们购买和放养的劣质得克萨斯牛。到 1900 年，"XIT 牧场"已拥有七个分场，控制着 94 块独立的放牧地。每个分场都有其特定的经营目的。③"XIT 牧场"是一个完全的牧场型企业。它雇用 150 名牛仔，在约长 200 英里、平均宽 27 英里的宽阔草地上牧养着约 15 万头牛。④

"XIT 牧场"在成立初期颇为兴旺。管理者对牧场实行谨慎而有组织的经营。然而，该牧场获取利润的速度很慢，不能满足英国股东们对高红利的迫切期盼。到它能支付一定红利时，其结果也难令他们满意。因为在很多英国股东的手中握有大量到期而无望得到偿还的债券。为了偿还债务，"州议会大厦辛迪加"从 1901 年开始成批的出售其土地。奥斯汀的乔治·W.利特菲尔德是第一位购买者。他买下了"黄棚分场"（Yellow Houses Division）的 23.5858 万英亩的土地。到这一年末，"XIT 牧场"出售的土地已近 50 万英亩，

---

① 科尔迪厄·S.杜克、乔·B.弗朗茨：《6000 英里的围栏——在得克萨斯 XIT 牧场的生活》，第 6 页；罗伯特·G.费里斯编：《勘探者、牛仔和移居垦殖农民》，第 244 页。

② 勒鲁瓦·R.哈芬、W.尤金·霍朗、卡尔·C.里斯特：《西部美国》，第 433 页。

③ 科尔迪厄·S.杜克、乔·B.弗朗茨：《6000 英里的围栏——在得克萨斯 XIT 牧场的生活》，第 6 页。

④ 科尔迪厄·S.杜克、乔·B.弗朗茨：《6000 英里的围栏——在得克萨斯 XIT 牧场的生活》，第 8 页。

所得售地款超过了 100 万美元。随着土地的不断出售，"XIT 牧场"拥有牛的数量也不断减少。到 1912 年，该牧场的土地和牛群都已卖给了一些小牧场主和农场主。"XIT 辛迪加"再不是个养牛企业了。从那以后，它的兴趣完全转到了移民和西部开发方面。到 1950 年，法韦尔的后代所拥有的土地仅有 2,000 英亩，或者说还不到原合同土地总量的 0.007%。[①]

19 世纪 80 年代，是美国企业公司化的重要时期。与美国西部牧区相关的牧牛公司也纷纷建立起来，数量成百上千。笔者从中选择了三个著名的大公司作了个案分析。"斯旺土地牧牛公司"是由在怀俄明经营多年的成功牧牛场主斯旺与苏格兰资本相结合的产物。在最初几年的经营中，斯旺作为这个大牧牛公司的总经理曾取得了令人羡慕的业绩，但其好胜自负的个性和追求超常高额利润的结果最终导致了他的失败。"牧牛场土地公司"是由美国和英国的金融投机商组建的"纸上"牧牛公司。其创建者不仅缺乏经营牧牛业的实际经验，而且完全用"账面利润"体系进行运作，靠投资者的资金牟取暴利，结果也破了产。"XIT 牧场"是得克萨斯"州议会大厦辛迪加"把土地出售给英国的公司再由后者租给前者经营的企业。该牧场的经营管理虽组织有序，但因获利太慢而不能偿付债务，最终不得不出售土地，结束牧业经营。

通过对一些大牧牛公司经营状况和演变历史的考察，我们可以发现它们的一些共性。第一，这些大牧牛公司都实行所有权与经营权的分离。公司的所有权归少数投资多的人控制，由他们组成董事会，制定公司的发展规划，决定包括总经理在内的经营管理人员的任命，并有权撤换他们。公司的经营管理由总经理负责。总经理一般由像斯旺那样有经验的牧牛场主担任。他通常是向牧牛公司出售牧场和牛群的卖主。有的总经理也是董事会的成员。牧牛公司的总经理负责牧场的经营管理、土地和牛群买卖的洽谈、工头和牛仔的雇用以及向董事会提交牧场经营和盈利状况的年度报告等事务。一些大牧

---

① 科尔迪厄·S. 杜克、乔·B. 弗朗茨：《6000 英里的围栏——在得克萨斯 XIT 牧场的生活》，第 9 页。

牛公司在总经理之下还要配置几名经理做他的助手。他们大多数是参加牧牛公司的牧牛场主。这些经理在总经理领导下分工负责，共同进行牧场的经营管理。牧牛公司的经理们一般都不直接到牧场上管理牛群，往往任命他们信任的工头带领牛仔从事放牧、赶拢等具体工作。在整个西部，曾巡边多年而头发灰白的牧牛好手们坐在总经理的桌旁发挥自己的特长。如果牧场经营管理不当，总经理负有不可推卸的责任，他会被董事会免职。牧牛公司是美国西部牧区各种牧业组织中的最高组织形式，它像美国其他行业的企业一样，带有明显的自由资本主义向垄断过渡的特点。第二，牧牛公司是在不断兼并中小牧场的基础上形成和发展起来的，并控制了西部牧区。前面论及的"斯旺土地牧牛公司"，是在合并了三个牧场的基础上建立的，它占有 60 万英亩的土地。[①] 在 19 世纪 80 年代中期，怀俄明的个体牧牛场主只剩了三人，其他经营牧业的人都采用了各式各样的公司形式。[②] 其他州和领地的牧区，牧牛公司也风靡一时。除了牧牛公司不断兼并土地扩大经营规模外，一些个人经营的大牧牛场主也极力扩大其牧场。尚海·皮尔斯购买的 20 万英亩土地，圈占了许多小土地所有者的土地。[③] 他们之中有人要求皮尔斯按每英亩 5 美分付年租。皮尔斯却答复说，谁不满意当前的位置，他可以将自己的土地搬到一个他自认为满意的地方去。皮尔斯通过胁迫、交易、收买以及未经土地原用户同意就围圈的方法占去了自由放牧区最好的地块。为了垄断牧区，一些大牧牛场主和牧牛公司的巨商组成"牧牛者协会"，以其强大的经济和政治势力，控制牧业经营，主宰牧区的一切，力图把牧区变成他们的独霸王国。这种对牧区的垄断遭到中小牧牛场主的强烈反对。牧牛公司巨商和大牧牛场主的骄横引起民众的反感。他们的经营方针违背大多数中小牧牛场主的意愿，也招致舆论的抨击。得克萨斯的"金牧场"便是典型的一例。这个筑有围栏的牧场面积多达几十万英亩。它因资金投入极其充足而经营规模巨大，故在州内经常引起舆论的激烈批评和民众的仇视。突出的例子是在 20 世纪 30

---

①　霍华德·R.拉马尔主编：《美国西部读者百科全书》，第 1152 页。

②　刘易斯·阿瑟顿：《牧牛大王》，第 198 页。

③　刘易斯·阿瑟顿：《牧牛大王》，第 197 页。

年代该牧场的主人极力反对修建一条公路，因为这条公路会在凯内迪县横贯牧场约 50 英里。《休斯敦新闻报》以"得克萨斯壁垒森严的凯内迪王国"为标题，对此行为进行了抨击。公众认为这是对庞大公司和牧场的恰如其分的评价。① 牧牛公司的巨商和大牧牛场主在被人称为"牧牛大王"时，他们感到这个称呼在多数情况下含有某种贬损讥讽之意。第三，在大牧场和牧牛公司成为美国西部牧区的主要经营方式的同时，仍然有大量的中小牧场与之并存。在牧牛公司风靡时期，不但像金、艾利夫和利特菲尔德这样的大牧牛场主直接控制着自己的牧场，而且还有许多中小牧牛场继续存在。尽管布里斯宾偏爱大规模的牧业经营，但他在其著作中列举了大量与大公司、大牧场并存的个体小牧场。如他列出了内布拉斯加西部的林肯县有 16 个牧场，每个牧场拥有的牛数从 70 头到 6,500 头不等。布里斯宾列出了怀俄明的 70 个牧场，其中最小的牧场牧养的牛为 60 头，较大的牧场有牛达 7,000 头。在克罗支流放牧的杰克·阿布尼有 60 头牛；在波尔支流的 F.C.狄克逊牧养了 70 头牛；而在霍斯舒支流的 B.A.舍德利所养的牛则有 3,000 头。② 在 80 年代，当外国和东部牧牛公司收购大量小牧场且合并成规模更大的牧场时，怀俄明牧区普遍采用了大公司经营。即使在这种情况下，曾买卖过许多牧场的奥林·魏德仍在波伊森河一带经营自己的牧场，成为当时三个个体牧牛场主之一。

2. 优势与问题

牧牛公司经营的大牧场与中小牧场相比具有较多的优势。第一，采取大规模的放牧方式经营可以增加牛的销售量，提高利润。因为大牧场增加了牛群的放养数量能相应的减少成本费用，节约劳动力成本，减少运费和增加每年的上市量。减少经营的成本费用和增加了销售量，就可以使企业的利润率不断升高。第二，牧牛公司有充足的资金来源。由于资金来源不断，大牧牛公司既可以在市场萧条时把牛群贮养起来，等到市场状况好转牛价攀升时再出售，又有承受某种灾害的较强能力。如 1886—1887 年寒冬的大雪灾造成

---

① 汤姆·利：《金牧场》(Tom Lea, *The King Ranch*) 第 2 卷，波士顿 1957 年版，第 643 页；转引自刘易斯·阿瑟顿：《牧牛大王》，第 199 页。

② 刘易斯·阿瑟顿：《牧牛大王》，第 200—201 页。

西部牧区大批牲畜死亡时，一些大牧牛公司能挺得下来。那些熬过了这场灾难的英格兰、苏格兰的大牧牛公司，在跨入 20 世纪后，从地价上涨和牛价上扬中获得了丰厚的利润。经过劫难重组的"斯旺土地牧牛公司"一直经营到 1926 年。在其长达 43 年的投资中，平均每年所得的返还利润达 6%。[①]第三，大规模经营能带来权势。"XIT 牧场"雇得起退伍的得克萨斯骑兵队，为其看护开放的牧区。该骑兵队的威名让偷牛贼闻风丧胆。财大气粗的"马刺牧场"（Spur Ranch）经营着一个商业公司，故其牧牛所用供应品都能以批发价买进。[②] 牧牛公司和大牧场还能使牲畜围场和铁路公司给予打折的优惠。巨大的"马特多土地牧牛公司"的存档表明，批发商和铁路公司不敢随意跟大牧牛公司讨价还价。代表牧牛公司和大牧牛场主利益的牧牛者协会还是牧区重要的政治势力和社会利益集团，能对州和领地的政策制订施加重大影响。一些牧牛公司的经营规模不断扩大，它们既占有得克萨斯的土地作为牧场，又拥有牧草更丰美的北部牧区作为牛群的育肥地。第四，雄厚的财力使牧牛公司能大胆地采用新的经营管理方法。大牧牛公司采用现代企业的方法经营牧场。它们试种优质牧草，改进牧养方法，引进优良畜种，改良提高牛的质量，减少牲畜死亡率，增加其繁殖率；在冬季实验围栏饲养，保证牲畜的存栏率。通过多种措施，牧牛公司能保证其牛群在市场上的竞争力。

　　大公司经营的牧场也存在一些严重的问题。首先，公司型的牧场往往从一开始就背着成本过高的负担。牧牛公司创办者的目的是追求高利润。即使他们同意部分利润可以从公司未来的收入中取得，但在每年牲畜的销售上他们往往坚持要卖超过正常增长量的数量。这不仅危及牧场正常的经营管理，而且增加了生产成本。因为要支付当年的红利，牧场只得把不该上市的未成年幼牛卖掉。由于市场价格的波动，有时卖价不抵原来购幼犊的买价。有的牧牛公司为支付红利，不得不把当年的银行贷款分掉，实行亏本经营。由于投资者所索要的红利超过了正常经营所得利润，其结果导致经理们无力对牧

---

① 赫博特・O.布雷耶：《英国资本对西部牧牛业的影响》，《经济史杂志》1949 年第 9 卷。
② 刘易斯・阿瑟顿：《牧牛大王》，第 196 页。

场的各种设备进行必要维修和增添。在购买牧场和牛群时，由于卖主的欺诈行为，公司所有者往往多花了许多冤枉钱。牧场上放养的牛群常常与账面上所购牛的数量相差很多。牧牛公司的代表愚蠢地以估算的方式购买畜群，因怕麻烦而不愿意进行逐头清点。结果使公司吃亏。牧牛公司买得的"牧区放牧权"有时并不真实，只是一种准许使用这些土地的象征性承诺而已。一旦有人要买这块土地，或是当地居民想得到它，所谓的承诺便会失效。牧牛公司在购买牧场时，已经为"放牧权"付出了巨额资本，在"放牧权"失效时又得花很多钱来购买这些土地。1888 年，一家英国杂志对此评论道："牧牛公司为土地和牛群多支付了三倍的价钱。"① 此言虽有夸大之处，但颇为深刻。为了保证本牧场不受外来者侵犯，牧牛公司需花费大量投资修筑围栏。由于多数牧场坐落在公共牧区内，当地不断增加的人口压力迫使牧场经理们不得不将原本应该保留下的牛群全部卖光。以上种种原因，都使得牧牛公司从成立之初就有投资成本过高的问题。其次，牧牛公司的所有者与经营管理者存在着利益冲突和矛盾。公司的创办者多是金融界和工商界的巨商。他们是公司的主要投资者和所有者，所追求的目标是尽快从牧业中获得高额利润。牧牛公司的经理们多是卖主，他们既是牧场的经营管理者，也是公司的股东，拥有相当一部分股权。公司的所有者考虑的是每年有高比例的分红，而且红利逐年增加。从牧场经营者来说，每年实际的赢利远远低于股东们企盼的红利率。同时，他们每年还要购买新的土地和牛群，增加牧场的基本设施和装备，以便扩大经营。因此，每年还要把赢利的一部分利润作为生产资本投入到牧业生产中。他们还要用一笔资金雇用工头和牛仔，保证牧场的正常经营和雇工的生活供应。因此，每年在能否分红、如何分红、按什么比例分红的问题上，经理常常与股东产生争论和分歧。由于牧牛公司的所有者远在欧洲或美国东部，他们无法真实了解牧场的经营状况。以英国资本建立的牧牛公司为例，虽然英国董事们试图把美国经理与英国投资者的利益联在一起，以此作为鼓励他们经营好牧场的手段，但因无法遥控，双方逐渐在合同

---

① 刘易斯·阿瑟顿：《牧牛大王》，第 217 页。

内容和经营方针上形成矛盾冲突。经理们为了保住自己的职位，在年度报告中往往夸大功绩、隐瞒过失，谎报赢利和牛群数字，过分渲染灾害损失，推诿责任。这种做法能一时掩盖矛盾，但不能使经营管理上的问题得到及时解决，且积重难返。一旦遇到像 1886—1887 年那样特大自然灾害等重大变故，矛盾就会充分暴露，使公司受到致命的打击。再次，很多牧牛公司管理制度不健全，缺少监督机制，因而在经营管理上出现严重问题。诸如假账和管理者个人享受挥霍等弊端，在不少公司中存在。董事们利用股东们的钱造"大平原上的城堡"。经理们的个人消费记入了牧场经营的账目中。过分的铺张浪费拖垮了较脆弱的牧牛公司。像我们前面论及的"特舍马赫和德比勒牧牛公司"便是突出的一例。上述问题妨碍着一些由外国资本或东部资本控制的牧牛公司创造佳绩。尽管采用大公司经营牧业的方式规模大、效率高，但如果不解决大公司自身存在的弊端，也难以取得合理的回报。

关于哪种组织形式是适合美国西部牧业经营的最佳企业形式，在从业者中从未达成共识。然而，他们对每一种组织形式适合于牧牛业的程度都进行了尝试，即从个人牧场、合伙经营和大公司式的牧场都一一试过。在 19 世纪 80 年代，牧牛场主们对一个牧场的规模多大才能获最大利润、牧场规模与经营方式之间有何联系等问题都详细讨论过。怀俄明一位富有经验的牧牛场主奥兰·黑利认为，增加牧场牛的放牧量能相应减少成本费用。[1] 里希特霍芬在其著作中虽然认为小牧场也能赚钱，但他更强调的是大规模投资的好处。他认为大牧牛场主资金充足，其牛群不急于出手，能等到市场价格攀升时再送牛上市。这样既可节约劳动力成本，又可减少运费。[2] 显然，黑利和里希特霍芬是"大规模经营"有利论者，认为这样可以获取高额利润。A.R.康弗斯是与黑利在同一地区经营牧牛业的银行家兼牧牛场主。他主张在寒冬，应将大牧群划分成小牛群，并予以悉心照料。他认为牧牛业的好前景取决于牲畜存栏率的提高。[3] 康弗斯虽然没有明确表明他不赞成公司式的经营方式，

---

① 刘易斯·阿瑟顿：《牧牛大王》，第 195 页。

② 沃尔特·冯·里希特霍芬：《在北美平原上养牛》，第 57—58 页。

③ 刘易斯·阿瑟顿：《牧牛大王》，第 195 页。

但其观点明确暗示通过缩小牧群规模，实现个人所有制，有望实现最大利润。可见，康弗斯是"个体牧场主"有利论的代表者。

究竟哪种组织形式更适合于美国西部牧区？经营者在理论上持不同见解，在选择某种经营方式上也因人而异。如前所述，在美国西部牧区，既有个体牧场、合伙牧场，又有风靡一时的大牧牛公司。从业者对各种不同组织形式的选择，不仅受美国西部牧区地理环境和牧牛业本身特点的影响，而且还受他们不同个性因素的制约。外国评论家在探究整个美国西部开放牧牛业为什么失败时，试图以各种原因予以解释，但却忽视了与具体原因相关的是何种类型的商业组织形式。他们还将牧牛业同其他主要行业与大规模企业经营相关的观点混淆起来。然而，很明显的事实是，能向外国投资者和美国东部投资者提供完善保护措施和带来不菲利润的不是企业的组织形式，而是合理的经营方针和良好的管理。在这方面，乔治·W. 利特菲尔德是个成功者。利特菲尔德经营的基本原则相当简单。正如他对谢尔顿·道尔所讲的那样："不要急于求成。节俭、勤劳和正确的判断将指导任何人做好一切事情。诚实、正直和防止不良举止会赢得朋友们的爱戴"①。利特菲尔德经营的原则是保持慢速而稳定的增长。他希望今年干得像去年一样好。"如果这样坚持五年，然后将能做一些大事"②。他认为节俭能摆脱被他人控制而保持独立和勤劳，同时努力节省资金可以承受灾难的打击，走出困境。靠着正确的判断能力，利特菲尔德能准确把握市场信息。他在市场价格上升时把牛群出售，在价格跌落时将牛群存养在牧场。他有较强的预见能力。19 世纪 70—80 年代，利特菲尔德看到大量西进的移民涌入了堪萨斯。他预见总有一天那些人将推进到得克萨斯平原，故购买了"黄棚牧场"并等待这一天的到来。12 年后，他在圣菲铁路旁建了利特菲尔德镇。大量移民的到来使其努力获得了相当大

① 《利特菲尔德致老谢尔顿·道尔》（1875 年 4 月 5 日）（Littlefield to Shelton Dowell, Sr., April 5, 1875）；转引自戴维·B. 格拉西：《乔治·华盛顿·利特菲尔德——一个牧场主的画像》，《西南部历史季刊》1964 年第 68 卷。

② 《利特菲尔德致老谢尔顿·道尔》（1875 年 4 月 5 日）；转引自戴维·B. 格拉西：《乔治·华盛顿·利特菲尔德——一个牧场主的画像》，《西南部历史季刊》1964 年第 68 卷。

的利润。在交易洽谈中，利特菲尔德非常坚守诚信。他同"XIT 牧场"签订购买"黄棚牧场"的合同后，每笔付款在到期之前便付出。他认为在企业经营中必须有自信心，即使在遭受挫折和失败时也不能丧失自信。一个人如果没有自信心，就没有其企业的安全。[①] 利特菲尔德遵守尽可能不欠债务的原则，通过适时买进和卖出使其企业在数十年间兴旺发展，包括在 1873 年、1882 年、1890 年、1893 年和 1907 年经济危机时也不例外。[②] 他由一个小农场上的男孩成了富有的牧牛场主和银行家。

---

① 《利特菲尔德致莫里斯·道尔先生》（1904 年 12 月 29 日）（Littlefield to Maurice Dowell）；转引自戴维·B.格拉西：《乔治·华盛顿·利特菲尔德——一个牧场主的画像》，《西南部历史季刊》1964 年第 68 卷。

② 戴维·B.格拉西：《乔治·华盛顿·利特菲尔德——一个牧场主的画像》，《西南部历史季刊》1964 年第 68 卷。

第六章　自由放牧区的两大景观

第一节　自由放牧区

一、西部牧区的特点

1. 神奇的牧草

在前面论述"牧畜王国"的发展时，笔者已提及西部牧区有丰富的牧草资源。在此，我们要花费一些笔墨介绍一下西部牧草的种类及其与东部饲草的不同特点。在大平原地区，不仅南部牧区一年有 2/3 的时间到处铺满繁茂的绿草和芳香的野花，而且在北部牧区也遍地生长着神奇的牧草。戴维·达里在其著作中多次提到北部牧区有丰美的野牛草、格兰马草、加拿大拂子茅、须芒草和松属植物。野牛草（Buffalo Grass），是早熟禾本野牛草属（Buchloe）的唯一种，原产北美西部，在野牛活动地区极常见。它是一种多年生的矮禾草，高不到 20 厘米。其雌雄分株，叶子灰绿色，卷曲。它的匍匐茎广泛延伸，结成厚密的草皮。野牛草是重要的全年饲草。格兰马草（Grama Grass）是早熟禾科格兰马草属（Bouteloua），即垂穗草属植物，约 50 种，为一年或多年生饲草，多数产生于北美。格兰马草或丛生，或簇生，或依靠匍匐的地上、地下茎蔓生。其穗状花序生在一侧。在北美重要的有垂穗草（B. Curtipendula）、格兰马草（B. Gracilis）和多毛格兰马草（B. Hirsuta）等。加拿大拂子茅（Bluejoint）是一种美洲产的饲料禾草，丛生。其叶软而扁平，常内卷。须芒草（Bluestem）是早熟禾科须芒草属（Andropogon）植物，有近 200 种。其为多年生禾草，双生或簇生。须芒草的叶鞘平滑，蓝色，叶片平展或折叠，小穗状花序生于叶腋，细长。其茎实心或有髓，常有毛，或淡红色，或淡绿色。有几种须芒草具有地下茎。须芒草为一种畜草。有两种须芒草是优良的牧草和干草。其一是北美高草原的代表植物大须芒草（A. Gerardif），常高达 2 米以上。因其花簇生叉，似火鸡的腿，故有时被称为"火鸡足草"。其二是小须芒草（A. Scoparius），高 0.5—1.5米，生于较干旱的草原。此外，在美国中部和西部的沙岗地带，长有花色小穗花序的沙地芒草（A. Hallii），在美国西南部生有花簇银灰色的银花须芒草（A. Saccharoides），高 0.6—1.3 米。它们也被用作饲草。[①] 达里多次强调上述一些大平原北部常见的牧草，大多在每年六月才生长起来。它们不怕干旱，靠夏秋少量的雨水便可生长得茂盛，长到霜冻时节已经干熟，在整个冬季都保持着自然的甜味和丰富的营养。这些牧草不仅在青草期可以为牲畜随意享用，而且在冬季成为散放在户外的畜群的天赐干草。[②]

　　布尔斯廷在其三卷本的长篇历史著作《美国人》中虽然写"牧牛王国"的篇幅并不很多，但他对"地面上的黄金"——美国西部的牧草却做了较具体的介绍。他不仅提到了野牛草、格兰马草，还提到了白鼠尾草和低矮的灌木等。鼠尾草（Mousetail）因其花序呈细长柱状、雌蕊从花中突出，整个外形似鼠尾而得此名。鼠尾草是毛茛科鼠尾草属（Myosurus）约 15 种一年生草本植物的统称，产于南北两个半球的温带。[③] 美国西部牧区的白鼠尾草同其他鼠尾草一样，具有"非凡的特性"，经过寒霜之后，"其营养价值反而更高"。"神奇的西部野草"有"令人惊奇的适应性"。[④]

　　美国西部的牧草与东部的饲草相比具有一些不同的特点：（1）东部用作饲料的牧草是一种人工栽培的植物，西部的牧草是自然生长的野草；（2）东部的饲草靠雨量充沛才能生长茂盛，西部的野草不受干旱的影响，靠夏秋两季稀少的雨量就能生长得很好；（3）东部的饲草要靠人割下来放在牲口棚

---

　　①　在一些有关美国西部畜牧业的著作中，提及上述种种牧草时未作进一步介绍。考虑到国内读者对这些牧草缺乏感性认识，故笔者参阅英文辞海、辞典和其他工具书写了上述文字。

　　②　戴维·达里：《牛仔文化》，第 227、229、241 页。

　　③　《简明不列颠百科全书》第 7 卷，第 355 页。

　　④　丹尼尔·布尔斯廷：《美国人——民主历程》，第 6 页。

里经过干化储存，才能成为牲畜的营养丰富的越冬饲料，西部的野草虽不像东部人工栽培的饲草那样多汁，但它一长出来经夏日的热风一吹就已干熟，不需要在牲口棚里干化就可达到东部饲草经干化储存的效果，在整个冬天都可以保持自然的甜味和营养；（4）东部的饲草要靠人工种植，西部的野草靠牛群作"播种者"，因为它们在草原漫游吃草时会把草籽踏入土壤之中，这些深埋的草籽经融雪和春雨的滋润便会年复一年地长出新草；（5）最突出的一点是西部牧草没有市场价值。在东部，放牧地每英亩要花费五十、七十乃至一百美元，[①] 西部是不花一分钱的免费的野草。在东部，牲畜的青饲料要靠人工种植，越冬饲料要靠打晒干草。在西部，牲畜整个冬季可以自由在牧区漫游，享用自然干化的牧草。即使格兰马草被冰雪覆盖，还有须芒草和加拿大拂子茅，甚至一些低矮的灌木和松属植物也可以为牛群提供"嫩饲料"。因此，牛在1—3月份照样上膘。上述特点使西部的野草优于东部栽培的饲草。西部丰富的牧草资源为牧场主自由放牧提供了极好的条件。

2.开放的牧场

在英文中"牧区"（Range）与"大牧场"（Ranch）是有区别的。"牧区"表示一块未圈围的开阔的地区，"大牧场"则指一块圈围起来的放牧区。然而，两者含义的区别并不总是很明确的。特别是在西部"牧畜王国"的早期，其区别更为模糊。牧场主把他们放牧牲畜的草地称为牧区，而把他们的居住地的建筑物、土地和牲畜等成为"牧场"。当指未圈围的放牧地时，他们通常说"开放的牧区"（Open Range）。不过，在农民和带刺的铁丝围栏在大平原地区出现前，大牧场既无篱笆又无大门，牧场也是开放的。故牧区和牧场的区别不很明显。带刺铁丝在大平原推广后，很多牧场主用它围栏护场，牧区与牧场的区别才较明显。因此，在美国内战后，特别是在印第安人与野牛消失和农民与带刺铁丝围栏出现之前的那段时期内，大平原暂时是一个一望无际的、既无围栏又无大门的牧场。到处都是丰美的青草，任由牧场主们自

---

① 丹尼尔·布尔斯廷：《美国人——民主历程》，第9页。

由放牧牲畜。其结果是在一个短的令人难以置信的时期内，牧养的家牛群取代了野牛群，且其数量也大大超过了野牛。

想做牧牛场主又富有冒险精神的年轻人，只要筹得必需的资本，便可以到西部去购买小股牛群或"猎取"一些牛。有了牛，他就能够独自去寻找适当的放牧地点。这些未来的牧牛场主或是取得160英亩的基地，或是擅自占用印第安人的土地及公共土地，建立放牧基地。在选中的地点，他们或建一座小木屋、或在河岸边挖个洞穴，或用野牛皮搭个帐篷作为临时牧屋。建立起简陋的放牧基地后，他们再储备食品、咸肉和咖啡，备下一两匹马，就可以去放牧其牛群，任牛在草地上吃草、长膘和繁殖。在售牛季节把育肥的牛卖出后，牧牛人用所得款项再投资，买进更多的牛，修建牧场住宅等等。如果连续遇上三四个好年头，牧牛人的收益就会为他未来的发展奠定较坚实的基础。他可以进一步扩大牛群，雇用一些牛仔放牧，扩大牧场的范围和规模，成为真正的牧牛场主。在19世纪70年代以前，美国西部的牧草是不花钱的，土地是可以自由使用的，牧场是开放和无围栏的，牧区是自由放牧的。

二、先占权

1. 占据水源

牧牛场主在选择牧场地点时，主要考虑的是牧草和水源。实际上，控制水源比草地更重要。因为没有水饮牛，最好的草地也没有价值。在"牧畜王国"的早期，牧牛场主们还未曾想过打井取水或把水储存在贮水池中。他们在寻找牧场基地时，往往是根据该地是否有河、溪流甚至有泉水涌出。通常情况下，牧牛场主选择某条河流的一侧或两侧建立他作为牧场大本营的营地。一开始他没有什么邻居，其放牧区也就延及他的牛群随意漫游到的所有地方。过一段时间，可能有一个牧场主在第一个牧场的所占河流的上游或下游的一边或两侧建起新的牧场。继之，另一个牧场主也进入该地区，在分水岭那面的一条河流的河畔建起牧场基地。因此，数年之内在最先到来的牧场主的周围都已住满了邻居，只是一眼望不见而已。他们在15或20英里以外。① 依照东部的标准，两个牧场相距如此之远是难以令人置信的，但在西部牧场主看来，他们已经相距很近。其结果造成整个宽广无羁的牧区被分割。在此情况下，如果不制订一套牧业边疆的法律，各牧场近得足以惹起麻烦了。怎样才能不让新来者把牧区弄得过分拥挤？如何保证一个牧场主对部分公有土地的权利？怎样才能把一个牧场主的牛与邻人的牛区分开？为了解决这些问题，使牧牛业在尽量少出现麻烦的条件下继续发展，牧场主们按照约定俗成的方式制订了牧区的习惯法和条例，即"先占权"。

2."先占权"原则

"先占权"原则基于一个合乎情理的概念，即对一条河流的控制包括对其临近土地的控制。因为水源是牧区的必要条件，故在水源匮乏地区，谁只要控制了水源，谁就对其周围所有的土地拥有了控制权。如果一个牧牛场主占据了一条河的沿河两岸，那么他的牧区就被公认为可以从河两岸向外扩展的所有土地；如果他只拥有河的一侧，其牧区便只能在河的一侧扩展。在西部牧区，"分水岭"变得十分重要。所谓"分水岭"，是把一个牧场主占据的河流与那面的一条河流分开的高地。它划清了占据一条河谷的牧场主与占有另一条河流的牧场主之间牧区的归属。然而，想要划清居于同一条河流上下游之间两个放牧区的界限，就不那么简单了。牧场主们必须仔细认定水源的归属权，才能给予该牧区的人应得的权利。对一个牧场主来说，虽然除了牛群和牧牛装备以外，其牧区的土地在法律上连一英尺也不属于他，对牧草他也不享有所有权，但在他确实拥有被邻居们承认的使用这片土地放牧的权利后，就不必担心受到侵犯了。大平原地区的牧场通常有 30—40 平方英里的土地。②

到 1865 年夏，在得克萨斯从事牧牛业还不需要大笔资金的投入。返回家的战士和新来的移居者，首先占据有水源的地方经营牧牛业。后来的牧牛场主也纷纷在河流边立界标经营牧场。先占权原则到 19 世纪 60 年代末已很

---

① 沃尔特·P. 韦布：《大平原》，第 229 页。
② 雷·A. 比林顿：《向西部扩张——美国边疆史》，第 592 页。

流行。随着"牧牛王国"的疆域向大平原北部和西部扩展,"先占权"原则在其他牧区也不断出现。

根据"先占权",迅速进入蒙大拿和怀俄明的牧牛场主,向某些地区发表占地"声明"。当地的报纸长期为他们开辟广告专栏。下面便是牧牛场主蔡斯·约翰逊的一则声明:

"我,签名者,特此向公众通告:我宣布阿拉德以东 4 英里的格伦代夫河的支流以及它延伸到北太平洋铁路南侧的源头,这一河谷地区为放牧区——蔡斯·S.约翰逊"[1]。

一位牧牛场主在 1879 年给公共土地委员会的陈述,清楚地展示了"先占权"在科罗拉多的状况。他言道:"哪儿有水,哪儿就是一个牧场。我自己的牧场(320 英亩),有两英里长流动的水源,这是我选择那里作牧场的原因。接着我的下一个同向水源长 23 英里。目前,这两个水源之间没有牧场。我控制着草地,就如同我拥有它一样……由此向东 6 英里,有另一个牧场,因为那儿有水"[2]。

在西部牧牛业繁荣的早期,某牧牛场主在一个地区获得对水源的控制权后,他就不会为得到水源周围土地的控制权而烦恼。凭着"先占权",一个牧牛场主可以在广袤的草原地区建立广阔的牧场,随意放牧牛群。其先入为主的"优先放牧权"也会得到相邻牧场主的认同。在牧牛业繁荣的后期,占据水源的牧场主凭着先占权,与相邻牧场主们达成某种谅解和经营方面的合作,共同排斥新来者进入该地区。这些牧场主取得占据和使用牧区的特权。与东部的农场饲养业相比,自由放牧是西部牧区独具的特色之一。正是因为牧场主们可以在西部公共牧区自由放牧,才衍生出来牧区的两大景观——"赶拢"(Roundup)和"长途驱赶"(Long Drive)。它们都是"开放"放牧区(Open Range)的产物。美国史学家对"赶拢"和"长途驱赶"在西部开拓中的作用都极为重视。布尔斯廷称其为"开放性牧区

---

[1]　《格伦代夫时报》(*Glendive Times*,蒙大拿、格伦代夫)1889 年 4 月 12 日;转引自欧内斯特·S.奥斯古德:《牧牛人时代》,第 183 页。

[2]　欧内斯特·S.奥斯古德:《牧牛人时代》,第 184 页。

的盛大仪式", ① 韦布誉之为"牧区孪生的两大奇观"。②

第二节　西部牧区的赶拢大会

一、赶拢的起源与发展

1. 赶拢的起源

依照"先占权"原则，个人持有地之间想象中的"牧场界限"会受到他人尊重。然而，在这样的条件下，想使一个牧场的牛不跟别的牧场的牛混杂是不可能的。理论上，公共牧区是对所有的牛开放的。牛为了寻觅好吃的青草，会从一个牧场漫游到另一个牧场，故常常使几个牧场主的牛群混杂在一起而无法分开。从一般意义上说，牲口来去自便。最初，牧牛场主们并未采取任何措施防止这种情况发生，要辨认是谁的牛，他们只能通过它们身上打的烙印。后来，牧场主为了使他们的牛与邻人的牛分开，先是派牛仔骑马"巡边"。由于巡边牛仔的警戒也不足以完全防止牛群的混杂。于是，在牧区产生了"赶拢"，即每年要进行两次"围捕"活动，把混杂的牛群加以区分。

关于"赶拢"的起源，并不像得克萨斯的"牧场"那样可以追溯到"西班牙与墨西哥"的源头。"赶拢"最初出现在北卡罗来纳、肯塔基、田纳西和两个弗吉尼亚交界的山区。③ 在那些地方，美国人让他们的牛自由地野跑。到晚春时，主人才把牛围拢起来，打上烙印，并挑出准备出售和宰杀的牛。随后，他们再把剩余的牛放开，任它们在山中漫游。美国学者都认同上述诸州是赶拢发源地。④ 然而，韦布认为，在这些历史较久的州进行的赶拢是牛

---

① 丹尼尔·布尔斯廷：《美国人——民主历程》，第 19 页。
② 沃尔特·P. 韦布：《大平原》，第 256 页。
③ 詹姆斯·W. 弗里曼编：《美国畜牧业诗歌散文集》（James W. Freeman, ed., *Prose and Poetry of the Livestock Industry of the United States*），丹佛·堪萨斯城 1959 年版，第 608 页。
④ 沃尔特·P. 韦布：《大平原》，第 225 页；戴维·达里：《牛仔文化》，第 158 页。

主人的个人行为，其规模较小，简直无法与辽阔西部规模宏大的赶拢相提并论。①

在美国西部牧区，真正规模大、有影响的"赶拢"始于得克萨斯。随着"牧牛王国"的疆域拓展到整个大平原地区，"赶拢"活动也由得克萨斯推及北部、西部许多州和领地的牧区。在得克萨斯，赶拢经历了"猎牛"、小规模"赶拢"到"赶拢大会"的不同阶段。在 1870—1880 年"牧牛王国"发展的高峰时期，在带刺铁丝网还未被广泛采用的 10 年间，西部牧区赶拢活动的范围之大往往涉及方圆达 4,000—5,000 平方英里的地区。②尽管各个牧区因自然条件的差异在具体做法上略有不同，但每年都要经历春季和秋季两次"赶拢"。

2. 赶拢的发展

"猎牛"（Cow-hunt）活动早在 19 世纪 40—50 年代就出现在得克萨斯。得克萨斯长角牛（Longhorn）源于西班牙殖民者带入北美的西班牙牛。美国移民在 30 年代大量涌入当时尚属墨西哥的得克萨斯。他们发现很多身上不带任何表明所有权烙印或其他标记的"野牛"。1857 年，勘定得克萨斯南部边界的随军科学家威廉·埃默里少校报导说："在沿格兰德河的拉雷多和其他城镇的居民中，猎取野马和野牛是一项日常性营生"③。

美国内战以后，得克萨斯的"猎牛"活动更为普遍。参加猎牛的人多是从前线返回家园的牧牛场主。他们回到牧场时，见到的是极为破败的景象。其房屋失修，牛群失散。返回家园的牧牛场主囊空如洗。为了生存和重整家园，他们必须把牛找回来。一些牧牛场主便组织"猎牛队"，到西南部去找牛。

当年参加"猎牛"活动的牧牛场主，有些人后来留下了回忆录。李·穆尔、L.B.安德森和詹姆斯·G.肖等人就是他们的代表。从他们留下的记述中，我们可以归纳出内战后得克萨斯猎牛活动的一些特点。第一，参加"猎

---

① 沃尔特·P.韦布：《大平原》，第 255 页。
② 沃尔特·P.韦布：《大平原》，第 256 页。
③ J.弗兰克·多比：《长角牛》，第 11 页。

牛"的人年龄参差不齐，既有孩子和青年，也有老翁。詹姆斯·G.肖参加猎牛队时只有13岁，李·穆尔刚步入青年，而L.B.安德森已经60岁。[1] 第二，猎牛队的成员大多在内战前没有猎牛的经历。穆尔在回忆录中说，在他参加的猎牛队中，只有他在战前参加过猎牛。安德森和肖没有提及他们在内战前有猎牛的经历。第三，当时的猎牛活动还相当艰苦。每次猎牛时间持续较长，往往要一个夏季。参加猎牛的人除自备坐骑、一匹备用的小马和一根由生牛皮或头发编制的长绳外，还要自带食品和卧具。有时猎手们从家中自带的食物吃完了，便去城镇或乡村请求善良的妇女帮助。卢瑟·劳杭记得猎牛队好几次到他家求助。他母亲很快用猎手们的面粉为他们烤好面包和软饼。虽然劳杭的母亲认为给猎手做这一切应是无偿的，但他们往往留下半袋面粉或一点钱作为酬谢。[2] 第四，猎牛的活动范围有大有小。穆尔参加的猎牛队只是在几个牧场的周围活动。安德森参加的猎牛队在瓜达卢普县较大的范围内追寻长角牛。[3] 第五，猎牛队除了搜寻属于他们自己的牛外，对其他并不属于他们的无烙印牛也一起捕捉。[4]

总起来看，内战刚结束时的得克萨斯猎牛活动并不都是组织得很好。很多情况下是邻近的一些牧牛场主为了恢复家业自发组织起来的互助活动。到19世纪60年代末期，"猎牛"变得更有组织。其主要目的不再是为了寻找"野牛"，因为这样的牛在1866年以后已经很少。1867年以后，猎牛便成了挑选已有烙印的牛出售和为新增的小牛打烙印的活动。

70年代始，"赶拢"成为得克萨斯牧区的一项重要经济活动。所以发生这种变化，首先是因为内战后有大量新移民涌入得克萨斯从事牧牛业，使大牧场逐日增多。在得克萨斯南部、西南部和西部，有数百万英亩的草地和平原，因气候恶劣、缺水而不适于农耕，只能用来放牧。内战后不久，很多从事牧牛业的人立即移居与圣安东尼奥、科珀斯克里斯蒂和拉雷多界邻的广阔

---

① 戴维·达里：《牛仔文化》，第137—138页。
② J.马文·亨特编：《得克萨斯的赶牛人》，第197页。
③ J.马文·亨特编：《得克萨斯的赶牛人》，第184页。
④ 戴维·达里：《牛仔文化》，第138页。

地区。其中有在城镇找不到工作的得克萨斯人。还有许多人是佐治亚、亚拉巴马或其他地方来的农场主。他们都到该州南部和西部从事牧牛业。其结果使得克萨斯的牧场日益增多，牧牛区不断扩展。其次，牛贸易的兴旺，使赶拢活动逐渐制度化、规范化。阿比林成为大平原上第一个牛镇后，有大量得克萨斯长角牛被驱赶到那里东运出售，使"赶拢"成为牧区在每年售季必须进行的活动。1867—1870 年，从得克萨斯赶往阿比林的打烙印牛计 81 万头。1866—1885 年，是牛贸易的兴旺期。总共有 571.3976 万头打烙印牛被从得克萨斯赶往各个牛镇出售。① 从 1866 年起，得克萨斯有法律规定，不准将未打烙印的牛赶出州。这样，以挑选出售牛而打烙印的"赶拢"便在得克萨斯牧区渐成制度。

　　19 世纪 70 年代早期，在得克萨斯西南部气候干燥地区，"赶拢"活动的过程比较简单，也不正规。一般由两三个邻近的牧牛场主商定好"赶拢"的时间和地点，便把牧场周围所有的牛群驱赶到一个共同的聚集地点围拢起来，再按参加赶拢的牧牛场主的印记进行分离。如果某头母牛身上打有表明某位牧牛场主所有权的烙印，那么跟随这头母牛的小牛也属其主人所有。这些小牛便被打上同其母相同的烙印，归属同一个牧牛场主。如果一个牧牛场主发现邻近牧场的母牛或未打烙印的小牛混在他的牛群里，他就会将这些牛归还其主，或至少为它们打上其主人的烙印。这些牛的主人也以每头 50 美分酬谢为他打烙印的人。如果一个牧牛场主在出售牛群时，发现其中有他人的牛，那么他可以从代他人卖的牛中每头提出 1 美元。这也成为当时的一个惯例。因为"把一头走失 50 英里的小公牛卖出的钱带回家要比把它带回牧场容易得多"②。早期得克萨斯的赶拢活动都能按照这样一些习俗平和地进行，不需要悉心计划和组织。到 1880 年，在得克萨斯已发展到有多达 20—25 个牧牛场主参加的合作赶拢。③

---

　　① 欧内斯特·S.奥斯古德：《牧牛人时代》，第 32 页。

　　② J.弗兰克·多比：《一个灌丛地区的骑马牧人》(J. Frank Dobie, *A Vaquero of the Brush Country*)，第 110 页。

　　③ 威廉·H.福比斯：《牛仔》(William H. Forbis, *The Cowboys*)，亚历山大里亚 1977 年版，第 120 页。

在"赶拢"基础上形成的"赶拢大会"则完全是另一种状况。随着牧区的扩大，牧牛场主之间的竞争日趋激烈，加之大量"马弗里克牛"，即走失的未打烙印小牛的增加，非法占有他人财产的犯罪行为日渐增多。牧牛场主为了维护自身利益，在各州或领地相继成立"牧牛者协会"（或称"家畜饲养者协会"）。"赶拢大会"由牧牛者协会按其制订的一些法规进行，并逐渐成为一种制度。"赶拢大会"最初的名字为"Vodeo"，源出西班牙文"rodear"，意为"围拢"，后"Vodeo"被"Roundup"所代替。"赶拢大会"的目的在于使每个牧牛场主合法而正式地拥有新增的牛，重在划分财产。

二、"马弗里克牛"及相关的赶拢法规

1. 马弗里克牛

在美国，关于未打烙印的牛如何变成"马弗里克牛"的记述中，因作者不同而有所差异。但有一点是相同的，即在所有论述这一问题的著作中，都涉及 1835 年从南卡罗来纳移居得克萨斯的塞缪尔·A.马弗里克。1844—1847 年间，马弗里克在墨西哥湾靠近迪克劳斯波因特的马塔戈达县，从事农耕和放牧。其间，邻居欠他 1,200 美元。马弗里克极不情愿地接了邻人的 400 头牛以抵销债务。① 马弗里克的牛多半都未打烙印，且到处漫游。一两年后，沿海岸地区的人开始把每头未打烙印的牛称之为"马弗里克的牛"（Mavericks）。据说 1854 年初，在别人的警告和压力下，马弗里克不得不在几周内，率两个儿子和一些雇工，把能找到的牛赶往在圣安东尼奥以南约 40 英里处的"马弗里克牧场"。但很多牛仍未打烙印。后来，人们淡忘了"马弗里克牛"，又允许它们在沿圣安东尼奥河的广阔地域内游荡。1856 年，马弗里克将其牛群和印记卖给了另一个牧牛场主 A.图坦特·博勒加德。后者同意用牧场交货的方式买牛。这意味着博勒加德和他的人不得不在开放牧区自己"猎牛"。这些人跑遍数县，搜寻从马弗里克牛群中走失的牛。只要他们找到未打烙印的牛，就宣布其为"马弗里克牛"，并随即给它们打上烙印。

---

① J.弗兰克·多比：《长角牛》，第 46 页。

到 1857 年，在圣安东尼奥以南广大地区，人们便称所有未打烙印的牛为"马弗里克牛"。内战以后，这一称谓在整个得克萨斯普遍使用。随着开放牧牛区扩及整个大平原，各州和领地也都称未打烙印走失的牛为"马弗里克牛。"

2. 赶拢法

在西部草原上的"牧场"不是以英亩，而是以平方英里计算。各牧场之间有几十英里的距离。得克萨斯牛有很强的奔跑能力，可以在基本无树的地区漫游 150 英里。[①] 尽管每个牧牛场主都力图把自己的牛群尽可能地限制在他占据的放牧区中，并指派一批牛仔，在他和相邻放牧区的地界上"骑马巡行"，但在没有围栏的广阔放牧区，相邻牧场的牛群还是时时混在一起。因此，在驱赶牛群上市之前，就必须设法把它们区分开来。于是，在敞开放牧的得克萨斯大草原上，有必要每年进行两次赶拢，使牛回到它合法的主人身边。一次是春季举行，目的是分离牛群，为新出生的小牛打上主人的烙印，并挑出赶往市场或去北部牧区育肥的牛。另一次赶拢是在秋季进行，目的是为在春季走失的牛或上次赶拢后出生的小牛打烙印，使牛归其主。"赶拢"是美国西部辽阔开放牧区的特点所致。最初是相邻牧牛场主自愿协作进行，随后逐渐成为牧区的一项必然的公众事业，由牧牛者协会指导进行。"赶拢"始于得克萨斯，后逐渐推广到大平原的所有牧区。"赶拢"逐渐演变成牧区社会的"特殊景观"和"盛大仪式"——"赶拢大会"。在这个转变过程中，伴之产生了一些相应的法规。

第一个重要法令是由得克萨斯的立法机关于 1866 年 11 月 12 日通过的。该法"禁止任何人把他人的牛从其待惯的牧区赶走"[②]。如果赶牛人不出示牛群是属于自己的充分证明，他将被视为轻微犯罪，受到罚款和监禁的处罚；如果牛身上烙印的印记没有登记注册，或其烙印是别人早已注册过的，则也会被处以罚款。[③]

[①] 戴维·达里:《牛仔文化》，第 158 页。

[②] 戴维·达里:《牛仔文化》，第 147 页。

[③] 《得克萨斯法》(*Laws of Texas*, 1866, sess.11)，第 11 次会议，第 187—188 页；转引自欧内斯特·S. 奥斯古德的《牧牛人时代》，第 33 页。

得克萨斯的另一项法令是在 1871 年通过的。这一年赶往阿比林的长角牛数量达到五年以来的顶峰。为了阻止把别人的牛群赶往市场非法牟利，该州便通过这一新法令，规定在牛群越过其北部边界线时，必须打有"过路的烙印"方能通过；"烙印必须大而明显，且打在牛身左侧肩后的背部"[①]。

这些法令在得克萨斯实施起来困难很大。原因之一是得克萨斯人很难克服长期形成的"没有打烙印的小牛是公共财产"的观念。特别是阿比林等牛镇的建立使长角牛可以在北部市场上获取高额利润后，一些牧牛场主为利益所驱，想把他人未打烙印的小牛变成自己的财富。原因之二是把他人未打烙印的牛打上自己的烙印非常容易，只要手里有把烙铁就行。因此，直到 19 世纪 80 年代后期，在得克萨斯牧区，特别是在南部的灌丛区，这种不法行为依然存在。然而，这两项重要法令的通过和实施具有重要意义。因为 1866 年的法令主要针对的是那些捕捉他人的"未打烙印牛"据为己有者。依此法律，其行为被视为犯罪。1871 年的法令针对的是赶牛往市场出售的人，其牛群若无"过路的烙印"将无法被赶出得克萨斯。这些法令禁止了内战以后至 60 年代末期大规模的"猎牛"活动，促使"猎牛"向牧区"赶拢"转变。

在蒙大拿领地，1874 年通过一项法令，旨在建立赶拢制度。该法要求县委员会成员将各县划分成一些大小适中的养牛区，每年举行两次"赶拢"。该委员会在每个区采用一个印记和赶牛道路的相同出口。所有走失的牛都要打上该区的烙印。如果将这些牛归还其主或出售，均需从该区通道出口经过；倘若一些走失的牛两次赶拢后仍无人认领，那么就拍卖给出价最高的人。每个委员会的管理人员都有一份"无人认领牛"的记录。任何买牛人都必须经规定的通道口赶牛，违者被罚款。[②] 然而，这一建立"赶拢"制度的尝试并不成功。一则是因为"赶拢"只是针对走失的牛，不包括耕牛、奶牛和由放牧者监控的牛，即在开放牧区放牧的牛。二则是能按时参加两次赶拢

---

① 《得克萨斯法》（Laws of Texas, 1866, sess.12），第 12 次会议，第 119 页；转引自欧内斯特·S.奥斯古德的《牧牛人时代》，第 33 页。

② 欧内斯特·S.奥斯古德：《牧牛人时代》，第 129 页。

的只是大牧牛场主，一些小牧牛场主不能参加。因此，赶拢不能把所有从事牧牛业的人组织到统一的活动中。

1884 年 7 月，蒙大拿各地的牧牛场主集会海伦娜，成立了"蒙大拿家畜饲养者协会"。在它通过的几项法令中，"赶拢法"是很重要的一项。该法规定禁止在 8 月和 11 月 15 日至下一年 5 月 15 日期间，在公共牧区为牛打烙印；若有两名负责任的公民在场，牛主可以在任何时候给牛打烙印。[①] 尽管后一项规定给偷牛贼和不守"赶拢法"的人留下了可乘之机，但该法的通过标志着在蒙大拿牧区已开始建立起自己的"赶拢"管理体系。

怀俄明在 1874 年进行第一次有组织的赶拢。此后，"怀俄明家畜饲养者协会"不断计划、安排和规范赶拢活动。其中，1884 年通过的"马弗里克牛法"最为重要。这一法令确认了怀俄明的赶拢制度。法令规定协会确定的赶拢日期是法定赶拢日，会员在赶拢中必须采取一致行动，不服从赶拢工头命令者被处以罚款和监禁；赶拢工头被授以处置无烙印小牛的权力，对不知归属的小牛须打上"无主"烙印集中起来，每 10 天拍卖一次；卖出的牛则打上协会和买主的烙印并登记存档，以备公开检查，售牛款归协会所有，作为其经费补贴[②]；协会对有舞弊行为的赶拢工头将予以解雇并处 3,000 美元罚款[③]。1884 年的法令在怀俄明历史上具有重大意义。它使"怀俄明家畜饲养者协会"建立的"赶拢"制度得以确立和日益完善，并以不可抗拒的权力强制实行。牧区早期无约束的独自赶拢已被禁止。该法令通过的当年，没有在协会规定的春季赶拢日期前私自给牛打烙印的事件发生。

虽然上述赶拢法令还有一些漏洞和不完善之处，但它们经历了一个由简单到完善的发展过程，并使赶拢制度由南及北在整个"牧牛王国"建立起来。正是在上述法令的约束下，西部牧区的赶拢由最初牧牛场主间的自发协作，逐渐转变为依法进行的规范制度。

---

① 马丁·里奇、雷·A.比林顿等编：《美国边疆史——西部扩张文献史》，第 605 页。
② 欧内斯特·S.奥斯古德：《牧牛人时代》，第 136 页。
③ 欧内斯特·S.奥斯古德：《牧牛人时代》，第 151 页。

三、牧区"盛典"

1. 赶拢的准备

在美国西部开放牧区，每年进行两次"赶拢大会"。"春季赶拢大会"素有"小牛盛会"之称，是牧区庆贺收获和牧牛场主显示对新增牛所有权的一种盛大仪式。春季赶拢的牛群适合长途驱赶出售和育肥，因为牛在牛道沿途有丰美的青草食用。"秋季赶拢"则是另一番热闹景象。秋季赶拢的牛适合装火车外运出售，因为牛吃了一夏天的青草正膘肥肉壮。牧牛场主们忙于选出已经育肥的阉牛，以便把它们就近装火车运往行情好的市场。"秋季赶拢"同样是牧牛场主喜获丰收的季节，被称为"肉牛盛会"。不过在牧牛场主或牛仔的回忆录中，展示给人们更多的则是在明媚春光下，绿草如茵、牛群哞叫、坐马奔腾、牧犬欢跳和牛仔紧张繁忙的春季赶拢的壮观景象。在辽阔而人烟稀少的牧区，平日除一个牧场的牛仔之外，很难有更多的人相聚在一起。然而，在春季赶拢的数十日内，有几个甚至十几个牧场的人群、牛群、马群和炊事工具车相聚在一处，紧张有序的赶拢，日复一日地从黎明持续到夜幕降临。在一个赶拢区人们连续紧张工作数日后，队伍又转移到下一个赶拢区。其规模之恢宏是空旷寂寥的牧区平日所罕见的。"春季赶拢大会"可谓是牧区的"盛典"。80年代的"赶拢大会"是在较严密的组织下进行的。

举行"赶拢大会"的第一步是由"家畜饲养者协会"划分赶拢区，任命各赶拢区的负责人——"赶拢工头"。如"怀俄明家畜饲养者协会"为安排1881年的"春季赶拢"，于4月4日在夏延召开会议，决定将北部各州和领地划分13个赶拢区，并安排了赶拢的相关事宜。其中第一赶拢区的"赶拢通告"宣布了该赶拢区春季赶拢开始的时间及其所包括的范围。通告宣称赶拢活动从5月23日自拉勒米堡开始，到博克斯埃尔德结束。[1] 在指定的这个赶拢区中，两牧牛营地间的直线距离为400英里，赶拢需持续5—6周的时间。[2] 在赶拢

---

[1] 《美国第10次普查统计数字：1880年的农业产量》，第1016页。

[2] 奥格登·坦纳：《牧场主》（*Ogden Tanner, The Ranchers*），亚里山大里亚1977年版，第69页。

区划定的同时，还在每个赶拢区选出一名赶拢工头，作为这一合作性事业的总负责人。他是"赶拢大会"的重要人物，必须是很内行的牧牛场主，为牧区邻居熟知并深得信任；他一贯以判断准确而著称，能使粗野的骑手们听从指挥。赶拢工头的成功取决于老练和坚定。① 其权力是无限而又绝对的。对其指令，所有参与赶拢的人必须遵从。

　　每个赶拢区在赶拢大会正式开始前两三天就做充分而细致的准备工作。在划定的每个赶拢区中，往往包括好几个放牧区。在同一个放牧区的每位牧牛场主要根据其牛群规模派出相当数量的牛仔参与赶拢大会。在一个赶拢区中，要确定一个赶拢大会的集合地点。所有参加赶拢的人要在集合地凑齐所需要的各种装备。在一个大赶拢区，会有250或300人集合在一起，各自带着他们的加鞍备用马。这样的马有2,000或3,000匹之多。② 阵营庞大的赶拢人还要装备由厨师管理的炊事工具车。由30或更多的人组成赶拢车队③，一般由8或10名牧牛场主拼凑一辆炊事工具车。这些牧牛场主将随炊事工具车前往指定地点，与他们的备鞍马相会。每个牛仔的马上都驮着卧具，遇到炊事工具车时就把卧具放在车上。炊事工具车由2匹或4匹马拉着。④ 每一辆车将从赶拢工头那里领到一个号码。"赶拢大会"的组织调动犹如军队的紧急调动一样。对每个人来说，做准备工作的那几天是非常忙碌的时刻。在艰苦的赶拢行将到来之前，到处可以看到牛仔们在做各种各样的准备工作。修补笼头，弄软僵硬的套索，对马具和人的用具进行一次总检修。到处充斥着太多的嬉闹和"牛仔式的揶揄"。只有赶拢大会开始前的夜晚除外，这一夜的命令就是"早点睡觉"。⑤

　　"赶拢大会"是由从四面八方将牛驱赶出来到集合地围拢开始。为了使

① J.弗兰克·多比：《一个灌丛地区的骑马牧人》，第33页。
② 科尔迪阿·S.杜克、乔·B.弗朗茨：《6,000英里的围栏——在得克萨斯XIT牧场的生活》，第81页。
③ 科尔迪阿·S.杜克、乔·B.弗朗茨：《6,000英里的围栏——在得克萨斯XIT牧场的生活》，第80页。
④ J.弗兰克·多比：《长角牛》，第80页。
⑤ 沃尔特·P.韦布：《大平原》，第257页。

329

赶拢计划尽可能涵盖州或领地内所涉及的绝大部分地区，赶拢工头把牛仔分成若干小队，指派他信赖的人做小队的头目，分别负责搜寻牧区某一特定地段的牛群。为了不让一头牛漏掉，赶拢工头令牛仔们将只要是长毛生角的一切东西都要赶出来。[1] 有时还真的把野牛或羚羊随牛群赶入赶拢大会的集合地。在赶拢大会进行的前一天晚上，赶拢工头到每辆炊事工具车前叫出两三个牛仔，令他们到 15—20 英里外的地方建造干燥营地。[2] 每人都必须用桩拴牢自己的马，以便在次日天亮时将所有的牛驱赶进"现场"。

2. 宏伟壮观的场面

赶拢大会正式开始的当天，厨师们在黎明前第一缕晨曦未露时就备好了早餐。大约在 3 点左右，他们就拖着长声高喊起床[3]，使牛仔们从睡梦中惊醒。看马人已使备用马跑动起来。整个营地呈现一片杂乱繁忙的景象。牛仔们被叫醒后匆匆吃罢早饭。不觉之间马匹已全上了笼头，备好了鞍。牛仔们迅速骑上马，便一队队出发。他们向四下散去，形成一个以赶拢大会集合地为中心的蜘蛛网。每队牛仔离开营地后都奔向指定地点，散成扇形进行搜寻。牛仔们一声高喊，牛就开始奔跑。被惊动的牛很快地向中央聚集地移动。一头从这儿，另一群从那儿被牛仔们赶着往一块聚。对每头牛来说，根本没有逃跑的机会。因为它想偏离一条路时，就会跑到另一个牛仔围赶的路线上。牛离中心集合地越近，就会被更多的牛仔看到它。临近中午时，会有两三千头牛出现在赶拢会场附近。这些牛被驱赶着聚成由松散到密集的一大堆，成为一个大牛群。整个现场蠕蠕而动，尘土飞扬，嘈杂的噪音喧灌耳。牛仔们在周围把牛群围住，监视着它们，随时把想离群的野性十足的公牛、快足一岁口的小牛及早已和幼犊失散的昏狂母牛赶回到牛群里去。这一大群里可能混杂 12—20 个牧牛场主的牛。[4]

给小牛打烙印和"割耳"是"起拢大会"程序中最重要的一项，必须在

---

① 沃尔特·P. 韦布：《大平原》，第 257 页。

② 乔·B. 弗朗茨、小朱利安·E. 乔特：《美国牛仔——神话与现实》，第 58 页。

③ 西奥多·罗斯福：《在远西部的牧场生活》，第 37 页。

④ 沃尔特·P. 韦布：《大平原》，第 258 页。

赶拢工头的监督和指挥下进行，赶拢工头在指定一些牛仔把牛群围住后，紧接着就是把牛分成各属不同牧牛场主的小群。赶拢会场所在地的牧牛场主享有优先的"分割"权。赶拢工头指挥"分割"技术熟练的牛仔骑马到大群之中，找出所有打着其主人印记烙印的母牛，把它们赶出来。这些母牛的犊子就跟着脱离大群，于是就形成了属于第一个牧牛场主所有的小牛群。随后，牛被依次分下去，形成若干个小牛群。分割出来的第一个小牛群放在离火堆约 50 英尺的地方①，以便给牛犊打烙印和割耳。打烙印和割耳是"春季赶拢大会的首要任务"，以确定新生牛犊的归属。打烙印的工作充满危险。一部分人在马上作业。在赶拢工头的命令下，两名技艺娴熟的牛仔骑马到小牛群旁，依次把一头头小牛犊套住，拉倒在地，把它拖到火堆旁。另一部分人在地面上干。牛仔在火堆边给牛犊"打烙印"、"割耳"和给小公牛实行"阉割术"。西部牧区习惯的做法是把烙印打在牛身左侧的臀部。由一名牛仔抓住倒地的小牛的尾巴将它拉到靠近火堆处按住，另一名牛仔拿起一块烧红的带有印记形状的烙铁，在被按住的小牛左臀部用力一按，烙铁上的印记就会深深烙在它的毛皮里。小牛咆哮着。灼烧牛毛和肉皮的气味随着一股白烟飘向蓝天。牛仔依次把打"烙印"、"割耳"、"割角"和"阉割"等都完成后再把小牛放开，让它到小群牛中去找其母。接着，另一头小牛被拖到火堆旁重复着同样的过程。有的操作是先割耳后打烙印。打烙印和割耳对牛犊来说是极惨烈的痛苦。牧牛场主为了表明其对牛的所有权，采取的手段也颇残忍，但这是所有牧区普遍采用的方法。这种方式始于得克萨斯，后传遍大平原所有牧区。至今那里的牧牛场主仍采用这种被称之为"得克萨斯方式"的打烙印和割耳的方法。不过，打烙印的主要是商品肉牛，而用于表演和做种畜的纯种牛则主要是在耳朵上割些花纹或佩金属片。②

在赶拢大会上，使用的是有特定"盖印"的"模压烙铁"。这种烙铁用火烧红后只要放在牛身上用力一按，烙印便可冲压在牛皮上。烙印通常高于

① 戴维·达里：《牛仔文化》，第 156 页。
② 霍华德·R.拉马尔主编：《美国西部读者百科全书》，第 174 页。

2 英寸，宽于 4 英寸，但高宽均不得超过 7 英寸。烙印会随牛一起长大。如果烙在小牛身上的烙印最初只有 3 英寸。几年后便可达到 12 英寸。① 如果烙印过大或打错部位，就会降低牛皮的价值。赶拢大会采用"压模烙铁"是为了防范偷牛贼用一根直火钳式的"草写烙铁"随意改变牛身上的烙印，把牛据为自己有。因为"压模烙铁"打出的烙印不易被去掉或篡改。

在整个赶拢大会期间，搜寻聚拢牛群、分群、打烙印和割耳的工作日复一日地重复进行着。每个放牧区通常需要工作 4—6 天才能完成。在第一个放牧区被清理完毕后，整个装备和人员又移往另一个放牧区。在数十天内，每天都有几百人、二三千匹马和几千头牛聚在一起在赶拢工头指挥下完成新增牛归属的确定工作。在赶拢大会现场，工作既繁忙紧张又井然有序。其场面之热烈壮观、其覆盖范围之宽广、其持续时间之长久，以及牧牛场主因新增财产难抑的喜悦，都表明"赶拢大会"是美国西部牧区繁荣的盛大庆典。

四、"赶拢大会"的作用

1. 经济作用

"赶拢大会"是美国西部牧区开放经营时期的产物。它是在相关赶拢法规的指导下严格地按照商业运作方式进行的。"赶拢大会"对维系"牧牛王国"的正常运作和繁荣具有重要的作用和影响。

从经济角度看，"赶拢大会"促进了美国西部牧区牧牛业的发展，保证了牧区的有序经营和规范了牧牛市场的秩序。

"赶拢大会"制度化促进了西部牧牛业的发展。内战结束时，得克萨斯的存牛为 500 万头。到 1885 年总计达 571 万余头，减去"猎牛时期"赶出的 81 万头，在赶拢制度建立后的十余年间它售出的牛超过 490 万头。北部的怀俄明牧区在 1874 年实行赶拢，至 70 年代末期拥有的牛已达 52 万头。② 随着"赶拢大会"的不断规范化，从 80 年代始，该领地的牧牛业迅猛发展。

---

① 丹尼尔·布尔斯廷：《美国人——民主历程》，第 24 页。
② 罗伯特·E.里格尔、罗伯特·G.阿塞恩：《美国西进》，第 225 页。

到 1885 年，怀俄明已拥有 900 万头牛。[1] 这些数字的增长说明，"赶拢大会"的制度化促进了美国西部牧牛业的发展和繁荣。

"赶拢大会"保证了牧区的有序经营。"赶拢大会"的目的是为了把开放牧区的混杂牛群明确区分开，使每个牧牛场主合法而正式地拥有他所新增的牛，并使众人知晓。要达此目的，每一个牧牛场主首先必须有注册的印记和耳戳。在大平原各州和领地，烙印的印记和耳戳的记号必须登记注册。经过注册登记，印记和耳戳就作为一类商标得到法律承认。其所有人受到法律的保护。未注册的印记是不能作为合法所有权的证据的。合法的印记和耳戳是"赶拢大会"上打烙印和区分牛的归属的唯一依据。其次，每个牧牛场主必须遵守赶拢法规。他不得在每年两次"赶拢大会"期间以外的时间私自给牛打烙印。凡不遵守此规定的牧牛场主不允许参加牧牛者协会组织的赶拢大会，其经营活动被视为非法。第三，赶拢大会所特别关注的是每个人都能得到他应得的一份。在赶拢大会上，力图使牧区"公正原则"得到最高体现。如果一头牛被打错了烙印，马上就会牵来另一头小牛抵数，补打疏漏的烙印。如果一头母牛身上的烙印已杂乱不堪，无法弄清谁是其主，他的小牛就不会被打任何人的烙印。这头小牛就归家畜饲养者协会所有，充作共同活动的经费。如果母牛带有远方牧牛场主的烙印，牛仔们便会把它赶走，引导它返回自己的牧场。对一个牧牛场主来说，随着一个个放牧区依次清理和打烙印的进行，他牛群中的新牛会不断增加。其新增加的牛群会得到所有参加"赶拢大会"的牧牛场主的承认。"赶拢大会"是在一种严格的商业运作方式下进行的。它限制了非法的"猎牛"活动，不允许牧牛场主私自为牛群打烙印，对偷牛贼也有一定的防范作用，保证了牧区的有序经营。

"赶拢大会"促进了以"长途驱赶"为特点的牛贸易的兴旺。内战后的美国牛贸易是以"牧区——牛道——牛镇"的方式进行的。牧区解决了牛源问题。牛镇是牛市和牛群装运到东部市场和北部牧区的集散地。牛道是把牧区和市场连接起来的中间环节。被驱赶上牛道长途跋涉的牛群是来自牧区源

---

[1] 欧内斯特·S.奥斯古德：《牧牛人时代》，第 225 页。

源不断的牛流。在"赶拢大会"制度化以前的"猎牛"活动，只能取得短期经济效应，暂缓牛肉市场急需供货的问题，但不能解决战后美国国内外对肉类的大量需求。"猎牛"犹如"竭泽而渔"，只能使得克萨斯的存牛越来越少。赶拢制度建立起来之后，不仅结束了易导致牧区牛源枯竭的非法猎牛，而且使牧牛区从得克萨斯扩大到大平原的十余个州和领地，保证了相当于半个欧洲的"牧牛王国"繁荣兴旺了20余年。牧区产牛量持续增长，为牛镇提供了充足的货源。使牛群源源不断地流入市场。被长途驱赶到牛镇的牛，如果被查出其所打的烙印是不合法的或被篡改的，便被一律没收。因此，"赶拢大会"不仅保证了牛贸易的兴旺，也规范了牛贸易市场的秩序。

2. 社会意义

就社会意义而论，"赶拢大会"约束着牧区从业人员的行为，有助于他们自身素质的提高。

参加"赶拢大会"的牧牛场主，必须遵守一切相关法规。最初，在印记的选定上只是牧牛场主之间的非正式协议。到19世纪80年代，各州和领地都颁布了印记登记册。由于登记在册的印记越来越多，故设计出一个不会被轻易改动的烙印是极重要的事。选择什么印记，不仅需要想象力，而且还必须了解该地区的其他登记注册的印记以使自己的印记是与众人不同的、唯一的。除了印记，牧牛场主还要注册一个有特色的耳戳。印记可能是牛群主人姓名的第一个字母，也可能是些圈、点、菱形、铲形、横杠或数字的组合体。一个牧区内的牧牛场主是那样多，能发明一个别具特色的印记确实是一种本事。一个牧场常因其印记的形状而得名。其后再添上装备（Outfit）一词。如斯温森斯（Swensons）的印记是"S.M.S."，中间的"M"可能是"W"的倒置，以此体现主人的创造性。再如"101"、"剁碎肉刀"（Hashknife）、"XIT"和"耳铛"（Jinhlebob）等都非常著名。[①] 牧牛场主除严格遵守在"赶拢大会"开始前不准私自给牛打烙印外，在"赶拢大会"期间还必须绝对服从赶拢工头的指挥和裁决。在赶拢进行过程中，牧牛场主或其牛仔不得骑马

---

① 沃尔特·P. 韦布：《大平原》，第259页。

穿过牛群，搅乱牛群。违规穿行被视为是行为不良甚至是罪过。这样的人一旦被赶拢工头发现，就被立即赶离现场。在赶拢大会上，所有牧牛场主都会向一些被称为"睡眠者"的牛伸手，并因此引起争执。所谓"睡眠者"是指那些只有耳戳而没有烙印的牛。这类牛之所以产生，是因为在上次"赶拢大会"时有人忘了给它打烙印而忽视了自己的权利。所以产生"睡眠者"所属权的争执，是因为那时在牧区只有"耳戳"并不能作为其主人所有权的唯一标记证明。只有"耳戳"而没有烙印的"睡眠者"在名义上可以被视为任何人的财产。有时一头这样的牛被一人带走后，在一天之内会几易其主。如果有人宣布了对某头带有"耳戳"的"睡眠者"的所有权而无其他人提出异议，他就幸运地拥有了这头牛，可以把其烙印打在它身上。对赶拢工头做出的有争议牛的归属判决，牧牛场主必须服从。"赶拢大会"要在整个赶拢区一个放牧区接一个放牧区地连续进行，每个放牧区的牧牛场主除了听从赶拢工头的总指令外，还必须听从牛仔小队头目的指挥，不得阻止他们从该放牧区往赶拢大会的集中现场赶牛。某个参加"赶拢大会"的牧牛场主如违反上述规定，他将被排除在牧区赶拢之外，成为非法经营者。因此，每个牧牛场主必须约束自己的行为，提高自身素质和守法意识，按有关法规经营扩大自己的牧场。

"赶拢大会"既是对牛仔骑马、使用套索和打烙印等职业技能的集中检验，也是对牛仔的忠诚尽职程度和意志品质的考验。参加赶拢大会的牛仔既是各牧牛场主雇用派出的人员，又是被赶拢工头分派在各个岗位的司职者。被分派在驱赶小队的牛仔要分路搜寻四散在荒野中的牛群并把它们赶到"赶拢大会"的集中地。这是一件十分劳累和辛苦的工作。牛仔的坐骑经常因奔跑过度而被拖垮。每个牛仔在赶拢时必须准备 8—10 匹的备用马，以便在坐骑累垮时随时换骑。[1] 牛仔们在天未破晓时便起身出发，直到正午才能把第一批牛赶到"赶拢大会"的现场。牛仔们要比他们的坐骑还要能吃苦耐劳。在"赶拢大会"现场的牛仔，必须娴熟地使用套索，准确地把每个牧牛场主

---

① 丹尼尔·布尔斯廷：《美国人——民主历程》，第 22 页。

的母牛从混杂的牛群中套住、拉出，并使他的小牛从大群中分离出来。负责打烙印的牛仔必须迅速熟练地为各个牧牛场主的小牛打上其烙印，并不能发生差错。在最繁忙的时候，一个上午要为驱赶来的 1,000 头牛打上烙印。[①] 一天紧张的工作完成之后，打过烙印属各牧牛场主所有的小牛群要派牛仔值班看守。从晚上 8 点开始，根据牛群的大小和种类，牛仔被分成每 2—4 人为一组，看守 2—4 小时。特别是夜间 12 点至次日凌晨 2 点的这班岗，非常难熬，被值班牛仔称为"紧张不安的几小时"[②]。在这段时间里，牛群会因风暴、偷盗、突然闪现的星光等因素的影响而惊逃。恰在此时值班的人真不知是祸还是福！在一个放牧区的任务完成，大队人马转移时，该放牧区里的所有人要做的是必须看住自己的牛群，以免牛跑掉，随他人的牛被赶到下一个放牧区。从赶拢大会的第一天开始，有多少牛的拥有者就会有多少分离出来的小牛群。牧牛场主们不得不派出牛仔，日夜看护。随着赶拢大会的持续进行，许多小牛群变得越来越大，牛仔工作的紧张度和疲劳度也日渐增大。其工作时间越来越长，劳动强度越来越难以承受，他们每天的工作时间至少有 12—15 小时[③]，有时甚至要持续 18—20 小时[④]。这样紧张、劳累的长时间工作要连续五六周左右。牛仔们都强壮结实，吃苦耐劳，能忍受许多苦难。他们难免要骑着半疯狂的马匹对付成千上万头野性十足的牛。赶拢大会总会伴随着许多危险。尽管会出现伤亡事故，工作还得继续进行。赶拢大会以公开的方式进行，旨在帮助牛仔抵制为制造"马弗里克牛"而杀死母牛的诱惑。在打烙印时，通常有好几个牧场的牛仔在场，使心术不正者无法在无主小牛的烙印上做手脚，至少是使其成事的机会更少些。"赶拢大会"是每个牛仔展现自己的综合专业才能、顽强拼搏的意志品质和忠诚尽职的职业道德的最好机会。一个牛仔要

---

① 戴恩·库利奇：《得克萨斯牛仔》（Dane Coolidge, *Texas Cowboys*），图森 1981 年版，第 34 页。

② 科尔迪阿·S.杜克、乔·B.弗朗茨：《6,000 英里的围栏——在得克萨斯 XIT 牧场的生活》，第 79 页。

③ 沃尔特·P.韦布：《大平原》，第 258 页。

④ 雷·A.比林顿：《向西部扩张——美国边疆史》，纽约 1974 年版，第 592 页。

想在每次"赶拢大会"上被雇用，就必须不断提高自身的素质。

　　"赶拢大会"也是对包括赶拢工头在内的所有工作人员职业道德和能力的考验。他们必须秉公守法，恪尽职守。赶拢工头负责"赶拢大会"的全过程。他的指令有不可抗拒的权威性。他不仅有权指挥在各个岗位上的牛仔进行紧张有序的工作，而且有权禁止包括牧牛场主在内的非工作人员骑马穿过牛群，并将不听其指令者逐出"赶拢大会"现场。为了保证"赶拢大会"的顺利进行，人们除了要求赶拢工头有很强的指挥能力之外，还要求他有很强的识别和判断能力。因为"赶拢大会"的一切活动是在严格的商业运作方式下进行的，它要求减少许多繁杂、拖拉的公事程序。赶拢工头在指挥各项活动有秩序进行的同时，他的另一项重要职责是查看是否把无母牛引领的较大牛剔出了赶拢的牛群之外。如果母牛的所有权引起争执，赶拢工头就要弄清双方的印记是什么。如双方能达成协议，就使牛归其主，让他领走。如果达不成协议，赶拢工头就指挥牛仔，或用水把烙印弄湿，使它更平滑易辨；或剃下印记上的牛毛，使烙印更加清晰，以便确定牛的主人。这一切得很快完成。这就要求赶拢工头必须有很强的识别判断能力来减少因所有权问题引起的麻烦，使所有的争吵都得到满意的解决，以确保赶拢大会的顺利进行。给小牛打烙印时负责数数的人被称为"记账手"或"记账人"。这是一个十分重要的角色。"记账人"的选择是根据他的诚实和办事能力，一般由赶拢工头指派。由于"记账人"的岗位可以伪造或虚报数字，他们的选择对参加赶拢大会的牧牛场主来说极具重要性。赶拢工头、记账员、各个岗位上的牛仔如有失职或舞弊行为要受到"家畜饲养者协会"的制裁。如果被列入协会的"黑名单"，他们再不被雇用。

3. 影响生态环境

　　"赶拢大会"对于牧区的生态环境也有一定的影响。在美国内战前，其西部的牧牛业主要集中在得克萨斯和西南部少数地区。大平原的大部分牧草资源还未被开发利用。如果内战后至60年代末期的"猎牛"活动再持续下去，其结果只能导致得克萨斯的牛资源的枯竭。那么，大平原仍在沉睡，保持其"荒漠"状态。正是始于得克萨斯的赶拢制度的逐步完善和推广，才使牧牛业扩及整个大平原，使丰富的牧草资源得以开发利用。随着"牧牛王国"的兴起与发展，越来越多的人从四面八方涌向牧区，从事牧牛业。赶拢制度先在发展较早的牧区建立起来，一方面它在一定程度上限制了从业人员的过度增加和存牛量的过度膨胀；另一方面它使新来的牧牛场主向后发展起来的新牧区和未开发的牧区流动，使牧牛业在更广阔的地区得到发展。待"赶拢大会"在大平原普遍制度化以后，它对牛群增长过快和牧区过载过牧有所控制。因为按照相关法律的规定，只有是牧牛者协会会员的牧牛场主才允许参加"赶拢大会"。除此之外，其他经营牧牛业的人一律被视为非法经营者。总之，在"赶拢大会"制度建立的初期，促进了牧牛业不断向荒原发展，不断开拓新的牧区，避免了放牧区过分集中，使牧牛业在大平原各地区较均衡发展。在牧牛业遍及大平原后，"赶拢大会"制约着每个牧区的发展规模，避免牧区牛产量过分膨胀，导致牧草减少，造成草牛供需失衡。"赶拢大会"在一定程度上有助于维持"牧牛王国"生态环境的平衡。

"赶拢大会"是美国西部牧区由无序经营向依法管理转变的尝试。它是大牧牛场主意志的体现，代表着他们的利益。在"赶拢大会"制度建立和发展的过程中，"小生产者都受到排挤"[1]。虽然许多小牧牛场主对此曾进行过抗争，但他们都纷纷破产。

第三节　长途驱赶

一、起因与主要阶段

1. 起因

"长途驱赶"起源于得克萨斯州。最初，牧牛场主自己往州外赶牛。后

---

[1]　列宁：《关于农业资本主义发展规律的新材料》，《列宁全集》第27卷，人民出版社1990年版，第238页。

来，牧牛场主雇用赶牛"老板"，带领由牛仔组成的赶牛队，把牛群从牧场长途驱赶到铁路车站出售，或到新的牧区放牧育肥。在牛群走过的地方，形成许多道路。这些道路被称之为"牛道"或"赶牛小道"。在美国内战以前，得克萨斯人已开始向州外长途赶牛出售。战争中止了"长途驱赶"。战后，"长途驱赶"再次出现。其规模之大前所未有。得克萨斯为何在内战以后出现新的大规模的"长途驱赶"活动呢？

首先，得克萨斯在内战结束时出现牛群的极度过剩，必须向州外驱赶出售。如前所述，内战结束时该州有牛已达 500 万头。由于战争期间疏于管理，牧场有很多牛没有打烙印，许多牛跑掉成了野牛。在得克萨斯只有过剩的牛群，没有规范的市场。它必须依附于进入工业化新阶段的东北部。那里的城市急需肉食供应。于是，牛群被驱赶着，踏着天然牛道，前往北部市场。其次，巨大的地区差价成了"长途驱赶"的巨大推动力。内战结束后不久，美国的工业化和城市化进入新阶段。随着全美人口、特别是城市人口的增加，对肉类的需求量愈来愈大。包括得克萨斯在内的美国人口，从 1860 年的 3,141.7331 万上升到 1870 年的 4,000 余万。然而，同期美国拥有牛的数量却从 2,564.0337 万头下降到 2,163.3069 万头。[1] 东北部的繁荣与得克萨斯牛群的极度过剩，造成了牛的地区差价极为悬殊。在得克萨斯只值 5 美元的一头成龄菜牛在美国东部可以卖到 50 美元。[2]500 万头牛可以带来滚滚而来的利润。这是诱使得克萨斯人从事"长途驱赶"的极大驱动力。对此我们在第一章中已有较详细的分析，在此不再赘述。其三，内战前得克萨斯人已有了长距离驱赶牛群的经历，为战后的大规模"长途驱赶"积累了经验。内战前，得克萨斯人曾间歇性地驱赶牛群到加尔维斯顿、新奥尔良和其他海湾港口，再装船运往古巴和美国东部与北部的市场。早在 1846 年，爱德华·波珀把牛群全程驱赶到俄亥俄州，在那里销售出去。加利福尼亚的"淘金热"时，一些得克萨斯人驱赶着牛群经南线进入加利福尼亚市场。从得克

---

① J.弗兰克·多比：《长角牛》，第 XV 页。
② 罗伯特·E.里格尔、罗伯特·G.阿塞恩：《美国西进》，第 477 页。

萨斯赶出的牛群，通过圣安东尼奥、埃尔帕索和图森被赶往亚利桑那、新墨西哥和加利福尼亚。虽然在内战前从得克萨斯赶出的牛群与其总量相比还微不足道，但这些远距离驱赶牛群的冒险经历是十分重要的。它为内战后大规模的"长途驱赶"提供了可借鉴的经验和技巧，在技术上使长时间的持续"长途驱赶"具有了可行性。其四，内战后西部铁路的修建，为大规模的"长途驱赶"提供了方便条件。内战结束后，美国在短短的 30 年内完成了贯穿整个西部的五条横贯大陆铁路，构成了西部铁路网的主动脉。为了将牛群运往东部，铁路公司在铁路沿线建立起了一些集中和运输牛群的牛镇。这些牛镇成了牛道的终点。随着铁路向西推进，各种牛道也随之从堪萨斯西部进入科罗拉多和怀俄明。70 年代后，牛群和牛道又随着北部几条横贯大陆铁路的修筑向北移动，进入南达科他和蒙大拿的牛镇。"长途驱赶"自始至终处在西部铁路建设的高潮中。铁路提供的便利条件，使大规模"长途驱赶"得以多方向进行，赶牛人可以选择更安全、方便和省钱的牛道。如大北铁路修成后，赶牛人不必再像早期那样赶牛穿越密苏里河地区，节省了印第安人索要的"每头牛走 3 英里付 50 美元的费用"[1]。由于上述原因，使通过"长途驱赶"进行的牛贸易由"需要"变为"可能"。

2. 主要发展阶段

内战后的"长途驱赶"始于 1866 年。到 1885 年后"长途驱赶"作为一项获利的事业便突然停止了。[2] 持续了 20 年的"长途驱赶"，大致可以分为三个不同的阶段。

第一个阶段：1866—1878 年。[3] 内战后的"长途驱赶"始于 1866 年 3 月。这一年赶牛的主要目的地是密苏里的锡代利亚。它位于正在向南推进的密苏里太平洋铁路线上。1866 年，通往锡代利亚的牛道很不理想，不但难以行

---

① 罗伯特·G.阿塞恩：《高原帝国——高平原和落基山区》，第 167 页。

② 戴维·盖伦森：《长途驱赶的利润》（David Galenson, "The Profitability of the Long Drive"），《农业史》1977 年 10 月第 51 卷。

③ 许多著作以 1866 年 3 月从得克萨斯往锡达利亚赶牛作为内战后"长途驱赶"的开始，盖伦森在论文"长途驱赶的利润"中则以 1867 年往阿比林赶牛为开端。笔者采取众说。

走，而且颇多凶险。1867年春天，麦考伊在堪萨斯太平洋铁路上建起了第一个牛镇阿比林，为得克萨斯的赶牛人找到了一条更好的通路。赶牛人通过"奇泽姆小道"，把牛群从得克萨斯赶往阿比林。这标志着"长途驱赶"时代的真正开始。1868—1871年，有近150万头长角牛被赶到这个牛镇。[①] 随后，还有更多的牛镇在堪萨斯和其他地区建立起来。第一个阶段的特点是把成龄牛群驱赶到堪萨斯的牛镇，在那里装车运到东北部牛肉市场。虽然1873年的经济危机曾引起市场短暂的不景气，但到1875—1877年又兴旺起来。因此，总起来看第一个阶段是成龄牛群"长途驱赶"的繁荣时期。

第二阶段：1878—1883年。这个阶段"长途驱赶"的主要目的和性质开始发生变化。"长途驱赶"有了新的作用，除输送成龄牛供应市场外，主要是向大平原北部辽阔的新牧区供应牧养的小牛。到1880年，铁路在得克萨斯境内已完好地建立起来。一些牧场主开始在州内把大量成龄菜牛装火车，直接运往芝加哥的市场。尽管如此，"长途驱赶"因其花费便宜，在输送成龄牛方面仍能与铁路竞争。如1880年由铁路直接装运到芝加哥的得克萨斯牛为8.86万头，长途驱赶到堪萨斯的牛为39.4784万头；第二年，前者为14.338万头，后者为25万头。[②] 随着北部牧区的繁荣与扩大，"长途驱赶"的重要性更突出了。80年代的"长途驱赶"，主要是以输送小公牛和母牛构成的混合牛群为特征。与火车运输相比，除花钱少外，长途驱赶牛群到北部牧区还使那里的牛较少受得克萨斯热病传染的威胁。第二阶段在经过1881—1882年的高峰后低落下去。

第三阶段：1884—1885年。这是"长途驱赶"的后期。在1881—1883年，北部牧区贮存的幼牛过量。与此同时，北部市场的牛肉价格下跌。为输送幼牛到北部贮养的"长途驱赶"已再不需要。"长途驱赶"把成龄牛送往市场的作用已被火车取代。从"长途驱赶"两岁口幼牛的平均返利率

---

① 马丁·里奇、雷·A.比林顿编：《美国边疆史——西部扩张文献史》，第597页。

② 戴维·盖伦森：《奇泽姆小道的终结》（David Galenson, "The End of the Chisholm Trail"），《经济史杂志》1974年6月第34卷。

看，1881—1882 年在 100% 以上。到 1885 年，利率跌落到 15%[①]，成为驱赶历史上最低的一年。大规模"长途驱赶"的时代突然结束了，以后再未恢复。

二、作用及影响

1. 在西部开发中的作用

"长途驱赶"在美国历史著作中占有独特的重要地位，已成为西部史中最富传奇色彩的篇章。在美国，到处可以找到满书架关于"长途驱赶"的书籍。赶牛的牛仔被描绘成民间的英雄，并被极大地浪漫化了。相对来说，这些研究较少涉及"长途驱赶"在西部开拓中的作用及其对大平原乃至美国的影响。实际上，"长途驱赶"是美国内战后西部开放牧区的产物，是与"赶拢"紧密相连的一个重要环节，是在内战后西部开拓时期的一项主要经营活动。它对得克萨斯的经济恢复、大平原牧牛业的繁荣、西部开发乃至美国的发展，都产生了重要的作用和影响。

"长途驱赶"在西部开发中的作用，首先表现在它使遭受战争严重打击的得克萨斯经济得以恢复，该州从中受益 20 余年。

内战期间，联邦军控制了密西西比河，切断了得克萨斯与南部同盟的联系。从得克萨斯赶牛北运被中止。牧牛场主和他们雇用的牛仔参加了同盟军，去与北部作战。牛群没人管理。内战使得克萨斯州的经济遭受严重的破坏。战争结束时，大多数得克萨斯人生活在贫困之中。农场长满杂草。牧场面临毁灭。得克萨斯所拥有的"唯一财产"，就是四处漫游的数百万头长角牛。然而没有市场，这些牛就毫无价值。因此，对得克萨斯人来说，首要的任务是如何把大量走失或变野的牛围捕起来，送往市场。靠密西西比河的汽船，不可能把更多的牛北运。铁路还未通到得克萨斯。"长途驱赶"是内战后把得克萨斯牛输送到东北部市场的主要途径。得克萨斯人选择了"长途驱赶"，并把它变成一种重要的产业。在 20 年间，他们通过"长途驱赶"，把

---

① 戴维·盖伦森：《长途驱赶的利润》，《农业史》1977 年 10 月第 51 卷。

大约 600 万头长角牛送到堪萨斯的市场。[①]"长途驱赶"给得克萨斯带来了很高的利润。从得克萨斯驱赶到堪萨斯的牛群，获得返还利润的时间，超过了 19 年。[②]1867—1885 年，"长途驱赶"每年的平均返还利率幼牛达 97.21%，成龄牛达 136.79%。[③]"长途驱赶"给牧牛场主带回的钱通常是金币。他们用这些钱偿还债务、购置和扩大牧场的土地、修建围栏和风车，引进英国的优种公牛改良牛群。"长途驱赶"使得克萨斯遭到破坏的经济得以恢复，牧牛业重现新的繁荣。得克萨斯成为大平原"牧牛王国"兴起发展的"大本营"。

其次，"长途驱赶"把牧牛业推进到大平原的中部和北部地区，使美国西部迅速崛起一个辽阔的"牧牛王国"。赶往北部的牛群，并不都是贮存在那里育肥后往市场出售的小公牛，还有许多包括未成龄母牛和公牛在内的混合牛群。这些混合牛群不仅放牧在堪萨斯和内布拉斯加，而且还被直接赶往新墨西哥、亚利桑那、科罗拉多、怀俄明、蒙大拿和南、北达科他放牧区，为那里的牧牛场主补充其所需要的新牛群。牧场从格兰德河一直到落基山脉深处和美加边界。牛群在辽阔的草原上遍地皆是。整个大平原迅速扩展成"牧牛王国"。在怀俄明及其相邻的州和领地，"长途驱赶"来的牛群被放牧在平原和山区的河谷地带。矮种马也被用来放牧牛群。"长途驱赶"的作用在怀俄明表现得特别明显。该领地发展成为"典型的牧区"。1860 年那里还见不到牛的踪影。1868 年牧牛业开始扩展到怀俄明。1870 年，已有 7.1 万头牛被赶进那里的公共牧区。[④] 一些得克萨斯牧牛场主骑马驱赶着他们的牛马群北行，停留在怀俄明。精通"套牛"和"打烙印"的技术使他们获利丰厚。有些得克萨斯人根据"宅地法"移居怀俄明。这些新定居者开始经营自己的牧场，不断扩大牛群。到 19 世纪 80 年代初，怀俄明成为美国的主要牧区之一。

再次，除牧牛业外，"长途驱赶"对美国西部其他方面的开发起了积极

---

① 欧内斯特·S.奥斯古德：《牧牛人时代》，第 32 页。
② 戴维·盖伦森：《长途驱赶的利润》，《农业史》1977 年 10 月第 51 卷。
③ 戴维·盖伦森：《长途驱赶的利润》，《农业史》1977 年 10 月第 51 卷。
④ 菲利普·德拉姆、埃弗里特·L.琼斯：《黑人牛仔》，第 126 页。

美国西部牧业研究

的促进作用。内战以后，美国西部出现矿业开发和铁路建设的高潮。"长途驱赶"保证了对采矿营区的马匹和肉类供应。大批牛群被赶往靠近矿区的牧场放牧，供矿镇居民食用。临近矿区的蒙大拿9个县的牧场，到1872年拥有的牛群已达7.5万头。[①]"长途驱赶"不仅为横贯大陆铁路的建设供应了充足的牛肉和良马，而且还影响了铁路的走向。相互竞争的铁路公司，竞相把其建筑的铁路通向牛道。一些铁路深入到得克萨斯的牧牛区，以期某一天取代"长途驱赶"，用火车直接把牛从牧区运往市场。牛道的终点，多选在铁路沿线，促使牛镇迅速兴起。继阿比林之后，堪萨斯的埃尔斯沃思、威奇托、道奇城和考德威尔也都成了著名的牛镇。重要的牛镇还有内布拉斯加的北普拉特和奥加拉拉、新墨西哥的林肯和银城、怀俄明的夏延和拉勒米及蒙大拿的海伦娜等。"长途驱赶"使牛镇成了牛群集散装运的中心，增加了铁路的运输量。从得克萨斯赶出的牛群到1890年达1,000万头。[②] 其中大多数被驱赶到各个牛镇。"长途驱赶"不仅使大批牛镇为国内外的牛贸易开辟了更广阔的市场，而且使以牛贸易为中心的城镇经济及与之相关的经济迅速发展起来。牛镇成了"牧牛王国"的经济和政治中心。有的牛镇虽然随着开放牧区的终结而衰落下去，但一些牛镇继续成为西进农场主的贸易市场。牛镇作为城市化的一种模式，为美国西部城市的兴起奠定了一定的基础。其中像阿比林、道奇城和夏延等，已发展成为现代化城市。对于牛镇的兴起与变迁，笔者将在后面作专题论述。在这些城市由牛镇发展为现代化城市的过程中，"长途驱赶"起了不可忽视的作用。"长途驱赶"也刺激了冷藏车、肉类包装加工和罐头制造业的发展。大量牛群被赶到牛镇，促使各铁路公司不断更新设备，改善运输条件。几个发明人致力于铁路运肉冷藏车的研究开发。1867年，他们制造出第一辆把冰箱放在车轮上的冷藏车，但不能根本解决肉变色和腐烂的问题。不久，冷藏车得到改进。1869年，肉商乔治·H.哈蒙德开始用改进的冷藏车从芝加哥运肉。肉商古斯塔夫·威斯夫特进一步研

---

① 欧内斯特·S.奥斯古德：《牧牛人时代》，第21页。

② 霍华德·R.拉马尔主编：《美国西部读者百科全书》，第177页。

344

究改进冷藏车。1877 年，他用其中的 10 个车厢首次把整列车的鲜肉从芝加哥运抵东部。[①] 此后，各铁路公司逐渐淘汰了容积小、卫生条件差的运牛车厢，代之以冷藏车装运鲜肉。铁路的运输能力进一步提高，铁路公司因此获利更大。冷藏车的使用，促进了西部肉类罐头制造业的发展。在靠近牛肉来源地的沃思堡、威奇托、堪萨斯城和奥马哈等城市都建立起了肉类加工和包装工厂。芝加哥成为世界上最大的肉类屠宰、加工和贮运的中心。斯威夫特、哈蒙德、阿穆尔、摩里斯和卡达希等人先后建立起了肉类包装垄断公司。其结果使美国的肉类加工和罐头制造业中心不断西移。从牧区牲畜采购、屠宰到肉类加工、包装、贮运和销售都被置于这些垄断企业的控制之下。在这一系列发展变化中，"长途驱赶"起了重要的推动作用。

2. 多方面的影响

"长途驱赶"对内战后美国的发展产生了多方面的影响。从得克萨斯赶出的牛并不能全部立即作为牛肉出售。在赶牛最高峰的 1871 年，所赶出的 60 万头牛只有一半找到了买主。[②] 其余的牛只能在临近州作为"食客"过冬，或被赶往密西西比河以东的玉米产区饲养育肥。"长途驱赶"使得得克萨斯牛群像洪水一样流入伊利诺伊和艾奥瓦等州，使这些州成为重要的菜牛饲养基地。到 1899 年，艾奥瓦州的牛产量仅少于得克萨斯而超过大平原其余各州和西部其他州。[③] 在全国范围内，"长途驱赶"满足了美国人对肉类日益增加的需求，使他们可以享用到价格较为低廉的牛肉。得克萨斯长角牛的肉质不好，最初不易被家庭主妇接受。"长途驱赶"到大平原的得克萨斯牛与赫里福德种和安格斯种的公牛繁殖产生了"白脸牛"。这种牛膘肥体壮，肉质鲜嫩，深受人们喜爱。因为猪是靠粮食饲养长大，而从大平原赶出来的牛靠不花钱的青草。相对来说，牛肉的价格较为便宜。如 1875 年，一口猪的售价高于 7 美元，而一头 4 岁口的成龄牛在埃尔斯沃思的售价仅为 18—

① 韦恩·加德：《牛道的影响》（Wayne Gard, "The Impact of the Cattle Trails"），《西南部历史季刊》1966 年 7 月第 71 卷。
② J. 布卢姆等：《美国的历程》下册第一分册，商务印书馆 1993 年版，第 16 页。
③ 弗雷德·A. 香农：《农场主的最后边疆：1860—1897 年的农业》，第 165 页。

25 美元；在道奇城，1877—1882 年一头牛的售价最高未超过 25 美元，很多年份在 20 美元以下；1884 年，100 磅的西部牛肉价格下跌到 5.6—3.75 美元，1887 年竟跌至 1 美元。同期，每口猪的价格分别为 4.4 美元和 4.6 美元。[①]一头牛的重量是一口猪重量的好几倍。牛肉价格要比猪肉价格便宜些。"长途驱赶"改变了美国人的饮食结构，使牛肉取代猪肉成为他们餐桌上的主要肉食。再者，"长途驱赶"使大平原成为一个最丰富的歌曲和故事的源泉地，所产生的牛仔文化成为美国大众文化的奇葩，其影响广泛而深远。长达 20 年的"长途驱赶"是美国历史上牛群大迁徙的奇观。2,000—3,000 头牛组成的牛群，被 10 余名牛仔驱赶着，在牛道上每天行进 10—15 英里[②]，其场面之壮观，其规模之宏大，只有过去成千上万头的野牛群穿越大平原的情景能与之相比。"长途驱赶"之所以极富有传奇性，是因为牛仔们要在数月内赶着牛群，走过数百甚至上千英里的牛道。一路上尘土扑面。他们不仅要穿过急流险滩，遭遇暴风雨和大风雪的袭击，而且还要对付歹徒们的拦路抢劫，有时还有生命危险。正因如此，草原和牛道成了美国文学艺术界长久赞美不绝的主题。牛仔被描绘成传奇性的英雄。在美国的音乐、舞蹈、绘画、小说、戏剧和影视作品中，无休止地重复着牛仔的主题。牛仔艰苦生活的真实性被作者们赋予的浪漫色彩所掩盖，并被不断偶像化。牛仔文化已在衣食住行、日常谈吐和精神文化等方面深入现代美国人的生活。牛仔文化不仅在美国产生广泛而深远的影响，而且已融入世界文化之中，成为一种国际文化现象。关于这一问题，我们将在后面的章节中进一步展开论述。

"长途驱赶"对欧洲也产生了影响。在 19 世纪 70 年代，得克萨斯的牛肉开始大量运抵欧洲。船载着活牛、装在桶里和罐头里的牛肉及冰冻牛排运往英国等国。美国出口到欧洲的活牛从 1870 年的 2.753 万头增加到 1879 年的 13.672 万头。[③]在欧洲消费者欢迎来自美国西部美味牛肉的同时，那里的养牛人却起而反对这种越洋竞争。因为欧洲人是在农场上花很多钱养牛，无

---

① 弗雷德·A.香农：《农场主的最后边疆：1860—1897 年的农业》，第 167、235 页。

② 贝阿德·斯蒂尔德：《美国西部开发纪实》，第 207 页。

③ 弗雷德·A.香农：《农场主的最后边疆：1860—1897 年的农业》，第 351 页。

法与美国西部牛进行竞争。在欧洲一些国家里，养牛人极力劝说本国政府，实行高关税，并在港口对美国牛进行检疫，不允许美国牛肉进口。

三、突然终止的原因

1. 美国学者的代表观点

从 20 世纪初至 70 年代，一些美国学者在探讨"长途驱赶"于 1885 年后突然终止的原因。代表性观点有三：①堪萨斯和得克萨斯北部的农民用带刺铁丝围栏封锁了牛道；②铁路便利的运输条件和低于赶牛花费的运费，对扼杀"长途驱赶"起了重要作用；③堪萨斯和北部各州在 1885 年通过的反对得克萨斯牛进入的"检疫法"，是结束"长途驱赶"的一个重要因素。

"带刺铁丝"、"铁路"和 1885 年"检疫法"，这三者是影响"长途驱赶"进程起落的重要因素。但是，仅以此来解释"长途驱赶"为什么在 1885 年后突然终止，这样的答案似不能完全令人信服和满意。因为在 1885 年前，这三种因素都已存在，而这一年从得克萨斯赶出的牛达 35 万头。[①] 这个数字超过了前 19 年赶牛的年平均量。然而到 1886 年，连一头牛也没有被赶出得克萨斯，"长途驱赶"却突然停止了。我们不妨把三种理由稍作分析。自从 1874 年带刺铁丝投放市场后，西部的需求量不断增多。由 1874 年的 5 吨增至 1880 年的 4.025 万吨。[②] 可见，到 1885 年带刺铁丝围栏在大平原已有了相当程度的发展，围栏并非是在 1886 年才建起的。1885 与 1886 年只有一冬之隔。在 1886 年前围栏封锁不住赶牛小道，而恰在这一年却使"长途驱赶"突然停止，这种解释站不住脚。前面已经阐明，在 80 年代得克萨斯已建立起来良好的铁路运输线，并开始装牛直接外运。铁路运输的便利条件和运费低并不是到 1866 年才出现。1885 年，从得克萨斯赶往堪萨斯的牛的数量高于从该州直接用火车运往芝加哥的 29.8188 万头。[③] 故铁路在 1886 年突然扼杀"长途驱赶"的理由并不充分。至于 1885 年的"检疫法"之说，也

---

① 戴维·盖伦森：《奇泽姆小道的终结》，《经济史杂志》1974 年 6 月第 34 卷。
② 戴维·达里：《牛仔文化》，第 97 页。
③ 戴维·盖伦森：《奇泽姆小道的终结》，《经济史杂志》1974 年 6 月第 34 卷。

非是突然结束"长途驱赶"的直接原因。密苏里州和堪萨斯州早在1867年就通过了"检疫法",禁止带扁虱的得克萨斯牛群在夏秋两季入境,以避免当地牲畜染上"得克萨斯热病"。但违犯法律赶牛群过境的行为,往往被该州州长所默认。1885年的"检疫法"对在3月1日—12月1日之间进入境内的牛群要求"健康证件"。① 因此,该"检疫法"难免会使人产生疑问:它是否能得到完全彻底的执行? 通过这一法案的真正目的是什么? 因为"长途驱赶"早已引起了人们对"得克萨斯热病"的关注,并最终解决了这一麻烦问题。经科学研究,通过使牛在消毒液中浸泡,可以杀死其身上带的疾病传染者——扁虱。故1885年"检疫法"突然终止了"长途驱赶"的观点也不足以服人。

2.终止的原因

什么是使"长途驱赶"突然终止的原因呢? 答案只能从"长途驱赶"本身寻找。"长途驱赶"是以营利为目的。在"长途驱赶"存在的整个时期,是潜在的经济力量创造、支撑并最终毁灭了这一引人注目的事业。"长途驱赶"之所以在1885年后突然终止,主要是因为在整个过程中其作用变化的结果。

大规模的"长途驱赶"在美国内战后兴起的主要原因,是战争造成了美国牛肉市场的巨大供需失衡。通过"长途驱赶",把得克萨斯牛的"供给"与北部市场的"需求"联系起来。1866—1873年的"长途驱赶",仅仅是得克萨斯的牧牛场主把他们的牛群送往国内市场。在早期驱赶的牛群,几乎全部是四岁口的成龄公牛,在市场上可以卖到很高的价钱。

在1873年,密苏里、堪萨斯和得克萨斯的铁路延伸到得克萨斯州内靠雷德河的丹尼森,"长途驱赶"并没有被铁路所扼杀。它又持续了12年。供应牛肉市场的成龄菜牛,开始直接用火车装运到芝加哥。"长途驱赶"的性质发生了根本变化。它的主要作用是驱赶未成龄幼牛到堪萨斯,供应北部辽阔的牧区放牧贮养。未成龄的牛群所以不用火车装运,是因为长途驱赶

的花费低，且传染"得克萨斯热病"的可能性较车厢装运小。在70—80年代，从得克萨斯到堪萨斯，每头未成龄牛的火车运费是"长途驱赶"费用的三倍。[1]1876年以后的五年，是北部牧区迅猛扩展的时期。特别是1881—1882年的投资狂热，使北部牧区的兴旺达到巅峰。从1878—1885年，被驱赶到北部牧区的未成龄牛每年超过30万头。[2]这是因为直到1884年，"长途驱赶"幼牛仍可获得60%以上的利润。由于较长时间的长途驱赶，到1880年美国牛肉市场的供需失衡矛盾实际上已经解决。1883年，堪萨斯的幼牛价格下跌。这是由于1881—1882年，北部牧区贮存幼牛过剩所致。到1885年，牛肉价格跌落，则是因为北部牧区的成龄牛过剩引起的。那里已不需要得克萨斯牛继续北上。如果不加以阻止，其结果还会进一步压低北部市场的牛肉价格。这是北部各州在1885年突然通过并实行"检疫法"的真正原因。迫于不得已的经济原因和自身的利益，北部牧牛场主们不允许得克萨斯牛再进入他们的牧区。所谓"得克萨斯热病"，只不过是他们采取行动的借口。

由于受丰厚利润的驱使，在"长途驱赶"的最后五年，很多非得克萨斯人也加入了赶牛这一行业。这种竞争，导致1885年"长途驱赶"的利润降到了最低点。因为赶幼牛北上遭到限制和无大利可图，得克萨斯的牧牛场主们便把它们贮养在自己的牧场里，待成龄后，直接用火车运往芝加哥的牛肉市场。这一年，火车的运费为每头牛5.9美元，而先赶到堪萨斯，再用火车转运，共需5.42美元。两者相差只为9%。[3]相较火车的安全便捷，"长途驱赶"的风险和损失较大。"长途驱赶"极具危险。在牛道上，赶牛人和牛群经常遭遇当地移居者的枪击、武装匪徒的劫掠、暴风雨雪的突袭和暴涨河水的阻拦。遇到这些凶险，人畜都有生命危险。牛还会乱群溃散。其结果导致赶牛人不是损失了大部分牛，就是整个牛群荡然无存。"长途驱赶"的后期，利润已经极低。在利不抵险的情况下，赶牛人不愿再冒生命危险、花费更多的时间和精力赶牛。

---

[1]　欧内斯特·S.奥斯古德：《牧牛人时代》，第91页。

[2]　戴维·盖伦森：《奇泽姆小道的终结》，《经济史杂志》1974年6月第34卷。

[3]　戴维·盖伦森：《奇泽姆小道的终结》，《经济史杂志》1974年6月第34卷。

　　"长途驱赶"到 1885 年后便戛然而止。此后，大量农场主移居大平原，围栏占地，开垦草原。他们对牧业边疆的不断蚕食，使在 1885 年后突然停止的"长途驱赶"再也没有重新恢复。长达 20 年的"长途驱赶"，在解决美国市场失衡和使西部粗放的牧牛业转化为市场经济方面，起了重要作用。研究这一问题，对交通尚不十分发达的我国西部牧区如何加快向社会主义市场经济转化，或许能得到一些有益的启示。

第七章 牧区的真正主宰

第一节 牧牛者协会

一、协会的建立及发展

1.牧区面临的问题

内战以后，美国西部迅速兴起的牧牛业在给牧牛场主带来丰厚利润的同时，也给他们带来了不少困扰和问题。诸如牛的"所有权"和"放牧权"，一开始就是困扰开放牧区的问题。随着牛群数量的增多和价值的变化，问题变得更加突出。此外，不同牧场的牛互相侵入、赶拢活动缺乏时间上的一致性和偷牛贼造成的巨大损失等，都危害着牧牛场主的利益和影响着牧区的有序经营。牧牛场主们不仅有本地牧区的麻烦问题，而且还受到来自外部的侵扰。

就牧区内部的困扰而言，牧牛场主们首先遇到的是所有权问题。同一牧区的相邻两个甚至更多牧场的牛群，在开放的牧区上散放，经常混杂在一起，难以区分。牛群不加区分，就难以确定新增牛的归属。在长途驱赶的过程中，得克萨斯赶牛人要把牛群赶往牛镇或北部、西部的新牧区育肥，甚至把牛群赶到远至美加边界地区。长途驱赶要费时几个月甚至半年的时光，实际是一个边赶边牧的过程。因此，长途驱赶中也时常发生被赶的过路牛与本地牛在公共牧区相混杂的问题。要想使属于不同主人的牛易于区分，唯一的办法是凭牛身上所带的烙印。要给牛打烙印，就必须进行赶拢。牧场初期的自发性行为，往往给偷牛贼造成可乘之机。那么，如何规划赶拢的时间和地区，统一具体的打烙印办法以及怎样处置"马弗里克牛"等问题，实际是如何解决牛的所有权问题。所有权问题不明确解决，就不能保障牧牛场主财富的增加。

"放牧权"问题是牧牛场主面对的另一个问题。在开放牧场早期，西部牧区的天然优势是牧牛场主有足够的公共牧区扩展其牧场。他的牛群可以放牧在与相邻牧场彼此相距甚远的地方。牧牛场主凭借着"先占权"原则划分放牧区，建立所谓"常用牧场"，取得实际"放牧权"。该牧牛场主的"放牧权"也便得到其他相邻者的认可。然而，随着"牧牛王国"的扩展，越来越多的人跻身牧牛业。先到某一地区建立"常用牧场"的牧牛场主们为尽快发财致富，无节制地购买牛群，并把牛群源源不断地赶入公共牧区。结果造成牧区过分拥挤。在牧区已经过载的情况下，还有很多新来者也要挤入。开始，先行经营的那些牧牛场主利用"先占权"阻止新来者进入，但抵制措施从来不十分奏效。蒙大拿牧区就是突出的例子。在蒙大拿，如果一个新来者购买了"常用牧场"的牛，人们就普遍承认他在该牧区的放牧特权和"好运"。这一特权一旦被认可，人们就无法阻止这位新来者购买更多的牛。他的牛群就会危及其他牧牛场主的牛群。[1] 新来者就会妨碍那些在其牧区经营多年的牧牛场主的"先占权"。因为不论先占者或是后来者，每个牧牛人都认为自己有权在公共牧区放牧牛群，故产生"放牧权"之争。

"得克萨斯热病"和"胸膜肺炎"等牛疫，对许多牧区的牛群是严重的威胁。如前所述，来自南部的长角牛是"得克萨斯热病"的带菌者。虽然它自身有较强的抗病能力，但在长途驱赶中，"得克萨斯热病"对其他牛有很大传染性。只要长角牛群与过境地的牛群接触，这些本地牛便极易染上这种牛疫。1884 年的一份报告表明，从悉尼和奥加拉赶往怀俄明的 5,000 余头长角牛，沿途一直传染着"得克萨斯热病"。随着牛群向北移动，在其穿过的拥挤牧区，当地牛群受到严重威胁，每天有 30% 的牛死去。[2] 美国东部各州是牛"胸膜肺炎"的多发地。随着越来越多的东部牛被引进大平原北部牧

---

① 欧内斯特·S. 奥斯古德：《牧牛人时代》，第 186 页。
② 欧内斯特·S. 奥斯古德：《牧牛人时代》，第 165 页。

区，这种疾病对北部各州牛群的威胁日渐增大。加之铁路提供的便捷运输条件，越州的长途驱赶进一步发展，使"得克萨斯热病"构成了对牧区经济的真正威胁。这种状况引起了北部牧牛场主的严重关注。一些州和领地便都通过检疫法，采取保护本地牛的措施。如何解决牛疫，保护牛群，也是牧牛场主们需要解决的问题。

美国西部的牧牛业除有上述牧区的内部问题外，还有来自外部的危险。其一是与印第安人的冲突。其二是偷牛贼的破坏。

19 世纪 80 年代以前，因为牧牛场主侵占印第安人的土地，他们的牛群时常受到印第安人的袭击。在 19 世纪 70 年代，有 2,500 名印第安人占据着一块面积约 2,000 多万英亩的保留地。[①] 其中包括这一地区最好的牧区。这影响了牧场的进一步扩展。牧牛场主因为一直试图占据这一牧区而与印第安人发生冲突。在这一时期，怀俄明牧牛场主的牛群也不断受到印第安人的侵扰。从开放牧场的早期开始，牧牛场主们就不断蚕食、侵占印第安人的土地，来扩大他们的牧区。从 19 世纪 60 年代后期到 80 年代初，伴随白人移居者对大平原野牛群的大屠杀，牧牛场主侵占印第安人土地的趋势也在加剧。由于到 80 年代初数百万头野牛被屠杀殆尽，印第安人失去了赖以生存的物质基础。印第安人为了生存，有时对经过其领地的牛群索要过境费，袭击赶牛队、偷牛和杀牛的事件也经常发生。所以产生这类问题，完全是因为白人移居者使野牛群绝灭和侵占印第安人土地造成的。对此我们前面已有论述。然而，牧牛场主们却把印第安人视为对牧牛业发展的严重威胁。他们要组织起来对付印第安人。

"偷牛贼"是牧牛业发展的巨大危害。美国西部牧区自有牧牛业以来就有偷牛贼产生。到 19 世纪 80 年代，牧区"偷牛贼"问题变得更加突出。随着西部铁路时代来临、牛群进入市场手段的改进、西进农业边疆到达牧区以及社区对占优势的牧牛业的发展进行抵制，偷牛贼对牧牛业的威胁变得日益严重。为了确保牧区的正常经营和财产的安全，如何采取得力措施防范和制

---

① 欧内斯特·S. 奥斯古德：《牧牛人时代》，第 144 页。

裁偷牛贼，是牧牛场主们必须认真解决的问题。

2. 牧牛者协会的建立

公共牧区是美国西部开放牧场牧牛业得以建立和发展的物质基础。在公共牧区，每一个经营牧牛业的人都应拥有像其他人一样自由支配草地、使用水源的权利。牧牛场主希望联邦政府通过法律，来保证每个放牧者拥有一块放牧的草地。但这与政府现行的公共土地政策相去甚远。保护牧牛场主的财产免遭野兽、自然灾害的破坏，防范印第安人的侵扰和偷牛贼的偷盗本应是地方政府和联邦政府的职责。联邦政府远在东部，鞭长莫及。西部边疆的一些地方政府由于正在初建过程当中，具有软弱、分散的特点，甚至还有腐败现象，根本无法为牧牛场主提供他们所需的保护。为了解决西部牧区面临的许多问题和对付各种威胁，共同行动是必不可少的。牧牛场主们不得不建立自己的组织，寻求相互保护，以便影响州或领地政府加强实施法律的力度，来适应牧牛业发展的需要。牧区的共同目标有三：（1）保护个人对其牛群及幼犊的所有权；（2）为个人财产提供保护；（3）控制公共牧区的牧牛业，以免使牧区过分拥挤。在牧牛业的早期阶段，这些目标是以牧牛场主的个人力量来实现的，而在"牧牛王国"的鼎盛时期，这些目标只有通过集体协作、共同努力才有可能实现。于是，"典型的边疆个人主义屈服于同样典型的边疆集体力量"，[①] 牧牛者协会应运而生。

牧牛场主们为维护自身利益和全面推进牧牛业的发展，在西部所有主要牧区相继建立起了"牧牛协会"（Cattle Association）。19 世纪 70 年代，在"牧牛王国"的发源地得克萨斯先后建立起了好几个牧牛者协会。其中最著名的是 1877 年在格雷厄姆成立的"西北得克萨斯养牛者协会"（Northwest Texas Cattle Raisers' Association）。到 1883 年，该协会已经建立起了对牛的检查制度，并举行年会讨论牧牛业由于工业化所遇到的困难。此后，该组织的成员有了很大发展，到 1895 年它更名为"得克萨斯养牛者协会"（Texas Raisers' Association）。几年以后，该协会再次更名为"得克萨斯和西南部养牛者协

---

① 欧内斯特·S. 奥斯古德：《牧牛人时代》，第 117 页。

会"（Texas and Southwestern Cattle Raisers' Association）。①

科罗拉多的牧牛场主为抵制得克萨斯长角牛侵入他们的牧区，在1867年建立了"家畜饲养者协会"（Stock Growers' Association）。该协会在1876年后以"科罗拉多养牛者协会"（Colorado Cattle Growers' Association）而闻名。

新墨西哥的第一个协会组建于1865年，是为防范偷牛贼而成立的。1881年，"西南家畜饲养者协会"（Southwestern Stockman's Association）在银城建立。1884年4月，"新墨西哥中部养牛者协会"（Central New Mexico Cattlegrowers' Association）在阿尔伯克基成立。多数协会发展很快。1884年，"新墨西哥北部家畜饲养者协会"（Northern New Mexico Stock Growers' Association）有会员125人，拥有4万头家畜。②1886年，"谢拉县牛马保护协会"（Sierra Country Cattle and Horse Protection Association）在希尔斯伯勒组建。在不同时期，新墨西哥还出现过几个较小的组织。后来，"格兰特县和西南部牛马保护协会"演变成"新墨西哥牛马保护者协会"（the New Mexico Cattle and Horse Protection Association）。1929年，该组织又成为"新墨西哥养牛者协会"（New Mexico Cattle Growers' Association）。在该州的同类组织中，它仍是最大和最有影响的协会。

蒙大拿早期也曾建立过一些牧牛者的组织，但只是某个县和地方性的协会，如"尚金家畜协会"（Shonkin Stock Association）便属此类。该协会秘书M. E. 米尔纳于1881年8月15日在本顿堡召开了由肖托县和马尔县牧牛场主参加的会议，目的是为了组织起一个家畜保护协会。在这次会议上，执委会指定一名居住在本顿堡的牧牛场主与该地司法行政长官约翰·J.希利合作，负责"家畜保护协会"所有侦缉队的工作，并由协会付酬。执委会还做出了规定，对逮捕并证明某人有罪，或在牧牛场主及协会会员所在牧区进行私人间的牲畜出售和以物易物、或向印第安人赠送威士

① 霍华德·R.拉马尔主编：《美国西部读者百科全书》，第172页。
② 霍华德·R.拉马尔主编：《美国西部读者百科全书》，第173页。

忌者的行动，由协会奖励 500 美元。①1884 年，蒙大拿的牧牛场主吸取"怀俄明家畜饲养者协会"（Wyoming Stock Growers' Association）的经验，建立了"蒙大拿家畜饲养者协会"（Montana Stock Growers' Association），并通过了包括"赶拢法"在内的一系列法令。"蒙大拿家畜饲养者协会"不同于一些早期的牧牛者组织，这个新协会是一个在整个领地范围内建立起来的固定组织。然而，该领地在 1888 年同时成立了一个"家畜专员委员会"（Board of Live Stock Commissioners），负责包括监督打烙印和牛群外运等项重要工作。故"蒙大拿家畜饲养者协会"虽然组织规模较大，但其权力却受到了限制。

在 19 世纪七八十年代，西部牧牛场主们曾进行了两次建立全国性组织的尝试。第一次是在 1873 年经济危机爆发后。为了应对经济危机给牧区带来的灾难，"全国畜牧业主协会"（Live Stockmen's National Association）于 1873 年 9 月在堪萨斯城建立起来。J. G. 麦科伊任秘书。②这次经济危机在三年后才过去。该组织也在经济全面崩溃中解散。牧牛场主们建立全国性组织的第二次努力是在 1884 年。由于牧区被过牧过载，牧牛场主们在 1884 年开始遭遇另一次灾难，牲畜的价格大幅度下跌。在灾难刚开始时，有 27 个州和领地的 2,400 名代表集会圣路易斯，建立了"全国牛马饲养者协会"（National Cattle and Horse Growers' Association）。③但是，1884 年建立的这个全国性组织，也像 1873 年成立的第一个协会一样未能逃脱夭折的命运，它在 1886 年的大灾难中解体了。直到 1898 年，"全国家畜协会"（National Livestock Association）才建立起来。其成员主要是中西部牧牛场主，经费由牲畜围栏和肉类批发商提供。④

从牧牛者协会的发展历程中，我们可以看到这些组织有以下特点：其一，在牧牛者协会的起步阶段，一般是某一县或相邻几个县的地方性组织，

---

① 格兰维尔·斯图尔特：《蒙大拿的开拓》，第 156 页。
② 沃尔特·P. 韦布：《大平原》，第 232 页。
③ 沃尔特·P. 韦布：《大平原》，第 237 页。
④ 爱德华·N. 温特沃斯：《美国的赶羊小道》，第 575 页。

随后才发展成某州或某领地的组织；其二，各州或领地的牧牛者协会发展不平衡，其权威性和影响力有很大差异；其三，在"牧牛王国"的黄金时代，牧牛者协会只是地区性组织，始终没有建成全国性的组织；其四，在所有牧牛者协会中，"怀俄明家畜饲养者协会"是最具影响性的组织，下面我们将作进一步论述。

3. 怀俄明家畜饲养者协会

怀俄明牧区是大平原上最典型的牧区之一。伴随那里的牧牛业发展建立的"怀俄明家畜饲养者协会"则是"牧牛王国"诸协会中实力最强和最具权威的组织。它与怀俄明的开放牧牛业兴衰与共。其发展历程大体经历了三个时期。

1873—1879 年，是"怀俄明家畜饲养者协会"的"形成年代"，是其由地方性组织发展到领地组织的过渡时期。在怀俄明牧区，第一个牧牛者组织是 1871 年 10 月 28 日建立的"怀俄明家畜放牧者协会"（Wyoming Stock Grazers' Association）。该协会的成立，只是反映了夏延周围的牧牛场主要求采取联合行动的愿望，尔后它却没有任何积极有效的组织活动。故这个怀俄明牧牛场主的最初组织是短命的，它很快被 1873 年成立的"拉勒米县家畜饲养者协会"（Laramie County Stock Growers' Association）所取代。1873 年的经济危机，使得克萨斯等南部各州的牧牛场主无节制地把牛群赶入怀俄明的公共牧区育肥贮存。水草丰美的拉勒米河谷的牧牛营地日渐增多。超量放牧不仅使小牛得不到充分育肥，而且相邻牧场的牛群经常混杂在一起。其结果使牛的归属权难以区分，也给偷牛贼造成可乘之机。牛群被偷盗屡见不鲜。这种状况如果不加限制地任其发展，最终会毁掉怀俄明的牧牛业。拉勒米地区的牧牛业已经到了不联合起来就无法坚持下去的地步。迫于经济利害的需要，牧牛场主的 11 名代表在 1873 年 11 月 28 日组建了"拉勒米家畜饲养者协会"。其中的重要人物有怀俄明领地的第一任总督约翰·A.坎贝尔和最高司法官、后来的参议员约瑟夫·M.凯里等。次年 2 月，协会举行了有 25 名代表参加的第二次会议。这次会议除规定了年会召开时间和会费数额外，还向总督提交了一项关于在牧区周年赶拢的法令。该法令不久便获批准。①6 月 1 日，怀俄明牧区第一次有组织的赶拢在协会任命的赶拢工头的指导下，按预定计划顺利进行。"拉勒米县家畜饲养者协会"的组织机构也不断发展健全。1875 年，协会成立了一个侦探偷牛贼的三人委员会，并从县政府争取到每年 300 美元的经费。同年，牧牛大王斯旺被选为协会会长，赶拢区数目已增至 4 个。②

"拉勒米县家畜饲养者协会"在更名前仍为一县的地方性组织，活动也多限于划分赶拢区和组织赶拢等经济方面。但在五年多的时间里，其会员逐年增多，管辖的牧区日益扩大。协会的领导权掌握在大牧牛场主手中。领地总督等政界要员是这个组织的主要创始人。这就使官方制订领地政策时不能不同协会的利益联系起来。大牧牛场主们因而能通过协会对怀俄明的经济和政治政策不断产生影响。牧区的扩大，推动"拉勒米县家畜饲养者协会"由地方性组织转变为全领地范围的组织。

1875—1885 年，是"怀俄明家畜饲养者协会"发展的成熟和鼎盛时期。1879 年 3 月，"拉勒米县家畜饲养者协会"更名为"怀俄明家畜饲养者协会"，总部设在夏延。从更名到 1882 年前，这个组织达到了"成熟阶段"。1882—1885 年，协会的实力因牧牛业的迅猛发展而不断加强。协会更名后，为了更好地管理全领地牧牛业，不断建立和完善各种机构。更名的当月，"怀俄明家畜饲养者协会"设立了由选举产生的"执委会"。到 1884 年，"执委会"成员增加到 23 人。这个"执委会"几乎像"帝王"一样在"牧场主领地内"实行着统治。协会还组织了一支约 30 人的武装侦探队。③ 侦探人员被分派到整个牧区、车站和城镇，追捕"偷牛贼"，查会员被偷盗的牛。1881 年夏建成的"夏延俱乐部"成了协会的活动中心。牧牛大王们在那里聚会或洽谈生意，立法者和协会的领导在那里协商和推出领地的法律。

---

① 路易斯·佩尔泽：《西部牧区的牧场主联盟》，《密西西比河流域历史评论》1926 年 6 月第 13 卷。

② 路易斯·佩尔泽：《西部牧区的牧场主联盟》，《密西西比河流域历史评论》1926 年 6 月第 13 卷。

③ 刘易斯·阿瑟顿：《牧牛大王》，第 50 页。

　　管理机构、侦探队伍和活动中心的建立，使"怀俄明家畜饲养者协会"从组织上更加巩固，对促进牧牛业的发展起了决定性作用。1880—1885年，怀俄明的牧牛业空前繁荣。协会的实力已扩展到北部与沙漠邻近的地区。更名前的"拉勒米县家畜饲养者协会"只控制着怀俄明的东南部地区。更名后的协会，管辖权不仅扩大到整个领地，而且延伸到相邻领地和州。它管理着怀俄明、科罗拉多、达科他、蒙大拿和内布拉斯加五个领地和州的牧牛业。其规模、实力和影响居西部牧区所有牧牛者协会之首。

　　1887—1890年，是"怀俄明家畜饲养者协会"的暂时衰落时期，而1886年是它盛极而衰的转折点。由于天灾人祸等诸多原因，1887年后怀俄明牧牛业的繁荣时期不可挽留地逝去。随着领地牧牛业的衰落，协会的活动日渐减少，组织日益缩小。首先，协会的权威地位因舆论抨击、内部纷争和法院陪审团不支持而发生动摇。其次，协会因经费困难不得不削减和取消一些重要活动。1886—1887年历史上罕见的暴风雪使协会随即陷入财政危机。尽管削减了各种费用，协会在1888年仍有3,658美元的赤字。[①]它因经济拮据不得不减少"执委会"的定期会议，减少兽医、检疫人员、侦探的薪金及解聘一些律师和雇员等。协会因为无力提供赶拢的基本经费，正常的检查工作多半绝迹。"怀俄明家畜饲养者协会"曾是建立"全国畜牧业主协会"的发起者。它曾参加过这个全国性组织1883—1886年的年会。然而，到1887年，怀俄明协会竟派不出参加全国协会年会的代表。这表明它已经日趋衰落了。同时，协会因会员人数锐减，不得不进行改组并取消一些不受欢迎的决定。会员到1889年时已降至183名，比1886年的416人减少了200多人。会员个人退会的占其中的2/5。其余的人是因不交会费被协会除名。[②]因会员锐减协会改组势在必行。为了对付与协会作对的农场主和牧羊主两个相邻

---

　　① 　W. 特伦坦·杰克逊：《怀俄明家畜饲养者协会暂时衰落的年代》（W.Tarrentine Jackson,"The Wyomino Stock Growers' Association: Its Years of Temporary Decline, 1886-1890"），《农业史》1948年10月第22卷。

　　② 　W. 特伦坦·杰克逊：《怀俄明家畜饲养者协会暂时衰落的年代》，《农业史》1948年10月第22卷。

集团，它要求会员们必须站在一起"维护上届立法机关制订的法律"。为此，协会在 1887—1890 年进行了两次改组，重新安排了会长人选。它决定对会员 70% 的牲畜征税，用来维持组织的生存。为应付牧区变化了的形势，协会还修改了一些难以再执行的规定。1887 年 4 月，执委会决定删去协会通知中有关"黑名单"的所有条文。1888 年，领地立法议会通过法案，取消了招致普遍怨恨的"1884 年马弗里克牛法"。协会将所有赶拢的管理权都移交给领地的家畜监督官，它因此丧失了其主要职能。

"怀俄明家畜饲养者协会"在历经一系列变化之后虽然仍起色不大，但它作为领地内一个强有力的势力集团的代表被保留下来。在 1890 年的领地会议上，协会争得两项重要成果。其一是使在 1888 年被仓促取消的"1884 年法律"在领地法律中又得以恢复。其二是"家畜委员会"得到一笔 1 万美元的直接拨款，并可继续得到政府的财政支持。[①] 这两项成果表明协会的作用和影响在跌至低谷后有所回升。

怀俄明建州以后，家畜饲养者协会的权力实际被削弱了。它所履行的若干职责由州政府的相应机构所承担。但是，大牧牛场主集团为同农场主和牧羊主集团抗争，顽强地把其协会保留下来。协会以其改组后的组织形式竭力保持它的权利和影响，维护大牧牛场主的利益。在涉及怀俄明州的经济、政治和牧区利益方面，这个协会仍然是一个强有力的社会集团。为了排挤新来的移民，牧牛大王们在协会的策划和领导下，对约翰逊县的小牧牛场主和拓荒农场主发动了有组织的武装进攻。1892 年的"约翰逊县战争"是表明改组后的"怀俄明家畜饲养者协会"仍企图在该州内称雄一方的佐证。

"怀俄明家畜饲养者协会"与领地的开放牧牛业兴衰相依。在 1886 年以前的十余年，是协会迅猛发展的鼎盛时期。80 年代后期，它经历了"暂时衰落"的厄运。这个协会统治怀俄明达 20 年之久，是领地的真正主宰。它

---

① W. 特伦坦·杰克逊：《怀俄明家畜饲养者协会暂时衰落的年代》，《农业史》1948 年 10 月第 22 卷。

的兴衰历史是北部高平原地区所有牧牛者协会都共同经历过的。相较之下，"怀俄明家畜饲养者协会"比其他牧牛者协会更具典型性和代表性。

二、强势集团

1. 牧区霸主

在经济上，牧牛者协会控制着牧牛业的经营，掌握着土地和水源的管理权。随着协会规模的扩大和经济实力的增长，它们遂成为州或领地的主要经济支柱。牧牛者协会具有很强的排他性，在经营管理上是强大的集权者。其目的是把牧区变成大牧牛场主和大牧牛公司独占的王国。

首先，牧牛者协会通过制订一系列法律和规定，使西部牧牛业由放任的无序经营逐步走向法制化和规范化，并置于其严格的控制之下。在开放牧场经营的早期，没有统一的赶拢制度。牧牛场主都是根据自己的需要，随意围捕牛群和给牛打烙印。有的牧牛场主或不法之徒可以借单独赶拢之际非法围捕他人的牛群，打上或篡改烙印据为己有。为了杜绝这种发不义之财的行为，更好地保护会员的财产，牧牛者协会制订了关于赶拢、打烙印、处置"马弗里克牛"、长途驱赶牛群、追踪偷牛贼、检查印记和检疫等一系列规定。有些重要规定，经协会努力使之变成法律。协会强制会员和非会员一律遵守这规定和法律。依照这些规定和法律，牧牛场主必须把代表他所有权的印记在协会登记注册，否则协会概不予以承认。赶拢必须按规定进行，每年有春、秋两次赶拢。给牛打烙印只能在赶拢时进行。每个赶拢区要在协会任命的赶拢工头的指挥下围捕牛群和给牛打烙印，违者将被处以罚款或监禁。在所有这些法规中，"怀俄明家畜饲养者协会"在1884年制定的"马弗里克牛法"最重要。关于该法令的内容，我们前面已有介绍。它规定了赶拢如何进行，对参加者和包括赶拢工头在内的公职人员的约束和惩处、对"马弗里克牛"公开拍卖和将收入作协会经费补贴等法律条文。这项法令在怀俄明牧区具有重大的作用。它使"怀俄明家畜饲养者协会"由成立之初的私人牧业管理机构变成了统治全领地的权威机关。协会完全控制了全领地的牧牛业。怀俄明牧区从1874年进行第一次有组织的赶拢。以后由协会划定的赶拢区逐年增加。1876 年协会划定了两个赶拢区，1878 年赶拢区扩大为四个。[1]1884 年的法令使协会创立的赶拢制度得到法律的承认并使之更完善。怀俄明的牧牛业被置于协会武装侦探人员的严密监视下，牧区早期盛行的独自赶拢已被禁止。到 1885 年，"怀俄明家畜饲养者协会"控制的赶拢区已达 30 多个，覆盖了整个领地。[2]1884 年法令使武装侦探人员执行任务有了法律依据。仅 1886 年春天，他们就查出了 2,276 头"马弗里克牛"，售牛款为 2.5065 万美元，与侦探队全年花费的 2.6 万美元大体相抵。[3] 总之，1884 年法律更好地维护了会员的利益，加强了大牧牛场主和牧牛公司巨商在牧区的统治。为了防止"得克萨斯热病"在怀俄明牧区扩散，该领地在 1882 年通过禁止病牛进入的"检疫法"。三年后，领地总督又发布通告，严禁病牛进入怀俄明，并对已进入牧区的病牛强行集中处理。

"蒙大拿家畜饲养者协会"是由原先的西部协会（1879 年成立于海伦娜）和东部协会（1883 年建于迈尔斯城）联合起来的。在联合协会建立以后，该领地一些县仍然自己管理赶拢区的事务。故蒙大拿协会从未控制过整个领地的赶拢系统。也未得到怀俄明协会那样"无可争论的统治者"地位。[4]尽管如此，蒙大拿协会还是在东蒙大拿和达科他的小密苏里县划分了由它管辖的 16 个赶拢区。[5] 科罗拉多的牧牛者协会也雇用侦探跟踪偷牛贼，监督赶拢和给牛打烙印，并寻求立法机关通过保护本牧区牛群的立法，督促建立本州的畜牧业委员会。得克萨斯州的牧牛者协会也和其他州或领地的协会一样，成为解决牧牛场主之间的问题和管理牧牛业的重要机构。西部牧区的大多数牧牛者协会在开放牧区致力于保护牛群和牧牛场主的利益，反对印第安人；后期协会主要负责牧区的经营管理，监督赶拢和给牛打烙印，检查印记

---

① 欧内斯特·S.奥斯古德：《牧牛人时代》，第 121 页。

② 约翰·K.罗林森：《怀俄明——牛的足迹》，第 246 页。

③ 路易斯·佩尔泽：《西部牧区的牧场主联盟》，《密西西比河流域历史评论》1926 年 6 月第 13 卷。

④ 欧内斯特·S.奥斯古德：《牧牛人时代》，第 125 页。

⑤ 欧内斯特·S.奥斯古德：《牧牛人时代》，第 133 页。

和牛疫，追捕偷牛贼，以保证牧区的有序经营。

其次，牧牛者协会制订了管理土地和水源的有关规定，极力保护大牧牛场主对土地的控制权。在开放牧场的早期，协会极力维护会员对水源及其周围土地的"先占权"。按照协会的规定，当一个牧牛场主在某条河流的一侧或两岸立界标明其所有权时，他即取得从"先占"的河流一直延伸到"分水岭"的全部土地的"放牧权"。作为会员的大牧牛场主趁机划占在法律上并不属于他的大片土地，取得优先放牧权。如蒙大拿牧牛场主蔡斯·S.约翰逊的占地通告和怀俄明一牧牛公司的占地通告，均属在牧牛者协会保护下占据水源和土地的典型例子。在协会的支持下，牧牛场主还不断侵占和剥夺印第安人的土地。怀俄明领地的印第安人先是被牧牛场主们从夏延平原驱赶到北部草原，又被从那里挤压到领地内的温德保留区。为了扩大牧区，牧牛场主们继续侵占保留区内印第安人的土地。1881—1883 年，牧牛场主们驱赶牛群冲入保德河和通古厄河流域。他们指令牛仔们采用一切手段迫使印第安人从那里迁走。在美国西部牧区，牧牛大王们在协会的庇护下，极尽欺诈、诬陷、恫吓和暴力等手段，诈骗了印第安人数百万英亩土地，使他们陷入绝境。在大量农场主进军大平原圈占土地时，牧牛场主也用"带刺铁丝网"筑栏圈占土地。他们不仅围住依据"先占权"而得的牧场，还圈占公共土地，阻止牧羊主和农场主进入公共牧区。到 1884 年，科罗拉多的"阿肯色牧牛公司"（Arkansas Cattle Company）在 40 个城镇筑起了围栏，面积达近百万亩。[①] 在堪萨斯西部和印第安人区域内，一些小牧场为了围栏联合成巨大的"普尔"（Pool），围起好几十万英亩的土地。怀俄明的"斯旺土地和牧牛公司"围起了 130 英里长的非法围栏。[②] 在牧牛者协会的保护下，牧牛场主利用联邦政府鼓励移居垦殖西部的优惠土地政策，贪婪地占有土地。针对这种状况，国会土地委员会在 1879 年曾试图对政府赠予土地的政策作某些修改。此举立即遭到牧牛大王们的抗议。同年 11 月，"怀俄明家畜饲养者协会"召开了一次专门会议，并邀科罗拉多和

---

① 欧内斯特·S.奥斯古德：《牧牛人时代》，第 191 页。
② 欧内斯特·S.奥斯古德：《牧牛人时代》，第 192 页。

内布拉斯加的代表参加。会议通过一项呈交"公共土地委员会"的决议，强烈反对修改政府"赠予土地的政策"。[1] 牧牛者协会支持大牧牛场主和牧牛公司利用各种手段取得对土地的控制权，使辽阔的西部草原地区变成"牧牛王国"。

再次，牧牛者协会在与铁路公司的较量中，频频施加压力，使铁路公司作出让步。"怀俄明家畜饲养者协会"联合其他牧牛者组织，向"联合太平洋公司"施加压力，使其降低运费。在牧牛场主们的要求下，"怀俄明家畜饲养者协会"于1879年起草了一份要求"联合太平洋公司"降低运费的文件，并把副本送往内布拉斯加和科罗拉多的牧牛者协会，以便采取联合行动向铁路公司施压。1884年11月，牧牛场主和货主在圣路易斯开会，强烈谴责铁路公司的高运费。随后，"货物运输委员会"（Transportation Committee）成立。经"怀俄明家畜饲养者协会"的多方交涉，"联合太平洋铁路公司"同意给其会员运货的"半价待遇"。该公司同意在1885年以每车6—7美元的运费为协会成员运牛约1.2万车[2]，这样比总的运费支出节省了50%还多。由"货物运输委员会"完成的装运，对每个人来说，用一列16节车皮的火车可以节省约100美元。节约的运费，加上由协会检查人员找回来的丢失牛的价值，总计为18万美元。协会年度预算不超过5万美元。这样，"怀俄明家畜饲养者协会"为其会员节省了13万美元。[3] 在80年代，"怀俄明家畜饲养者协会"还为其会员争得免费乘车随装运的牛群前往市场和侦探人员、监察人员免费乘车执行任务的优惠。"联合太平洋铁路公司"对协会提出的改进运牛设备及保证"检疫法"实施的要求都予以一定程度的满足。铁路公司同意不装运没有检疫合格证的牛到北部牧区。对发现染病的牛，铁路公司按协会要求运到指定的集中地点。为此，铁路公司不得不修了新的支线。在牧牛者协会与铁路公司的交往中，前者所以不厌其烦地

---

① 路易斯·佩尔泽：《西部牧区的牧场主联盟》，《密西西比河流域历史评论》1926年6月第13卷。

② W. 特伦坦·杰克逊：《1873—1890年怀俄明家畜饲养者协会与铁路的关系》（W. Turrentine Jackson, "Railroad Relations of the Wyoming Stock Growers Association, 1873-1890"），《怀俄明年鉴》（*Annals of Wyoming*）1947年1月第19卷。

③ W. 特伦坦·杰克逊：《1873—1890年怀俄明家畜饲养者协会与铁路的关系》，《怀俄明年鉴》1947年1月第19卷。

与后者交涉施压，以求后者在运价、检疫和运输设备方面做出某些让步，是因为它必须依靠铁路才能把会员的牛群运往市场。后者之所以能作出某些让步，是因为在 19 世纪 70—80 年代，运牛是铁路运输业务中很重要的一部分。故双方为了各自的利益在讨价还价的过程中保持了合作的关系。

最后，牧牛协会是所在州或领地的主要经济支柱。牧牛业作为内战后美国最赚钱的行业之一，它为牧区带来了巨大的经济利润，增加了州或领地的财政收入。前面我们已经论述了牛贸易给得克萨斯州带来的巨大经济利益，该州从中受益近 20 年。牧牛业对得克萨斯战后的经济恢复发挥了重大作用。在大平原诸州的早期开拓中，牧牛业也产生过重要影响。这些州或领地的经济繁荣在很大程度上有赖于牧牛业。在堪萨斯州，由农场主转为牧牛场主的戴维·B.朗于 1873 年给阿特伍德的报纸写信时，对埃尔斯沃思县作过如此评论："这个县是一个牧牛县而不是一个农业县。当你削弱了牧牛业的利益时，那你就削弱了这个县的真正利益和财富。"[1] 蒙大拿牧牛者协会在 1884 年召开会议时，这个领地共有 14 个县，其中 11 县派代表参加了会议。[2] 到 1880 年，牧牛业已占怀俄明经济活动的 90%。[3] 这些例子充分说明由牧牛者协会管理和控制的牧牛业已成为各州或领地的主要经济支柱。牧牛者协会的成立对促进西部牧牛业的繁荣起了重要的促进作用。协会利用西部广阔的公用土地和不花钱的丰富牧草资源，广为渲染牧牛业的巨额利润，吸引了大量欧洲和美国东部资本。这些资本的流入有力地促进了牧牛业的发展。"怀俄明家畜饲养者协会"在 1882 年就引进了大约 3,000 万美元的资本投入本领地和得克萨斯的牧牛业。[4] 一些大牧牛场主和大牧牛公司因牧区繁荣而获得高额利润。有材料说，每头牛在怀俄明牧区每年仅需约 1 美元的花费，放牧后可增值 5—8 美元。牧牛公司所获利润高达 35%—40%。[5] 牧牛者协会的实力因牧牛业的迅

---

① 罗伯特·R.戴克斯特拉：《牛镇》，第 309 页。

② 欧内斯特·S.奥斯古德：《牧牛人时代》，第 123 页。

③ 霍华德·R.拉马尔主编：《美国西部读者百科全书》，第 1292 页。

④ 勒鲁瓦·R.哈芬、W.尤金·霍朗、卡尔·C.里斯特：《西部美国》，第 432 页。

⑤ 吉恩·M.格雷斯利：《银行家和牧场主》，第 54 页。

猛发展而不断增加，它成为西部经济中一个巨大的经济实体。其中尤以"怀俄明家畜饲养者协会"的势力最强。在1886年，其会员拥有200万头牛，价值1亿美元。[①] 正因如此，该协会不仅对确保怀俄明的领地地位发挥了重要作用，而且在完成由领地到州的转变过程中也作出了巨大贡献。

2. 政坛强者

牧牛者协会不仅是巨大的经济实体，而且是牧区社会的政治主宰。协会通过建立完善自身的组织机构，成为一个强大的社会政治势力集团。它对州或领地的立法者施加影响，主宰当地的政治生活。它影响政府的决策，使之制订有利于牧牛业发展的政策。

首先，牧牛者协会是具有权威的自治组织。协会建立的前提是远在华盛顿的联邦政府对西部勃兴的牧牛业无法实行有效的管理和控制，也未能制订与牧牛业发展相关的法律。牧牛场主们为了解决牧区面临的诸多问题，只能按照多数人同意的原则，自发地建立起具有边疆特色的自治组织——"牧牛者协会"。这些协会成立之初，是作为解决牧牛业发展问题和为会员谋利的私人管理机构出现的。这些协会在牧牛场主自愿联合的基础上，经历了由地方性组织到地区性组织、最终成为州或领地权威组织的发展过程。像"怀俄明家畜饲养者协会"甚至成为权越数州和领地的组织。牧牛者协会实行自己管理自己的方式经营牧牛业，反映出一种扩大民主的政治趋势。牧牛者协会有严密的组织形式。它有章程、有会长、秘书和执委会等组成的领导机构，还有侦探委员会等下属机构。会员享有协会保护的权利，同时还有交纳会费的义务。协会有发展和开除会员的权力。它也有年度经费预算和年会制度。正是这一系列的内部管理规章制度，协会才得以不断发展壮大。1879年2月，"蒙大拿牧牛者协会"在海伦娜召开第一次会议，制订了新协会章程，有22名成员在协会章程上签名。会议选举森里弗的牧牛场主罗伯特·S.福特为协会会长。[②] 这次会议向蒙大拿所有的家畜饲养者发出号召，鼓励他们建立自己的地方或地区性组织，并在次

---

① W.特伦坦·杰克逊：《怀俄明家畜饲养者协会暂时衰落的年代》，《农业史》1848年第22卷。

② 欧内斯特·S.奥斯古德：《牧牛人时代》，第122页。

年 9 月召开的会议上与总会保持一致。到 1882 年 8 月，福特会长在海伦娜召开会议时，出席会员已达 168 人。1883 年 4 月，"蒙大拿家畜饲养者协会"在迈尔斯城举行会议时，有 279 名代表出席。次年 4 月，出席迈尔城年会的代表达 429 人。[①] 由此可见其组织规模发展之快。"怀俄明家畜饲养者协会"1873 年 5 月从拉勒米协会起步时仅有代表 11 人[②]，到第二年春天，会员增至 25 人[③]。在 1879—1882 年，协会会员由 85 人增至 195 人[④]，到 1885 年，其会员增加到 400 人[⑤]。1886 年会员达到 416 人。这个势力强大的协会，其年度经费预算也不断增加。在其鼎盛时期，经费预算由 1882 年的 2.9592 万美元上升到 1885 年的 5.76 万美元。[⑥]"怀俄明家畜饲养者协会"要求会员交纳会费。入会时要求每人每年交纳 15 美元。1888 年，为防止会员锐减，会费每年降至 10 美元，次年又减为 5 美元[⑦]，但协会从未取消会费制度。不交会费者，则被协会除名。

牧牛者协会制订的牧区法规强令会员和非会员一律执行。凡上了协会"黑名单"的人，不论是协会雇用的专职人员、牧牛场主还是"偷牛贼"，都不被允许参加协会组织的赶拢。这样的人在牧区被视为非法者。会员雇用了上"黑名单"的人，将被协会除名。牧牛者协会拥有投诉、受理案件、处理违法者的权力，在维护牧区社会治安方面发挥着重要的作用。牧牛者协会的武装侦探队伍，负责监督牛群的赶拢、打烙印、长途驱赶、火车装运和市场

---

① 格兰维尔·斯图尔特：《蒙大拿的开拓》，第 171、175、195 页。

② 关于"拉勒米县家畜饲养者协会"1873 年的成员，奥斯古德在《牧牛人时代》第 120 页称为 11 人，佩尔泽在《西部牧区的牧场主联邦》第 34 页提及为 10 人。

③ 欧内斯特·S.奥斯古德：《牧牛人时代》，第 121 页。

④ W.特伦坦·杰克逊：《1873—1890 年怀俄明家畜饲养者协会在怀俄明领地的政治势力》（W. Turrentine Jackson, "The Wyoming Growers' Association Political Power in Wyoming Territory, 1873-1890"），《密西西比河历史评论》1947 年 3 月第 33 卷第 4 期。

⑤ 路易斯·佩尔泽：《西部牧区的牧场主联邦》，《密西西比流域历史评论》1926 年 6 月第 13 卷。

⑥ W.特伦坦·杰克逊：《怀俄明家畜饲养者协会暂时衰落的年代》，《密西西比流域历史评论》1948 年第 22 卷。

⑦ W.特伦坦·杰克逊：《怀俄明家畜饲养者协会暂时衰落的年代》，《密西西比流域历史评论》1926 年 6 月第 13 卷。

出售的各个环节，使牧区的一切经营活动处于协会的严格监督之下。由于受到各种干扰，法庭对于偷牛贼的审判、定罪较为困难。一些牧牛者协会则通过武装侦探队伍自行逮捕罪犯。"蒙大拿家畜饲养者协会"在1882—1884年逮捕了一些盗马贼而未受到当地社会公众的任何激烈的反对。[①]"怀俄明家畜饲养者协会"在偷牛贼被捕后，要雇用最有能力的律师为协会的起诉进行辩护，以防法庭对案件的审理发生偏差，放过罪犯。西部牧区的警察力量不足，还不能有效地保护牧牛场主财产和维持边疆法治。一些强有力的牧牛者协会能够及时逮捕盗贼，帮助司法机关较公正地惩处罪犯，保护牧牛场主的利益和生命、财产的安全。这在很大程度上有利于牧区的法制建设和有序经营。然而，像"怀俄明家畜饲养者协会"这样强有力的组织，由于过分使用其权力，也招致了其他利益集团的怨恨。从总体上看，牧牛者协会是内战后美国西部开拓时期实行自己管理自己的强有力的行业自治组织。

其次，牧牛者协会是牧区社会的强大政治集团和权威机关，它左右着州或领地乃至联邦政府政策的制订。"怀俄明家畜饲养者协会"自成立之日起，就是领地内强大的政治势力，是领地无可争议的统治者。怀俄明领地的第一个牧牛场主组织是由首任总督约翰·A.坎贝尔于1871年倡议建立的。坎贝尔成为"怀俄明家畜饲养者协会"的会长。在同年11月召开的领地第二届立法会议上，立法者便通过了一项"保护领地家畜和惩罚伤害家畜犯罪"的法令。[②]到1882年领地召开第七届议会时，"怀俄明家畜饲养者协会"成为强大的"政治压力集团"。议会成员的50%是牧牛场主，至少有1/3是协会会员。[③]"怀俄明家畜饲养者协会"向领地立法机关施加影响和压力，使一些有助于牧牛业发展的法律得以通过。如著名的"1884年马弗里克牛法"便是一例。为了在1884年的第八届领地会议上通过这一重要法律，协会在1883年夏就制订计划，在11

---

① 欧内斯特·S.奥斯古德：《牧牛人时代》，第157页。

② W.特伦坦·杰克逊：《1873—1890年怀俄明家畜饲养者协会在怀俄明领地的政治势力》，《密西西比河历史评论》1947年第33卷第4期。

③ W.特伦坦·杰克逊：《1873—1890年怀俄明家畜饲养者协会在怀俄明领地的政治势力》，《密西西比河历史评论》1947年第33卷第4期。

月召开专门会议讨论研究法律的相关重要内容。然后，协会将认真研究过的法律条款提交给领地立法委员会，再通过协会代言人在第八届会议期间的游说活动和政治影响，最终使这一重要法律得以通过。在19世纪90年代以后，"怀俄明家畜饲养者协会"不仅在经济运作上与"联合太平洋铁路"互相依存，而且在政治上也互相依赖，共同决定怀俄明这个新建州的选举方式，指导着它的政治生活。[1]"怀俄明家畜饲养者协会"的会员中包括总督、两名联邦国会参议员和领地家畜监督官。[2] 这就使得官方在制订领地政策时，不能不同协会的利益联系起来。怀俄明有一多半的法律是从协会的活动中心"夏延俱乐部"构想出来的。[3] 在西部其他州或领地也有类似情况，政界要员是牧牛者协会的创始人或重要成员。故协会也能对州或领地政策的制订产生影响。如"得克萨斯牧牛者协会"通过向州议员施加压力，获得了对牧牛业的一系列保护性立法。

牧牛者协会作为一个强大的社会政治集团，曾对联邦政府某些政策的制订施加过一定的影响。除我们前面提及的1879年一些协会以专门会议决议的形式抗议"公共土地委员"试图修改政府的"赠予土地政策"外，1883年的芝加哥会议也是牧牛者协会对联邦政府决策产生影响的突出事例。由于美国西部牛的出口没有进行严格的检疫，英国等一些欧洲国家对此不满而采取限制美国牛进口的措施。其结果导致出口量下降，影响美国西部牧牛业的进一步发展。在各州和领地无力控制牛疫传播的情况下，牧牛场主为了自身的经济利益少受损失，在芝加哥会议上，提出了寻求联邦政府保护的要求。1883年11月15—16日，来自20个州和领地的175名会员代表集会芝加哥。[4] 会议建议联邦国会在立法时要充分考虑保护国内牧牛业的发展并消除外国对美国肉类产品的偏见。为了使国会能够采取有效的立法行动遏制牛疫的传播，会议任命了一个八人组成的立法委员会，并由该委员会在次年1月前往华盛顿与"财政部牛业委员会"（Treasury Cattle Commission）和"农业委员会"（Commissioner of Agriculture）

① 吉恩·M.格雷斯利：《银行家和牧场主》，第223页。
② W.尤金·霍朗：《边疆的暴力》，第154页。
③ 罗伯特·G.阿塞恩：《高原帝国——高平原和落基山地区》，第134页。
④ 欧内斯特·S.奥斯古德：《牧羊人时代》，第169页。

进行磋商。经过牧牛场主代表的努力，在第 47 届国会第一次会议上，众议院通过在农业部中设立"动物产业局"（Bureau of Animal Industry）的法案，但该法案未被参议院通过。在第二次会议再议时，它终于获参议院通过，且于 1884年 3 月 29 日被总统批准实行。法案规定"动物产业局"有权制订法规遏制牛疫，且有权为此要求州和领地进行合作。如果任何州或领地愿意进行合作，"动物产业局"将从 15 万美元经费中拨出一部分，用于帮助该地区根除牛疫。[①] 到1890 年，"动物产业局"增加了对肉类生产进行检疫的职能。1906 年通过的《纯净食物和药品法》，是联邦政府对卫生检疫范围的进一步扩大。[②]

在美国西部牧区社会里，统治者是大牧牛场主和经营牧牛公司的巨商。牧牛者协会是他们的联盟组织。随着牧牛者协会规模的扩大和经济政治实力的增强，它们不仅成为所在州或领地的巨大经济实体，而且成为牧区社会的真正主宰。牧牛者协会在内战后的美国西部开发中充当过重要角色，为美国西部史留下了重墨浓彩的一页。这些协会一直存在到今天，因为牧牛场主们仍然认为需要协会提供合作和集体行动去实现他们所追求的商业利益和福利。大多数协会在所在州的牧业经营上仍具影响力，对联邦政府控制的事务、特别是关于公共土地的立法方面仍能合作应对，发挥作用。

第二节　牧羊主协会

一、西部牧区的协会

1. 加利福尼亚协会

在殖民地时代，英国的羊毛贸易以其优质的羊毛织物完全控制了北美殖民地的市场。它占有北美的羊毛制造业尚处在家庭手工业阶段的先机，也得

---

① 欧内斯特·S.奥斯古德：《牧羊人时代》，第 171—172 页。

② 欧内斯特·S.奥斯古德：《牧羊人时代》，第 174 页。

益于英国在工业和财政上都占优势。美国的养羊业随着独立革命的胜利而得到恢复和发展，但其养羊人和羊毛制造业处于同其他羊毛生产国竞争的不利地位。直到 1865 年，美国的羊毛制造商才成熟到能与本国牧羊主共同讨论问题并进行合作的程度。全国性的组织才有可能建立起来。内战以前，美国的养羊主是在州内建立"羊毛生产者协会"这类组织的，且多在密西西比河以东。

在西部诸州中，最早建立的组织是"加利福尼亚羊毛生产者协会"（California Wool Growers' Association）。该协会建于 1860 年 9 月 18 日，比"全国羊毛生产者协会"（National Wool Growers' Association）的建立还早了五年。"加利福尼亚协会"宣布其目的是"推进羊毛生产者和养羊业的利益，为了共同保护在经营中所有人的直接和间接利益。"经几年发展后，协会建立起了 13 个分会。[①] 这些分会是州协会的地方组织。

"加利福尼亚协会"从许多方面为其会员提供帮助，保护他们的利益。首先，它的主要任务是在州内阻止通过不利于养羊业的法律和促进通过对其有利的立法。其中最突出的是加利福尼亚的《狗法》（Dog Laws）。这一法律在限制狗的其他功能的前提下，使之为州内的牧羊业服务。协会通过其代理人保护会员的财产，维护和实行侵入私人土地的法律。在划分州内市场的前提下，协会通过检查买主的许可证，帮助会员在所有关于成龄羊、羔羊和羊毛的销售协议中迅速得到足额的付款。其次，"加利福尼亚协会"在运输方面维护会员的利益。协会有一个机构，专门审查会员呈交的运费单据，以便要求铁路公司调整运费。该机构还帮助收集羊主在运输中羊的丢失和受损情况，以要求铁路在装运羊时提供更适合的运输工具。这个机构特别关注批发商迅速将羊装运并消除对会员不利的运费率。其三，协会为会员获得好的经营用品及其羊毛商品储存等方面提供帮助。协会有一个供应机构。通过它，会员能买到装羊毛的口袋、细绳、消毒液、人用药品和控制羊疾病的药品、剪刀、羊铃和营地装备及其他用品。此外，该机构还有为诸如毛毯、

---

① 　爱德华・N．温特沃斯：《美国的赶羊小道》，第 588 页。

绵羊皮、领带、西服面料和其他质量好的羊毛商品提供储藏和出售的服务项目。其四，协会为会员提供市场信息。《加利福尼平亚羊毛生产者》（the California Wool Grower）周刊按时向会员提供国内外的羔羊和羊毛市场信息；发表有关绵羊品种改良、饲养、管理、疾病及与羊毛生产相关的资料和论文；告知会员关于立法和政治方面的消息。其五，协会最重要的活动之一是每年在萨克拉门托的州集市举行加利福尼亚公羊出售和羊毛展销。这一活动由"农业服务中心"、"农学院畜牧业处"和"州农业局畜牧业处"合作进行。有来自本州和邻近州的许多牧羊主参加。"公羊出售"是为了推广优质种羊和牧区型公羊。"羊毛展销"是为了进行示模教育。其目的是为帮助牧羊主了解优质产毛羊的特征、羊毛的质量及其市场价值。这两件事强调的是创立优质产品的重要性，促进羊毛和羔羊的改进。"羊毛展销"更注重的是努力提高本州羊的平均产毛量而非最高的产毛标准。最后，"加利福尼亚协会"努力和其他组织合作。因为养羊业对协会来说是如此重要，故它在刊登广告和推广服务项目方面往往与其他组织合作进行。协会拨出基金以提高"美国羊毛委员会"（American Wool Council）的能力，增加羊毛的用途。"加利福尼亚协会"的会员积极帮助"全国家畜和肉类商会"（National Live Stock and Meat Board）增加肉类和羔羊的消费。相较之下，西部其他州还没有"加利福尼亚协会"这样全面的服务计划。

2. 其他州的协会

"蒙大拿协会"（Montana Association）也是一个较有特色的组织。它是在蒙大拿还是领地时于1883年在本顿建立的。1883—1905年，由大瀑布城的帕里斯·吉布森任协会会长。迪尔洛奇的参议员查尔斯·H.威尔逊从1905—1934年（1931—1932年除外）为会长。由于协会在50年间一直是在这两人的领导之下，使其显示出了与其他州协会不同的特点。"蒙大拿协会"更多地参与了羊毛和羔羊市场组织方面的事务。这是其他州协会无法与之相比的。在政府的倡议下，"蒙大拿协会"将其会员发展成为合作的团体。然而，经过几年实践之后，协会便从协作活动中分离出来。其教训是作为一个羊毛生产者协会，它虽然最尽力地为其会员效力，但却不像一个经营企业的组织。该协会缺乏为会员增加利润的基础服务。

"爱达荷协会"（Idaho Association）于 1894 年在芒廷霍姆建立。其章程序言明确申明了协会的宗旨："为了保护爱达荷州的羊毛生产业，保护从业人员的利益，保护旨在制裁那些计划破坏我们的权利和毁坏我们事业的法律的颁布；为了使我们的产品在市场上获得最好的利润，至少是在生产者的支出方面减少与养羊业相关的经营费用；为了阻止对羊的恶劣伤害和使经营者关心它；为了在全州内对羊有一个统一的税制。"① 为了上述目的，爱达荷的羊毛生产者和管理者制订了章程并建立起他们自己的协会。盐是"爱达荷协会"遇到的一个难题。面对 1900—1905 年的"盐业托拉斯"的盐价垄断，协会在犹他州购买了一个盐床经营。在提交给会员的年度报告中，协会说明自行经营的目的是为了在内部保持盐的价格稳定。即使如此，盐的问题仍很严重。协会自产的盐装车运出，其中售价的 1/4 要被盐业托拉斯取走。② 爱达荷协会也举办过公羊销售。最初于 1918 年在菲勒进行，除 1924 年外，每年的公羊出售从未中断。被称为"秋季公羊出售"的活动是由 A. J. 诺尔林开始的，于 1927 年在波卡特洛进行。这些销售有利于公羊质量的提高，增加了羊的产毛量。全州的羊均产毛量为 3—9 磅（或 10 磅）。所以产生这种效果，是因为协会允许宰杀四个月至半年龄的羔羊，代替了宰杀一至三年龄的公羊。③

"怀俄明羊毛生产者协会"（Wyoming Wool Growers' Association）是在"州绵羊委员会"（State Board of Sheep Commissioners）支持下建立的。在 1905 年，一家报纸向州内的牧羊主发出号召："为了共同的保护和养羊业的发展，组织一个州协会。"④"州绵羊委员会"会长 J. M. 威尔逊医生被选为新组织的会长。"怀俄明羊毛生产者协会"的主要任务是消灭州内羊的皮肤病。后来的畜牧业局副局长 A. D. 梅尔文医生在演讲中说，以联邦合作消灭传染

① 爱德华·N. 温特沃斯：《美国的赶羊小道》，第 588 页。
② 爱德华·N. 温特沃斯：《美国的赶羊小道》，第 588 页。
③ 爱德华·N. 温特沃斯：《美国的赶羊小道》，第 588—589 页。
④ 爱德华·N. 温特沃斯：《美国的赶羊小道》，第 589 页。

病，决定推出一个消除一切羊疾病的运动。一个决议案要求增加在森林保留地的羊的数量，即从 33 万余只增长到 150 万只，并只允许怀俄明的羊群放牧在本州的保留地上。[①] 在建立这种合作的联系中，怀俄明协会的秘书 J. 拜伦·威尔逊起了非常重要的作用。使该州牧羊业组织形成的领头人物有州长 B. B. 布鲁克斯和参议员弗朗西斯·F. 沃伦等人。协会成立正值许多政府项目出台时期，特别是在保护国家林地、控制食肉动物和根除羊疾病等问题提出之时。故与其他没有全国性意图的协会相比，怀俄明协会在联邦政策上与政府保持着较密切的个人关系。

其余协会的经历具有一些特殊性。华盛顿协会和俄勒冈协会是在"开放牧区"的最后一年才成立。新墨西哥和亚利桑那放牧的是印第安人的羊群。与得克萨斯相关的是羊毛货栈和在围栏内养羊。每个州的协会都有其特别的问题。

总之，西部诸州的"羊毛生产者协会"都为其会员提供了本州内的服务。几乎所有的协会都积极参与了公共土地问题、疾病和食肉动物的控制及支持州和全国性立法等活动。很多州的协会通过鼓励顾主之间定价、适度税率和本州土地的低租费等方面的努力，节省牧羊主的经费，维护他们的利益。

二、全国性的组织

1. 建立的背景

独立战争胜利后，美国的羊毛制造商为了改变他们从殖民地时期便已存在的不利条件，曾试图用给羊毛生产者补偿的方法，改变英国羊毛制品控制国内市场的状况。然而，由于美国的羊毛有明显的地区差价，且质量差，制造商随后实行了自身保护的政策。其结果使美国的养羊人处于以低价同进口羊毛竞争的地位。小生产者常常在某一天的市场价格水平上出售全年的产品，这使其感到与买主的交易对自己不利。因为买主能够把市场的坏价格和好价格合起来进行平均交易。羊毛生产者往往怨恨在其羊毛、阉羊和羔羊售

---

① 爱德华·N. 温特沃斯：《美国的赶羊小道》，第 589 页。

出后市场价格转好。因此，大多数牧羊主回避那些真正需要该行业全部势力参与的政治问题。在美国内战前，使牧羊主政治行动一致的主要动因是关税、自由贸易、各种不同的关税率、制造商的保护性措施等，这些使羊毛生产者感到他们被置于了最危险的境地。在保护性贸易使美国的羊毛厂能成功面对英国和德国的出口商时，原毛的价格低得使美国的羊毛生产者无法与澳大利亚、南美和南非的羊毛生产者竞争。美国的羊毛生产者和制造商在反对自由贸易上虽然有利益的一致性，但双方在该行业内部的供需矛盾和利益冲突，使他们在长达一个世纪的时期内不能进行有效的合作。

内战危机导致了第一个全国羊毛生产者组织的建立。南北冲突增加了对毛毯和"军用衣料"的大量需求，刺激了羊和羊毛生产的极大增长。然而，这一状况在 1863 年岁末前发生了变化，市场对羊毛的需求量减少。次年末，美国羊的产量很不景气。1865 年，美国的羊毛制造商因得到了低价的国内大宗羊毛而获利，但却受到了来自外国竞争的干扰。1866 年，羊毛制品进口货的价值超过了 5,800 万美元。[①] 其结果动摇了美国羊毛制造业的基础。面对这种严峻的形势，美国的羊毛制造商从 1865 年开始与牧羊主共同讨论面对的问题。

2. 协会的演变

1865 年 11 月，"全国羊毛制造业协会"（National Association of Wool Manufactures）邀请各州"羊毛生产者协会"派代表前往纽约州的锡拉丘兹，参加于 12 月 13 日举行的会议，就他们的共同利益进行磋商。特别是在"美国关税和税收委员会"（United States Tariff and Revenue Commission）开会之前，他们要商讨关于双方比例分配的政策。来自佛蒙特、马萨诸塞、纽约、宾夕法尼亚、俄亥俄、密歇根、印第安纳、伊利诺伊、威斯康星和艾奥瓦等州的羊毛生产者参加了会议。在与制造商共同开会的前一天，羊毛生产者的代表们在锡拉丘兹市政厅举行了特别会议，组建了"全国羊毛生产者协会"（National Wool Growers' Association）。"纽约羊毛生产者协会"（New York

---

① 爱德华·N. 温特沃斯：《美国的赶羊小道》，第 571 页。

Association of Wool Growers）的会长亨利·S.兰德尔博士被选为会长。他是主张对羊实行科学管理的著名作家。七名副会长分别由新英格兰、佛蒙特、俄亥俄、宾夕法尼亚，伊利诺伊、威斯康星、艾奥瓦的"羊毛生产者协会"的会长担任。协会的秘书是来自俄亥俄的代表威廉·F.格里尔，司库为佛蒙特的亨利·克拉克。六位执委会成员则分别由来自佛蒙特、纽约、俄亥俄、宾夕法尼亚、伊利诺伊和威斯康星的代表担任。[1]从"全国羊毛生产者协会"的领导成员组成来看，东部各州占有绝对优势。次日，联合会议在同一市政厅召开，由"全国羊毛制造商协会"会长 E.S.比奇洛主持。经他提议，兰德尔被选为联合会议的主席。针对关税问题，兰德尔在讲话中强调："生产者必须有一个有利的国内市场，但通常以美国的小农场主为条件是徒劳的。"[2]他认为：第一，美国的羊毛生产者在较小的农场上以较少的资本难以同其他拥有大量的廉价劳动力并聚集了大量资本的羊毛生产国进行竞争。因为美国的羊毛价格高。其中，部分价格是用在运输上。第二，美国的羊毛制造商没有用国内的原料，故生产者难以得到制造商的完全支持。第三，自由贸易的原则把羊毛生产者扔在了一边。第四，美国政府以立法进行保护的是外国原料的制造业，而把羊毛生产者排除在外。波士顿羊毛贸易的老前辈乔治·威廉·邦德在致辞中则强调："羊毛生产者和羊毛制造商必须各自找到对贸易法律的永久的义务"[3]邦德在以后数次大会的讨论中，一再重复着他格言似的讲话。在形成 1867 年关税法基础细目表的准备中，邦德起了主要作用。从 1867—1892 年的 25 年间，他一直负责美国羊毛标准的制定。

虽然 1867 年的关税法给牧羊主以巨大帮助，但羊毛制造商与羊毛生产者间的合作并不完全令人满意。1879 年，"全国羊毛生产者协会"司库 A.F.威尔科克斯在讨论资金短缺时，责备该关税法"表面上的安全"导致大多数较小羊毛生产者协会发展的终止，并严重削弱了一些较大协会的

---

① 爱德华·N.温特沃斯：《美国的赶羊小道》，第 571—572 页。
② 爱德华·N.温特沃斯：《美国的赶羊小道》，第 572 页。
③ 爱德华·N.温特沃斯：《美国的赶羊小道》，第 572 页。

实力。在 1882 年 8 月，美国羊毛制造商的代表与羊毛生产者的代表进行磋商。他们建议将双方利益统一在"一个减轻羊毛和羊毛制品义务的计划中"，以"确保羊毛制造业的永久安全"。[①] 结果因双方意见相左，未能达成一致。

　　大约从 1880 年开始，得克萨斯的牧羊主开始积极参加"全国羊毛生产者协会"的事务。因为与其他羊毛生产州相比，该州羊毛的利润是巨大的。得克萨斯州的代表参加每年的全国会议。在 1881 年，该州的 F. W. 谢弗为全国协会捐献了 150 美元。来自得克萨斯的 A. 西姆林成为全国协会执委会的成员，任期达 10 年之久。[②] 同时，在 1883 年的年会上，来自该州的 E. 本特利和乔恩非常活跃。1885 年，得克萨斯的威廉·弗农、E. S. 福斯特、J. M. 弗罗斯特德尔出席了全国的会议。在 1887 年，该州马拉松的 A. E. 谢泼德成为出席全国会议的一名代表。这种状况表明，在"全国羊毛生产者协会"的发展中，西部州从 19 世纪 80 年代始，其力量逐渐增强，参与协会活动的代表逐年增加。

　　羊毛制造商和羊毛生产者利益的不同、观点的相左和力量的分离，使 1894 年的《威尔逊—戈尔曼关税法》得以通过。其结果导致了美国养羊业的大崩溃。从 1861 年以来，羊毛不再列入免收进口税的货物单上，但《威尔逊—戈尔曼关税法》却把羊毛列入了免税之列。[③] 然而，灾难促使更多西部州在全国羊毛生产者的活动中合作。1895 年，新墨西哥圣菲的托马斯·B. 特伦、科罗拉多的 W. F. 怀尔德和南达科他的 M. F. 格里利带动了各自州或领地的行动。到 1897 年，蒙大拿的 W. G. 康拉德、犹他的杰西·M. 史密斯也加入了全国羊毛生产者的行动。在麦金莱时期和美西战争期间，美国商业进入了新的繁荣期，与此相对照的是美国的养羊业进一步陷入困境。虽然在 1895—1901 年任"全国羊毛生产者协会"会长的威廉·劳伦斯来自麦金莱总统的故乡俄亥俄州，但在 1897 年的《丁利关税法》下，羊毛生产者得到

---

①　爱德华·N. 温特沃斯：《美国的赶羊小道》，第 573 页。

②　爱德华·N. 温特沃斯：《美国的赶羊小道》，第 573 页。

③　哈罗德·U. 福克纳：《美国经济史》下卷，商务印书馆 1989 年版，第 248 页。

的保护无法与制造商相比。依照该关税法，对每磅进口的粗梳羊毛征税 11 美分，对精梳羊毛每磅征 12 美分。[①] 美国的羊毛制造商能买到比国内羊毛价格便宜的外国羊毛。在"全国羊毛生产者协会"中，东部养羊主的领导衰落下去，并被西部牧羊主所取代。

随后，羊毛生产者的利益要求主要由在 1898 年成立的"全国家畜协会"（National Livestock Association）所代表。该协会主要由中西部的牧牛场主组成。经费由牲畜围场和肉类包装商提供。自克利夫兰时期美国牧畜业衰落以来，这是使家畜协会恢复起来最快捷的方法。然而，"全国家畜协会"不久就被中西部家畜饲养者的"纯种协会"所控制。西部牧区的牧羊主和牧牛场主对此甚为恼火。在 1901 年，西部牧羊主恢复了"全国羊毛生产者协会"。西部牧牛场主则在 1905 年组织了"美国家畜饲养者协会"（American Stock Grosser'Association）。一年后，该组织与旧的"全国家畜饲养者协会"的部分成员重新组成"美国全国家畜协会"（American National Livestock Association）。西部牧牛场主控制了该组织。不久，牧羊主也巩固加强了"全国羊毛生产者协会"。

在 1901 年 1 月 19 日，有 600—700 名的羊毛生产者集会于犹他州盐湖城的议会厅，[②] 重组了"全国羊毛生产者协会"。人们期待新的组织能够包容美国的每一个羊毛生产者。他们或是直接的会员，或是地区、州及地方协会的分会成员。在当日上午的会议上，代表们通过了一个新的协会章程和若干规则。但在傍晚时他们发现章程和规则还不够充分，便责成一个委员会负责向下届年会提交另一个章程。在新组织建立后，原来旧的"全国羊毛生产者协会"则仅负责《全国牧羊者公报》订单的工作，由第一副会长 F. P. 贝尔特公布。年度订单所得付款的 90% 归公报，10% 归协会。[③] 公报的数字作为协会正式的公布数字，从中执委会可以找出支持协会的办法。新组建的"全

---

① F. W. 阿西格：《美国关税史》（F. W. Taussig, *The Tariff History of the United States*），纽约·伦敦 1931 年版，第 328 页。

② 爱德华·N. 温特沃斯：《美国的赶羊小道》，第 576 页。

③ 爱德华·N. 温特沃斯：《美国的赶羊小道》，第 576 页。

国羊毛生产者协会"的会长由怀俄明参议员沃伦担任，马萨诸塞的 F. P. 贝尔特任副会长。代表爱达荷和密苏里的 A. J. 诺尔林任秘书兼司库，14 名执委会成员由俄亥俄、密歇根、密苏里、科罗拉多、怀俄明、蒙大拿、新墨西哥、亚利桑那、爱达荷、犹他、内华达、加利福尼亚、俄勒冈和华盛顿等州的代表组成。其中，诺尔林既是代表爱达荷的执委，又是协会的秘书兼司库。[①] 从新领导成员的组成来看，显示出新组建的"全国羊毛生产者协会"与旧协会有明显的区别。这一变化表明协会的领导权已经转移到远西部的牧羊主手中。

3. 面对的问题

不论是内战后建立的老协会还是在 1901 年恢复重组的新协会，都曾面对过一些棘手问题。以东部养羊人为领导的旧协会主要是在关税和国产羊毛入市问题上难以同羊毛制造商达成一致。由西部牧羊主所掌管的新协会则有铁路、市场、批发商和质量等一系列需要解决的难题。

"全国羊毛生产者协会"于 1865 年成立后，美国的羊毛制造商和羊毛生产者虽然不断寻求合作的方式，但双方在关税问题上却难以找到共同点。如在 1881—1883 年，"全国羊毛生产者协会"参与了一个关于"关税委员会"的法案。该委员会是 1882 年建立的。"全国羊毛生产者协会"会长、伊利诺伊州的 A. M. 加兰被任命为"关税委员会"的成员之一。[②] 羊毛生产者的活动专注于从《1867 年关税法》中所得的利益。协会执委会于 1882 年 8 月 29 日在罗切斯特举行会议，旨在解决从《1867 年关税法》以来因任何免税进口原料的更改给国家带来的不利。然而，羊毛制造商更关心的是对其不利的消耗性贸易。次日，制造商代表与羊毛生产者代表会晤。前者坚持只有关于未加工羊毛的关税可以考虑，补偿关税的原则是无可争辩的；除非羊毛税解决，否则将不讨论制成品的关税。双方很难达成一致。羊毛生产者认为，所考虑的问题与双方都有关。于是他们便任命了一个 10 人委员会（每个协会

---

① 爱德华·N.温特沃斯：《美国的赶羊小道》，第 576 页。

② 加兰 1883 年在研究完成一项关税时辞去了会长职务，以便专注于"关税委员会"的工作。

各出 5 个人），以便由它在 10 月提出相关报告。[①] 由于羊毛生产者不同意对未加工羊毛减税，双方决定根据各自的利益独自表明其观点。结果，在计划中仅对粗梳、精梳羊毛和某些制成品的关税做了微小的缩减。甚至在《丁利关税法》被通过时，"全国羊毛生产者协会"仍以极大努力继续寻求与羊毛制造商的合作，但毫无效果。因为后者不愿失去在羊毛免税时代从低价原料中所获得的好处，前者也不能实行制造商所要求的羊毛等级。

如何使美国的羊毛制造商使用国产羊毛，这是"全国羊毛生产者协会"自成立之日起就遇到的一个难题。羊毛生产者和制造商都承认在羊毛准备剪下到成为毛线之间需要进行一些辅助性服务工作。羊毛最终的价格应当包括支付这些服务的钱。但是，对各项服务的价钱如何支付及其在羊毛的价格差别上如何体现，双方很难取得一致。如果因任何剪羊毛错误造成损失，那么显而易见地必须追究羊毛生产者的责任。然而，如果因不规范操作造成羊毛参差不齐，或有两次剪毛、尘土和瑕疵等问题，责任由谁负，羊毛生产者和制造商往往产生争论。美国早期的羊毛生产业在剪羊毛前要洗羊。在纺成毛线的过程中，还要去掉羊毛头、黏附在羊毛纤维上的草叶等杂物、"羊毛所含的脂肪"、"羊毛汗"和其他分泌物。这些总共占未脱脂原毛的 40%。[②] 除污垢的工作是在农舍纺毛线中同时进行的。然而，当大宗羊毛贸易发展起来后，所进行的这种清污加工仍然是简单和一成不变的。羊毛清洗者所得的利益明显地超过了当地羊毛生产者。因为买方对于消耗总量的估计，或是对一个代表性羊毛样品的确定，总留有讨价还价的余地。羊毛的买主必须付出大量服务费，但在洗羊和不洗羊之间留有很大差额，这个差价是羊毛生产者在剪羊毛前通过洗羊能够得到的。在洗羊中失掉的毛重量只有 20%。[③] 但是，在此后加工服务中，清洗者所得的价值仍大于羊毛的缩水量。针对这种状况，一些农业州在内战以后尽力把工作做在前头。

羊毛生产者把蓬乱的或较脏的羊毛分包另装，但极少取得成功。经过

---

① 爱德华·N. 温特沃斯：《美国的赶羊小道》，第 574 页。
② 爱德华·N. 温特沃斯：《美国的赶羊小道》，第 574 页。
③ 爱德华·N. 温特沃斯：《美国的赶羊小道》，第 575 页。

70 余年的努力，有意义的改进仅发生在有限的地区。原因是大多数地区的买主更感兴趣的是从最好的羊毛生产者的改良实践中获利而不是花费代价去补偿任何改进。因此，羊毛生产者的个人所得是通过其羊毛包中的大量废物或使其羊毛吸收大量湿气。这样，在扣除费用前就从总量中获得最大的收入。美国羊毛制造商对此应对的法宝是全都用外国的羊毛。澳大利亚、新西兰、英格兰和德国等国的羊毛通过拍卖正式进入美国市场。对前三个国家的限制是在拍卖时要附加贷款。在任何羊毛拍卖中，都有严格地区分类和等级规格，允许羊毛买主对不合格的羊毛区别对待。面对外国羊毛的竞争，美国羊毛生产者或必须以关税进行自我保护，或能提供澳大利亚、新西兰那样的优质羊毛，或以足够的低价补偿国内制造商。但是，美国的买主往往不认同国产羊毛，也不承认该行业中个人的补偿努力。美国羊毛生产者和制造商的合作不是建立在实践的基础上，而是建立在感情上。因此，在两者之间产生了强烈摩擦。

1901 年初，新恢复起来的"全国羊毛生产者协会"立即面临许多问题。羊毛质量和关税问题再也不是新组织关注的主要问题。一些更急迫的问题取代了原先反复不断的争端。

第一个新问题因羊肉利润的增加和对铁路运输条件的不满而起。20 世纪以前，"全国羊毛生产者协会"很少关注铁路运输方面的问题。19 世纪 90 年代，协会将羊毛生产的衰落归咎于自由贸易，而认为铁路、批发商和市场等因素并不重要。铁路公司对协会的正当要求置之不理。正如沃伦会长在 1903 年堪萨斯年会上提及的那样。在 80 年代，他曾要求铁路公司把单层运家畜的车厢改制成双层，用螺钉和腻子固定结实，并要求货主在被延误时每天能得到 10 美元赔款。铁路公司货运代理人对其要求不但蛮横地拒绝，而且还讥讽地说："没有人吃羊肉，我们不给牧羊主扩大任何优惠……我们让你们付相同的价格（同运牛的价格相同——笔者注），用单层货车"[1]。铁路公司不理睬牧羊主的正当要求。

---

① 爱德华·N.温特沃斯：《美国的赶羊小道》，第 577 页。

　　随着堪萨斯、内布拉斯加和科罗拉多喂养的阉羊和羔羊继续增加，牧羊主对铁路运输的不满日益加深。1898年"全国家畜协会"建立后，一些个体羊毛生产者加入了该组织。它不得不开始关注"全国羊毛生产者协会"所忽视的运输问题。牧羊主与铁路公司主要争论的是运费、服务质量和运输措施等问题。因为铁路粗疏的管理会导致羊被擦伤、重量减少及押车人过度消耗精力，也限制了市场区别对待的价格率。牧羊主还要求免费护送羊群去市场和乘车返回的权利。

　　牧羊主积极参加了反对国会1875年前通过的禁止《残酷对待动物法》。该法规定铁路在运输中必须卸下家畜，给它们喂食、饮水和每28小时休息一次。① 该法出于人道的目的是不容置疑的，但在实际管理中却不合适。虽然铁路公司在沿途各喂食点增加了附加的服务，但因车速过慢、装卸过于频繁给货主造成很大的损失。这种状况导致装运人在1905年发动了一场反对该法的运动，要求把家畜休息的时限延长到抵达市场前的36小时，对同一货主则为48小时。② 在1906年，怀俄明的J. M.威尔逊医生被选为"全国羊毛生产者协会"的副会长。次年，他在夏延安排牧羊主和铁路官员的联合会议，促进了铁路公司和沿途喂料设备的明显改进。威尔逊和诺尔林还率领一个委员会前往首都，旨在说明已过时的禁止《残酷对待动物法》增加了牧羊主在市场上的花费，而未使他们得到任何回报。他们告诉农业部长和畜牧局长，装运人被置于政府严格实行的28小时和铁路的慢速营运及要求他们频繁喂家畜两块磨石之间。该委员会坚持，如果要使协会成员能承受此法且不使牲畜死在车上，那么铁路的时速必须达到18—20英里。经过他们的努力，双方最终在1906年6月达成一项妥协案，规定让家畜休息的时间被延长到抵达市场前的36小时。③

　　"全国羊毛生产者协会"通常所持的观点是服务质量比低运费率更重要，但它在一般情况下支持要求降低铁路运费率的斗争。1906年，"美国全国家

---

① 爱德华·N.温特沃斯：《美国的赶羊小道》，第577页。
② 爱德华·N.温特沃斯：《美国的赶羊小道》，第578页。
③ 爱德华·N.温特沃斯：《美国的赶羊小道》，第578页。

畜协会"在其章程的第二条明确提出了以降低运费率为该组织行动目标。它声称："为保护装运人，建立和维护公正、合理、公平、适度的运费率和其他管理费用，得到迅速而有效的服务，实行这样的程序至终点被认为是必要的；需用尽一切合适的方法确保铁路进行自愿的调整。"[1]"全国羊毛生产者协会"成员在"州际贸易委员会"举行前参加了许多意见听证会。但他们总的感觉是：除了为做生意必须进行行业某些环节的斗争外，在这个全国性家畜组织的背后，似乎有更广泛的目的。牧羊主弗兰克·J.哈根巴斯曾是"全国家畜协会"的会长。他在被选为"美国全国家畜协会"会长时，极力主张协会与铁路保持合理的关系。哈德巴斯提出每车厢的平均运费为125美元，管理费不能多于25美元。同时他也认识到，由于铁路糟糕的服务会使家畜脱水或受到损伤，其损失总计可达50—100美元。[2]哈德巴斯感到，这种限制性运费率能够导致铁路的服务变得更差，更危险和更无效。因为吃奶的肥羔羊在大量运输时死亡率很高。在离开母羊的15天内，铁路服务对牧羊主来说比对其他种类的家畜装运者更具重要性。羔羊装运人需要铁路方面的进一步合作，其结果使两者的关系有较好的相互理解。尽管这种关系好于其他家畜货主与铁路的关系，但随后一些事件的出现还是导致了牧羊主与铁路公司之间矛盾的产生。

"州际贸易委员会"在1912年4月批准的羊毛运费率案例，使"全国羊毛生产者协会"起而反对铁路。原因有三：其一，铁路未减少这一时期大宗活羊和羔羊的运费。其二，1914年3月，协会收到"州际贸易委员会"刚通过的一个暂停绵羊运费贷款的通知。其三，次年两份备审的卷宗目录摆在"州际贸易委员会"的面前，提及分别有409人和555人决定给养羊者以优惠。[3]这些都加深了牧羊主与铁路方面的矛盾。然而，由于双方存在一系列不同观点，加之第一次世界大战爆发，被批准增加的铁路运费率直到1917年也未实行。在这一年中期，铁路方面提出直接增加15%的运费，在

---

[1]　爱德华·N.温特沃斯：《美国的赶羊小道》，第578页。

[2]　爱德华·N.温特沃斯：《美国的赶羊小道》，第579页。

[3]　爱德华·N.温特沃斯：《美国的赶羊小道》，第579页。

决定实施时，引起了牧羊主的强烈反对。战争打乱了铁路正常的运营秩序，破坏了战前市场分类的区别。为重建战前与铁路的关系，"全国羊毛生产者协会"积极参与了"州际贸易委员会"对备审案卷审理的听证。1922年，协会参加了包括活家畜和往芝加哥以东肉类运费率在内的一系列案例的听证。次年，它更关注一般羊毛运费率的案例。由于协会的这些参与，出售方在运输方面受到的优惠被保留在西部的一些市场上。1931年6月，铁路对少量羊的装运实行减费，但却提出一般运费中增加15%的申请，结果遭到"全国羊毛生产者协会"的反对。随后在10月，这一要求也被"州际贸易委员会"拒绝。两年以后，协会也反对了铁路将一般货运费提高10%的要求。①

在羔羊蜂拥上市的季节，铁路公司能否安排足够的车厢和食物供应，是它与牧羊主关系中最重要的问题。20世纪20年代早期，断奶的肥羔羊被从加利福尼亚、华盛顿、爱达荷和科罗拉多等州赶出，销往市场。铁路公司已意识到，新增吨位和提供必要的供应将成为运输业务的一个重要方面。每年的2—5月，是西部牧区养肥的羔羊初运出的时间。断奶的肥羔羊从华盛顿、爱达荷和科罗拉多西斜坡运出，须经北太平洋、大北、伯灵顿、联合太平洋、西北等铁路以及密尔沃基、格兰德河和莫弗特隧道的通路进行这一专门运输。在这种运输中，货主只能承受极小的延误和较少的损耗。因此，在完成这一专项运输中，铁路与协会间的合作远比以前"法律"的效果好。然而，不是所有的问题都能被合作解决。因为在运输中突发事件会给牧羊主和铁路公司都带来损失。故为了生存，养羊人需要降低运费，铁路公司则需要提高运费率来增加收入。双方的利益之争在合作中仍然存在，只有在两次世界大战期间，双方相互理解的程度才有所增加。

新组建的"全国羊毛生产者协会"面对的第二个问题是如何把肉羊推向市场。为此，协会要协调与公共牲畜围场、委托商和大型肉类垄断企业等方方面面的关系，应对联邦政府的相关政策。

在19世纪80年代，市场对羊肉的需求量很小。到20世纪初，市场需

---

① 爱德华·N.温特沃斯：《美国的赶羊小道》，第579页。

求发生了很大变化。正如哈根巴斯在 1906 年"美国全国家畜协会"成立时所言："20 年前，一火车的羔羊就能满足芝加哥市场的需求，现在它每天需要 2.5 万—3 万只也不过剩。"[①] 于是，他借助公共牲畜围场，开展了大规模供应市场的服务项目。在这个过程中，家畜生产者和牲畜围场之间在经营方面产生了一些争执和分歧。首先，饲料价钱是双方争论不绝的一个问题。因为饲料的市场价格比在农场上高得多。在一般情况下，每只羊羔吃的饲料只需发货人花 1.5—2 美分，但到卖给屠户时却要带价值 12—20 美分的饲料。[②] 这些额外的饲料是发货人负担很重的支出。其次，牧羊主要求牲畜围场提供良好的设施和服务，以减少在售羊过程中的经济损失。在羔羊的交易中，也像羊毛出售一样扣除羊毛的含水量。买主因羔羊的湿羊毛在经营价格上受到的损失要在较低的出价中充分考虑进去。如果牧羊主的羔羊在牲畜围场里被雨雪等弄湿，那么他们会最终在坏的交易中付出代价。在这种交易中，每一笔扣除对养羊者来说都是真正的经济损失。牧羊主要求牲畜围场主提供合理的设备来减少他们的损失。围场主为了吸引更多的羊群到来，便尽量提供良好的服务。所有的围场都盖了有顶的畜棚，保护羊群免遭寒流侵袭，不被雨雪弄湿。其三，围场场位码数的出租费也是羊主与围场主发生争执的一个问题。从羊主来说，希望少出一些费用，多占点场地，从围场经营者来说，则希望多收点地盘出租费。与其他问题相比，双方在这一问题上的争论较少一些。因为牧羊主对围场设备的关心有甚于场位的码数。

　　牲畜围场的委托管理是经常引起批评的另一个问题。在羔羊的交易中，很多代理公司在买卖双方之间扮演着双重的角色。作为卖主的代理人，公司经营者在同买方打交道时要卖高价。反过来，他又代表买方同卖方打交道，要出较低的价格购买，在这种代理交易中，代理人即使卖方得不到所要的高价，也使买方不能按愿出的低价付款。代理人不但赚取买卖双方成交中的差价，还要向双方都索取服务费。代理公司在羔羊的交易中往往引起极大的混

---

①　爱德华·N. 温特沃斯：《美国的赶羊小道》，第 580 页。
②　爱德华·N. 温特沃斯：《美国的赶羊小道》，第 580 页。

乱，以致使买卖双方在达成妥协时都受到损失。代理商往往编造比任何人都了解得多的所谓的"市场发展详情"，或是发布并不存在的虚假"内部消息"，来误导售羊人。在出售人不能兑现误导的允诺时，他们或编造托词，或将责任归咎于批发商、铁路的不良服务和政府的限制等方面，称这些操纵了市场的运作。牧羊主对此极为不满。反复争论的结果促使牲畜围场制订了一些规则，以阻止不法代理商的介入。

新组建的"全国羊毛生产者协会"也需处理与大型肉类加工企业的关系。这些大型垄断组织集肉类屠宰、包装和批发于一身。虽然在第一次世界大战前牧羊主很少报怨与市场和大批发商的关系，但这并不意味着这方面不存在问题。特别是在20世纪20—30年代，双方还有很多争执。在19世纪的最后十年中，大约有75%的市场接受1—2岁龄的阉羊；15%的市场接受母羊，其中有很多是肉质粗、有膻味的劣质成年羊。① 在第一次世界大战前，牧羊主试图改进羊的质量和提高羔羊的消费量。羊毛生产者关心的却是减少羊肉和羔羊的人均消费。以怀俄明参议员沃伦为代表的牧羊主，把他们的阉羊和羔羊育肥，并在羊毛生产者的羊大量上市前出售。在20世纪的头10年，母羔羊的生产基地转移到西部牧区。由于羔羊生产者和批发商的努力，美国人广泛接受了羔羊肉。继东部人喜欢的东部羔羊在肯塔基饲养成功后，田纳西和密苏里的肥羔羊也上市。特别是密苏里的母羔羊在圣路易斯市场的成功销售，导致了西部牧区牧羊主和羊毛生产者的竞争。前者是为多销售羔羊获利，后者是求在羊毛和羊肉的销售中双赢。按规定，不准屠宰者在每年的7月1日前装运西北部的羔羊。因此，在6月仅有少数来加利福尼亚的羔羊上市。

1911年1月，S. W. 麦克卢尔博士被选为"全国羊毛生产者协会"的秘书。他立即推动了一个羔羊消费运动。同年4月，麦克卢尔协助牧羊主击败了《安德伍德关税》中关于将带皮羔羊和羊肉列入免收进口税货单的计划。次年9月6—11日，他又发起了第一次全国公羊出售的活动。虽然该活动因

---

① 爱德华·N. 温特沃斯：《美国的赶羊小道》，第585页。

口蹄检疫当年被取消，但后来却成为协会的一项重要的工作。

"全国羊毛生产者协会"在促进羔羊消费的运动中做了多方面的努力。首先是全国的公羊出售。这是协会早期促销活动中最重要的一个方面。其意义在于：（1）它导致了黑脸公羊在西部牧区的广泛分布和奶羔羊的生产；（2）它使羔羊上市时间突破了原来的规定，到1920年，加利福尼亚的肥羔羊经常在4月1日上市，爱达荷和华盛顿的羔羊则在6月上市；（3）羔羊的价格不断上升，在西部肥羔羊普遍上市前，百磅的活羔羊每只售价不足1美元，后来上升到3美元左右，到两次世界大战之间，其售价则增到6—8美元。①其次，为了促进羔羊的消费，协会开展了宣传工作。由于优质羔羊供应并未像协会希望的那样刺激消费，故它在1919年组织了一个由芝加哥的 L. L. 赫勒负责的消费运动，并出版了一本名为《羔羊增加山姆大叔的胃口》的小册子。这是协会为促进各种肉类消费所努力做的工作之一。再次，率先改进羊肉的切割技术。1923年，"全国羊毛生产者协会"成为新成立的"家畜和肉类商会"（National Live Stock and Meat Board）的成员。该商会的会员包括羊、牛和猪的饲养者、肉类加工生产者、市场代理商、批发商和肉类零售商等等。1920年被选为"全国羊毛生产者协会"秘书的弗莱德·R.马歇尔成为养羊从业人员在商会的代表。1927年，商会通过付给"全国羊毛生产者协会"一笔特别基金，使其进行羔羊、阉羊的切割示范，以吸引消费者。通过对限制消费的羔羊颈口肉的研究，协会发现大量地区的肉类零售商不知道怎样切割羊体更能获利，也不知道如何使其切割方式更吸引消费者。于是，协会通过切割示范促进了零售商迅速改进切割方法。这一切割示范走在了其他几个生产者协会改进其产品的前头，是一项开创性的工作。最后，"全国羊毛生产者协会"改良羊的品种，使饲养羊获得了巨大发展。在西部牧区，旧式带纹的德兰斯羊和朗布依埃羊成熟慢、皮毛重、肉体表皮光滑性差。市场摊主对这些劣质羊不满。西部牧羊主逐渐淘汰这些劣质羊，代之以躯体大小适中、整洁和成熟快的优质羔羊。这样的商品羔羊比旧的完全成熟的饲养羊

---

① 爱德华·N.温特沃斯：《美国的赶羊小道》，第585页。

更令消费者满意。

上述改进肉羊质量的尝试导致了牧羊主与大型肉类加工企业的争端。在第一次世界大战期间，大多数肉类大企业需要支付较高的经营费用和改良优质羔羊的单位量价格（如百磅重羔羊）。在战争期间，由于工资、运费、纳税和其他费用都有了巨大增加，这些企业感到各种费用的支出和羔羊单价的增长已经超过它们能够支撑的程度。在此情况下，肉类加工企业在拼命增加其屠宰量的同时购买超过规定重量的"羔羊"，力图把羔羊的价格分散到超重的磅数上。为此，肉类包装企业便到售价低于牧羊主所求价格的市场上大量购买超重活羊。其结果就使消费者不能得到其所要求的高质量和精加工的羔羊。牧羊主提供的优质羔羊和一般活羊的差价便反映不出来，他们改进羔羊质量的一切努力也随之化为乌有。在 20 世纪早期的大萧条中，批发商能较容易地为一个委托销售者提供优质羔羊，同时再通过同一销售商"带售"一些劣质羊。这样便形成了一种"小巷交易"的惯例。依照羔羊饲养者的观点，这种惯例应包括与一个委托人相关的一批羔羊平均质量的出价，甚至在它们分属数个个体托运人时也应该如此。牧羊主的不满是因为委托人对每个等级的羔羊或每次托运的羔羊都给一个任意的出价，而没有达到在贸易中买主所给的每个等级的真实价钱。自然，由此托运人的大多数羔羊质量是令人不满的。事实上，这使那些专营较低级羔羊的托运人又重返贸易者的行列。"全国羊毛生产者协会"的羔羊市场委员会感到，如果这种惯例建立起来，不仅使羔羊的进一步改良受挫，而且会使协会发动的羔羊运动最终失败。该委员会认为，质量改良和标准化会为羔羊肉的消费建立更广泛的基础。

然而，在 20 世纪 30 年代，为"数量竞争"的势头非常强劲。其结果导致特别的委托公司与某些屠宰厂强有力地联系在一起。大多数羔羊都交付给这样的代理公司。个体屠户几乎关掉了冰箱。市场被批发商和围场管理者所垄断。但这种局面是暂时的，在 30 年代后期，市场的稳定便消失。二战期间，在不同等级羔羊最高限价的差价中，又取消了给提供较好精品羔羊饲养者的补偿制。由政府法律建立的等级价格差别非常小，以至于批发商再次被强烈地刺激着去买羊的"数量"而不认其质量。很多奶肥羔羊的饲养者认为，批发商和政府一样试图阻拦他们为扩大其产品所作的努力。在战争条件下，这一行业的每个部分都关心自身的利益。饲养者特别受到人力短缺和对其羔羊最高限价的限制，无力获得经营利润。在四年之内，全国的羊产量下跌了27%。[①]

对于联邦政府的一些政策，"全国羊毛生产者协会"的态度有别于其他家畜协会。为了反对"大企业"的"不诚实运作"和对市场的垄断，"美国全国家畜协会"在第一次世界大战期间成功地发动了一个反抗运动。其结果促使国会分别在1920年和1921年通过了《批发商承诺法》（Packer Consent Decree）与《批发商和牲畜围场法》（Packer and Stockyard Act）。"全国羊毛生产者协会"认为，对市场代理机构和批发商进行监督是必要的。因为养羊者从自身的利益考虑，期望市场上已存的买主竞争力的变动，或者是为他们吸引新的买主。"联邦贸易委员会"（Federal Trade Commission）要求主要批发商在每个市场的牲畜购买中，给予饲养者以一定比例的直接利润。该委员会在调查过程中，很多托运人讲，当他们决定不再把羊售往最初指定的市场时，代之而来的是把它们发送到东部更远的一个市场。原来市场的批发商随之把他们的出价寄往托运人要去的新市场。在那里，批发商的出价不会高过寄过来的出价。在这样一个由大批发商控制的运作方式下，养羊人不仅得不到期望中的新市场繁荣，而且还会遭受更进一步的损失。因为他们要前往更远的市场必须交付更多的运费和使羔羊遭受更大的损耗。国会的两个法令是在大量指控和"美国全国家畜协会"的压力下通过的。两项法令是对批发商的一些限制，是联邦政府干预市场经营的一项措施。虽然这两项法令与一切家畜饲养者的利益都密切相关，但"全国羊毛生产者协会"与"美国全国家畜协会"相比，没有积极支持。

"全国羊毛生产者协会"在国会起草《批发商和牲畜围场法》前没有进行过争论。在关于过多的利润、围场主、银行、家畜贷款公司和市场报滥用权力等方面，协会也未展开辩论。因为协会更关心的是服务的质量和种类。

---

① 爱德华·N.温特沃斯：《美国的赶羊小道》，第587页。

证据是 1919 年 1 月 20 日在众议院的"州际和国外贸易委员会"开会前,"全国羊毛生产者协会"的会长弗兰克·J.哈根巴斯对由《西姆斯法案》(Simms Bill)提出的肉类特殊等级和政府控制市场的程度的异议。哈根巴斯从根本上怀疑政府行为在私人事务上的作用。他指出,国会提出的立法明显表明政府计划惩罚批发商在 25 年前犯下的过失。该法案是参照一个规范牛肉销售、价格和利润的方案提出的,即由美国司法部长授权的"维德联营"(Veeder Pool)依旧是管理犯法的"委员会"。其结果将使在全国一般经营中合乎规范的东西都建立在很低的水平上。哈根巴斯坚持生产者的命运与基本消费者连在一起的观点。他认为,如果消费者相信批发商正在非法剥夺他们,那么"设想"的罚款也要由生产者付。①

牧羊主的利益主要与消费者相关的观点也由其他重要人物所证实。"怀俄明羊毛生产者协会"会长 J. M. 威尔逊医生代表他所在州和蒙大拿、爱达荷州的协会,发表了对《西姆斯法案》的看法。他援引了 1919 年 2 月 5 日的一则快讯。该快讯称"联邦贸易委员会"的裁决将载入"伦敦商会"(London Board of Trade)和"英国食品和农业部"(British Ministry of Food and Agriculture)的案卷中。威尔逊指出该法案仅是一个单方面的声明,但英国可能认为它是一个司法判决。这将进一步导致英方反对美国的肉类进入那里。②恰在 1920 年美国养羊业崩溃之前,科罗拉多的羔羊饲养带头人、参议员 W. A. 德雷克在"参议院农林委员会"(Senate Committee on Agriculture and Forestry)发言时强调,提出的立法"将把羔羊饲养者从饲养地吓跑",所有的鼓动伤害了他们并使他们胆小。他认为,除了增加生产外没有办法减少生存的高代价,"提出这种立法将公开引起捆绑生产者手脚的行动"③。

简而言之,在"联邦贸易委员会"于 1918—1920 年的调查中,羊毛生产者不像牧牛场主和养猪人那样反应强烈。他们大多数人没有被"全国家畜协会"的鼓动搅得激动不安,少数羔羊生产者的领头人物还对国会通过限制

① 爱德华·N.温特沃斯:《美国的赶羊小道》,第 583—584 页。
② 爱德华·N.温特沃斯:《美国的赶羊小道》,第 584 页。
③ 爱德华·N.温特沃斯:《美国的赶羊小道》,第 584 页。

性立法表示不满。究其原因，与牛和猪相比，羊的等级和种类极少。羊很少引起市场价格的波动。因此，牧羊主更关注的是消费者人数的不断增加和生产规模的扩大。

从牧羊主组织的发展历程中，我们可以看到一些显著的特点。第一，全国性的组织建立较早，并一直保留下来。"全国羊毛生产者协会"于 1865 年 12 月建立。到 19 世纪 90 年代末，该协会衰落，其会员的要求不得不由 1898 年成立的"全国家畜协会"所表达。但事隔不久，西部牧羊主很快于 1901 年又恢复了"全国羊毛生产者协会"。该协会在 20 世纪上半期还有了较大发展。第二，随着全国养羊业中心的不断西移和西部"牧羊帝国"的崛起，协会的领导权也由东部转向西部。在"全国羊毛生产者协会"成立之初，其领导成员多由俄亥俄以东的各州协会的会长组成。到 19 世纪 80—90 年代，西部各州的大牧羊主便积极参与协会的全国活动。至 1901 年"全国羊毛生产者协会"恢复时，其领导权已由西部牧羊主所掌握。第三，在协会的管理方面，涉及羊毛和羔羊两方面的效益。在协会成立之初，协会领导人关注的是国产羊毛的利润、上市、关税、及与羊毛制造商的关系等问题。直到 1883 年协会更换领导后，在他们的心目中，羊毛的利润仍占压倒优势，很少关注羔羊的饲养。到 20 世纪初，协会才把更多的注意力放在把西部羔羊推向市场上。正因如此，牧羊主的组织自始至终被命名为"全国羊毛生产者协会"。第四，在美国养羊业的发展中，"全国羊毛生产者协会"面对的问题很多。除了羊毛和羔羊的利润之外，协会受到国际羊毛业的激烈竞争，面对工业化对本行业的冲击，也受到联邦政策和国会立法的影响。所有这一切结合在一起，使牧羊主的组织面对的问题更具广泛性和多样性的特点，协会因此经受了更多的考验。与牧牛者协会或其他家畜饲养者的组织相比，"全国羊毛生产者协会"在其发展中表现出了公认的忍耐力。正是凭着这种韧性，使牧羊主组织在与牧牛者协会的竞争中最终取得了优势。第五，由于"全国羊毛生产者协会"更多关注的是全国性的问题，在西部牧羊主与牧牛场主争夺土地与牧区的斗争多是由州协会进行。在西部牧区，两种势力集团的争夺相当激烈，酿成多次牧区冲突和流血事件。对此我们将在下一章作进一步的论析。

第八章　牛镇的兴起与变迁

第一节　牛镇的兴起

一、兴起的前提

1. 牛贸易的发展的

美国内战后，伴随着西部牧牛业的蓬勃发展，大批牛镇在辽阔牧区的铁路沿线如雨后春笋般迅速出现。从 1867 年阿比林这个荒野小村被改建成第一座牛镇起，到 80 年代中期，是大平原地区牛镇迅速发展和繁荣兴旺的时期。其间，大批牛镇兴起不是偶然的。这主要是适应内战后西部牧牛业迅速扩大和逐步走向商品化、市场化的需要而产生的一种必然结果。

在内战中被中断的得克萨斯牛贸易在战后进一步发展起来。为了把牛群更多地输送到东北部市场，需要更多的牛镇作为中转的集散地和装运站。在第一章，笔者已较充分地论述了得克萨斯的牧牛业在内战以前已具有相当大的规模，并开始了商品化的过程。得克萨斯的牧牛场主们具有较强的市场意识。早在 40 年代，他们已开始把得克萨斯长角牛赶往新奥尔良、俄亥俄出售，甚至销往芝加哥。50 年代早期，牛仔们穿过沙漠，把牛群赶往加利福尼亚金矿区。庞廷和马隆还把 600 头得克萨斯长角牛被赶往东部出售，其中一些牛竟被铁路、水路辗转运到了纽约。[①]然而，由于市场的限制，得克萨斯牛的出口量还很小，而且主要输送到新奥尔良。即使在新奥尔良，1853 年，运抵那里的得克萨斯牛也仅有 4

---

① 哈里·S.德拉戈：《荒凉、恶劣与粗犷——堪萨斯牛镇与得克萨斯牛贸易》，第 2 页。

万头。[①]内战严重阻碍了得克萨斯牛贸易的发展。内战期间，牛市场仅限于靠近本州的地区。其结果使得得克萨斯的存牛量增长过快。到内战结束时得克萨斯已存牛过多，由于牛满为患，每头牛价在本州由内战前的 5—10 美元，跌至 3—5 美元。内战以后，美国工业化的规模和范围不断扩大。城市人口迅速增长，他们对肉类的需求量不断增加，致使牛的地区差价悬殊。一头得克萨斯牛在本州仅售 3—5 美元，在中西部市场可以卖到 30—50 美元，而在纽约则可以猛增到 85 美元。[②]素有市场意识的得克萨斯人首先抓住了这一机会，要让他们的牛去占领北部和东部市场。得克萨斯的牛贸易迅速发展和兴旺起来。为适应得克萨斯牛贸易规模不断扩大的需要，建立一批能把数百万头牛迅速集散、外运的"牛镇"势在必行。

2. 铁路站点成为牛镇

横贯大陆铁路的修建为大平原上的牧牛业和东北部的广阔市场之间架起了桥梁，为大批牛镇的兴起创造了便利的条件。北部巨大的牛市与得克萨斯相距有 1,200 英里或 1,600 英里之遥。[③]为了获得丰厚的利润，得克萨斯人从 1866 年 3 月开始了"长途驱赶"。这一年，赶牛人沿着最直的"肖尼小道"，经过漫漫长途，把 26 万头牛赶到了最后的铁路的终点——密苏里的锡代利亚。对此我们前面已经提及。但这条牛道对赶牛人有很多困难和凶险。这种长途赶牛途径欧扎克森林，长角牛到此往往四处乱窜，失散于密林之中，难于管理。途中，盗匪拦路抢劫，密苏里农民持枪阻塞牛道，致使牛群损失巨大，往锡代利亚的"长途驱赶"已难以适应得克萨斯牛贸易迅速发展的需要。开辟更多新的"赶牛小道"成了当务之急。因为最初的赶牛路线一般是取道俄克拉何马、阿肯色和密苏里。这些地方当时不少是印第安人的保留地。因为赶牛队侵入了印第安人的家园，便经常遭到他们的袭击。过路的牛群少则上千头，常因遭到印第安人的袭击而惊散。"得失系于一线"的大笔财产遇

① 罗伯特·G. 费里斯编：《勘探者、牛仔和移居垦殖农民》，第 45 页。

② J. 布卢姆等：《美国的历程》下册第一分册，第 15 页；J. 弗兰茨：《得克萨斯——二百周年史》(J. Frantz, *Texas: A Bicentennial History*)，纽约 1976 年，第 31 页。

③ J. 布卢姆等：《美国的历程》下册第一分册，第 16 页。

此麻烦便荡然无存。因此，赶牛人开始寻找避开印第安人袭击的办法。唯一的出路是把赶牛小道转移到印第安人较少的西部，但这样便远离了铁路，增加了建立牛镇的困难。恰在 1867 年，第一条横贯大陆的铁路——联合太平洋铁路向西推进到了堪萨斯的阿比林。这年春天，阿比林被改建为大平原上第一个著名的牛镇。随着联合太平洋铁路不断向西延伸和在 1869 年全线贯通，"长途驱赶"的牛道不断西移，作为赶牛终点的"牛镇"也一步步向西发展。继阿比林之后，在堪萨斯、内布拉斯加、怀俄明和蒙大拿都有很多牛镇出现。这些牛镇的特点是建在铁路线附近，有很多牛镇就是铁路的站点。随着西部铁路的不断修建，牛镇越来越多。牛镇如繁星般散布于从圣路易斯到落基山的广大牧区。联合太平洋铁路及其他横贯大陆铁路的建成，在西部牧区与东北部市场之间架起了桥梁，使作为"长途驱赶"终点站的牛镇得以迅速崛起。

二、典型的牛镇

1. 阿比林

大平原上的第一个最著名的典型牛镇是由麦科伊建立的。他经过 60 天的紧张工作，最终把阿比林这个边疆的荒野小村改建成了一座设备齐全的牛镇。以新面貌出现的阿比林，完全是按照麦科伊的计划建成的。它拥有一个可以容纳 3,000 头牛的围栏、两台大型的费尔班克斯磅秤、一个牲口棚、一间办公室和一座漂亮的三层楼的旅店。[①] 牛镇建立不久，由得克萨斯赶往北部的牛群纷纷转向了阿比林。

阿比林成为大平原上的第一个牛镇后，进一步促进了得克萨斯牛贸易的发展。首先，阿比林取代锡代利亚，成了得克萨斯牛外运的集散中心。1867年阿比林新的牛贸易市场建成时，大批得克萨斯牛群已去了锡代利亚，无法拦回。这一年抵达阿比林的 3.5 万头牛与到达锡代利亚的 26 万头牛相比似乎微不足道。阿比林新牛镇的作用亦显得无足轻重。然而，因为阿比林的出

---

① 哈里·S. 德拉戈：《荒凉、恶劣与粗犷——堪萨斯牛镇与得克萨斯牛贸易》，第 20 页。

现，到 1868 年已没有得克萨斯牛被赶往锡代利亚。得克萨斯的赶牛人沿着
"奇泽姆小道"把牛群源源不断地赶往阿比林。从 1869 年以后，阿比林牛市
的得克萨斯牛的数量已大大超过锡代利亚最兴旺的 1867 年。1867—1871 年，
是阿比林作为一个牛镇的全盛时期，五年中共接收了 146 万头得克萨斯牛。[①]
事实说明，阿比林从作为第一个牛镇之日起，便很快取代锡代利亚成了大平
原上的牛贸易中心和牛群转运站。其次，阿比林的牛贸易市场呈现一片繁
荣兴旺景象。阿道夫·勒尼格克推算，在阿比林的"得克萨斯街"上，一天
内云集的牛仔、牛主和买主达 4,000 人。1870 年《阿比林纪事报》核实的人
数为 1,500 人。《道奇城太阳报》在 1878 年的分类的数字为牛仔有 1,300 人，
牛主和买主有 250 人。[②] 在人迹罕见的大平原地区，阿比林的一条街上一日
之内就聚拢这样熙来攘往的人群，足见其牛市盛况空前。阿比林对得克萨斯
牛贸易的发展起了有力的推动作用。

随着牛贸易的发展，一些城镇服务性行业在阿比林迅速兴起。在阿比
林最早出现的是杂货店。店主主要是把大宗货物出售给靠近牛镇的牧牛营
地。从牧牛装备到日用百货无所不有。同时，杂货店也向镇民供应日常用
品，并让旅馆、饭店代销商品，卖给过往客商。服装、制鞋业的生意在阿
比林也很兴旺。一套牛仔服要花掉一个牛仔 2—3 个月的工资，约 60—90
美元。[③] 一双靴子可卖到 12—20 美元。第一个在阿比林经营制鞋店的托马
斯·C.麦金纳尼在夏天赶牛旺季时，要雇 10—20 人帮他做得克萨斯牛仔喜
欢的靴子。[④]1870 年，雅各布·卡拉托夫斯克在阿比林开了"大西部商店"。
其经营品种有织物类、服装、靴子、鞋、各类帽子和绅士服装等。[⑤]

为牛仔提供食宿的服务行业在阿比林也随之发展起来。麦科伊意识到，

---

① 沃尔特·P.韦布：《大平原》，第 223 页。
② 阿道夫·勒尼格克编：《堪萨斯开拓史》，（Adolph Roenigk, ed, *Pioneer History of Kansas*），丹佛 1933 年版，第 36 页；转引自罗伯特·R.戴克斯特拉：《牛镇》，第 86 页注③。
③ 罗伯特·R.戴克斯特拉：《牛镇》，第 88 页。
④ 罗伯特·R.戴克斯特拉：《牛镇》，第 90 页。
⑤ 罗伯特·R.戴克斯特拉：《牛镇》，第 89 页。

好的设施对吸引得克萨斯人来说极为重要。于是，他于 1868 年初在阿比林建成了"赶牛人小屋"（Drovers Cottage）。当时，"赶牛人小屋"是大平原上最好的旅馆，耗资 1.5 万美元。这是座三层的建筑物，与长 50 英尺、宽 40 英尺的牛棚相连。"赶牛人小屋"设有 40 余间客房，并有餐馆、酒吧和台球室。这家阿比林最好的旅馆没有任何特别的装饰，看起来它像大平原上竖起的一个方盒子。"赶牛人小屋"的前面是铁路，与它相距一个街区的西面是牲畜围场。"赶牛人小屋"有一个在夏季提供阴凉的长廊。有位阿比林居民曾对其旅客作过记述："里边住着得克萨斯赶牛人、东部城市的买主和代理人，还有酒馆店主、赌徒和因杀过一个白人而出名的人"①。"赶牛人小屋"曾两易其主。1869—1870 年间，一位富有的得克萨斯牛买主莫西·B. 乔治买下了它，并在 1870 年秋进行了扩建。到 1871 年春，"赶牛人小屋"已扩至 90 英尺长、70 英尺宽，设有 100 余间客房，并能容下 50 辆马车和 100 匹马。② 到 1872 年，阿比林牛贸易的繁荣期已经过去，乔治前往埃尔斯沃思经营旅馆。1873 年，乔治把"赶牛人小屋"卖给了詹姆斯·戈尔。由于受到其他牛镇的激烈竞争，其生意便衰落下去。当然，"赶牛人小屋"不是阿比林的唯一旅馆。在牛贸易兴旺的时期，阿比林又建立了其他一些为牛仔和客商提供膳宿的新客店，但它们都不如"赶牛人小屋"那样有名。

阿比林也为经过长途跋涉而疲劳的牛仔们提供了数量有限的娱乐和消遣场所。在牛贸易的全盛时期，阿比林的酒馆有 10 家。其中大多数是供应廉价威士忌的小酒店。一个早期的阿比林居民描述该镇早期的酒馆是仅有一个酒窖的简易建筑物。所用的木料变形得很厉害，或多或少有些绿色。每个酒馆都亮着灯，照着店主随意写的名称。诸如"公牛头"、"老水果"、"孤星"、"长角"、"小道"和"阿拉莫"（Alamo）等，它们都坐落在"得克萨斯街"上。③

---

① 斯图尔特·亨利：《征服我们的辽阔美国平原——一种历史性的开发》（Stuart Henry, *Conquering Our Great American Plains: A Historical Development*），纽约 1930 年版，第 98 页；转引自戴维·达里：《牛仔文化》，第 210 页。

② 戴维·达里：《牛仔文化》，第 210 页。

③ 戴维·达里：《牛仔文化》，第 211 页。

其中，最著名、最时髦的酒吧是"阿拉莫"。它以明亮的灯光吸引招揽顾客。各色美酒反射在玻璃上。三个玻璃门使来客能方便地走到卖酒的长柜台和赌桌前。一支乐队不分昼夜地演奏着。别的酒馆在 1871 年都比不上"阿拉莫"，但后来有的酒馆增加了桃红木和胡桃木的吧台，墙上镶了镜子。在阿比林的酒馆中，早期主要出售便宜的威士忌。后来，总称为"苦味汤"的名牌威士忌也在酒馆内出售，像"斯奎勒尔"（Squirrel）、"老乌鸦"（Old Crow）和"麦克布赖安"（Mcbryan）等都是非常流行的名牌酒。由于麦科伊的限制，阿比林的妓院和舞厅更少。1869 年，有三家妓院共 21 个妓女。到 1871 年，有了一家舞厅。[1] 从表面上看，阿比林是牛仔饮酒、赌博、嫖妓甚至发生决斗的地方，但实际上提供娱乐消遣场所成为这个牛镇商业经营中采用的一种方式，是全镇商业收入的一个重要组成部分。在赶牛季节，每天都有 300—400 名牛仔骑马进入这个牛镇。这意味着每天至少有 4 万美元的收入源源不断地流入阿比林。[2] 牛仔们几天之内就花掉他们以数月辛劳所挣的工资。

　　在牛镇经济发展的同时，阿比林率先加强了城镇管理和治安措施。一方面娱乐消遣服务成为阿比林商业经营中的一个重要组成部分；另一方面，也带来了犯罪和不道德的行为。但是，无法律控制只是暂时的现象。不久，阿比林便有效地控制了邪恶的活动。1870 年，该镇制定了控制牛仔活动的"市民条例"[3]，雇用托马斯·J.史密斯当了第一任警察局长。史密斯此前在纽约市当过警察。他长得似巨人般强壮，但说话柔和低沉，完全缺乏作警察局长的赫赫声势。这种外观形象给当时阿比林市长 T.C.亨利的最初印象是史密斯这样一个人不能作该镇警察局长。由于圣路易斯警察局长派来的两名警察到阿比林与牛仔们热烈欢聚一番后便于当晚离去，市长才决定给史密斯一个机会。亨利市长在 5 月的一个星期六上午接见了他。史密斯向市长保证他能控制这个牛镇。市长问他如何保证，史密斯回答："火器必须控制，威士忌和手枪都属于控制的范围"。市长追问何时实行？他答道"立即!"于是，史

---

①　雷·A.比林顿：《向西部扩张——美国边疆史》，第 587 页。

②　劳伦斯·I.塞德曼：《马背生涯——1866—1896 年的牛仔边疆》，第 87 页。

③　霍华德·R.拉马尔主编：《美国西部读者百科全书》，第 184 页。

密斯被任命为阿比林警察局长。直到此时，市长还忧虑地注视着他，一直到他在离镇中心 1/3 英里的地方消失。① 然而，后来的事实证明，史密斯是美国西部史上最勇敢和最不寻常的警察局长。史密斯向寻衅的牛仔暴徒大汉克发出警告说："我必须麻烦你交出你的枪！"这个暴徒以下流粗暴的语言不断地咒骂和凌辱史密斯。史密斯立即跳上前去给大汉克致命的一击，取下了他的枪。这个暴徒不得不垂头丧气地听从命令，离开阿比林，回到牧牛营地去。另一个怀俄明的暴徒弗兰克夸口说无人能使他放下枪。在史密斯镇定地向弗兰克走去时，这个暴徒站到了有利于立即拔出枪把警察打倒的好位置，并大声咒骂着。史密斯快如一道闪电跳到暴徒面前，向他猛击两拳，把他打倒在地，并用手枪痛打这个家伙。一个酒吧老板走过来称赞史密斯履行职责，并把他的枪交给了警察局长。他说："我想在你做这个警察局长时我不需要它了。"② 随之，所有的人都走向史密斯，把枪交给了他。史密斯请他们把枪交给酒吧柜台保管，直到他们回牧牛营地时再取走。从那以后，在史密斯任警察局长期间，再没有人公开在阿比林的大街上带枪了。他的日常工作是巡逻、逮捕罪犯和保卫阿比林的安全。五个月后，史密斯在试图逮捕一个被指控杀人的当地农场主时遇害。整个牛镇的人都为他的去世而哀痛。他的继任者是怀尔特·比尔·希科克，但远不如他有名。

1870 年，镇民们还在"得克萨斯街"上酒吧的对面，用石头修建了一座监狱。第一个被关押的是名违犯治安的牧牛营地厨师。③ 这一年 5 月 20 日的条例中，规定驱逐镇内妓院的老鸨和妓女。④ 由于加强了市政管理和治安措施，阿比林以铁路为界分成了两部分。教堂、政府办公处和体面镇民的住区占据了该镇的北部。铁路以南形成一个隔离区。那里是"得克萨斯的阿比林"，有下等酒馆和被从北部赶过来的妓女。

到 1871 年，阿比林的人口已近 1,000 人。它建有一所学校、两家银

---

① 劳伦斯·I.塞德曼：《马背生涯——1866—1896 年的牛仔边疆》，第 96—97 页。
② 劳伦斯·I.塞德曼：《马背生涯——1866—1896 年的牛仔边疆》，第 96 页。
③ 劳伦斯·I.塞德曼：《马背生涯——1866—1896 年的牛仔边疆》，第 94 页。
④ 刘易斯·阿瑟顿：《牧牛大王》，第 34 页。

行、三家旅店和饭馆、两家木材厂和一家制铁厂，还有杂货、服装和制鞋等店铺。[①] 阿比林已成为第一个由牛镇发展起来的颇具规模的西部新兴城镇。阿比林作为第一个牛镇出现在大平原上具有重要的意义，它为牧牛业的"大本营"得克萨斯提供了良好的牛贸易市场，为南牛北运和东运提供了便捷的装运站，使"长途驱赶"更加安全和以更大的规模发展。阿比林已发展成为大平原上的一个重要商业中心，每年的商业收入高达 30 万美元，[②] 有力地促进了大平原的开发。作为第一个牛镇，阿比林成为大批后建牛镇仿效的样板。继阿比林之后，很多牛镇在大平原上由东向西、由南而北迅速兴起。

2. 道奇城

在所有的牛镇中，位于圣菲铁路线上的道奇城最为著名。它自诩是"牛仔之都"、"牛镇的皇后"和"最棒的美国小城"。[③] 道奇城之所以名声大噪，主要不是因为它是堪萨斯境内最大的牛贸易中心之一，而是因其早期和埃尔斯沃思一样"以无法无天"享有盛名。[④]

1871 年，H. L. 西特莱尔在道奇堡以西五英里处建立一间草皮小屋。[⑤] 后来的道奇城就是以其为基地发展起来的。1872 年，圣菲铁路修到了道奇城，随即它成了一个重要的牛镇。道奇城是堪萨斯四大运牛站点最后兴起的一个。它的牛贸易繁荣期持续时间最长，一直到 1885 年其旺势才终结。道奇城还有不同于堪萨斯境内其他牛镇的独特之处。像阿比林、牛顿和威奇托等牛镇，均是"奇泽姆小道"的终点。赶牛人沿着这条牛道把牛群赶到这些牛镇后便出售装运，完成了"长途驱赶"的任务。道奇城不同。它位于其他牛镇的西部，不是"奇泽姆小道"的终点。赶牛人把牛群赶到道奇城后既可以在这里出售外运，也可以沿牛道继续前行，奔向内布拉斯加的奥加拉拉。

---

① 约翰·W. 里普斯：《美国西部城市》（John W. Reps, *Cities of American West*），普林斯顿 1979 年版，第 549 页。

② 劳伦斯·I. 塞德曼：《马背生涯——1866—1896 年的牛仔边疆》，第 100 页。

③ 丹尼尔·布尔斯廷：《美国人——民主历程》，第 19 页；罗伯特·E. 里格尔、罗伯特·G. 阿塞恩：《美国西进》，第 478 页。

④ 雷·A. 比林顿：《向西部扩张——美国边疆史》，第 586 页。

⑤ 罗伯特·G. 莫里斯编：《勘探者、牛仔和移居垦殖农民》，第 195 页。

1875—1885 年间，是道奇城牛贸易的全盛时期。每年平均有 25 万头长角牛被赶到这里。① 大批牛仔也随牛队涌入道奇城。他们挤满酒馆、围在赌桌前，也光顾铁道南边不体面的妓女住所。

在 19 世纪 70 年代，大部分牛镇都有酒馆。1876 年，道奇城有 19 家。该镇的居民有 1,200 人，平均约 60 人就有一个酒馆。② 因此，这么多的酒馆只能在夏季有大量牛仔到来时才能生意兴隆。其中最好和最受欢迎的酒店是乔克利·M.比森经营的"萨拉托加"（Saratoga）。比森爱好音乐且品位不俗。他经常为顾客演奏带来乐趣的管弦乐。与道奇城其他酒馆相比，"萨拉托加"是高格调的。它吸引着镇上的头面人物、铁路员工、牧牛大王和其他名人。比森为酒店起此名字是取自纽约的"萨拉托加"社区。道奇城其他著名的酒馆还有"阿拉莫"、贝蒂和凯利的"阿尔汉布拉"（Alhambra）、米勒和斯特拉特的"老房子"（Old House）——相当于歌剧院延伸出来的酒吧，以及福特县首任司法长官查尔斯·贝塞特和 A. J. 皮科克于 1873 年所建的"朗布兰奇"（Longbranch）。后来，乔克利·比森购买了它，威廉·H.哈里斯成了他的合伙人。现今，由于电视剧《枪烟》的播出，"朗布兰奇"酒店变得比以往更加著名。

像其他牛镇一样，道奇城所有酒馆都设有赌桌，雇用职业赌徒。在赌博中，赢钱的是职业赌徒，赶牛人和牛仔往往是输家。有一个牛仔进入"绿前门"（Green Front）酒馆才一会，就输光了所有的钱。他去找市长，控告酒店老板经营赌博业，要求惩罚老板，取消赌场。市长却告诉这个牛仔，他自己曾在这个赌场输过 16 美元。接着，道奇城的市长叫住警察局长，把这个牛仔带到警察局，罚了他 10 美元作为对其"赌博"的惩戒。③ 在道奇城，设赌局的老板不受惩处，被诱惑上当的牛仔却遭罚款。可见，道奇城和其他牛镇一样，虽有禁止赌博的法令，但法令却很少得以实施。

在道奇城的酒馆和舞厅等处，经常发生斗殴和枪击事件。法律执行官巴

---

① 罗伯特·E.黑格尔、罗伯特·G.阿塞恩：《美国西进》，第 478 页。
② 戴维·达里：《牛仔文化》，第 213—214 页。
③ 戴维·达里：《牛仔文化》，第 214—215 页。

特·马斯特森、怀亚特·厄普和比尔·蒂尔曼等人曾力图维护秩序，但在道奇城还不时有杀人的事件发生，仅1878年被杀者达到五人。[①]

在道奇城作为"牛镇"的辉煌时期，它比丹佛、圣保罗和堪萨斯城更著名。后来以道奇城为题材的牧歌、传奇故事、电影和电视剧更使它名扬天下。

3. 夏延

1867年，联合太平洋铁路推进到了一向沉寂的夏延平原。夏延作为怀俄明领地的首府于当年7月正式创建。1869年，联合太平洋铁路全线贯通。夏延作为这条铁路上的途经站迅速发展成为西部典型的牛镇和辽阔怀俄明牧区的牛都。夏延初建时，有4,000个居民[②]，到1880年，其人口已增至7,000人[③]。由于许多富有的大牧牛场主在那里建立了永久性的住宅，这个牛镇被确认为当时世界上人均最富裕的城市。

如果说堪萨斯的早期牛镇还比较简陋，那么夏延的建筑却展现着绚丽的色彩。"费格森大街"（即现在的"凯里大街"）在夏延以"牧场主大街"而著称。在这条大街上，建满美丽的住宅。这些住宅都有大草坪、灌木丛和低矮的铁栏杆。大住宅的建筑风格迥异，从古老的英国小镇木屋，到法国的别墅，应有尽有。在住宅的后面，是上等马的马房和建造精良的库房。这些库房是存放马车、敞篷四轮马车、大路货车、甚至还有几辆装有弹簧座的四轮马车的地方。有好几幢住宅是纽约市的乔治·雷恩斯福特设计的。在怀俄明领地，据说他有"养马的最好本领，建筑比例的最佳感觉"，也是"最会使用亵渎神灵的语言"的人。[④]

著名的"夏延俱乐部"是牧牛场主活动和聚会的中心。1880年6月，"怀俄明家畜饲养者协会"的12名在东部长大的牧牛场主，组织起他们称之为"仙人掌"（Cactus）的俱乐部。因为当时夏延的三个主要旅馆都缺少

---

① W. 尤金·霍朗：《边疆的暴力》，第200页。
② 罗伯特·G. 费里斯编：《勘探者、牛仔和移居垦殖农民》，第257页。
③ 戴维·达里：《牛仔文化》，第271页。
④ 戴维·达里：《牛仔文化》，第271页。

这些牧牛场主需要的舒适条件，故他们于 1881 年以 2.5 万美元的造价建起了"夏延俱乐部"（Cheyenne Club）。① 这是一座三层复折屋顶的砖木结构建筑，室内铺有硬木地板和厚地毯。在这座建筑的第一层是厨房和酒窖；二层是餐厅、书房和台球室；最上层有六间卧室。书房的书架上有新出版的《哈伯周刊》（Harper's Weekly）和包括纽约的《论坛》（Tribune）、波士顿的《星期日旅行者通报》（Sunday Herald-Traveler）在内的东部重要报刊。到处都是有关家畜饲养的杂志，包括芝加哥出版的《饲养者杂志》（Breeder's Gazette）。该俱乐部的墙上装饰着许多著名画家的精美作品，有艾伯特·比尔施塔特和 17 世纪的荷兰画家保罗·波特等人的名画。这些画反映出了俱乐部成员的欣赏品位和所受的家教。

"夏延俱乐部"是一个让人见多识广的地方，在那里穿着礼服进晚餐是很平常的事。有用火车运到夏延的上等好酒和美味，满足富有牧牛场主们的需求。侍者是来自东部的训练有素的人。在"夏延俱乐部"，"寡言的不列颠人、谨慎的苏格兰人、充满活力的爱尔兰人、小心的北方佬、自信的波士顿人、世俗的纽约人、有风度的南方人和快乐的加拿大人都找到了满意的归宿。"②

"夏延俱乐部"的成员都是夏延社会的头面人物。该俱乐部自成立后，在近十年间它只有 200 名成员。③ 富有的牧牛场主是俱乐部考虑其成员资格的主要人选。"夏延俱乐部"列出了一些正式法规作为开除成员的依据。重要者有："在俱乐部周围酗酒达到威胁其他成员或损害俱乐部存在的程度；言行亵渎神圣或淫秽；在俱乐部周围争吵并动手打人；在俱乐部里玩牌或任何游戏时有欺骗行为。"④ 牧场主约翰·科布尔因视波特那幅《母牛和公牛》的画是对纯种牛的歪曲，便用左轮手枪在公牛的一条腿上射了一个洞，且他一直在酗酒。科布尔被取消了俱乐部成员资格。另一个牧场主哈里·奥尔里奇

---

① 戴维·达里：《牛仔文化》，第 267 页。
② 戴维·达里：《牛仔文化》，第 268 页。
③ 戴维·达里：《牛仔文化》，第 268 页。
④ 戴维·达里：《牛仔文化》，第 267 页。

斯因把一个仆人踢下了俱乐部的台阶而被开除。除上述严厉的法规外，该俱乐部还有些一般性的规定，如"不许在俱乐部的任何公共场所抽烟斗；阅览室不许卖啤酒、白酒或矿泉水；只能在俱乐部的室内玩正当的游戏，但不能玩赌钱的游戏，星期日不能玩游戏。"[①] 这些规定，反映出由一些受过教育的新兴的富有牧牛场主所带来的东部文化在西部产生了影响。

"夏延俱乐部"并不是牧场主休闲和谈生意的唯一场所。1885 年，包括几名"夏延俱乐部"成员在内的部分牧场主建立了另一个俱乐部，但它从未起过"夏延俱乐部"那样的作用。坐落在丹佛第 17 大街的"丹佛俱乐部"是一座褐色的石头建筑物，也许它是与"夏延俱乐部"最接近的竞争对手。1885 年，在蒙大拿的海伦娜也建了一个俱乐部，但其成员不只是牧场主，还包括富商、矿主和其他经营者。此后，一些俱乐部相继在堪萨斯城、沃思堡和其他地方出现，但没有一家俱乐部能与"夏延俱乐部"相匹敌，甚至连建在芝加哥的著名的"萨德尔与塞劳恩俱乐部"也比不上它。"夏延俱乐部"无疑是 19 世纪 80 年代美国西部牧区最主要和最有影响的俱乐部。

第二节　牛镇的变迁

一、牧区的经济、政治中心

1. 牛镇风貌

在美国西部兴起的牛镇，除阿比林、道奇城和夏延外，著名的还有堪萨斯境内的埃尔斯沃思、威奇托和考德威尔，内布拉斯加的许凯勒、卡尼堡、北普拉特、奥加拉拉和西德尼，北达科他的迈多拉，新墨西哥的林肯和银城，怀俄明的拉勒米以及蒙大拿的海伦娜等。从外观上看，大部分牛镇的风貌都非常相似。牛镇都没有树木。现在人们在这些历经沧桑的城镇所看到的

---

① 戴维·达里：《牛仔文化》，第 268 页。

树都是后来种的。牛镇的水源除河流和小溪外就是人工挖的水井，没有公共供水设施。直到19世纪80年代，牛镇还没有室内水管，到后来也很少。在住宅和商贸建筑物后面，人们可以看到结构简陋的厕所。许多牛镇的早期住宅和商业建筑物都是泥草房。只有在埃尔斯沃思后来才出现了用石头建筑的房屋。牛镇的街道都很宽，雨天时遍地泥泞，无雨时尘土飞扬。只有在商业性的建筑物前才有人行走。这些建筑物前围有栏杆。商贸性的建筑、特别是旅店通常建在铁路附近。大草原上这些牛镇的自然风貌相似得惊人，以至有的美国学者觉得它们雷同得无法比较和无可描述。这些初建的牛镇，还远未脱离美国远西部边疆荒野、古朴的特点，它们离现代化城市还相去甚远。然而，正是这些牛镇的兴起，逐渐改变着牧区的面貌。它们有力地推动了大平原的开发，促进了西部经济的发展。

2. 牛群的集散地

西部兴起的牛镇，是把牛群送往市场和转到新牧区的集散地。大批牛镇为美国国内外的牛贸易开辟了更广阔的市场。每一个牛镇从建成之日起，就吸引着众多的得克萨斯赶牛人和来自中西部、东部及大平原北部的买主云集而来。1867—1880年，从得克萨斯赶往堪萨斯境内七个牛镇的牛多达3,963.497万头。[①] 得克萨斯牛在牛镇可以卖得较高的价钱，在东北部市场则获利更高。1868年，M. A. 威瑟斯在得克萨斯买了600头牛。他把这群牛赶到阿比林出售后，共得利润9,000美元。乔治·F.海因兹1872年把一群牛赶抵威奇托，得纯利高达1.5万美元。[②]70年代中期，一头重900磅的菜牛在得克萨斯售价为11—14美元，运抵芝加哥或圣路易斯可以上涨到30—35美元，而远销纽约，则可卖到70美元或更高的价钱。[③] 道奇城运往堪萨斯和芝加哥的牛仅1884年就多达3,648车厢。[④] 很多东部的肉商聚集在牛镇。美国东西部的牛贸易非常兴旺。牛镇不仅繁荣了美国东部

---

① 沃尔特·P.韦布：《大平原》，第223页。

② 丁马文·亨特编：《得克萨斯的牛道赶牛人》，第96—98、823页。

③ 欧内斯特·S.奥斯古德：《牧牛人时代》，第95页。

④ 罗伯特·E.里格尔、罗伯特·G.阿塞恩：《美国西进》，第478页。

的牛肉市场，而且也增加了对欧洲的牛贸易出口量。从 1870 年起，夏延就成为美国向欧洲出口肉牛的装运站。1870—1879 年，从美国出口到欧洲的活牛计达 54.218 万头。[①]

牛镇在促进美国国内外牛贸易发展的同时，还为牧牛业从得克萨斯扩展到整个大平原和最终形成一个地域辽阔的"牧牛王国"迈出了关键的一步。1866—1885 年，从得克萨斯赶往牛镇出售的牛多达 5,713.976 万头。[②] 这些牛并非全部运往东部和欧洲市场。很多牛被来自北部的牧牛场主买走。科罗拉多、南北达科他、怀俄明和蒙大拿等地的牧牛场主们在牛镇选购 1—2 岁口的小牛，放养到北部牧区育肥后出售，以图厚利。于是 60 年代末，开放牧区从得克萨斯扩展到堪萨斯和内布拉斯加。从 1886 年起，得克萨斯牛被赶进科罗拉多领地。两年后，"牧畜王国"的疆域延伸到怀俄明。1871 年，大牧场遍及蒙大拿，随后又扩展到南、北达科他。到 80 年代初，牧牛业占据了整个大平原。"牧畜王国"的疆界还不断向西，扩展到亚利桑那和俄勒冈。牛镇对于这个相当半个欧洲大的"牧牛王国"的最终形成，无疑起了巨大的推进和促进作用。

3.牛镇的经济结构

牛贸易的兴旺给牛镇带来了经济繁荣。各牛镇以牛贸易为核心的城镇经济有了迅速的发展。其他与之相关联的城镇经济也发展起来，且不断得到加强和扩大。

首先，杂货、服装、制鞋和旅店等服务性行业成为牛镇经济的重要组成部分。各牛镇杂货店的生意兴旺。在不景气的 1874 年，杂货店占威奇托总销售额的 31%。该镇的 W. A. 托马斯公司 1872 年的销售额达 10 万美元。次年，该公司计划向镇周围的牧牛营地每月出售 1.2 万美元的货物。[③] 因为每套服装可以卖到平均 90—100 美元的好价钱，在阿比林开"大西部商店"的卡拉夫托斯克随后又在埃尔斯沃思开了服装店，在威奇托开了两家店铺。最

---

① 欧内斯特·S.奥斯古德：《牧牛人时代》，第 99 页。
② 欧内斯特·S.奥斯古德：《牧牛人时代》，第 32 页。
③ 罗伯特·R.戴克斯特拉：《牛镇》，第 87—88 页。

后，他又把服装店开到了阿肯色的温泉城。① 约翰·米勒是成功的鞋商之一。在 70 年代，他先后在埃尔斯沃思和道奇城经营制鞋业。除上述进行单一经营的店铺外，在一些牛镇出现综合性商店。1867 年，从俄国移居美国的迈耶·戈德索尔在埃尔斯沃思开了一家综合商店。1871 年、1872 年，他又在阿比林和得克萨斯德登申开设了两家分店。其综合商店经营的商品有服装、靴鞋、毛毯、行李、珠宝首饰、手表、银器、餐具、乐器、玩具和枪支弹药等，从价值 500 美元的一块钻石到 1 品脱的盐都可以买到。1873 年他在埃尔斯沃思的总销售额是 15 万美元。夏季每月的平均销售额达 3 万美元。②

旅店也是牛镇特别需要的服务性行业。70 年代早期，威奇托有八家大旅店和五家寄宿处。从 1872 年 7 月 1 日到 1873 年 3 月底，其中三大旅店登记住客共达 1.941 万人。"道格拉斯旅馆"是座巨大的三层砖楼。1873 年，从 6 月 1 日到 7 月中旬，它共接待了 1,260 位客人。③ 由此可见，旅店经营已成为牛镇经济活动中重要的一项。

各种店铺、旅馆和酒吧等构成各牛镇的中心区，形成主要的商业街，使牛镇初具现代城镇的规模。到 1873 年，由商店、旅馆和酒吧等组成的商业区占据埃尔斯沃思主街的三个街区。那里南北店铺数目相当，相对而立。其中坚固的"塞茨杂货店"一直使用到 1947 年。④

其次，控制经营的娱乐消遣场所也是牛镇商业经济的重要组成成分。乔治·M.胡佛的帐篷酒馆，是第一家在道奇城进行商业经营的。1883 年和 1884 年，他 10 月份的收入分别达 6,228.12 美元和 5,523.59 美元。⑤ 应当说明的是，娱乐消遣场所在各牛镇都不允许数量太多。酒吧在威奇托 1873 年不超过 15 家，埃尔斯沃思不超过 10 家。考德威尔在 1880 年有 11 家。赌台一般设在旅馆和大酒吧中，单独经营的较少。妓院和舞场更少。威奇托的妓

---

① 罗伯特·R.戴克斯特拉：《牛镇》，第 89—90 页。

② 罗伯特·R.戴克斯特拉：《牛镇》，第 92 页。

③ 罗伯特·R.戴克斯特拉：《牛镇》，第 97 页。

④ 哈里·S.德拉戈：《荒凉、恶劣和粗犷——堪萨斯牛镇和得克萨斯牛贸易》，第 119 页。

⑤ 罗伯特·R.戴克斯特拉：《牛镇》，第 96 页。

院不过 2—3 家。牛贸易全盛时期道奇城只有 2 家舞厅。[1] 经营这些场所必须交纳高额的营业执照税。如在埃尔斯沃斯，1873 年一个酒吧需交 500 美元的营业税。[2]

在牛镇，除各类企业家外，还有医生、洗衣店女工、理发师、药商、承包商、房地产经纪人、马车出租者、律师、行政职员和工人等。牛镇的各行各业配套较为齐全，初步具有了现代城镇的综合功能。下面是阿比林和道奇城的劳动力的人员构成和所占百分比的比较表。

牛镇劳动力

职业群体	阿比林（1870）		道奇城（1880）	
	人数	%	人数	%
专业技术人员	17	6.2	21	4.7
业主、经理、高级职员	54	19.9	60	13.6
办事、销售人员	18	6.6	41	9.3
工匠、工头	58	21.3	79	17.9
技工	10	3.7	42	9.5
家政服务人员	66	24.3	86	19.4
劳工	49	18.0	113	25.6
总计	272		442	

（资料来源：罗伯特·R.戴克斯特拉：《牛镇》，第 108 页。）

从上表中我们可以看出，虽然道奇城 1880 年的城市劳动力总人数比 10 年前阿比林的总人数增加了近两倍，但各种职业群体所占百分比的指数大体与阿比林相似，表现出了某些相近的特点。头两个职业群体主要是由商业和专业人员构成，且在数量上占优势。随着牛镇的发展，可以看出技工、特别是劳工在数量上增长较快，可以看出牛镇向工业化发展的趋势。

---

[1]　罗伯特·R.戴克斯特拉：《牛镇》，第 101—102 页。

[2]　哈里·S.德拉戈：《荒凉、恶劣和粗犷——堪萨斯牛镇和得克萨斯牛贸易》，第 120 页。

财产分配比较

阿比林（1870）				
职业群体	实际财产		个人财产	
	$	%	$	%
专业技术人员	11625	7.6	4825	5.1
业主、经理、高级职员	114880	74.6	76650	80.6
办事、销售人员	400	0.3	4700	5.0
工匠、工头	15755	10.2	2365	2.5
技工	910	0.6	200	0.2
家政服务人员	3400	2.2	4525	4.7
劳工	7000	4.5	1860	1.9
总计	$153970		$95125	

（资料来源：罗伯特·R.戴克斯特拉：《牛镇》，第108页。）

　　上面是阿比林1870年的统计表。它表明只占该镇劳动力26%的企业家和专业人员据有的财富和人均财产达总数的82.6%和85.7%。[1] 可见，各类企业在牛镇的经济生活中已占主导地位，起支配作用。

　　再次，铁路和银行是促进牛镇发展的两个重要因素。铁路公司为牛贸易提供的服务包括牛栏、电报设施和少量管理人员等。铁路的主要作用是把牛群运到中西部和东部，也承运西部地区的运输业务。道奇城1881年运牛费的收据数字为62.88万美元，1883年上升到134.08万美元。[2] 足见铁路对牛镇的影响日益加深，牛镇的经济活动也越来越和现代化的铁路联系在了一起。银行对牛镇的发展也至关重要。70年代初，在赶牛季节的财产转换其数额是巨大的。有时，偶尔一笔交易成功，就能使财产由5万美元变为10万美元。[3] 因此，在牛镇建立可靠、安全的储蓄和交换机构十分必要。同时，牧牛场主和赶牛人都需要贷款扩大经营。为便利牛镇的经济活动，他们对

---

[1]　罗伯特·R.戴克斯特拉：《牛镇》，第109页。

[2]　罗伯特·R.戴克斯特拉：《牛镇》，第82页注（6）。

[3]　罗伯特·R.戴克斯特拉：《牛镇》，第82页。

信用贷款的需要也日益迫切。在此情况下，银行机构在牛镇迅速出现。1870年，堪萨斯的"第一国民银行"在阿比林设立了办事处。头两个月，交给它的本钱就超过 90 万美元。随后，1881 年建立了"威奇托储蓄银行"和"考德威尔证券银行"，1882 年建立了"道奇城银行"等。银行发行大量短期贷款，以 10% 的利息分 6 个月偿还[①]，有力地促进了牛贸易和牛镇经济的发展。

4. 牛镇的市政改革

在发展经济的同时，牛镇不断进行市政机构建设，施行政治改革，制定法律维护治安秩序，逐步发展成为健全稳固的西部城镇。牛镇不断加强城镇的政治建设，完善市政机构。各牛镇均通过选举选出市长。创建第一个牛镇的麦科伊 1871 年被选为阿比林的第二任市长。同年组成了新的市政委员会。威奇托在 1872 年就成为一个拥有市政府和一支警察队的"二等城市"[②]。牛镇市府机构的建立和不断完善引导着该镇的发展方向，保证城镇经济、政治活动的正常运转。

在牛镇的市镇改革中，对酒吧、妓院和赌场征收高额营业执照税是一项重要的举措。一些牛镇还辅以驱妓废赌的改革，把妓女限制在隔离区。这些限制性措施是为了防止容易产生腐败堕落的场所泛滥成灾，破坏新兴牛镇的社会风气。

为了维护城镇治安，保护良好的社会秩序，各牛镇建立了规模不大的警察队。费用从酒吧、赌场和妓院的高额征税支出。警察局长的月薪一般为100 美元，警察月薪 75 美元。每逮捕一个犯罪者另加 2 美元。[③] 这些警察把各种被称之为"罪恶巢穴"的娱乐场所管理起来，使之不论白天黑夜都必须遵守秩序。他们严格执行星期日不准饮酒娱乐等法律和禁止在牛镇携带枪支的条例。阿比林和考德威尔等牛镇还建起了关押犯人的监狱。杀人事件被控制在最低限度。堪萨斯州的五个牛镇在 1870—1885 年的 15 年间，只有 45人被杀害（包括 16 名警察）。除 1873 年在埃尔斯沃思和 1878 年在道奇城外，

---

① 罗伯特·R.戴克斯特拉：《牛镇》，第 83—84 页。
② 哈里·S.德拉戈：《荒凉、恶劣和粗犷——堪萨斯牛镇和得克萨斯牛贸易》，第 178 页。
③ 哈里·S.德拉戈：《荒凉、恶劣和粗犷——堪萨斯牛镇和得克萨斯牛贸易》，第 276 页。

每年被杀者未超过五人。① 牛镇决不像美国西部影片和小说中大肆渲染的那样，"一切都靠武力解决"。

牛镇还重视教育，借助道德力量来维护社会秩序，推进政治改革。在酒吧、赌场和妓院出现在各牛镇的同时，学校和教堂也很快建立起来。为了子女的教育，不仅阿比林建立了学校，1881—1882 年考德威尔也盖了一座全砖结构的新校，聘用了很好的教师。牧师们在布道时谴责社会的腐败现象，向镇民呼吁"精神的追求"。1873 年，威奇托长老派牧师在演讲中竟敢强烈反对该镇的主要罪恶，批评在进行革除弊端的改革中那无休止的"令人失望的"争论。② 这些对牛镇的政治改革起了一定的影响和促进作用。

5. 牛镇的地位

大平原面积约 290 万平方公里。1860 年后，散居的白人 17.5 万人。即使在 1970 年，大平原美国境内的居民每平方公里仅约为 1.5 人。③ 相较之下，牛镇的人口较多、较集中。1885 年，道奇城人口为 1,402 人，考德威尔 1,972 人。④ 夏延在 1867 年就有居民 4,000 人。大平原地广人稀，牛镇人口相对集中是一个特点。从经济角度看，每个牛镇不仅供应周围牧牛营地，而且与辽阔牧区的牧场建立起紧密的联系。牛镇服务中心半径要比东部城镇大得多。牛镇建立不久，很快成为本州或本领地内不同地区的经济活动中心，有力地促进了大平原的开发，加速了使大平原融入合众国垄断资本主义的发展过程。同时，牛镇也是沟通和加强西部与东部联系的纽带，推动了芝加哥等城市的肉类包装加工和罐头制造业的发展，并使芝加哥在此行业中成为世界上最大的中心。牛镇不仅是牧牛大王和商界领袖的聚集地，也是牧区的政治中心。如夏延、林肯和海伦娜等，既是著名的牛镇，又是领地或州的首府。"夏延俱乐部"不仅是怀俄明政界领袖和牧牛大王们策划经济、政治法律的场所，

---

① 雷·A.比林顿:《向西部扩张——美国边疆史》，第 587 页。

② 罗伯特·R.戴克斯特拉:《牛镇》，第 214 页。

③ 丁则民主编:《美国内战与镀金时代（1861—19 世纪末）》，第 110 页;《简明不列颠百科全书》第 2 卷，第 393—394 页。

④ 罗伯特·R.戴克斯特拉:《牛镇》，第 358—359 页。

也是吸引外国富商们聚会的国际性文化中心。

二、"牧牛—农业—工业"的发展模式①

1. 牧牛转向农业

每个牛镇牛贸易的全盛时期只不过是短暂的 3—5 年时间。这不仅因为新旧牛镇之间存在着激烈的竞争，而且每个牛镇在建立之初就存在着牧牛场主、农场主、土地商和镇民之间的利害冲突和矛盾斗争。斗争的结果，使牛镇初期以"牧牛"为核心的经济逐渐转向"农业"。

1871 年，阿比林附近的得克萨斯牛群毁坏了数百英亩的庄稼。第二年年初，该地区的农场主组织起了"迪金森县农场主保护协会"。② 不久，阿比林的道德改革者、企业家和农场主联合起来，对得克萨斯牛实行有效的封锁。1872 年，阿比林在牛贸易结束时，已发展成为一个商业繁荣的成熟的城镇。由于牛贸易被终止，该镇变得越来越依赖于农业。在 1871—1872 年的严酷冬季中，埃尔斯沃思附近牧场的牛群因饥饿而毁坏了农场主们的围栏，吃掉成捆成捆的干草。结果使排牛运动强烈增长起来。1872 年秋天，当地的农场主成立了保护协会，阻止牛群进入该地区。到 1874 年，埃尔斯沃思作为牛贸易中心再也无法维持下去了。威奇托在 1872 年成为牛镇时就遭到当地排牛者的反对。1876 年，排牛势力以严厉的"畜群法"不准得克萨斯牛进入该地区。1877 年后，威奇托也被迫由牧牛转向农业。从 1877 年起，道奇城在短期内垄断了圣菲铁路的牛贸易，但农场主们在牛道经过的大部分土地上筑起围栏阻止群牛进入。1884 年，州长下令封锁全州。这一年，道奇城也由牛贸易转为以农业经济为主要支柱。1880 年开始的考德威尔"牛贸易繁荣"，与其他牛镇一样，也只是昙花一现，到 1886 年也衰落下去。大平原上其他领地和州内的牛镇，同堪萨斯州的上述牛镇一样，有着大体相似

---

① 戴克斯特拉在《牛镇》中论述了这一发展模式，参见罗伯特·R.戴克斯特拉：《牛镇》，第 355—370 页；国内学者何顺果论述了此发展模式，参见何顺果：《美国边疆史——西部开发模式研究》，第 302 页。

② 霍华德·R.拉马尔主编：《美国西部读者百科全书》，第 184 页。

的经历。牛镇的时代到 1889 年结束了。多数牛镇由"牧牛"转向"农业"。农业成为这些牛镇的经济基础。

2. 向工业化转变

1870—1890 年间，数百万农民蜂拥西进，布满大平原。在 70 年代的 10 年中，堪萨斯州的新移民增加了 34.7 万人。[①] 内布拉斯加、得克萨斯和大平原其他各州的人口也以同等的比例增长。这种趋势在 80 年代仍在继续。1870—1890 年，大平原上有 4.3 亿英亩土地有居民定居，2.25 亿英亩土地被开垦。[②] 这种情况说明农场主与牧场主争夺土地的斗争日趋激烈。农场不断吞没大片平坦的草地。这一发展趋势对牛镇的经济结构产生深刻影响。使其发展越来越依赖于农业。

19 世纪 70 年代至 20 世纪初，是美国工业化迅猛发展和向垄断资本主义过渡的大变革时期。这个浪潮对西部牛镇再次产生巨大影响和冲击。已经由"牧牛"转向"农业"的牛镇经济经历了向工业化的转变。

第一个牛镇阿比林，在建镇不久就建起了木材厂和制铁厂，以后逐渐发展一些轻工业。现在，阿比林依然依靠铁路，成为牲畜、谷物和其他农产品的转运站。其工业有面粉、饲料厂及乳脂制造厂。1872 年成为牛镇的威奇托，现已成为堪萨斯州最大的制造业中心，发展成为拥有 27.9835 万人的西部现代化城市。昔日的"牛都"——道奇城，已发展成为堪萨斯西南部的贸易中心。其制造业与农牧业密切相关。该城是农牧产区的农牧机械供应中心。其他的牛镇如夏延、拉勒米、海伦娜、林肯、银城等，也都经历了由"牧牛"到"农业"、而后向"工业"的转变，现在都成为以工业为主体的多种经济形式的西部城市。[③] 上述事实表明，昔日的牛镇并非单靠"牛贸易"发展、繁荣起来而成为今日美国西部的城市。一些牛镇是在继"牧牛"之后，以"农业"和"工业"等新的经济形式为基础重新获得了生命力，才发展、

---

① 雷·A.比林顿：《向西部扩张——美国边疆史》，第 614 页。

② 雷·A.比林顿：《向西部扩张——美国边疆史》，第 613 页。

③ 《美国百科全书》（*The Encyclopedia Americana,* International ed.）第 1 卷，1988 年版，第 39 页；1986 年版，第 744 页；第 19 卷，1986 年版，第 232 页。

巩固和保留至今。相反，另一些牛镇在"牛贸易"的"高峰期"后，没有适时转换新的经济形式，便随着"牧牛王国"的衰落被湮没在茫茫草原，在今天的美国地图上再也找不到它们的名字了。曾是北达科他的牛镇之一的"迈多拉"便是一例。可见，"牧牛—农业—工业"，是大平原地区城市发展的基本模式之一。

从美国西部牛镇的变迁中，我们可以得到几点有益的启示：第一，牛镇是把牧畜业由原始游牧的自然经济转向市场经济的重要环节。第二，像牛镇这类靠开发性行业兴起的城镇，其发展和繁荣不能单靠最初的一种经济形式。这样的城镇要不断以新的经济形式为它的继续发展补充血液和增添活力，形成以工业为主导的多种经济形式。第三，在城镇经济发展繁荣的同时，必须加强法制和市政建设，以保证城镇经济的健康发展。美国西部牛镇的兴起和变迁，对我国西部的牧业开发和牧区的城镇建设，无疑会有一些启迪和借鉴之处。

牧畜王国的衰落

美国内战以后到 80 年代中期，"牧畜王国"繁荣兴旺了 20 余年。尤其是 1878 年后的七八年，是西部开放牧区的黄金时期。牧牛业和牧羊业成为美国当时最赚钱的行业之一。然而，西部开放牧区的黄金时期是短暂的。1885 年后，它的鼎盛时期终止。到 90 年代，"牧畜王国"逐渐衰落下去。掠夺式的经营造成了牧区的过载过牧，形成牛羊夺草、牧农争地的混乱局面，甚至引发牧区冲突与酿成流血事件。"牧畜王国"的兴起引起了国际间牧畜业的激烈竞争，美国西部牧区受到澳大利亚和阿根廷等国的挑战。牧区天灾，特别是 1885—1887 年历史上罕见的暴风雪给西部牧区造成极其严重的灾害，使大量牲畜死亡。掠夺性的经营给"牧畜王国"带来了灾难性的后果，破坏了西部草原的自然环境和生态平衡，导致了草原的"荒漠化"。大批农民进军大平原并定居下来是对开放牧区牧牛业和牧羊业的致命一击。牧牛大王、牧羊主和农场主对西部土地展开了你死我活的争夺。国际竞争使美国西部牧区的产品不仅价格大跌，而且因缺乏竞争力失去部分国内和国际市场。其结果是牧区存畜过多，使供求严重失衡。历史上罕见的"白灾"① 使"牧畜王国"遭受了灭顶之灾，导致了西部开放牧区原始游牧方式的终结。"牧畜王国"因人为的残酷竞争和天灾的危害而衰落。19 世纪 90 年代以后，尽管以市场销售为目的的牧业依然是美国西部的一项重要产业，但作为牧场主的"最后边疆特色已经消逝"。

---

① 牧区一般把雪灾称为"白灾"。

第九章　掠夺性开发

第一节　牛羊争牧

一、牧牛场主的贪婪

1.牧场的承载力

在前面一章，我们介绍了在密苏里河以西的辽阔地区有丰富的牧草资源。美国内战以前，除西南部地区的得克萨斯、加利福尼亚和新墨西哥的牧牛、牧羊业发展较快外，其他地区的放牧业尚未起步。特别是大平原地区的牧草资源基本上还未得到开发利用。从 19 世纪 70 年代到 80 年代初，大平原的印第安人被逐出了广袤的草原，野牛被屠杀殆尽。在这片土地上，牧草和水源最初对所有的人都是免费开放的。当时流行的说法是在西部草原养牛只需很少的费用和不多的劳作，牛便能自然繁衍，其数量不断增加。那时还有个使牛价不断上升的市场。尤其是大平原北部的牧区，在一段时期内为牧场主提供了发财致富所需的一切东西：丰美的草地、水源、自然增长的畜群和好的市场价格。东部人注意到了牧牛场主在边疆的成功事业。到1880年，大平原成了独具诱惑力和充满前途的新土地。大批东部和欧洲的投资者，下赌注般地把资本投入了美国西部的养牛业。

大平原西部有丰富的牧草资源这是事实。然而，丰富的牧草资源不等于无穷无尽的资源。草原对牲畜的承载能力是有一定限度的。如果科学地开发和利用牧草资源，牧场就会给牧牛场主带来稳定增长的牛群，使其财富不断增长。如果牧场主不注意养护牧草资源，只是一味地贪婪索取，其结果必然导致草场的退化和牧草的枯竭。在干旱地带和矮草区，养活一头牛所需草

417

地面积要大些。在高草和雨水较多的牧区，每头牛食草的范围则小一些。19世纪70年代中期，在大平原地区牧养一头小公牛，每年需要10—30英亩的天然牧草。[1] 在得克萨斯草原地区，1898年养活50头牛需要一平方英里的牧草。[2] 换言之，50头牛至少须要640英亩的牧草，平均每头牛每年要靠12.8英亩草地生存。这个数字是经过19世纪70—80年代的疯狂放牧之后才得到的理性认识。科学证明，草原的承载能力是有一定限度的。违背自然规律，牧牛场主就会自食恶果。

2. 牛吃牛

韦布教授认为，在大平原牧牛业繁荣的黄金年代，"犹如在崩溃的火山口边举行奔放不羁的盛宴，那是在理论和实践上都疯狂浪费的短暂时期"[3]。由于牧牛业获利丰厚，美国东部和外国的投资者都蜂拥到"牧畜王国"。牧牛大王和中小牧牛场主之间竞争激烈。他们为了追求最大的利润，不择手段地增加牛群的数量，以致在很短的时期内使牧区牛群的数量远远超过被屠杀的野牛数量。

在美国西部牧区，牧牛场主放牧的牛群数量之多，大大超过了牧场的承载能力。1867年，得克萨斯的牧场上每平方英里竟放牧着300头牛。[4] 这一比例超过了牧场实际承载能力的六倍以上。在得克萨斯的沃思堡附近，一个牧场在1万英亩的放牧区养了2.5万头牛。[5] "斯旺土地牧牛有限公司"的60万英亩放牧区牧养的牛群多达11.3万头。[6] 1880年，蒙大拿牧区的载牛量为250万头，三年以后那里的牛群则增加到600万头。[7] 怀俄明牧区的载牛量比蒙大拿更多。1880年春，达科他的"不莱克山家畜协会"建立。其60名会员拥有这一地区的绝大部分牛群。1882年，有10万头牛被赶进了布莱克

---

[1] 欧内斯特·S.奥斯古德：《牧牛人时代》，第194页。
[2] 克拉拉·M.洛夫：《西南部牛业史》，《西南部历史季刊》1916年7月第20卷。
[3] 沃尔特·P.韦布：《大平原》，第233页。
[4] 克拉拉·M.洛夫：《西南部牛业史》，《西南部历史季刊》1916年7月第20卷。
[5] 沃尔特·P.韦布：《大平原》，第237页。
[6] 戴维·达里：《牛仔文化》，第252页。
[7] 罗伯特·V.海因：《美国西部——一部解释性的历史》，第128页。

山地区。第二年，拥入该地区的牛群数量增加了 2.5 倍。[①] 由于牧牛业在新牧区发展得非常迅速，怀俄明、蒙大拿和达科他等北部牧区都承受着牛群过多的压力。在离得克萨斯较近的堪萨斯和内布拉斯加，牧区在 19 世纪 80 年代以前就已布满了长角牛。然而，在 80 年代，成千上万头东部牛也被源源不断地装运到这些日益缩小的牧区放牧。到 1885 年秋季，堪萨斯西部和科罗拉多的草地因牛群过多而达到饱和。来自东部这种"食客"牛的数量同运往东部市场的西部牛相当。在随之而来的一个难熬的冬天，因饲草缺乏而死的牛不计其数。概而言之，在整个"牧牛王国"，从南部牧区得克萨斯，至美加边界的北部牧区，到处都漫游着牛群，呈现过载过牧的饱和状态。由于牧牛场主的贪婪，他们在凡是有草的地方都放牧了大量牛群。牛群之多，远远超出了牧区所能承载的能力。

牧牛场主在西部牧区采用的是垄断资本与原始游牧方式相结合的掠夺式经营。这种经营方式只是一味地向草原索取，很少甚至基本不向土地投入。涌入牧区的牧牛场主除了在初期建立牧场设施、购买牛群要投入资金外，他们很少在牧草资源和水源保护方面投入资金。在西部牧区，牧牛场主实行牛群敞开放牧。大多数牧场没有围栏和畜栏。牛群被赶到公共牧区，任其四散漫游。每个牧牛场主都想利用免费的天然青草和水源，无节制地扩大牛群，致使牧场牲畜爆满超载。

过剩的牛群吃掉了过多的青草。这种掠夺式经营是非理智和非科学的，必然造成严重的恶果。其一是牧草因耗用过度而匮乏。草原植被遭到破坏。在此情况下，一旦遇到天灾，牛群会因牧草不足而大量死亡。在许多严重超载的牧区，牛群啃光了青草，把裸露的草地践踏破坏得很厉害。有的草地甚至被永久性地毁掉。被破坏的草地只有播种草籽，才有可能在来年再有绿草覆盖。很多过载过牧的牧区都需要补种天然草。这样的草种要在靠近水源15—20 英里的地方才能获得。[②] 但是，只求多获利少投入的牧牛场主是不会

---

① 罗伯特·G.阿塞恩：《高原帝国——高平原和落基山区》，第 139 页。
② 克拉拉·M.洛夫：《西南部牛业史》，《西南部历史季刊》1916 年 7 月第 20 卷。

花费财力和人力去补种牧草和保护草原的。他们最关心的是如何扩大自己的牛群，出售更多的牛。其结果是这种因过牧过载破坏草原的恶性循环愈演愈烈。牛群越来越多，沙化的草地也越来越多。原来牧草丰美的草原日渐退化。牧场超载过牧使牧草很快减少到如此程度，以至于一场旱灾或一个严酷的寒冬都会给牧牛场主带来一场灾难。大量牛会因饥饿而死亡。其二是西部牧区过剩的牛群超过了市场的需求，压低了市场的价格。因为牧区存牛过多，市场牛价跌落在1882—1883年冬天就显露出来。1884年，得克萨斯遭受了一场遍及整个牧区的严重旱灾，次年牛价暴跌。在牧区，每头曾价值30—35美元的牛，降到只能卖8—10美元。[①]西部牧区在遭受了1886—1887年历史上罕见的暴风雪之后，不仅牛群大量冻饿而死，而且牛肉市场彻底崩溃。

牧牛场主在美国西部牧区以粗放的游牧方式进行掠夺经营。这种掠夺式经营以超载过牧作为短期聚敛财富的主要手段，以靠天养牧为特点，导致在牧区不同牛群争草争牧，形成"牛吃牛"的状况。这种浪费而不经济的掠夺性经营不但破坏了牧区的生态平衡，毁掉了草原植被，耗费了牧草资源，而且也让牧牛场主付出了沉重代价。1887年后许多牧牛场主和牧牛公司纷纷破产便是证明。

二、牧羊主的擅入

1.毛茸茸的羊群走四方

在适合放牧牛群的牧区同样适合放牧羊群。牧羊业与牧牛业的争夺更严重地毁坏了美国西部牧区。美国西部的牧羊业在内战以前就已经发展起来。它以新墨西哥为中心，不断向其周围的州和领地扩散。加利福尼亚"淘金热"引发的向西部赶羊运动，使该州成为重要的绵羊生产州。"淘金热"过后，加利福尼亚的羊群被输送到邻近的地区。在太平洋沿岸、亚利桑那、得克萨斯和俄勒冈等地，牧羊业都有了一定程度的发展。内战以后，在美国西部迅速崛起的"牧羊帝国"，是由远西部向东的大赶羊运动和东部养羊者移居西

---

① 沃尔特·P.韦布：《大平原》，第237页。

部相结合的产物。在内战开始时，重要的产羊区从佛蒙特经过纽约、宾夕法尼亚扩展到俄亥俄和密歇根。从那里，羊群跨越了印第安纳、肯塔基，抵达伊利诺伊和密苏里，然后进入得克萨斯、新墨西哥和加利福尼亚。当时，全美国产羊量的72%都在这12个州。[①] 佛蒙特拥有的绵羊数量大致与得克萨斯相同。然而，内战以后，西部取代东部，在全美国的养羊业中占据了优势地位。

在内战结束时，由东向西的赶羊运动结束。到1865年，新墨西哥、加利福尼亚和俄勒冈的产羊量占全美国产羊总量的1/8多。[②] 因为美利奴羊等优质羊种的引进，沿海岸牧区的羊群质量有了很大改进和提高。这种牧羊业蓬勃发展的状况，激发了为这些州和领地的过多羊群寻求新"领地"的强烈要求。因此，在60年代结束前，赶羊的方向明显地改变为由西向东。

从内战结束至20世纪初，由西向东的大赶羊运动持续了30年左右，大体分三个阶段。1865—1880年为第一阶段。被驱赶的羊群绝大多数是家畜饲养者预定的繁殖羊。这些羊群主要是由加利福尼亚提供的，被赶往了落基山以东。1880—1885年为向东部赶羊的第二个阶段，被长途驱赶的是公羊和母羊都有的混合羊群。1885—1901年是向东赶羊的最后阶段。羊群多数为赶至东部育肥和宰杀的阉羊。这类羊主要由俄勒冈和西北其他牧区提供。俄勒冈产的羊大多数易于育肥。

在干旱的60年代中期，亚利桑那未被开发的高原吸引了许多加利福尼亚的牧羊主。从1868年起，成千上万的绵羊被赶往亚利桑那西部和中部地区。特别是从今天的弗拉格斯塔夫、杰罗姆、普雷斯科特和塞利格曼地区向东至温斯洛，放牧着越来越多的加利福尼亚羊群。

早在1866年，加利福尼亚的牧羊主梅杰·金博尔从萨克拉门托赶着一大群羊，穿越了爱达荷和怀俄明，远至密苏里河。1870年，另一加利福尼亚人桑格带着家人、货车、牧羊人、牧羊狗、备鞍马和羊群，从产金州移居

---

① 爱德华·N.温特沃斯：《美国的赶羊小道》，第79页。

② 爱德华·N.温特沃斯：《美国的赶羊小道》，第189页。

蒙大拿。同年，有两个蒙大拿人成功地把 2,467 只加利福尼亚绵羊赶往蒙大拿的狄龙。另外两个蒙大拿人约翰·毕晓普和理查德·雷诺在俄勒冈的达拉斯以每只 2.5 美元的价格买了 1,500 只绵羊。[①] 他们雇用了一个赶羊人，购买了骡队和货车。经过艰难的长途驱赶，两人把羊群从俄勒冈赶回了蒙大拿。

另一个牧羊主从加利福尼亚的默塞德具把 1 万只羊赶到了新墨西哥。这是一次 1,600 英里、耗时七个半月的长途跋涉。途中还穿越了 150 英里"极少有水"的沙漠地区。在同一时期，另外总数为 1.65 万只的三群羊，走同一条羊道前往新墨西哥。两群羊平安抵达目的地。另一群羊的两个主人遭到了劫掠和谋杀。在 1877—1880 年的四年中，从加利福尼亚被赶出的羊达 35 万只。[②]

在 1870—1880 年的十年间，从加利福尼亚和俄勒冈所赶出羊的确切数量从未汇编过。但是，美国畜牧局对 1870 年和 1880 年一些领地绵羊产量进行了统计，详如下表。

1870—1880 年一些领地的绵羊产量

领地	绵羊产量		增长比率
	1870 年	1880 年	
爱达荷	1,021	27,326	27：1
蒙大拿	2,024	184,277	91：1
怀俄明	6,409	140,225	22：1
内华达	803	76,524	95：1
犹他	59,672	233,121	4：1
科罗拉多	120,928	746,443	6：1

（资料来源：爱德华·N.温特沃斯：《美国的赶羊小道》，第 264 页。）

从上表中我们可以看出，这些领地的绵羊增长率远远超过了最初羊群的繁衍增长率。考虑到羊群因死亡和出售等因素的影响会使当年在牧区增加量

---

① 查尔斯·W.汤、爱德华·N.温特沃斯：《牧羊人的帝国》，第 169 页。
② 查尔斯·W.汤、爱德华·N.温特沃斯：《牧羊人的帝国》，第 170 页。

有一定比例的减少，那么上述领地的绵羊产量至少有一半是从加利福尼亚或偶尔从其他州长途驱赶来的。特别是像蒙大拿和怀俄明等主要的牧牛区，羊群涌入的数量更多，增长速度更快。

　　新墨西哥的绵羊早在美国内战前就被往北驱赶到堪萨斯、内布拉斯加和密苏里饲养。有些羊道的终点到了科罗拉多和怀俄明。根据 1880 年的统计，有 22.37 万只羊从新墨西哥被赶往了堪萨斯的牛镇道奇城、考德威尔和威奇托的南部。在 12 年间，大约有 150 万只绵羊靠着蹄子的奔跑，从新墨西哥抵达了堪萨斯、内布拉斯加和密苏里等州。其中有一些羊来自得克萨斯的潘汉德尔地区。①

　　内战结束后至 19 世纪末，农场羊群向西推进到密苏里河以西 100—150 英里或更远处。因为这期间美国人对肉类需求的增加，一些农业州的羊群由产毛改为产肉，以求获利经营。在 1880—1885 年的赶羊期，向东驱赶的母羊群逐渐为阉羊群所取代。在 80 年代早期，灌溉改造了高平原型的农业。沿普拉特河和阿肯色河进入科罗拉多的卡什拉普勒德河谷，那里成了家畜饲养地。羊群和牛群都进入这些野外的"自助餐厅"，但羊占据了优势。这些羊群的目的地是东内布拉斯加中部的普拉特河地段。后来，羊群前往科罗拉多的卡什拉普勒德河谷、阿肯色河谷和内布拉斯加的北普拉特河流域。最主要和最早的育肥区始于 19 世纪 70 年代。它在辽阔的南普拉特河流域及其支流地区和沿卡什拉普勒德河地区。该地区每年饲养的羊多达 100 万只。第二个较大的育肥区是始于 1884 年的阿肯色河谷。它在 1900 年饲养了 67 万只羊。② 此外，还有圣路易斯河谷和沿大章克申西坡等一些较小的饲养区。美国饲养的绵羊和羊羔有 1/4 是在科罗拉多育肥的。③ 科罗拉多是真正绵羊文化的交汇点。来自南方的西班牙丘罗羊、来自东部的纯种绵羊和来自西部的美利奴羊等现代羊群在此相遇。与较老的绵羊生产州相比，科罗拉多对平原和山脉丘陵地带绵羊的管理更具有混合性的特点。

---

① 　查尔斯·W. 汤、爱德华·N. 温特沃斯：《牧羊人的帝国》，第 170 页。
② 　查尔斯·W. 汤、爱德华·N. 温特沃斯：《牧羊人的帝国》，第 171 页。
③ 　查尔斯·W. 汤、爱德华·N. 温特沃斯：《牧羊人的帝国》，第 172 页。

几个产粮大州在内战以后至 19 世纪末都出现了一种强势养羊业。堪萨斯、内布拉斯加和明尼苏达不断拓展育肥地的面积。密苏里、艾奥瓦、威斯康星和密歇根等州也大力仿效。这些州育肥地的羊群很多来自加利福尼亚、俄勒冈和西北部其他牧区。

南北达科他的状况与科罗拉多大致相同，也是最后建立起养羊业的地区。它们也像堪萨斯，内布拉斯加和科罗拉多一样，西部是牧羊区，东部发展成饲养羊的育肥地。羊群主要来自怀俄明、新墨西哥、科罗拉多和蒙大拿等牧羊区。根据 1890 年的统计，南达科他拥有的绵羊为 23.8448 万只，到 1900 年，其数量增长到 77.5236 万只。[1] 北达科他在 1890 年的绵羊仅有 13.6413 万只，到 1900 年则达到了 68.2 万只。[2] 在北达科他西部，羊群被放牧在产麦区收割后的麦茬地里育肥，到秋天售往市场。

"孤星州"得克萨斯向来以美国西部"牧牛王国"的"摇篮"和"大本营"而闻名。其实它的牧羊史像牧牛史一样久远，只不过在当初并不被人们所重视。早期英裔美国人到得克萨斯南部定居时，在长满牧豆属植物，矮生常绿丛林霸王树（仙人掌科——笔者注）的地区也曾看到一些西班牙羊群。但当初他们并没有认识到牧羊业的重要性。这些移居者的兴趣在于养牛。同时，印第安人和边境盗匪的侵扰使得当地很不安宁。这就使英裔美国人更对养羊丧失了信心。然而，在 1880 年得克萨斯的印第安人被驱赶和被控制之后，牧羊业突然扩展开来。在格兰德平原、潘汉德尔地区、爱德华高原和佩科斯以西至新墨西哥边界地区，都出现了养羊业的繁荣景象。在 1880 年，得克萨斯绵羊的数量为 371.5 万只。到 1884 年，该州农场饲养和牧场放牧的绵羊数量上升到了 660 万只。[3] 还有些著作称 1884 年得克萨斯拥有绵羊的数量多达 800 万余只，比前四年增长了约 33%。[4] 得克萨斯这个牧牛大州到

---

① 爱德华·N.温特沃斯：《美国的赶羊小道》，第 342 页。

② 爱德华·N.温特沃斯：《美国的赶羊小道》，第 345 页。

③ 保罗·H.卡尔森：《得克萨斯毛茸茸的羊脊背——牧区的绵羊和山羊业》，第 69 页。

④ 勒鲁瓦·R.哈劳、W.尤金·霍朗、卡尔·C.里斯特：《西部美国》，第 434 页；罗伯特·G.费里斯编：《勘探者、牛仔和移居垦殖农民》，第 61 页。

80 年代成了产羊大州，也成了向东部赶羊的羊源供应地。

　　羊是比牛更驯良的动物。特别是咩咩低叫的绵羊，比尚未完全脱掉野性的得克萨斯长角牛尤为温顺。当高傲的牛仔跃马扬鞭飞奔在大草原和牛道上驱赶着哞哞嘶叫的牛群时，他们对徒步行走的牧羊人和缓缓行进的羊群简直不屑一顾。美国西部的羊群，多以绵羊为主。与硕大的长角牛相比，绵羊只不过是只"毛茸茸的小动物"。在多数情况下，羊群日行不超过 10 英里。然而，正是这些被牧牛场主和牛仔看不起的小动物，在内战以后，靠着短短的四蹄奋力走四方。在牧羊人的驱赶下，羊群从太平洋沿岸到了落基山区，进入大平原，又到了密苏里河畔。从 1870—1900 年，大约有 1,500 万只羊被从西部驱赶到东部。[①] 除了被送往市场作为肉羊出售外，很多羊在不同的羊道终点落地生根，或被放牧，或被饲养，在那里繁衍后代。一个疆域辽阔的"牧羊帝国"在太平洋沿岸至密西西比河之间形成了。这个帝国在落基山至密苏里河之间的大平原与"牧牛王国"的地域相重合。毛茸茸的羊群不断蚕食、侵占牧牛区的草地和育肥区的地盘。形成羊牛争草争牧的残酷竞争局面。

　　2. 羊吃牛

　　19 世纪 60 年代末以前，牧羊业在美国西部的扩展还受到运输条件的制约。当时仅建成了第一条横贯大陆的铁路。只有西部牧区出产的数量有限的羊毛，靠铁路运往东部市场。然而，到 19 世纪 70 年代，有几条铁路正在修建中。有的铁路抵达了落基山区。南太平洋铁路将穿越新墨西哥和亚利桑那。北太平洋铁路向西修到了圣保罗。联合太平洋铁路逐渐失去它作为唯一横贯大陆铁路的地位。各铁路公司之间的竞争使牧羊主可以得到更便利的运输条件和更优惠的运费，也能以低廉的价格租用铁路两边的土地放牧羊群。这为西部牧羊业的高速发展创造了有利条件。再者，建立牧羊场比牧牛场的投资低，管理经营的费用和投入的人力少得多。2—3 个牧羊人可以管理一大群羊。比牧羊人多几倍的牛仔只能管理与大羊群 1/4 数量相当的牛。[②] 因

---

　　① 　罗伯特·G. 费里斯编：《勘探者、牛仔和垦殖农民》，第 63 页。

　　② 　爱德华·N. 温特沃斯：《美国的赶羊小道》，第 523 页。

为牧羊场比牧牛场投资少、见效快，到 19 世纪 70 年代，在美国西部牧羊业变得比牧牛业更具吸引力。

羊和牛相比，对牧草地的适应能力更强，选择面更广。牛群只适合在平原和较低的坡地上吃草，但羊能爬上有草的高山坡和山顶，甚至能在岩石边觅食。即使牧草稀疏的地段，羊也不"嫌弃"。这些羊可以去吃草的地方，都不适合放牧牛群。在大平原的牧牛业不断扩展的同时，羊群也布满了落基山区和高原地区，并不断蚕食放牧牛群的牧区。然而，牛群却不适宜到陡峭的山地牧区，去争夺羊群的地盘，只能待在越来越拥挤和牧草日渐匮乏的平原牧区。羊群被赶往丘陵地带和高山草地放牧时，途经牛群常占的牧区。大量的羊会在牛群周围奔跑嬉戏，停留吃草，践踏草地。在有的公共牧区还会出现牛羊混杂和相互争草的现象。

在理论上，美国西部的公共牧区是向所有人开放的。不论是牧牛场主还是牧羊主，都有使用公共牧区的权利。然而，根据牧区风俗和惯例，一个经营者只要先占一块草地，建立牧场，他的"先占权"应被他人承认。他有优先使用其牧场周围土地和水源的权利。在大平原地区的一些州和领地，牛群被驱赶到牧区先于从沿海地区来的羊群。大牧牛场在 19 世纪 70 年代便占据了大平原最好的牧区。那里的草地和水源被牧牛场主所控制。作为先到者，这些牧牛场主极力维护其先占权，反对所有后来的入侵者，不论后来者拥有牛群、马群或羊群。但对牧牛场主来说，他们最不能容忍的是大量羊群涌入平原牧区。

牧牛场主特别讨厌羊群侵入牧牛区。他们认为羊会毁掉草原。羊群吃草时爱扎堆，且在一块草地上停留很长时间。一群数量较多的羊，长时间挤在一起啃一片青草，它们会把草齐地面全部吃光，把残留不多的部分踩进尘土或烂泥中。在牧草稀疏的地段，羊甚至把草根都吃掉。因此，在羊群过度放牧的地区，草原变得特别光秃。遇到干旱天气，青草不再复生，草原不断沙化，牧区逐渐缩小。

牧牛场主和牛仔认为，羊群经过牧区时会污染草地。被羊污染过的牧草牛便不肯食用。因为在羊蹄中间，有一条深腺囊（牛也一样——笔者注）。

其状如曲颈瓶。腺囊有一个向外开的小口，从中流出一种黏液，产生臭味，散布在羊群走过的草地上。这本是羊的一种生理现象。羊闻到这种特殊的气味便能找到同类。但是，牧牛场主认为羊产生的臭味令牛作呕，留在羊离开后光秃的草原上，牛再无法吃草。这一观点似乎很有说服力，但实际上是牧牛场主阻止羊群经过或进入牧牛区的借口。因为有的牧牛场主在经营牧牛业的同时也在牧羊，他并不怕牛羊在同一地段一起吃草。

尽管牧牛场主竭力反对牧羊主进入牧牛区，但他们难以从根本上阻止羊群的涌入。因为公共牧区是对所有人开放的。在牧牛场主占据公共牧区最好的牧草地建立牧场后不久，牧羊主也把羊群赶入相同的牧区，建起了牧羊场。在持续向东部赶羊的过程中，有大量羊群涌入了大平原各州和领地，使原本牛满为患的牧区又增添了暴涨的羊群。这一日趋严重的状况导致各州和领地采取行动，终止赶羊。堪萨斯州在 19 世纪 80 年代中期禁止羊群进入。其他州和领地在 1890 年都采取了同样的行动。[1] 在各州和领地都采取禁止羊群进入的措施后，向东部赶羊的活动又持续了 10 余年。

大量羊群涌入平原牧区，带来了严重的后果。犹他总督在 1880 年就对该领地牧羊业的过度兴旺大为吃惊。他警告说，源源不断涌入的加利福尼亚羊群会毁掉已经超载牧区的野牛草。[2] 在一些州和领地，羊的数量大大超过牛的数量。1882 年，得克萨斯格兰德平原的牛为 72.8247 万头，羊则达到了 246.1088 万只。[3] 同年，该州的羊达到了 486.4 万只。[4] 1883—1885 年，得克萨斯的羊产量每年都超过 600 万只。1886—1887 年，该州每年产羊超过 500 万只。[5] 1883—1887 年，得克萨斯每年的产羊量都超过了内战结束时该州的存牛量。在得克萨斯的牧牛业衰落时，其牧羊业却日益繁荣起来。大平原北

---

① 罗伯特·E.黑格尔、罗伯特·E.阿塞恩：《美国西进》，第 488 页。

② 勒鲁瓦·R.哈劳、W.尤金·霍朗、卡尔·C.里斯特：《西部美国》，第 435 页。

③ 保罗·H.卡尔森：《得克萨斯毛茸茸的羊脊背——牧区的绵羊和山羊业》，第 63 页。

④ 保罗·H.卡尔森：《得克萨斯毛茸茸的羊脊背——牧区的绵羊和山羊业》，第 69 页。

⑤ 得克萨斯 1883—1885 年三年的羊产量分别为 620 万只、660 万只和 662 万只；1886—1887 年的羊产量分别为 567.5 万只和 515 万只。参见保罗·H.卡尔森：《得克萨斯毛茸茸的羊脊背——牧区的绵羊和山羊业》，第 69 页。

部牧区的情况也与南部牧区相似。在怀俄明，1886 年拥有 900 万头牛，羊的数量仅为牛的 1/3。九年后，该州牛的数量下降到 300 万头，而羊的数量在此期间却大幅度增长。到 1900 年，怀俄明有羊 500 万只，牛的数量仅为羊的 1/8，约为 52.4 万头。[①] 到 19 世纪末，蒙大拿、科罗拉多、犹他、加利福尼亚和新墨西哥拥有羊的数量都超过了牛的数量。1900 年，蒙大拿有羊600 余万只，新墨西哥有 400 多万只，犹他、爱达荷和俄勒冈各有 300 多万只，科罗拉多和加利福尼亚各有 200 多万只。[②]

　　大量羊群涌入牛群已经过载的牧区，且羊的数量远远超过牛的数量。这种羊牛争草争牧的现象实际上就是"羊吃牛"、"牛吃羊"，是牛羊相残。开发前的美国西部牧草资源是丰富的，但并不是没有穷尽的。美国西部牧区的牧草资源是有限的，但牧牛场主和牧羊主的发财欲望是无限的。为了在较短时间内迅速获取高额利润，他们把大量牛、羊放牧在牧区，而且数量日益增多。牧牛场主和牧羊主只图发财，从不注意保护牧区的草原植被。他们对草原只索取，不投入，完全是靠天养牧和竭草而牧。这种资本主义的掠夺式经营不仅造成牛羊争牧和相残的恶果，而且严重破坏了牧区的生态平衡，造成草原退化和沙化，最终破坏了西部牧区的持续发展，导致放牧业的大起大落。

第二节　农牧争地

一、农业边疆的扩展

1.农场主面对的难题

美国内战结束后，移民的洪流从密西西比河向大平原推进。但直到 19

---

　　① 雷·A.比林顿：《向西部扩张——美国边疆史》，第 597 页；罗伯特·E.黑格尔、罗伯特·E.阿塞恩：《美国西进》，第 489 页；爱德华·N.温特沃斯：《美国的赶羊小道》，第 285 页。
　　② 爱德华·N.温特沃斯：《美国的赶羊小道》，第 285 页。

世纪 70 年代以前，向西移居的农场主大多停留在堪萨斯和内布拉斯加东部的大草原边缘地区。内战后的西进运动有一个显著的特点，即铁路先于边疆居民进入西部。随着 1869 年第一条横贯大陆铁路的建成，大平原在 1870 年以后向拓荒者开放。虽然原来定居密西西比河两岸的个体农场主仍然坐着大篷车西进，但来自欧洲的移民洪流却由火车带进了大平原。由于大量移民的涌入，大平原东部的空地越来越少。再后来的移居者不得不进入干旱地区，在堪萨斯、内布拉斯加和得克萨斯西部以及南北达科他等地定居下来。

进入大平原的农场主遇到了极为艰难的生活环境。大平原上树木稀疏，除了偶尔在弯曲的河畔零零落落地生长着一些绿树外，多是连绵起伏的草原。在目所能及的范围，草地宛如绿色海洋。大平原缺乏水源，年降水量低，雨水仅能维持地面上草的生长。对大部分来自东部的农场主来说，这是一个十分陌生的环境。在密西西比河以东，水源充足，森林茂密。早期的边疆农场主在那里砍伐森林，建筑房屋，木材也当作燃料。个体农场主可以独立生存，并能建成小康式的家庭农场。在大平原上，农场主面对许多难题，必须改变原先的生活方式和经营方式。

首先，农场主遇到的一个困难是建筑材料和燃料的缺乏。因为大平原缺乏树木，那里没有用来修建住宅、畜棚和农田围栏的木料。农场主不得不用草根泥垒建土屋，用野牛粪、牛粪、向日葵秆、干草、玉米棒和玉米秆等烧火取暖。在干旱多风的季节，稍有不慎，柴草还会引发火灾。在铁路把煤运到大平原之前，拓荒者一直没找到合适的燃料。与艰苦的生活条件相比，更让农场主感到焦急的是在大平原找不到有效用且廉价的围栏材料。农场主在农业边疆抵达堪萨斯和内布拉斯加时就认识到建立围栏的重要性。因为对他们来说，无论是饲养牲畜、存贮粪肥，还是保护水源，保证庄稼免遭牛群祸害，修筑围栏都是绝对必要的。因为农业边疆与"牧牛王国"的东部边缘相交，成群的牛不断践踏新播的玉米。特别是在 19 世纪 70 年代，当农场主与牧牛场主因放牧而发生日趋剧烈的斗争时，筑栏问题变得更加突出。前者强烈要求后者筑栏圈养牲畜，后者则坚持敞开放牧，要求前者自筑围栏，防止牲畜进入。双方不断发生纠纷，甚至流血冲突。因为大平原缺乏树木，筑栏的木材要从遥远的威斯康星森林中运来，价格十分昂贵。在 60 年代末到 70 年代初，得克萨斯的牧牛场主麦夫林·肯尼迪是第一个建围栏牧场的人。他和理查德·金解除合作经营牧场的合同后，用涂了烟油的柏树杆和松树杆围起了 13.1 万亩的土地。金也用同样的材料围起了他的牧场。建造这样的围栏，每英里耗资 50—100 美元。另一位富有的女牧牛场主用连续并排的木板将 9 万英亩的牧场围了起来。[①] 70 年代早期，以每英里花数百乃至上千美元的高价修筑围栏在大平原并不多见。新移居来的农场主更不敢问津。据农业部 1871 年的一份报告估计，为了防止牛群侵犯，农场主给 160 英亩的宅地修筑围栏需花费 1,000 美元（维修费不在其中——笔者注）。这一年修围栏的总耗资计达 20 亿美元，每年的利息和维修费为 200 万美元。[②] 这样的巨额款项是拓荒农场主前所未闻的。有些农户曾试用挖沟筑堤或种树成篱等各种办法代替木栏，但都因效果欠佳难以推广应用。因此，必须找到代替木材的新材料在大平原筑栏的问题才能解决。

农场主遇到的第二个困难是大平原气候条件恶劣。大平原的温差很大，有些地区白天很热，夜晚却能结冰。夏天，大平原的南部酷暑难耐，高温可达 40.6℃—46.1℃。冬天，北部极度严寒，气温骤降到零度以下，低达 –45.6℃—–54.4℃。[③] 恶劣的气候条件把新到的拓荒农场主置于险恶的生存环境中。春季，突然融化的冬雪使水面齐岸的河水暴涨成灾，汹涌的洪水经常冲过乡野，把房屋牲畜一扫而光。夏季，灼人的热浪和干旱使刚刚长大的农作物被晒蔫。从南方来的热风使人双唇干裂，疼痛难忍，喉咙变得如烤焦一般。狂风吹过干焦的乡野，使溪流干得见底，牲畜死亡，人们因过度劳累而步履蹒跚。有一年，灼热的夏季使三万个新移民又重新返回到较舒服的东部。[④] 大平原南部有 3/4 的地区经常发生龙卷风。暴风雨会摧毁农场主的农田和房屋，毁掉辛劳一年的全部成果。冬季，大平原更是暴风雪时常肆虐。

---

① 戴维·达里：《牛仔文化》，第 309 页。

② 雷·A.比林顿：《向西部扩张——美国边疆史》，第 600 页。

③ 《不列颠百科全书》第 22 卷，593 页。

④ 雷·A.比林顿：《向西部扩张——美国边疆史》，第 620 页。

持续数日的暴风雪使大平原变成冰天雪地。狂风卷起冰块、尘沙和雪粒吹进农场主的住所。农场主不得不在严酷的冬季度着难熬的时光。在大平原上，经常见到一户人家连续数日同猪、马、牛、鸡等家畜被困在一间土屋里。

寻找水源是移居大平原的农场主面对的第三大困难。在西经 98°线以西，年降水量不足农耕所需要的 20 英寸（500 毫米——笔者注）。[1] 在新墨西哥和得克萨斯西南部等干旱地区，只是夏季偶降阵雨，年降水量少于 10 英寸。[2] 农场主寻找水源是极其困难的。住在河边的拓居者必须就近用桶把珍贵的水运回家，否则他们只能用在泥潭或人挖水塘里的雨水。这种地表水冬天冻冰，夏季发烫且满是蚊虫，成为摧毁大平原移民健康的病源之一。当时唯一的办法是靠人工挖井，但在高台地必须下挖二三百英尺才能见水。[3] 在 19 世纪 80 年代以前，靠人工用铁锹和铁铲往下挖这么深是不可能的。

拓荒先驱者的斧头、船和木犁等工具可以制服密西西比河以东的森林、伊利诺伊和艾奥瓦的草地，但难以征服生存和创业环境都极其艰难的大平原。拓荒农场主不能像牧牛场主一样，以一种开放牧场的放牧经济来适应大平原的自然环境，他们必须借助工业革命的发明创造和技术革新去征服自然障碍。

2. 铁丝网·大风车·多铧犁

在大平原向农场主开放时，美国的第二次工业革命勃然兴起。工业革命和西部开拓互相促进，互为因果。西部开发为工业革命开辟了广阔的国内市场。工业革命为西部开拓提供了技术和物质保障。

1873 年，带刺铁丝的发明解决了大平原修建围栏的材料问题。在 19 世纪 70 年代后期到 80 年代初，发明的带刺铁丝有 400 余种。[4] 但伊利诺伊州的农场主约瑟夫·F.格利登设计的带刺铁丝更简单适用且容易操作，故流传至今。格利登把两条铁丝拧在一起，并在小小的间隔之间装上倒刺铁丝。人

---

[1] 《美国百科全书》第 13 卷，1997 年版，第 350 页。
[2] 《不列颠百科全书》第 22 卷，第 593 页。
[3] 雷·A.比林顿：《向西部扩张——美国边疆史》，第 619 页。
[4] 戴维·达里：《牛仔文化》，第 316 页。

们把格利登发明的带倒刺铁丝称为"胜利者"，它不仅生产成本低，而且筑起的围栏占空间很小。除了固定铁丝的木桩或石桩外，围栏不接触土壤，也不遮盖植物。它能承受大风，冬天也不会使雪堆积。① 格利登用这种带刺铁丝网为其在迪卡尔布的 600 英亩高草原农场修建了围栏。② 他生产的廉价"倒刺铁丝"围栏在 1874 年 11 月 24 日获得了发明专利。他在迪卡尔布租了一个小工厂，与邻居伊萨克·L.埃尔伍德③ 合伙经营，他们雇用一群男孩为拧在一起的铁丝装倒刺，并雇用亨利·桑伯恩作推销员。几个月后，他的工厂安装了蒸汽机，产量每天上升到 5 吨。格利登的全部产品以每磅 18 美分的价格被急切需要的买主抢购一空。1876 年初，美国主要生产普通铁丝的厂家马萨诸塞州的"沃什伯恩—芒制造公司"以 6 万美元和每磅 25 美分的专利费买下了格利登工厂的一半所有权。4 月，迪卡尔布工厂安装了第一台动力机械。到年底，已有 15 台机器在生产。这是世界上第一个大规模生产实用带刺铁丝围栏的工厂。三年以后，格利登的工厂已经是一个庞大的两层楼房的建筑物，安装着 202 台自动生产的机器，每 10 小时就把 1,400 英里长的直铁丝变成 600 英里长的带刺铁丝围栏。大规模的生产方法使带刺铁丝的价格不断下降，每百磅从 1879 年的 20 美元降到 1880 年的 10 美元。1890 年，其价格则降至不到 4 美元。④ 价格下降使越来越多的人都能买得起这种实用的铁丝网围栏。最初在得克萨斯推销时，大多数牧牛场主和农场主害怕带刺铁丝会伤害他们的牲畜而反对它。格利登和埃尔伍德雇用了约翰·W.盖茨做示范表演推销。盖茨边建带刺铁丝围栏边把长角牛赶进里面，两个手拿火把的人吓唬它们向铁丝网靠近。成群的牛便在围栏里兜圈子而不撞向带刺铁丝。这种示范表演吸引了很多人来观看建围栏的过程，使他们产生越来越大

---

① 戴维·达里：《牛仔文化》，第 312 页。

② 雷·A.比林顿：《向西部扩张——美国边疆史》，第 600 页。

③ 伊萨克·L.埃尔伍德发明了一带有四个金属片状刺的宽金属带，被成为"埃尔伍德丝带"，先于格利登 9 个月获得专利。他从未将其发明投入商业生产，并承认格利登发明的倒刺铁丝比他的带刺金属带先进，便帮助格利登生产带刺铁丝。参见戴维·达里：《牛仔文化》，第 316 页。

④ 雷·A.比林顿：《向西部扩张——美国边疆史》，第 600—601 页。

的好奇心。盖茨的示范表演解除了人们的疑虑，使许多农场主和牧场主相信了格利登产品的价值。在一天表演完毕近黄昏时，盖茨收到的订单超过了当时的生产能力。[①]1881 年，格利登和桑伯恩在得克萨斯潘汉德尔地区购买了"长柄锅"牧场。他们花费 3.9 万美元，用长 150 英里的四股带刺铁丝为 12.5 万英亩的牧场筑起围栏。桑伯恩将 1500 头牛赶进牧场[②]，以证明铁丝网围栏的价值。在人们的怀疑被消除后，带刺铁丝的使用犹如野火一样，迅速在美国西部蔓延开来。1874—1880 年的销售情况如下表。

1874—1880 年倒刺铁丝的生产与销售[③]

年份	生产销售量
1874	5 吨
1875	300 吨
1876	1,420 吨
1877	6,431.5 吨
1878	13,327.5 吨
1879	25,188.5 吨
1880	40,250 吨

（资料来源：沃尔特・P. 韦布：《大平原》，第 309 页。）

　　牧牛场主和农场主都大量购买带刺铁丝，但首先是农场主使用它来修建围栏，防止牛群侵入其土地。

　　新式风车使利用大平原"地下水"的尝试有了希望。对于大平原的农业来说，足够的水源与适用的围栏同样重要。除得克萨斯、堪萨斯和内布拉斯加东部外，大平原其他地区的降雨量严重不足且非常干旱。只有在大平原西

---

①　亨利・D. 麦卡勒姆、弗朗西斯・T. 麦卡勒姆：《铁丝围住西部》（Henry D. and Frances T. Mccallum, *The Wire That Fenced the West*），诺曼 1965 年版，第 68—72 页；转引自戴维・达里：《牛仔文化》，第 313 页。

②　戴维・达里：《牛仔文化》，第 318 页。

③　韦布在《大平原》中提供的数字以磅为单位，此处换算成吨。

部的边缘地区，可以利用从落基山涌出来的溪流，通过灌溉把地表积存的水引到农田里。然而，在 19 世纪 90 年代以前，联邦政府对发展西部灌溉业一直采取自由放任的政策。其主要措施是以土地立法间接刺激西部农场主发展水利灌溉工程和其他一些人工供水设施。私人企业缺少修建大型水利灌溉工程的资金，其收益甚微。直到 1894 年，国会通过《凯里法》，决定将在西部一些州和领地出售某些土地的收入用于供水。但西部各州无力承担发展灌溉业的重任。在西部议员和西奥多·罗斯福总统的努力下，国会于 1902 年通过了《国有土地灌溉开垦法》，批准由政府修筑灌溉工程。这些措施只是在山区取得了成功。在大平原其他地方因雨水稀少，水域太小，灌溉实验都失败了。大平原缺乏实行大面积水利灌溉的条件，农耕用水只能靠打井提升地下水。然而，高草原土壤黏重且地下水平面都低至 100—500 英尺，靠东部传统的老式手工打井技术根本不能把水汲上来，必须代之以机械钻深井。大平原经常大风不断，风速平均每小时可达 12—14 英里。几个风车制造商看到可以利用这种免费风力，通过风车把拓荒者所需要的深层地下水汲上地面。到 1873 年，他们完成了对东部风车的改造，把原先质脆易碎的风车叶片缩小，用一个结构简单的鳍板代替使风车保持面对风向的复杂机械结构，增加了一个减速器，以便在疾风使叶片转动过速时降低其速度。制造商还在高草原东部边缘建立了几个小工厂。在大平原地区，每架高耸的大风车价值 100 美元，加上一口深井的钻井费平均高达 1,000 美元以上。在新墨西哥，其价格高达 1,500—5,000 美元；在亚利桑那，其价格为 1,000—3,000 美元。[①] 这是一笔拓荒农场主负担不起的款项。1879 年，69 家小工厂生产的价值 100 万美元的风车[②]，其买主多为铁路公司、城镇和牧场主。直到 90 年代，农场主才有能力享受机械化供水。

由于在大平原无法进行灌溉而钻井费用又超出了农场主所能承受的能力，农学家主张采用"旱地耕作法"来保存土壤中稀少的水分。这种耕作法是深耕土地到 12—14 英寸，使土壤疏松，通过毛细管让水分到达植物根部，

① 费雷德·A.香农：《农场主的最后边疆》，第 207 页。
② 雷·A.比林顿：《向西部扩张——美国边疆史》，第 603 页。

阻止其蒸发且保存在土壤中。按照这一科学的耕作方法，农场主在每场雨后立即耙地松土，使土壤细粒形成覆盖层，以保持湿度防止水分蒸发。"旱地耕作法"除了在异常干旱的地带失效外，它使大平原大部分不适合耕种地区取得了好收成。大平原土质坚硬是实行"旱地耕作法"遇到的一大难题。一般的老式犁铁质较软，难以翻动坚硬的土质。1868 年，詹姆斯·奥利弗制成了犁壁表面光滑的冷铸铁犁，可以顺利地犁破高草原的土壤。不久，又在新铁犁的表面加上了一层耐磨的钢，制成了钢犁。到 1873 年，16 种实用的犁已经问世。1877 年，现代式的单座多铧犁投入使用，一个农民坐在上面能同时犁两三条垄沟。在美国东部，一家人拥有 80 英亩水分较充足的土地可以过上较舒服的日子，但在干旱的西部达到这样的效益至少需要 360 英亩或更多的土地。实行旱作必须在每次雨后 48 小时内完成耙地的任务。大平原某些地区经常遭遇风暴、冰雹和严寒的袭击。[1] 因此，秋季收割必须迅速完成。否则，一遇气候突变，一年的辛劳成果就有毁于一旦的危险。拓荒农场主在大平原从事大规模的农业生产需要用机械代替人力劳动。到 19 世纪 70—90 年代，弹性钢齿耙、谷物条播机、双壁开沟玉米播种犁、收割打捆机、联合收割机、玉米剥皮机、玉米打捆机、青贮塔等被用于大平原的农场。草耙、叉草机、装草机和打包机也用于那里的饲草生产。科学家引进了适合在大平原种植的北欧硬粒春小麦品种和来自克里木的硬粒"土耳其红"小麦。面粉厂主发明了适合将硬粒小麦磨成面粉的一系列连续的"新工序"。正是第二次工业革命的科学发明和提供的农业机械才使农场主有可能征服大平原，使辽阔的西部被开垦成美国主要的产粮基地。

二、农场主挺进大平原

1. 农场主的挑战

随着第二次工业革命的不断深入，美国的城市人口增长得很快。每个美国人每年吃的粮食、肉、蛋和家畜要由 2.5 英亩农田和 10 英亩牧场来提供。

---

① 雷·A.比林顿：《向西部扩张——美国边疆史》，第 603 页。

美国农场主的一切产品有一个牢靠的国内市场。国外对美国粮食的需求量
也很大。19 世纪 70 年代，英国消费的美国小麦逐年增长，在 1880 年达到
了高峰。这一年，美国向英国出口了价值 1.91 亿美元的 1.53 亿蒲式耳小麦。
由于国内外市场的兴旺，从 1866—1881 年，每蒲式耳小麦的价格很少跌至
1 美元以下。[1] 这种情况导致了数百万农民在 1870—1890 年间蜂拥进西部，
挺进了将他们阻拦了一个多世纪的大平原，对先期在那进行放牧经营的牧牛
场主们构成严重的威胁和挑战。

在西进的移民洪流中，主要有三种人。第一种是获得解放的奴隶。由于
南部重建结束后对黑人种族歧视和迫害的加剧，他们被赶出了种植园的家
园。路易斯安那州的亨利·亚当斯组织了"1879 年大移民"。约有 2 万—4
万黑人听从他的劝告，前往堪萨斯取得农场。由于种植园主派遣武装人员恫
吓堵截、有偏见的堪萨斯白人驱赶、第一批"出走者"传回令人沮丧的消息
和付不出取得可耕种土地的费用等原因，很多黑人又返回了南方。那些勉强
留下的人，在堪萨斯唯一的黑人社区尼科迪默斯镇度过一个悲惨的冬天。后
来，该镇成为一个有吸引力的核心，汇集了不断前来的南部黑人。他们在堪
萨斯拥有了大约 2 万英亩的农田并成了有成就的农场经营者。[2] 第二种西进
的人数量最多。他们是原先居住在密西西比河谷的居民。由于那里的人口持
续增长了 30 年，过多的人口把拓荒的边疆不断向西推移。在 19 世纪 70 年
代，密西西比河沿岸各州（阿肯色和明尼苏达除外）人口都有流失。堪萨斯
在 10 年中增加了 34.7 万新移民。内布拉斯加、得克萨斯和大平原其他州或
领地的人口增长比例也与堪萨斯大致相同。在 80 年代，艾奥瓦、密苏里和
老西部各州向大平原地区提供了 100 万拓荒者。[3] 外国移民是第三种移居大
平原的人。1890 年，内布拉斯加有六个以爱尔兰人为主的移民区。达科他
领地的居民中有 2 万爱尔兰人。已在密西西比河谷定居的德国人继续移居堪
萨斯、内布拉斯加、达科他和得克萨斯等州。来自斯堪的纳维亚各国的农民

① 雷·A.比林顿：《向西部扩张——美国边疆史》，第 616—617 页。
② 雷·A.比林顿：《向西部扩张——美国边疆史》，第 613—614 页。
③ 雷·A.比林顿：《向西部扩张——美国边疆史》，第 614 页。

更多。到 1882 年，已有 10.5362 万人从挪威、瑞典和丹麦移居大平原，主要去往明尼苏达和达科他。① 大平原的移民中还有很多加拿大人。

　　内战前，在堪萨斯和内布拉斯加东部边缘地带的河边低地中已建立了十几个规模不大的农业区。内战结束后，拓荒者大军开始沿河流西进到有肥沃冲积土壤和树木的地带。1870 年以后，他们又向缓慢起伏的平原推进。1870—1872 年，火车载着移民沿堪萨斯太平洋铁路线把边疆向西推进了 100 英里。1875 年后，移民流沿圣菲铁路而行，到达堪萨斯西南部，在沿途建立了威奇托、惠灵顿和道奇城等城镇。拓荒者还在内布拉斯加沿联合太平洋铁路的筑路地带定居。到 1880 年，这两个州的定居区都推进到了西经 98°。② 拓荒农民布满了堪萨斯和内布拉斯加。在 1880 年，堪萨斯的人口达到了 99.6096 万人，内布拉斯加为 45.2402 万人。③ 这两个州每一英亩可耕地都被开垦了。在 1868—1878 年间，因达科他印第安人被驱逐、几条铁路几乎同时修到其东北部边缘地带和不莱克山"淘金热"等原因，出现两次"达科他繁荣"，那里出现了移民的热潮。在 1873 年经济危机发生时，破产的北太平洋铁路的员工为了吸引移民定居下来，向明尼苏达的小麦种植专家奥利弗·达尔林普尔提供资金和雷德河谷地 18 平方英里的土地，进行种麦实验。达尔林普尔采用机器生产，在 4,500 英亩的土地上，获得每英亩 25 蒲式耳的收成。在他的麦田里，每亩的耕作费仅用了 9.5 美元。当时小麦每蒲式耳售价为 90 美元。因此，达尔林普尔获得的利润超过了 100%。这一震惊整个西部的大规模实验取得了惊人的结果。东部资本家立即组成辛迪加向达科他投资，沿雷德河购买 5,000—10 万英亩的地产。到 1878 年"富源农场"已遍及这个长 300 英里的河谷。④ 很快，拓荒农场主吞没了达科达平

---

① 雷·A. 比林顿：《向西部扩张——美国边疆史》，第 614 页。

② 雷·A. 比林顿：《向西部扩张——美国边疆史》，第 621 页。

③ 唐纳德·B. 多德汇编：《美国各州历史统计——1790—1990 年两个世纪的人口普查》（Donald B. Dodd, compiled, *Historical Statistics of the States of the United States, Two Centuries of the Census, 1790—1990*），韦斯特波特，康涅狄格·伦敦 1993 年版，第 34、58 页。

④ 雷·A. 比林顿：《向西部扩张——美国边疆史》，第 622 页。

坦的草地。到 1890 年，南北达科他的人口分别达到了 34.68 万人和 19.0938 万人。[1] 拓荒农场主还占领了怀俄明和蒙大拿的起伏不平的山麓地区。他们的人口在 1890 年分别达到 7.445 万人和 45.7607 万人。[2] 位于堪萨斯西部的科罗拉多，其农业扩展在 60 年代较慢。到 1870 年，全领地的农场和牧场共有 1,728 个。这一年，随着丹佛太平洋铁路与联合太平洋铁路相接和堪萨斯太平洋铁路从堪萨斯城修到丹佛，火车为拓荒农场主移居科罗拉多提供了便利条件。到 1877 年，宅地移居的人数由年前的 1,808 人跃升到 5,081 人，次年又升到 6,411 人。在 1887—1888 年，根据《育林法》移居该州者有 1.5225 万人。在这两年移民的高峰期，拓荒者占据了科罗拉多的 421.7045 万亩土地。移民几乎布满了该州东部的平原地区。[3] 其人口由 1870 年的 3.9864 万人增至 1880 年的 19.4327 万人。[4]

在农业边疆向大平原西北部扩展时，另一批拓荒者进入西南部的得克萨斯。在 70 年代，该州的农场由 6.1125 万个增加到 17.4184 万个。[5] 定居区的边界几乎推到了半干旱线。该州的人口由 1870 年的 6.1125 万人增至 1880 年的 17.4184 万人。[6] 随后，拓荒者又涌入俄克拉何马，把印第安人挤出最后一个避难所，占领了这块美国最后的公地。1889 年 4 月 22 日中午，俄克拉何马正式开放。此前一个月，已经有 10 万人聚集在它的边界周围。表明土地向移居者开放的枪声一响，沿边界线顿时一片大乱。俄克拉何马地区的 192 万英亩土地在几小时内就被分占完毕。1893 年 9 月 16 日中午，10 万

---

① 唐纳德·B.多德汇编：《美国各州历史统计——1790—1990 年两个世纪的人口普查》，第 84、70 页。

② 唐纳德·B.多德汇编：《美国各州历史统计——1790—1990 年两个世纪的人口普查》，第 306、210 页。

③ 吉尔伯特·C.菲特：《1865—1900 年农场主的边疆》（Gilbert C. Fite, *The Farmers' Frontier, 1865-1900*），纽约·芝加哥 1966 年版，第 181、124 页。

④ 唐纳德·B.多德汇编：《美国各州历史统计——1790—1990 年两个世纪的人口普查》，第 12—13 页。

⑤ 雷·A.比林顿：《向西部扩张——美国边疆史》，第 625 页。

⑥ 唐纳德·B.多德汇编：《美国各州历史统计——1790—1990 年两个世纪的人口普查》，第 277 页。

寻求宅地的人在切罗基出口的土地上，又重现了四年前的一幕。600万英亩的土地又很快被分光①。在俄克拉何马向白人移居者开放前，那里只有7.5万印第安人，白人定居者甚少。该领地开放一年后，其人口在1890年上升到25.8657万人。到1906年，在俄克拉何马的印第安人只剩下了分散的残余部落，该领地的居民却达到了50万人。1907年俄克拉何马建州，到1910年，它的人口增加到165.7155万人。②

在19世纪的最后30年中，美国定居的土地超过它此前所有定居地的面积。从1607—1870年，美国有4.07亿英亩土地被定居，1.89亿英亩得到改良。从1879—1900年，美国又有4.3亿英亩土地被定居，2.25亿英亩被开垦。③在1860年，西部19个州和领地中④，明尼苏达、堪萨斯、得克萨斯和加利福尼亚分别建有农场1.8181万个、1.04万个、4.2891万个和1.8716万个；其余的州和领地共有1.9098万个。在1.2亿英亩土地中，得到改良的只有743.7819万英亩。⑤到1900年，西部19个州和领地新增农场114.1276万个，改良的土地约为1.3073亿英亩。同年，西部地区谷物和小麦的产量为美国全国产量的32%和58%。⑥数百万拓荒农场主涌入西部，不顾一切地占领、取得逐渐减少的土地。对先期到达的牧牛场主和牧羊主来说，这既是严峻的挑战也是严重的威胁。

2. 围栏牧场

拓荒农场主不顾牧牛场主的敌视和可怕的自然障碍，闯入"牧畜王国"。

---

① 雷·A.比林顿：《向西部扩张——美国边疆史》，第628—629页。

② 雷·A.比林顿：《向西部扩张——美国边疆史》，第626、629页；唐纳德·B.多德汇编：《美国各州历史统计——1790—1990年两个世纪的人口普查》，第74页。

③ 吉尔伯特·C.菲特：《1865—1900年农场主的边疆》，第 VI 页；雷·A.比林顿：《向西部扩张——美国边疆史》，第613页。

④ 吉尔伯特·C.菲特：《1865—1900年农场主的边疆》中论及的19个州和领地为明尼苏达、艾奥瓦、堪萨斯、内布拉斯加、南达科他、北达科他、怀俄明、蒙大拿、科罗拉多、新墨西哥、亚利桑那、爱达荷、华盛顿、犹他、俄勒冈、加利福尼亚、亚利桑那、得克萨斯和俄克拉何马。

⑤ 吉尔伯特·C.菲特：《1865—1900年农场主的边疆》，第2页。

⑥ 吉尔伯特·C.菲特：《1865—1900年农场主的边疆》，第223页。

他们围栏占地，开荒经营。习惯于开放游牧的牧牛场主们反对修建围栏。眼见牧区被农场主占据的土地越来越多，对牧场构成严重威胁，一些牧牛场主开始用带刺铁丝筑栏，把自己的放牧场围起来，以阻止其他人的牲畜和农场主侵入。牧牛场主和农场主修筑围栏与大批拓荒者涌进牧区和带刺铁丝的发明同步进行。在1874年，赶牛群北上的牛道沿路还没有围栏。到1885年，从得克萨斯至蒙大拿的牧牛场主已经普遍使用带刺铁丝筑栏。

牧牛场主开始使用带刺铁丝时，还不是完全把他们的牧场筑成四周封闭的围栏。他们只是设置一条东西走向的晃动铁丝栅栏，不让北部的牛群游荡到南部牧场。这种带刺铁丝栅栏最初是由安德鲁·德拉姆少校[①]在"切罗基长廊"北部建起的。这条长廊是联邦政府为切罗基印第安人划出的前往西部猎野牛的大通道。它长250英里，宽60英里。切罗基人从来不知道充分利用这片牧草丰美的土地。在往堪萨斯牛镇长途赶牛的途中，德拉姆经常走这条长廊。他深知这片草地的价值。1870年，德拉姆在长廊地区建立了牧场，与安迪·斯奈德合伙养了5万头牛。得克萨斯的其他牧牛场主乃至堪萨斯的牧牛场主也把牛群放牧在牧草丰茂的"切罗基长廊"上。格利登的带刺铁丝问世后，德拉姆和斯奈德便沿着其15万英亩牧场的北部筑起铁丝网栅栏。其他牧牛场主也随之修建栅栏。到1881年，三股或四股的带刺铁丝栅栏已经在得克萨斯潘汉德尔的北部边缘出现。1884年11月6日，《道奇城时报》对此报道："世界上最长的铁丝网栅栏将从印第安人领地向西，穿过得克萨斯潘汉德尔地区，延伸35英里后与新墨西哥的栅栏相接。整条铁丝网栅栏长200英里，其中85英里已签了合同。它的走向是沿加拿大河一线，其目的是阻止游荡而来的北部牛群"[②]。因为每个牧牛场主都在其牧场上他认

---

① 安德鲁·德拉姆在加利福尼亚"淘金热"时在产金地发了一笔小财，后在圣弗朗西斯科附近从事牧牛业。他还与人合伙建立了圣弗朗西斯科的第一家肉类加工包装公司。在堪萨斯的牛镇建立后，德拉姆从得克萨斯购买廉价牛，赶着牛群走"奇泽姆小道"，穿越包括"切罗基长廊"在内的印第安人领地，到牛镇贩卖。长途赶牛不仅使他的财富日益增加，也使他对"切罗基长廊"的丰美牧草有了深刻印象。

② 戴维·达里：《牛仔文化》，第314页。

为最能起到阻止别人牛群侵入的地段修筑栅栏，故这条长长的铁丝网栅栏并不是连续不断的。修筑这条"晃动的栅栏"，每英里的费用为 200—400 美元不等。[①] 花费多少，主要取决于栅栏穿越地面的崎岖程度以及运输铁丝与立桩的费用。在 1884 年那个可怕的冬天，这条长铁丝网栅栏为得克萨斯的牛群保住了加拿大河地区的牧草。然而，在 1885 年春天来临时，被暴风雪驱赶南下的牛群被栅栏截住。很多冻饿而死的牛像木头一样堆积在栅栏北面。

进入 80 年代，随着带刺铁丝的大幅度降价，越来越多的牧牛场主和牧牛公司在牧场周围修筑围栏。到 1883 年，古德奈特用 250 英里带刺铁丝围起了 70 万英亩（实为 61.414 万英亩）的"JA 牧场"。[②] 科罗拉多的"阿肯色牧牛公司"（Arkansas Cattle Company）在 1884 年围起了 100 万英亩的土地。[③] 在北部的怀俄明和蒙大拿，不论小牧牛场主或大牧牛场主，都在自己的牧场上修筑围栏。在 1886 年，包括"斯旺土地"牧牛公司在内的 10 个牧牛公司被列入非法筑栏的名单。[④] 在西部牧区，修筑围栏最长的是得克萨斯的"XIT牧场"。该牧场 1885 年建立，到第二年秋天就已筑起了 781 英里的带刺铁丝围栏。"XIT 牧场"的围栏逐年增加，最终共筑了 6,000 英里的围栏。[⑤] 该牧场在蒙大拿还占有 100 万英亩的土地，每年它的小公牛被驱赶到那里育肥。在蒙大拿育肥地，"XIT 牧场"育肥的牛达 3 万头之多。[⑥]

牧羊主也竞相在牧区修筑围栏，圈占土地。19 世纪 70—80 年代，怀俄明拉勒米平原的牧羊业发展得很快。到 1884 年，那里已经有 40 个牧羊场。修筑围栏成为极其重要的问题。牧羊主在自己的牧场筑起带刺铁丝围栏，阻止个体牧羊人和新来者进入其先占有的牧区。牧羊主还筑栏圈占公共牧区，夺取冬储干草地、水源和较好的放牧区。一些牧羊主和牧羊公司也购买铁路

---

① 戴维·达里：《牛仔文化》，第 315 页。

② 戴维·达里：《牛仔文化》，第 318 页。

③ 欧内斯特·S.奥斯古德：《牧牛人时代》，第 191 页。

④ 欧内斯特·S.奥斯古德：《牧牛人时代》，第 192 页。

⑤ 科尔迪尼·S.杜克、乔·B.弗朗茨：《6000 英里围栏——在得克萨斯 XIT 牧场的生活》，第 6 页。

⑥ 唐·武斯特：《奇泽姆小道——牧牛王国最好的通道》，第 150 页。

公司的土地，在铁路两旁占据铁路公司和政府的土地。牧羊主 W. D. 柯里尔于 1884 年在铁路两边一片较大的地段牧养过 2 万只羊。到 1890 年，他的羊仍保持在 6,000—8,000 只。1889 年，"沃伦家畜公司"在拥有的 28.4 万英亩的土地上都修筑了围栏。①

　　带刺铁丝问世以后，在短短几年的时间里，美国西部就发生了巨大变化。特别是大平原地区的原始风貌被彻底破坏。牧牛场主、牧羊主和农场主竞相筑栏圈占土地。大平原已被他们设置的蜘蛛网般的铁丝网缠了起来。牧牛场主和牧羊主的贪婪，使他们在牧区不择手段的竭草而牧。大平原的丰茂牧草渐渐被超载超牧的牛羊啃光。掠夺式的经营很快使草原植被遭受巨大破坏，一些牧区沙化日趋严重。20 世纪 30 年代，大平原地区沙尘暴肆虐。究其原因，这种掠夺式的牧区开发难辞其咎。在数百万拓荒农场主涌入西部后，更加剧了争夺土地和水源斗争的残酷性。在第二次工业革命提供的现代交通工具和现代农业机械的帮助下，原先一望无际、碧绿如波的大草原，被无数农场、牧场的铁丝围栏分割缠绕。数条横贯大陆的铁路及其支线穿越大平原，纵横交错，上面奔跑着长鸣的铁马——"火车"。大部分不适合农耕的草地荒原被农场主靠现代化机械开垦成农田。在干旱和半干旱地区，到处耸立着巨大的风车。如果说大平原的牧业开发是以一种适应自然的开放牧场经营方式破坏了草原植被，那么农业开发则是以现代机械和技术征服自然的开发，彻底毁掉了草原。因为被开垦成农田的草地在秋收以后直到春播完全变成了光秃秃的裸露土地。西部的草地日益减少，春天裸露的土地越来越多。这种掠夺式的农业开发更加重了大平原沙尘暴的频发。在 19 世纪后半期，美国西部牧场主和农场主都从掠夺性开发中发财致富，有过他们的黄金时代。然而，他们却给其子孙后代造成了灾难性的后果。带刺铁丝围栏在西部牧区大量出现，标志着开放牧场经营方式的衰落和终结，也预示着西部的牧畜业开始向围栏固定饲养的现代化经营方式转变。

① 爱德华·N.温特沃斯：《美国的赶羊小道》，第 312—313 页。

第十章　牧区冲突与流血事件

第一节　激烈的冲突

一、争夺公地

1. 大小牧牛场主的矛盾

被称为"牧牛大王"的大牧场主和经营牧牛公司的巨商，在内战后不久就进入了大平原，经营牧牛业。有些人是靠"猎牛"和长途驱赶牛群到牛镇贩卖起家的。他们以"先占权"占据各个州和领地最好的草地和水源，建立起大牧场。放牧区从得克萨斯不断向北、西扩展。很快，堪萨斯、内布拉斯加、达科他、科罗拉多、怀俄明、蒙大拿、新墨西哥和俄克拉何马的草原地区都成了牧牛大王们的放牧区。随着一些牧牛大王的发迹，他们便称霸牧牛区，主宰了"牧牛王国"的一切。

得克萨斯的大牧场主古德奈特，在19世纪60年代末同洛文往西部赶牛。他们过佩科斯河后把牛群赶往新墨西哥和科罗拉多。[①]70年代初，古德奈特在科罗拉多距普韦布洛四英里处，建立了牧场。1873年的经济危机使他的牧场遭受了巨大损失。次年，他从其牧场赶着1,700头牛到了得克萨斯潘汉德尔地区的帕洛杜罗建立了牧场。1876年，古德奈特与阿代尔合伙在帕洛杜罗建起近70万英亩的"JA牧场"时，那里还没有第二个牧场。[②]"T—

---

① J.马文·亨特编：《得克萨斯的牛道赶牛人》，第904页。

② 哈里·S.德拉戈：《大的美国牛道——东部旧牛路和平原长角牛大路的故事》（Harry S. Drago, *Great American Cattle Trade, the Story of the Old Cow Paths of the East and the Longhorn Highways of the Plains*），纽约1965年版，第232页。

锚牧场"（T-Anchor Ranch）是继"JA牧场"之后在潘汉德尔地区所建的第二个牧场。它由古德奈特的妹夫利·戴尔于1877年建立。次年，该牧场被卖给"冈特—芒森—萨默菲尔德公司"（firm of Gunter Munson and Summer Field）。到1883年，"T—锚牧场"又转手给英国的"锡达河谷土地牧牛公司"（Cedar Valley Lands and Cattle Company）。此时，"T—锚牧场"拥有土地225块（约合144万英亩——笔者注）和2.4万头牛。[①]

"马特多土地牧牛公司"第一任经理坎贝尔也从长途赶牛起步。1880年，他和布里顿上校合伙在"JA牧场"南边组成"斗牛士牧牛公司"，购买了8,000头牛。到1882年，他们以125万美元将牧场卖给了苏格兰的"马特多土地牧牛公司"。这家公司成为得克萨斯最大的企业之一。到1910年，它拥有86.1万英亩土地，还在北部租用65万英亩土地。有6.6万头牛牧养在该公司的各个放牧区。[②]1885年，由英国资本建立的"XIT牧场"更是占据了潘汉德尔地区305万英亩的土地。[③]"马刺牧场"在潘汉德尔地区围起了50万英亩的土地。[④]与"斗牛士"和"马刺"相距几十英里处，还有"利亚诺土地牧牛公司"和"肯德里克土地牧牛公司"。此外，"LS牧场"等牧场和一些小牧场主也进入潘汉德尔地区。为了阻止小牧场主侵入，"斗牛士"、"马刺"、"利亚诺"和"肯德里克"四个大牧场在联合协议之下，共同管辖它们所在牧区的牧牛业，分享牧区的利益。[⑤]1880年，古德奈特协助组建了"潘汉德尔家畜饲养者协会"。[⑥]潘汉德尔牧区从建立初期就存在贮牛量过多和超载放牧的弊端，其结果导致一些大牧场的产犊率较低。1881年，"JA牧场"的产犊率仅有30%，"马刺牧场"在80年代初的产犊

---

① 罗伯特·G.费里斯编：《勘探者、牛仔和移居垦殖农民》，第243页。
② 罗伯特·G.费里斯编：《勘探者、牛仔和移居垦殖农民》，第241页；刘易斯·阿瑟顿：《牧牛大王》，第202页。
③ 刘易斯·阿瑟顿：《牧牛大王》，第214页。
④ 刘易斯·阿瑟顿：《牧牛大王》，第175页。
⑤ 刘易斯·阿瑟顿：《牧牛大王》，第93页。
⑥ 罗伯特·G.费里斯编：《勘探者、牛仔和移居垦殖农民》，第136页。

率只有约 20%。① 牧牛大王们为确保自身利益，通过合作协议和组织协会的形式，排挤中小牧牛场主和农场主等新来者，极力把潘汉德尔地区变成他们独占的王国。

潘汉德尔地区原本是印第安人的家园和野牛的故乡，但从 19 世纪 70 年代后半期就被牧牛场主占为牧区。到 80 年代初，那里已为大牧牛场主和牧牛公司的巨商所把持。被屠杀殆尽的野牛群被大量的家牛所取代。随后，有些大牧牛场主把牧牛区扩展到新墨西哥和亚利桑那。潘汉德尔地区只是牧牛大王称霸"牧牛王国"的一个缩影。实际上，在疆域广及整个大平原的"牧牛王国"里，代表大牧牛场主和牧牛公司巨商利益的牧牛者协会控制着各个州和领地的牧牛业。

尽管牧牛者协会采取了种种限制措施，但并没有解决牧区超载过牧的问题，反而使牧牛大王同小牧牛场主的矛盾日益尖锐。第一，在某一牧区，先到者已感到那里牛群过量时，一些准备新进入者仍认为西部有用之不尽的不花钱牧草。如潘汉德尔牧区在经历了 1884 年的暴风雪后，因牧草短缺造成很多牛死亡。一些牧牛场主已经感到过载过牧的危险。然而，一些准备进入该牧区的牧牛者仍认为那里的青草可供更多的牛去享用。② 第二，一些小牧牛场主利用"惯例"，挤进某个州和领地的牧区从事经营。如果一个人赶着5,000 头牛进入怀俄明的任何地方，早已在那里经营的牧牛场主不允许这个新来者有立足之地。③ 但是，如果一个新来者在某个牧区购买早已在那里落户的牧牛场主的牛群，那么，人们就承认他也买了放牧权。如果新来者有充足的资本，此后他就可以不断扩大自己的牛群，成为挤进该牧区的新牧牛场主。这种情况多在牧牛者协会力量弱的蒙大拿牧区发生。第三，一些小牧牛场主联合起来，自己组织"赶拢"，与牧牛者协会的"赶拢法"抗衡。第四，小牧牛场主不愿为申请加入协会蒙辱遭拒。按照怀俄明 1884 年法律规定，

① 塞迪斯·W. 博克斯：《得克萨斯西部牧区的衰落》（Thadis W. Box, *Range Deterioration in West Texas*），《西南部历史季刊》1967 年第 71 卷。
② 塞迪斯·W. 博克斯：《得克萨斯西部牧区的衰落》，《西南部历史季刊》1967 年第 71 卷。
③ 欧内斯特·S. 奥斯古德：《牧牛人时代》，第 187 页。

申请加入牧牛者协会必须有一名会员推荐，由三人调查委员会投票决定。如果三票反对，申请者便被驳回。[①] 对于一个新来牧区的人，其申请往往得不到批准。所以，一些小牧牛场主不愿冒蒙辱遭拒的危险，申请加入协会。他们宁愿"违规"挤进协会控制尚不过严、条件不太好的地方，谋求自我发展。第五，造成牧区超载过牧的主要原因是牧牛协会自身。牧牛大王们从自身利益出发，要限制他们所在牧区经营者的数量。他们靠牧牛者协会制定的规定和法律阻止新来者，并把这些视为自我保护的正当行为。然而，阻止一些新来者并不能够禁止牛群数量的增加。由于贪婪的发财欲望作祟，牧牛大王们无节制地在自己的牧场上增加牛的数量。北部牧区的牧牛大王们为了在市场竞争上胜过南部的长角牛，还引进了大量东部牛。正是他们大量购买牛群，导致牧区的承载力过重，威胁着其长期的安全经营。

在牧牛者集团内部，既存在牧牛大王与中小牧牛场主的矛盾，也存在南北牧区大牧牛场主之间的冲突。牧牛者协会制定法规阻止新来者进入牧区，企图剥夺中小牧牛场主的放牧自由和经营权利，维持牧牛大王的独霸局面。试图挤进某牧区的中小牧牛场主谴责牧牛大王的"厚颜无耻"和"傲慢的垄断行为"。[②] 在 1884 年 11 月召开的圣路易斯牧场主代表大会上，出席代表共 1,200 人。北部牧区怀俄明和蒙大拿的代表分别为 80 人和 40 人，西南部的得克萨斯、新墨西哥、印第安人领地和亚利桑那的代表分别是 340 人、66 人、83 人和 15 人。由于西南部牧区的代表占大多数，他们提议建立一条"国家牛道"。它南起雷德河，北抵美加边界，宽六英里。[③] 这样南部的牧牛场主便可畅行无阻地将牛群赶到北部牧区出售或放牧。怀俄明和蒙大拿的代表坚决反对"国家牛道"的建立，并得到北部其他牧牛者组织的支持。原因是那些牧牛大王想独占北部牧区，不让更多的南部牛进入。由此可见，南北部牧牛场主集团之间的利益之争也相当尖锐。牧牛场主内部各种矛盾是导致牧区

---

① 欧内斯特·S. 奥斯古德：《牧牛人时代》，第 188 页。

② 欧内斯特·S. 奥斯古德：《牧牛人时代》，第 179—180 页。

③ 塞迪斯·W. 博克斯：《得克萨斯西部牧区的衰落》，《西南部历史季刊》1967 年第 71 卷；保罗·H. 卡尔森：《得克萨斯毛茸茸的羊脊背——牧区的绵羊和山羊业》，第 88 页。

冲突和纠纷的一个重要诱因。

2.牧羊主擅入引发的冲突

开放牧牛区受到大量羊群涌入的威胁。在 19 世纪 70 年代，来自新墨西哥的羊群进入了得克萨斯的潘汉德尔地区。大约在 1874—1884 年，羊群布满了加拿大河谷。古德奈特在帕洛杜罗峡谷建立"JA 牧场"的当年，卡斯米罗·罗梅罗雇了 12 个赶羊人，在三个朋友的帮助下，从新墨西哥驱赶着 3,000 只羊，举家迁居斯塔科莎。他在那里建立了牧羊场。到 1880 年，潘汉德尔地区从事牧牛和牧羊业的人超过了 1,500 人。包括 400 个牧羊场和其他一些牧羊主在内，共放牧了 10.8 万只羊。该牧区放牧的牛超过了 9.7 万头。[①] 在潘汉德尔地区，形成了牛羊争牧之势。

19 世纪 70 年代早期，来自加利福尼亚、犹他和俄勒冈的羊群也进入了北部牧区。在蒙大拿，羊群随着牧牛边疆的扩展进入开放牧区。1870 年，蒙大拿有 1.1 万只羊；1880 年为 38.5 万只；1890 年上升到 222.8 万只；1900 年则高达 450.4 万只。[②] 马尔县在 80 年代初是主要的牧牛县，同样也是主要的牧羊县。在 1881 年，蒙大拿羊的数量超过了牛的数量。80 年代中期以前，怀俄明牧牛区的牛数量多于羊的数量。然而，到 1884 年，怀俄明西部的尤因塔县、弗里蒙特县和威斯特沃特县，羊占据了优势。[③] 在 1880 年，怀俄明地区有羊 35.4082 万只；到 1886 年，其羊的数量上升到 87.5 万只；到 1890 年则攀升到 330 万只。[④] 由于牧羊主的擅入，大量羊群进入牧区。牧羊主在原先牧牛场主独占的公共牧区建立牧羊场。羊群不断繁衍增长，使开放牧区超载过牧的现象更加严重。草地的承载力进一步下降。牧牛场主认为，围栏和暴力是对付羊群和保持牧区唯一可行的措施。

牧牛场主凭借"先占权"，要把西部牧区变成他们的"独占王国"。牧羊主则把羊群源源不断地赶进山区和平原，扩大"牧羊帝国"的疆域。双方为

---

① 保罗·H.卡尔森：《得克萨斯毛茸茸的羊脊背——牧区的绵羊和山羊业》，第 95 页。

② 爱德华·N.温特沃斯：《美国的赶羊小道》，第 307 页。

③ 欧内斯特·S.奥斯古德：《牧牛人时代》，第 189 页。

④ 爱德华·N.温特沃斯：《美国的赶羊小道》，第 315—136 页。

扩大自己的势力范围展开了争夺公共牧区的激烈斗争。这场斗争是西部两个牧业集团的较量。牧牛者集团制造种种诋毁牧羊业的舆论，阻止羊群进入公共牧区。牧牛场主们声称，有"自尊"的母牛不能喝羊饮过的水，不能吃羊污染和毁坏的草。牧羊主的保护者则抗辩说，这些纯粹是牧牛场主编造的谎言。①

长期的严重不和导致牧牛场主和牧羊主之间经常发生流血冲突。在一些牧区，牧牛场主以枪击、屠杀、纵火、袭击和投毒等暴力手段维护其"先占权"，力图把牧羊主逐出牧区。牧羊主则以砍断牧牛场的围栏和宰杀牛来还击。

在亚利桑那，牧牛场主与牧羊主频频发生冲突。这是因为在 19 世纪 80 年代大量得克萨斯西部的牧牛场主移入该牧区，牛群已经过载超牧。由于牧羊主的侵入、限制性州土地法的实行、带刺铁丝围栏的广泛使用和干旱等原因，牧牛场主在得克萨斯西部的经营遇到了很多困难。为了寻找新牧区，很多牧牛场主便涌入亚利桑那。大量牧牛场主多移往亚利桑那的北部和东北部。较小的牧牛场主迁往该领地的南部和东南部。80 年代和 90 年代初，频发的干旱更使亚利桑那牧区难以承载过量的牲畜。②此时，再有大量羊群涌入，必然加剧牧牛场主与牧羊主的矛盾和冲突。1884 年，在亚利桑那领地靠近圣弗朗西斯科山峰的弗拉格斯塔夫北面，发生了一起血腥屠杀羊群的残暴事件。属于不同牧羊主的 10 群羊被从新墨西哥北部赶往弗拉格斯塔夫附近的一块天然放牧地。在行进途中，羊群就不断受到牧牛场主的骚扰。牧羊人靠他们的 40 余支来复枪迫使牧牛场主离去。然而，当牧羊人抵达目的地，刚把放牧营地安排好时，突然有百余匹野马闯进来。每匹惊逃的马的尾巴上拴着一张又长又干并极具伤害力的野兽皮。20 匹野马还带有声音极响的巨大牛铃。在野马群后，接踵而至的是骑马的牛仔。他们开着枪并拼命喊叫，向前驱赶马群。勇敢的牧羊人开枪阻止野马群，但无济于事。那些半疯

---

① W. 尤金·霍朗：《边疆的暴力》，第 151 页。

② 詹姆斯·A. 威尔逊：《得克萨斯西部对亚利桑那早期牧牛业的影响》（James A. Wilson, "West Texas Influence on Early Cattle Industry of Arizona"），《西部历史季刊》1976 年第 71 卷。

狂的野马冲入毫无戒备的羊群中。野马蹄和锋利的"兽皮刀"所到之处，便给无助的绵羊致命的一击。这些野马与羊群完全搅和在一起。2.5万只羊挤在一起成了一个恐惧、流血和哀叫不已的乱团。成千上万只羊在混乱中死亡或致残。经过这场洗劫，牧羊人被迫离开弗拉格斯塔夫北面的放牧地。剔除死伤的羊后，重组的羊群几乎溃不成群。^① 这一由牧牛场主精心策划的袭击羊群的暴行，其凶狠与"精妙"达到了无人能匹敌的程度。1887年的"通蒂盆地战争"是在亚利桑那中部发生的流血冲突。这次流血事件起因于格雷厄姆和图克斯伯里两个牧场主家庭的长期不和。他们在得克萨斯时都是牧牛场主。移居亚利桑那后，图克斯伯里一家投资于牧羊业，引起了格雷厄姆所在牧区牧牛场主的忌恨。他们声称放牛的牧区被羊群毁了。1887年8月的某日下午，八个牛仔经过长途骑行后又累又饿。他们走向位于"通蒂盆地"的一间孤立的小屋。这里原是牧牛的"牛顿牧场"。牛仔们认为会受到主人的热烈欢迎。出乎他们预料的是木屋内是图克斯伯里兄弟和他们的四五个好友。双方因话不投机而发生10秒钟的交火。结果，牛仔有两死三伤。不出一个月，牛仔们前来报复。他们包围了图克斯伯里牧场，把正要出门的约翰·图克斯伯里和威廉·雅各布斯击毙。"通蒂盆地战争"导致在五年多的时间里有30多名牧场主丧生，其中有26名牧牛场主和6个新来的牧羊主。^②1889年1月，"奇里卡瓦牧牛公司"（Chiricahua Cattle Company）的一个牛仔在格雷厄姆县位于博尼塔支流旁的唐佩德罗山区袭击了放牧的墨西哥牧羊人，杀死五人伤一人。^③

在怀俄明牧区，牧牛场主和牧羊主发生的冲突也较多。1900年前，牧羊主重点占据雷德沙漠，在那里租与铁路公司土地相交的地段放牧。同时，他们也沿格林河和比格霍恩河进入已被牧牛场主占据的地区。牧牛场主强烈反对牧羊主的侵入。1895年6月15日，四五个牧羊主的羊群在12

① 查尔斯·W.汤、爱德华·N.温特沃斯：《牧羊人的帝国》，第195—196页。
② 查尔斯·W.汤、爱德华·N.温特沃斯：《牧羊人的帝国》，第183、185页；罗伯特·E.里格尔、罗伯特·G.阿塞恩：《美国西进》，第490页。
③ 查尔斯·W.汤、爱德华·N.温特沃斯：《牧羊人的帝国》，第197页。

名武装人员的保护下穿过山区。派恩代尔的牧牛场主组织了为数众多的蒙面人在夜晚袭击羊群。入侵者蒙住牧羊人的眼睛，并把他们捆起来。这些暴徒焚烧了每个牧羊营地的装备，用了一整夜的时间棒击羊群。被打死的羊约有 2,000 只。[①] 暴徒强迫被俘虏的牧羊主带着坐骑和很少的食物从布里杰山口退出。在 1901 年争夺牧草的斗争中，怀俄明的牧牛场主组织一群蒙面人沿格林河而上，同时袭击了四个牧羊营地。这伙人蒙住牧羊人的眼睛，把他们捆在树上，把总共 8,000 只羊棒打致死。[②]1902 年 5 月，一帮蒙面的武装骑手在大霍恩盆地攻击了一个大牧羊营地，杀害了牧羊人、杀死一些羊并驱散了羊群。这一事件是该地区真正发生牧区战争的开始。在此后的六年里，此类事件经常突然发生。不法匪徒威胁着整个盆地。在事先没有发出警告的情况下，发生数次枪杀牧羊人和牧羊主以及将羊群棒杀和赶往悬崖下的事件。在 1904 年，牧牛场主又开始用一种新方法阻止羊群进入牧区。弗雷德·亨德森的 500 只羊被一些陌生人从卡斯帕赶进了山中。他们控制着这些羊，不让它们吃草。在羊饥饿时，用毒药毒死。这种毒死羊的工作一般需要 2—3 天。[③]1912 年 2 月，在怀俄明发生了最后一次袭击羊群的事件。当时天气严寒，冰雪覆盖大地。艾伯特·约翰逊与合伙人查尔斯·威尔逊赶着一群羊越过克罗河支流到山中建立放牧营地。五个袭击者严重打伤驾车人，把羊群又向回赶过支流，烧毁数辆工具车，并杀死约 60 只羊。[④]

在科罗拉多西北部，牧牛场主划出不可逾越的界线，阻止牧羊人进入放牧区。犹他的牧羊主与科罗拉多的牧牛场主经常为争夺牧区发生冲突。在 19 世纪 90 年代，仅科罗拉多至怀俄明边界牧地，至少有 20 人被杀死，百余人受伤，约有 60 万只羊被毁掉。[⑤] 暴力冲突事件多发生在羊道、牛道相

① 爱德华·N. 温特沃斯：《美国的赶羊小道》，第 539 页。
② 查尔斯·W. 汤、爱德华·N. 温特沃斯：《牧羊人的帝国》，第 191 页。
③ 爱德华·N. 温特沃斯：《美国的赶羊小道》，第 539 页。
④ 爱德华·N. 温特沃斯：《美国的赶羊小道》，第 543 页。
⑤ 雷·A. 比林顿：《向西部扩张——美国边疆史》，第 598 页。

交处和牲畜过载过牧的公共牧区。在不过分拥挤的新牧区，双方尚能和平相处。如1884年，有5万只羊放牧在蒙大拿的沃姆斯普林斯河支流时，与牛群相安无事。① 在西部牧区，像蒙大拿的牧牛场主和牧羊主那样未发生纠纷的还不多见。

3. 农场主的威胁

对牧牛场主来说，拓荒农场主是具威胁的入侵者。因为牧羊主的擅入只是进一步加重了本已饱和牧区的承载量，使"牧牛王国"过分超载超牧；而农场主的闯进却是要犁掉草原，缩小"牧牛王国"的疆域。对此，我们在论及农场主挺进大平原中已有较多的分析。对于农场主在北部牧区怀俄明和蒙大拿拓荒的情况我们未作论析。由于受交通、气候等因素的制约，拓荒农场主进入怀俄明领地较晚。在1880年，该领地仅有2,000英亩能够耕作的改良土地。② 少数拓荒者在大霍恩山东部边缘有溪流可供灌溉的地方定居。此后，他们引发了一次规模不大的向怀俄明北部移民的热潮。较多农场主进入怀俄明时，正值那里繁荣的牧牛业开始衰落。在19世纪80年代，拓荒农场主开垦了200万英亩土地，筑起了5,000英里的灌溉渠。③ 到1890年，怀俄明已有灌溉农场1,917个，占总土地英亩数的0.7%。其中，用于生产非饲料农作物的土地为2.3万英亩；种植饲料的土地为20.7万英亩，灌溉的放牧地为24万英亩。④ 蒙大拿在1883年产的小麦达到了74.5万蒲式耳，燕麦161.4万蒲式耳，并出产了其他一些农田作物。到1886年，该领地经过改良的土地达400万英亩。⑤ 蒙大拿在1889年成为美国的第41个州。次年，其灌溉农场的数目为3,706个，占总土地英亩数的0.6%。其中，用于生产非饲料作物的土地为8.75万英亩；种植饲料的土地占26.25万英亩；灌溉的放牧地有21.7万英亩。⑥ 在

---

① 格兰维尔·斯图尔特：《开拓中的蒙大拿——一个州的形成，1864—1887年》，第210页。
② 勒鲁瓦·R.哈芬、W.尤金·霍朗、卡尔·C.里斯特：《西部美国》，第423页。
③ 雷·A.比林顿：《向西部扩张——美国边疆史》，第625页。
④ 欧内斯特·S.奥斯古德：《牧牛人时代》，第232页。
⑤ 勒鲁瓦·R.哈芬、W.尤金·霍朗、卡尔·C.里斯特：《西部美国》，第332页。
⑥ 欧内斯特·S.奥斯古德：《牧牛人时代》，第232页。

1880—1890年间，怀俄明每个灌溉农场的平均面积由272.3英亩增长到1,333英亩。同期，蒙大拿这类农场的平均面积由267.1英亩增至885.9英亩。[①]

从上面的一些统计数字中，我们至少可以得到以下几点结论：①在1890年，怀俄明灌溉农场用于生产非饲料作物和饲料作物的土地面积大体与只用于放牧的土地面积相等，而蒙大拿这类农场用于前两项的土地面积为第三项的1.6倍多；②在1890年以前，蒙大拿的旱地耕种面积是灌溉农场面积的7倍多，粮食产量已达到较高数量；③农场主在怀俄明和蒙大拿已立住脚跟，农业区的扩展已成为北部牧区无法阻止的趋势。随着20世纪的来临，首先在蒙大拿，随后在怀俄明，非灌溉的改良土地有了大幅度的增加。1890年，改良旱地在怀俄明和蒙大拿都不到本州的2%，10年后，分别增长到10%以上，到1926年，前者增长了14%，加上灌溉土地，农场面积约占到全州的20%，后者增长了20%以上，连同灌溉土地，农场面积约占全州的37%以上。[②] 这标志着旱作农场主已顽强地挺进北部牧区。旱作农场主这一新的边疆人物，在其征服牧区的斗争中，击败牧牛场主，占据他们放弃的放牧场，开垦成农田。从那时起，农场主利用西部半干旱和干旱土地耕作的事业延续至今。

是什么因素使农场主得以立足最不适宜农耕的北部牧区呢？

首先，合作灌溉公司在19世纪80年代得以迅速发展。一些矿工转变为牧牛场主后，利用他们掌握的技术在狭窄的山谷中定居放牧。有时为了打深井或某项灌溉工程，几个人便组成合作公司。19世纪70年代，这类合作公司在怀俄明发展较为缓慢。从1870—1879年间，除1874年出现两家公司和1879年有三家公司外，有的年份只有一家公司，有的年份还没有合作公司。进入80年代，这类合作公司迅速发展起来。1882年，合作公司为三家，次年增加到11家，1883年上升到19家，到1885年猛增到36家。[③] 正是在这种条件下，北部牧区兴起了一种灌溉型的农场。其次，交通条件的改善。

---

① 欧内斯特·S.奥斯古德：《牧牛人时代》，第237页。

② 欧内斯特·S.奥斯古德：《牧牛人时代》，第235页。

③ 欧内斯特·S.奥斯古德：《牧牛人时代》，第231页。

1881 年，联合太平洋铁路的犹他北支线修到了蒙大拿的海伦娜。到 1883 年，北太平洋铁路竣工。1886 年，一条连结芝加哥和西北部的支线——"弗里蒙特—埃尔克霍恩—密苏里河铁路"穿越怀俄明的一段线路完工，次年抵达北普拉特河地区的道格拉斯。[①] 靠着铁路的便利交通条件，越来越多的农场主在铁路公司颇具诱惑力的宣传下，涌入了北部牧区。其三，旱地耕作法的推广。佛蒙特人哈迪·M.坎贝尔在 19 世纪 70 年代以宅第移居者的身份进入南达科他。坎贝尔在年均降雨量不足 20 英寸的情况下，用深耕保墒的方法，在自己的旱地农场上获得了丰收。90 年代，旱地耕作法被拓荒农场主广泛接受。坎贝尔的试验农场在草原和大平原得以推广。在年均降雨量少于 15 英寸的条件下，一些旱地农场成功地生产出了甜菜、小麦、玉米和水果。[②] 在较湿润的年份，农场会获得更好的收成。旱地耕作法对促进农场主定居北部牧区无疑起了重要的推动作用。其四，媒体的渲染。农场主逐渐进入北部牧区后，铁路公司的广告、小镇报纸和东部农业杂志都极力宣扬在干旱地区可以创建家园的"奇迹"。一个发誓要为穷人找到家园的民主机构声称：阻止农场主西进的不是自然因素，而是那些"贪婪的家伙"，即牧牛公司；在自鸣得意的共和党的允许下，它们靠公共财产养肥了自己。[③] 这些宣传不仅激发了拓荒农场主到西北部牧区建立美好家园的热情，而且也加深了他们对牧牛大王独占牧区的愤懑，加剧了农牧的争夺。其五，第二次工业革命为旱作农场提供了大量现代化农业机械，有助于农业在干旱地区的发展。最后一条最为重要，克利夫兰政府采取了遏制牧牛场主扩张的政策。1885 年 8 月，克利夫兰总统颁布命令，强迫在印第安人领地租地的牧牛场主离开该地区。牧牛场主们不得不把 20 万余头牛赶进科罗拉多、堪萨斯和得克萨斯的拥挤地区。[④]

---

① 勒鲁瓦·R.哈芬、W.尤金·霍朗、卡尔·C.里斯特：《西部美国》，第 332 页；欧内斯特·S.奥斯古德：《牧牛人时代》，第 241 页。

② 勒鲁瓦·R.哈芬、W.尤金·霍朗、卡尔·C.里斯特：《西部美国》，第 472—473 页。

③ 欧内斯特·S.奥斯古德：《牧牛人时代》，第 241 页。

④ 欧内斯特·S.奥斯古德：《牧牛人时代》，第 217 页；雷·A.比林顿：《向西部扩张——美国边疆史》，第 596 页。

北部牧区的牧牛场主非法筑栏圈占公共土地，引起拓荒农场主的强烈不满。国会在 1885 年初通过了一项法律，旨在对那些非法圈占土地的人尽快起诉。1886 年，《总土地委员会的年度报告》列举了怀俄明和蒙大拿一些建非法围栏最早和最多的县。① 尽管这些措施未能完全阻止侵占公共土地的非法筑栏，但此类事件较以前有所减少。正是在上述诸多因素的促进下，拓荒农场主得以进入自然条件最差的北部牧区，使农耕面积不断增加。

拓荒农场主闯入牧区，使牧牛场主感受到了更大的威胁。怀俄明的牧牛场主认为，旱地农场主毁坏了放牧的土地。② 在蒙大拿，政府希望以人口的增加作为税收的基础。该领地决定以农业作为其"主体和支柱"产业。牧牛场主因此不能独占牧区了。他们诅咒这个该死的"主体和支柱"，痛斥围栏是牧区的"祸根"。一位牧牛场主狂吼道："他们（指农场主——笔者注）毁掉了牧区，持续不断地永远毁掉了世界上最好的放牧地"；"直到草根泥被翻上来——即所谓改良'土地'之前，牧区从来不想要农场的运货车，它想要的是牛马，它永远是最好的家畜饲养地。"他谴责土地改良时几乎泪汪汪地说："一想到它，我就病得不轻。一想到在野马驹奔驰和套四岁口小公牛上市的牧区种葱头和爱尔兰土豆，我就病得需要药物和精神两类医生医治才行。"③ 几年过后，一个牛仔高手在给朋友鲍勃的信中写道："你现在或许不知道，过去你跨马巡边和我夜间放牧的地方，或是城镇或是乡野，所有的绿草都被翻倒在了旁边，现在再也不能放牧了。那些（土地改良）鼓动者说，与以前相比，它成了最好的地区。但对我来说，它简直像个地狱。"④ 从牧牛场主和牛仔的这些愤怒言词中可以看出，拓荒农场主大量涌入北部牧区后，更激化了农牧矛盾和冲突。

---

① 戴维·达里：《牛仔文化》，第 325 页。

② 约翰·K. 罗林森：《怀俄明——牛的足迹》，第 297 页。

③ 梅里尔·G. 伯林盖姆：《蒙大拿边疆》（Merrill G. Burlingame, *The Montana Frontier*），海伦娜 1942 年版，第 35 页；转引自罗伯特·G. 阿塞恩：《高原帝国——高平原和落基山区》，第 200 页。

④ 罗伯特·G. 阿塞恩：《高原帝国——高平原和落基山区》，第 201 页。

二、毁坏围栏

1. 互砍围栏

牧牛场主、牧羊主和拓荒农场主为了自身的利益都围栏圈占土地。特别是牧牛场主，最初是以"先占权"圈占部分公地，以"枪的法律"来保护他们所占有的土地。为此，牧牛大王们与擅入的牧羊主、移居的农场主经常发生流血冲突。继之，牧牛场主在围圈租用的土地过程中，也多占一些公地。一些大牧羊主也有类似的情况。在筑栏占地的激烈争夺中，一些大牧牛场主不仅圈占公共土地以扩大自己的牧场，而且把其他小牧场和小农场也圈进了他的铁丝网围栏中。一些牧牛大王甚至进入怀俄明、内布拉斯加的西北部和新墨西哥的公共林地，砍伐树木作为围栏的木桩。大牧场的围栏切断了向北驱赶牲畜的"牛道"和"羊道"，隔断了通往学校和教堂的公共交通道路，妨碍了邮件的传递。从南部平原向北，地方、州政府及联邦土地机构的官员们，都在寻求制止圈占公地的办法。然而，牧牛场主们仍继续围住从得克萨斯到蒙大拿的成千上万英亩的政府土地。华盛顿的参议院听证记录告诉人们，邮件投递在19世纪80年代早期受到内布拉斯加西部非法围栏的阻碍。"布莱顿牧场"是在内布拉斯加数个圈占公共土地的牧场之一。在堪萨斯南部，几个牧牛场主围占了西部、西南部数个县的土地。在英国资本支持下的"卡莱尔牧牛公司"圈占了怀俄明的公共土地。德莫雷侯爵在达科他领地也圈占了一大块公地。在内华达，牧牛场主甚至企图圈占公地上的牧草地。在新墨西哥，两家牧牛公司为阻止他人进入，试图圈占大片公地。在那里筑栏每英里要花费110美元的高价。这就意味着在围起的牧场上每头牛的花费约达10美元。[①] 因造价太高，两公司的目的难以达到。阿勃·布罗克尔是得克萨斯著名的牧牛场主。布罗克尔有围占公共土地的问题，但他也曾遇到围栏阻拦的不愉快经历。1884年，布罗克尔参加了一次向科罗拉多的迪尔特雷尔长途赶牛的活动。他们的牛群在今天俄克拉何马狭长地带南部边界被擅自

---

① 戴维·达里：《牛仔文化》，第324页。

占地者筑起的篱障所阻拦。14 名持枪骑马者在篱障前巡守，不准布罗克尔的牛群通过。其兄约翰·布罗克尔也赶到了被阻地。他们向华盛顿当局发出数封电报求助，每封电报花费 60 美元。几天后，内务部的某人在回复中建议他们砍断铁丝网篱障继续前进。如果他们再遇到什么麻烦，政府将派军队去帮助他们。一些牛仔用斧子砍断围栏，留下一个长 1/4 英里（相当于 1,320 英尺——笔者注）的缺口。布罗克尔兄弟的牛群得以通过围栏缺口，继续前往迪尔特雷尔。[①]

　　大牧场主围栏圈占公地，实质上是一种土地垄断行为。这种霸道行径不仅引起农场主和小牧场主的愤怒抗争，也妨碍了牧区社会的正常生活秩序。在 19 世纪 70 年代末和 80 年代初，因围栏占地引发了暴力冲突。西部牧区发生许多毁坏围栏的事件。因为得克萨斯牧区筑栏最早，发展最快，故在那里发生的毁栏事件也最多，最典型。

　　带刺铁丝围栏于 1880 年后在得克萨斯被广为采用。曾经开放的牧区被封闭起来，牧羊主和牧牛场主的冲突因此愈加尖锐。如前所述，牧羊主进入得克萨斯牧区较牧牛场主晚。后者的围栏阻止了羊群进入牧区。牧羊主在牧区不能租到毗连的草地。他们只能得到被他人地产分割开的放牧地。羊群被从一块放牧地赶往另一块放牧地时，必须经过牧牛场主所有的草地。牧牛场主坚决反对羊群穿过他的牧场。为了解决这一难题，他们制定了一个规则。该规则要求牧羊人在平坦地带驱赶羊群时，每天平均行走不少于 5 英里；在难行走地区，每天行程不得少于 3 英里。[②] 然而，在实际赶羊的过程中，牧羊人往往受到牛仔的刁难和牧牛围栏的阻拦。为了保护放牧地和水源，牧羊主也在其牧场筑起了围栏。其结果阻止了牛群的自由漫游。在相互筑栏的争斗中，牧牛场主发现牧羊场的围栏可以有效地阻止牛群通过，但他们的围栏很难完全阻止羊群穿行。如筑栏的带刺铁丝不是三股以上，那么羊穿行过去无太大困难。于是，在牧牛场主和牧羊主之间互毁围

---

① 马文·亨特编：《得克萨斯的牛道赶牛人》，第 507—508 页。
② 保罗·H.卡尔森：《得克萨斯毛茸茸的羊脊背——牧区的绵羊和山羊业》，第 182 页。

栏的冲突日趋激烈。

　　在 1882 年以前，进入得克萨斯的牧羊主除非用石头砌羊栏，否则不论他用其他任何材料建围栏，一年之内其羊栏或被烧毁或被砍断的次数可达十次之多。查尔斯·汉纳最初把羊群赶入布朗县时，正值敌视牧羊主情绪的高涨期，他建了一个石头围栏。然而，一日天刚破晓，汉纳发现有 300 只羊被持枪者切断喉管而死。1881 年，盖伊·马奥尼买了几千只羊。马奥尼把羊群放牧在其在科尔曼县的土地上，并筑栏围起了牧场。此后，牧牛场主们用尽各种威胁和恐吓手段，要他拆掉围栏。由于威胁不奏效，一伙武装分子在 1883 年便砍断了马奥尼的围栏。他们在两根栏桩之间砍两个断口，总共有数英里之长。在一些牧羊人修理被毁的围栏时，有人便在马奥尼围栏的入口处放了一具棺材。上面写着："如果你继续保有围栏，这棺材便是为你准备的"。[①] 霍勒斯·斯塔克韦瑟与马奥尼为邻，他遭受了更大的损失。斯塔克韦瑟的围栏被剪断，羊圈和牧羊人的住处被烧毁。毁栏人还把 2,000 根木桩插到了他住宅的近旁。斯塔克韦瑟立即重建家园。以石头作地基筑起了五股铁丝网围栏。但是，有人将他的新围栏又剪断了 30 英里，还把患传染性疥癣的羊扔进了其羊群中。斯塔克韦瑟被迫在寒冷的冬天把 8,000 只羊浸泡消毒。[②] 这一恐吓行动给他带来了灾难性的后果。

　　牧羊主也破坏牧牛场主的围栏。一些牧羊主在得克萨斯租不到土地，只能赶着羊群游牧。他们从一个牧区到另一个牧区，寻找干净的水源和茂盛的牧草。有时，遇到牧牛场主筑有三股以上的铁丝网围栏时，牧羊主便剪断围栏，让羊群和工具车穿过，前往新的放牧地。一个墨西哥的游牧者因能把围栏卷起来让其羊群到私人草地上吃草而非常闻名。1884 年，他赶着羊群进入斯奈德以南的斯卡里县。因羊群离水井太近，一个牛仔和他发生争吵。这个牛仔向他开枪使他受了重伤。另一个牧羊人用力把受伤的牧羊人抱上马车，把他送到当地医生那里医治。开枪打人的牛仔随后又叫来他的几个同

---

　　① 　保罗·H.卡尔森：《得克萨斯毛茸茸的羊脊背——牧区的绵羊和山羊业》，第 183 页。
　　② 　保罗·H.卡尔森：《得克萨斯毛茸茸的羊脊背——牧区的绵羊和山羊业》，第 184 页。

伙。这些牛仔烧了牧羊人的营地和工具车。随后，牛仔们吊死了那个不太出名的游牧者，杀死了他的一些羊，并驱散了羊群。①

有一些牧羊主对牧牛场主的侵犯进行还击。C. B. 梅特卡夫在汤姆格林县的"阿登牧场"的一万英亩土地上筑了围栏。在他建起四英里围栏后，来自其牧场北面一个牧牛场的一伙持枪人，在每两根栏桩间把围栏剪断。梅特卡夫重修好围栏后，就前往镇中寻找那伙毁栏者的主人。找到那个牧牛场主后，愤怒的梅特卡夫拔出装着子弹的短枪警告他说，决不能容忍他再破坏其围栏。此后，梅特卡夫再没有受到毁栏者的骚扰。

尽管有一些牧羊主像梅特卡夫一样进行了抗争，但总起来看，他们在同牧牛场主的较量中处于下风。究其原因，一则是牧羊主进入得克萨斯牧区较晚。二则是牧牛场主的数量大大超过了牧羊主的数量。第三个原因最为关键，即得克萨斯的法律对牧牛场主有利。如在 1881 年 3—4 月间，该州的立法机关就通过了两项与牧羊主相关的法律。第一项法律禁止患疥癣的游牧羊群进入牧区。第二项法律规定，如未经土地主人允许，禁止把羊群放牧在他人的土地上。违反该法的牧羊主应付 100 美元的罚款。② 牧羊主对这些限制性法令非常不满。他们向州长奥兰·M. 罗伯茨和立法机关进行抗争，但其努力毫无结果。

小农场主和小牧场主也介入了筑栏和毁栏的冲突之中。毁栏者中有拥有15—200 头牛和少数马的小牧牛场主，还有拥有 100 英亩或更多一点土地的小农场主，以及占有少量无主牧草地的自耕农。③ 由于大量小农场主和小牧场主的涌入，西部牧区的土地被他们占有，自由放牧区变得越来越小。大牧牛场主仇视所有在牧区农耕和放牧的人。他们凭借自己拥有雄厚的资本，拼命筑栏占地。有时，一些小农场主和小牧场主发现他们自己完全被大牧牛场

---

① 保罗·H. 卡尔森：《得克萨斯毛茸茸的羊脊背——牧区的绵羊和山羊业》，第 183 页。

② T. R. 黑文斯：《家畜与得克萨斯法律》（T. R. Havens, "Livestock and Texas Law"），《西得克萨斯历史协会年鉴》1960 年第 36 卷，第 20—21 页；转引自保罗·H. 卡尔森：《得克萨斯毛茸茸的羊脊背——牧区的绵羊和山羊业》，第 98 页。

③ 沃尔特·P. 韦布：《大平原》，第 314 页。

主的围栏包围起来，连外出的通路也被截断了。这些小农场主和小牧场主为了生存，也经常联合起来砍断大牧场的围栏。得克萨斯的牧牛场主 R. A. 戴维斯在 1,000 英亩草地的周围筑了四股带刺铁丝的围栏。两天后，戴维斯发现围栏被剪断了 3,500 处。[1] 小牧场主也筑栏护住水源和自己的土地，切断大牧场主所需要的水源和通往放牧地的道路。有的小农场主筑栏的材料就是从大牧场围栏上剪下来的带刺铁丝。在 1883 年，加尔维斯顿的《新闻》报道说，"希基牧场公司"地产上所筑起的 20 英里围栏，因其邻居要围住水源而不得不后移一些距离。[2] 从南部牧区到北部牧区，都有毁坏围栏的事件发生。在得克萨斯、新墨西哥和怀俄明，毁栏事件更多，尤其在得克萨斯西部牧区，互相毁栏的事件表现得更为典型。到 1883 年，那里的"毁栏之战"几近白热化程度。

在西部牧区毁栏的争斗中，牧牛大王、牧羊主、小牧牛场主和农场主都在切断竞争者的围栏，甚至还有偷牛盗马贼参与其中。这种状况使"毁栏之战"更加混乱和复杂。在这种争斗中，牧牛场主的行为更具"侵略性"。[3]大牧牛场主为了在同农场主和小牧场主的争夺中占据上风，他们雇人保护自己的围栏，毁坏他人的围栏。1883 年末，得克萨斯有一半以上的县报告了砍断、毁坏围栏和纵火烧牧场的事件。最严重的毁栏事件发生在从雷德河向南至得克萨斯中部一带。大多数毁栏事件发生在夜间。一伙自称"标枪队"、"蓝色魔鬼"或"猫头鹰"等的武装分子，进行破坏活动。毁栏者砍断围栏或拔出栏桩后还发出警告，不许受害者再建围栏。对多数这样的警告，人们根本不当回事。在某些情况下，牧牛场主和牛仔等候着毁栏者的到来并开枪射击。这样的暴力新闻还从得克萨斯传到其他牧区。舍伍德的牧场位于得克萨斯克莱县南部。他在牧场周围筑栏时把巴特勒的土地和家也圈在其中。1883 年 8 月初，在巴特勒的带领下，一些人砍断了舍伍德的围栏。结果发

---

[1]　威廉·H. 福比斯：《牛仔》，第 217 页。

[2]　威廉·H. 福比斯：《牛仔》，第 217 页。

[3]　奥格登·坦纳：《牧场主》（Ogden Tanner, *The Ranchers*），亚历山大 1977 年版，第120 页。

生了流血冲突。巴特勒被枪杀，其他几人受了伤。[1] 人们认为，这一事件是围栏守卫者或边界骑手制造的。消息传到亨利埃塔，一大群武装的牧牛场主赶到了出事地点。这些情绪异常激动的牧牛场主，要为保卫自己的地产进行残酷斗争。这一流血事件表明，西部牧区的混乱状况必然导致可怕的冲突。同年 10 月 4 日，堪萨斯的《道奇城时报》报道了这一不幸事件。得克萨斯的"毁栏之战"有愈演愈烈之势。

2. 毁栏中止

毁栏事件造成了巨大损失。到 1883 年秋，在得克萨斯的 171 个县中，有 1/2 以上的县发生了切断围栏的事件。[2] 有六人在冲突中丧生。[3] 芝加哥的一份报纸发表了题为《赫尔·布雷克斯在得克萨斯遭枪击》的文章。[4] 虽然"毁栏之战"造成的全部损失很难确定，但一些统计数字已证明破坏的严重程度。到 1883 年秋，得克萨斯毁栏造成的损失约为 2,000 万美元。税收因此减少了 3,000 万美元。[5] 布朗县的损失达 700 万美元。[6] 准备移居西部的人暂时避开了得克萨斯。一些新近到该州的农场主随即离去。爱德华平原的很多县人口开始下降。

制止毁栏冲突成了西部牧区急需解决的问题。首先，立法机关制定了禁令。在毁栏冲突日趋剧烈的情况下，得克萨斯州长约翰·爱尔兰不得不于 1884 年 1 月 8 日召开特别立法会议。会上争论非常激烈，仅毁栏一事讨论了好几个小时。特别会议最终制定了禁令。毁栏被定为重罪，毁栏者将受到 1—5 年监禁的惩罚。然而，法令对非法筑栏者的惩处较轻。按法令规定，

---

① 戴维·达里：《牛仔文化》，第 321 页。
② 罗伯特·G. 费里斯编：《勘探者、牛仔和移居垦殖农民》，第 82 页。
③ 戴维·达里：《牛仔文化》，第 321 页。
④ 保罗·H. 卡尔森：《得克萨斯毛茸茸的羊脊背——牧区的绵羊和山羊业》，第 185 页。
⑤ W. 尤金·霍朗：《边疆的暴力》，第 170 页；保罗·H. 卡尔森：《得克萨斯毛茸茸的羊脊背——牧区的绵羊和山羊业》，第 185 页。
⑥ 此处引用的数字是达里提供的，卡尔森提供的数字与前者出入较大，仅为 100 万美元。参见戴维·达里：《牛仔文化》，第 321 页；保罗·H. 卡尔森：《得克萨斯毛茸茸的羊脊背——牧区的绵羊和山羊业》，第 185 页。

故意或未经允许圈占公地或他人土地者被视为行为不端，筑栏者被勒令在六个月内拆除围栏；如果围栏与公共道路交叉，筑栏人必须在围栏每三英里处开一个门，并经常进行维修。① 这一立法无疑对非法筑栏和毁栏冲突起到了一定程度的遏制作用。其次，公众舆论反对毁栏。一些农场主和无地小牧场主曾结合在一起，举行公众集会。他们或致信或致电立法机关成员和州长，控诉大牧牛场主用带刺铁丝围栏作为作恶的工具和对土地垄断的象征。但他们合法的抗争毫无结果。在无奈之下，农场主和这些小牧场主也介入毁栏和围栏的激烈竞争。得克萨斯的当政者不愿正视甚至极力回避这一问题。在毁栏冲突日甚一日的情况下，立法者们才不得不寻求解决办法。正是公众向特别立法会议提出大量诉求后，才使立法者最终做出禁止毁栏和非法筑栏的法令。最后，得克萨斯骑警队的巡察对制止犯罪起到了有效作用。虽然1884年的立法在次年结束了大规模的毁栏行动，但在得克萨斯毁栏事件还时有发生。特别是在干旱年份，包括布朗县和纳瓦罗县在内的几个县毁栏现象仍较严重。州政府派出骑警巡视，阻止破坏事件发生。骑兵艾拉·阿滕负责阻止布朗县和纳瓦罗县毁栏事件的蔓延。在成为骑警前，阿滕曾是四处流动的牛仔。他于1886年在布朗县的一个小牧场找到了一份工作。该牧场主就是一个毁栏者。阿滕得知，布朗县毁栏者的头目竟是一个地方执法官。阿滕安排其他得克萨斯的骑警守候在这个家伙活动的皮坎拜乌附近。巡察骑兵当场撞见四人，令他们投降。这四人不但拒绝骑警的要求，而且首先开枪。骑兵们被迫还击。硝烟散去之后，两名毁栏者被击毙，另外两人受了伤。② 此后约两年，阿滕被派往纳瓦罗县达拉斯以南约60英里的地方，制止那里的毁栏事件。1888年8月31日，他在致队长的信中谈到了从毁栏者口中了解的情况。一人某天在一个山谷中筑起了围栏，一伙毁栏者便随其后把围栏砍断并将带刺铁丝运到山背后另一个山谷中去筑栏。为了击败纳瓦罗县的毁栏者，阿滕决定在一些围栏的沿线每隔一定距离埋一颗小炸弹。这种炸弹是将黄色

---

① T.R.费伦巴赫：《孤星——得克萨斯和得克萨斯人史》，第608页；W.尤金·霍朗：《边疆的暴力》，第170—171页。

② 戴维·达里：《牛仔文化》，第324页。

炸药填装在用猎枪管切割成的短管内制成。得克萨斯州副州长得知阿滕的计划后，下令不准使用炸弹。阿滕不予理睬，仍在围栏下埋用枪管制成的炸弹。他还向遭受毁栏之害的牧场主们传授使用炸弹的方法。州长立即把阿滕召到奥斯汀，命令他无条件拆除炸弹。阿滕回到纳瓦罗县后，将炸弹引爆拆除。周围几英里的人都听到了爆炸声。随着一位骑兵在围栏下埋炸弹的消息传遍全县，毁栏活动突然停止了。①

第二节　重要“战争”

一、林肯县战争

1. 林肯县的牧牛业

早在 1850 年，林肯是作为墨西哥人的村庄建立的，名为“拉普西塔德尔·里奥博尼托”（La Placitadel Rio Bonito）。1869 年，林肯县创立时，该村庄成为县城所在地，更名为“林肯”。它位于佩科斯河与格兰德河之间，距得克萨斯北部边界约 100 英里。在离林肯城八英里的斯坦顿堡曾被用作控制“梅斯卡莱罗阿帕奇人居留地”的军事哨所。② 林肯县建立时，正值牧牛边疆向北和向西推进。林肯县的面积有 27 万平方英里。这里牧草丰茂的牧场为牛群提供了美好的家园。临近的军事哨所和印第安人居留地为牧牛场主准备了牛肉销售市场。美国内战以后，牧牛场主的边疆推进到林肯县地区，那里的牧牛业迅速发展起来。林肯成了典型的牛镇。它在许多方面具备牛镇的特点不是起因于铁路站点，而是因为许多牧场周围的牛贸易和当地的人员交往。林肯吸引来了很多牛仔、枪手、不法之徒、偷牛贼、士兵和执法官等。该县成为人们因争夺水源、放牧权和政府牛肉供

---

　　① 戴维·达里：《牛仔文化》，第 324 页。

　　② 菲利普·德拉姆、埃弗里特·L.琼斯：《黑人牛仔》，第 101 页。

应合同而发生冲突的场所。

在林肯县牧牛业的发展中，出现了牧牛大王约翰·奇萨姆。奇萨姆是移居得克萨斯的田纳西人。内战后，他曾三次驱赶小群牛往阿肯色的小石城出售，并因此获利。那里的肉类包装加工厂破产后，奇萨姆改为经"古德奈特—洛文小道"赶牛往佩科斯河地区出售。随后，他在新墨西哥境内的佩科斯河罗斯韦尔附近建立了牧场总部。奇萨姆在第一次向萨姆纳堡出售了600头牛后又获得一项超过一万头牛的供货合同。看到佩科斯牧草资源的丰富，他在放牧总部周围建立了一个永久性的牧场。在其他两个地方，他还拥有牧牛营地。在1870—1881年间，奇萨姆是世界上拥有最大牧牛产业的牧场主之一。他的牧场从佩科斯河畔的萨姆纳堡向南延伸200英里，直达得克萨斯边界线。在奇萨姆事业的顶峰期，其拥有的牛超过8万头。[①] 他是林肯县的知名人物。劳伦斯·G.墨菲少校离开军队后，开始在林肯经商。墨菲不但开杂货店、酒吧和赌场，而且还与一伙粗暴的人经营牧场。年轻的英国人约翰·滕斯托尔在1876年到林肯。他买了一个牧场，开设一家商店和一家银行。[②] 此外，在林肯县还有一些小牧场主。他们的利益冲突引发了"林肯县战争"。

2.战争起因与后果

"林肯县战争"是在新墨西哥发生的暴力冲突。它的爆发不是偶然的，有着深刻的政治和经济原因。首先，林肯县自开发之初就是法律和道德"真空"的地区。在那里，"暴力"即为法律。林肯县属新墨西哥的偏远地区。至少在"林肯县战争"爆发前10年，那里就有无法无天的坏名声。[③] 一位作者写道："各种各样的坏人都来了，有坏墨西哥人、坏黑人和坏白人。然而，白人坏人是这些坏蛋中最坏的"[④]。在70年代早期，林肯县行政司法长

---

① 罗伯特·G.费里斯编：《勘探者、牛仔和移居垦殖农民》，第220页。

② 菲利普·德拉姆、埃弗里特·L.琼斯：《黑人牛仔》，第102—103页。

③ 霍华德·R.拉马尔主编：《美国西部读者百科全书》，第667页。

④ 威廉·L.哈姆林：《比利小子真实的故事—林肯县战争的传说》（William L. Hamlin, *The True Story of Billy the Kid, A Tale of the Lincoln War*），考德威尔1959年版，第10页；转引自菲利普·德拉姆、埃弗里特·L.琼斯：《黑人牛仔》，第101页。

官威廉·布雷迪①和军队就不得不面对白人杀人犯因种族偏见制造的暴行。弗兰克·弗雷曼因在亚拉巴马州杀死几个黑人而逃到林肯县。然而，在林肯的一家餐馆里，弗雷曼又枪杀了坐在他就餐的那张桌子边的黑人中士。另一个臭名昭著的杀人犯是克莱·阿利森。阿利森因为有一名黑人中士和四名黑人士兵进了他正在饮酒的那家酒吧就枪杀了他们。在一段时期内，这种暴行致使黑人士兵对嗜杀成性的南部白人的惧怕有甚于对阿帕奇人的惧怕。② 一些武装牛仔也制造了杀害印第安人的暴行。随着牧场规模的扩大和牛群的增加，奇萨姆雇用了包括白人和黑人在内的大量牛仔，以保护牛群，对付印第安人和墨西哥偷牛贼。这些被雇用的牛仔粗野好斗。即使如此，他的牛群在70年代仍然继续受到印第安人的侵袭。于是，他在1877年秋派了一帮武装分子前往"梅斯卡莱罗印第安人居留地"。这帮人受到政府代理机构的招待，因饮酒过量而行为失常。他们在一英里内的中心地点杀死了大量印第安人。"此后，印第安人在袭击奇萨姆的牛时踌躇不前"③。斯坦顿堡哨所退伍士兵中的一些人成为"林肯县战争"中更重要的好战分子。统领斯坦顿堡驻军的内森·A.达德利上校，动用大炮和调动士兵介入了"林肯县战争"。达德利指挥的军队，有几个连是由黑人组成的。这使形势更加复杂。④ 上述几个因素构成了"林肯县战争"发生的政治背景。

其次，利益之争是导致"林肯县战争"的经济原因。奇萨姆和墨菲骑马巡视各自的放牧区。最初他们为放牧权发生争论。最后，奇萨姆指控墨菲的一些牛仔偷盗。滕斯托尔在林肯县经营商店、银行和牧场，使墨菲的垄断地位受到了挑战。墨菲称滕斯托尔是不受欢迎的竞争者。⑤

在圣菲一个强大政治集团的庇护下，墨菲获得了对该地区政府合同的控

---

① 威廉·布雷迪曾是一名陆军少校，离开军队后做了林肯县的行政司法长官。他在"林肯县战争"中死亡。

② 菲利普·德拉姆、埃弗里特·L.琼斯：《黑人牛仔》，第102页。

③ 刘易斯·阿瑟顿：《牧牛大王》，第127页。

④ 菲利普·德拉姆、埃弗里特·L.琼斯：《黑人牛仔》，第101—102页。

⑤ 菲利普·德拉姆、埃弗里特·L.琼斯：《黑人牛仔》，第103页。

制权。"圣菲集团"是由著名的共和党人组成的、尚处于"朦胧"状态的政治集团。该集团寻求对新墨西哥政治和经济生活的控制权。"圣菲集团"支持墨菲及其同伙，使其经营的企业在林肯县形成实际的垄断。这种垄断允许墨菲控制该县的居民。这实际上是一种"政治分赃"。"墨菲家族"（House of Murphy）经济上的优势确保了其在政治上控制林肯县的优势地位。公职官员，特别是执行法律的职位都是由墨菲集团所掌握。结果，立法的争论经常由墨菲等人的好恶所决定。[1]

　　"林肯县战争"的导火线是亚历山大·麦克斯温律师拒绝为墨菲的被指控牛仔辩护。麦克斯温于 1875 年到林肯，他是墨菲的律师。或许是麦克斯温认为墨菲的牛仔是有罪的，或许是不愿意反对奇萨姆，他拒绝做他们的辩护律师。此举不仅使他与墨菲之间的"业务关系终止"，而且成了"林肯县战争"的导火线。[2]更让墨菲不能容忍的是：麦克斯温不但拒绝为他的牛仔做代理律师，而且还帮助奇萨姆起诉他们，并证明他们有罪。麦克斯温还要为滕斯托尔做代理律师。墨菲愤怒谴责麦克斯温。林肯县遂形成墨菲与麦克斯温—滕斯托尔的敌对阵营。双方都在寻求同盟者。站在墨菲一边的是两个小牧场主詹姆斯·多兰和约翰·赖利，还有县行政司法长官布雷迪。站在麦克斯温一边的有滕斯托尔以及与其有业务联系的奇萨姆。敌对的双方都雇用了很多的牛仔和枪手。墨菲和多兰雇用的枪手有 30 人之多。[3]

　　"林肯县战争"始于法庭要麦克斯温向墨菲支付欠款。在墨菲的人企图赶走滕斯托尔的牛没有成功后，事态变得严重起来。1878 年 2 月 18 日，一帮多兰的支持者伏击并杀死了滕斯托尔。林肯县突然爆发了流血的枪战。[4]法院和执法机构在制止暴力冲突中太偏袒墨菲一方。县行政司法长官布雷迪

　　① 霍华德·R.拉马尔主编：《美国西部读者百科全书》，第 668 页。
　　② 威廉·L.哈姆林：《比利小子真实的故事——林肯县战争的传说》，考德威尔 1959 年版，第 24 页；转引自菲利普·德拉姆、埃弗里特·L.琼斯：《黑人牛仔》，第 103 页。
　　③ 哈里·S.德拉格：《久远的美国牛道》（Harry S. Drago, *Great American Cattle Trails*），纽约 1965 年版，第 223 页。
　　④ 菲利普·德拉姆、埃弗里特·L.琼斯：《黑人牛仔》，第 103 页。

和地区律师威廉·L.赖纳森是多兰的支持者。总督塞缪尔·B.阿克斯特尔是"圣菲集团"的成员，因此也属多兰一派。

在滕斯托尔被谋杀之后，布雷迪逮捕了弗雷德·韦特和"比利小子"(Billy the Kid)。[①] 他们都是滕斯托尔雇用的牛仔。虽然对杀害滕斯托尔的凶手发出了逮捕令，但布雷迪拒不执行。麦克斯温派认识到他们不能期望得到合法当局的帮助。

"比利小子"获释后，为了保护麦克斯温一派的夫人及子女，他与另外五人返了林肯县。4 月 1 日上午，比利一行人刚抵达林肯，恰遇布雷迪和多兰的一伙人朝他们走来。比利等人隐藏在一个围栏后面，向多兰一伙开了枪。布雷迪被杀死。副行政司法官乔治·欣德曼受伤。当晚，在布雷迪死后数小时，墨菲的人达普蒂·D.佩平就被任命为代理司法行政长官。他立即带人到麦克斯温家搜查。在根本没有出示搜查证的情况下，他们搜查了麦克斯温的住宅，但没有找到比利等枪击者。佩平以麦克斯温与谋杀布雷迪有牵连为由，逮捕了他及其手下四人。被捕者中有乔治·鲁宾逊和乔治·华盛顿两名黑人。[②]

在麦克斯温被佩平盘问不休时，号称"大铅弹"的安德鲁·L.罗伯茨随即发现了比利。[③] 罗伯茨是墨菲派的一个技艺高超且很自负的枪手。他见到林肯县的悬赏布告称：谁抓获比利及其同伙，不论被通缉者死活，都可得 200 美元。他便跟踪他们。4 月 4 日，罗伯茨在位于阿帕奇人居留地边缘的"布莱泽锯木厂"(Blazer's Sawmill) 发现了比利等人。罗伯茨立即陷入一场枪战中。他受了致命伤，躺在外屋的地板上，靠近围住他的麦克斯温的人。罗伯茨死前击伤了对方两人，击毙了迪克·布鲁尔。布鲁尔是个小农场主，曾做过滕斯托尔的工头，现为麦克斯温武装力量的首领。布鲁尔死后，比利成了这派枪手的新头领。[④] 他为受伤者疗伤后等待麦克斯温依法斗争的结果。

---

① 原名威廉·邦尼 (William Bonney)，以"比利小子"更知名。

② 菲利普·德拉姆、埃弗里特·L.琼斯：《黑人牛仔》，第 104 页。

③ 罗伯茨是墨菲派的成员之一，被麦克斯温一派怀疑是杀害滕斯托尔凶手之一。

④ 乔恩·图斯卡：《比利小子——他的一生与传说》(Jon Tusba, *Billy the Kid, His Life and Legend*)，韦斯特波特·伦敦 1994 年版，第 35—36 页。

然而，形势变得对麦克斯温更为不利。斯坦顿堡驻军的司令官换成了达德利上校，他不同情麦克斯温，明显偏袒墨菲。此后几周，新墨西哥总督任命佩平为地方行政司法长官。所有的执法官员都成了墨菲的人。麦克斯温开始为自己的生命和财产感到忧虑。

双方的严重对抗最终在 1878 年 7 月引发 "五天战役"（Five Day Battle）。"林肯县战争"的流血冲突达到了顶点。战斗从 7 月 15 日持续到 7 月 19 日。比利小子带着他的人马进县城支持麦克斯温。至少有三名黑人加入了这一派。除了鲁宾逊和华盛顿外，还有萨布莱恩·贝茨。墨菲的武装人员也骑马进城。其中有黑人约翰·克拉克。有 80 余人介入了林肯县敌对双方的决战。墨菲一方占据县城西部，麦克斯温一方控制着东边。墨菲一方得到了军队的有力支持，包围了麦克斯温的家。达德利上校率领一队炮兵和黑人支队开进了县城。他指挥架起一门 12 磅的大炮瞄准麦克斯温的家，又命令骑兵占据县城的有利位置和周围的小山。一切布置完毕后，墨菲一方向麦克斯温家开了火。在最后一天，墨菲一方的人在强火力支持下火烧了麦克斯温的住宅。麦克斯温夫人和黑人贝茨、华盛顿得以从燃烧的房屋中逃脱，但仍然捧着《圣经》的麦克斯温及其四个同伙却被击毙。比利与五个枪手也得以逃脱。他们过了一条河，隐藏在灌木丛中。墨菲一派为了庆祝胜利，"饮着酒，又唱又跳，度过了数小时令人生厌的时光"[1]。贝茨和华盛顿是优秀的歌手，墨菲一伙人强迫他们坐在一堵砖墙上，在那个令人哀痛的夜晚，拉着小提琴连续唱了几个小时。雇主的尸体就躺在靠近他们脚下方的地方。次日上午，华盛顿帮助 T. F. 伊利医生清理了又脏又乱的战地，掩埋了死者。

"五天战役"后，历时五个月的"林肯县战争"也随之结束了。这场战争不仅对林肯县而且在新墨西哥领地都产生了严重的后果。首先，持续五个月的流血冲突造成了大量伤亡。一些关于这次战争的著作称，冲突导致了

---

[1]　乔治·W. 科：《边疆枪手——乔治·W. 科自传》（George W. Coe, *Frontier Fighter, The Autobiography of George W. Coe*），阿尔伯克基 1951 年版；转引自菲利普·德拉姆、埃弗里特·L. 琼斯：《黑人牛仔》，第 106 页。

12 人被枪击，大约有 6—7 人死亡。[①] 这一统计，只是双方直接参与枪战的伤亡人数。在五个月的冲突中，死亡的人数远远超过了这一数字。伊利医生既是外科医生又是牧师。他为林肯县敌对双方的死者主持了葬礼。伊利说，在五个月内，他为 38 人主持了葬礼，其中只有一人属正常死亡。[②]

其次，这次战争更巩固了墨菲一派在林肯县的优势地位。"林肯县战争"以墨菲派的胜利而结束。在五个月的冲突中，墨菲派一直得到"圣菲集团"和联邦军队在斯坦顿堡驻军的支持。在政治、经济和军事力量上墨菲派远远胜过滕斯托尔—麦克斯温派。在五个月的流血冲突中，滕斯托尔、麦克斯温及其武装力量的首领布鲁尔相继丧命。"五天战役"以后，这一派又发生了分裂。奇萨姆曾承诺在冲突期间给予麦克斯温派以经济支持。事后，比利指责他没有兑现诺言，愤然离去。他在领地内四处游荡，为一些牧牛场主打工，经常更换工作。奇萨姆随后不久开始指责"比利小子"偷他的牛，并为逮捕他而出赏金。然而，最终奇萨姆的权势被削弱，财富亦缩减。他在1884 年去世后，其牧场被 J.J.哈格曼和一个商业集团购买。[③] 林肯县完全被墨菲所掌控。

其三，黑人受歧视的状况并没有改变。在这场流血冲突中，黑人介入了敌对的双方。达德利上校率领黑人骑兵包围了麦克斯温的家。然而，在新墨西哥长期存在的歧视黑人状况并没有多大改变。在"林肯县战争"中，只有原属比利手下的黑人枪手华盛顿经历了流血冲突没有丧生、没有受伤、未被宣判有罪。由于华盛顿完全听命于墨菲一派，他还被总督华莱士征募进了 1879年成立的"林肯县步兵队"（Governor Wallace's Lincoln County Riflemen）。[④] 但

---

① W. 尤金·霍朗：《边疆的暴力》，第 107 页；罗伯特·G. 费里斯编：《勘探者、牛仔和移居农民》，第 145 页。

② 威廉·L.哈姆林：《比利小子真实的故事——林肯县战争的真实传说》，第 101—102页；转引自菲利普·德拉姆、埃弗里特·L.琼斯：《黑人牛仔》，第 106 页。

③ 罗伯特·G. 费里斯编：《勘探者、牛仔和移居农民》，第 220 页。

④ 华盛顿除前面提及的为墨菲派庆祝胜利在雇主麦克斯温的尸体旁不停歌唱外，还受总督之命找回比利并把他带回接受审讯。参见菲利普·德拉姆、埃弗里特·L.琼斯：《黑人牛仔》，第 107—108 页。

不是所有的黑人都像华盛顿一样幸运。在"林肯县战争"之后，他们还经常被卷入以枪解决问题的冲突中。如1883年在圣米克尔县，受雇于同一牧场的白人牛仔乔治·威瑟斯和黑人牛仔乔治·琼斯发生争执。威瑟斯蛮横地开枪将琼斯杀死。1887年，《牧场和农场》杂志（*Field and Farm*）报道：在特立尼达，某星期的一个夜晚，黑人牛仔劳森·弗雷特韦尔被一个白人军官枪杀。但其评论称弗雷特韦尔是来自印第安人国家的"坏人"，是他在赌场玩枪时"自己打死了自己"；他是"最坏的骗子"，正如他想成为要人一样，他是一个"没有成功的坏人"。[①]从这些诬蔑的言论中，不难看出当时在新墨西哥白人对黑人的种族偏见和种族歧视依然十分严重。

其四，官方对"林肯县战争"的审理明显偏袒墨菲一派。1878年秋，拉瑟福德·B.海斯总统任命卢·华莱士将军为新墨西哥总督。不久，华莱士到斯坦顿堡—林肯地区调查这次战争。总督得知，麦克斯温夫人正致力于寻找杀死她丈夫凶手的罪证。他访问了她，以便获得证据。她讲的内情既可信又是对达德利上校和墨菲的致命打击。然而，她的目击者在比利一伙人中。他们现在都躲了起来。华莱士便发出指令：如果找到比利，会保证他的安全。华盛顿按照总督的命令找回了比利。经过与华莱士两次面谈和多次信件往来，比利为了能在大陪审团前作证，同意被捕。他平静地入狱。此后，总督便忙于在1880年最畅销的小说《本·赫尔》（Ben Hur）的写作。数月过后，比利被带出监狱，作了对达德利不利的举证。麦克斯温夫人认为，达德利应对她丈夫之死负主要责任。比利有力的佐证更帮助她给达德利以致命打击。由于"比利小子"已臭名昭著，四起的谣言便成功地毁坏了麦克斯温夫人的名誉。他们的举证因是一个"杀手"和"声名狼藉"的女人提供的而不被重视。达德利上校被宣布无罪。[②]在案件审理过程中，大陪审团收到反

---

① 克利福德·P.韦斯特尔迈耶：《追踪牛仔——边疆记者们讲述他的生活及传说》（Clifford P. Westermeier, *Trailing the Cowboy, His Life and Lore as Told by Frontier Journalists*），考德威尔1955年版，第1778页；转引自菲利普·德拉姆、埃弗里特·L.琼斯：《黑人牛仔》，第108页。

② 菲利普·德拉姆、埃弗里特·L.琼斯：《黑人牛仔》，第107页。

对墨菲的二百余件诉状①，但他并没有受到任何惩处。"林肯县战争"的肇事者和主要责任人受到了新墨西哥法律的庇护。在华莱士的小说中，甚至连"林肯县战争"的灾难性后果也未提及。显而易见，新墨西哥的新任总督和司法机关在审理这一流血冲突中明显偏袒墨菲派，有失公正。

其五，"林肯县战争"结束后，那里并未实现真正的安定。虽然华莱士总督上任后自信林肯县是新墨西哥领地的"一个安定的地方"了，但此后因纠纷引起的仇杀并未完全消失。1884年墨裔美国人在该县的领导人胡安·佩特伦被杀害。他曾支持麦克斯温—滕斯托尔派被认为是遭谋杀的起因。②

最后，大量著作对"比利小子"的记述掩盖了"林肯县战争"的真相。比利愤然离开奇萨姆后，转向偷大牧牛场主的牛，不久卷入了更多的凶杀事件。"林肯县战争"审理结束后，华莱士让比利离开新墨西哥。比利回答说，这是其家乡，他要待在这里。比利离开监狱后，仍然在林肯县四处游荡。他又成了不法之徒和被通缉的逃犯。司法行政长官帕特·加勒特一直在追踪他。1881年7月14日，加勒特在萨姆纳堡的皮特·马克斯韦尔家中击毙了比利。③他被埋葬在离萨姆纳堡不远的地方。④比利之死引起了各方面的关注。在新墨西哥，很多人甚至难以相信这个年轻的，似乎不可战胜的杀手会死。他之所以留下了"杀手"的名声是基于其十足不法之徒的经历。比利之所以被称为"小子"是因为他小，死时不过20岁出头。关于比利杀人的数字，作者们提供的统计差别很大。有的著作认为，他杀死的人如果不到20个，也有17个或18个。⑤

---

① 沃伦·A.贝克：《新墨西哥——四个世纪的历史》（Warren A. Beck, *New Mexico, A History of Four Centuries*），诺曼1962年版，第165页。

② 霍华德·R.拉马尔主编：《美国西部读者百科全书》（Howard R. Lamar, ed., *Reader's Encyclopedia of American West*），纽黑文·伦敦1998年版，第642页。

③ 乔·B.弗兰茨、小朱利安·C.乔特：《美国牛仔——神话与现实》，第95页；W.尤金·霍朗：《边疆的暴力》，第189页。

④ 保罗·I.韦尔曼：《西部逃犯的王朝》（Paul I. Wellman, *A Dynasty of Western Outlaws*），纽约1961年版，第237页。

⑤ R. B.汤森德：《新手在新墨西哥》（R.B.Townshend, *The Tenderfoot in New Mexico*），伦敦1923年版，第230页。

最夸大的数字称：比利杀死了 21 人，在其一生中每年杀死一人；在林肯县冲突中，他就杀死了 8 人。有的作者认为，确切的数字为 3 人，或是 6—7 人。《美国牛仔》的两位作者不相信夸大的数字。他们对大量著作的数字进行了考订后认为，即使比利杀死的人低于 3—10 人，也高于全国凶犯杀人的平均数字。[①] 后来的著作称：比利杀人的官方记录在案的确切数字为 3 人，或不多于 3—4 人；或是谋杀了 5 人。[②] 近年出的牛仔百科全书则认为比利实际上杀了 6 人。[③]

　　"比利小子"之死使一角钱的小说、报纸和通俗杂志文章竞相描述他的逃犯生涯成风。作家们创作了两个"比利小子"的传说。第一个是"粗野的小暴徒、小丑、贼和冷血杀手"；第二个是"浪漫且多愁善感的英雄，为公正原则而战、勇敢而可爱的领导者"。第二种传说在美国占据优势。其意义是将他作为从"不法之徒"转变到"英雄"的一般典型的化身。[④]1906 年，一出从"魔鬼比利"到"圣徒比利"的戏剧开始在百老汇上演。在此后的十余年中，《比利小子》在美国全国的剧院里上演，创造了一个富有同情心的新墨西哥不法之徒的新偶像。这一过程延续到整个 20 世纪，产生了许多令人喜爱的文章、著作和电影。少数热衷于此的学者还提供了比利的很多暴力行动变得少有攻击性的直接证据，使其人物性格更具吸引力。于是，传说代替了真实。"比利小子"是"一场牧区战争的产物"。然而，在对"比利小子"的演义中，不论是把他"魔鬼化"还是"圣徒化"，都将他作为"林肯县战争"的"主角"。[⑤]"林肯县战争"今天之所以被一些美国人记住，在很大程度上是因为它作为"比利小子"的背景出现在人们面前。这就掩盖乃至扭曲了"林肯县战争"的真实性。如前所析，"林肯县战争"不是简单的个人之间的冲突，

---

　　① 乔·B. 弗兰茨、小朱利安·C. 乔特：《美国牛仔——神话与现实》，第 95 页注⑱。

　　② W. 尤金·霍朗：《边疆的暴力》，第 197 页；菲利普·德拉姆、埃弗里特·L. 琼斯：《黑人牛仔》，第 106 页。

　　③ 唐·柯斯科：《牛仔和荒野的西部》，第 28 页。

　　④ 肯特·L. 斯特克梅瑟：《历史和传说中的西部英雄》（Kent L. Steckmesser, *Western Hero in History and Legend*），诺曼 1965 年版，第 57 页。

　　⑤ 乔·B. 弗兰茨、小朱利安·C. 乔特：《美国牛仔——神话与现实》，第 94 页。

而是由深刻的经济和政治原因所酿成的。

二、约翰逊县战争

1. 多起暗杀事件

自 1869 年得克萨斯长角牛被驱赶到夏延附近始，怀俄明的牧牛业逐渐发展起来。随后建立的"怀俄明家畜饲养者协会"统治怀俄明达 20 余年，是这个领地的真正主宰。正是在这个协会的庇护和支持下，牧牛大王们仍然排斥新来的移民。其结果导致牧牛大王与新移居者的矛盾日益尖锐。

19 世纪 80 年代，除了牧羊主大量涌入怀俄明地区外，拓荒农场主也不断进入该领地。在 1888 年，小农场主每天以 13 个家庭的比例进入怀俄明。[①]这些新移民中有各种各样的人。他们之中有内战后的退伍老兵，有来自东部的农场主和欧洲的移民。此外，还有一些在牧区经历了 1886—1887 年的暴风雪灾难后丧失工作的牛仔，他们转而务农为生。特别是在 80 年代末期，由于移民移居的速度加快，怀俄明的人口有了较大幅度的增长。大牧牛场主对小农场主和小牧牛场主涌入怀俄明牧区极为不满。

长期以来，怀俄明的大牧牛场主一直把他们占用的国有土地视为私产。怀俄明的土地和西部其他州和领土一样，都属于国家的财产，是属于所有美国人民和联邦政府的。直到 1890 年，这些公地不是属于任何个人、公司和自治机关的私产。然而，许多大牧牛场主抢先进入怀俄明，占据了水源和最好的牧场。在"怀俄明家畜饲养者协会"独占牧区的 20 余年间。作为该协会会员的大牧牛场主，连年不断占有和使用公共土地。他们自认为这些土地属其所有，丰茂的草地就是其牛群的牧场，不准他人擅入和分享。少数大牧场在 1886—1887 年历史上罕见的暴风雪中生存了下来。有的牧场甚至在最艰难的岁月中还经营管理得不错。这些大牧牛场主非常关注此后大量拓荒农场主和小牧牛场主在怀俄明取得的进展。他们仇视这些新移居者像清教徒似的占据了无主的牧草地定居下来。他们责怪新来的拓荒者为什么不顾协会禁

---

① 菲利普·德拉姆、埃弗里特·L.琼斯：《黑人牛仔》，第 149—150 页。

令闯入他们独占的"牧牛王国"？在北部牧区，绝大多数的争斗和冲突都是为了夺取对联邦政府土地的控制权。① 这种冲突随着牧区新移民的增多而进一步加剧。为了阻止拓荒农场主和小牧场主进入牧区，牧牛大王们在以协会的专横高压手段实行排斥的同时，还密谋策划了多起野蛮的凶杀事件。他们施暴的名义都是诬称受害人为牧区"盗贼"。

处死詹姆斯·埃夫里尔和埃拉·沃森是第一件令人发指的暴行。1889年7月20日，这两个移民在卡本县境内斯威特沃特河边的峭壁上被以私刑处死。沃森以"牛卡特"著称。埃夫里尔被人称为"吉姆"。卡本县位于怀俄明中部以南。埃夫里尔和沃森都是以宅地移居者的身份进入该县的。吉姆在旧"博思韦尔牧场"附近开了一个出售杂货兼酒馆的小店。他还成了当地的邮政局长。28岁的沃森在距埃夫里尔的商店一英里处有一个牧场。当地的牛仔为她建了一座小木屋。此处位于罗林斯—兰德驿站交通线与"旧俄勒冈小道"（Old Oregon Trial）的相交处。尽管埃夫里尔没有一头母牛和小牛，但其小店被称为"路边牧场"。② 沃森是一个强壮、高大的女人。她为牛仔们洗熨衣服。其木屋成了牛仔们所谓的娱乐场所。沃森的宅地逐渐变成了牧牛场。在其牧场里，牧养着40—80头牛，其中大多数没有烙印标记。③ 一些著作称，沃森是一个没多大吸引力的妓女。她以在其家过夜为条件，从牛仔和偷牛贼那里获得偷来的牛。埃夫里尔被认为是她的合伙人。沃森被蔑称为"牛卡特"，她的牧场被称之为"公猪牧场"（Hog Ranch）。④ 怀俄明的几个大牧牛场主认为埃夫里尔和沃森合伙做的是一桩"很可疑"的牛生意。他们眼见在"牛卡特"牧场里牛的数量增加得很快，都认为这些牛是从大牧场偷盗的。埃夫里尔是个懦弱而胆怯的人，从未被指控有偷牛行为。法庭多次审判的民事和刑事案件中也没有提供任何沃森犯罪的证据。尽管如此，大牧牛场

---

① 唐·武斯特：《奇泽姆小道——牧牛王国的大路》，第162页。

② W. 尤金·霍朗：《边疆的暴力》，第154页。

③ 刘易斯·阿瑟顿：《牧牛大王》，第53页。

④ A. S. 默瑟：《平原盗匪，或1892年怀俄明牧场主的入侵》（A. S. Mercer, *The Banditte of the Plains or the Cattlemen's Invasion of Wyoming in 1892*），诺曼1975年第7版，第18—19页。

主们还是决定以私刑方式对他们处以绞刑。于是发生了 7 月 20 日的野蛮暴行。10 个牧场主骑马到埃夫里尔的商店，用枪指着他宣布其"罪行"，然后把他和沃森逮捕。[①] 他们被用四轮马车带到五英里以外的斯普林河峡谷区。这伙私刑暴徒用套索的一头勒在埃夫里尔的脖子上，然后把绳子扔到峭壁上一棵低矮松树的大枝上，再用绳子的另一头勒在沃森的脖子上。最后暴徒赶走装运埃夫里尔和沃森的马车，他们两人被吊在离地约两英尺的半空中。两个被害人挣扎反抗了好几分钟，直到被勒死才停止。他们的尸体并排吊在松枝上，过了两天后才被邻居们发现。邻居们砍断绳索，把他们放了下来。[②] 一个报告人描述道："他们面部肿胀，没有血色，几乎让人辨认不出来"；"从迹象看……那个男人和那个女人为了生存挣扎到了最后一刻"[③]。

这一残暴的私刑在整个怀俄明领地引起巨大震惊。三个月后，大陪审团组成，但四个目击者却失踪。一个人神秘死亡，另一个人消失于乡野，其他两人没了踪影。六个牧牛场主被捕后送往罗林斯传讯。在那里，他们每人以 5,000 美元的保释金获释。因为传唤不到证人到庭作证，一位陪审员最后只能在陪审团决议上写道："詹姆斯·埃夫里尔和埃拉·沃森死于一伙身份不明的人之手"[④]。

究竟是什么原因使这些凶狠的大牧牛场主对埃夫里尔和沃森暗下毒手呢？其一，博思韦尔想霸占他们的宅地。虽然沃森在作妓女时有的牛仔给她的牛可能是偷来的，但她不是偷牛贼。1886 年，沃森和埃夫里尔结婚。她仍保有其小牧场，并得到一块宅地。他们的宅地位于博思韦尔牧牛区的中心。[⑤] 这个大牧牛场主是"怀俄明家畜饲养者协会"的会员。他的牧场是大牧牛场主和牛仔聚集的地方。蛮横的博思韦尔一直把他的牧牛区视为其

---

① 关于参与对埃夫里尔和沃森实行绞刑的人数各书记载不尽相同。《平原盗匪》为 10 人，《牛仔文化》为 6 人。参见 A. S. 默瑟：《平原盗匪》第 19 页；戴维·达里：《牛仔文化》，第 326 页。
② W. 尤金·霍朗：《边疆的暴力》，第 155 页。
③ 劳伦斯·I. 塞德曼：《马背生涯——1866—1896 年的牛仔边疆》，第 156 页。
④ W. 尤金·霍朗：《边疆的暴力》，第 155 页。
⑤ 唐·库西斯：《牛仔和荒野的西部》，第 66 页。

独占的私产，不允许宅地移居者进入。当时人们普遍认为，几个大牧牛场主私自对埃夫里尔和沃森处以绞刑是在博思韦尔的唆使下干的。①事后，博思韦尔霸占了他们的土地，并把沃森的木屋搬到其牧场总部作了冰库。②其二，大牧牛场主们痛恨埃夫里尔。由于埃夫里尔致信多家报纸，严厉痛斥大牧牛场主是牧区的暴君和公共土地的攫取者，③他们对他有切齿之恨，故此下了毒手。

大牧牛场主的恐怖暴行激起了移民的强烈不满。特别是他们以私刑杀害妇女的卑劣行径更使人们义愤填膺。在反对大牧牛场主的斗争中，移民们变得比任何时候更加团结和坚决。牧牛大王们则以更残暴的手段对付新移居者。暴力事件屡屡发生。大牧牛场主对埃夫里尔和沃森私处绞刑是蔑视法律和草菅人命的犯罪行为，但未受到法律的惩处。这一杀人越货的先例壮了大牧牛场主的胆，鼓舞着他们继续干这种"好事"。④

大牧牛场主们决定对他们认定的敌人发动一系列大规模的杀戮。第一步是于1891年6月对托马斯·瓦戈纳实施绞刑。被害人瓦戈纳从内布拉斯加移居到怀俄明西北部的纽卡斯尔，从事养马业。他的马数量增长迅速，有近千匹马打着为其所有的烙印。牧牛场主们据此把他称为"贼"。6月4日，有三个人走进瓦戈纳的木屋，把他带走。瓦戈纳的妻子还认为他与朋友们一起外出，平静地等他回来。不料，到6月12日，人们发现瓦戈纳被人绞死在离他家约两英里的"死人谷"（Dead Man's Canyon）。他被吊在一棵三叶杨的大枝上，尸体已经开始腐烂。⑤把一个人的尸体挂在树上任鹰叼狼食是一种极端残忍的暴行。这激起了当地人们的极大愤怒。大牧牛场主们对他的怀疑和指责都不能成立。很多有声望的人都承认瓦戈纳是勇敢、热心、慷慨

① 劳伦斯·I.塞德曼：《马背生涯——1866—1896年的牛仔边疆》，第156页。
② W.尤金·霍朗：《边疆的暴力》，第156页。
③ 刘易斯·阿瑟顿：《牧牛大王》，第53页。
④ A.S.默瑟：《平原盗匪，或1892年怀俄明牧场主的入侵》，第20页。
⑤ 约翰·K.罗林森：《怀俄明——牛的足迹》，第270页；W.尤金·霍朗：《边疆的暴力》，第156页。

和守法的人。[1] 瓦戈纳遇害后留下了妻子和两个年幼的孩子。[2] 由于大牧牛场主们主宰着牧区，他们比反抗者占有绝对的优势，故没有一人因谋杀瓦戈纳的暴行被捕。

大牧牛场主们仗势继续施暴。1891 年 11 月 1 日黎明时，包括家畜饲养者代理人弗雷德·坎顿在内的四个人袭击了位于保德河边的 W. H. 霍尔的木屋。他们要暗杀住在木屋内的内森·D. 钱皮恩和罗斯·吉尔伯森。钱皮恩和吉尔伯森原先都是牛仔，后来成了宅地移居者。钱皮恩是移居怀俄明的得克萨斯人。他说话温柔，长得英俊，上唇留着势如破竹的棕色胡子。人们称他为"纳特"。为了获得牧牛装备和报酬，钱皮恩做过牛仔。1887 年的暴风雪后，这个优秀的牛仔和枪手失了业。此后，他成了宅地移居者。1892 年，"北怀俄明农场主和家畜饲养者协会"（Northern Wyoming Farmers' and Stock Growers' Association）成立。该协会是小农场主和小牧场主的组织。它成立后就宣布不再遵守"怀俄明家畜饲养者协会"的赶拢法规，实行自己的独立赶拢，由钱皮恩等两个工头领导进行。[3] 因为他成了定居移民的领头人，牧牛大王们指控他属于偷牛贼雷德·萨什帮的人。[4] 然而，钱皮恩如果像从前那样为大牧牛场主干活，他们就不指控他。因为钱皮恩没有屈从，牧牛大王们便对他暗下毒手。他们雇用被称为"管理者"的杀手，要在木屋内结束钱皮恩的生命。

被袭击者打开的木屋门正对着钱皮恩睡的床脚。他们用手枪指着钱皮恩。其中一人命令道："快投降吧！这次我们逮住你了。"同时，他立即向钱皮恩开了枪。[5] 钱皮恩从枕头下掏出左轮枪，迅速向凶手还击。袭击者仓皇夺门而逃。这是一次失败的谋杀。门上的血迹、枪、衣物和他们弃在小木屋旁的马不仅证明了一些有效射击击中了钱皮恩的事实，也留下了袭击者身份

---

① A. S. 默瑟：《平原盗匪，或 1892 年怀俄明牧场主的入侵》，第 22 页。

② 约翰·K. 罗林森：《怀俄明——牛的足迹》，第 270 页。

③ 唐·库西斯：《牛仔和荒野的西部》，第 154 页。

④ 劳伦斯·I. 塞德曼：《马背生涯——1866—1896 年的牛仔边疆》，第 157 页。

⑤ A. S. 默瑟：《平原盗匪，或 1892 年怀俄明牧场主的入侵》，第 22 页。

的物证。乔·埃里奥特被捕。他被指控试图谋杀。初审时，他交了 5,000 美元的保释金。[①] 目击者或被杀害，或逃离了该地区。司法当局未做任何进一步审理，便驳回了诉讼。谋杀钱皮恩和吉尔伯森失败后，牧牛场主们认识到破门而入的计划是最糟的下策。为保证自身安全和使行凶者不被人发现，牧牛场主们密谋了伏击偷袭的杀人计划。这一新的罪恶暗杀计划是在约翰逊县进行的。该县在夏延西北方 250 英里处。[②]

1891 年 11 月 28 日，奥利·E. 琼斯在从布法罗归家的途中遭人暗杀。布法罗是约翰逊县的唯一城镇，[③] 也是县城所在地。23 岁的琼斯前往该镇购买木料，以便在宅地上把木屋盖完后迎娶一个布法罗的女子做新娘。11 月 28 日午后，琼斯赶着两匹马拉的货车离镇回家。在行至距布法罗 15 英里的马迪河准备过河时，隐藏在桥下的杀手向琼斯枪击三次。货车翻倒在离路有一段距离的溪谷里，两匹马脱缰而去。琼斯的尸体留在马车里。杀人凶手安全逃走。约翰逊县行政司法长官 W. G. 安格斯对琼斯被谋杀毫无察觉。直到收到 J. A. 蒂斯代尔在 12 月 1 日被人枪杀的报告后，琼斯的尸体才被发现。[④]

蒂斯代尔在距"十字—H 牧场"（Cross-H Ranch）几英里远的地方过一条小河时被人谋杀。他是一个小牧牛场主，全家住在离布法罗约 60 英里的地方。为了买全家的过冬用品，他赶着马车去了布法罗。蒂斯代尔在布法罗待了数日，置办完家庭用品，访问了一些朋友。他告诉一个朋友，曾听人说："弗兰克·M. 坎顿对弗雷德·赫西讲，他（坎顿——笔者注）要好好'照顾'一下蒂斯代尔。"[⑤] 蒂斯代尔害怕在回家的路上遭到暗杀，便买了一枝双筒猎枪。11 月 30 日傍晚，他赶着马车回家，在距布法罗四英里的"十字—H 牧场"住了一夜。次日清晨，他再次赶车上路。在马车驶离牧场约三英里的地方，路边有一个 20 英尺深的干谷。杀手们埋伏在谷中，等待着蒂斯代

---

①　A. S. 默瑟：《平原盗匪，或 1892 年怀俄明牧场主的入侵》，第 22 页。

②　戴维·达里：《牛仔文化》，第 326 页。

③　劳伦斯·I. 塞德曼：《马背生涯——1866—1896 年的牛仔边疆》，第 157 页。

④　约翰·K. 罗林森：《怀俄明——牛的足迹》，第 271 页。

⑤　A. S. 默瑟：《平原盗匪，或 1892 年怀俄明牧场主的入侵》，第 24 页。

尔到来。当他那辆装着沉重货物的马车驶到离杀手25英尺处时，来复枪弹立即猛射过来。第一枪击坏了蒂斯代尔放在外衣左边的六响枪的枪把。他取过猎枪，在还没来得及开枪还击的情况下，又挨了致命的一枪。蒂斯代尔便被埋伏的杀手暗害了。为了避免马上被人发现死者，凶手将马车往下方赶出了半英里。蒂斯代尔的尸体和货车被从路上拉到不易被人看到的地方。拉车的马都被击毙。杀人凶手自信无人发现这一卑劣的犯罪行为。然而，牧区骑手查利·布施骑马从南方而来，正经过此地。他至少看到了部分杀人犯罪行为。布施飞马前往布法罗，向司法行政长官安格斯报案，指控坎顿犯罪团伙杀了人。安格斯派一名副行政司法长官带领一队武装人员前去搜寻，先后找到了蒂斯代尔和琼斯的尸体。[①] 这在当地引起了骚动不安，但执法官们没遇到什么麻烦就恢复了秩序。

坎顿受到指控后被捕，但经过两天初审就被释放了。当地的人们指责法庭受贿，并说有足够的证据把坎顿送进监狱，使他无法获得保释。几天后，坎顿和赫西离开了怀俄明。坎顿去了伊利诺伊州。此后不久，一些坎顿犯罪的新物证被发现。人们要求怀俄明州长阿莫斯·W.巴伯把坎顿弄回来重新审理，但遭到拒绝。1892年3月，坎顿又返回了夏延，加入侵犯者中。拉勒米城与布法罗属同一司法区。坎顿被带到布莱克法官的会议室，被允申诉。他被裁定交纳总额为3万美元的保释金。[②]1892年4月4日，有休伯特·E.特舍马赫等21位著名的牧场主签名为坎顿具保。[③]

上述数起大牧牛场主残杀宅地移居者和小牧场主的案件都是有史记载的。这些犯罪暴行是在"怀俄明家畜饲养者协会"衰落重组后进行的。为了霸占被害人的土地和财产，牧牛大王们杀人灭口，其手段残忍，花样翻新。他们先是对埃夫里尔、沃森和瓦戈纳私下处以绞刑，接着对钱皮恩和吉尔伯森进行破门枪杀，随后又对琼斯和蒂斯代尔施行伏击暗杀。在这些行凶杀人的犯罪案件中，证人往往突然"消失"，罪犯从未受到法律的惩处。怀俄明

---

① A.S.默瑟：《平原盗匪，或1892年怀俄明牧场主的入侵》，第24—25页。

② 约翰·K.罗林森：《怀俄明——牛的足迹》，第272页。

③ A.S.默瑟：《平原盗匪，或1892年怀俄明牧场主的入侵》，第27页。

的行政司法当局偏袒大牧牛场主，甚至总督、州长都对犯罪人网开一面。牧牛大王们之所以无法无天行凶杀人，是因为"他们把法律掌握在了自己的手中"①。

公众舆论一致反对牧牛场主的犯罪行为。全州各地的移民都认为大牧牛场主破坏了牧区的进步和发展。一大群人聚集在布法罗，愤怒声讨坎顿和一些大牧牛场主。②他们声称要袭击牧牛大王的畜群，焚烧他们的牧场。由于怀俄明群情激愤，大公司所有的每头牛似乎可能在一时之间被宰杀掉。③然而，怀俄明的法律是庇护大牧牛场主的，是不允许普通移民反抗他们的。在这种法律的压制下，在1892年春季到来之前，约翰逊县没有过激的反抗行动发生。连行政司法长官安格斯都认为移民没有超出法律范围的行动，也没依赖暴力。④

面对广大移民的强烈不满，牧牛大王们已经深感他们有许多严重的、难以克服的困难。尽管如此，这些大牧牛场主非但没有约束自己的不法行为，反而以更加残暴的手段对付移居者。牧牛大王们精心策划和发动了"约翰逊县战争"。

2.精心策划的战争

1890年怀俄明建州后，"怀俄明家畜饲养者协会"仍是该州的一个强势集团。1891年1月，州议会通过一项法令，建立怀俄明家畜委员会（Board of Livestock Commissioners of Wyoming）。该委员会由三人组成，并雇用 H. B.艾姆斯为秘书。"怀俄明家畜饲养者协会"原有的若干职责改由新成立的州政府机构"怀俄明家畜委员会"承担。从表面上看，前者的权力似乎被削了一些，但后者更多的代表了前者会员，即大牧牛场主的利益。在1891年初，大牧牛场主们就决定以恐吓手段把怀俄明州北部的小牧牛场主和偷牛贼逐出牧区。艾姆斯向家畜委员会建议，截获被认为是"偷牛贼"的人运往市

① W.尤金·霍朗：《边疆的暴力》，第157页。
② 乔·B.弗兰茨、小朱利安·C.乔特：《美国牛仔——神话与现实》，第108页。
③ 罗伯特·G.费里斯编：《勘探者、牛仔和移居垦殖农民》，第84页。
④ 劳伦斯·I.塞德曼：《马背生涯——1866—1896年的牛仔边疆》，第157页。

场的牛。其方法是让装运者到夏延提供其财产证明。如果提不出证明，那些小经营者的成千上万头牛将被没收。这样获得的很多钱就会落在委员会手中。[①] 由此可见，"怀俄明家畜专员委员会"庇护的是大牧牛场主，遏制的是小牧牛场主。

艾姆斯的计划虽然给许多无辜的人造成了很大困难，但未能完全阻止住移居者养牛和将牛装运到市场的行动。这一计划失败后，艾姆斯又采用了更多的措施，仍旧无法成功地控制州北部富饶的山谷地区。从1891年冬至1892年春，许多大牧牛场主聚集夏延。"怀俄明家畜委员会"的三个委员 J. W. 哈蒙、W. C. 欧文和查尔斯·赫克特是州的官员。他们在冬天的大部时间都待在夏延。克伦罗克的弗兰克·沃尔科特在节日过后不久也到了这个城市。怀俄明州大部分地区主要的牧牛场主和来自东部的牧牛场主也来到这个牛都。他们和长住夏延的几个大牧牛场主商讨了一个利益相关人的大名单，以便为其共同目标尽力。[②] 这些牧牛大王策划了后来入侵约翰逊县的详细计划。

在"怀俄明家畜饲养者协会"内部，有一个被称为"夏延集团"（Cheyenne ring）的核心集团掌握着该协会的实权。其成员均为怀俄明著名的大牧牛场主。"夏延集团"坚信，约翰逊县的人分为两部分：一部分是被偷盗的牧牛场主；另一部是靠偷盗经营的偷牛贼。该集团认为：有被大牧牛场主称之为"偷牛贼"的50名武装分子控制了布法罗。面对这种形势，"夏延集团"召集大牧牛场主在豪华的"夏延俱乐部"密谋对策。如何对付偷牛贼是他们争论的主要问题。"是否允许偷牛贼用从合法所有者那里偷的牛从事经营?"《纽约时报》（New York Times）的社论曰："对此问题只能有一个答案。牧牛场主们被迫面对的不是允许这种劫掠就是把法律握在自己手中"[③]。大牧牛场主们选择了后者。他们决定以恐吓手段对付小牧牛场主和小农场主，把偷牛贼从牧区扫地出门。

---

① A. S. 默瑟：《平原盗匪，或1892年怀俄明牧场主的入侵》，第29页。
② 乔·B. 弗兰茨、小朱利安·C. 乔特：《美国牛仔——神话与现实》，第108页。
③ 《纽约时报》（New York Times）1892年5月14日社论；转引自 W. 尤金·霍朗：《边疆的暴力》，第157页。

"夏延集团"拥有极大的政治权势，能完全控制"怀俄明家畜委员会"。它可以命令该委员会检查员全部没收从约翰逊县装运来的被怀疑为偷牛贼的牛。这些检查员以最大的热情把五列车的牛圈进了围栏。此外，他们擅夺一个被怀疑是"偷牛贼"的人的地产，这是促成随之而来的"约翰逊县战争"的重要诱因。因为它立即引发了在怀俄明前所未有的反抗行动。"这种行动超出了为获利进行的牧区偷盗；它是一种反叛，是回击压迫者的反抗"[1]。

在约翰逊县的斗争中，牧牛大王和移居者之间再无中立的基础。前者视后者为偷牛贼。后者反抗前者的斗争争取到了公众的支持和同情。为了镇压反抗者，大牧牛场主们于1891年1月在夏延策划了一个组织严密和有雄厚财源支持的入侵计划。

首先，牧牛大王们号召全州的牧牛场主认捐"根除基金"（Extermination Fund），作为把偷牛贼清除出北部牧区的专款。一些牧牛场主积极签名认捐。有的牧牛场主甚至说，如果有一枚硬币，他也要放入"基金"中。"夏延集团"筹得了10万美元的基金。有相当多的牧牛场主拒绝捐款和加入以蛮横逞凶为目的的派别。然而，核心集团的密谋者认为，能迫使持反对意见的牧牛场主加入到他们一边。在他们的"努力"下，前州长巴克斯特在商业区的办公室成为"入侵"的育婴箱，弗兰克·沃尔科特少校[2]和欧文成了杀人的第一和第二指挥。[3]

其次，战争策划者着力拉拢掌权者。第一个是怀俄明代理州长巴伯。他是州政府的行政长官和州民兵的总指挥。在1892年2—3月，牧牛场主和州长的联系非常密切。欧文、沃尔科特、巴克斯特、艾姆斯和哈蒙德与代理州长看起来像孪生兄弟。他们自由出入巴伯的办公室。夜晚，过路人几乎经常

---

① 哈里·S.德拉戈：《辽阔牧区的战争——草原暴行》（Harry S. Drago, *The Great Range Wars, Violence on the Grasslands*），纽约1970年版，第275页；转引自W.尤金·霍朗：《边疆的暴力》，第157页。

② 弗兰克·沃尔科特曾为陆军少校，后成为"怀俄明家畜饲养者协会"执委会委员和一个大牧场的经理。

③ A.S.默瑟：《平原盗匪，或1892年怀俄明牧场主的入侵》，第31页。

看到上述人同州长一起进入"夏延俱乐部"或到巴伯的家中密谈。州长从身体到灵魂完全被牧牛大王们俘获了。① 他后来的官方行为及拒绝制裁入侵者皆源于这一原因。怀俄明州其他官员在大牧牛场主实施谋杀行动后的举动让人们相信他们不仅知道这一计划，而且支持了它。随后，牧牛大王们又做争取参议员的工作。参议员沃伦和凯里都是怀俄明的大牧牛场主，不需要做什么工作。据说凯里还为"根除基金"捐献了 1,000 美元现金和其他有价值的东西。② 其他参议员和位居国家各部门的高官，由于听到误传和欺诈的消息，也同意大牧牛场主穷凶极恶的计划。

其三，制造舆论，争取公众同情。自 1892 年 1 月始，牧牛大王们就有组织地在州外进行舆论宣传，让公众在感情上支持其可恶的行动。《华盛顿星报》（Washington Star）在节日季节登出了一篇长文，辱骂约翰逊县的人都是偷牛贼和坏人。奥马哈、芝加哥、纽约和费城的报纸也经常刊登这样的文章，想让读者相信怀俄明的六个县被一群令人恐怖的家伙控制着，只有诉诸武力才能解决问题。在牧牛场主采取行动前的几个星期，丹佛的报纸还刊登一些故事，称普拉特以北的宅地移居者铤而走险，对可怜的大牧牛场主施行了令人毛骨悚然的暴行。③ 从这些言论中人们不难看出，怀俄明的大牧牛场主完全控制了舆论阵地。他们颠倒黑白，混淆是非，为其即将实施的入侵行动制造"合法"的舆论。

其四，积极进行入侵的军事准备。大牧牛场主将他们制定的惩罚措施称之为"牧区自卫"。为了做好入侵约翰逊县的军事准备，他们成立了一个四人委员会。该委员会由牧牛场主中的名人乔治·W.巴克斯特、R.M.艾伦、汤姆·史密斯和弗兰克·M.坎顿组成。他们负责从全州的装备和从拉塞尔堡的"友好和乐于助人"的军官那里借帐篷和其他宿营装备。尔后，委员会的成员前往丹佛。那里有一些从前的枪手、联邦军队的将军和在边疆定居的行政司法长官。这些人被征募为"国民警卫队员"，在牧牛场主们需要他

---

① A.S.默瑟：《平原盗匪，或 1892 年怀俄明牧场主的入侵》，第 32 页。
② A.S.默瑟：《平原盗匪，或 1892 年怀俄明牧场主的入侵》，第 33 页。
③ A.S.默瑟：《平原盗匪，或 1892 年怀俄明牧场主的入侵》，第 34 页。

们时，随时随地加入进来。该委员会还要同"联合太平洋铁路公司"洽谈，安排它需要的一列多节车厢的专列。① 史密斯还被派往得克萨斯，在格兰德河边界雇用 25 名著名的枪手。被征募的人将得到一笔预付的"封口费"和"旅费"。史密斯要求他们在 4 月初的某日直接到丹佛会合。被雇用的枪手每人每月可得 150 美元报酬。如果他杀死一人，还可以得 50 美元的奖赏。②

牧牛场主们在夏延也忙碌着。4 月 4—5 日，他们精选了 78 匹用谷物饲养的昂贵马，在每匹马的肩部打上字母"A"的烙印。③ 这些马将与帐篷、行李、弹药、马鞍、挽具、粮食和炸药等一同装上火车。

最后，制定详细的入侵计划。1892 年 4 月 4 日，"怀俄明家畜饲养者协会"召开了固定的年会，有 43 名会员出席，其中有 8 人是牧牛公司的代表。因为会长约翰·克莱缺席，副会长乔治·W.巴克斯特主持了这次年会。④ 前州长巴克斯特现任"西部联合牛肉公司"的总经理。年会除协会例行程序外，讨论的其他议题中有一项是批准"怀俄明家畜委员会"对被怀疑为"偷牛贼"的关注行动。哈蒙德在会上做了演讲。他强调，勇敢的开拓者现在将要被偷牛贼所淹没。哈蒙德在演讲结束时指出：往日，俄亥俄、伊利诺伊和印第安人领地的边疆人民主要是对抗印第安人；现在在怀俄明等地区却变成对偷牛者的镇压。⑤ 哈蒙德希望通过演说能争取到"怀俄明家畜饲养者协会"的更多支持。

在年会前的几个星期，协会秘书汇集了会员按协会要求提供的被怀疑是偷牛贼的人名单。经执委会逐个确定批准的被通缉者名单为 75 人。⑥ 对于 4 月 5 日开始的入侵行动，协会年会是否作出了正式决定现在无从知道。因为没正式的记录留下。然而，从会议的气氛和匆忙结束其他议题而转向确认小

---

① 约翰·K.罗林森：《怀俄明——牛的足迹》，第 273 页。
② 劳伦斯·I.塞德曼：《马背生涯——1866—1896 年的牛仔边疆》，第 157 页。
③ 戴维·达里：《牛仔文化》，第 326 页。
④ 欧内斯特·S.奥斯古德：《牧牛人时代》，第 248 页。
⑤ 欧内斯特·S.奥斯古德：《牧牛人时代》，第 249 页。
⑥ 唐·库西斯：《牛仔和荒野的西部》，第 155 页。

牧牛场主有罪来看，"怀俄明家畜饲养者协会"是负有责任的。对于这一指控，协会保持沉默。[1] 协会从来没有否认它与所发生的事件的联系。至于说到该组织所起的作用，在公众头脑中也没有任何怀疑。[2]

在"怀俄明家畜饲养者协会"的支持下，牧牛大王组成了一支入侵约翰逊县的远征队。这支远征队由被雇用的枪手和一些牧牛场主组成，由沃尔科特和巴克斯特率领[3]。

大牧场主制定了详细具体的作战计划。按计划，远征队直接前往布法罗，处死司法行政长官安格斯和他的几个副手。在那里，远征队可以得到为数众多的合作者的增援。远征队占领该镇后，杀死 20—30 个居民；然后再进攻该县的一些定居点，杀死或驱逐几百人。[4] 这样便可以清除所有的敌人。在此目的实现后，远征队将进入纳特罗纳县、康弗斯县和韦斯顿县。在那里也有很多移民和做牛贸易的人上了大牧牛场主要处死者的"黑名单"。如果远征队得手，其结果必然在怀俄明北部造成人人惊恐。数百移民为了安全，会迅速逃离怀俄明。[5]

3. 神秘的专列

"怀俄明家畜饲养者协会"的年会刚一结束，牧牛大王们就立即实施对约翰逊县的入侵计划。1892 年 4 月 5 日下午，一列载着枪手的神秘专列从丹佛驶往夏延。车厢的窗帘全都拉了下来。列车运行了一个多小时，抵达夏延车站。任何人都不允许走近这列火车。它在调车场东边停了一个小时后重又开动，经过克罗河桥后抵达牲畜围场。在那里，火车挂上装好的运马和行李的车厢。晚上六点，专列开始向夏延西北部 200 英里的卡斯帕驶去。[6] 这列火车挂有六节车厢，三节车厢装有马匹，一节行李车厢装载弹

---

① 乔·B.弗兰茨、小朱利安·E.乔特：《美国牛仔——神话与现实》，第 108 页。

② 欧内斯特·S.奥斯古德：《牧牛人时代》，第 294 页。

③ 劳伦斯·I.塞德曼：《马背生涯——1866—1896 年的牛仔边疆》，第 159 页。

④ 劳伦斯·I.塞德曼：《马背生涯——1866—1896 年的牛仔边疆》，第 159 页。

⑤ A.S.默瑟：《平原盗匪，或 1892 年怀俄明牧场主的入侵》，第 47—48 页。

⑥ A.S.默瑟：《平原盗匪，或 1892 年怀俄明牧场主的入侵》，第 49 页。

药、炸药、粮食和一箱温切斯特来复枪等。一节平板车上载有三辆史蒂倍克货车、马具和宿营装备等。[①] 在坐席车厢，有 22 名被雇的枪手。除一名枪手来自爱达荷外，其余人都来自得克萨斯。19 个牧牛场主、五个家畜侦探、六名观察员，包括两名报纸记者和一名外科医生也都在夏延上了这节神秘的车厢。远征队共有 46 名武装人员。[②] 弗雷德·坎顿也在这节车厢里。他带有一份应"处死者"的"黑名单"。安格斯司法行政长官列在第一名，纳特·钱皮恩也在其中，还包括其他 60 余人。[③]

火车到达卡斯帕前，在费特曼堡的牲畜围栏停了一次。参议员凯里的牧场总经理埃德·戴维把两匹装饰得很好的备鞍马、毛毯和枪支等物品带到列车前。原先，他曾允诺参加远征队的入侵。戴维经过认真考虑决定不参加了，其托词是作为凯里的工头，如果参加会使入侵与美国参议员联系在一起，那将会影响凯里的政治前程。远征队指挥经过研究同意他的要求，让他把马和装备交给雇来剪断电话线的人。后者骑着戴维的马，去剪断了电话线。[④]

4 月 6 日凌晨的四点钟，专列静悄悄地停靠在卡斯帕牲畜围栏的一个停车站。远征队下了火车。运货车、马匹和其他装备也被卸了下来。各种装备被装上了马车。又有几个牧牛场主在这里加入了远征队。骑手们都跃上了马。在这个车站东边，是一个有 600 名居民的城镇。为了不被当地居民发觉，武装小队尽可能地静悄悄避开城镇，随着早已等候在此地的向导，穿越开阔的草原，向北方的布法罗进发。行至卡斯帕以北六英里处，这些人停了下来，点燃篝火准备早饭。直到他的货车驶进这个临时营地，一直都很正常。一辆货车到来的噪音使牧牛场主和枪手的几匹坐骑受惊吓逃跑了。几个人去追惊逃的马。很快，天又下起了雪。远征队整装继续前进，准备前往卡

---

①　劳伦斯·I.塞德曼：《马背生涯——1866—1896 年的牛仔边疆》，第 159 页；乔·B.弗兰茨、小朱利安·E.乔特：《美国牛仔——神话与现实》，第 108 页。

②　霍华德·R.拉马尔主编：《西部读者百科全书》，第 602 页。

③　劳伦斯·I.塞德曼：《马背生涯——1866—1896 年的牛仔边疆》，第 159 页。

④　A.S.默瑟：《平原盗匪，或 1892 年怀俄明牧场主的入侵》，第 50 页。

斯帕以北 65 英里的一个"友好的"牧场里过夜。①

沃尔科特率领远征队前往"约翰·N.蒂斯代尔牧场"过夜。在远征队抵达牧场前，巴克斯特的工头麦克·肖恩西前来报告说，纳特·钱皮恩和另一个移民尼克·雷正在保德河北支流边的"KC 牧场"（KC Ranch）过冬。远征队在"蒂斯代尔牧场"过了一夜。次日，领导者决定改变原先行进的路线，先迅速到"KC 牧场"，清除钱皮恩和雷，然后再向布法罗进发，以免他们逃脱。牧牛大王们特别憎恨钱皮恩。这不仅因为上次对他暗杀失手后惹了许多司法纠纷，而更主要的是钱皮恩是小牧场主和小农场主对抗"怀俄明家畜饲养者协会"的领头人。为了躲避检查员在各火车站的检查，"北怀俄明农场主和家畜饲养者协会"决定避开大牧牛企业和与其相联系的铁路，不再用火车装运牛群，代之以把牛驱赶到东部出售。钱皮恩是长途赶牛的领头人。② 对钱皮恩有切齿之恨的牧牛大王们决定先除掉他。坏天气使远征队的整个行程很不顺利，他们抵达"KC 牧场"时比"要求"的时间晚得多。牧牛大王们原计划在 4 月 9 日天亮前赶到"KC 牧场"，随即用炸药炸掉木屋，炸死睡在木屋里的所有人。然而，远征队赶到时，天已经亮了。③ 武装分子只能在牧场设下埋伏。一些人隐藏在河岸后，或隐匿在小河对面的峡谷中；其他人躲进畜栏和畜棚里。他们把半个牧场包围了起来。告密者肖恩西发现有一辆货车停在离木屋很近的地方。这暗示在 8 日夜晚之前必定有新来的人进了木屋。武装人员都被安置在安全有利的地方。④

4."KC 牧场"的激战

在东方出现第一缕微弱的光亮时，有一位老人手提水桶走出了木屋。他是捕兽者比尔·琼斯。琼斯与合伙人威廉·沃克在前去出售皮货的途中在"KC 牧场"过夜。这两个无辜的人随后便成了受害者。在攻击发生时，钱皮恩、雷和两位借宿者正在吃饭。先吃完的琼斯在到附近的小河边打水时被

---

① 戴维·达里：《牛仔文化》，第 327—328 页。

② 罗伯特·V.海因：《美国西部——一部解释性的历史》，第 308 页。

③ A.S.默瑟：《平原盗匪，或 1892 年怀俄明牧场主的入侵》，第 53 页。

④ 约翰·K.罗林森：《怀俄明——牛的足迹》，第 274 页。

武装分子逮捕。沃克见他没有回来，便去找他，也被捕了。木屋里只剩下钱皮恩和雷两个上了"黑名单"的人。"KC 牧场"其他的人在袭击者到来之前都离去了。① 这与牧牛大王们的预先估计相去甚远。

雷见两个捕兽者都没回来，想到外面看看究竟发生了什么事。钱皮恩告诉雷，有人藏在马棚里扣住了琼斯和沃克。雷迈出木屋门，刚走了几步，就被枪弹击中，倒在了地上。钱皮恩握着枪，冲到门口，向围攻者开枪还击。围攻者猛烈的射击始终直接对着他。钱皮恩紧靠门边，细细地观察着。透过窗户，他能看到雷正在缓慢地向门口爬着。在雷爬到台阶时，钱皮恩向马棚和小河发射连击。此时，围攻者高喊着，飞一般地向他包围过来。他跨出门外，把雷拖进了木屋。坎顿和沃尔科特担心延误时间，影响对布法罗的进攻。他们命令枪手们不停地向木屋开火。伴随着射击，围攻者整个包围了木屋。钱皮恩射出的子弹打不着围攻者。他们却能从马棚、小河和木屋后面向他射击。雷伤得很重，大约九点钟他死了。到中午，在马棚的一些入侵者扔出一条套索套住了木屋的门，将门向外拉开。他们想引钱皮恩从木屋内出来。钱皮恩则希望围攻者从马棚里走出来，以便向他们射击。直到午后，双方的射击才停了下来。②

下午 3 点左右，有一个男孩赶着一辆货车从"KC 牧场"边的路上经过。一个男子骑马跟在车后。骑马的男人是布莱克·J. 弗拉格。赶车的 17 岁男孩是他的继子。弗拉格从前也是个牛仔，后来像钱皮恩一样成了移民的领头人。他也被列在应"处死者"的名单上。弗拉格的牧场在"KC 牧场"上游18 英里处。4 月 9 日上午，他与继子经此处前往道格拉斯。弗拉格看到一些武装分子包围了木屋，明白发生了什么事情。他立即鞭抽马背赶到马车前，把车上的水放掉，让男孩骑上另一匹马。他们便驱马向荒野飞奔而去。畜棚里跳出七八个人从不同方向围追堵截。其他入侵者也以密集的火力向他们父子扫射，但他们经过在乡野的狂奔，最终逃离出险境。③ 沃尔科特和坎

---

① 戴维·达里：《牛仔文化》，第 328 页。
② 劳伦斯·I. 塞德曼：《马背生涯——1866—1896 年的牛仔边疆》，第 160—161 页。
③ A. S. 默瑟：《平原盗匪，或 1892 年怀俄明牧场主的入侵》，第 56 页。

顿都很清楚，弗拉格的逃脱对他们十分不利。他会向四周的移居者发出警报，使全体移民武装起来对付远征队。时间对入侵者来说极为紧迫。他们不愿再与钱皮恩僵持下去，决定点火烧毁木屋。入侵者用弗拉格的货车装满干草和油松枝，将它推到木屋的窗口。大约在下午四点，入侵者点燃了柴草车。[①]

钱皮恩利用任何可能的机会向敌人还击，并趁间歇在一个小本子上记下了当日的突发事件。他在日记的最后一段写道：

"好家伙！他们正把子弹像冰雹般地射向屋内。我听到他们劈木头的声音了。我想，他们今夜要火烧木屋。如果在夜晚到来时我还活着，我就能冲出去。射击又开始了。我想这是他们要烧屋子了，而不是等到夜晚。屋子全着火了"[②]。

钱皮恩见木屋外烈焰熊熊。他在小本子上写下了最后一句话："如果我再也见不到你们了，那么，再见，朋友们"[③]。写完这句话，他签下了"内森·D.钱皮恩"。钱皮恩把小本子装在衬衣口袋里，把他的来复枪握在手里，跳出窗户，朝着前面靠近的一个深谷中射击。

随后发生的事情是由《芝加哥先驱报》（Chicago Herald）的记者萨姆·T.克洛弗描述的。他是随同远征队的"战地记者"之一。

小屋顶最先着火。火势迅速向下蔓延，直到北墙成了一片火焰。燃烧的马车上，有大量烟雾从敞开的窗户灌进屋内。这座木屋立即扑扑喷烟，从泥灰裂缝里冲到外面。一个隐匿的枪手说："没有一个人在这巢穴中待一分钟而能活下来。"几乎是在讲这话的同时，突然有人喊了一声："他跑了。"只见一个人脚上穿着长袜，双手端着温切斯特枪，左轮枪挂在腰带上。他出现在冒出大量黑烟的屋后门，飞快穿过环绕小屋的开阔地，奔向屋子南面50码的深谷。这个可怜鬼跳进了两名装备了最好武器的射手所控制的空地上。钱皮恩发现他们时已经晚了。恰在此时，一颗子弹击中他握来复枪的手臂，

① 约翰·K.罗林森：《怀俄明——牛的足迹》，第276页。
② A.S.默瑟：《平原盗匪，或1892年怀俄明牧场主的入侵》，第61页。
③ A.S.默瑟：《平原盗匪，或1892年怀俄明牧场主的入侵》，第61页。

枪从他无力的手中掉下来。在他能抽出左轮手枪前，第二颗子弹击中了他的胸部，第三、第四颗子弹射入他的心脏。纳特·钱皮恩，这个"偷牛贼的王"和约翰逊县最勇敢的人死了。①

上述文字是克洛弗描述钱皮恩之死的概要。

入侵的武装分子长时间地站在钱皮恩弹痕累累的尸体周围，用敬畏和钦佩的复杂目光注视他。钱皮恩的枪被杀害他的武装分子拿走了。在搜查他的尸体时，他们发现了口袋里的那个小本。它已被钱皮恩的鲜血浸透了，上面还有一个子弹孔。小本内有他用铅笔写的 4 月 9 日一天的事变日记。②围住他的武装分子传看着带血的日记，随后把小本扔到了他的尸体上。克洛弗把小本捡起来，放进自己的口袋里。后来，钱皮恩在被害前的全部日记被登在了《芝加哥先驱报》的前几页上。雷烧焦的尸体被入侵者从冒烟的木屋残体中拖了出来，放在钱皮恩的尸体旁。武装分子残忍地在钱皮恩胸前订上了"谨防偷牛贼"的标记。他们两人的名字被从应"处死者"的"黑名单"上删去。③

钱皮恩是一个真正的英雄。在最终挫败牧牛大王发动的约翰逊县战争中，他至少有两个了不起的惊人之举。第一，钱皮恩的英勇战斗使约翰逊县居民对牧牛大王发动的战争警觉起来。他同由 50 名牧牛场主和枪手组成的入侵者激战了一天，把他们拖了整整 12 个小时。④"KC 牧场"惨烈的战斗延误了牧牛大王进攻布法罗的时间，也迫使他们改变了战争计划。第二，钱皮恩留下的"战地日记"有利于揭露牧牛大王发动战争的罪行。他留下的血染日记在报端披露后，牧牛大王的凶狠残暴跃然纸上。这使人们对他们入侵"KC 牧场"的真相有了进一步了解。

5. 决战"TA 牧场"

入侵者杀死钱皮恩后，在"KC 牧场"的废墟上吃了一顿丰盛的晚餐。

---

① 劳伦斯·I.塞德曼：《马背生涯——1866—1896 年的牛仔边疆》，第 163—164 页。
② A.S.默瑟：《平原盗匪，或 1892 年怀俄明牧场主的入侵》，第 60 页。
③ 劳伦斯·I.塞德曼：《马背生涯——1866—1896 年的牛仔边疆》，第 164 页。
④ W.尤金·霍朗：《边疆的暴力》，第 157 页。

紧接着，沃尔科特率领远征队向布法罗进发。他们要在次日天亮前抵达那里，处死安格斯和其他列入"黑名单"的人。然而，弗拉格的逃离和"KC牧场"激烈的枪战使周围地区和布法罗的人民警觉起来。

托伦斯·史密斯的牧场位于"KC牧场"以北四英里处。听到枪声后，他骑马向南去查看发生了什么事情。在确信入侵者违法之后，史密斯飞马前往布法罗报信，并警告着沿途的其他牧牛场主。史密斯在晚上七点半左右到了布法罗。安格斯司法行政长官首先得知有袭击枪手侵入的消息。他请求"国民警卫队"驻当地连队的帮助，遭到指挥官的拒绝。安格斯试图组成一支维护地方治安的武装队伍，但只找到了六匹备鞍马。他只好带着六个人前往"KC牧场"。等他们抵达时，牧牛场主的远征队已经离去。安格斯等只找到了钱皮恩和雷的尸体。①

4月10日（星期日）上午，在安格斯一行还在"KC牧场"时，弗拉格及随行者抵达了布法罗。他向镇民报告了牧牛大王血洗"KC牧场"后前往"TA牧场"（TA Ranch）的消息。②该镇商人的领导者罗伯特·富特得知消息后，骑马飞奔往返在条条街道上。他像西部的保罗·里维尔，③号召人民武装起来：

"怀俄明遭到了入侵！一个暗杀者的武装队伍正进入我们地区，用枪弹和火毁灭我们人民的生命和财产。这一相同的杀人匪帮正走在我们的乡间……去杀害我们的居民和毁坏我们的财产。作为男子汉和热爱你们的家庭、妻子和孩子的市民们，拿起你们的武器，为保卫你们所热爱的一切，到抗击正在临近的敌人的前线来。如果你们没有武器，到我的商店来，免费拿走一切东西"。④

富特打开他的商店，把武器和其他装备给所有以行动保卫约翰逊县

---

① 戴维·达里：《牛仔文化》，第329页。

② "TA牧场"的主人是哈里斯博士。该牧场位于克齐伍曼河边，在布法罗以南约13—14英里。

③ 保罗·里维尔是美国独立战争时期飞马报警的英雄。

④ 劳伦斯·I.塞德曼：《马背生涯——1866—1896年的牛仔边疆》，第164—165页。

的人。① 他免费向武器民众提供了枪支、弹药、毛毯、棉衣、雨衣、面粉、烟草、罐装食品乃至价值数千美元的其他装备。② 当晚八点半，A. S. 布朗率领 49 人组成的保卫者队伍，悄悄离开布法罗，向南骑行而去。这支队伍在午夜前后到达"TA 牧场"。保卫者以安全的距离在建筑物周围布置了岗哨，等待着天亮。③ 先进入"TA 牧场"的牧牛大王的远征队已经被包围了。

沃尔科特率领的远征队在往布法罗行进的途中，获知通往那里的道路已被封锁。于是，入侵者调头向"TA 牧场"飞驰。"KC 牧场"离布法罗 60 英里。到 4 月 10 日两点，入侵者已经骑行了 38 英里的路程，抵达"28 牧场"（28 Ranch）。此地离布法罗还有 22 英里。入侵者在这里喝了咖啡，休息了两个小时。在四点，他们又起程上路，行进在通往布法罗的路上。一个骑马人给沃尔科特带来消息，说布法罗有 200 余人的地方武装强烈反对"管理者"的侵入；昨晚暗杀安格斯等人的计划失败，因为他带一些地方武装人员去了"KC 牧场"。这一情况迫使牧牛大王们改变战略，远征队调头向"TA 牧场"进发。该牧场设立了坚不可摧的防御工事。当日下午，远征队抵达了"TA 牧场"，所有的人都在加固这一据点。如果里面有充足的供应品，该据点能承受任何枪击和围攻。然而，实际情况使他们不能乐观。因为运往该牧场的供应品有三辆马车被所谓的"偷牛贼"截走了。远征队唯一能依赖的是向牧场牛仔出售物品的小店。④ 牧牛大王和枪手们万万没有想到，夜晚他们就被从布法罗赶来的第一批当地武装人员包围了。

安格斯司法行政长官用 14 个小时往返 120 英里，从"KC 牧场"返回了布法罗。他带回了钱皮恩被杀害和雷遭焚尸的消息。这更激起了布法罗居民的愤怒。4 月 11 日黎明，300—400 名约翰逊县人武装起来。他们之中有小牧牛场主、牛仔、宅地移居者和镇民。愤怒的人群如潮水般地涌向"TA 牧场"，把它包围起来。这天夜晚，他们都在远征队占据的堡垒周围挖壕沟和

---

① 约翰·K.罗林森：《怀俄明——牛的足迹》，第 278 页。
② A. S.默瑟：《平原盗匪，或 1892 年怀俄明牧场主的入侵》，第 86 页。
③ 戴维·达里：《牛仔文化》，第 329 页。
④ A. S.默瑟：《平原盗匪，或 1892 年怀俄明牧场主的入侵》，第 65—66 页。

筑掩护墙。次日，从谢里登县和约翰逊县的偏远地区又来了一些人，加入到保卫家园的武装行列中。[①] 约翰逊县没有大炮。麦金尼堡指挥官拒绝把大炮借给约翰逊县的武装群众。因为用火力弱的轻武器无法攻破牧牛大王的坚固堡垒，又担心受到州政府的干预，布朗和 E. C. 斯奈德决定建一座能往"TA 牧场"的堡垒投掷炸药的移动掩体。这个可以移动的掩体，用被缴获的两辆为远征队送供应品的马车制成。

他们把两辆马车并排在一起，两车之间相隔几英尺，用圆木框架把它们紧紧地连在一起。马车后部作为掩体的前边对着堡垒，由两排八英寸厚木头构成，用电线把它们绑紧。这样构成的掩体高六英尺，内有五个射击孔。五个人可以慢慢地推动它，15 个人推就很轻便。在这个移动掩体里，能保护 40 个战士。移动掩体可以推进到能向牧牛大王的堡垒——"白帽子"（White cap）投掷大量炸药的地方，也能推到射手 100 码的有效射程处。一个随行记者称它为"油井爆破器"（Go-Devil）或"安全方舟"（Ark of Safety）。[②]

从 4 月 11 日清晨，被包围的牧牛大王和枪手就向 400 码远的山上开火，向武装群众射击。"TA 牧场"的决从打响第一枪，到远征队缴械投降，堡垒内的射击一直没有停止。两天的交火，双方都没有人员伤亡。4 月 12 日晚，武装群众把散兵壕向被远征队占据的堡垒掘进了 300 码。"油井爆破器"做好了攻击的准备。次日晨，第一颗扔向敌人营垒的炸弹会迫使一些人从堡垒里出来。散兵壕里的射击高手就将能击毙他们。[③] 如果政府军再迟到两小时，那么"白帽子"里的人都会丧命。[④]

战斗进行了两天，被包围的牧牛大王们已几近弹尽粮绝。尽管远征队刚到约翰逊县地区就剪断了从布法罗向南的电话线，但他们进入"TA 牧场"后就把线路修复了。牧牛大王们给在夏延的代理州长巴伯发了电报，讲述他们的困难处境和事态的发展，请求州长营救。巴伯立即给总统本杰明·哈里

---

① A. S. 默瑟：《平原盗匪，或 1892 年怀俄明牧场主的入侵》，第 68 页。

② A. S. 默瑟：《平原盗匪，或 1892 年怀俄明牧场主的入侵》，第 69 页。

③ A. S. 默瑟：《平原盗匪，或 1892 年怀俄明牧场主的入侵》，第 69 页。

④ A. S. 默瑟：《平原盗匪，或 1892 年怀俄明牧场主的入侵》，第 71 页。

森打电报，请求帮助。在给华盛顿发了电报后，代理州长也致电被围困的牧牛场主，说他已催促总统派联邦军来解救他们。哈里森总统从离布法罗25英里的麦金尼堡派美国第六黑人骑兵团的C、D、E三个连，由团长J.J.范·霍恩上校率领，前去解救被围困的远征队。[①] 正当布法罗的武装群众利用"安全方舟"对"白帽子"实施爆炸、试图结束围攻时，联邦军第六团的骑兵赶到了"TA牧场"。

4月13日，日出后不久，霍恩上校率领的骑兵在安格斯陪同下向堡垒前进。骑兵队"举着停战大旗向防御工事走去"。沃尔科特少校指挥的远征队从堡垒中涌出来。他们拒绝向安格斯行政司法长官缴械，却向范·霍恩上校投降了。军队俘获45人、46匹马，缴获45支来复枪、50把左轮枪和5,000发子弹。[②] 他们的食品只剩了一个玉米面包和一头小牛的后腿。[③] 两小时后，做了俘虏的牧牛大王和枪手被带往麦金尼堡。围攻入侵者的武装民众平静地散去。许多人直接回了家，另外一些人骑马去了布法罗。牧牛大王们发动的"约翰逊县战争"结束了。然而，当地的所有民众都坚持在这一事件结束后，应把罪犯交给约翰逊县司法当局进行审判。

6. 战争结局

"约翰逊县战争"以发动者的失败而结束。怀俄明的牧牛大王精心策划了这次战争。为此，他们投入了大量财力、物力和人力，甚至不惜重金雇用"枪手"实施对约翰逊县的入侵。为了这次战争，大牧场主们耗费了10.5万美元。[④] 在经济不景气的90年代初，这笔"战争基金"绝非是个小数目。"怀俄明家畜饲养者协会"让每个牧牛场主认捐1,000美元。按其筹得基金的总数来看，至少有百名牧场主捐了款，但捐款者的名单从未公布。[⑤] 牧牛大王

---

① 戴维·达里：《牛仔文化》，第392页；劳伦斯·I.塞德曼：《马背生涯——1866—1896年的牛仔边疆》，第166页。

② W.尤金·霍朗：《边疆的暴力》，第160页。

③ 戴维·达里：《牛仔文化》，第330页。

④ 罗伯特·G.阿塞恩：《高原帝国——高平原和落基山区》，第145页。

⑤ 戴维·达里：《牛仔文化》，第330页。

们组织的 50 名远征队员计划到布法罗处死以安格斯为首的敌对者，但他们并未如愿抵达目的地就在"TA 牧场"当了俘虏。大牧场主企图处死 75 名与他们作对的人，但只有钱皮恩和雷两人成了殉难者。发动战争的牧牛大王不仅劳民伤财，而且使他们威信扫地。"约翰逊县战争"的结局明显地警告大牧牛场主不能靠战争解决牧区纠纷，也表明他们独霸牧区的时代已经结束。

发动战争的牧牛大王及其雇用的枪手没有受到任何法律的惩处就被释放了。缴械投降的大牧牛场主和枪手在麦金尼堡待了不到一个星期，后来他们被送到了拉塞尔堡。4 月 18 日晨，三个骑兵连遵照陆军部的命令和巴伯州长的请求，冒着暴风雪把被俘人员从麦金尼堡护送到费特曼堡。在费特曼堡，这些罪犯被移交给拉塞尔堡派来迎接的特遣队。尔后，他们在接管士兵的监护下，乘专列抵达离夏延四英里的拉塞尔堡。① 这些入侵约翰逊县的武装分子在军营里待了 60 多天，他们不但没有受到监控，而且受到了军方的保护。军方对他们管得很松。犯罪的牧牛大王可以住在自己的家或朋友家里。受雇的得克萨斯枪手，经常在夜晚出入夏延，使西部地区处于混乱状态。入侵者的指挥沃尔科特获得假释。他为了向曼德森参议员和其他有影响的人物请教使同伙获释的途径，安排了一次奥马哈和芝加哥之行。这伙武装暴徒的另一个领导人约翰·N.蒂斯代尔及其他一些成员，获假释后还去丹佛参加了"共济会秘密会议"（Masonic Conclave）。② 可见，在军方的庇护下，这些谋杀罪犯过得是多么惬意。直到 8 月 7 日，入侵者才在夏延地方法院受审，由斯科特法官审理。到第三天，约翰逊县行政司法长官 A. D.凯利向法庭提出，该县没有能力支付对 40 余人旷日持久的审讯费 1.8 万美元。③ 根据这一情况，斯科特法官在 8 月 10 日决定同意入侵者每人交 2 万美元的保释金具结获释。④ 被雇用的枪手被允许返回得克萨斯。被释放的牧牛场主可以随意到处活动、携带武器和光顾当地的

---

① 约翰·K.罗林森：《怀俄明——牛的足迹》，第 279 页。

② A. S.默瑟：《平原盗匪，或 1892 年怀俄明牧场主的入侵》，第 92—93 页。

③ 霍华德·R.拉马尔主编：《美国西部读者百科全书》，第 603 页。

④ A. S.默瑟：《平原盗匪，或 1892 年怀俄明牧场主的入侵》，第 128 页。

酒吧。① 琼斯和沃克是亲眼目睹钱皮恩和雷被谋杀的唯一证人。入侵者在烧毁"KC牧场"的木屋后就把他们放走了，但警告他们"要想活得长点、活得快活点就得闭嘴"②。琼斯和沃克在怀俄明对入侵者极为不利。联邦法院的执行官下令逮捕他们，罪名是向印第安人出售威士忌。两个捕兽者在怀俄明的道格拉斯被神秘的人迅速带走，到达内布拉加的沙德伦后被捕，随后被送到了奥马哈。③ 从此，这两个目击者再也不见踪影了。④ 由于目击者的突然消失，法庭在1893年1月21日宣布，所有与"入侵"相关的人获释，恢复自由。⑤ 发动"约翰逊县战争"的牧牛大王们逃脱了法律起诉，杀害钱皮恩和雷的凶手免于法律惩罚。这样的审判实际上成了一场闹剧。在整个案件的审理过程中，没有传一个证人到庭，也没有问23名罪犯一个问题，就宣布无罪释放。⑥ 这就是联邦政府和怀俄明州政府干预下的司法公正。

　　"约翰逊县战争"进一步加深了怀俄明的社会矛盾。在这次武装入侵之前，怀俄明就存在大牧牛场主和小牧牛场主、小农场主的尖锐矛盾。牧牛大王发动的这场战争使该州的社会矛盾进一步加深。由于受到联邦政府、军队和州政府的庇护，做了俘虏的大牧牛场主依然十分猖狂。武装入侵者的指挥沃尔科特借假释在夏延与大牧牛场主们频频接触。他们声称很快就能走出"目前的困境"，然后再用武力将"恶棍"驱逐出去。诸如《太阳报》（Sun）和《论坛报》（Tribune）等夏延的共和党报纸，都极力为这种言论欢呼。⑦ 为了破坏法律审判，牧牛大王逮捕沃克和琼斯，使其犯罪的目击者永远在怀

---

　　① W. 尤金·霍朗：《边疆的暴力》，第160页。

　　② A. S. 默瑟：《平原盗匪，或1892年怀俄明牧场主的入侵》，第95页。

　　③ A. S. 默瑟：《平原盗匪，或1892年怀俄明牧场主的入侵》，第102页。

　　④ 琼斯和沃克被要求如果"简单地消失"，他们便可以得到现金补偿。此后，两人总被一种复杂氛围所掌控。霍朗在其著作中称他们被贿赂。后来，琼斯老死。沃克在新英格兰被拘押了很长时期，直到1942年他还活着，住在科罗拉多的莱昂斯附近。参见W. 尤金·霍朗：《边疆的暴力》，第160页；约翰·K. 罗林森：《怀俄明——牛的足迹》，第282页。

　　⑤ 约翰·K. 罗林森：《怀俄明——牛的足迹》，第280页。

　　⑥ W. 尤金·霍朗：《边疆的暴力》，第160—161页。

　　⑦ A. S. 默瑟：《平原盗匪，或1892年怀俄明牧场主的入侵》，第93页。

俄明消失。牧牛大王对于谴责其野蛮入侵的舆论实行封杀。E.H.金博尔上校在道格拉斯编辑的报纸因刊登入侵者的姓名及其罪行而引起牧牛大王的憎恨。包括乔治·W.巴克斯特在内的12名大牧牛场主指控金博尔犯有诽谤罪。金博尔遭到了绑架并被带到夏延拘押了30天。他的报纸因此暂停发行。大牧牛场主这样做的目的就是要击败金博尔，消除其报纸的影响。《夏延每日导报》因谴责暗杀行动而受到刁难和破坏。巴克斯特拥有该报的一部分股权。他派了一个破产管理人掌握报纸的各个专栏，拒绝刊登入侵的真相。[①]1892年5月10日，乔治·A.韦尔曼在约翰逊县被谋杀。他死于入侵者之手。牧牛大王们以此继续给约翰逊县的移民们罗织罪名。[②]入侵者被假释期间，内森·钱皮恩的一个兄弟从西部乘火车到夏延，想看一看是谁杀死了他的兄弟。他发现有半数入侵者在囚禁他们的"基夫厅"（Keefe hall）里作乐。有两三个人认识被害的钱皮恩。当他们看见他兄弟走近时，以为遇到了被害人的鬼魂。他们连忙叫一个官员把他带出了该厅。钱皮恩的兄弟出现在夏延引起了被监禁的牧牛大王的警觉。在他到"基夫厅"的次日傍晚，有一辆马车为这些"囚犯"送来了40把左轮枪，以防止"偷牛贼"及其同伙对他们的袭击。[③]入侵者获释几个星期后，[④]内森的一个兄弟达德利·钱皮恩在拉斯克西北20英里处被入侵者迈克·肖恩西杀害。达德利是沿着赶牛小道前来找工作的，没有带枪。肖恩西举枪将达德利打死后和另外一个家伙到拉斯克自首，谎称他开枪是为了自卫。这使他免罪获释。次日，肖恩西在巴克斯特的帮助下，从夏延登上火车南下而去。[⑤]毫无疑问，入侵者杀死达德利的动机就是怕他为内森报仇。对谋杀者来说，一个活着的钱皮恩就是对他们的一种持久的威胁。因此，他不能让钱皮恩的兄弟活着。入侵者在"约翰逊县战争"后犯下的种种罪行证明他们毫无悔改之意。其嚣张的气焰更激起当地民众的

---

① A.S.默瑟：《平原盗匪，或1892年怀俄明牧场主的入侵》，第120—121页。

② A.S.默瑟：《平原盗匪，或1892年怀俄明牧场主的入侵》，第140页。

③ A.S.默瑟：《平原盗匪，或1892年怀俄明牧场主的入侵》，第131页。

④ 1892年8月10日后。

⑤ A.S.默瑟：《平原盗匪，或1892年怀俄明牧场主的入侵》，第140页。

愤怒。

面对牧牛大王们的种种暴行，怀俄明的小牧场主、小农场主和城镇居民表现出了一种不畏强暴、奋力抗争的精神。入侵者火烧"KC牧场"的消息传到布法罗后，愤怒的居民立即行动起来。在一小时之内，百余名勇敢的人武装起来，他们决心用生命保卫自己的家园。巡逻队骑马巡查城镇的各个入口。教堂和校舍成了军营。有专人维持城内的纪律和秩序。妇女也自愿参加保卫家园的战斗。[1] 商人富特的慷慨义举极大地鼓舞了布法罗及其周围地区民众保卫家园的决心。在入侵者具保被释放后，怀俄明群情激愤，新闻界猛烈谴责了审判的不公，发表了许多辛辣的评论。[2] 在法庭上演入侵者无罪释放的闹剧时，怀俄明人民极为愤懑。他们对这一案件的全部审理过程早就变得不耐烦了。然而，大牧牛场主想借入侵恢复独霸牧区的目的未能达到，他们也没能驱逐小牧场主、小农场主和新移居者。"约翰逊县战争"使敌对双方的矛盾进一步加深，怀俄明的社会分野更加明显。从这个角度看，"约翰逊县战争"的意义在于它是区分牧牛大王统治之下"旧西部"（Old West）与宅地移居者开拓之"新西部"（New West）的"分界线"（Dividing Line）。[3]

"约翰逊县战争"的代价是巨大的。很多牧牛场主像许多占地自耕农一样离开了牧区。偷牛贼仍然偷牛，农村的肉市照旧出售牛肉，但连一张牛皮也找不到。在随之而来的经济危机的岁月里，虽然"怀俄明家畜饲养者协会"还能对牧牛业进行统一管理，但牧牛大王聚首的"夏延俱乐部"却变得阴暗而沉寂。那里的可口美食和名酒已不再具有吸引力。曾在那里多年的招待员也转向了其他更赚钱的行业。[4] 从90年代初，牧业已不是怀俄明唯一的产业。在1891年，约翰逊县的财产总值为178.907569万美元；牧场主所有牛马的

① A. S. 默瑟：《平原盗匪，或1892年怀俄明牧场主的入侵》，第85—86页。

② A. S. 默瑟：《平原盗匪，或1892年怀俄明牧场主的入侵》，第129页。

③ D. F. 巴伯夫人在其著作《最长的套索》（Mrs. D. F. Baber, *The Longest Rope*）中所持的观点，参见W. 尤金·霍朗：《边疆的暴力》，第162页。

④ 约翰·K. 罗林森：《怀俄明——牛的足迹》，第282页。

价值为 31.8125 万美元，其税收为 3,817.5 美元。这表明牧场主的财产不足该县财产总数的 1/5。[①] 牧牛大王们独霸牧区的时代已经一去不复返了。

"约翰逊县战争"对怀俄明乃至美国的政治生活产生了巨大的影响。与其他牧区战争相比，"约翰逊县战争"持续时间短，伤亡人数少，这场战争费时总共不足一个星期，只有 3—4 人死亡。[②] 它远不及"通蒂盆地战争"的死亡人数，也低于"比利小子"在"林肯县战争"中杀死的人数。然而，"约翰逊县战争"对美国政治生活所产生的深刻影响却远非是其他牧区战争所能相匹配的。

首先，"约翰逊县战争"对怀俄明的政治斗争产生了巨大影响。在怀俄明领地的早期，它几乎是"联合太平洋铁路公司"的管辖地，并被共和党人把持。"怀俄明家富饲养者协会"成立之后，成了该领地的主宰。直到建州之后，共和党人掌权的州政府与这个协会结成紧密的同盟。前州长巴克斯特、代理州长巴伯及参议员沃伦和凯里都参与支持了大牧牛场主对约翰逊县的入侵。"约翰逊县战争"使怀俄明州进一步分裂。该州大多数人、特别是社会下层民众都站到了约翰逊县人民一边。虽然该州的共和党人和民主党人都参与或支持了入侵事件，支持了联邦军队的干预，但民主党和人民党成功地使大多数人相信"共和党集团"的"夏延牧牛大王帮"应对入侵负责。代理州长巴伯在牧牛大王们的入侵失败后，急于在约翰逊县恢复秩序。这更给其政敌民主党人提供了将"夏延牧牛大王帮"与共和党联系在一起的口实。处于被动地位的共和党不得不把主要精力用在否认它与春天以来那些事件的联系上。参议员沃伦竟声称对入侵约翰逊县的计划一无所知，他"对入侵的

---

① A.S.默瑟：《平原盗匪，或1892年怀俄明牧场主的入侵》，第138页。

② 关于"约翰逊县战争"造成的死亡人数，各书记载不一。被入侵者杀害的钱皮恩和雷两人，各书记载相同。布尔斯廷的著作都称死亡者为三人，除钱皮恩和雷外，第三个死亡者是牧牛大王们雇用的"杀手"——"得克萨斯小子"。他因谋杀女友被处绞刑，与战争没有直接关系。参见丹尼尔·布尔斯廷：《美国人——民主历程》，第37页；A.S.默瑟：《平原盗匪，或1892年怀俄明牧场主的入侵》，第143页。霍朗称死于这场战争的为四人，除钱皮恩和雷外，还有两名被雇用的得克萨斯"枪手"。他们因枪走火致伤，后死于枪伤。参见 W.尤金·霍朗：《边疆的暴力》，第162页。

了解和支持并不比一个未出生的孩子多"①。尽管如此，共和党的怀俄明"政治机器"在1892年选举中落败，一位民主党人当选为州长。在怀俄明州立法机关，共和党人占25席，民主党人占19席，人民党占5席。后两个党联合起来与共和党抗衡。两党的成员拒绝再选沃伦任参议员。故在此后的两年内怀俄明州在国会里只有一位参议员约瑟夫·M.凯里。②直到1894年在怀俄明州反对牧牛大王的激情消沉下去后，共和党在该州才度过了因"约翰逊县战争"引发的政治灾难，失势两年后重新夺回了州长的宝座。

其次，"约翰逊县战争"成为1892年美国总统选举中争论的一个主要问题。为了迎接1892年底的总统选举，民主党在夏天召开了全国代表大会。党的主席，前"怀俄明家畜饲养者协会"的代理人被罢免，那些同情大牧牛场主的党员被除名。民主党与刚成立的人民党联合起来，共同对付共和党。人民党拉走了共和党在大平原和落基山区的一大部分选票。这使怀俄明这个被共和党长期控制的地盘也不是"一个可靠的共和党州了"③，民主党人和人民党人极力游说选举人，使他们相信牧牛大王应对"约翰逊县战争"负责。虽然怀俄明这个新建州在其参加的第一次总统选举中仅仅投给人民党总统候选人詹姆斯·韦弗700张选票④，但是它帮助民主党总统候选人格罗弗·克利夫兰第二次入主白宫，也使共和党在国会内少了一名参议员。

在许多关于"约翰逊县战争"的著述中，只有内森·钱皮恩被视为唯一的英雄。入侵者投降的第二天（4月15日），布法罗的500余居民在镇中心为钱皮恩和雷举行了隆重的葬礼。主持葬礼的雷德牧师说他们是"无罪的"。送葬的人们流着眼泪把钱皮恩和雷的灵柩送往墓地安葬。在送葬人群后面，有150余人骑在马上护送。⑤默瑟称赞钱皮恩留下的血染日记是"一部杰作"，

① 欧内斯特·S.奥斯古德：《牧牛人时代》，第254页。
② 欧内斯特·S.奥斯古德：《牧牛人时代》，第255页。
③ 拉塞尔·B.奈：《中西部进步政治——它的起源与发展的历史研究，1870—1958年》（Russel B. Nye, *Midwestern Progressive Politics, A History Study of Origins and Development, 1870-1958*），东兰辛1959年版，第62页。
④ 欧内斯特·S.奥斯古德：《牧牛人时代》，第254页。
⑤ 劳伦斯·I.塞德曼：《马背生涯——1866—1896年的牛仔边疆》，第166页。

"再也没有比它更英勇的表述了";后人将在历史著作中把它作为"勇敢者的遗言引用";钱皮恩会被后人视为"19世纪最冷静、最勇敢的人"。①

7.《平原盗匪》的命运

关于"约翰逊县战争"的论著很多。首先公布战争真相的是阿萨·希恩·默瑟。默瑟是一个小牧场主和向西部移民的倡导者,也是华盛顿大学的创办者。他还创建了"俄勒冈格兰其"(The Oregon Granger)。后来,他在得克萨斯创办过几种边疆出版物。1883年,默瑟移居怀俄明,在当地创办了《西北畜牧杂志》。他在当时预见到西北部有巨大的潜力,将会得到极大的发展。默瑟积极为增加西北部的人口而努力,由此成为拓荒农场主和宅地移居者的代言人。② 正是基于这一立场,默瑟于1894年出版了《平原盗匪,或1892年怀俄明牧场主的入侵(我们这个时代绝大的丑闻)》。这本书是一篇长篇报道,被认为是关于"约翰逊县战争"的第一本也是最珍贵的著作。③

这本杰出的著作由序、导言、17章正文、结语和一个附录组成,结构严谨完整。序言言简意赅,强调这本书不是文学作品,而是关于"约翰逊县战争"中所发生事实的"真实陈述"。其目的是告诉世人"牧牛场主侵占怀俄明土地的历史真相"④。导言以十余页的篇幅讲述了怀俄明牧牛业的发展史;谴责了代表大牧牛场主和牧牛公司巨商利益的"怀俄明家畜饲养者协会"统治怀俄明20余年的罪行。默瑟痛斥该协会控制着怀俄明的"政治和经济政策的制订",以暴力手段阻止小牧牛场主、拓荒农场主进入牧区的卑劣行径。⑤

17章正文基本上按照时间顺序连贯地讲述"约翰逊县战争"的前因后果,主要涉及七个问题。第一,作者记述了牧牛大王对"牛凯特"、埃夫里尔、瓦格纳、钱皮恩等人进行的卑鄙谋杀,谴责了大牧牛场主犯下的种种

---

① A. S. 默瑟:《平原盗匪,或1892年怀俄明牧场主的入侵》,第62页。
② A. S. 默瑟:《平原盗匪,或1892年怀俄明牧场主的入侵》,第XXII—XXIV页。
③ 戴维·达里:《牛仔文化》,第357页注⑭。
④ A. S. 默瑟:《平原盗匪,或1892年怀俄明牧场主的入侵》,第3页。
⑤ A. S. 默瑟:《平原盗匪,或1892年怀俄明牧场主的入侵》,第5—15页。

罪行。① 第二，默瑟揭露了"夏延集团"的核心人物制订入侵计划、勾结官府、筹措资金、雇用"杀手"、进行备战以及神秘专列由夏延驶抵卡斯帕的种种阴谋活动。② 第三，作者详细记述了"约翰逊县战争"的全过程。从 50 名武装分子袭击和火焚"KC 牧场"到入侵者在"TA 牧场"的"白帽子"投降，默瑟都做了扣人心弦的描述。③ 第四，作者揭露入侵者在关押期间拒不认罪和阴谋反扑的种种罪行。在州长和军队的庇护下，这些在押犯不仅过着逍遥自在的享乐生活，而且四处串联，钳制舆论，绑架目击者，杀害钱皮恩的兄弟，最后竟被无罪释放。④ 第五，默瑟揭露了"怀俄明家畜饲养者协会"和州内高官支持入侵的罪行。⑤ 第六，作者热情讴歌了约翰逊县的人民。他称赞钱皮恩的英勇无畏和公正诚实。在入侵者杀气腾腾向北而来时，布法罗居民临危不惧，迅速武装自卫。他们慷慨激昂且遵守法纪，维持着城镇的良好秩序。他颂扬商人富特的无私义举，崇敬约翰逊人民保卫家园的坚定决心，称赞钱皮恩葬礼的庄严肃穆。⑥ 第七，默瑟赞美了怀俄明的壮美自然风光和丰富的矿藏资源。⑦ 他称赞"怀俄明的子孙将会是自尊、勇敢和充满爱国心的人"。默瑟坚信怀俄明人"对未来充满信心"；"牧牛业集团对该州的统治已经结束，从这时起一切由人民裁决"。作为一个鼓励向西部移民的倡导者，默瑟写道："我们邀请所有勇敢、优秀的人到该州来"⑧。

作者认为"约翰逊县战争"是"当时最大的丑行"，"在世界编年史中再没有比这更无情、更残忍、更野蛮和更卑鄙的了"⑨。默瑟在结语中认为，怀

① A. S. 默瑟：《平原盗匪，或 1892 年怀俄明牧场主的入侵》，第 17—27 页。

② A. S. 默瑟：《平原盗匪，或 1892 年怀俄明牧场主的入侵》，第 28—52 页。

③ A. S. 默瑟：《平原盗匪，或 1892 年怀俄明牧场主的入侵》，第 53—82 页。

④ A. S. 默瑟：《平原盗匪，或 1892 年怀俄明牧场主的入侵》，第 91—106、120—133、137—144 页。

⑤ A. S. 默瑟：《平原盗匪，或 1892 年怀俄明牧场主的入侵》，第 135—136、74—82、91—93、107—119 页。

⑥ A. S. 默瑟：《平原盗匪，或 1892 年怀俄明牧场主的入侵》，第 60—62、83—93 页。

⑦ A. S. 默瑟：《平原盗匪，或 1892 年怀俄明牧场主的入侵》，第 145—147 页。

⑧ A. S. 默瑟：《平原盗匪，或 1892 年怀俄明牧场主的入侵》，第 148 页。

⑨ A. S. 默瑟：《平原盗匪，或 1892 年怀俄明牧场主的入侵》，第 28 页。

俄明的自然状况和特殊的政局使它在发展道路上踌躇不前。大公司统治的时间太长，入侵又使该州蒙受耻辱。然而，他坚信"从现在起将会有一个新的怀俄明"。在人民的管理下，"它将得到净化，成为致力于开发该地区山脉、河谷和平原的人们之幸福和繁荣的乐园"①。

书后的附录，是来自爱达荷的被雇"枪手"乔治·邓宁的"供词"。邓宁在"供词"中交代了从艾姆斯雇用他开始直到"TA 牧场"投降的"约翰逊县战争"中入侵者的全部罪行。② 这份长达 44 页的供词是对《平原盗匪》一书内容真实性的有力佐证。

默瑟出版《平原盗匪》一书时已经 55 岁。这本著作是根据大量资料写成的。其中包括钱皮恩的日记、代理州长与总统哈里森、参议员沃伦和凯里、布鲁克将军等之间往来的电文，以及邓宁的供词等第一手资料。这对怀俄明政府高官参与支持"约翰逊县战争"，及美国政府、军方站在大牧牛场主一边和对他们实行庇护是最真实的展示。正因如此，这本书一出版便遭到法院的查禁。书全部被没收且付之一炬，只有其中少数几本奇迹般地幸免于难，但该书的印版已被人销毁。默瑟因在《西北畜牧杂志》上发表了邓宁的供词而以邮寄猥亵物品的罪名受到指控，被关进监狱。他的出版社也被关闭。甚至《平原盗匪》在国会图书馆收藏的版权本亦被"怀俄明家畜饲养者协会"的人弄走了。③ 后来，默瑟作为在夏延不受欢迎的人被迫移居怀俄明北部的大霍恩，在那里度过了他平淡的余生。1917 年，默瑟故去，享年78 岁。④

自《平原盗匪》被查禁以后，在半个世纪的时间里，如实记述"约翰逊县战争"成了极具风险的事。直到 1949 年杰克·W.谢弗出版第一部小说《沙

① A.S.默瑟：《平原盗匪，或 1892 年怀俄明牧场主的入侵》，第 149 页。
② A.S.默瑟：《平原盗匪，或 1892 年怀俄明牧场主的入侵》，第 151—195 页。
③ A.S.默瑟：《平原盗匪，或 1892 年怀俄明牧场主的入侵》，第 XXIV 页；丹尼尔·布尔斯廷：《美国人——民主历程》，第 37 页。
④ 吉恩·M.格雷斯利：《银行家和牧场主》，第 258 页；A.S.默瑟：《平原盗匪，或 1892 年怀俄明牧场主的入侵》，第 XXIV 页。

恩》（Shane）和根据小说改编成电影，才敢旧事重提。[①] 从这部电影开始，好莱坞至少六次把 1892 年的"约翰逊县战争"向世人展现。[②]

《平原盗匪》的第一次重印本是 1954 年由俄克拉荷马大学出版社出版，到 1975 年它已经重印了七次。[③] 重印本比原版多了一篇威廉·H. 基特里尔写的序言。序言正文之前，附了一封美国西部史料和文物收藏家菲利普·A. 罗林斯[④] 在 1923 年 10 月 12 日致普林斯顿大学图书馆馆员詹姆斯·T. 查罗尔德的信。罗林斯在信中告诉查罗尔德，他将仅花 50 美元买到的被查禁的《平原盗匪》捐赠母校图书馆。他讲，此书的价值远远超出其卖价。为了使这本书能让读者读到，罗林斯认为明智之举是把书的封面撕去。为了使《平原盗匪》免于丢失和被弄得残缺不全，他建议查罗尔德在普林斯顿图书馆收藏时采取一些重点保护措施。[⑤]

基特里尔的序言写得较长，有 35 页之多。[⑥] 这是为了便于 60 多年后的读者更好地了解《平原盗匪》一书及其作者。序言比罗林斯的信更详细地介绍了默瑟的生平、"约翰逊县战争"的背景、主要人物后来的命运及其相关著作的不同观点，以及《平原盗匪》对后来大量小说、戏剧、电影和电视作

① 杰克·W. 谢弗是记者兼作家，曾作过多年编辑。1949 年谢弗发表他的第一部小说《沙恩》，讲述了一个手持快枪和热爱正义的牧区流浪者的故事。这部小说使谢弗一举成名。后来，他的小说被改编成电影。继《沙恩》之后，谢弗又出版了《第一滴血》、《开拓者》等小说。在布尔斯廷的《美国人——民主历程》中，《沙恩》被译为《原野游龙》。参见霍华德·R. 拉马尔主编：《美国西部读者百科全书》，第 1089 页；丹尼尔·布尔斯廷：《美国人——民主历程》，第 37 页。

② 戴维·达里：《牛仔文化》，第 327 页。

③ 戴维·达里在其著作中称《平原盗匪》至少重印了四次，在书后所列参考书目中称重印了数次。可能达里没有仔细查阅不同的重印本。第七次重印本出版于 1975 年。参见戴维·达里：《牛仔文化》，第 357 页注⑭，第 361 页；A. S. 默瑟：《平原盗匪》，第 VI 页。

④ 菲利普·A. 罗林斯是美国西部资料及文物的收藏家，曾在普林斯顿大学获美国史学士和硕士学位。罗林斯与其妻从事收集活动 40 余年。1945 年，他将收藏的与密西西比河以西边疆相关的 3,000 余册原版书、旅行指南、地图等捐赠母校。参见霍华德·R. 拉马尔主编：《美国西部读者百科全书》，第 1032—1033 页。

⑤ A. S. 默瑟：《平原盗匪，或 1892 年怀俄明牧场主的入侵》，第 XIII—XV 页。

⑥ A. S. 默瑟：《平原盗匪，或 1892 年怀俄明牧场主的入侵》，第 XVI—L 页。

品的巨大影响。1953 年，电影《沙恩》的获奖演员坦言，那部影片就是源于默瑟的著作。《平原盗匪》对学者和西部口头传说的爱好者都极具吸引力。默瑟的这本书是一部"真正重要的著作"，但它遭到了厄运。[①]

———————————

① A. S. 默瑟：《平原盗匪，或 1892 年怀俄明牧场主的入侵》，第 XLIX 页。

第十一章 国际竞争

第一节 两个牧畜大国的兴起

一、澳大利亚

1."骑在绵羊背上"的经济

澳大利亚联邦（Common-wealth of Australia）位于南半球印度洋与南太平洋之间，四周不与任何国家接壤。它邻近巴布亚新几内亚，北与印度尼西亚，东与太平洋波利尼西亚和美拉尼西亚群岛、东南与新西兰隔海相望。澳大利亚的面积为296.62万平方英里。到1992年，其人口达到1,756.2万人，绝大多数人为英国血统，余者多是欧洲大陆移民。包括土著人在内的非白种人只占总人口的1%。[1]澳大利亚使用英语。首都设在堪培拉。[2]

澳大利亚土著的祖先至少在四万年前（甚至多达六万年前）由东南亚到澳洲定居。到1788年，生活在欧洲人拓居区的澳大利亚土著人多达31.5万—100万。据说在有文字可考的历史以前，澳大利亚的土著居民与亚洲人已有接触。在阿拉伯和中国的一些文献中，也都述及有一个南方大陆。自16世纪下半叶始，欧洲人为寻找这一陆地而多次远航太平洋。荷兰人在1616年最先登上了澳大利亚大陆的西岸。在1642年和1644年，荷兰人埃布尔·塔斯曼先后发现了现今的塔斯马尼亚岛和大陆北岸。他将这些地方统称之为"新荷兰"。1770年，英国人詹姆斯·库克在大陆南岸登陆，将该地

---

① 《新不列颠百科全书》（*The New Encyclopedia Britannica*）第1卷，芝加哥·伦敦·2002年版，第712页。

② 《简明不列颠百科全书》第1卷，中国大百科出版1985年版，第388页。

命名为新南威尔士。1786 年，英国政府决定向此地殖民。此后，英国人又多次探测这个大陆。1787 年，英国开始向澳大利亚东部殖民。次年初，英国以悉尼为中心，在现今的新南威尔士州首建殖民区。1803 年，英国人又在现今的塔斯马尼亚州再建殖民区。①1817 年，英国把殖民的大陆定名为"澳大利亚"。到 19 世纪 20 年代中期，英国的殖民地范围扩及整个澳洲大陆。从 1830—1860 年，是澳大利亚政治、经济和文化格局形成的奠基期，也是其历史上变化最快的时期。1829—1859 年，英国在现今的六个州中的西澳大利亚、南澳大利亚、维多利亚和昆士兰四个州建立了殖民区。1860—1890年是澳大利亚的经济繁荣时期。1901 年，澳大利亚联邦成立，改原殖民区为州，定都堪培拉。②

在澳大利亚由英国的殖民地到联邦的历史发展中，养羊业在其经济中占有十分重要的地位。亚历山大·鲍利是澳大利亚最早的牧羊人之一。他在 1813 年写道："优质羊毛迅速成为这个地区追求的一个明显目的"③。为此，他在讲此话的前一个星期花 108 个畿尼④从麦克阿瑟夫人那里买了六只美利奴公羊。在英国第一支舰队初抵澳大利亚时，几个殖民者就认识到优质毛绵羊出口的潜力将给这个地区带来收益。然而，当时尚无人认识到从此以后，特别是 19 世纪的后 20 年到 20 世纪初，澳大利亚将"骑在绵羊背上"崛起。⑤

澳大利亚的养羊业始于 1787 年。这一年，总督阿瑟·菲利普在好望角得到了包括绵羊在内的一些家畜。他把 90 只绵羊作为政府的羊群装船运往澳大利亚的殖民区。在同年 5 月 1 日航船抵达目的地时，只有一只公羊和 28 只绵羊活了下来。1791 年 9 月，68 只绵羊随英国海军舰艇"戈尔

---

① 《新不列颠百科全书》第 1 卷，第 714 页。

② 《简明不列颠百科全书》第 1 卷，第 391 页。

③ 《澳大利亚百科全书》（*The Australian Encyclopedia*）第 5 卷，悉尼 1979 年版，第 312页。

④ 畿尼（guiner），英国于 1663 年铸造的金币，1717 年定值 21 先令。参见王同忆主编译：《英语辞海》（上），国防工业出版社 1987 年版，第 2326 页。

⑤ 《澳大利亚百科全书》第 5 卷，第 312 页。

贡号"抵达新南威尔士殖民区。① 这是当地绵羊数量第一次有实质价值的增加。

到 1794 年 7 月 1 日，殖民政府的羊群已拥有 161 只公羊和阉羊，私人羊群中有 257 只母羊。这些羊主要是产羊毛少的好望角羊和孟加拉羊。② 后来移居者很少关心绵羊的增长。他们不在乎羊毛的产量，而是对产肉给予了更多的关注。

澳大利亚羊毛生产业的真正起步始于美利奴羊的引进。第一次重要的引进是 1796 年总督约翰·亨特派遣海军军官亨利·沃特豪斯和威廉·肯特到好望角为政府的畜群购买牛羊。在那里，他们买了 26 只西班牙美利奴绵羊。这些羊是船长菲利普·G. 金在返回英格兰的途中从戈登上校的遗孀手中买下的。沃特豪斯和肯特以每只 4 英镑的价钱买了两群相同数量的羊。在返回澳大利亚殖民地时，沃特豪斯为"信心号"（Reliance）船的船长，肯特为"供应号"（Supply）船的船长。每只船上装运着数量相等的羊群。在往悉尼航行的途中，"供应号"船上的美利奴羊全部死亡，但"信心号"船上的同类绵羊有一多半活下来，且于 1797 年 6 月在目的地平安上岸。亨特总督拒绝购买这些美利奴羊作为政府的羊群。船长约翰·麦克阿瑟要以 15 畿尼买沃特豪斯所有的绵羊。沃特豪斯不愿意将羊都卖给麦克阿瑟。他把一些羊卖给了包括麦克阿瑟、威廉·考克斯、托马斯·罗利上尉和塞缪尔·马申等在内不同的殖民地开拓者。③ 在那时，包括马申在内的殖民地绵羊饲养者都在思考绵羊业未来的前景应是饲养一种能产粗羊毛和优质羊肉的大骨架绵羊。

约翰·麦克阿瑟预见到生产优质羊毛将是殖民地绵羊业发展的坚实基础。麦克阿瑟认识到，羊毛生产在澳大利亚有巨大的潜力。因为那里的环境适合绵羊的发展，羊毛在澳大利亚和输往海外都有很高的价值。养绵羊花

---

① 《澳大利亚百科全书》第 5 卷，第 312 页。
② 《澳大利亚百科全书》第 5 卷，第 312 页。
③ 《澳大利亚百科全书》第 5 卷，第 312 页。

费劳动力较少，但欧洲对羊毛却有很大的需求。[①]麦克阿瑟认为西班牙的美利奴羊将成为澳大利亚羊毛业的基础。它优于来自联合王国和印度的美利奴羊。[②]故麦克阿瑟为此目的而选择育种的方法。

在 1810 年，澳大利亚殖民地政府的羊群拥有 784 只羊，私人所有的羊达 3.2034 万只。这些羊都放牧在沿海平原上。1813 年，蓝山山脉交叉处作为定居点开放。虽然总督拉克伦·麦考里最初只允许牧羊主把羊群驱赶到新发现的丰美草原上，但那里的养羊业还是有了较大的发展。到 1819 年，殖民地已有 136 位牧羊主。其中，拥有 500 只以下的羊主为 93 人，其羊群的绵羊达 500—1,000 只的有 22 人；包括麦克阿瑟和考克斯等在内的 21 人各自拥有的羊达 1,000 只以上。由于受到约克郡纺织厂对羊毛需求的鼓舞，在澳大利亚西部的定居者都引进著名的西里西亚种羊和萨克森种羊作为其羊群的基础。1825 年，有较多的绵羊被运到了澳大利亚。理查德·琼斯和 W. S. 戴维森合伙饲养绵羊。琼斯进口的绵羊装运在"休·克劳福德号"货船上。这艘船装载着 172 只绵羊，其中的 22 只是纯种的萨克森美利奴羊，这些羊来自萨克森选侯国王室的羊群；80 只西班牙美利奴羊购自托马斯·亨蒂在英格兰西部莠草地的羊群。亨蒂的羊适宜在新移居的巴瑟斯特—穆杜吉—惠灵顿地区饲养。琼斯提供的绵羊在澳大利亚能产优质羊毛但比在萨克森便宜。新南威尔士的农业社会于 1822 年建立。1825 年，殖民当局鼓励改进放牧方法，宣布对引进纯种美利奴羊的人授予勋章。这枚勋章被亚历山大·赖利和爱德华·赖利获得。他们使价值 3,600 英镑的 200 只纯种萨克森美利奴绵羊登陆澳大利亚。到 1826 年，牧羊主花 20—34 英镑可以买到一只进口的美利奴公羊，付 70 英镑可以购买一只上等萨克森公羊。[③]

---

① C. M. 唐纳德：《澳大利亚农业的改革》（C. M. Donald, "Innovation in Australian Agriculture in Australian"），载 D. B. 威廉斯编：《澳大利亚经济中的农业》（D. B. Williams, ed., *Agriculture in Australian Economy*），悉尼 1982 年第 2 版，第 66 页。

② C. M. 唐纳德：《澳大利亚农业的改革》，第 67 页。

③ 《澳大利亚百科全书》第 5 卷，第 312 页。

美利奴羊能忍受高温，能走更远的路去觅食和寻找水源。其产的高质量羊毛也是其他种类的羊不能与之相比的。从 1813 年蓝山山脉交叉处向牧羊主开放起，绵羊的牧养区就从各个定居点向内陆渗透。养羊业出现在起伏的热带草原、林地和平原等适合绵羊繁衍生长的地区。在随之而来的一个时期，澳大利亚羊群的增长率主要得利于绵羊的自然增长。

随着殖民区向澳大利亚内陆拓展，养羊区的范围不断扩大。在擅自占地时期，继新南威尔士之后，维多利亚和昆士兰也扩展为牧羊区。牧羊主在困难时能向直接来自英国的移居者出售羊和其他地权。因此，随着新拓居区人口的增长绵羊的数量也不断增加。如新城镇墨尔本，经过四年拓居后，1840 年起人口达到一万人，绵羊达到八万只；到 1847 年，那里的人口上升到 4.3 万人，绵羊增加到 40 万只。四年以后，在"淘金热"前夕，维多利亚殖民地的人口增至 7.7 万人，绵羊的数量上升到 60 万只。[①]

1860—1890 年期间，澳大利亚的经济繁荣。其牧畜业处于历史上的全盛时期。1862 年，在新南威尔士和维多利亚各自放牧着约 600 万只绵羊，在昆士兰绵羊的数量还较少。然而，到 1891 年，新南威尔士、昆士兰和维多利亚的绵羊分别上升到 6,000 万只、2,000 万只和 1,300 万只。从 1860—1894 年，全澳大利亚的绵羊数量从 2,000 万只猛进到 1 亿只。[②] 在 1893—1902 年间，澳大利亚曾经历多年干旱，绵羊的数量从 1 亿只减少到 5,400 万只。第二次世界大战以后，其绵羊的数量又慢慢恢复到 1 亿只。[③] 以上统计数字表明 19 世纪 80 年代是澳大利亚养羊业快速发展的全盛时期。这与美国"牧羊帝国"崛起基本同步。

在澳大利亚绵羊业的全盛时期，一些大牧羊场建立起来。最大的牧场拥有羊的数量达 10 万只；有的牧场养羊 4,000 只；最小的牧场也拥有 2,000—

---

① R. M. 克劳福德：《澳大利亚》（R. M. Crawford, *Australia*），伦敦 1955 年第 21 版，第 86 页。

② A. G. L. 肖：《澳大利亚农业的历史与发展》（A. G. L. Shaw, *History and Development of Australian Agriculture*），载 D. B. 威廉斯编：《澳大利亚经济史中的农业》，第 13 页。

③ C. M. 唐纳德：《澳大利亚农业的改革》，第 66 页。

1,000 只绵羊。[1]19 世纪 80 年代和 90 年代早期，是澳大利亚绵羊生产业最繁荣的时期。牧羊场的规模更大。1895 年，在新南威尔士拥有绵羊 10 万只以上的牧场超过 40 个。其中三个最大的牧场分别饲养绵羊 28.5 万只、27.6 万只和 27.3 万只。在昆士兰，三个最大牧场的绵羊分别达到 35.6 万只、31.6 万只和 25 万只。[2] 这些大牧羊主和牧场公司极大地影响着澳大利亚的政治和社会事务。

从 19 世纪 60 年代至 90 年代初，澳大利亚绵羊饲养业出现空前繁荣的原因如下。

首先，英国殖民政策的变化。1840 年以后，英国在澳大利亚废除了罪犯指派工作制。从此，英国不向澳大利亚大陆流放罪犯，而是鼓励向那里自由移民。这一政策的变化对澳大利亚绵羊业的发展产生多方面的影响。一则是解决劳动力的不足；二则是大量英国自由移民的涌入为不断增长的绵羊提供了潜在的市场；三则是随着移民区的扩大和人口的增加，绵羊饲养业逐渐从澳大利亚的沿海地区扩展到内陆地区。

其次，澳大利亚"淘金热"促进了绵羊饲养业的发展。1851 年，在与新南威尔士和维多利亚相邻的殖民地发现了金矿。[3] 虽然此后有大批移居者随"淘金热"的到来奔向了金矿区，但买绵羊饲养的范围随之扩展到金矿区附近，矿区为绵羊提供了一个新的销售市场。

其三，在澳大利亚，牧羊主能获得廉价的土地，不断扩大牧场规模。英国政府在 1831 年取消了澳大利亚的土地赠予制，牧羊主被允许花很少的费用擅占皇家荒芜的土地，拥有暂时放牧的权利。在 1844 年，吉普斯总督提出一个方案，规定牧羊主以分期付款的方式按一英镑一英亩的价钱购买拥有放牧权的土地；用五年的时间付完 320 英亩的购地款；后来，又将期限改为八年。1847 年，殖民地议会通过一项决议，允许内地的牧羊主获得 14 年的

---

① R. M. 克劳福德：《澳大利亚》，第 88 页。
② 《澳大利亚百科全书》，第 5 卷，第 314 页。
③ R. M. 克劳福德：《澳大利亚》，第 102 页。

租约，作为先买权和改良土地的补偿。①

其四，牧羊主不断把优质美利奴羊引进澳大利亚。18世纪引进澳大利亚的是西班牙美利奴羊。19世纪，优等美利奴羊先后从南非、德国、联合王国和美国引入澳大利亚。② 这些产优质羊毛的美利奴羊的后代与产肉多的英国羊杂交，培育出了既产优质羊毛又多产肉的新羊种。正是上述诸多因素促成了澳大利亚的绵羊饲养业在19世纪80年代至90年代初达到了历史上的全盛时期的高峰。澳大利亚已经成为一个绵羊生产大国。无怪直到现在大多数人普遍接受"澳大利亚的经济是"骑在绵羊背上"起飞的观点。③

2. 养牛业的发展

澳大利亚的养牛业与养羊业同时起步。在英国的第一支舰队抵达澳大利亚后的数星期，被装运来的七头母牛大多数都走失了。七年后，在距悉尼60公里的考伯斯切，人们发现了走失的牛及其繁衍的后代60余头。在一些偏僻地区，很多母牛野性十足，但在开放辽阔的牧区，野牛和"家牛"难以区分。唯一的区别是后者身上打有烙印。④ 第一批输入新南威尔士的牛构成了政府的牛群。这些牛群受到保护，很少被宰杀。到1803年，考伯斯切的牛（包括野牛在内）共有1,530头，其中属于私人所有的为650头。然而，到1804年，在个人饲养的牛群中发生了口蹄疫。同年8月8日，一批供出售的牛共200头从印度输入了霍巴特。1805年初，600余头母牛被输送到达尔林普尔港，即第二个范迪门地拓居地。⑤

到1811年，在新南威尔士的政府牛群中的牛已增加到约3,600头。此

---

① R. M. 克劳福德：《澳大利亚》，第102页。

② 约翰·肖编：《柯林斯澳大利亚百科全书》（John Shaw, ed., *Collins Australian Encyclo-paedia*），悉尼1984年版，第573页。

③ D. C. M. 普拉特、吉多·迪·特拉：《阿根廷、澳大利亚和加拿大，1870—1965年的发展比较研究》（D. C. M. Platt, Guido di Tella, *Argentina, Australia and Canada, Studies in Comparative Development, 1870-1965*），牛津1985年版，第24页。

④ 约翰·肖编：《柯林斯澳大利亚百科全书》，第19页。

⑤ 范迪门地即塔斯马尼亚岛（Tasmanian）旧称。参见《澳大利亚百科全书》第1卷，第483页。

后殖民政府允许私人从中购买牛饲养。养牛区扩展到大分水岭牧区。到
1820年，该殖民地牛的数量增至5.4103万头。在随后的十年间，牛的数量
上升到37.1699万头，养牛区扩展到长1,500公里、宽500公里的区域内。
1834年11月，爱德华·亨蒂在波特兰湾迈出了维多利亚殖民区养牛的第一
步。亨蒂在那里建立一个定居点。随后，更多的牛从塔斯马尼亚和新南威尔
士经海路运抵波特兰湾。1836—1837年，约翰·加德纳和约瑟夫·霍唐开
辟了一条陆路。牛羊从新南威尔士的南部横越大陆到维多利亚拓殖区。那里
的草地迅速成为养牛定居区。1838年，霍唐首次把牛群赶往维多利亚南部。
随后，其他牧场主接踵而至。虽然阿伦·坎宁安在1827年报道说，昆士兰
主要牧区的西部是极好的牧牛区，但那里的养牛业直到1840年才真正起步。
这一年，阿瑟·霍奇森和其他一些人从新南威尔士的北部移居来，直抵达令
草地。牧牛人不久开始向北部和西部迁移，遍及麦金泰尔河和孔达米纳河流
域。随后，昆士兰成为澳大利亚重要的产牛拓居地。①

在澳大利亚养业业的早期，没有奶牛和菜牛的地区区分。然而，在从沿
海向内陆探险中，菜牛饲养者经常是一个新拓居地的领头人，而奶牛业从
起步伊始就在澳大利亚东南部水源较好的地区居于优势地位。从1870年起，
位于热带草原较远、植物生长稀少的北部地区被证明适合饲养奶牛。澳大利
亚南部被认为是较重要的菜牛产区。其主要的传统菜牛产区是新南威尔士的
北部沿海地区、昆士兰东部地区和约克角半岛等。②奶牛产区主要在沿海地
区，唯一的内陆地区是通过灌溉能确保牧草生长的维多利亚北部。③

澳大利亚养牛业迅速兴起首先得益于一些欧洲国家对肉类的需求。为
此，丹加兄弟于1847年在新南威尔士的纽卡斯尔附近建立了肉类罐头加工
厂。他们成功地制成熟肉罐头，向海外出口达数年之久。④肉类出口贸易的

① 《澳大利亚百科全书》第1卷，第483页。
② 《安格斯—罗伯逊简明澳大利亚百科全书》（*The Angus & Robertson Concise Australian Encyclopedia*），北赖德，新南威尔士·伦敦1986年版，第52页。
③ 约翰·肖编：《柯林斯澳大利亚百科全书》，第165页。
④ 《澳大利亚百科全书》第4卷，第141页。

增长无疑是刺激澳大利亚养牛业迅速发展的一个重要原因。其次，19 世纪 50 年代澳大利亚"淘金热"导致了本土对肉类需求的增加，养牛业也随之繁荣起来。如 1832 年拓居者把牛带到了澳大利亚的西部。到 19 世纪 60 年代，那里的北部地区成了牛群的放牧地。澳大利亚的奶牛和菜牛由 1860 年的 395.7 万头增长到 1870 年的 427.6 万头。[①] 到 1894 年，澳大利亚的产牛量达到了 1,200 多万头。[②] 在国际市场上，澳大利亚已成为美国"牧牛王国"的有力竞争对手。

二、阿根廷

1. 养羊业起步与发展

阿根廷共和国位于南美洲大陆的最南部。它西部、南部与智利相邻并以安第斯山为界，北接玻利维亚和巴拉圭，东与巴西和乌拉圭接壤，且濒临大西洋。阿根廷的海岸线达 2,360 英里，其东西最宽约 884 英里，面积为 107.3518 万平方英里。首都是布宜诺斯艾利斯。到 1993 年，阿根廷的人口为 3,350.7 万人，其中绝大部分是白种人。印欧混血种人多分布在边境省份。城市人口占总人口的 4/5，几乎全是白人。西班牙语为官方语言。[③] 在欧洲人到达今日的阿根廷前，那里居住着约 30 万印第安人。自 1516 年西班牙殖民者到达后，土著印第安人逐渐减少。18 世纪末，欧洲移民居住在了阿根廷的北部。1776 年，西班牙在拉普拉塔流域建立了拉普拉塔总督区，首府设在布宜诺斯艾利斯。1808 年，阿根廷开始了摆脱西班牙殖民统治的独立运动。1816 年，它以拉普拉塔联合省的名义宣布独立。[④] 阿根廷的自然条件复杂多样，既有高山和沙漠，也有森林和草原。安第斯山以东是广阔的冲积

---

① 《澳大利亚百科全书》第 1 卷，第 483 页。

② A. G. L. 肖：《澳大利亚农业的历史与发展》，载 D. B. 威廉斯：《澳大利亚经济史中的农业》，第 12 页。

③ 《新不列颠百科全书》第 1 卷，第 542 页。

④ 中国大百科全书出版社《简明不列颠百科全书》编辑部编译：《简明不列颠百科全书》，第 1 卷，第 68 页。

平原。阿根廷大部处于南温带。潘帕斯草原气候温和，那里不仅是阿根廷农牧产品的主要产地，也是该国的核心地区。阿根廷现今有 25 万平方公里的长满青草的平原，占其面积的 1/4。① 那里气候温和，雪霜稀少，一年四季都可以放牧牲畜。

在 16 世纪，欧洲的探险者和商船就把绵羊带到了南美洲的锥形地带。然而，在殖民地时期羊毛业在当地并不重要。在 17、18 世纪，少量的美利奴羊被从西班牙带到了阿根廷，但这些来自宗主国的绵羊对殖民地羊群的变化影响很少。阿根廷南部大草原的绵羊主要是西班牙的丘罗羊繁殖的后代和个体较小的克里奥拉羊。在殖民地时期，阿根廷的绵羊饲养了很长时间。虽然当时养羊是为了取毛和食肉的双重目的，但绵羊产毛量很低。到 1757 年，拉普拉塔河地区绵羊有数万余只。1810 年后，随着欧洲对羊毛需求增加的趋势，南美锥形地带的牧羊主开始对改良羊群和提高剪羊毛的质量产生兴趣。牧羊主从德国、西班牙、法国、美国和澳大利亚引进纯种绵羊。② 他们采用先进的饲养方法，发展和扩大产优质羊毛的羊群。在 19 世纪 20 年代，移居阿根廷的英国牧羊主引进绵羊并把它们放牧在南部大平原的较冷地区。虽然受到牧牛场主的抵制，但那里的绵羊数量在逐渐增长。阿根廷的牧羊主开始饲养美利奴绵羊，并往法国和英国的纺织厂出口羊毛。在繁忙的剪羊毛季节，男人和妇女可以挣到较高的工资。

1820 年以后，阿根廷的集权派和联邦派发生了激烈斗争。1826 年 2 月，布宜诺斯艾利斯自行任命贝尔纳迪诺·里瓦达维亚为共和国总统，导致了内战的爆发。③ 阿根廷内战阻碍着绵羊饲养与羊毛业的发展和形成规模生产。这种状况一直持续到 19 世纪中期。在 1822 年，布宜诺斯艾利斯的羊毛仅占

① 克拉伦斯·H.哈林:《阿根廷和美国》(Clarence H. Haring, *Argentina and the United States*)，波士顿 1941 年版，第 31 页。

② 巴巴拉·A.特南鲍姆主编:《拉丁美洲历史与文化百科全书》(Barbara A. Tenenbaum, ed., in chief, *Encyclopedia of Latin American History and Culture*) 第 5 卷，纽约·伦敦·墨西哥城·悉尼·多伦多 1996 年版，第 470 页。

③ 巴巴拉·A.特南鲍姆主编:《拉丁美洲历史与文化百科全书》第 1 卷，第 148 页。

其总出口量的0.94%[1]。直到19世纪40年代末，阿根廷的绵羊业只有很少的商业价值。当时饲养绵羊只是为了取毛，但多是劣质的羊毛。牧羊主们认识到应当推动现代饲养方法的改革。

在胡安·罗萨斯统治期间，[2] 外国人可以免除军事服役。爱尔兰和苏格兰的移民被阿根廷本土的牧羊主雇用。不久，这些移民获得了土地。他们开始改良本土的羊群。这些外国移民拓展绵羊饲养业的努力获得了极大权益。如今，他们的后裔已跻身阿根廷最主要的土地所有主之中。外国移民在罗萨斯时期改进和扩大养羊业的努力到19世纪50年代已见成效。到1851年，布宜诺斯艾利斯省出口的羊毛已超过其出口总量的10%。牧羊主饲养产优质羊毛的阿根廷大美利奴绵羊。至1855年，阿根廷每年出口的羊毛达1万吨，大部分销往欧洲和美国的纺织厂。[3] 在19世纪60年代，产羊毛较厚的郎布依埃羊取代了美利奴羊。尔后，随着国际市场对肉类需求的增加，阿根廷牧羊主又引进了既产优质羊肉又产好毛的林肯绵羊和罗姆尼·马什绵羊。到1870年，阿根廷的绵羊数量增加到了5,000万—6,000万只，羊毛的出口量增加到6.5万吨。[4] 从1875—1900年，阿根廷的绵羊数量迅速扩大。在羊毛销售方面，居于世界的领先地位。到1895年，阿根廷的绵羊数量接近7,500万只。[5] 至19世纪结束时，阿根廷的绵羊数量接近了顶点，达8,000万只。其羊毛出口与栽培作物的出口同样重要。[6] 进入20世纪以后，阿根廷的绵羊都保持着较高的产量，在1911—1913年都超过了8,000万只，只是在1914年锐降到4,325

---

[1] 巴巴拉·A.特南鲍姆主编：《拉丁美洲历史与文化百科全书》第5卷，第470页。

[2] 曼努埃尔·罗萨斯是阿根廷各省联邦派的领导人和军事首领。1829年，罗萨斯被联邦派控制的立法机关选举为布宜诺斯艾利斯省长，1832年立法机关又授予他独裁的权力。后来，罗萨斯卷入乌拉圭的内部斗争，1843年阿根廷军队包围了蒙得维亚，导致了国内反对罗萨斯斗争的兴起。1851年5月1日，罗萨斯的主力部队在卡塞罗斯被击溃。罗萨斯逃往英国。罗萨斯从1829年至1852年初统治阿根廷。这一时期史称"罗萨斯时代"。参见巴巴拉·A.特南鲍姆主编：《拉丁美洲历史与文化百科全书》第1卷，第148—149页。

[3] 巴巴拉·A.特南鲍姆主编：《拉丁美洲历史与文化百科全书》第5卷，第470页。

[4] 克拉伦斯·H.哈林：《阿根廷和美国》，第33页。

[5] 巴巴拉·A.特南鲍姆主编：《拉丁美洲历史与文化百科全书》第3卷，第446页。

[6] 克拉伦斯·H.哈林：《阿根廷和美国》，第33页。

万只。① 然而，阿根廷的羊毛和羊肉的出口仍占世界的第二位。

在 19 世纪，阿根廷的养羊业主要集中在南部热带草原地区，特别是布宜诺斯艾利斯省。后来随着铁路的扩展和移民的增加，绵羊饲养场推进到大草原中部的大部分地区，进入半干旱的西部边缘地区以及向南深入巴塔哥尼亚高原和火地岛地区。苏格兰、威尔士和英国的牧羊主在巴塔哥尼亚高原经营数十万英亩的大牧场。如今，阿根廷出口羊毛的一半产自这个高原地区。然而，在阿根廷的中部和东部及南部的圣克鲁斯省，养绵羊最主要的是为生产羊肉。②

2. 养牛业的兴起

在殖民地时期的早期，由于拉普拉塔地区有富饶的草地和西班牙探险者的进入，猎杀野牛成为迅速获利的途径。当地的印第安人学会了捕获和驯养野牛和马群。他们赶着牛群翻越安第斯山，同智利进行贸易。好的骑手③ 猎杀野牛为的是获取牛皮。

1700 年后，对外出口牛皮成为布宜诺斯艾利斯的主要经济活动。欧洲人用兽皮制衣物和做建筑材料，对牛皮的需求量很大。到这时，在南部大草原繁衍、扩散的"奇马里翁牛"野牛群成了一伙被称为"瓦凯里亚斯"④ 人的猎杀对象。殖民政府发给他捕获牛群的特许证。这些猎牛人从牛身上只寻求牛脂和牛皮两种产品。从 1700—1725 年，每年从布宜诺斯艾利斯港出口的牛皮达 7.5 万张。还有许多非法装运没有留下纪录。⑤ 到 18 世纪中期，牧场主建起了牧牛场，开始驯养野牛。他们要求控制土地和水源。此后，牧场养牛逐渐代替了捕猎野牛。牧牛业的发展，鼓励着布宜诺斯艾利斯的西班牙居民向西部和西南部移居。然而，印第安人的反抗阻止了向南部大草原任何有成效的入侵。科尔多瓦周围的牧场将大量的牛皮出售到布宜诺斯艾利斯，甚

---

① B.R. 米切尔编：《帕尔格雷夫世界历史统计：美洲卷，1750—1993 年》，经济出版社 2002 年版，第 255 页。

② 克拉伦斯·H. 哈林：《阿根廷和美国》，第 33—34 页。

③ 这些骑手绝大多数是印第安人和白人与当地土著的混血的"梅斯蒂索"人（Mestizo）。

④ 瓦凯里亚斯人（Vagverius）是西班牙语音译，译为"牛群猎杀者"。

⑤ 巴巴拉·A. 特南鲍姆主编：《拉丁美洲历史与文化百科全书》第 1 卷，第 145 页。

至从那里出口。作为回报，阿根廷的中心地带可以把诸如糖、烟草、稻米和衣物等布宜诺斯艾利斯当地的产品输入内地。由于牧场缺乏劳动力，土地得到利用的数量很少。在拉普拉塔地区，牧牛场以长工、黑人奴隶和短工作为三种主要类型的劳动力。牧牛场主饲养健壮、四肢和身体细长的克里奥尔牛，取牛皮和腌制咸肉，同巴西和古巴进行贸易。公牛是最重要的畜力，拉着高轮货车，穿越草原地区，直到上秘鲁。

在从殖民地向共和国过渡时期，牛皮出口是阿根廷的主要外贸项目。在17世纪，其牛皮出口量平均每年为2万张；到18世纪中期，达到了15万张，该世纪末上升到了100余万张；至1850年增长到250万张。与此同时，牛肉干的出口也不断增加，到18世纪末，其出口达到阿根廷总出口量的10%。[①] 这些数字表明，17—18世纪末，刺激阿根廷养牛业发展的主要是牛皮和牛肉干贸易。到19世纪后半期，欧洲国家，特别是英国对肉类需求的增加，进一步促进了阿根廷养牛业的发展和牛种的改良。

与绵羊品种的改良相比，阿根廷的牛种改良要慢得多。第一头短角公牛在1848年从英格兰进口。在此后的十年间，一些主要的大牧场开始对纯种牛产生了兴趣。[②] 从1856年开始，直到19世纪80年代末，英国的短角牛成了阿根廷牛群进行重大改良的基础牛种。为适应第一次牛出口需求的增长，牧牛场主引进纯种牛与改良的克里奥尔牛杂交，培育出新的牛种。1895年后，随着冷藏库和现代肉类包装加工厂的建立，阿根廷的牧牛场主又进一步提高牛肉的质量。到1908年，布宜诺斯艾利斯省的牛90%都是改良型的牛。[③]

3.牧业迅速发展的原因

阿根廷的养羊和养牛业虽然始于殖民地时期，但到19世纪才有了较大的发展。特别是在19世纪中期以后，阿根廷的养羊和养牛业的发展更为迅

---

① 　奥尔多·费勒：《阿根廷经济》（Aldo Ferrer, *Argentine Economy*），伯克利·洛杉矶1967年版，第46页。

② 　克拉伦斯·H.哈林：《阿根廷和美国》，第34页。

③ 　D.C.M.普拉特，吉多·迪·特拉：《阿根廷、澳大利亚和加拿大，1870—1965年的发展比较研究》，第26页。

速。这种变化是由多种因素促成的。

首先，国外市场的需求促进了阿根廷牧业的发展。在 19 世纪上半期，英国和法国等欧洲国家正进行着第一次工业革命。在工业化的早期阶段，纺织业是非常重要的工业部门。英法等国的纺织厂除了需要国产羊毛的供应外，还需要从国外进口大量羊毛。澳大利亚、阿根廷和俄国等国都是英国等国的羊毛供应地。由于克里木战争（1853—1856 年）爆发，俄国的羊毛供应退出欧洲市场。阿根廷的羊毛出口有了大幅度增加，羊毛价格上扬。[①] 美国内战也极大地促进了阿根廷养羊业的发展。因为战争期间及战后美国对羊毛有大量的需求。尽管美国在 19 世纪 60 年代后期实行高关税政策，但到 1870 年阿根廷羊毛出口量比 1860 年增长了 3.8 倍多。同期，阿根廷的绵羊数量也增长了约 3.1—3.8 倍。[②] 19 世纪中期，欧洲对大量牛皮的需求不仅扩大了阿根廷牛皮的出口量，而且促成了那里由猎杀野牛到牧场养牛的转变。19 世纪后 30 年，英国等国对肉类需求的增加更有力地促进了阿根廷养牛和养羊业的发展。

其次，阿根廷的牧场主较早地引进优质畜种，改良畜群。从 1810 年以后阿根廷牧羊主就开始了羊群的改良，从国外引进产羊毛多的优质种羊。在 19 世纪中期，随着对欧洲羊毛出口的增加，牧羊主引进优质绵羊的数量更多，使阿根廷的羊群主体成了产羊毛量多的良种绵羊。虽然阿根廷牛的改良比羊较晚较慢，但 50 年代中期至 80 年代末，牧牛场主们一直不断引进英国的短角牛和赫里福德牛等优质牛种，使其牛的肉质有了很大的提高。特别需要指出的是阿根廷对羊群和牛群的改良早于美国西部地区。因为在美国内战的一段时间里，其西部牧区羊群的主体仍然是已经退化的丘罗羊，牛群主要是半带野性的得克萨斯长角牛。正是因为阿根廷的羊群和牛群较早进行了改良，使其在国际市场上有了较强的竞争力。

其三，牧草的改良有利于阿根廷牧业的发展。阿根廷南部草原的牛群迅速由骨瘦如柴的克里奥尔牛向速成型的牛转变。改良畜群要求在大草原北

---

① 巴巴拉·A.特南鲍姆主编：《拉丁美洲历史与文化百科全书》第 5 卷，第 470 页。

② 根据哈林提供的数字计算所得。参见克拉伦斯·H.哈林：《阿根廷和美国》，第 33 页。

部和西部新开发的育肥区必须极大地改变放牧条件，使牧草更适合牲畜食用。牧草的改良主要是通过播种苜蓿实现的。通常是农场主向牧场主租地种植谷物。他们种植两三茬庄稼后，租种合同期满。这些开垦的土地被用来种植苜蓿。苜蓿是牛非常喜欢食用的一种牧草，优于野草。通过这种方法，迅速改变了大草原地区北部和西部育肥区的放牧条件。从 19 世纪 80 年代末至 1908 年的 20 年间，每英亩苜蓿饲养的牛增长了 12 倍。[1]

其四，大量外国投资用于铁路建设为牧业的迅速发展提供了便利的条件。阿根廷铁路建设是政府用英国资本的资助启动的。最初的六英里铁路是在 1857 年修建的，到 1880 年铁路的长度达到了近 2,400 英里。[2]1887 年，阿根廷的铁路延长到 4,164 余英里；到 1900 年，增长到约 1.0317 万英里；至 1914 年上升到近 3.1338 万英里。[3] 在 1913 年，铁路吸收的外资占外国资本投资总量的 36%。[4] 铁路解决了牧业发展的交通问题。建成的铁路伸展到阿根廷的多个省内，不仅降低了运费，而且也为羊毛和牛羊肉出口增加了更多的机会。铁路建设的迅速发展，无疑是推动阿根廷的牧业崛起的一个重要因素。

其五，阿根廷一些牧场主，特别是在 19 世纪中期移居阿根廷的欧洲人，对促进阿根廷的牧业发展起了非常重要的作用。羊群和牛群的改良除引进优良畜种和提供优质牧草外，还需要管理方法的改进、投资修建带刺铁丝围栏和为牛羊提供充足的水源。这些都是由原始游牧方式向现代化牧业经营转变的必须具备的基本条件。[5]1850 年以后，带刺铁丝围栏在阿根廷被大量引进采用。这一重要的技术进展帮助牧场增加了产量。[6] 因为它允许巩固法定大地

---

[1]　D.C.M. 普拉特、吉多·迪·特拉：《阿根廷、澳大利亚和加拿大，1870—1965 年的发展比较研究》，第 26 页。

[2]　罗伯特·D. 克拉斯韦勒：《庇隆与阿根廷之迷》（Robert D. Crassweller, *Peron and the Enigmas of Argentina*），纽约·伦敦 1987 年版，第 43 页。

[3]　费勒提供的是以公里为单位的统计数字，为了与前面的数字单位一致，此处换算成了英里。参见奥尔多·费勒：《阿根廷经济》，第 92 页。

[4]　奥尔多·费勒：《阿根廷经济》，第 93 页。

[5]　克拉伦斯·H. 哈林：《阿根廷和美国》，第 34 页。

[6]　奥尔多·费勒：《阿根廷经济》，第 51 页。

产的权利，使土地得到了更好利用。围栏的建筑，取消了在开放牧区的"巡夜者"，减少了牧场的雇工数量，使牧场主节约了经费开支。把畜群固定在围栏牧场内饲养，可以阻止牲畜四处漫游丢失，防止草地过载和保证优质畜种改良、培育的质量。移居阿根廷的大牧场主，大多来自英格兰、苏格兰和爱尔兰。他们不仅重视畜种的引进和改良，而且把欧洲较先进的管理方法也传到了阿根廷。为了保护自身的利益，牧场主们还在1866年建立了"阿根廷农业协会"（Social Rural Argentina）。[1] 该组织在推进阿根廷牧业的发展中起了重要的作用。

最后，南部大草原地区经济的迅速发展促进了阿根廷现代牧业的兴起。布宜诺斯艾利斯省西部成为牛群的育肥区后需要建设通往那里去的铁路，其结果导致在大草原上形成了纵横交错的铁路网。1875年，冷冻的牛肉按期从美国运抵英格兰。两年后，首次用机器冷藏的方法把鲜肉穿越热带地区装运获得成功。[2] 随着牛肉出口量的迅速增长，冷藏库、冷藏车和港口设备都需要大量投资。大量投资导致阿根廷金融和银行机构的发展。阿根廷牧畜业是在布宜诺斯艾利斯省经济迅速兴起的大环境下不断发展的，并在金融和银行机构的控制下形成独具特点的现代出口经济。由于上述诸多因素的相互作用，阿根廷在19世纪后半期迅速成为一个牧业大国和重要的畜产品出口国。

第二节　美国遇到挑战

一、活牛和牛肉出口

1.美国对英国的出口

19世纪60年代，英国的肉类供应出现了严重问题。一方面是因为工业

---

① D.C.M.普拉特、多·迪·特拉:《阿根廷、澳大利亚和加拿大，1870—1965年的发展比较研究》，第26页。

② 克拉伦斯·H.哈林:《阿根廷和美国》，第34—35页。

化的深入发展和城市人口的增长加大了对肉类的需求。另一方面是欧洲大陆的牛群此时正遭受炭疽病的侵袭。英国为防止本国的牛群受到传染，采取严厉的检疫法阻止欧洲大陆的牛进入。然而，口蹄疫在此期间却从爱尔兰传到英国，并像野火般地迅速蔓延开来。为了阻止口蹄疫的扩散，英国不顾一切地宰杀了数万头牛。虽然造成了巨大的经济损失，但消灭口蹄疫的努力却收效较慢。[①] 在人民对肉类需求日益增加时，英国的牛肉生产却因口蹄疫爆发而大幅度下降。结果导致英国市场上牛肉价格暴涨。在此非常时期，英国从美国进口粮食和牛肉干的数量达到了新的高点，也通过一些渠道进口活牛。英国人渴望得到牛肉，他们花钱到任何市场上去购买。作为巨大的债权国，英国有独特的优势到美国和世界上其他国家去买牛和牛肉。

在英国市场急需牛肉的时候，美国由于西部"牧牛王国"的兴起而增加了其牛的产量。在美国西部的平原地区乃至那些山区州和领地建起了许多新牧场。内战以后，美国西部成了英国市场上牛肉供应的重要货源地。1875 年，有 299 头活牛从美国东部的一些港口装运到了英国。同年，有 309.8 万镑的鲜牛肉，通过在货船上安装冷藏分隔间的方法被运抵英国。装运活牛和冷藏牛肉的成功在英美之间开辟了极其重要的贸易通道。1876 年，有 380 头活牛和 1.444336 亿磅冷藏牛肉被运至英国。这些牛肉的价值达 185 万美元。到 1879 年，运活牛的船队将 75.931 万头活牛运往英国。同年，有 5.5973 亿磅冷藏牛肉被输往英国，价值达 600 万美元。[②] 从 1879—1882 年，牛肉的价格在美国和英国市场上迅速上扬。英国对牛肉的需求使美国对英国的出口继续增加。1880 年，有 15.64 万头活牛从波士顿、费城、巴尔的摩和纽约等港口运往英国。同年，输往英国伦敦、利物浦和克莱德班克的鲜肉高达 7.24272 亿磅。[③] 在 1881 年和 1882 年，虽然出口到英国的活牛数量有一点减少，但鲜肉输出的数量仍在增加。英国投资者和美国西部牧牛场主都感受到了国际贸易中这种令人震惊的发展速度的冲击。

---

① 罗伯特·O. 布雷耶：《英国资本对西部牧牛业的影响》，《经济史杂志》1949 年第 9 卷。

② 罗伯特·O. 布雷耶：《英国资本对西部牧牛业的影响》，《经济史杂志》1949 年第 9 卷。

③ 罗伯特·O. 布雷耶：《英国资本对西部牧牛业的影响》，《经济史杂志》1949 年第 9 卷。

2. 美英间的矛盾

《泰晤士报》（The Times）在 1880 年报道，从 1887 年起，进口到英格兰的牛肉增长了 80%[①]。一些到美国西部牧区进行考察的英国人也发表文章，介绍在那里经营牧牛业投入不多却获利丰厚的情况。这些文章说，在得克萨斯州养牛不用谷仓和牲口棚，那里冬天也很暖和，大部分谷地和平原未被人占用，地价便宜。牧牛人的工资很低。每人每月支付六英镑，就能够照看好 1,000 头牛。用在牛群上的花费也不多，一头两岁口的牛仅花费 5—7 美分。养牛的损失较低。有的文章称每年牛的损失率为 2% 到 3%；有的作者认为其损失为 5%，最高为 10%。在那里"养牛花费最低麻烦最少"[②]，但获利很高。一些文章说在得克萨斯养牛，一年可以获利 25% 以上，在投资的三年期内，每年的增长率为 28% 至 30%，超过七年，每年的利率可达 40%。一笔一万英镑的投资在三年期满后可获利 8,800 英镑。[③] 这种在得克萨斯养牛少投入、低风险和高回报的宣传，使英国的许多投资者受到诱惑。他们不仅要到美国西部投资创办牧牛公司，而且还想经营越洋牛肉贸易，以便获取高额利润。很快，英国在美国西部建立了数十家牧牛公司，投资超过 4,000 多万美元。对此，笔者在前面论述美国西部牧区的投资时已有较详细的阐述，故不再赘述。

英国资本大量流入美国西部牧区引起了美国的忧虑。美国人对外国人拥有大片土地的担心和不满情绪不断增长。到 1883 年，美国有 21 家主要的牧牛公司是在英国组建的。苏格兰在美国西部牧牛业的投资约为 2,500 万美元。英国公司占有或控制着的牧区土地至少有 2,000 万英亩。[④]

好几个州表达了反对外国势力进入西部牧区的要求，其中尤其是以得克

---

① 理查德·格拉姆：《英国—得克萨斯牧牛公司投资的兴旺》，《商业史评论》1960 年第 34 卷。

② 理查德·格拉姆：《英国—得克萨斯牧牛公司投资的兴旺》，《商业史评论》1960 年第 34 卷。

③ 理查德·格拉姆：《英国—得克萨斯牧牛公司投资的兴旺》，《商业史评论》1960 年第 34 卷。

④ 唐·武斯特：《奇泽姆小道——牧牛王国最好的通道》，第 166 页。

萨斯州的反应最为强烈。1884 年 1 月 31 日，达拉斯《每日先驱报》（*Daily Herald*）大声抱怨外国在得克萨斯的土地垄断和公司土地投机的增长。该报抨击"大量生活资料掌握在许多住在苏格兰、法国和英格兰的股东们的手中"，"辽阔的领土被有权势的巨商控制"；他们围占公共领地，使用"没花一美元租用"的牧草，"没有花费劳力和代价而聚集了财富"。同年 2 月 6 日，该杂志又发出了同样的怨恨和警告：得克萨斯西部和西北部的主要地区"令人吃惊地变为少数富人和公司控制的地方，他们大多是暂住美国的外国人，把那里变成了没有居民的放牧地。"①

除了舆论界反对英国等外国牧牛公司占据美国西部土地外，一些州政府和国会也试图以立法的形式阻止外国资本势力的侵入。得克萨斯州长詹姆斯·霍格预言：在其州内英国占有的巨大地产将被次等的外国租用者分割。这些租用土地的人被贵族地主赋予了政治权力。1890 年 4 月 19 日，霍格发表讲话，谴责"英国巨商、辛迪加和公司"用铁丝网围占了大量地产；他们最终打算把这些土地租给"外国农奴和因欠债当佣工者"；这些人将依照"英国贵族"的命令用投票的方式嘲弄得克萨斯的民主。1893 年 1 月 12 日，霍格开始了第二任州长的任期。他特别提及"苏格兰和英国的公司"对得克萨斯政治和经济的发展是危险的东西。霍格不仅予以谴责而且还采取了行动。1892 年 4 月 12 日，他使州立法机关通过了《外国土地法》（*Alien Land Law*）。该法禁止外国人此后获得土地，且要求外国土地所有者在十年内或是处理其财产，或成为美国公民。次年 3 月 24 日，霍格又签署了《公司土地法》（*Corporation Land Law*）。此法禁止以公司的形式在将来获得得克萨斯的土地，并命令全体土地所有者在 15 年内出售他们的土地。② 第二种方法对英国投资者是一种威胁。如果该法被强有力地实行，那么他们的财产价值可能会降低。在 1885 年，美国国会也通过反对外国人占有土地的法令。③

---

① J.弗雷德·里庇：《得克萨斯土地和畜牧业中的英国投资》，第 334 页。

② J.弗雷德·里庇：《得克萨斯土地和畜牧业中的英国投资》，第 335 页。

③ 理查德·格拉姆：《英国—得克萨斯牧牛公司投资的兴旺》，《商业史评论》1960 年第 34 卷。

其他州和领地也像得克萨斯一样试图以立法的方式反对外国人的地产所有权，但这些努力均被法院以违宪为由予以制止。① 有的州和领地认为外国资本是必不可少的东西，不需通过得克萨斯那样的立法。然而，英国投资者也感受到美国反对外国人在其西部拥有牧业公司的情绪特别强烈。他们以一种平静和警惕的眼光注视着事态的发展。

1878 年，在美国出口到英国的活牛中，有一只货船上的牛被查出有传染性胸膜肺炎。英国枢密院因此颁布了一项新的法令，规定来自美国的牛在卸货港上岸后的十日内必须强制宰杀。② 这就意味着来自美国的牛必须待在有检疫条件的"外国家畜停泊码头"（Foreign Animals Wharfs），直到被出售。这些牛在其买主被允许运走之前被宰杀。所有这些规定，都要求这些港口比让牛完全自由进入时有更复杂的设备。英国的"外国家畜停泊码头"还是在1869 年枢密院颁布"传染性疾病家畜法"（Contagious Disease Animals Act）后建立的。③ 其目的是为了禁止欧洲大陆染有口蹄疫的牛进入英国。这些码头的检疫设施远远赶不上英国进口牛贸易的迅速增长。在此情况下，英国开始对美国输入的牛禁运，并要求它在输出港进行检疫。为了保住这一获利丰厚的贸易，美国国会在 1881 年 3 月 3 日拨款 1.5 万美元，授权财政部长"设法获得从美国任何一个港往国外任何一个港装运家牛的信息，以使他有理由向运牛人的那些没有染上胸膜肺炎的牛颁发专门证件"④。在同年随后的两个季节中，国会在每个季节中给财政部长拨款 5 万美元，授权他与州和市政当局及企业联合保证牛的路陆和水路运输，制定阻止胸膜肺炎扩散的法规和建立检疫站。⑤ 然而，这些措施并没有认真实行。另外，英国的养牛人在本国农场养牛要花很大投资种植牧草和保证水源。美国西部的牧场主靠不花钱的

① 唐·武斯特：《奇泽姆小道——牧牛王国的最好通道》，第 167 页。

② 理查德·佩伦：《1870—1914 年北美与英国的牛肉和牛贸易》（Richard Perren,"The North American Beef and Cattle Trade with Great Britain, 1870-1914"），《经济史评论》1971 年第 14 卷。

③ 理查德·佩伦：《1870—1914 年北美与英国的牛肉和牛贸易》，第 431 页。

④ 欧内斯特·S.奥斯古德：《牧牛人的时代》，第 167 页

⑤ 欧内斯特·S.奥斯古德：《牧牛人的时代》，第 167—168 页。

天然牧草养牛。这样，美国牛输入英国市场后售价低于当地的牛，致使英国养牛人蒙受巨大的损失。他们极力促使本国政府实施严厉的检疫法，禁止美国牛和牛肉进入英国市场。英美之间的这些纠葛，使美国输入到英国的活牛在 1881 年后有所减少。与此同时，美国的牛和牛肉出口贸易在国际上也遇到强有力的竞争者。

3. 美国的劲敌

在对英国的牛和牛肉出口贸易中，澳大利亚是美国的竞争者之一。澳大利亚对英国的出口早于美国。在 19 世纪 60 年代，澳大利亚的罐头肉就销往伦敦。1879—1880 年，澳大利亚的牛肉出口量为 1,600 万磅。[①] 到冷藏货船航海成功后，其肉类出口量有了大幅度的增长。1880 年 2 月 2 日，"斯特拉斯利文号"轮船冷藏室内装载着冷冻的牛肉、羊肉和羔羊肉，成功地运抵伦敦。在把冷冻肉出口到海外市场的技术发展中，澳大利亚在世界上居于领先地位。自 1880 年以后，英国成为澳大利亚的主要肉类出口市场。直到 20 世纪 50 年代，澳大利亚在对英国的牛肉出口贸易中拥有压倒优势。[②]

在澳大利亚首次成功地把冷冻牛肉运抵伦敦的当年，"澳大利亚出口冻肉公司"（Australian Frozen Meat Export Company）在维多利亚的马立伯尔农和新南威尔士的奥兰治建立加工厂。到 1897 年，澳大利亚出口的冻牛肉达 4,320 吨[③]，约合 952.3872 万磅。根据英国每五年的统计，1895—1899 年它从美国进口的牛肉为 1.884956 亿磅[④]，每年的平均进口量为 376.9912 万磅。在 1897 年，澳大利亚对英国的牛肉出口已经大大超过了美国。

在对英国的牛肉出口中，阿根廷等南美国家也是美国的劲敌。在 1895 年现代肉类加工包装厂建立后，阿根廷每年仍向欧洲装运数万头活牛。[⑤]澳

---

① A. G. L. 肖：《澳大利亚农业的历史与发展》，载 D. B. 威廉斯：《澳大利亚经济史中的农业》，第 10 页。

② 《澳大利亚百科全书》，第 4 卷，第 141 页。

③ 《澳大利亚百科全书》，第 1 卷，第 484 页。

④ 理查德·佩伦：《北美与英国的牛肉和牛贸易》，《经济史评论》1971 年第 14 卷。

⑤ 克拉伦斯·H. 哈林：《阿根廷和美国》，第 34 页。

大利亚用制冷设备远洋运输冷冻牛肉成功后，阿根廷经过 20 余年的技术改进，使冷冻肉穿越南大西洋后安全运抵英国。澳大利亚在 1892—1894 年和 1901—1902 年发生了严重旱灾，对欧洲的牛肉出口下降。[①] 在此期间，阿根廷等南美国家对欧洲的肉类出口大幅度上升。

在 19 世纪 70 年代以后，阿根廷的对外贸易出口不断增长。1875 年，出口额为 2.6 亿美元；到 1900 年，增加到 4.6 亿美元；至 1929 年，则达到了 20 亿美元的最高点。[②] 在阿根廷的出口贸易中，牧畜产品一直占据主导地位。在 1875 年，牧畜产品占阿根廷出口总额的 95%，而谷类产品不足 1%。到 1890 年，阿根廷的农作物出口上升到占出口总额 20%，但牧畜产品的出口仍占 80%。进入 20 世纪后的头十年，虽然阿根廷的粮食作物出口增加到占其出口总额的 48%，但仍没有超过牧畜产品的出口额。[③]1875 年至 20 世纪的前 10 年间，阿根廷的牧畜产品出口也发生了一些明显变化。其一是羊毛出口增加。其二是在 19 世纪末，冷冻肉的出口猛增，且主要是输往英国。

三个因素结合在一起，使阿根廷取代美国成为向欧洲出口牛肉的主要国家之一。第一，阿根廷牛的质量得到了改进。第二，阿根廷有高质量的牧草。第三，阿根廷采用了现代化牧畜业经营方式。这三者在一个较短的时期内得以完成。在第一次世界大战爆发前的 30 年间，阿根廷的草原地区实现了这一转变。[④]

在牛和牛肉出口贸易的激烈竞争中，美国不仅受到澳大利亚和阿根廷的挑战，而且南美的智利、巴西和北美的加拿大等国也加入其中。美国出口的牛和牛肉，多是得克萨斯长角牛及其后代。这些牛是靠天然牧草饲养，短期育肥，在肉质上比不上澳大利亚和阿根廷等国出口的牛。在激烈的国际竞争

---

① A.C.L. 肖：《澳大利亚农业的历史与发展》，载 D.B. 威廉斯：《澳大利亚经济中的农业》，第 15 页。

② 奥尔多·费勒：《阿根廷经济》，第 99 页。

③ 奥尔多·费勒：《阿根廷经济》，第 100 页。

④ D.C.M. 普拉特、吉多·迪·特拉：《阿根廷、澳大利亚和加拿大，1870—1965 年的发展比较研究》，第 26 页。

中，美国出口的牛先是因胸膜肺炎受到禁运，后又因多国的竞争而出口量日渐减少。这种状况致使美国西部牧区存牛过多，牛价在国内市场上跌落。再加之1886—1887年历史上罕见的暴风雪使美国西部牧区遭到了灭顶之灾。所以粗放、原始游牧经营的牧牛业便盛极而衰。

二、羊肉和羊毛贸易

1. 美国羊肉出口难

与活牛和牛肉大量出口相比，美国的羊肉却难以找到国际市场。这种状况是由多种原因造成的。首先是美国自身的原因。这主要是美国西部牧区羊的肉质差，在国际市场上缺乏竞争力。美国西部羊是在退化的"丘罗羊"基础上发展起来的。这种羊产的肉无脂肪、多筋且咬不动。后来，牧羊主通过引进优质羊种与"丘罗羊"杂交提高了西部羊的质量。然而，牧羊主为了使羊达到多产肉且多出毛的双重目的，引进了成熟慢、皮毛重、皮体表面粗糙的德兰斯羊和朗布依埃羊。这些羊与西部羊杂交后代产的劣质羊肉很难与欧洲市场上的优质羊肉相比。美国西部羊最初连国内东部的买主都拒绝收购，就更难被国外市场所接受了。

其次，英国的殖民地澳大利亚、新西兰和南非及阿根廷等国向欧洲市场出口了大量羊肉。1851年，澳大利亚的绵羊产量为170万只，到1891年升至最高点1.06亿只。[①]1895—1902年的严重旱灾使澳大利亚绵羊大量减产。然而，1902年澳大利亚的绵羊产量也相当于最高年份的一半。[②]1880年，澳大利亚首次向英国出口冷冻肉成功后，羊肉也成了销往欧洲市场的主要产品。这种羊肉出口最初只是为了宰杀过剩的羊。在1890年，澳大利亚有20万只被杀的羊被出口到英国。到第一次世界大战爆发前，它为出口羊肉而宰杀的羊每年可达400万只。[③]1913年，英国进口的全部冷冻羊肉为737.7454

---

① A. C. L. 肖：《澳大利亚农业的历史与发展》，载 D. B. 威廉斯：《澳大利亚经济中的农业》，第12页。

② R. M. 克劳福德：《澳大利亚》，第141页。

③ 马克·A. 史密斯：《羊毛税》（Mark A. Smith, *Tariff on Wool*），伦敦1955年版，第115页。

万只被屠宰的羊。[①] 这一年，澳大利亚出口的羊肉占英国全部进口的 54% 以上。新西兰的养羊业从 1853 年才开始起步。到 19 世纪 60 年代初，其绵羊的产量达到 50 万只，到 1880 年增长到 1,300 万只。[②] 继澳大利亚成功地把冷冻肉出口到英国三年后，新西兰的羊肉也在伦敦的肉店出售。[③] 到 20 世纪 20 年代，新西兰的绵羊达到 2,500 万只，羊毛产量为 2 亿磅。新西兰的气候非常适宜肉羊生长。它的羊肉大量出口到英国。新西兰"坎特伯雷"的羊肉在英国非常有名。[④] 南非比澳大利亚和南美更靠近伦敦市场。这种便利的条件鼓励它开展羊肉出口贸易。在 1908 年，南非进口鲜肉的价值达 60.7554 万美元；到 1915 年降至 1,158 美元；至 1917 年，它已对英国出口少量的羊肉。[⑤] 阿根廷从 1885 年开始冷冻肉贸易，绝大多数羊肉出口到英国。[⑥]

再次，英国、欧洲大陆和加拿大的肉羊多于以产毛见长的美利奴羊。英国永远把养羊置于多种农业经营的基础上。因为养羊有助于增加土壤的肥力和羊肉产品有利可图，故它把生产羊毛放在了次要地位。欧洲大陆的国家都在增加肉羊的数量，以适应日益增多的工业人口对肉类的需求。西班牙虽然是美利奴羊的故乡，但它也大量增加羊的数量。在北欧，养羊是农业经营的一个组成部分，且羊肉比羊毛的生产更为重要。加拿大的绵羊几乎全部是肉羊的品种。[⑦] 随着工业化不断地深入和城市人口的猛增，各国重视优质肉羊的生产已成为一个世界性的趋势。

上述因素使美国在羊肉出口贸易的国际竞争中处于劣势。从 19 世纪 80 年代以后，美国西部牧区成了它主要的产羊区。在 19 世纪 80 年代至第一次

---

① 马克・A. 史密斯：《羊毛税》，第 72 页注⑤。

② 哈罗德・米勒：《新西兰》(Harold Miller, *New Zealand*)，伦敦 1955 年版，第 115 页。

③ 关于新西兰冷冻羊肉首次出口英国的年代观点不一致，米勒称在澳大利亚之后三年，应是 1883 年；史密斯认为是 1887 年。参见哈罗德・米勒：《新西兰》，第 115 页；马克・A. 史密斯：《羊毛税》，第 76 页。

④ 马克・A. 史密斯：《羊毛税》，第 76 页。

⑤ 马克・A. 史密斯：《羊毛税》，第 79 页。

⑥ 马克・A. 史密斯：《羊毛税》，第 81 页。

⑦ 马克・A. 史密斯：《羊毛税》，第 91 页。

世界大战爆发前的这段时间，世界主要的产羊国家和地区，都把培育优质羊肉羊放在了第一位，使肉羊的产量大幅度增加。在此形势下，美国西部的牧羊主为了获取巨大利润，仍然追求使羊达到既多产肉又多出毛的双重目的。他们培育改良的羊种无法与其他国家的优质肉羊相比。因此，美国的羊肉无法进入国际市场。

2. 美国是羊毛进口国

美国"全国羊毛生产者协会"成立之后，它的一项重要工作就是协调羊毛生产者和羊毛制造商的关系，使纺织厂主多用国产羊毛。由于国产羊毛存在诸多问题，羊毛制造商宁愿购买外国羊毛而不使用国产羊毛。结果使大量外国羊毛进入美国市场。

第一，美国西部牧区产的羊毛质量差。在内战结束后较长一段时期，西部牧区羊的主体是已退化的"丘罗羊"。这种羊不仅肉质差，而且产毛量很少。19世纪80年代以后，西部牧羊主才开始重视羊种的改良，引进美利奴羊和郎布依埃羊等羊种。这些优质羊种与"丘罗羊"杂交培育的后代是为了既取肉又取毛，故皮毛厚重，质量较差。澳大利亚、新西兰和阿根廷等国的牧羊业从起步伊始便引进了英国等国的美利奴羊。这种羊产毛多且质优。美国西部牧区的羊毛无法与这种上等羊毛相比。美国的羊毛制造商在两种羊毛差价不是很大的情况下宁肯选其优。

第二，美国西部牧区的羊毛地区差价大。1872年，在科罗拉多一磅清洗的羊毛售价60美分，一磅未洗羊毛的价钱为40美分。[①] 在内战结束后的若干年内，得克萨斯牧区每磅羊毛的价格仅为24美分。[②] 因为得克萨斯的羊毛从来不清洗，买主便把价钱压低了1/3多。在美国东部市场，1867年羊毛的价格为每磅30美分多。[③] 也就是在这一年，外国较高等级的羊毛仅比美国国产羊毛每磅高出8—11美分。[④] 因为美国的地区差价，使西部产的羊

① 爱德华·N.温特沃斯：《美国的赶羊小道》，第334页。
② 爱德华·N.温特沃斯：《美国的赶羊小道》，第383页。
③ 保罗·H.卡尔森：《得克萨斯毛茸茸的羊脊背——牧区的绵羊和山羊业》，第82页。
④ 马克·A.史密斯：《羊毛税》，第112页。

毛在同外国进口羊毛的竞争中不占价格低廉的明显优势。澳大利亚等国的羊毛成了美国国产羊毛的主要竞争者。

第三，美国西部的羊毛等级较低，在国内市场上处于劣势。纯种的英国美利奴绵羊毛比其他绵羊毛都好。澳大利亚、新西兰和阿根廷都引进英国美利奴绵羊发展各自的养羊业。这些国家的羊毛在国际市场上都属于优等产品。美国西部牧区的羊群在内战以前多是"丘罗羊"，产毛少且质量差。在新墨西哥一磅羊毛的价钱仅有 4—5 美分。[1] 从 1853 年至 1861 年战争开始，俄勒冈的羊毛不分等级，每磅价格为 10 美分。[2] 内战结束时，美国的羊毛在中西部曾达到每磅一美元，两年后下降了 1/5 到 1/3。[3] 1865 年秋，得克萨斯的羊毛每磅也达到了 24 美分。[4] 这是前所未有的高价。然而，优质的美利奴羊毛在美国市场上却可以卖到更高价钱。1818 年，萨克森美利奴羊的优质羊毛每磅售价 75—80 美分，是西班牙美利奴羊羊毛价格的两倍，为普通羊毛价格的三倍。[5] 从 19 世纪初到内战之前，美国东部和中西部的农场主不断从西班牙、法国、萨克森和英国引进美利奴羊，改良自己的羊群。然而，除了内战结束当年美国国产羊毛价格有较高幅度上扬外，战前大部分时间明显低于进口的优质美利奴羊毛的售价。这表明美国的羊毛在国内市场上是被按低等级羊毛出售的。之所以造成这种状况，是因为美国一直没有按照羊毛的优劣分类的制度。

英国等国按照羊毛质量的优劣和纯净度分成不同的等级。美国的羊毛分类制度直到 20 世纪初期才逐步建立起来。英国养羊业的历史久远，其羊毛的等级分类早就建立起来，形成"英国体系"。澳大利亚、新西兰和阿根廷等国也都采用英国的分类体系。英国的羊毛等级分类是根据羊毛的外观、质量、纤维的强度和长度及色泽等项制订的，分类较细。美国后来制订的羊毛

---

[1]　马克·A. 史密斯：《羊毛税》，第 123 页。

[2]　马克·A. 史密斯：《羊毛税》，第 207 页。

[3]　马克·A. 史密斯：《羊毛税》，第 141 页。

[4]　马克·A. 史密斯：《羊毛税》，第 383 页。

[5]　马克·A. 史密斯：《羊毛税》，第 89 页。

等级分类则是按照产毛绵羊与美利奴羊的血缘关系划分，比较粗略。按照美国的分类，纯种美利奴绵羊产的羊毛为优等，但按英国的分类系统，这一等级的羊毛则依次有 80、70 和 64 等纱号标量。依照美国标准，有 1/2 美利奴羊血统的杂交羊所产羊毛，相当于英国系统的 60 和 58 纱号。前者 1/4 美利奴羊血统的杂交羊所产羊毛，与后者的 56 纱号对应；前者 1/8 血统的美利奴羊杂交羊的羊毛与后者 50 和 48 纱号对应；前者低于 1/8 美利奴羊血统的杂交羊所产羊毛相当于后者的 46 纱号。美国标准的普通羊毛相当于英国的 44 号纱。美国用于做镶边的末等羊毛按英国的标准分为 40 和 36 纱号。[1] 由于美国在 20 世纪以前没有羊毛分类标准，农场主和牧羊主不重视提高羊毛的质量。在西部牧区，还有剪羊毛前不洗的陋习。在羊毛加工过程中，对羊毛所附带的污物、羊毛脂等清理不彻底。这样导致美国的国产羊毛在国内市场上只能卖到普通羊毛以下的低价。一些与美利奴绵羊杂交的羊所产羊毛由于加工粗糙，也未能卖到比普通羊毛高的价钱。

第四，内战以后美国的羊毛关税政策未能阻止外国羊毛大量进入它的国内市场。美国内战结束之初，英国的纺织品大量涌入美国。为了遏制英国毛纺织品迅速涌入的势头，美国在 1867 年提高了毛纺织品的关税。1867 年关税法把羊毛分为三个等级。第一等级为衣料羊毛，每磅价值在 32 美分或以下者，每磅征收从量税 10 美分，外加 11% 的从价税；第二等级为精梳羊毛，征收的关税和从价税与第一等级相等；第三等级为织毯毛，每磅价值 12 美分或以下者，每磅征收 3 美分从量税，每磅价值 12 美分或以上者，从量税每磅则征 6 美分。[2] 该关税法规定的第一等级衣料羊毛被进一步限定为"没有任何混杂"的"纯种美利奴羊毛"，这一类型的羊毛从其卷曲度和含羊脂油的情况来鉴定。第一等级的羊毛还包括产自英国东南部丘陵草原的"唐种羊毛"（Down Woll）。进入美国市场的第一等级羊毛通常来自阿根

---

① 保罗・H.卡尔森：《得克萨斯毛茸茸的羊脊背——牧区的绵羊和山羊业》，第 215—216 页。

② 弗兰克・W.陶西格：《美国关税史》（Frank W. Taussing, Tariff History of the U.S.），纽约・伦敦 1931 年版，第 201、203 页。

廷的布宜诺斯艾利斯、新西兰、澳大利亚、好望角、英国和加拿大。第二等级的精梳羊毛只是来自英国产的"长羊毛"。第三等级的织毯毛包括从土耳其、希腊、埃及、叙利亚等地进口的未改良羊的羊毛[1]，虽然 1867 年关税法较大幅度地提高了羊毛进口的关税率，但并未能阻止外国羊毛进入美国市场。因为自内战爆发以来美国羊毛制造业正经历着一个大发展的过程，尤其是精纺毛制造业迅速崛起。这些羊毛制品厂对羊毛的需求量迅速增加，但所需的不是美国国产的劣质羊毛，而是主要来自澳大利亚和阿根廷等国家的优质羊毛。[2]

　　1867 年的羊毛关税是在美国"羊毛生产协会"成立两年后通过的。该关税法不仅使在"战时关税"中已被抬高的税率进一步攀升，而且其主要条款在此后半个多世纪的历次关税中一直沿袭，变动不大。它使羊毛及织品之关税成为美国整个关税体系中最复杂、保守和最难以动摇的体系。请看下表：

1867—1929 年羊毛关税

关税法	第一等级 衣料羊毛	第二等级 精梳羊毛	第三等级 制毯羊毛
1867	每磅价值在 32 美分及以下者，1 磅征 10 美分从量税，加 11% 从价税；每磅超过 32 美分者，1 磅征 24 美分从量税，加 10% 从价税	征税同第一等级	每磅价值在 12 美分以下者，1 磅征 3 美分从量税；每磅超过 12 美分，1 磅征 6 美分从量税
1883	每磅价值 30 美分及以下者，1 磅征 10 美分从量税；每磅超过 30 美分，1 磅征 12 美分从量税	征税同第一等级	每磅价值为 12 美分及以下者，1 磅征 2.5 美分从量税；每磅价值超过 12 美分者，1 磅征 5 美分从量税

---

　　[1]　关于第三等级的织毯羊毛的产地有两种不同观点，第一种观点认为是土耳其等国出口到美国的羊毛，另一种观点则认为是美国在 19 世纪出产的本国羊毛。参见保罗·H.卡尔森：《得克萨斯毛茸茸的羊脊背——牧区的绵羊和山羊业》，第 215 页。

　　[2]　马克·A.史密斯：《羊毛税》，第 111 页。

续表

关税法	第一等级 衣料羊毛	第二等级 精梳羊毛	第三等级 制毯羊毛
1890	每磅征 11 美分从量税	每磅征 12 美分从量税	每磅价值在 13 美分及以下者，征30%的从价税；每磅超过 13 美分者，征50%从价税
1894	免税	免税	免税
1897	每磅征 11 美分从量税	每磅征 12 美分从量税	每磅价值在 12 美分及以下者，1 磅征 4 美分从量税；每磅超过 12 美分者，1 磅征 7 美分从量税
1909	同 1897	同 1897	同 1897
1913	免税	免税	免税
1922	每磅征 31 美分从量税	每磅征 31 美分从量税	制毯毛免税，如果不用于制毯每磅征 12 美分从量税；以制毯名义进口而不用于制毯者，1 磅处罚款 12 美分
1929	每磅征 31 美分从量税	每磅征 31 美分从量税	制毯毛免税，不用于制毯每磅征 24 美分；以制毯名义进口且不用于制毯，1 磅罚款 50 美分

（资料来源：保罗·H.卡尔森：《得克萨斯毛茸茸的羊脊背——牧区的绵羊和山羊业》，第 142 页。）

　　1867 年的羊毛关税法是在羊毛生产者利益集团的要求下通过的。从上表中我们可以看到这样一些变化：（1）1883 年的羊毛关税比 1867 年的关税有所下降，且取消了从价税。这是因为羊毛制品生产商和多数消费者不满羊毛税长期居高不下，向国会施压的结果。（2）1890 年的关税法使衣料羊毛和精梳羊毛的税率有小幅度上升，把织毯羊毛税率大幅度上调，缩小了与前两类羊毛税率的差别。这是为了阻止在羊毛进口过程中前两类羊毛冒充织毯毛逃避高关税。（3）1894 年和 1913 年的关税法全免了羊毛进口税。这是民主党执政时关税改革的成果。（4）1897 年的关税法又把羊毛的税率恢复到了 1890 年以前的水平。这是因为 1894 年关税法羊毛减税使美国西部的牧羊主遭受了重大损失。1892 年未免税时，100 万只羊价值达 300 万美元，所产羊毛可卖到 84 万美元。实行免税之后，同样多的羊的价值下跌 150 万美元，所产羊毛落至 28 万美元。在东部市场，每磅羊毛降为 7—10 美分。[①] 这引起了包括西部牧羊主在内的羊毛生产者集团的不满。该集团与其他关税保护主义者集团联合向国会施压，最终通过了 1897 年的《丁利关税法》。它是 19 世纪美国最后的一部关税法，也是内战后有效期最长的关税法。因为 1909 年的关税法在羊毛进口税率上与 1897 年完全相同。美国的贸易保护主义体制一直保持到 1913 年。虽然 1913 年的关税法是内战以来美国关税改革派取得的唯一一次最彻底的胜利，但 1914 年第一次世界大战的爆发使它失去了付诸实施的机会。大战结束后，共和党在 1920 年的大选中获胜，一直执政到 1932 年。共和党政府一直实行保护主义的高关税政策。1922 年和 1929 年的关税加大了各等级羊毛的税率，提高幅度超过了 19 世纪后半期最高关税的征税率。特别是对织毯毛不但大大提高了从量税，而且还增加了罚款的规定。

纵观美国自内战结束至 20 世纪 20 年代末的关税发展史，我们可以看到在 60 余年中，美国基本是对羊毛进口征收高关税，其中只有两次关税法是例外。然而，这种保护主义贸易政策并未能阻止外国羊毛进入美国市场，也没能使美国自产的羊毛在国内市场占据优势地位。从 1867—1900 年，美国羊毛价格在国内市场有所提高仅有两次。第一次是因为普法战争对国际市场贸易产生的影响，使美国羊毛的价格在 1871—1872 年有所上升。[②] 第二次是在 1879—1880 年恢复硬币支付之后。对此，澳大利亚和阿根廷等国以降价进行对抗。[③] 结果使美国羊毛的价格跌落下来。随着美国羊毛制造业的迅速发展，毛纺织厂对羊毛的需求量增多。精纺羊毛制造业所需的羊毛从 1860

---

① 爱德华·N.温特沃斯：《美国的赶羊小道》，第 254 页。
② 爱德华·N.温特沃斯：《美国的赶羊小道》，第 155 页。
③ 马克·A.史密斯：《羊毛税》，第 111 页。

年的 300 万磅增加到 1890 年的 1 亿磅。[①] 因为美国羊毛生产者不能为本国毛纺织厂提供足够的优质羊毛，所以不论国会通过任何高关税法，都无法阻止大量外国羊毛涌入美国市场。1893 年和 1912 年，美国每年进口羊毛的价值达 2,000 万美元；1866 年、1897 年和 1921 年，其用在进口羊毛上的费用分别为 5,000 万美元。[②]

　　在第二次现代化浪潮之中，世界市场和美国国内市场对肉类和羊毛的需求日益增长。恰在这时美国西部的牧牛业和牧羊业迅速崛起，成了美国的牛羊肉和羊毛的重要生产基地。美国活牛和牛肉不仅供应国内市场，而且也出口到英国等欧洲国家。由于美国西部牧区的牧牛业是在得克萨斯长角牛的基础上发展起来的，在激烈的国际竞争中遇到了澳大利亚和阿根廷等国的竞争。在活牛和牛肉出口贸易中，与英国也有冲突和摩擦。结果在这项出口贸易的竞争中渐失优势。在羊肉国际贸易中，美国的劣质羊肉根本无法出口。其国产羊毛也无法与英国等欧洲国家、澳大利亚、新西兰和阿根廷等南美国家的羊毛相争，连在国内市场也不被看好。结果美国成了羊毛进口大国。出现这种状况，主要是美国西部牧区从内战后至 19 世纪末，在很长一段时期内采取的是原始游牧的粗放经营方式。不论是牧牛场主还是牧羊主，为了获取巨额利润，他们更多追求的是牲畜数量的增加，以量代质。激烈的国际贸易竞争使美国西部牧区原始游牧经营方式的弊端充分显露出来，并成为加速"牧畜王国"衰落的一个重要原因。在激烈的国际竞争中，美国西部的牧场主被迫改变原始的游牧方式，向现代化定居饲养方式转变。

---

① 马克·A. 史密斯：《羊毛税》，第 111 页。
② 爱德华·N. 温特沃斯：《美国的赶羊小道》，第 571 页。

第十二章　牧区天灾

第一节　旱灾与火灾

一、严重的旱灾

1. 大旱之年

大平原地区干旱少雨，年均降水量不到 20 英寸。降雨量的年度和季节分配极不均匀，有时可能连续几年超过平均值，但随后数年的雨量都远在平均雨量之下。[1] 尽管美国大平原委员会在 1936 年指出：1865—1905 年为雨季周期，[2] 但其间有些年份却出现了严重旱灾。

1879—1880 年，是大平原的干旱之年。[3]1880 年，考德威尔成为重要牛镇伊始就遭遇大旱。从五月的第一个星期至九月五日，那里一直没有降雨。土地变得坚硬而干裂。火辣辣的阳光把牧草和其他植物烤得焦干。河流严重缺水。有些溪流完全干涸。牛仔不得不把牛群赶出数英里之外，试图为干渴难耐的牛找到一个尚有水的水塘。[4]

80 年代中期，大平原的旱灾更加严重。从 1884—1886 年，草原连续遭受干旱。1884 年，得克萨斯的旱灾比大平原任何地区都严重。[5]1885 年春，

---

① 拉尔夫·布朗：《美国历史地理》下册，第 573 页。

② 鲁珀特·N. 理查森：《大平原的未来》（Rupert N. Richardson, "The Future of Great Plains"），《密西西比流域历史评论》1943 年 6 月第 30 卷。

③ 霍华德·R. 拉马尔主编：《西部读者百科全书》，第 185 页。

④ 哈里·S. 德拉戈：《荒凉、恶劣与粗犷——堪萨斯牛镇和得克萨斯牛贸易》，第 243 页。

⑤ 沃尔特·P. 韦布：《大平原》，第 237 页。

牧牛场主们在下佩科斯和德弗尔斯河、孔乔河地区进行大规模的赶拢。为此，需要把该牧区漫游到北部和东部的牛集中起来，赶回赶拢区。当时那里正发生极其严重的干旱。牛仔们在距牧区两百余英里的佩科斯河口找到了拥挤不堪的牛群。牛在那里找不到任何可以吃的东西，正濒临死亡。佩科斯以东是贫瘠地区的分界线。那里没有草，更没有水。牛仔们在离牧区数百英里处准备了许多货车和加鞍备用马，以便为集中起来的牛群供应饲草和饮水，但却徒劳无用。牛因饥渴难耐挤在一起，乱作一团。牛仔们很难把它们赶回牧区。[①]1886 年夏天，大平原的天气炎热而干燥。草长得很矮。一直到冬天临近，牛群都处在一种饲草不足的状况下。[②] 这一年，牧区在经历了一个干旱的夏季之后并没有迎来人们所期盼的两个月降雨。随之而来的秋天变得炎热而干燥。连续两个月没有降雨。热风耗尽了土地最后的湿气。残留的植物变成褐色，蜷缩着，被风吹走。水洞都枯竭了，成为被焙干的地球上四处裂缝的土地。有一个牧羊主说："我不得不剥掉它的硬壳再去找草了"[③]。由此可见干旱严重到了何种程度。

1892—1893 年的严重干旱使牧羊区的水洞、河流失水严重，空见其底。水井干涸。牧区土地的草变得皱缩和枯黄。一些羊被饿死。羊毛生产者因不愿看羊忍受饥饿不得不把它们卖掉。[④] 在 20 世纪初，除加利福尼亚外，与其相邻的西南部诸州也遭受了严重的旱灾。如新墨西哥的埃斯坦西亚河谷，从 1903 年 6 月至 1904 年 8 月，没有半英寸降雨。[⑤] 整个大平原也有一年的时间（1903 年 9 月—1904 年 9 月）没有降雨。牧草枯竭。地面的储水池全空了。在一些有水的地方，经常见到母牛的尸体。有些牧牛场主为了保住母牛而杀死刚出生的小牛。[⑥]

---

① 　J. 弗兰克·多比：《长角牛》，第 119—200 页。

② 　欧内斯特·S. 奥斯古德：《牧牛人时代》，第 219 页。

③ 　保罗·H. 卡尔森：《得克萨斯毛茸茸的羊脊背——牧区的绵羊和山羊业》，第 145 页。

④ 　保罗·H. 卡尔森：《得克萨斯毛茸茸的羊脊背——牧区的绵羊和山羊业》，第 166 页。

⑤ 　查尔斯·W. 汤、爱德华·N. 温特沃斯：《牧羊人的帝国》，第 252 页。

⑥ 　J. A. 里卡德：《南部平原大牧场的危险》（J. A. Richard, "Hazards of Ranching on South Plains"），《西南部历史季刊》1934 年 4 月第 37 卷。

综上所述，我们可以看到，即使在科学家们认定的雨季周期，大平原地区的旱灾在很多年份也频频发生。

2. 旱灾的危害

虽然旱灾不像草原火灾和暴风雪那样猝不及防和立即造成悲剧性的后果，但它对自然生态环境的破坏和对牧场主的惩罚却更有杀伤力。

首先，旱灾貌似缓慢却持续地破坏自然生态环境。在干旱的年月，每天都骄阳似火，热风劲吹。草本植物经过一天的暴晒便开始蜷缩。到黄昏太阳隐去时，变蔫的植物逐渐恢复生气。次日清晨他们或许恢复坚挺的姿态。经过又一天的酷热，植物变得更加萎缩。经过连续数日的暴晒和灼热大地的蒸烤，植株越垂越低，直至干枯。旱灾继续下去，贮存水的水位变得越来越低，直到枯竭。草原的牧草变得焦干。土地板结而干裂。羊不得不以平时根本不吃的劣质草充饥。[1] 野马只能在开阔的牧区寻觅野梨，啃光有害开花植物的茎秆。[2] 牛对食物较羊挑剔，只能忍受饥饿的折磨。数月乃至连年的旱灾对草原的生态环境是严重的破坏。

其次，大旱之年往往伴有蝗灾。在考德威尔遭受大旱的那年，人们天天仰望天上的云。他们企盼着一场降雨能救救剩余的庄稼，恢复牧草的青翠。天赐之雨一直未能盼来。一场蝗灾却突然而至。1880 年 8 月 1 日，从落基山区飞来的蝗虫群遮盖住太阳，有数英里宽，20 英里长。天空霎时黑暗起来。大部分害虫飞掠而去。剩下的蝗虫落到考德威尔，几乎盖满了地面。一些地方蝗虫多达 2—4 英寸厚。顷刻之间，那剩余的草禾被蝗虫一啃而光。[3] 所有绿色草木都遭受了相同的命运。蝗灾加重旱灾，加速了对自然生态的破坏。牲畜什么饲草也没有了。

其三，旱灾导致牲畜大量死亡。在干旱的季节，牛陷入了困境。它们躺在圆水洞的烂泥中。如果牛仔们不来救这些牛，它们很快会因饥渴死

---

① 查尔斯·W.汤、爱德华·N.温特沃斯：《牧羊人的帝国》，第 251 页。

② J.弗兰克·多比：《野马》，第 121—122 页。

③ 哈里·S.德拉戈：《荒凉、恶劣与粗犷——堪萨斯牛镇和得克萨斯牛贸易》，第 243—244 页。

去。得克萨斯沃思堡附近一个牧场的 1.5 万头牛因 1884 年的旱灾而大量死亡。[①]1904 年的旱灾使新墨西哥牧区的牛死亡率达 50%，整个大平原牧区也都遭受了严重损失。[②]羊比牛承受干旱的能力强，但仍有大量的羊死于旱灾。1864 年加利福尼亚发生严重旱灾。吉尔罗伊东边一个峡谷的温度达到 76℃。附近一个 76 平方英里的牧场上，1.6 万只羊最后减少到 1,000 只。在 1876 年的严重旱灾中，蒂洪的一个大牧羊主不得不把 5.8 万只羊散放，让它们到高地牧区自行觅食。到 10 月降雨后，收回的羊只有 5.3 万只。[③]损失相当可观。

其四，旱灾以缓慢和折磨人的方式毁灭经营者的希望与信心。因为牧场主不愿目睹牛羊在极度痛苦中挣扎，往往祈天求雨。在 1885—1886 年的旱灾危害南部平原时，亚利桑那的一些牧场主脱帽站立，向天祈雨。主祈者虔诚地祈求道："主啊！我打算与您进行一次最坦诚的交谈。我不像这些每天都烦扰您的人一样，我从未向您祈求过任何事情，这是我第一次求您。如果您恩允我这次祈求，我保证再不会来打扰您。仁慈的主啊！我们想得到一些降雨，哪怕是暴雨。求您赐些雨给我们吧！如果您不能或不想赐给我们，那么也不要把雨赐给胡克牧区和科斯牧区周围吧！请对我们所有的人一视同仁。阿门！"[④]在干旱年代，像这样向苍天求雨的现象在西部牧区非常普遍。一句没有争论的民间谚语是"一段时间的干旱之后随之而来的是一场降雨"[⑤]。不堪旱灾之苦的人们转向求雨。他们以更多的宗教忠诚和不可怀疑的默认方式进行祈祷。有时，可能降雨，这便证明了精诚所至，苍天睁眼。很多情况下，明亮天空中最小的一片云先是激起人们对雨的渴望，但最终苍天却不给他们的希望留有任何余地，残云消失，连一滴雨也不下。在西部牧

---

① 沃尔特·P. 韦布：《大平原》，第 237 页。

② J. A. 里卡德：《南部平原大牧场的危险》，第 316 页。

③ 查尔斯·W. 汤、爱德华·N. 温特沃斯：《牧羊人的帝国》，第 251 页。

④ J. J. 瓦戈纳：《1540—1940 年亚利桑那西南部的牧牛业史》（J. J. Wagoner, *History of Cattle Industry in South Arizona, 1540-1940*），图森 1952 年，第 45 页；转引自詹姆斯·A. 威尔逊：《西得克萨斯西部对亚利桑那早期牧牛业的影响》，《西南部历史季刊》1967 年 7 月第 71 卷。

⑤ 沃尔特·P. 韦布：《大平原》，第 376 页。

区，一个人可能因为一次洪水或暴风雪逃离，但没有因一次旱灾离去的。然而，在很多情况下旱灾使人们的希望一次次破灭，最终他们一定会从牧区离去的。旱灾从来不是突发的，但它却从数天拖长到好几个月。这是一种渐进式的暗中危害牧区的天灾。它使牧场主经受极度痛苦的折磨，并最终毁灭他们的全部希望和继续经营下去的决心。

19 世纪 80 年代的旱灾在新墨西哥造成了严重的破坏。从 1886—1893 年，"金牧场"（King Ranch）足智多谋的经理受到了严重挑战。在 90 年代早期，得克萨斯的"XIT 牧场"受到了破产的威胁。在那些年月，甚至最有经验的牧场主也丧失了继续经营下去的勇气。如萨姆·多斯，他早在 1845 年就在得克萨斯从事牧牛业。在长期的牧牛生涯中，多斯在各种不同的边疆地区经营牧场。在 90 年代的长期旱灾面前，疾病和难熬的岁月使他的精神彻底崩溃。多斯在科罗拉多州特立尼达车站的一列火车前，自杀身亡。[1] 总之，如果旱灾持续不断，它将比突发的火灾和暴风雪对牧区造成更大的破坏。

二、草原大火

1. 火灾的起因

火灾是美国西部牧区的一种突发性灾害。牧区的火灾发生很频繁且破坏性极大。火灾几乎在一年四季都能发生。探究草原火灾的起因，主要有自然起火和人为放火两种。

自然现象引发的火灾一种是雷电火花引燃牧区的草木酿成的。另一种是酷暑暴晒下牧草自燃发生的。后一种现象在美国西部牧区更为多见。19 世纪 80 年代早期，火灾几乎是西部牧区每年夏季都要发生的破坏性事件。每当夏日来临时，干旱的牧区气候干燥，热风阵阵。火热的太阳把草原上的青草晒成干草。最易燃的干草被烤焦起火。火苗很快使周围的干草燃烧起来。燃起的大火把大地烤得焦黑，烧毁刚露出地面的嫩草，燃着了各种草木。在强劲热风的猛吹下，大火成燎原之势。飞速越过平原，抵达河流和山丘，使

---

① 刘易斯·阿瑟恩：《牧牛大王》，第 154 页。

缺水的溪流干涸板结，山丘变得光秃。地上的防火线被滚过的大火烤焦。火星跃入疾风中，像一个个火把，迅速点燃风掠过的另一处草地，形成新的起火点。更多的火点便在牧区四处扩散。在一般的情况下，火势的蔓延很难控制。大火能把上百万英亩的牧草齐根烧光。[①] 彻底毁掉牧场主在整个冬季放牧牛羊的计划。在西部牧区发生了多次这样的火灾。在通常情况下，很少有道路、牛道、河流或其他天然障碍物能阻止住火势的蔓延。

　　一些火灾是人为的因素酿成的。在人为因素造成的火灾中，一种情况是偶然因素所致。这类火灾是因为人的粗心大意引发的。1906年1月，在得克萨斯的拉伯克县发生了一次毁灭性的火灾。大火几乎烧掉了该县的绝大部分。这次火灾始于一个孩子刨一棵牧豆树。因为周围的草把树严严地围住，他不易把树刨出来。为了更容易刨树，那个男孩点火烧树周围的草，结果酿成一场严重的火灾。[②] 有的火灾是有人野营时无意造成的。牧场主经常通过当地的报纸向旅游者发出警告。另一种火灾则是因人故意纵火造成的。在1902年、1903年和1904年发生的几次不寻常的大火都是故意放火造成的。新移居者进入牧区，往往受到牧场主的阻挠和限制。他们要争得与牧场主平等使用土地和水源的权利。牧场主仗势欺人，移居者有时便寻机报复。如一个移居者（或移居者的朋友）在得克萨斯的林恩、道森和博登三县制造了一场令人惊骇的火灾。此人骑一匹灰色快马，马拖着一条点着火、浸透煤油的长绳。他催马加鞭，跨越了整个草原。人马所到之处，烈焰腾空。几个目击者见状，向他开枪射击，但没有击中。纵火犯跑掉了。结果这场大火给三个县造成了巨大损失。对故意纵火者，得克萨斯早就有严厉的法律制裁。该州立法机关在1884年制定了一项法令，规定对因嬉闹引起火灾者或故意纵火者处以2—5年的监禁。[③]

---

① 保罗·H.卡尔森：《得克萨斯毛茸茸的羊脊背——牧区的绵羊和山羊业》，第117页。

② 1906年1月19日《林恩县新闻》（Lynn County News, January 19, 1906）；转引自 J. A. 里卡德：《南部大平原大牧场的危险》，《西南部历史季刊》1934年9月第37卷。

③ 《1884年得克萨斯总法》（General Laws of Texas, 1884）；转引自 J. A. 里卡德：《南部大平原大牧场的危险》，《西南部历史季刊》1934年9月第37卷。

2.火灾造成严重损失

得克萨斯最严重的一次火灾发生在 1882 年 2 月。那次大火始于现今埃尔多拉多的西南部，随即大火将整个地区的可燃之物一扫而光。紧接着烈火蔓延到孔乔南部，再向前推进，吞噬了圣萨巴。奔腾的烈焰急速冲过平原地区，形成一道火墙。大火一直烧到佩科斯。整个牧区都被这场火灾毁掉了。火灾过后，除了侥幸残存的一棵大牧豆树的躯干外，草原上什么都没有留下。大火烧到 C.C. 多蒂在"十英里水洞"的牧羊场总部时，多蒂和相邻牧场的人立即投入灭火战斗。经过五个夜晚的奋战，多蒂一人就烧坏了四件新雨衣，用尽了他准备筑围栏的 1.5 万根立桩。[①]1884 年 7 月，得克萨斯发生的另一次火灾，大火遍及爱德华高原，烧光了从德弗尔斯到孔乔的所有牧草。[②]

20 世纪初，西部牧区也火灾频仍。其中，1906 年多次发生火灾。这一年火灾造成的损失特别严重。1 月在得克萨斯发生的一场火灾，烧毁了林恩、加扎和卢贝克三县的 600 块草地（约合 38.4 万英亩——笔者注）。在一些看似被灭火者扑灭的着火点，经大风一吹，死灰复燃，火势向别处烧去。3 月，在新墨西哥中部地区发生了另一次火灾。大火借着猛烈的西风很快扩展到得克萨斯。这场严重的火灾烧毁了得克萨斯约十个县的草地和牲畜饲料。长约 150 英里、宽达 10—60 英里的地区被大火吞没。由于风向多变，给灭火工作造成了极大困难。同年 11 月，在新墨西哥东部和得克萨斯西部又发生了一次大火灾。烈火烧毁了约 100 万英亩的土地，导致 5 万—10 万头牛失去了放牧地。一些牧牛场主被迫卖牛或把牛群赶往其他牧区。[③]

由于美国西部牧区气候干旱，几乎全年都有吹遍整个大平原的大风，火灾发生之频繁令人吃惊。在一年的每个季节都有可能发生火灾。火灾发生时，

---

① 保罗·H.卡尔森：《得克萨斯毛茸茸的羊脊背——牧区的绵羊和山羊业》，第 117—118 页。

② 保罗·H.卡尔森：《得克萨斯毛茸茸的羊脊背——牧区的绵羊和山羊业》，第 118 页。

③ 1906 年 1 月 26 日、3 月 9 日《林恩新闻》；11 月 22 日《达拉斯新闻》(Dallas News, November 22, 1906)；转引自 J. A. 里卡德：《南部大平原大牧场的危险》，《西南部历史季刊》1934 年 9 月第 37 卷。

大火借助干燥的天气和劲吹的疾风，给牧区造成很大损失。对牧场主来说，火灾是最具破坏性的突发灾害之一。如上所述，火灾的频发性和破坏性使每次草原大火之后都留下无可挽回的灾害后果。这种悲剧后果成了一些歌曲和故事描述的主题。这些作品往往把草原大火夸大成最令人畏惧的东西之一。

3. 灭火与防火

一场大火突然发生时，立刻引起周围人们的关注。人们马上放下手边的工作，迅速赶到火灾现场，参与灭火救灾。在西部牧区最常见的一种灭火方法是众人协力，用湿扫帚等灭火工具扑打烈火，使它熄灭。1884 年 2 月那场大火烧到牧羊主多蒂的牧场总部时，就是采取这种灭火方法。他先去抢救房屋周围的围栏和风车，使之免遭大火殃及。与多蒂邻近的牧羊主 M.L. 梅茨和牧羊人也赶来帮助灭火。他们把多蒂的羊群赶到一个干涸的湖底。那里较为安全，大火不易烧着羊群。随后，五个人开始在埃尔多拉多西北的"八英里分界处"灭火。他们用雪松竿捆上湿麻袋和砍刀等工具扑打火焰。这种灭火方法不是在火后跟着它向前扑打，而是站在火前迎面灭火，以便赶着火向后退，使它退到已燃烧过的地方熄灭。他们奋战了两个夜晚，只挽救下了一块牧草地（约为 640 英亩——笔者注）。五个人在令人窒息的烈火面前又扑打了三个夜晚。直到第六天清晨，他们才遇到了一些从达夫克里克赶来帮助灭火的人。[1] 由于大风使远处的火势难以控制，大火又继续向东蔓延而去。

一位报纸的编辑参加了 1906 年 1 月那次火灾的灭火工作。那是一次众人参与的扑灭大火的行动。火灾发生时，那位编辑正在印报。听到发生火灾的消息，他立即坐上一辆轻便马车赶了六里路前去参加灭火。他赶到城镇时，见那里已挤满了人。那位编辑环顾四周，发现城镇南边的草原上冒着浓烟。他提出用湿扫帚去扑灭大火。于是，有 35—40 个男人立即赶往火灾现场，去扑灭烈火。[2] 在一个有经验的人手中，一把湿扫帚是灭火的得力工具，但前提是能就近、及时得到把扫帚弄湿的水。如果大火连续烧了三天，灭火

---

① 保罗·H. 卡尔森：《得克萨斯毛茸茸的羊脊背——牧区的绵羊和山羊业》，第 117 页。

② 1906 年 2 月 2 日、3 月 9 日《林恩新闻》；转引自 J. A. 里卡德：《南部大平原大牧场的危险》，《西南部历史季刊》1934 年 9 月第 37 卷。

的现场离水源越来越远，往往是远水灭不了近火。这种情况是很令人恼火的事。

在无水灭火的情况下，牧场主还用另外的方法扑灭草原大火。一种普通而有效的方法是杀死一头母牛，把它劈成两半。在每一半牛体的末端拴上一根绳子，把绳子的另一端系在马鞍上。灭火者跃上快马，催马拖拉着半个牛尸沿着着火地带的火线边沿奔跑，让牛的血肉之躯把火压灭。[①] 这种方法虽然使牧场主损失一些母牛，但为了把牧区从毁灭中挽救下来，这些损失也就算不上什么了。

随着火灾的频频发生，牧场主们为减少损失而采取了一些预防措施。一种方法是在自己的土地周围挖一条 12—20 英尺的深沟，阻止大火烧到他放牧的草地上。另一种方法是在牧场周围设几条除去草皮的宽防火线。一旦火灾发生，在危急时刻，点火将数道防火线间的草烧掉，以此来阻断大火向牧场推进的道路。[②] 在一些建立了定居点的牧区，拓荒农场主开垦了大量草地，修建了道路。这在很大程度上减轻了火灾。即使这样，牧区火灾仍时有发生。一场偶尔发生的草原大火会造成严重的破坏。

第二节　牧区白灾

一、历史上罕见的暴风雪

1.1884 年的暴风雪

1884 年是西部牧区多灾的一年。这一年牧牛场主们不仅遭受了旱灾和火灾，而且在冬天又遭遇了暴风雪。12 月末，一场可怕的暴风雪突然袭击了堪萨斯西南部和"无人地带"（No Man's Land）。据说，这年冬天是西部

---

① J. A. 里卡德：《南部大平原大牧场的危险》，《西南部历史季刊》1934 年 9 月第 37 卷。
② J. A. 里卡德：《南部大平原大牧场的危险》，《西南部历史季刊》1934 年 9 月第 37 卷。

有牧牛史以来造成损失最惨重的一年。① 一个在得克萨斯和太平洋铁路沿线巡骑的牛仔留下了对这次暴风雪的回忆。在一个夜晚大约三点时，他看到北部天空上出现一片黑云，意识到一场可怕的暴风雪即将从北部呼啸而来。四点左右，暴风雪突然降临。很快，6—7 英寸厚的雨夹雪就封盖了大地。雪不停地下着。狂风劲吹，势如刀割。在这样恶劣的天气下，任何生灵都难以存活。第二天，暴风雪更加狂暴凶猛。直到深夜，狂风才暂停下来。② 1884—1885 年冬天是北美历史上规模最大的一次牛群南流。那时，西部辽阔地区还没有被围栏分割、封闭起来。牧牛场主们只是在现今的俄克拉何马修建了东西走向的晃动带刺铁丝栅栏。它西起新墨西哥东部边界线，向东延伸 170 英里。往南，有一条与加拿大河平行的栅栏。在此以南，有骑手巡查没有筑栅栏的得克萨斯和太平洋铁路线，防止北部漫游的牛群越界进入南部。③ 1884年 12 月，突降的暴风雪席卷牧区，使牧草掩埋在天赐的冰雪之下。平原没有为牛群提供退避所和藏身处。大地上出现了牧区常见的景象，一大群牛被暴风雪猛推着，摇摇摆摆地向南方而去。在冰天雪地之中，牛没有吃的，没有喝的，只有大雪猛击它们。冰雪覆盖住了它们的身体。在牛群的周围，"无情的暴风雪似乎像恶魔般的欢欣"④。数不清的牛群拉成长线被大风猛力推着向南移动。当牛群被狂风猛推到第一道晃动的栅栏前时，一些领头的牛停下来，它们的身体逐渐变得僵硬并倒了下去。这些倒地的牛又被随后来的牛践踏，直到变成一堆堆死牛。再后到的牛又压在死牛堆上，把下面的死牛盖住。在一些有立桩的地方，由于暴风的猛推，牛挣扎着穿过栅栏，带刺铁丝上留下了牛身上被割下的碎片。牛群被狂风裹挟着到第二道栅栏前，其垂死挣扎的悲剧又一次重演。暴风雪过后，两道栅栏前留下了数万头死牛。第二年春天，北部牧区的牛在相距 500 英里的得克萨斯南部被找到。⑤

---

① 塞迪斯・W. 博克斯：《得克萨斯西部牧区的衰落》，《西南部历史季刊》1967 年第 71 卷。
② J. 弗兰克・多比：《长角牛》，第 198—199 页。
③ J. 弗兰克・多比：《长角牛》，第 198 页。
④ 塞迪斯・W. 博克斯：《得克萨斯西部牧区的衰落》，《西南部历史季刊》1967 年第 71 卷。
⑤ J. 弗兰克・多比：《长角牛》，第 198 页。

2. 猝不及防的暴风雪

西部牧区在度过了多灾多难的 1884 年后，1885 年的情况大致还算平稳。在茫茫的西部牧区草原，1885 年的秋天温暖而柔和。极目远望，蓝天和碧草连在一起。数不尽的牛群放牧在一望无际的绿色草原上。牛饱餐着多汁鲜嫩的野草，个个长得膘肥肉壮。端坐在健步矮马上的牛仔，闪现在牛群之中，挥鞭自如地驱赶着牛群。牧牛场主们看着这牧区迷人的景色，似乎淡忘了前一年的沮丧，心中充满无限欢乐。他们凭经验判断，冬天的气候将会是好的，估算着明春牛肉的销售仍然兴旺。想着牛群带来的"黄金"般的利润，一心只盘算着继续发财的牧牛场主们产生了麻痹思想，丧失了对可能出现的严寒冬天的警惕。

暴风雪来得猝不及防。1885 年最后一天的上午，天气依然温和、晴朗。到了中午，太阳却隐没进云层里。云层低压到地平线上。在牧区的北部和西北部，云层更厚更暗。活跃的牧区变得沉闷起来。牛都停止了吃草，抬起头向北方望去。空气逐渐变冷。冷风吹得草丛发出瑟瑟的颤抖声。牛儿摇着头，大声吼叫着东奔西跑。它们对自然界的变化表现出了比人还强的感受能力。不久，天下起了冷飕飕的毛毛雨。到下午，雨变成洁白的粉粒状的雪散落下来。白雪很快粘在野草、灌木丛和树上。突然，狂风怒号，白雪漫天，刮得看不清牛马，也看不清人。牛群、草地、山丘和牧区万物在旋转飞舞的大雪中瞬息消失。从南、北达科他到得克萨斯，被美国历史上这场罕见的暴风雪连续袭击了三昼夜。第一夜的大雪下了 18 英寸，气温降到 −20℃ 以下。火车和邮政全被中断。①

堪萨斯州的重要牛镇道奇城，也遭受了这场突如其来的暴风雪的袭击。1886 年的第一天，全城人正沉浸在新年欢乐之中。到下午晚些时候，不祥的黑云出现在北方的天空，气温开始下降。为新年欢愉的人们，没有关注天气的变化。当夜幕降临时，一场暴风雪突然向道奇城袭来。暴风雪肆虐了一整夜，积雪达 24 英寸厚。次日，经阳光一晒，积雪上结成一层坚硬的外

---

① 劳伦斯·I. 塞德曼：《马背生涯——1866—1896 年的牛仔边疆》，第 130—131 页。

壳，足以承载一个成年男子的重量。道奇城的居民还未来得及把被暴雪席卷而来的结冰杂物清除完毕，天又阴沉下来。时速达 40 英里的狂风从北部横扫而来，伴随着更大的降雪。气温降至 −65℃ 以下。暴风雪使火车停运，邮路被阻。走出牧场的家畜，在旷野之中被暴风雪击打和驱赶着，四处游荡。它们得不到一点保护，因冻饿致死者成千上万。在牧场的家畜也备受暴风雪的摧残。大公猪被厚厚的冰雪覆盖，很多闷死在圈内。牛羊被冻僵的尸体高高地堆在围栏的拐角处。一些人在这场暴风雪中丧生。道奇城的人此前已习惯了暴风雪和寒冬的折磨，但那些痛苦经历都无法与这次猝不及防的暴风雪相比。在三个星期的时间里，气温表的汞柱都停留在玻璃管的底部。温度低得远远超过了它能显示的度数。在这次暴风雪中，雪下得比以往任何一次都多。阿肯色河结的冰达 12 英寸厚。①

1886 年春，草原到处被肿胀、恶臭的死牛覆盖着。鲜花在死牛的恶臭中失去了香味。从暴风雪中唯一得利的是皮货商。他们取走了牛皮后又把牛骨收集起来。狼和秃鹰在那个冬天也吃肥了。

3. 持续不断的暴风雪

西部牧区的牧场在熬过 1886 年初春可怕的暴风雪后，又迎来了一个痛苦的夏季。这一年的夏天，牧区炎热干旱，牧草长得很不好。牛羊度过了一个牧草短缺的夏季。临近冬天时，情况更糟。即使这年冬季是个气候温和的暖冬，在许多放牧地段牧草也严重不足。牛羊在整个冬季都得不到足够的食物。②

预报说 1886—1887 年的冬天将是最坏的一个冬天。牧区出现了种种反常征兆。麝鼠造的越冬房子比往年高出了两倍，墙也比过去厚得多。据老辈人讲，麝鼠的毛也比以前长得更厚更长。河狸昼夜忙碌着，贮藏下比平常年份多两倍的越冬食物。往常在 10 月份才到南方去的野鸭在 1886 年秋天也提前一个月南飞了。北极枭只有在严冬时才飞临草原，但它们在刚入秋时也提

---

① 哈里·S. 德拉戈：《荒凉、恶劣与粗犷——堪萨斯牛镇和得克萨斯牛贸易》，第 340 页。
② 欧内斯特·S. 奥斯古德：《牧牛人时代》，第 219—220 页。

早来到数千只鸟聚集的丛林中。与往年相比，牛马都长出了不寻常的长毛。一心只想发大财的牧场主们却忽视了这些反常现象。

怀俄明、科罗拉多和蒙大拿幸免于1885—1886年的白灾，但没有躲过1886—1887年暴风雪的袭击。

1886年10月，西部牧区就开始下雪。进入12月，天气非常寒冷。气温降至−28℃—−36℃以下。[1] 这样的严寒一直持续到1887年2月下旬。温度最低时，达到−56℃。[2]1月9日，牧区经历了一场最厉害的暴风雪。那天，达科他在16个小时内下了16英寸的雪。[3] 一星期后，蒙大拿又下了一场同样的大雪。随后暴风雪持续了10天，毫不减弱。雪深达16英寸以上，气温低至−37℃。[4] 大牧牛场主格兰维尔·斯图尔特的那些饥饿难耐的小公牛挤进其居室里寻找食物和躲避严寒。蒙大拿牧区四野茫茫，万物皆白。任何地方都露不出一点地皮。许多肥壮的小公牛冻死在牛道上。怀俄明在1886年11月和12月各有一次暴风雪。次年1月9日，该领地同蒙大拿一样又遭特大暴风雪的袭击。雪深达16英寸，气温骤降到−25℃。[5] 暴风雪连着暴风雪。这对散居在牧区的男男女女来讲是一个极其可怕和难熬的时期。这几个月带给牧场主们的折磨和痛苦是以往从未经受过的。他们透过窗户，看到自己的牛有的站立着被冻僵了，有的被狂风卷到冰与雪的当风处成群成群地死去；有的迷路牛群被暴风雪吹到牧场的围栏前止步，牛在那里挣扎着，最后冻饿而死。1月末，来自南方的一股暖风曾融化了部分积雪，但随之而来的另一股冷风又把大地变成坚硬的冰块。数千平方英里牧场被2—4英寸甚至更厚的坚硬冰雪盖得严严的。牛因为吃不到一点草，大量冻饿而死。[6]

1886—1887年的暴风雪从北部的美加边界一直扩展到得克萨斯南部的

① 劳伦斯·I.塞德曼：《马背生涯——1866—1896年的牛仔边疆》，第139页。
② 托马斯·A.贝利、戴维·M.肯尼迪：《美国的庆典——共和国史》第2卷，第530页。
③ 劳伦斯·I.塞德曼：《马背生涯——1866—1896年的牛仔边疆》，第139页。
④ 格兰维尔·斯图尔特：《蒙大拿的开拓——一个州的建立，1864—1887年》，第235页。
⑤ 约翰·K.罗林森：《怀俄明——牛的足迹》，第257页。
⑥ 弗雷德·A.香农：《农场主的最后边疆》，第202页。

格兰德河。从 1886 年 11 月至 1887 年 2 月，暴风雪几乎天天不断。[1] 怀俄明、蒙大拿、科罗拉多、达科他、内布拉斯加、堪萨斯和得克萨斯都遭受了持续不断的暴风雪的袭击。从加拿大边界到格兰德河的辽阔牧区，到处遍布家畜的尸体。这是西部牧区历史上罕见的最大的一次暴风雪，[2] 这次暴风雪造成牲畜死亡的严重程度在美国历史上也是前所未有的。

春天雪融化时，牧区更展现出一幅悲剧景象。人们突然听到来自密苏里河上游河水奔泻而下的咆哮声，目睹了那终生难忘的惨状。汹涌的河水漫出两岸，冲走了三叶杨。一股浑浊狂暴的激流从河底冲出。裹着磨盘般巨大的冰块旋转着，猛撞着，势不可挡地向前奔流。在河流中，无数牛尸与冰块来回旋转翻滚和沉浮。一些死牛的四条僵硬的腿直直地指向天空，随后而来的牛尸在激流和浮冰的推动下，又把前面的牛尸撞沉河底。一些沉没，另一些浮起。这种可怕的景象不是持续了一小时、几小时，而是数日。人们被这从未见过的惨状惊呆了！一个人只要在河岸上站几分钟，注视这惨不忍睹的死牛行列在河水中不停地沉没下去，就会完全了解在过去的几个月内发生的灾害是何等严重。

二、原始游牧方式的终结

1. 暴风雪酿成的灾难

1884 年冬天、1885—1886 年和 1886—1887 年冬春，美国西部牧区连年遭受暴风雪。这些历史上罕见的暴风雪给西部牧区造成的损失是惨重的。

首先，暴风雪使牲畜大量死亡。牧场主因此蒙受巨大的经济损失。在 1884 年的暴风雪袭来之前，牧场主们已经预感到有大量牛群要向南部奔来。他们在得克萨斯北部边界东西方向 120 英里长的沿线，派出 75 名牛仔骑马巡查，阻止牛群冲撞铁丝栅栏。然而，在两道铁丝栅栏前还是发生了笔者前面描述的惨剧。大量死牛的僵尸堆积在那里。这场暴风雪给牧牛场主造

---

[1]　罗伯特・S. 弗莱彻：《1886—1887 年的蒙大拿严冬》（Robert S. Fletcher, "That Hard Winter in Montana, 1886-1887"），《农业史》（*Agricultural History*）1930 年 10 月第 4 卷，第 125 页。

[2]　乔・B. 弗兰茨、小朱利安・E. 乔特：《美国牛仔——神话与现实》，第 66 页。

成的损失达 25%。①1886 年的暴风雪过后，堪萨斯很多牧牛场主的家畜损失了 50%—85%。雷诺兄弟的 7,000 头小牛损失殆尽。"圆圈 M 牧场"的 6,000 头牛，到春天只围捕到 150 头活牛。堪萨斯另一个牧场主对牛群投资 2.5 万美元，在暴风雪后他卖掉了牛，仅得 500 美元。得克萨斯的雷德·科克伦在冬天把 2,300 头小公牛赶到南达科他牧区育肥，到春天，只剩下了 50 头牛。②

　　1887 年的暴风雪更给美国西部的牧牛业以毁灭性的打击。数百万头的牲畜死于暴风雪中。蒙大拿、怀俄明、科罗拉多牧场主遭受的损失较东邻数州牧场主上年的厄运更为严重。有的历史学家估计，蒙大拿牧区牛群的损失达 75%③该领地黄石地区牛群的损失高达 90%—95%。"家园土地牧牛公司"（Home Land and Cattle Company）的 6,000 头牛损失了 4,000 头。④ 大牧牛场主斯图尔特称，他的 3.5 万头牛损失了 90%。许多牧场被这场暴风雪彻底摧毁。斯图尔特认为蒙大拿有 50 万头牛死亡。⑤ 怀俄明很多牧场主的损失达 65%。"开拓者牧牛公司"（Pioneer Cattle Company）的损失为 50%。1887 年 5 月进行春季赶拢时，一些牧牛场主竟派不出一名代表参加。⑥ 最大的"斯旺土地牧牛公司"拥有的 11.3 万头牛只剩下 5.7 万头。⑦ 一些牛群的损失达 80% 和 90%。⑧ 在科罗拉多，牛群的损失也达 75% 以上。⑨1886—1887 年的暴风雪使放牧在"雾山水塘"（Smoky Hill Pool）的 6,000 头牛到春天时只剩下了 181 头。⑩ 斯图尔特认为，堪萨斯和内布拉斯加牧区的损失与北部牧区

---

① 　J.弗兰克·多比：《长角牛》，第 199 页。

② 　劳伦斯·I.塞德曼：《马背生涯——1866—1896 年的牛仔边疆》，第 136 页。

③ 　詹姆斯·M.汉密尔顿：《从荒野到建州，1805—1900 年的蒙大拿史》（James M. Hamilton, *From Wilderness to Statehood, A History of Montana, 1805-1900*），波特兰 1957 年版，第 395 页。

④ 　罗伯特·S.弗莱彻：《1886—1887 年的蒙大拿严冬》，第 226—227 页。

⑤ 　哈里·S.德拉戈：《荒凉、恶劣与粗犷——堪萨斯牛镇和得克萨斯牛贸易》，第 341 页。

⑥ 　约翰·K.罗林森：《怀俄明——牛的足迹》，第 258 页。

⑦ 　罗伯特·G.费里斯编：《勘探者、牛仔和移居垦殖农民》，第 141 页。

⑧ 　刘易斯·阿瑟顿：《牧牛大王》，第 154 页。

⑨ 　菲利普·德拉姆、埃弗里特·L.琼斯：《黑人牛仔》，第 149 页。

⑩ 　J.弗兰克·多比：《野马》，第 249 页。

一样严重。据他的保守估计，由南至北整个牧区因这场暴风雪死亡的牲畜（包括牛、马、猪和羊）达 150 万头。[1] 后来的史学家提供的统计数字证明，这次暴风雪在美国西部牧区造成的牲畜死亡率是很高的。有的作者称：损失 60% 是最一般的估计。[2] 有的作者提供的牧区牲畜损失率高达 90%[3]。总之，1886—1887 年的暴风雪给西部牧区造成了严重损失。牲畜死亡率很高，受灾地域广阔。无怪西奥多·罗斯福 1887 年 4 月在"麋角牧场"悲伤地写道："我们的整个牧牛区彻底垮掉了。"[4]

其次，历史上罕见的暴风雪夺去了西部牧区许多人的生命。许多人在 1885—1886 年的暴风雪中丧生。整个西部死了 300 余人，仅堪萨斯就死了 100 多人，很多是牛仔。一些农民也被困在他们的小屋中冻死。在得克萨斯的柄状狭长地区，莱斯·卡特走到一辆定居农民的货车旁，寻找他的牛群，看见死马仍然套着马具。往车的遮雨棚内一看，卡特的心沉了下去。他看见了三个孩子和父母挤在一起被冻死了。在堪萨斯草原，一个男人从城镇回到自己的宅地，看到他一家七口人都冻死在雪中。[5]

在 1886—1887 年的暴风雪肆虐时，整个牧区的牛仔们都竭尽全力抢救遭受暴风雪严重摧残的牛群。成千上万的牛被暴风雪卷入河流中，很多被漩涡吞没。为了救出在激流中挣扎的牛群，把这些濒临死亡的牲畜带到可以掩藏的地方，牛仔们骑马穿过暴风雪，踏进急流中顽强搏斗。可以想象，整日骑马行走在看不清路的暴风雪中，在刺骨的冷水里，没有饭吃是什么滋味。冰冷的空气直穿进他们的肺部和腹部，致使他们气喘吁吁和伤了内脏。牛仔们被冻僵了双手、双脚、很多人被冻死，仅西内布拉斯加就死了 38 人。[6]

遇到这样持续不断的暴风雪，分散在保留区的印第安人更难以生存。一

---

① 哈里·S.德拉戈：《荒凉、恶劣与粗犷——堪萨斯牛镇和得克萨斯牛贸易》，第 341 页。

② 唐·武斯特：《奇泽姆小道——牧牛王国的大路》，第 172 页。

③ J.弗兰克·多比：《长角牛》，第 201 页；罗伯特·V.海因：《美国西部——一部解释性的历史》，第 129 页。

④ 约翰·A.加勒特、罗伯特·A.麦考伊：《美国简史》，第 290 页。

⑤ 劳伦斯·I.塞德曼：《马背生涯——1866—1896 年的牛仔边疆》，第 135 页。

⑥ J.弗兰克·多比：《野马》，第 294 页。

群奈齐—珀西印第安人在科尔维尔保留地被大雪掩埋了。4 英尺深的积雪阻止了他们的狩猎并使很多人冻饿而死。1 月末，克拉克要塞的 50 多个克罗印第安人的营地小屋中，人都濒临死亡。① 很多人已经冻饿死了。活下来的人靠吃埋在雪堆中的死牛维持生命。

再次，历史上罕见的暴风雪使许多牧牛场主和牧牛公司破产。1885—1886 年的暴风雪使一些牧牛场主遭受了严重损失。牧牛场主艾克·T.普赖尔要将价值 50 万美元的一群牛出售给科罗拉多牧区的"克里夫兰辛迪加"（Cleveland Syndicate）。买方先付了 10 万美元预付款。到 1886 年春季交货时，买方再付给他其余的 40 万美元。经过突如其来的暴风雪袭击后，那群牛的实际价值只有 6.5 万美元。普赖尔不但没有得到期盼中的 50 万美元的收益，而且负债 3.5 万美元。②1886—1887 年的暴风雪使西部牧区牛群的损失更加惨重。怀俄明领地的财产损失为 80%。③ 蒙大拿牧场主们的损失高达500 万美元。④ 数百个牧场主的财产被历史上罕见的暴风雪彻底毁掉了。这种结果对大多数牧场主来说，选择的出路就是破产。很多人因此离开了牧区。科克伦因欠债破产，由牧牛场主变成了做工的牛仔。

出于对灾难的恐惧，很多牧牛公司低价变卖了牛群。迫于债主整日在门前吵嚷讨债，一些牧牛场主极其无奈地在市场上倾销菜牛，致使牛肉价格暴跌。在芝加哥，百磅牛肉从 1883 年 4 月的 4.25 美元降至 1887 年冬的 1 美元。⑤牧牛大王们从此对在开放牧区从事发大财的牧牛业变得心灰意冷，勇气顿消。怀俄明牧牛大王的"夏延俱乐部"因无力履行债务合同，被迫把 1 美元的债券以 20 美分出售。"圣路易鞋业公司"购买了价值 25 万美元的一大群牛，暴风雪后把剩牛抛售，所得仅够付一个牛仔一年的工资。多数牧牛公司相继

① 劳伦斯·I.塞德曼：《马背生涯——1866—1896 年的牛仔边疆》，第 143 页。
② 刘易斯·阿瑟顿：《牧牛大王》，第 172 页。
③ W.特坦顿·杰克逊：《1886—1890 年怀俄明家畜饲养者协会暂时衰落的年代》，《农业史》1948 年 10 月第 22 卷。
④ 罗伯特·S.弗莱彻：《1886—1887 年的蒙大拿严冬》，第 227 页。
⑤ 欧内斯特·S.奥斯古德：《牧牛人时代》，第 105 页。

破产。[1]虽然在 1888 年夏季西部牧区又恢复了较好的自然放牧条件，但只有少数小牧场主重整旗鼓，惨淡经营。

2.结束游牧

美国西部牧区自殖民地时期就盛行一种粗放的原始游牧方式。牧场主靠天养牧。在风调雨顺的好年景，牛羊增产；在荒年暴月，牲畜锐减。美国内战以后，随着"牧畜王国"的兴起，在西部经营牧业成了当时一种最赚钱的行业。大牧牛场主和经营牧牛公司的巨商为了尽快发财，在 30 年的时间里仍然固守传统的靠天养牧的粗放游牧方式。西部牧区少有现代化的牧业经营。垄断资本影响的强烈发财欲望和原始游牧方式结合在一起，使得牧牛大王们难以走出靠天养牧和掠夺性经营的怪圈。西部牧区还反复重复一种怪现象：在水、草丰足的好年景牛羊严重超载过牧；遇到灾年，牲畜不断锐减和死亡。在"牧畜王国"的"黄金时期"，频发的旱灾、火灾、蝗灾和雪灾等都曾给牧场主造成了巨大损失，但他们并不在意，只是期盼来年天赐发财良机。为此目的，他们都拼命扩大自己的畜群，最终使西部牧区达到了难以承受的程度。1884 年是多灾的一年，牧场主经历了旱灾、火灾和暴风雪的摧残，但他们仍然没有吸取教训，未采取任何防灾措施。结果，1885—1886年猝不及防的暴风雪和 1886—1887 年持续不断的暴风雪使牧场主遭受了灭顶之灾。牧场主残酷的掠夺性经营是破坏牧区的"人祸"。人祸加重了天灾。美国西部开放牧区近 30 年的繁荣结束了。"牧畜王国"崩溃了。一份牧场主的杂志早就哀伤的评论道："暴风雪将宣判严重超载的牧区必须付出血的代价"[2]。J.弗兰克·多比称"一代牧场主彻底破产了"[3]。

1886—1887 年的暴风雪导致了西部牧区原始游牧方式的终结。暴风雪过后，一些小牧场残存下来。小牧牛场主仍然留在牧区经营。一些损失严重的牧牛公司通过资本重组也维持了下来。经过天灾之后，这些经营者认识

---

① 雷·A.比林顿：《西部扩张——美国边疆史》，第 597 页。

② 《饲养者报》（Breeder's Gazette）1883 年 10 月第 4 卷，第 526 页；转引自欧内斯特·S.奥斯古德：《牧牛人时代》，第 193 页。

③ J.弗兰克·多比：《长角牛》，第 201 页。

到：在严重自然灾害降临的紧急关头，必须有一些饲养和保护牲畜的条件和设施。于是，牧场主逐渐放弃了原始、传统和粗放的游牧经营方式，转向用定居的围栏牧场饲养牛羊。他们把牲畜围在固定的草场内，精心饲养管理，引进和培育优质畜种；修建贮水设施和保护水源，保证牲畜的饮水；划出专门种植冬饲料的土地和修筑畜棚，以保证让牛羊安全过冬。19 世纪 90 年代，美国西部牧区开放的放牧业开始终结。原始、传统的游牧经营方式被定居的围栏牧场所取代，并逐步向集约化、现代化的畜牧业经营方式转变。牧业在美国西部不再是代价昂贵、漫无边际和充满危险的冒险活动，它逐渐成为一种严肃而审慎的事业。

在 19 世纪 80 年代末，美国西部牧区就开始了由原始游牧方式向现代化牧业经营的转变。然而，在资本主义生产条件下，那里的牧场主仍然在被动的同自然灾害的搏斗中走完了 19 世纪和 20 世纪头 30 年。此后，西部牧区才初步确立了现代化、集约化的畜牧业生产经营方式。美国西部牧区在由传统、粗放的游牧方式向现代化生产方式转轨中经历了 60 余年。其转制过程出现不少问题和反复。这中间除了受国际局势和国内政策的制约之外，人们的传统习惯势力也是一个重要因素。例如，在好年景时，人们总是忘记牧区超载过牧的深刻教训和忽视长期保护牧区所取得的成果，因而又浪费过量的牧草，重复过度放牧的现象。

第 四 编

牧畜王国的历史地位

　　"牧畜王国"的黄金时期虽然短暂，但它在美国边疆编年史上写下了壮丽篇章，占有重要地位。"牧畜王国"兴起与发展，是19世纪后期美国大规模西进运动的一个重要组成部分，促进了"边疆"的消失，加速了西部的开发。"牧畜王国"兴起，伴随着美国工业化的迅猛发展，同垄断资本主义结合在一起，具有鲜明的时代特点。在"牧畜王国"各牧区建立的牧牛者协会和羊毛生产者协会发展了美国人的自治传统，体现了西部边疆的民主精神。这种边疆民主又受垄断势力的控制，带有"镀金时代"的政治色彩。因"牧牛国"崛起而产生的牛仔文化，不仅对美国的大众文化产生了巨大影响，而且在世界各国广为流传，成为一种国际文化现象。

第十三章　西部开拓的壮丽篇章

第一节　"牧畜王国"与"边疆消失"

一、矿业边疆与农业边疆

1.矿业边疆

内战以后，在第二次工业革命的推动下，大平原、落基山区和远西部进入了全面开发阶段。矿业、农业和牧业三大行业性开发形成高潮。其中，矿业边疆的推进也是 19 世纪后半期西进运动的重要组成部分。它始于 1848 年在加利福尼亚发现金矿和随之而起的"淘金热"。在内战期间，矿业边疆的拓展也没有停止。直到 19 世纪 90 年代，采矿者的足迹遍及整个落基山，北抵加拿大，南至墨西哥。在三四十年的时间里，矿业边疆经久不衰。

从加利福尼亚"淘金热"开始至 19 世纪 60 年代末，西部矿业边疆的拓展主要是以"淘金"和浅层开采金矿为主。1849 年掀起"淘金热"的当年，就吸引了 10 万人奔向那里。他们之中的大多数是来自大平原东部的美国人，此外还有来自英国、爱尔兰、欧洲大陆一些国家、澳大利亚、中国、智利、秘鲁和夏威夷的移民。到 1852 年，加利福尼亚的人口已达到 25 万人（不包括印第安人——笔者注）。[1] 到 50 年代中期，加利福尼亚金矿个人开采的时代已近结束，最富的"金矿"已被人占有。对于成千上万以淘金盘和淘金槽为工具的浅层采矿者来说，他们再没有发财致富的希望了。一些人只能向东，到落基山去寻找新的矿源。加利福尼亚"淘金热"不仅对本州工、农

---

[1]　霍华德·R.拉马尔主编：《美国西部读者百科全书》，第 448 页。

业和牧业的发展起到了巨大的推动作用，而且带动了远西部交通运输业的发展，并促进矿业边疆向落基山区拓展。在加利福尼亚"淘金热"的驱动下，采矿者从 19 世纪 50 年代末到 60 年代，踏遍了整个西部地区。

在 1858 年夏，贝克—拉塞尔和另一队来自堪萨斯的探矿者，在科罗拉多的丹佛附近发现了金矿砂和几个小金矿。[①]1859 年 6 月，比德·奥赖利和帕特里克·麦克劳林在内华达东部戴维森山坡的六英里峡谷上的"考德威尔"老人泉附近，发现了含片金的"浅蓝色泥土"。经化验鉴定表明，那些"浅蓝色"石英样品差不多就是纯金纯银。这一新发现的矿脉后来被人误称为"康斯托克矿脉"[②]。

矿业边疆在 19 世纪 50 年代末和 60 年代初向北推进到了华盛顿、加拿大、爱达荷和蒙大拿。受 1855 年探矿者在哥伦比亚上游河畔的科尔维尔堡发现黄金的鼓舞，一些淘金者北进到那里。1857 年秋，他们在弗雷泽河找到了"黄金金属微粒"。次年 2 月，该地区成了英属哥伦比亚殖民地。进入 60 年代，矿业边疆开始往爱达荷延伸。1860—1861 年，一些采矿者沿弗雷泽河北上，在凯里布湖地区发现了金矿。更多的人从弗雷泽河向南抵达斯内克河谷地。1860 年 8 月，由 E. D. 皮尔斯上尉率领的十余人在距克利尔沃特河河口 25 英里的地方发现了金矿矿穴。1863 年，采矿者又涌向博伊河谷开

---

① 贝克—拉塞尔小队由俄克拉何马的约翰·贝克上尉和佐治亚州的 W. 格林·拉塞尔率领而得名。贝克和拉塞尔都是 1849 年去加利福尼亚的淘金者。美国西部史称这些人为"四九佬"（"49ers"）。他们两人在去加利福尼亚的途中，曾在科罗拉多南山口以南淘过金，因所获甚少又前往加利福尼亚。贝克和拉塞尔等人在加利福尼亚无获而返。在返回东部时，他们想起科罗拉多可能有黄金。两人便决定重返科罗拉多，并说服百名印第安人和边疆居民随行。1858 年春，他们返回科罗拉多，并与一队来自堪萨斯东部的探矿者会合。在派克峰周围，他们一同探查。参见雷·A.比林顿：《向西部扩张——美国边疆史》，第 531 页。

② 早在 1849 年，采矿者就在戴维森山坡的"黄金峡谷"和"六英里峡谷"中发现了黄金。大多数人对发现成果失望而弃，去别处查探。奥赖利和麦克劳林是少数留下没有离去者中的两人。十年后，他们在六英里峡谷发现最富的金矿矿脉分解的石英。当时，矿山最懒的流浪汉亨利·T.P.康斯托克见他们淘出的价值 300 美元的黄金后，竟然说他自己也有一份应得权利。由于他多次胡说"他的"发现和"他的"权利，以致人们后来误把这一发现称之为"康斯托克矿脉"。参见雷·A.比林顿：《向西部扩张——美国边疆史》，第 537 页。

采金矿。詹姆斯·斯图尔特和格兰维尔·斯图尔特两兄弟是蒙大拿"淘金热"的起始者。他们从 1862 年开始在密苏里河源头附近的荒野中找矿，最终在克拉克斯福克河的一条山间支流金河中找到了金矿砂。随后，一队在派克斯峰遭受挫折的"五九佬"（"59ers"）在杰斐逊河的支流比弗里德河找到了一个大黄金矿穴。1863 年，一些在斯内克河没有立足的淘金者在加勒廷河的支流奥尔德冲沟中偶然发现了金矿。1864 年春，佐治亚人约翰·科恩沿密苏里河南行，寻找金矿，一路无获。在供应品耗尽即将返回之际，科恩决定探查他称之为"最后机会冲沟"时，发现那里有块金硬土层。

在采矿者会集于内华达富饶的瓦肖金矿区①时，矿业边疆也被推进到西南部的亚利桑那。1858 年，采矿者就到希拉河口发现过金砂。1862 年，采矿者从加利福尼亚峰到图森。② 然而，亚利桑那后来则以其丰富的银矿而闻名。

内战以后，以探寻金矿为目的的矿业边疆仍在拓展。1866 年，探矿者在爱达荷的萨蒙河上游发现了含金矿砂。1883 年，探矿者在爱达荷北部发现了黄金矿穴。1867 年，在怀俄明地区的斯威特沃特河沿岸也发现了金矿矿穴。1874 年，数千名探矿者转向达科他的布莱克山。淘金者从 1874 年冬至 1875 年夏不断突破联邦军队的警戒线前往金矿区。1875 年 10 月，布莱克山向一切外来者开放。③ 此外，内战以后，采矿者在新墨西哥也进行了金矿探查。如 1867 年陶斯曾引起较小的淘金热。此后，在新墨西哥 2/3 的县发现了金矿，但产量都不多。④

---

①　瓦肖地区即戴维森山坡的"黄金峡谷"和"六英里峡谷"地区，此称谓是以当地印第安部落名称命名。参见雷·A.比林顿：《向西部扩张——美国边疆史》，第 537 页。

②　雷·A.比林顿：《向西部扩张——美国边疆史》，第 539 页。

③　雷·A.比林顿：《向西部扩张——美国边疆史》，第 543、545 页；霍华德·R.拉马尔主编：《西部读者百科全书》，第 450 页。

④　早在 1828 年，圣菲南面的奥蒂兹山发现了金矿。早期产量较少，但到新墨西哥被并入美国的那一年黄金的产值达到 300 万美元。19 世纪 50 年代至美国内战期间，那里的黄金产量跌落下去。内战以后探矿者虽然在新墨西哥多处探查到金矿，但都产量较少。参见罗伯特·E.里格尔、罗伯特·G.阿塞恩：《美国西进》，第 390 页。

矿业边疆的向东推进，以 1875 年出现的布莱克山淘金热告终。此后开始的是矿业资本家以大量投资和钻井机进行的深层采矿时代。19 世纪中期，布莱克山淘金热结束以后，随着浅层矿源的枯竭，西部各个矿区都先后转入矿脉的深层采矿。内华达的康斯托克矿脉在发现金矿的同时就发现也藏有丰富的银砂。该矿脉在 60 年代初就开始了深层采矿。到 1877 年，康斯托克矿脉的白银产值就超过了黄金产值的两倍，达到了 3,600 万美元的最高峰。[①] 在 19 世纪 60—70 年代，康斯托克矿脉成了西部矿业开发的中心和世界闻名的银矿脉。70 年代以后，西部各矿区的深层采矿进入繁荣发展时期。科罗拉多进入 70 年代发现了许多银矿。到 80 年代，它取代康斯托克成为美国西部银矿开采的中心。19 世纪后期，西部的金矿开采主要集中在南达科他布莱克山地区的霍姆斯特科矿脉和科罗拉多的克里普河流域，但都是大矿业公司控制下的深层采矿。美国汽车工业和电力工业的迅猛发展使铜、铅、锌等贱金属成为东部工业市场迫切需求的金属原材料。这种需求促进了西部贱金属的开采。19 世纪 80 年代以后，铜、铁、锌等贱金属的开采在西部采矿业中的地位迅速上升。到 19 世纪末，它们取代金银等贵金属成为西部采矿业的主体。贱金属的开采主要集中在亚利桑那、蒙大拿和爱达荷等地。由于深层采矿不是笔者重点论述的问题，在此不再赘述。

综观西部矿业边疆发展的历史，我们可以看到它既有与农业边疆和牧业边疆的不同特点，也有与东部市政迥然不同、十分奇特的组织形式。

首先，在矿业边疆的扩展中，淘金者从 1859—1875 年又掀起了两次淘金热潮。1849 年开始的加利福尼亚淘金热，到 50 年代中期高潮已过。探矿者在 50 年代末到 60 年代初先后在科罗拉多的派克斯峰、内华达东部戴维森山坡的康斯托克矿脉、亚利桑那的希拉河口和科罗拉多河口的图森、英属哥伦比亚的弗雷泽河口和爱达荷的斯内克河流域的克利尔沃特河口、萨蒙河谷

① 威廉·S.格里维尔：《西部富矿——1848—1900 年的西部采矿热史话》（William S. Greever, *The Bonanza West, The Story of Western Mining Rushes, 1848-1900*)，诺曼 1963 年版，第 112 页。

地、博伊河谷以及蒙大拿的克拉克斯福克河的支流金河、杰斐逊河的支流比弗里德河、加勒廷河支流奥尔德冲沟等地发现了金矿。于是，1849 年继加利福尼亚第一次淘金热之后在西部又引起第二次淘金热。这次淘金热始于 1859 年，终于美国内战结束之前。科罗拉多的淘金热从 1859 年开始，到 1861 年春基本结束。内华达淘金热发生在 1859—1860 年。亚利桑那淘金热发生在希拉河口，1862 年集中在图森。爱达荷淘金热从 1860 年持续到 1863 年。蒙大拿淘金热发生在 1862—1864 年。弗雷泽河口的淘金热始于 1858 年春，由于英国殖民当局蛮横的征税政策，迫使大多数前来的淘金者在次年春离去。1875 年，达科他的布莱克山开始了浅层采矿的第三次淘金热，但到 1877 年以后便转入了矿业公司开采矿脉的深层采矿。从布莱克山淘金热结束，西部各个矿区浅层矿藏逐渐枯竭，先后进入深层采矿阶段。每次淘金热都把大量的采矿者引向新的矿区。如 1859 年科罗拉多的淘金热，在当年 6 月底，10 万余人被吸引到了派克斯峰[①]；1860—1861 年，被吸引到凯里布湖的采矿者有 1,500 余人，1861 年 6 月集中在斯内克河谷地奥罗菲和皮尔斯流域采矿营地的采矿者已有数千名之多，1866 年夏季有 5,000 个采矿者涌向萨蒙河上游去采金矿沙；1875 年的布莱克山淘金热使 1.5 万人在当年秋天集中在弗伦奇河一带[②]淘金热时期的浅层采矿使用的是简单的工具"淘金盘"、"淘金机"和"淘金槽"，不需要资本和经验，个人或几个人的小组都能进行。浅层采矿对自然地貌环境有很大的破坏性。淘金者疯狂的发财欲望有时到了让他们失去理智的程度。在一个矿点不停地采挖，直到其表层全被剥光为止。

其次，矿业边疆的推进自西向东发展，并形成遍及西部的大大小小的矿区。这一方面表现在地理位置上，其发展是由沿太平洋的加利福尼亚逐渐向东推进到落基山区。另一方面，是因为金矿的探矿者、采矿者的大多数来自密西西比河谷地的定居者。如 1858 年，有 3.5 万人离开加利福尼亚州前

---

① 勒鲁瓦·R.哈芬、W.尤金·霍朗、卡尔·C.里斯特：《西部美国》，第 303 页。
② 雷·A.比林顿：《向西部扩张——美国边疆史》，第 540、543、545 页。

往弗雷泽河①；1862 年，亚利桑那的淘金热又使人们从加利福尼亚蜂拥到图森。大批人群从加利福尼亚向东迁徙寻找新的富矿源。在内华达和科罗拉多等地发现新的金矿后，采矿者被吸引着继续东进，东部也有淘金者被吸引着西进，形成了人流的东西交叉。在 1862 年斯内克河上游谷地的淘金热兴起时，聚集在那里的淘金者中有来自加利福尼亚的"远方帮"，也有从派克斯峰地区转移过来的探矿"老手"，还有东部车队运来的密苏里河谷的"新手"。到年底，已有 2 万名采矿者在克里尔沃特河与萨蒙河各金矿工作。②经过广大探矿者的努力，在落基山脉建立了科罗拉多派克斯峰、爱达荷克里尔沃特、蒙大拿奥尔德和达科他布莱克山等四大矿区。在怀俄明、亚利桑那和新墨西哥等州和领地也都发现和开采过金矿。大大小小的矿区几乎遍及了远西部。

其三，矿业边疆不仅是巨大的人流运动，而且也是一个财富和资本的交流运动。在三四十年的时间里，西部矿业边疆为美国带来了巨大财富，同时也吸收了美国东部和欧洲，特别是英国的大量资本。这又形成了财富和资本的东西双向运动。在加利福尼亚淘金热中，开采的黄金价值达 2 亿美元。③在19 世纪60 年代蒙大拿的淘金热中，三年开采的黄金价值近 3,000 万美元。④到 1901 年，科罗拉多的克里普尔克里克年产黄金的价值达 2,500 万美元。⑤淘金热展现了远西部的潜在财富吸引着美国东部和英国等外国资本开始西流。特别是 19 世纪 70 年代中期西部采矿业转入深层开采之后，购买钻井机、石英研磨机等机械，进行水利采矿、露天剥采和挖掘深层开采的坑道网等，都需要大量资金。60 年代中期，东部资本开始流向西部矿区。70 年代以后，进入西部矿区的东部资本日益增多。芝加哥、奥马哈等城市，也投资

---

① 关于从加利福尼亚前往弗雷泽河的淘金者数字记载不尽相同，比林顿称有 3.5 万人，海因提供的数字是 3 万人。参见雷·A.比林顿：《向西部扩张——美国边疆史》，第 540 页；罗伯特·V.海因：《美国西部——一部解释性的历史》，第 118 页。
② 雷·A.比林顿：《向西部扩张——美国边疆史》，第 541 页。
③ 霍华德·R.拉马尔主编：《美国西部读者百科全书》，第 447 页。
④ 罗伯特·G.阿塞恩：《高原帝国——高平原和落基山区》，第 86 页。
⑤ 罗伯特·E.里格尔、罗伯特·G.阿塞恩：《美国西进》，第 391 页。

于西部的采矿业。70 年代以后，英国资本大量流入美国西部矿区。在 1875 年以后的 25 年中，英国的投资增加到 23 亿英镑。① 大量东部和外国资本流入美国西部矿区，个体采矿者无法与资本雄厚的大矿业公司竞争，小矿被公司吞并。探矿者和淘金者退出历史舞台，巨型企业取而代之。西部采矿业被少数大矿业公司所垄断。到 19 世纪末，随着垄断资本迅速控制了西部矿区，那里采矿业最终被纳入美国垄断资本主义的发展轨道。

其四，在矿业边疆的发展过程中，西部山区的采矿营地周围兴起了一系列矿业城镇，形成了一种特殊的边疆民主。

1859 年发生在科罗拉多的淘金热使奥罗拉和丹佛两个城镇于当年秋冬两季分别在切里溪两岸建起。这一年，十余万淘金者散落在落基山东部，边走边建营地，先后建起了普韦布洛、卡尼翁城和博尔德等。1859 年康斯托克矿脉发现后，很快兴起了弗吉尼亚城。1860 年克里尔沃特附近发现黄金后，在那里建起采矿营地埃尔克城，在萨蒙河谷建立了弗格伦斯镇。1863 年涌入博伊西河谷的采矿者建起了普拉塞维尔、森特维尔和爱达荷城，在奥怀希河的银城成了采矿者聚集的采矿营地。1862 年秋到达比弗里德河的采矿者建立了营地班纳克诚。1864 年，到"最后机会冲沟"的采矿者，建立起了海伦娜。1866 年在萨蒙河上游发现含金矿砂后，采矿者在那里建立了萨蒙城和博南泽等采矿营地。1867 年，前往怀俄明地区的斯威特沃特河沿岸的采矿者建立了南山口城和大西洋城。1876 年的布莱克淘金热把大批淘金者吸引到弗伦奇河一带，他们在那里建立起了卡斯特镇。1874 年 4 月，采矿者又在戴德伍德冲沟建立起了戴德伍德镇。

在落基山最初产生的采矿营地，是一批最简陋的城镇。那里集中了大批采矿淘金的成年男子。1859 年，大批来自加利福尼亚的采矿者涌入内华达的瓦肖地区，集中在弗吉尼亚城中。那是一个"由烟雾弥漫的洞穴、有漏洞的帐篷和摇摇欲坠的酒馆组成的令人恐怖的聚合体"。淘金者必须每夜付出一美元才能在肮脏的地板上取得一席睡觉的地方，租条毯子还得再付出一

---

① 雷·A.比林顿：《向西部扩张——美国边疆史》，第 546 页。

美元①。到落基山的淘金者，都渴望财富。一旦矿源枯竭，他们就立即迁徙。昔日热闹的采矿城镇，或顿时沉寂下去，或变成一片废墟，成为"鬼镇"。弗吉尼亚城在采矿繁荣期过后，流动的采矿者的口袋里装着从河流和矿脉中开采出的黄金离去。除了"康斯托克大王"们在弯曲的街道上和诺布山上留下了难看的高楼大厦之外，在弗吉尼亚城再也听不到钻机的叮当声和爆破的轰隆声了。内华达也随之陷入毫无生气的沉睡状态。② 一些被称为"鬼镇"的矿业城镇迅速爆发又很快消失。1867 年，怀俄明的斯威特沃特河淘金热使南山口城和大西洋城迅速兴起。三年后，随着斯威特沃特河繁荣逝去，那两个矿业城镇及其周围地区，没有留下农场主和商人等永久性居民。1883年，采矿者在爱达荷北部的克达伦山发现黄金矿穴。因那里不是富矿源，失望的淘金者三年后流往他地。那里留下了被挖得到处是坑的山丘和沟壑，以及被遗弃的遗迹。③ 从上面这些矿业城镇的演变中我们可以看出，矿业边疆的人口密度显出其不均衡的特点。在矿脉丰富的地区，形成一些密集的聚合点，在矿源枯竭之后，又很快转移到另一些地区。在这些聚合点以外，则是大片空白的边疆。故矿业边疆是一种特殊的"城市边疆"。

在矿业城镇相对固定下来以后，其周围才发展起农业和牧业生产。加利福尼亚的淘金热有力地促进了该州的农牧业生产。从 19 世纪 50 年代初，得克萨斯州的牧牛场主就把牛群长途驱赶到加利福尼亚。牧羊主也把羊群驱赶到那里，在金矿区周围建立了牧羊场。到 1860 年，加利福尼亚出产的小麦不仅完全满足了本州的需要，而且有 1/3 用以出口。④1859 年，科罗拉多的淘金热使丹佛的市场面粉价格急剧上涨。高额利润使很多人转而务农。到1866 年，科罗拉多已开垦了 10 万英亩土地。⑤ 牧牛场主和牧羊主纷纷前往

---

① 雷·A. 比林顿：《向西部扩张——美国边疆史》，第 538 页。

② 雷·A. 比林顿：《向西部扩张——美国边疆史》，第 539 页。

③ 雷·A. 比林顿：《向西部扩张——美国边疆史》，第 553 页。

④ 保罗·W. 盖茨：《农场主时代——1815—1860 年的农业》（Paul W. Gates, *The Farmer's Age: Agriculture, 1815-1860*），纽约·埃文斯顿·伦敦 1960 年版，第 394 页。

⑤ 路易斯·B. 施米特、厄尔·D. 罗斯：《美国农业经济史读本》（Louis B. Schmidt & Earle D. Ross, *Readings in the Economic History of American Agriculture*），纽约 1925 年版，第 350 页。

矿区，在丹佛附近建立牧场。为了满足蒙大拿矿区的需要，采矿营地周围的农业开始发展起来。到 1870 年，蒙大拿从事农业者已占其人口的 20%。[①] 所以农产品基本满足了当地的需求。那里的牧牛和牧羊业也随之发展起来。在淘金热阶段，西部山区的农业规模很小，也较为零散，生产的目的仅限于满足采矿营地的食品需求。进入深层采矿阶段之后，特别是在 19 世纪 80—90 年代以后，农业移民洪流进入西部山区，使那里的农业成为与采矿业并驾齐驱的经济部门。西部山区兴起的一些矿业城镇成为当地经济开发的中心，促进农业、商业、交通和工业的发展，并从中产生像圣弗朗西斯科、丹佛这样重要的城市。西部山区各矿业州和领地的首府也大多由矿业城市转变而来，如科罗拉多的首府是丹佛，弗吉尼亚城在 1865—1875 年曾为蒙大拿领地的首府。可见，这种由矿业城镇发展起来的城市与东部农业边疆城市的发展不同。

在矿业边疆，各矿区居民还自行组织起来维护社会治安和保护自身的利益。在淘金热时期，某地区一有矿穴或矿脉发现，采矿者立刻蜂拥而至。由于人口突然膨胀，早期的矿业城镇呈现一片混乱，社会问题成堆。

最后，矿业边疆以"群众大会"和"自警团"的特殊组织形式处理各种采矿业营地内部发生的问题和行使独特的司法。自加利福尼亚淘金热始，如何规定采矿者使用公地的法律问题就已提出。然而，美国国会在处理这个问题时行动特别缓慢。直到 1853 年，国会才通过一项法案，但只规定"对矿区土地不能取得先买权"，而未涉及其他问题。[②] 1866 年 7 月 26 日，国会通过一项关于矿区土地的法律，按照"法律规定的条例和那几个采矿点内采矿者的地方习惯和法规"，将矿区的公地"自由向美国公民开放"。[③] 这是一项不寻常的法案，它直截了当地承认了采矿者制定自己的法律的权利。随着新矿不断发现和大量新人涌入采矿营地，那里的几个头面人物出面在街道上召集群众大会，通过口头选出主席，并通过保护先来者的权利及保证其余土地

①　路易斯·B.施米特、厄尔·D.罗斯：《美国农业经济史读本》，第 350 页。
②　雷·A.比林顿：《向西部扩张——美国边疆史》，第 535 页。
③　罗伊·M.罗宾斯：《我们的土地遗产，1776—1936 年的公共土地》，第 221—222 页。

相对公平分配的法律。这些法律规定了每个探矿者应有的土地面积和取得地权所需要的手续，以及解决纠纷和惩办罪行的办法。法规最终由群众大会负责实施，通常由指定的一个"三四名法官组成的委员会具体执行"。遇有紧急情况，群众大会可以随时召开。群众大会是采矿者发现在矿业边疆没有法律保护时建立起的自己的政府。

各采矿营地还组织了自警团来维护当地的社会治安和惩治犯罪。到西部淘金冒险的人多是青壮年男性，他们没有完整的家庭生活。涌入每个矿区的移民除了采矿者及从事商业、农业和运输业等行业的守法公民外，还有一些赌徒、妓女、窃贼和强盗等社会渣滓。其中有纽约下等酒馆的狡猾店主、东部油嘴滑舌的赌棍、巴黎街头的淫荡妓女、索诺拉的墨西哥歹徒、澳大利亚流放地的"悉尼老板"以及密西西比河谷一些市镇的带枪歹徒和亡命徒。[①]他们之中那些狂暴的恶棍，到矿山来是为了用非法的犯罪手段轻易获取采矿者费力采集的沙金和块金。在有的矿区，这些恶棍的人数非常多，以致夺取了那里的领导权。也有些"淘金者"因为难以实现暴发的梦想而绝望，堕落为杀人抢劫的匪徒。西部矿区远离东部政治中心，采矿者没有正规警察和法院维护自身利益，便组织自警队，来行使警察和法院的权力。这种自警团通常是由一些矿镇居民带头组织的。他们先秘密开会，组成自警团并制定一个法规，然后再把其他人吸收进来。其法规保证互相合作，直到矿区恢复安全为止。等到自警团的力量大到足以同控制矿区的黑恶势力抗衡时，它便选中亡命徒的几个头目严加惩处。目的是杀一儆百。自警团有权追捕、审理和惩处罪犯。它一般不遵循正常的法律程序，处死犯人也非常迅速。自警团成员在追捕到罪犯后，经过简单的审讯便迅速判处"绞刑"，并就地正法。被处决的罪犯一般被吊死在离采矿营地最近的一棵树上。自警团在一定程度上恢复了西部各矿区的社会秩序。因为在一个矿区只要吊死几个狂暴的恶棍，其他歹徒就会仓皇而逃。一旦自警团在某个矿区占据优势，树立了权威，它下达一个简短的警告就足以赶走大多数犯罪分子。在正规的政府和警察制度建

---

① 雷·A.比林顿：《向西部扩张——美国边疆史》，第535页。

立起来之前，自警团成为西部矿区最重要的治安组织。自 1851 年圣弗朗西斯科建立了第一个自警团之后，在西部各个矿区都建立了类似的组织。① 它充分反映了美国人民由来已久的民主传统，并在矿业边疆的特殊条件下将这种民主发展到了不寻常的程度。然而，群众大会和自警团并没有彻底消灭西部矿区的混乱现象。自警团由一些不懂法律的人执行审判职能也制造了一些冤假错案。在排斥外来移民和歧视华工方面，它扮演了不光彩的角色。

在矿业边疆，群众大会和自警团都是保护采矿者权利和维护矿区秩序的权宜之计，一旦美国国会在矿藏所在地区设立了政府，这两种组织将被予以解散。与自警团和群众大会这种自治性的管理机构相比，矿区居民更希望美国国会在当地建立领地和州政府。如 1859—1860 年在内华达多处发现黄金后，矿区的扩展加强了成立领地的要求。这迫使国会于 1861 年将犹他西部建为内华达领地。尽管这个矿山新领地只有 2 万人，由于他们大声疾呼要求建州，内华达在 1864 年 10 月 31 日成为了州。② 1862 年，在亚利桑那的科罗拉多河淘金热，不但从加利福尼亚吸引来了大量的采矿者，也有形形色色的暴徒随之而至。暴徒之多使主要城镇图森立即成为西部的"罪恶之都"。居民们强烈要求有秩序的政府，结果迫使国会在次年 2 月 24 日成立了亚利桑那领地。③

2. 农业边疆

1803 年美国从法国手中购买了路易斯安那后，为拓荒农民打开了西进道路。1804 年，更能吃苦耐劳的拓荒者移入了路易斯安那的南部。到 1810 年，移入新奥尔良周围地区的人口已达到建州的标准。1812 年 4 月，国会同意路易斯安那加入联邦。建州后，拓荒者继续向北部发展。到 1820 年，该州的人口已达到 15.3407 万。④ 除北部与西部较少地方外，该州的大部分

---

① 雷·A.比林顿：《向西部扩张——美国边疆史》，第 535 页。

② 霍华德·R.拉马尔主编：《美国西部读者百科全书》，第 823 页。

③ 霍华德·R.拉马尔主编：《美国西部读者百科全书》，第 42 页。

④ 唐纳德·B.多德汇编：《美国各州历史统计——1790—1990 年两个世纪的人口普查》，第 37 页。

都已成为定居区。路易斯安那北部的密苏里在 1812 年成为领地。到 1815—1819 年才有大量移民涌入。次年，沿密西西比河 80 英里宽的地带已成为定居区。另一些移民则沿密苏里河进入密苏里地区的中部。① 密苏里于 1821 年 8 月加入联邦。到 1830 年，该州东部都有移民定居，移民区沿大马迪河一直延伸到它的西境。② 密苏里的人口从 1820 年的 6.6586 万人增至 1830 年的 14.0455 万。③ 阿肯色州是从密苏里州划出来的，其发展较为缓慢。1810 年，阿肯色只有 1,062 人。1819 年，阿肯色作为一个单独地区从密苏里地区划出。1820 年，其人口为 1.4273 万。10 年后，阿肯色的人口为 3.0388 万。1836 年，阿肯色作为州加入联邦。四年后人口上升到 9.7574 万。④

　　1830 年前，艾奥瓦整个地区都控制在土著居民印第安人的手里。东部美国人侵入该地区较晚。1832 年，黑鹰酋长及其领导的索萨克族和福克斯族印第安人被联邦军打败后，被迫割让了一条从密苏里州北界延伸到普雷里欣附近的土地。这块艾奥瓦的土地位于密西西比河西岸。次年 6 月 1 日，从黑鹰手中"购买"的土地便向移民开放。由于大量拓荒者的涌入，到 1842 年那里已是人满为患。次年 4 月 30 日，官方宣布开放从印第安人手中新攫取的艾奥瓦中部和南部的土地。⑤ 1846 年 12 月，艾奥瓦建州。到 1850 年，该州人口已达 19.2214 万。⑥ 艾奥瓦州住满移居者之后，农业边疆向北推进到明尼苏达渺无人烟的湖泊和森林之地。真正的大量移民是在 1837 年印第安人被迫割让了大量土地后才开始的。这一年，联邦政府通过与苏族和奇佩瓦族签订条约，获得了密苏里与圣克罗伊河之间的一块三角形土地及威斯康

---

① 雷·A.比林顿：《向西部扩张——美国边疆史》，第 394—395 页。

② 雷·A.比林顿：《向西部扩张——美国边疆史》，第 394—395 页。

③ 唐纳德·B.多德汇编：《美国各州历史统计——1790—1990 年两个世纪的人口普查》，第 51 页。

④ 唐纳德·B.多德汇编：《美国各州历史统计——1790—1990 年两个世纪的人口普查》，第 8 页。

⑤ 雷·A.比林顿：《向西部扩张——美国边疆史》，第 399、404 页。

⑥ 唐纳德·B.多德汇编：《美国各州历史统计——1790—1990 年两个世纪的人口普查》，第 31 页。

星北部的一大片土地。此后，向明尼苏达移民的高潮开始。[①] 最先被吸引来的是伐木者。为了采伐原始森林和硬木林，他们或在圣克罗沿岸，或沿密西西比河上游拓展，选择条件好的地方建立锯木厂和林业乡镇。伐木者以这些乡镇为落脚点，不断把林业边疆向北推移。拓荒农场主随之被吸引到明尼苏达，因为伐木营地需要他们提供食品供应。流入该地的主要是威斯康星、伊利诺伊和艾奥瓦的小农。每个林业乡镇都成为一个小规模农业移民区的核心。移居来的拓荒农场主开垦被砍伐过的林地，并向伐木者出售谷物和粮食。明尼苏达的这个三角形移民区那时尚属于威斯康星领地不受重视的部分。1848 年 5 月，威斯康星建州。三角形移民区遂成为无政府状态之地。于是，那里的拓荒者于同年 8 月在斯蒂尔沃特召开代表会议，请求国会给予地区地位。1851 年，印第安事务部说服苏族的酋长们签约，割让了明尼苏达西部的大部分土地。到 1852 年底，新割让的地区已入住了 2 万个拓荒者。[②] 1858 年 5 月，明尼苏达建州。到 1860 年，其人口已达到 17.2023 万。[③]

密西西比河上游谷地的拓荒者，可以迁移到艾奥瓦和明尼苏达的尚未开垦的土地上。然而，南部的拓荒者要想西进却面临着更难解决的问题。其一，密西西比河下游谷地的好地已被占用。无人定居的地方只有多丘陵的欧扎克高原和几片孤零零的贫瘠地区。其二，前面有永久的印第安人保留地。在大量渴望得到土地的东部拓荒者不断西进的同时，从 1825—1840 年，东部的印第安人也被联邦政府驱赶到了西经 95° 线以西的小保留地。它从雷德河延伸到密苏里河的大河湾。[④] 大草原上的印第安人不允许任何人闯入合法属于他们的土地，不论是移入的东部森林地区的印第安人还是拓荒农场主。其三，在印第安人保留地西部，是大平原地区，那里被认为是不可停留和逾越的大荒漠。正是这些原因，使得密西西比河下游谷地的拓荒者前往得克萨

①　雷·A. 比林顿：《向西部扩张——美国边疆史》，第 404 页。
②　雷·A. 比林顿：《向西部扩张——美国边疆史》，第 405 页。
③　唐纳德·B. 多德汇编：《美国各州历史统计——1790—1990 年两个世纪的人口普查》，第 47 页。
④　雷·A. 比林顿：《向西部扩张——美国边疆史》，第 397 页。

斯、俄勒冈和加利福尼亚。摩门教徒为躲避宗教迫害，则在先知约翰·史密斯的率领下，从发源地纽约西部逐渐向西迁移。他们先是迁移到中西部的若干新地点。1839 年春，他们到伊利诺伊北部的多沼泽低地定居下来。1844年 6 月史密斯被杀害后，摩门教会决定迁往遥远的西部，寻找一个没有其他教派定居的安全场所。1846 年 2 月，在布里格姆·扬的率领下，数千名摩门教徒乘坐大篷车，避开人员经常往来的俄勒冈小道，紧贴着普拉特河北岸开出一条新路，跨过了大平原。他们于 1847 年 7 月 24 日抵达大盐湖谷地。这里成了摩门教徒定居的家园，也就是后来的犹他州。7 月 24 日这一天，成为他们庆祝的"先驱节"。①1850 年 9 月，国会批准建立犹他领地。是年，其人口达到了 1.138 万。②

到美国内战爆发前，农业边疆已经推进到俄亥俄河和密苏里河之间的中西部地区，部分拓荒者去了得克萨斯、俄勒冈、加利福尼亚等太平洋沿岸地区。摩门教徒则定居犹他。内战期间，由于交战双方军队对粮食需求的增加，农业边疆向西推进到东部森林带与西部草原的交汇处。随着矿业边疆由加利福尼亚向东扩展到落基山，农业定居区也从太平洋沿岸地区延伸到矿业营地周围的河谷地区。然而，直到 19 世纪 70 年代前，从密苏里河至落基山之间辽阔的大平原地区，依然是拓荒农场主无法逾越的障碍。直到第二次工业革命提供了农业机械、新的筑围栏材料和新的耕作方法之后，拓荒农场主才能进军大平原。关于在内战后农业边疆向大平原拓展的情况，笔者在前面论及农牧争地时已有较详细介绍，此处不再赘言。在拓荒农场主止步大平原东部边缘时，牧场主首先占据了大平原。

二、牧业边疆的拓展

1. 占据大平原

在第一章，笔者已经较详细地考察了"牧畜王国"兴起发展的历史。从

---

① 雷·A. 比林顿：《向西部扩张——美国边疆史》，第 458—459 页。
② 唐纳德·B. 多德汇编：《美国各州历史统计——1790—1990 年两个世纪的人口普查》，第 89 页。

中我们可以了解"牧牛王国"和"牧羊帝国"的概况，看到牧业边疆拓展的基本走向。美国内战以后，成千上万的牧牛人进入大平原，经营牧牛业。牧牛边疆的大体走向是由南向北。它从牧牛业的"摇篮"得克萨斯南部的菱形地区向北扩展到该州的全境。从19世纪60年代末，牧牛业又向北扩展到堪萨斯、内布拉斯加；70年代初进入科罗拉多、达科他、怀俄明和蒙大拿；80年代牧牛边疆还从得克萨斯西部推进到亚利桑那和新墨西哥。最后，牧牛场主把印第安人保留区俄克拉何马也变成了他们最后的边疆。总的看来，牧牛边疆的推进方向是由南及北。在拓荒农场主还无法进入大平原和探矿者还在落基山四处寻找金矿时，牧牛场主和牛仔率先进入大平原。在十余年的时间里，使这片未开垦的辽阔荒野变成了牧牛人的边疆。

"牧羊帝国"的疆域广布密西西比河至太平洋沿岸。美国内战前，牧羊边疆由东向西推进。随着农业边疆的西进，东部的养羊业由老西部向西推进到中西部地区。1849年的加利福尼亚淘金热，使牧羊业的边疆推进到太平洋沿岸地区。与此同时，牧羊业也从其发源地向周围地区拓展，特别是西南部地区成为重要的产羊区。随着矿业边疆从加利福尼亚由西向东拓展，牧羊边疆也由太平洋沿岸向东推进到落基山区。在内战后至19世纪80年代的长途赶羊高峰期中，牧羊边疆又扩及大平原，乃至密西西比河沿岸，与牧牛边疆重合。牧羊主同牧牛场主激烈争夺放牧区。

2. 边疆消失

"牧牛王国"和"牧羊帝国"的兴起和发展，是内战后西进运动的重要组成部分。在内战后更大规模的西部开拓运动中，矿业边疆由西部向东移动。采矿者占据的是藏着黄金矿穴的河流和有矿脉的山峦。每次淘金热过后，周围留下一大片空白地带。农业边疆从威斯康星、明尼苏达由南向北、在太平洋沿岸由西向东扩展。拓荒农场主占有丰饶的河谷或肥沃的土地。"牧牛王国"的边疆由得克萨斯向北抵至美加边界，由南向西蔓延到落基山区。"牧羊帝国"的边疆由太平洋沿岸各州向落基山和大平原地区扩展，中西部的养羊人向大平原及山区八州推进，西南部牧区扩至辽阔的北部牧区。随着牧业边疆扩展的终止，不但使内战前尚被称为"美洲大荒漠"的大平原上丰茂的牧草资源得到充分的开发利用，而且使美国西部边疆中无人居住的空白地带基本上得到了填补，有了分散的居民点。美国联邦统计局局长小约瑟夫·尼默认为："发现这片土地的重要性甚至大于在加利福尼亚发现金矿，或在内华达发现银矿，或在宾夕法尼亚发现石油"[①]。牧业边疆与矿业、农业边疆相互影响融合，形成别具特色的西部边疆经济和社会结构。牧业边疆使西部各部分联结在一起，成为合众国有机的组成部分。1890年，美国人口普查的年度报告说，现在这片荒无人烟的地区已经成为大批分散孤立的拓居地，弄得残破不全了，"因而简直不能说还有一条边疆线了"[②]。

第二节　牧畜王国与现代化

一、牧业开发与经济现代化

1. 重要的行业开发

美国现代化历程在内战以后步入了新的阶段。工业化城市化以更大的规模和更快的速度向纵深发展。在美国由农业国向工业国转变的过程中，加大对西部开发的力度，是影响现代化进程的一个重要的问题。内战后，美国对西部进行了矿业、农业和牧业的全面开发。作为三大行业开发之一的牧业开发，表现为"牧畜王国"的崛起。它与西部农业和矿业开发结合在一起，在美国经济现代化的过程中发挥了重要作用。

随着"牧畜王国"的兴起，西部牧业资源进一步得到开发利用，那里成了开放的天然牧场。在西部草原，到处生长着使牛羊长膘的牧豆草，在整个冬季都保持着营养和甜味。牛羊在冬季可以赖其为生，在外面放牧。在大草原上，还有在冻霜之后营养价值更高的灌木"螺丝豆"和"冬肥草"，也可

---

① 小约瑟夫·尼默：《美国牛仔》（Joseph Nimmo, Jr., "The American Cowboy"），《哈珀新月刊杂志》（*Happer's New Monthly Magazine*）1886年11月第57卷。

② 塞缪尔·莫里森、亨利·康马杰等：《美利坚合众国的成长》下卷，第28页。

以供牛食用。西部牧区的牛羊靠天赐的青草繁衍生长，并充当着不自觉的播种者。草籽被牛羊的蹄子踩进地里。在融化的冬雪或偶尔降下的春雨的滋润下，草原便到处长满任牛羊随意享用的鲜嫩多汁的青草。在内战之前虽有报道说新墨西哥提供了"世界上最好的牧场"，但直到内战以后，随着牧牛业和牧羊业在西部迅猛发展，才使更多的美国人对西部牧草资源的宝贵经济价值和开发的巨大潜力有了更深刻的认识。到 70 年代，有人已认识到"西部地面上的黄金更多"[1]，西部牧牛场主和牧羊场主拥有"不花钱的青草"，这是东部牧场主无法与之竞争的。在密西西比河以东，要靠种草饲养牛羊，种 1 英亩草至少要投入 50 美元。[2] 西部牧场是自然形成的，无须投资。

除了丰富的牧草资源外，得克萨斯长角牛和丘罗羊也是重要的牧业资源。在"牧牛王国"和"牧羊帝国"兴起的过程中，它们的长处得以利用，其缺点被扬弃。

大平原上的得克萨斯长角牛觅食的本领和消化功能很强，在无草的地方，甚至连灌木根、仙人掌都可以嚼碎、食用和消化。母牛勤于产犊，善于用又长又尖的双角抵御狼群等野兽的袭击和保护幼犊；其灵敏的嗅觉能寻找水源和躲避凶险。长角牛这种适应自然和自我保护的突出优点，使它们在大平原上越繁衍越多，以至内战后很快布满了大平原。在新墨西哥和西部其他牧羊区，占绝大多数的是未经选育的"丘罗羊"。这种绵羊虽在不断退化，但仍有抵抗多种疾病、承受严寒、善于长途奔跑和在植物稀少的沙漠地区生存的能力，且产羔率高。故内战以后，西部牧羊业仍然以丘罗羊为基础，并不断引进东部优质羊种进行杂交改良，培育新羊种。西部丰富的天然牧草资源为牛羊提供了不花钱的饲料。"长角牛"和"丘罗羊"及其后代顽强适应自然的生存能力使它们旺盛地繁衍生长，布满了辽阔的西部牧区。西部的牧草和牛羊资源得到充分的开发利用。那里的天然牧场成为牧牛大王和牧羊大王发财致富的源泉。

---

① 丹尼尔·J. 布尔斯廷：《美国人——民主历程》，第 5 页。

② 塞缪尔·莫里森、亨利·康马杰等：《美利坚共和国的成长》下卷，第 22 页。

　　牧牛场主和牛仔在大平原的牧业开发中，创造了一种与东部农场养牛迥然不同的开放大牧场经营方式。内战期间，得克萨斯州南部的长角牛在无人照料的情况下，依靠天然的牧草自然繁衍增长，使那里存牛爆满。内战结束后，数百万头长角牛多数成为四处乱窜漫游的无主野牛。为了把这种潜在的牛资源送往市场转变成财富，牧牛场主们雇用牛仔，把半带野性的长角牛围捕起来，通过大平原上宽阔的牛道，或长途驱赶牛群到铁路的站点，运往东部市场；或把牛群赶出得克萨斯，到别的草原地区建立新牧场。牛群向北，抵达了与加拿大相邻的冻雪地带；向西，进入了落基山的深处。在十多年的时间里，碧波起伏的大草原成了长角牛的天然家园。牧牛场主和牛仔随牛群而去。他们也带去了放牧和长途驱赶必备的马匹、带索和自卫的"六响枪"。在大草原上，遍地漫游着牛群和马群；从南到北，到处是开放经营的大牧场。牧牛场主凭借"先占权"拥有了大平原牧区的所有权。最终，"牧牛王国"占据了整个大平原地区。牧牛场主和牛仔在大平原上的实践创造了一种利用自然条件的牧业经营方式和与之相适应的牧区社会秩序。

　　大平原的牧牛业之所以引起人们的普遍关注，主要是其独特的经营方式。到 1880 年，大平原的产牛量在全美国的产牛总量中并不占据优势。是年，美国的产牛量为 3,967.5533 万头。其中，包括南北达科他在内的 16 个西部州和领地共产牛 1,261.2089 万头。大平原产的牛仅占全国总产量的约 34%。把太平洋沿岸诸州排除在外，大平原地区的产牛量为 1,100.0846 万头，占总产量的 27.7%；再把得克萨斯排除，大平原其他州和领地产的牛为 610.6223 万头，只占总数的 15.4%。[①] 既然大平原地区（不包括得克萨斯）产牛量到 1880 年还较少，为什么人们还把大平原视为牧牛业的中心、称之为"牧牛王国"呢？这是因为人们重视的不是它的产牛量而是其经营方式。在美国人的意识中，把西部和牛群联系起来的东西不是增长的牛的头数，而是它不同于东部的管理方式。在美国东部，有成千上万个农场。每个农场有七八头母牛、更多的小牛和一岁口的牛犊。即使这个农场的牛达万头之多，

---

　　① 沃尔特·P. 韦布：《大平原》，第 226 页。

也只是农业的附属物。在西部，一个牧场的土地面积有东部上千个农场那么大。其所拥有的牛会有万头乃至几万头之多。与东部农场用固定围栏养牛不同的是西部的开放大牧场把牛散放，甚至让它们在公共牧区自由漫游。等到春秋两季赶拢时，牛仔跃马扬鞭，围拢漫游的牛群，驱赶到"赶拢大会"的集中地，为它们打上各自主人的烙印，分清小牛的归属。深深留在人们记忆中的是西部巨大辽阔的开放牧场，赶拢大会的热烈场面，牛道上牛蹄踏起的滚滚烟尘，闪现在牛群之中、端坐在矮种马上的牛仔身影；他们的皮靴、宽边帽、索套、叮当作响的马刺和六响枪；还有活泼欢跳的备用马群陪伴着野营厨师和牧牛人，以及牛仔调侃的污言秽语和他们的好胃口。西部的牧牛业完全不同于东部的养牛业。它是骑在马背上利用大平原自然条件的粗放经营，是一种不同于东部的经营方式和独特的牧业文化。"牧畜王国"是在特定历史条件下的产物。它是美国历史上突出的现象之一。在10—12年的时间里，牧牛边疆完成了从南至北的拓展过程，其发展是十分迅速的。到1885年，"牧牛王国"的繁荣达到了鼎盛时期。在拓荒农场主进入大平原之前，大牧场牧牛业已经深深植根在那里。在与东部养牛文化的交融之后，大牧场养牛成为大平原上的一种稳固的事业。

　　牧羊业在西部开拓中扮演着重要角色。羊比牛更多地与一些早期拓殖区联系在一起。人们都知道，西南部的得克萨斯州，是"牧牛王国"的"摇篮"和"大本营"。然而，到1880年后，牧羊业迅速发展起来，羊的产量超过800万只而跃居美国各州产羊量的第一位。[①]加利福尼亚、俄勒冈和华盛顿等太平洋沿岸诸州，在内战前就开始养羊。内战后，牧羊业进一步发展。在"淘金热"时期，加利福尼亚就大力发展养羊业。其肥沃的土地、适宜的气候和不断引进优质羊种等有利条件，使该州的养羊业在内战后至80年代初曾居领先地位。虽然由于70年代后期的严重干旱和廉价土地日益缺乏等因素的影响，使加利福尼亚逐渐失去领先地位，但在1880年，该州的洛杉矶等7个县内，每县都放牧10万—30万只绵羊。这一年加利福尼亚产羊过

---

① 罗伯特·G.费里斯编：《勘探者、牛仔和移居垦殖农民》，第61页。

剩，还向新墨西哥输送了 4 万只优质美利奴羊。[1] 俄勒冈和华盛顿从 19 世纪 40 年代就从东部引进优质羊饲养，但规模较小。这两州牧羊业的发展得益于加利福尼亚的影响。羊群在俄勒冈和华盛顿，冬季有充足的饲料和有避风处，繁殖得很快，数量以几何级数迅速增长。太平洋沿岸各州在内战后虽然还在不断从东部引进优质羊种，但到 80 年代，这些州更多的是不断把羊群驱赶到内布拉斯加和堪萨斯的育肥地，或销往东部市场。如 1882 年 8 月，俄勒冈、爱达荷和内华达就向东部驱赶到了 20 余万只羊。[2]

牧羊业对山区诸州的开发所起的重要作用尤为突出。新墨西哥、亚利桑那、内华达、犹他、科罗拉多、怀俄明和蒙大拿被称为美国的山区"八州"。牧羊业在山区的经济中占据重要地位。在新墨西哥，牧羊业从殖民地时期就在其经济中占据优势。由于受落后生产方式的制约，作为牧羊业源头的新墨西哥在美国内战后逐渐丧失了"领头羊"和"中心"地位，但它仍然是产羊数量多的领地之一。一方面，新墨西哥在 1865 年后仍然继续向一些州和领地输出绵羊，另一方面，在其境内也保留了相当数量的羊群，1888—1890 年，该领地的羊为 350 万只左右，保持着位居第三的地位。[3] 1865 年，新墨西哥牧羊人把羊群放牧到了科罗拉多领地的东部。到 1876 年，牧羊业已扩大到整个科罗拉多领地。科罗拉多的牧羊主自夸他们的羊与新墨西哥的一样多，约为 250 万只。[4] 亚利桑那牧羊业的迅速发展得利于加利福尼亚退出领先地位。牧羊主很快占据了亚利桑那的大部分牧区。在 1891 年，该领地的 70 万只羊产了 500 万磅羊毛。[5] 内战后，摩门教徒继续从新墨西哥和东部引进优质羊种，不断改良羊群。到 80 年代初，在犹他北部和中部建起了大牧羊场。沿科罗拉多河和格林河流域，也放牧了大量羊群。犹他的牧羊业非常兴旺，牧区有过载的趋势。摩门教徒对整个大盆地牧羊业的发展作出了

---

① 勒鲁瓦·R.哈芬、W.尤金·霍朗、卡尔·C.里斯特：《西部美国》，第 435 页。

② 约翰·K.罗林森：《怀俄明——牛的足迹》，第 24 页。

③ E.O.伍顿：《新墨西哥牧区的问题》，第 24 页。

④ 勒鲁瓦·R.哈芬、W.尤金·霍朗、卡尔·C.里斯特：《西部美国》，第 434 页。

⑤ 霍华德·R.拉马尔主编：《美国西部读者百科全书》，第 42 页。

贡献。内华达因人口稀少和较多地保留了西班牙的经营传统，牧羊业发展很快，能产出优质的羊毛和羊肉。到1900年，西部牧区共产羊3,800多万只，其中山区"八州"占大多数。[①]

2. 牧业促进其他行业开发

"牧畜王国"的兴起与发展对西部开拓起了巨大的促进作用，改变了西部的面貌。牧牛业和牧羊业的发展，有力地支援了西部的矿业开发和铁路建设与发展。"牧畜王国"的兴起，保证了对矿区营地的肉类和马匹的供应，为西部采矿业的发展创造了有利条件。大批的牛羊被赶往靠近矿区的牧场放牧，供给矿镇居民食用。牧场主们不仅为几条横贯大陆铁路的建筑工地供应了充足的牛羊肉和大量马匹，而且是铁路公司的重要主顾。牛羊贸易的发展，促进了铁路运输量的迅速增加。道奇城运牛的收入由1881年的6.288万美元上升到1883年的13.408万美元。[②] 西部牧羊区在1865—1900年间向东部驱赶了约1,500万只羊。其中大多数被赶往育肥地或堪萨斯、内布拉斯加和明尼苏达的火车终点站装车东运。[③] 牧牛业和牧羊业的迅速发展促使各铁路公司不断更新设备，改善运输条件。容积小、条件差的运牲畜车厢被各公司淘汰，代之以用冷藏车装运肉类。一头重1,250磅的牛被宰杀后所剩的净肉仅有700磅左右[④]，这就为牧场主节省了大量运费。铁路公司也因运输能力不断提高而获利更大。对于这一问题，笔者在前面的章节中分别作了较多的论析，此处不再赘述。

3. 牧业对经济现代化的影响

"牧畜王国"的兴起，是美国在内战后进入现代化发展新阶段的特定历史条件下的产物，也是其现代化的重要组成部分。因为从根本上说，所谓现代化，是在工业革命的推动下，一个国家由农业社会向工业社会转变的过程。在这一转变过程中，农业（包括牧畜业）的工业化与市场化是经济现代

① 霍华德·R. 拉马尔主编：《美国西部读者百科全书》，第1104页。
② 罗伯特·R. 戴克斯特拉：《牛镇》，第82页。
③ 罗伯特·E. 里格尔、罗伯特·G. 阿塞恩：《美国西进》，第488页。
④ 克拉拉·M. 洛夫：《西南部牧牛业史》，《西南部历史季刊》1916年第19卷。

化的一个重要方面。"牧畜王国"的发展得益于现代化的推动，也对美国现代化的进程产生了一定的影响。

首先，由于"牧畜王国"的兴起和发展，西部成了美国主要牧畜区和畜产品生产基地。美国西部牧牛业和牧羊业在内战后的大发展，是从国内外现代化大背景下获得了动力和机遇。内战以后，美国迅速由农业国向工业国转变。城市人口急剧增加。仅靠东部农场提供的畜产品已远远满足不了美国人的需求。同时，欧洲市场对美国牛肉的需求也日益增加。国内外市场的需求，使"牧畜王国"自起步伊始，就不断把大量牲畜和肉类输往东部市场，也把活牛和牛肉销往英国等欧洲国家。在开放牧场经营时期，这种牲畜和肉类贸易从未间断。靠天然牧场实行开放游牧经营的"牧畜王国"衰落后，以市场供应为目的的养牛业和养羊业仍是西部的主要产业。大企业用科学方法配种和饲养，使西部的牛羊产量仍在继续增长，牧畜业是美国经济的一个重要部门，对美国经济的现代化进程产生了重要影响。西部牛羊产量在美国的牧业中占很大比重。1900 年，西部菜牛的产量约 1,500 万头，占全美国总产量 2,800 万头的近 54%。同年，西部羊的产量占全国总产羊量 6,150 万只的62%。[1] 这充分表明西部已成为美国主要的牧区和畜产品生产基地。

牧羊业在美国经济中是一个重要的部门，对美国经济产生了重要影响。到 20 世纪，羊与牛在国民经济中的地位已经固定下来。西部羊的数量超过了牛的数量。牛主要占据大平原地区，羊的 70% 分布在山区各州。[2] 山区八州中每个州羊的数量都超过了牛。如怀俄明在 1902—1910 年间，其羊的数量达 600 万只。而牛不足 100 万头。[3] 在 1865—1900 年间，被从西部向东部驱赶的羊约有 1,500 万只。[4] 这些成功的长途驱赶，不仅使牧羊业在密西西比河以西的经济中具有决定性的影响，而且还保证了西部对东部的优势地位。西部各州向东部输送了大量羊毛，为美国毛纺织业的发展作出了贡献。

---

① 弗雷德·A.香农：《农场主的最后边疆》，第 205、210 页。
② 弗雷德·A.香农：《农场主的最后边疆》，第 208 页。
③ 霍华德·R.拉马尔主编：《美国西部读者百科全书》，第 1292 页。
④ 罗伯特·E.黑格尔、罗伯特·G.阿赛恩：《美国西进》，第 488 页。

怀俄明在 20 世纪的头 25 年中，其羊毛年产量达到了布里斯宾夸张预测总量的 13%，为 3,900 万磅。[1]

养羊业在当今美国西部仍很重要。特别是在印第安人保留区、山区和半干旱地区更是如此。在新墨西哥、犹他、爱达华、内华达和得克萨斯西部辽阔的爱德华高原地区，绵羊的产量超过了牛。在亚利桑那、科罗拉多、怀俄明和蒙大拿，也出产大量优质羊毛和肉羊。怀俄明州在 20 世纪 60 年代，其农业年收入为 2 亿美元，养羊业占其中的 15%。[2] 亚利桑那州在 1982 年仍饲养了 37.7 万只羊。[3] 由于这些地区暴风雪和野兽较多，一般采用有围栏和羊舍的小群饲养方式。如在爱德华高原牧羊主把几块牧草地围起来，实行科学养羊。被雇用的牧羊工骑马巡查围栏、拣回运货车、修理风车、医治病羊、防范野兽侵袭；在羊主监督下，以高超技术阉割羔羊。牧羊时，牧羊人多半带一台晶体管收音机，吃住在一辆小吨位的野营车上。他们从吉普车、飞机或直升机上得到供应品。以这种机械化运作的方式养羊和放牧，在西部多是以较小羊群为单位。牧羊狗仍然是牧羊人必要而忠实的伙伴。在山区，依旧保持小道赶羊的习俗。由于工资低，很难雇到合适的牧羊人。一些牧羊主雇用非法进入美国的墨西哥流动工人。羊主自己也做很多工作。他们不再完全依赖羊毛和羊肉的生产生存，而是在牧羊场采取多种经营。

其次，"牧畜王国"的兴起，促使美国的肉类罐头业和羊毛加工制造业不断西移。为满足国内外市场对肉类的巨大需求。芝加哥、圣路易斯、堪萨斯和奥马哈等城市成为肉类包装、加工和罐头制造业的中心。其中，芝加哥发展成世界上最大的肉类屠宰、加工、贮藏和运输业中心。在肉类加工厂里，现代化屠宰方法代替了手工屠宰，机器设备不断改进更新，并建有冷库。现代化的生产为西部牧场主提供了肉类和皮革加工贮藏及外运的便利条件。西部牧区产的羊毛大量运销东部被加工成毛毯和衣服后，很多再返销西

---

① 弗雷德·A.香农：《农场主的最后边疆》，第 210 页。

② 霍华德·R.拉马尔主编：《美国西部读者百科全书》，第 1293 页。

③ 吴纪先主编：《美国五十州》，武汉大学出版社 1989 年版，第 425 页。

部，促进了东西部的经济交流和市场繁荣。同时，西部的毛纺织业也建立起来。摩门教徒把手纺车、织机和梳毛机带入了犹他。不久，羊毛的加工和制造从家庭移入工厂。羊毛制造业兴旺起来。到 1882 年，犹他已有 10 家毛纺厂，能加工大盆地所产羊毛总量的 1/5。[①] 现代化的铁路交通运输和现代化的加工生产手段，使"牧畜王国"与国内外市场紧密地联系在一起，促使西部牧畜业向规模化生产和市场经济发展。

再次，伴随着西部牧牛业的蓬勃发展，大批牛镇在辽阔牧区的铁路沿线迅速崛起。继麦考伊在 1867 年用两个月的时间把死气沉沉的荒野小村阿比林建成了大平原上第一个设备齐全的牛镇后，在内布拉斯加、堪萨斯、怀俄明和蒙大拿有许多牛镇出现。这些牛镇不仅是牛群集散中心，还建有旅馆、饭店、银行、学校、制铁厂和木材场等，也设有娱乐场所如赌场和舞厅等。牛镇不仅解决了牛群集散和外运的难题，为美国的牛贸易开辟了很广阔的市场，而且成为"牧畜王国"的政治和经济中心，促进了西部经济的发展，成为西部城市化的一种模式。在大平原地区，一些牛镇沿着"牧牛—农业—工业"的趋势发展，为它们后来成为美国西部的现代化城市奠定了最初的基础。一个多世纪前在堪萨斯境内兴起的五个牛镇阿比林、威奇托、道奇城、埃尔斯沃斯和考德威尔，如今作为现代化城市依然屹立在大平原上。威奇托现在已是堪萨斯州最大的制造业中心，发展成为拥有 27.9835 万人口的西部现代化城市。[②] 既是怀俄明首府又是牛镇的夏延，初建时主要街区到处是帐篷、棚屋、洞穴和带盖的运货车厢。这些简陋的住处有数千个之多。[③] 夏延后因牛贸易迅速繁荣发展起来。它现在已经发展成为落基山区中部的贸易、销售中心和怀俄明州的最大的城市。1980 年其人口已达到 4.7283 万。[④] 由此可见，"牧畜王国"对西部城市化的发展奠定了一定的基础。

---

① 勒鲁瓦·R.哈芬、W.尤金·霍朗、卡尔·C.里斯特：《西部美国》，第 435 页。
② 《美国百科全书》第 1 卷，纽约 1988 年版，第 39 页。
③ 罗伯特·G.费里斯编：《勘探者、牛仔和移居垦殖农民》，第 257 页。
④ 《简明不列颠百科全书》第 8 卷，第 515 页。

二、原始游牧方式与垄断资本结合

1. 牧牛公司风靡一时

"牧畜王国"的兴起和发展，对西部的开拓起了巨大的推动作用。西部牧牛业和牧羊业的发展被纳入垄断资本主义的发展轨道，对美国"镀金时代"的经济发展产生了重要的影响。

19世纪80年代初期是美国西部牧牛业发展的黄金时期，牧牛业成为当时美国获利最多最快的行业之一。渴望尽快发财的美国东部和外国资本家都竞相到"牧畜王国"，投资建立大牧牛公司。英国、加拿大和澳大利亚的投资者还竭力同美国的公司竞争，力图控制西部的牧牛业。19世纪80年代初期，美国西部的牧牛业进入了一个投机活动猖狂的繁荣时期。在"牧畜王国"，牧牛大王们日益采用大公司的方式经营。在得克萨斯、堪萨斯、内布拉斯加、南北达科他、蒙大拿、怀俄明、科罗拉多和新墨西哥，牧牛公司风靡一时。19世纪最后20年中，蒙大拿、科罗拉多、新墨西哥和怀俄明共有879家牧牛公司，资本计达2.846823亿美元。[①] 外国投资以英国最为突出。1883—1885年，有11家英国牧牛公司在得克萨斯经营。[②] 英国在"牧牛王国"的全部投资超过了4,000万美元。其投资不到美国东部在科罗拉多等四个州和领地投资的1/5。因此，美国西部的牧牛业已被置于东部资本的控制之下。

70年代后，美国的商业资本逐渐与墨西哥的牧羊业结合起来。如前所述，到1900年，新墨西哥的牧羊业中由商人参与的"分成合同制"占1/5至1/2。一些商人成了新的"牧羊大王"。新墨西哥的牧羊业有了更大的发展，被纳入资本主义的发展轨道。这种"分成合同制"在亚利桑那的一些地区也在实行。[③] 在一些牧区，牧羊主的贷款来自绵羊经销商。1885年，波士顿的

---

① 根据格雷斯利提供的数字计算所得。参见吉思·M.格雷斯利：《银行家和牧场主》，第105页。

② J.弗里德·里庇：《英国在得克萨斯土地和畜牧业的投资》，《西南部历史季刊》1955年第58卷。

③ 爱德华·N.温特沃斯：《美国的赶羊小道》，第436页。

羊毛商约瑟夫·H.格雷向"夏延沃伦家畜公司"在内布拉斯加的育肥地提供了一万美元的贷款，为期六个月，利率为8%，并以该公司第二年所剪的羊毛作为担保。① 有的资金是由贷款公司提供的。这些公司先向银行贷款，然后再转贷给牧羊公司。贷款公司在银行利率的基础上再增加2%至2.5%利率。② 银行也直接发放贷款。有的贷款者要求10—15年的期限，以便扩大羊群和引进优质种羊，提高羊毛和羊肉质量。也有的贷款人要求3—4年的期限。然而，到1900年，银行的贷款期限也缩短到六个月。③ 按惯例，银行家在家畜出售中是经办人。按规定，他对到期贷款票据票面价值的提成率可以高达10%。④ 通过提供贷款，美国的银行资本逐渐控制了西部的牧牛业和牧羊业。

在"牧畜王国"里，牧牛业和牧羊业多以大牧场和大牧业公司经营。除前面介绍过的"斯旺土地牧牛公司"和"XIT牧牛公司"外，还有一些规模巨大的牧业公司和牧场。"马特多土地牧牛公司"在1879年成立时只有5万美元的资本，到1882年，该公司已拥有超过100万英亩的地产。⑤"草原土地牧牛公司"在1880—1881年吸引了数百名投资者。它在科罗拉多、新墨西哥和得克萨斯都购买了牧场。⑥1876年，法国人欧内斯特·卡林在得克萨斯的爱德华高原获得一块最适于养羊的土地。它的牧场总部设在现今默纳德西南约六英里处，占地20万亩。1887年卡林死后，在落斯莫拉斯的11.5万牧场土地由路易·朗恩管理。由于他经营得好，几年后牧场已拥有了9,000头牛，1万只绵羊和2,000只山羊。⑦怀俄明的"沃伦家畜公司"也主要是以养羊为主。在"牧畜王国"里，规模巨大的牧场和牧业公司在19世纪80年代末以前也多是采取靠天养牧的原始游牧方式经营。在大平原地区，1880

---

① 爱德华·N.温特沃斯：《美国的赶羊小道》，第434页。
② 爱德华·N.温特沃斯：《美国的赶羊小道》，第440页。
③ 爱德华·N.温特沃斯：《美国的赶羊小道》，第432页。
④ 爱德华·N.温特沃斯：《美国的赶羊小道》，第430页。
⑤ 唐·武斯特：《奇泽姆小道——牧牛王国最好的通道》，第148页。
⑥ 唐·武斯特：《奇泽姆小道——牧牛王国最好的通道》，第149页。
⑦ 保罗·H.卡尔森：《得克萨斯毛茸茸的羊脊背——牧区的绵羊和山羊业》，第106页。

年96%牲畜靠放牧饲养，1890年，靠放牧的牲畜只降至95%，甚至到了1900年，还有92%。[1] 这说明这些大牧场和大牧业公司是把原始游牧经营方式与垄断资本结合在了一起。

2. 美国牛业托拉斯

1887年春成立的"美国牛业托拉斯"（American Cattle Trust）是仿照"美孚石油公司"（Standard Oil Trust）组建的。该托拉斯的建立是为了打破肉类加工企业的垄断，保护西部牧业主的利益。[2] 19世纪70年代末到90年代初，是美国垄断组织发展的托拉斯运动时期。高度分散、到处都有的肉类加工行业也被纳入高度集中化和大规模经营的模式。肉类加工业是纵向合并的突出例子。内战以前，美国的肉类加工多在家中制作，或是由当地的屠户经营。70年代前，西部牧区的肉类加工是由几个城市的许多小公司分别完成屠宰、鲜肉处理和包装等生产工序的。由于销售市场主要在东北部城市，故生产的分散和运输的消耗造成肉类加工生产的成本高。

肉商古斯塔夫·F.斯威夫特解决了肉类加工、运输和销售中的难题。斯威夫特1839年6月24日生于马萨诸塞州的桑德威奇。他年满21岁时成了当地的购牛商和肉市经营者。1875年，斯威夫特前往芝加哥，在那里建立了购牛东运的业务。1877年，他雇了一名工程师，制成一个用冰冷藏的车厢。在天气暖和时，他通过火车把装在冷藏车内的鲜牛肉从芝加哥运抵波士顿。斯威夫特完成了由铁路冷藏车装运宰杀的鲜牛肉和为之开辟国内市场的改革。[3] 次年，他开始建立将各生产工序联合为一个过程的大公司。1885年，拥有30万美元资金的斯威夫特公司成立。该公司实行包括牲畜采购、屠宰加工、冷藏运输和东北部城市零售商的联合经销。斯威夫特公司总部设在芝加哥，在圣路易斯、堪萨斯城和奥马哈等城市建立加工厂；在东京、上海和马尼拉等城市设立销售分店。到了1903年斯威夫特辞世时，公司的资金已

---

① 约翰·T.施莱贝克尔：《1900—1961年平原的养牛业》（John T. Schlebecker, *Cattle Raising on the Plsins,1900-1961*），林肯1963年版，第15页。

② 唐·武斯特：《奇泽姆小道——牧牛王国最好的通道》，第174页。

③ 《美国百科全书》（*Encyclopedia America*）第26卷，丹伯里1991年国际版，第126页。

增至 2,500 万美元。[1]

同时期建立的大型肉类加工包装企业还有菲力普·阿穆尔的公司。1832 年 5 月 16 日，阿穆尔出生于纽约州的斯托克布里奇。加利福尼亚淘金热时，他去采矿获得了一些资本。1863 年，阿穆尔在密尔沃基市开设了粮食购销与肉类加工企业，并在加利福尼亚的普莱瑟维尔开了一家屠宰商店。[2] 美国内战结束时，他趁肉价暴跌之机，以每桶 18 美元的低价，购进 200 万美元的猪肉，再高价销往纽约市场。三个月的投机买卖，使他获利润 100 多万美元。[3] 他用新增加的资本扩大经营，并购了一些小竞争对手的企业。在 1868 年，阿穆尔创办了肉类加工厂。他的工厂成为西部最大的企业之一。在此后的十年中，他与其兄两人把合办的加工厂集中在芝加哥。1870 年，"阿穆尔公司"建立。到 1890 年，该公司成为垄断美国肉类加工业的五大公司之一，拥有的资本超过了 1,000 万美元。[4] 阿穆尔是内战后美国肉类加工业走向垄断的主要组织者和创新者。19 世纪 80 年代，他引进冷冻方法，开始向欧洲出口肉类产品。阿穆尔还首创了一些屠宰技术，使牲畜的各部位都不浪费。阿穆尔的工厂不但制造肉类和罐头出售，而且他还请聪明的德国化学师设计生产新的副产品，利用牲畜的下脚料毛皮和骨架等的某些部分，生产肥料、骨胶、纽扣、梳子、鬃刷、毛毡、甘油及人造奶油等一系列产品。[5]

阿穆尔在不断扩大经营的同时，还同其他肉类加工商、特别是与他势均力敌的对手纳尔逊·摩里斯展开激烈竞争。双方无一不派人起早赶往牲口市场争购。为了抢在开市之前把牲口买下，阿穆尔指令他的采购人员夜里手持蜡烛赶往所有的牲口出售商那里，把所有的存货买下。摩里斯则是在牲畜装

---

① 本·巴鲁克·塞利格曼：《美国企业史》，上海人民出版社 1975 年版，第 260 页；《简明不列颠百科全书》第 7 卷，第 485—486 页。

② 罗伯特·G. 费里斯编：《勘探者、牛仔和移居垦殖农民》，第 169 页。

③ 《简明不列颠百科全书》第 1 卷，第 128 页；本·巴鲁克·塞利格曼：《美国企业史》，第 260 页。

④ 《美国百科全书》第 2 卷，1991 年国际版，第 349 页。

⑤ 本·巴鲁克·塞利格曼：《美国企业史》，第 261 页。

运到芝加哥之前，就派人到四乡的牧场去收购牲口。因为双方谁也不能把对方压倒，最后只好达成"共处"的"君子"协定。

在19世纪80年代，肉类加工商阿穆尔、斯威夫特、摩里斯和迈克尔·卡达希等人及其公司创建了完全不需要批发商的全国市场销售网络。他们的公司以其分店或冷库，把肉分发给屠户、杂货商和零售商。这些肉类巨商拥有自己的铁路运输冷藏列车和海运的冷藏船队。面对国内外对肉类需求日益增加的趋势，他们建立新的分销网络，沿着牧牛边疆，在乡镇和城市建肉类加工厂；他们有自己的采购商，到牲口市场或直接到各个牧场采购牲畜。①

这些大肉类加工商彼此开始"合作"。为了垄断市场和价格，这些大公司吞并小商号。大公司的经销代理商在奥哈马、堪萨斯城和圣路易斯等地建立起来。阿穆尔公司、威斯夫特公司、哈蒙德公司(后来同阿穆尔公司合并)和摩里斯公司四大肉类公司统一定价，分割销售市场。② 这些大肉类加工商通过"秘密联营组织"，控制安排牲畜市场的收购价格。在从牲畜供销商那里进货时，他们都先肯定地说无人高价收购。这似乎是各大肉类加工商各自的随意之言，但这种"偶然的意见"都是他们之间秘密达成协议的结果。他们还以找另外的铁路公司装运相威胁，迫使经常与其有业务联系的铁路公司降低运费。

在牛的售价降低时，牧牛场主总是谴责肉类加工商。特别是在每头牛的价格由1883年的60美元降至1887年的20美元时③，牧场主的抨击更加猛烈。因为他们认为，这些垄断者的决定毁灭了牧牛业。养牛者决定也以"垄断"为主要武器回击肉类加工商。爱德华·M.麦吉林是俄亥俄州克利夫兰的谷物场巨头，在西部牧场也有大量投资。1887年2月9日，麦吉林在科罗拉

---

① 格伦·波特编：《美国经济史百科全书——主要运动和思想研究》(Glenn Porter ed., *Encyclopedia of American Economic History, Studies of the Principal Movements and Ideas*) 第2卷，纽约1980年版，第628页。

② 本·巴鲁克·塞利格曼：《美国企业史》，第261页。

③ 吉恩·M.格雷斯利：《银行家和牧场主》，第256页。

多的丹佛召开的"国际牧区协会"（International Range Association）会议上，提出建立"美国牛业托拉斯"的计划。他主张组建一个资本达 1 亿美元的巨大公司。① 该公司从小牛降生，就负责每头牛的分类、管理和销售，直到把牛肉送到消费者的菜篮子里"。② 当时，在麦吉林的头脑中，这种垄断只是模糊的模式，还没有特别的细节。会后，一些人便开始了美国牛业托拉斯的筹建工作。

首先，丹佛、夏延和圣菲等地的报纸做了舆论宣传工作。这些报纸在四个月的时间里经常发表建议"垄断"的文章。"热点争论问题"集中在可行性和可能成功方面。这些讨论足以证明牧区牧场主们在建立垄断组织的问题上情绪是乐观的。③

其次，相关人员对托拉斯的组织问题进行了协商。1887 年 5 月 16 日，《纽约时报》（New York Times）宣布"美国牛业托拉斯"成立。董事会成员包括科罗拉多州长约翰·L. 罗特、R.G. 黑德、得克萨斯的克利斯托弗·C. 斯劳特和约翰·T. 莱特尔上尉以及怀俄明的托马斯·斯特吉斯和弗朗吉斯·E. 沃伦。他们是西部牧场主和牧业公司的代表。董事会的东部代表人物有纽约的股票和债券经纪人小理查德·T. 威尔逊、小五金商塞缪尔·托马斯、进口商查尔斯·T. 斯达利以及家畜饲养者查尔斯·T. 伦哈特。托马斯·斯特吉斯被选为董事会主席，理查德·T. 威尔逊当选为副主席，查尔斯·T. 伦哈特被选为秘书兼司库。另有 11 名理事被指定负责托拉斯地方一级事务的管理工作。④ 从领导人员的组成来看，"美国牛业托拉斯"的董事会是把西部牧场主的领头者和东部金融界的人物合为了一体。肉类加工商纳尔逊·摩里斯被

---

① 唐·武斯特：《奇泽姆小道——牧牛王国最好的通道》，第 173—174 页。

② 丹佛：《共和党人》（Denver, Republican），1887 年 2 月 10 日；转引自吉恩·M. 格雷斯利：《美国牛业托拉斯——反抗的研究》（Gene M. Gressley, "The Cattle Trust: A Study in Protest"），《太平洋历史评论》（The Pacific History Review）1961 年第 30 卷。

③ 吉恩·M. 格雷斯利：《美国牛业托拉斯——反抗的研究》；《太平洋历史评论》1961 年第 30 卷。

④ 《美国牛业托拉斯声明》（American Cattle Trust Statement），纽约 1890 年；转引自吉恩·M. 格雷斯利：《银行家和牧场主》，第 262 页。

聘任为董事会的顾问。[1] 由于董事会有东部银行金融界的人物，托拉斯建立的启动资金便有了保证。摩里斯的参与，使托拉斯的建立得以加快步伐。因为他的肉类加工厂要投入大量资金购买牲畜。

再次，在"美国牛业托拉斯"的筹建过程中，组建者们还讨论了其他的重要问题，如这个组织的规模和发展阶段等等。在托拉斯创立的启动资金有了保证之后，斯特吉斯的注意力转向垄断组织的组建上。在 1887 年 5 月，通过在纽约和芝加哥召开的一系列会议之后，托拉斯的组织开始成型。作为一个综合组织的雏形，麦吉林在"国际牧场协会"会议上所提的很多建议被采纳。董事们一致赞同托拉斯应该是一个能吸引全国牧牛业生产企业的绝对垄断组织，但一下子达到这个程度是不现实的。他们认为对托拉斯早期阶段所期望的是所有成员的诚心。他们的主张，在东部的家畜饲养者、育肥者或其他与该行业有关的人接受垄断之前，托拉斯必须显示出某些成功的证据。董事们认为，东部的企业被吸收到托拉斯中会更好，这样有利于他们与芝加哥肉类加工商的斗争。[2]

1887 年夏，在管理人员被选出之后，"美国牛业托拉斯"的业务经营取得了令人惊奇的快速增长。人们购买摩里斯在芝加哥的工厂上市股票的资金达 200 万美元。在内布拉斯加的吉尔摩，托拉斯购买了"联合牛业公司"（Union Cattle Company）的一些牧场作为饲养场；托拉斯还与法国和比利时政府洽谈了供应罐头牛肉的合同，仅完成同法国的供货合同就需 10 万头牛。[3]

到 1888 年春，"美国牛业托拉斯"的下属主要组织机构已经初步建立起来。该托拉斯共有牛 21.8934 万头，价值 3,862,214.76 万美元。它的总资源包括土地、装备和价值 7,959,071.61 万美元的肉类加工厂。到 1888 年，在

---

[1]　吉恩·M. 格雷斯利：《美国牛业托拉斯——反抗的研究》，《太平洋历史评论》1961 年第 30 卷。

[2]　吉恩·M. 格雷斯利：《美国牛业托拉斯——反抗的研究》，《太平洋历史评论》1961 年第 30 卷。

[3]　吉恩·M. 格雷斯利：《银行家和牧场主》，第 263 页。

怀俄明能够有75.3648万头牛，其价值可达10,186,362.75万美元。[1]尽管如此，该托拉斯很难称得上已垄断了西部的牧牛业生产。因为还有不少州和领地的牧场主没有加入这个组织。故它对其他地区只能听之任之。

"美国牛业托拉斯"建立之初，参加的牧场主们总对它满怀热情和期待。然而它却犹如昙花一现，到1890年便宣告破产。这个西部牧场主试图以"联合"对抗肉类加工商"垄断"的托拉斯为何如此迅速失败呢？

第一，该托拉斯董事会中，东西部领导人之间的意见分歧导致了组织的分裂。如在聘任摩里斯为董事会顾问的问题上，东西部的主要代表人物就意见相左。东部的托马斯和斯迈利认为：托拉斯如果希望确保投资者的信心，摩里斯在肉类加工业内的经验和身份是必不可少的条件。肉类加工业是托拉斯很重要的一部分，要求大量的初期投资。基于这两方面的考虑，他们主张聘用摩里斯。怀俄明的沃伦对此特别气恼。他认为，如果摩里斯密切参与托拉斯的事务，那么劲敌立刻会说该托拉斯与肉类加工业勾结在一起。沃伦的忧虑是有根据的。摩里斯被聘用这一问题成为人们对托拉斯不断批评的主要话题。[2]再如，董事会东西方代表人物的经营观念不同。在第一次董事会的六个月内，双方几乎在每个管理层面上都发生了意见分歧。东部的领导人认为，偿付能力和利润主要取决于在每一个装运季卖掉所有能够出售的牛。西部的经理们认为，这种政策是荒唐可笑的。他们主张为了扩大饲养经营，应当增加投资把牛群保留到最有利的售价时再卖出。东部的负责人甚至拒绝考虑增加投资。一直到1888年春，双方在托拉斯下一步行动方向上的不同意见相持不下。[3]东西部领导人的意见分歧影响决策的形成，不利于托拉斯的发展。

第二，很多西部的牧场主拒绝加入托拉斯。"美国牛业托拉斯"只是在西部的科罗拉多、得克萨斯和怀俄明建立了下属组织，其负责人分别是贾雷

---

① 吉恩·M. 格雷斯利：《美国牛业托拉斯——反抗的研究》，《太平洋历史评论》1961年第30卷。

② 吉恩·M. 格雷斯利：《银行家和牧场主》，第263页。

③ 吉恩·M. 格雷斯利：《银行家和牧场主》，第264页。

德·L.布鲁什、莱特尔和沃伦。[1] 参加托拉斯的成员有85%居住在得克萨斯、新墨西哥、科罗拉多和怀俄明。[2] 该托拉斯除了在初创时吸收了一些西部的主要牧场主参加外，此后再增加新成员已经较困难。

第三，在经济实力上，"美国牛业托拉斯"无力与肉类加工垄断组织抗争。在激烈的竞争中，"美国牛业托拉斯"很快被斯威夫特和阿穆尔等人击败。

首先，在1889年，"美国牛业托拉斯"应当反省的是它的财政状况。该托拉斯在册的牛有16.4472万头，价值为2,911,286.08万美元。不动产、设备和改进设施等总资源的价值达4,984,762.18万美元。尽管托拉斯的财产比建立初期的资本投入减少了很多，但董事们仍然宣布1889年的红利为3%，计149,642.86万美元。[3] 董事会通过的分红决定无疑把托拉斯置于破产的边缘。

其次，到1890年，"美国牛业托拉斯"面临更多的困难。虽然这一年牛市有缓慢的回升，但与实际预期的改善相比，给人更多是虚假希望的兆头。宅地移居者的无情放牧继续缩小着开放牧区。托拉斯的肉类加工厂在1889年寻求增加贷款的活动失败后，使从摩里斯手中购买的肉类加工厂重又落入芝加哥加工商的手里，且遭受了巨大的损失。[4] 因为缺乏资金，直到托拉斯破产，西部牧场主都无法控制把牛群赶往中西部零售市场的道路。在吉尔摩饲养场养牛的费用远远超过了所获得的利润。这一切使"美国牛业托拉斯"的董事们很快强烈地感到，牧牛托拉斯要想与斯威夫特和阿穆尔那样大规模的肉类加工公司竞争，手边必须保有更多的资金。但缺少资金是"美国牛业托拉斯"的主要问题。故它无力与几家"联手"的资本雄厚的肉类加工公司竞争。

---

① 吉恩·M.格雷斯利：《美国牛业托拉斯——反抗的研究》，《太平洋历史评论》1961年第30卷。

② 吉恩·M.格雷斯利：《银行家和牧场主》，第265页。

③ 吉恩·M.格雷斯利：《美国牛业托拉斯——反抗的研究》，《太平洋历史评论》1961年第30卷。

④ 吉恩·M.格雷斯利：《美国牛业托拉斯——反抗的研究》，《太平洋历史评论》1961年第30卷。

第四，"美国牛业托拉斯"董事会内东西部领导人之间争权夺利的斗争愈演愈烈。民主党人乔治·巴克斯特是"边疆土地牧牛公司"（Frontier Land and Cattle Company）的前总经理。他与怀俄明的共和党领导人沃伦不仅在托拉斯的事务上是劲敌，而且在该领地政治权力上也展开了激烈的角逐。因为巴克斯特是托拉斯的董事查尔斯·麦吉的女婿，沃伦作为受托管理人的地位变得不稳固了。到 1889 年末，沃伦辞职。巴特克斯被任命为沃伦的继任者。然而，沃伦在权力之争中获胜。他不仅在托拉斯的事务上占了上风，而且在 1890 年怀俄明建州时击败巴克斯特，成为第一任州长。[①]

上述诸多因素使成立时就先天不足的"美国牛业托拉斯"在同肉类加工垄断企业的竞争中失败。在 1889 年已处于破产边缘的托拉斯曾力图保全东部的市场，但最终又被斯威夫特和阿穆尔击败。到 1890 年夏，除了留给牧场主和投资者一个有价值的教训外，"美国牛业托拉斯"便别无所有了。这个教训即政治行动是他们制约肉类加工业的唯一希望。[②] 在此后的十年中，"美国牛业托拉斯"的很多领导人都找到了各自的从政之路。诸如巴克斯特、斯劳特、黑德、约翰·L.劳特、沃伦和奥利·A.哈德利等人站在最前头，经常鼓动人们反对肉类加工业。[③]

1888—1889 年，牧场主第一次在全国范围内对肉类加工商发动进攻。它是由"维斯特委员会"（Vest Committee）的调查实现的。乔治·威斯特是密苏里州的参议员。以他领导的委员会在七个不同的城市调查了 110 个不同的人。这些被调查者涉及了与家畜业有关的方方面面的人，包括牧场主、代理公司和肉类加工商在内。在听过这些被调查者的证词之后，该委员会明确宣布在肉类加工商中确实存在着"联合体"。[④]

---

① 吉恩·M.格雷斯利：《美国牛业托拉斯——反抗的研究》，《太平洋历史评论》1961 年第 30 卷。

② 唐·武斯特：《奇泽姆小道——牧牛王国最好的通道》，第 174 页。

③ 吉恩·M.格雷斯利：《银行家和牧场主》，第 266 页。

④ 吉恩·M.格雷斯利：《美国牛业托拉斯——反抗的研究》，《太平洋历史评论》1961 年第 30 卷；吉恩·M.格雷斯利：《银行家和牧场主》，第 266 页。

在受到这种激烈的攻击之后，阿穆尔和斯威夫特等大肉类加工公司于1888 年的联营组织垮台。然而，到 1893 年，他们又结成新的联营组织。不过这种联盟组织总是不稳定的。最后，这些大肉类加工公司建立了一种更稳固的关系。1901 年阿穆尔死去之后，大肉类加工商组成了大的垄断组织——"国民肉类加工公司"（National Meat-Packing Company）。该公司的成立把他们过去传统的合作方式正规化起来。这家大垄断公司除了阿穆尔、斯威夫特和摩里斯这几家肉类加工商之外，还有饲养场和冷冻车辆公司等 11 家公司组合在一起。[①]

美国的肉类加工企业像烟草加工业一样，在轻工业中是垄断程度较高的。[②] 特别是在肉类加工业被置于芝加哥财团的控制下之后，其垄断程度进一步加强。19 世纪末，由阿穆尔、斯威夫特、哈蒙德和摩里斯四大肉类加工公司垄断的局面到 20 世纪初已经发生变化。到 1916 年国会对肉类加工公司的不法垄断进行调查时，除阿穆尔、斯威夫特和摩里斯[③] 三家公司外，还有新崛起的纳尔逊公司和卡达希公司。[④] 肉类加工垄断组织可以进行规模生产，集中使用资金，提高经营管理的效率和科学化，节省人力、物力和财力。这些大公司既可以从事肉类加工、包装和销售，又可以利用牲畜的毛骨等下脚料进行肥料、生活日用品等化工产品的生产。因此，这类大型企业适应了美国由农业社会转向工业社会的社会转型时期社会化大生产和商品经济发展的需求，能够取得更大的效益，促进了美国经济的现代化。然而，随着肉类加工生产的无限集中，其垄断程度越来越高，加剧了生产的盲目扩大和竞争的空前激烈。芝加哥财团控制的 12 家肉类加工公司很早就在本行业中占据了垄断地位。到 1949 年，阿穆尔、斯威夫特、纳尔逊和卡达希四大

---

① 本·巴鲁克·塞德曼：《美国企业史》，第 262 页。

② 王锦瑭、钟文范、李世洞：《美国现代化大企业与美国社会》，武汉大学出版社 1995年版，第 29 页。

③ 前叙哈蒙德公司已与摩里斯公司合并。

④ 吉恩·M. 格雷斯利：《美国牛业托拉斯——反抗的研究》，《太平洋历史评论》1961 年第 30 卷。

肉类加工公司拥有本行业资产的 72.3%。[①] 斯威夫特公司是芝加哥财团的台柱子之一。该公司发展到拥有 40 家食品加工厂、50 个奶牛和家禽饲养场、200 多家销售商店。它销售各类肉类、乳制品、禽蛋和皮革制品，也经营化工、石油、运输和保险等业务。到 1974 年 4 月，斯威夫特公司改组为庞大的持股公司——"埃斯马克公司"，使其经营范围从传统的肉类和食品加工向多元化发展。[②]

美国西部的牧牛业和牧羊业在内战后由拓荒开始，逐步发展到牧场和大公司经营，被大牧场主和牧业公司巨商所控制。西部成为美国的牧业生产基地后，那里的牧业生产又逐渐被美国巨大的肉类加工公司所控制。西部牧场主不甘心于被肉类加工商们所掌控，便与一些东部金融界人物组成牧牛业托拉斯与之对抗，希冀以垄断对垄断，但却在残酷的竞争中落败。此后，西部牧场主的代表人物又以政治手段同肉类加工垄断组织继续争斗。托拉斯反托拉斯，垄断反垄断，美国西部牧区伴随这种激烈而残酷的竞争走完了 19 世纪后半期。在 20 世纪，这种竞争和兼并仍在继续。美国西部的牧畜业在 19 世纪末到 20 世纪初就被置于肉类包装垄断企业的控制之下，最终被纳入了垄断资本主义的发展轨道。在美国西部牧区由原始游牧方式向资本主义现代化集约经营转变的过程中，肉类的国内销售和对外出口在美国经济生活中的地位变得越来越重要。牧场主与肉类加工公司和铁路公司之间，在该行业利益上的矛盾、冲突和竞争，造成了当时美国"政治和经济方面的纷争和农村日益不安的现象"[③]。

3. 肉类检查法的出台

大肉类加工商反对包括政府干预在内的来自任何方面的干预。厂主以暴

---

① 关于四大肉类加工公司拥有本行业资产的比率一些著作中提供的统计数字不尽相同。鲁宾斯坦提供的数字为 72.3%；王锦瑭等提供的数字略高一些，达 75%。参见姆·鲁宾斯坦：《第二次世界大战后的美国垄断资本》，世界知识出版社 1960 年版，第 151 页；王锦瑭、钟文范、李世洞：《美国现代化大企业与美国社会》，第 29 页。

② 复旦大学资本主义国家经济研究所编：《美国垄断财团》，上海人民出版社 1977 年版，第 277—278 页。

③ 哈罗德·U. 福克纳：《美国经济史》上卷，第 495 页。

力行动和使用"黑名单"的办法对待工会的同情者，猛烈打击工会组织工人的活动。这种破坏工人运动的做法博得了工业资本家的一致称赞。阿穆尔对在到期前想收回 10 万美元贷款的一位银行家不但毫不留情地当面责骂，而且在大肆攻击后把一叠 10 万美元的现钞甩在那位银行家的账桌上。其表现极其骄横无忌。阿穆尔公司把沾染病菌变质的牛肉卖给了军队。这一舞弊案的丑闻被黑幕揭发者厄普顿·辛克莱全部予以曝光。在一个训练营卸下的一批肉中，从上面掉下来的蛆虫有成千上万个。阿穆尔对此矢口否认，称他本人对此事一无所知，说他决不会以这种方式做生意。对政府当局随后的控告，他假惺惺地说感到痛心。[1]然而，这种公开的揭露未能制止肉类加工业非法经营。

美国肉类垄断组织的出口肉也引起了欧洲进口国的强烈不满。19 世纪80 年代，美国出口到欧洲的肉类曾被查出带有病菌，进口国要求美国把对活牛的检查扩大到肉制品，否则禁止其活畜和肉类制品进口。美国的肉类生产者因此蒙受了巨大损失。在外国压力下，为了保护美国的肉类出口贸易，美国国会通过决议，将动物制品局的检查范围由出口牛扩大到肉制品。[2]次年 5 月，国会通过一项对出口生猪进行检查的法令，规定每个生产单位有一名农业部的检察员进行检查，违法者将被处以 1,000 美元的罚款或一年以内的监禁。这一法令最初得到较严格的执行。次年，法、德、意、丹麦和西班牙等国先后取消不许美国猪肉进口的禁令。[3]后来由于美国的肉类加工业发展迅速，联邦检查因经费有限而覆盖面很小，检查法的执行逐渐流于形式。美国出口到欧洲的肉类又引起进口国的不满。到 1906 年，中欧的一些国家因从美国大肉类加工商的肉产品中查出了带菌腐肉，而不许进口它们的产品。这些国家的政府甚至威胁说，如果再查出带菌肉，那么所有的美国的肉类也被禁止输入。[4]美国因出口肉类产品的质量问题引起了欧洲一些国家的

① 本·巴鲁克·塞利格曼：《美国企业史》，第 261—262 页。
② 欧内斯特·S.奥斯古德：《牧牛人时代》，第 174 页。
③ 李剑鸣：《伟大的历险——西奥多·罗斯福传》，世界知识出版社 1994 年版，第 186 页。
④ 托马斯·A.贝利、戴维·M.肯尼迪：《美国的庆典——共和国史》第 2 卷，第 607—608 页。

强烈不满。

与此同时，肉类加工业大公司暴露出的严重问题也引起了美国公众的极大关注。他们渴望能吃到更安全的肉类制品。1906 年，辛克莱发表了他的第一部小说《屠场》（*The Jungle*）。当时，他被一家社会党周刊派到芝加哥调查屠宰场的情况。辛克莱的报告是用小说体裁写的。《屠场》的本意是唤起人们对屠宰工人的同情，但具有讽刺意味的是它却引起公众对肉类加工质量的愤怒，促使西奥多·罗斯福政府通过了一些食品质量检查的法规。[①] 在辛克莱的小说中，有些段落的描写是对芝加哥肉类加工厂的卫生环境脏乱、被药死的老鼠遍地、到处充满恶臭和产品以次充好等现象的真实披露。这些描写令读者作呕。他们对肉类的反应是大倒胃口，以致有时走到餐桌前又离开。辛克莱沮丧地写道："我想唤起这个国家的同情心，但却倒了它的胃口。"[②] 气愤的民众强烈要求对肉类进行检查。罗斯福在吃饭时读到了《屠场》中这样的段落："这些贮藏的肉在库房内大堆大堆地放着，水从有漏洞的屋顶落下来，浇在肉堆上。成千上万只老鼠围着肉堆爬上爬下。这些库房里暗得难以看清东西，但一个人只要往肉堆上一伸手，就能扫掉一堆干老鼠屎。工人们在面包里放毒药来杀死讨厌的老鼠。死鼠、放毒药的面包和肉又一起被放入肉类制品的加料斗里。"[③] 还有一段是写工人不幸身亡的。"在油槽间干活的工人，一旦掉进那些敞口的油桶，往往不被察觉，直到他们的残骸被制成'德拉姆公司'纯净片脂行销世间"[④]。读到此处，他禁不住把吃着的香肠扔到了窗外。感到事情严重的罗斯福立即把农业部长詹姆斯·威尔逊找来，要他派人去芝加哥调查。受命前去调查的动物产业局的人员空手而返。[⑤] 罗斯福得知后告诉农业部长，"一次普通的调查是不会有什么结果的"。他建议威尔逊任命"一位才

---

① 《简明不列颠百科全书》第 8 卷，第 622、624 页。
② 转引自罗伯特·A. 迪万等：《美国的过去和现在》第 2 卷，第 671 页。
③ 转引自罗伯特·A. 迪万等：《美国的过去和现在》第 2 卷，第 671 页。
④ 转引自塞缪尔·莫里森等：《美利坚共和国的成长》下卷，第 400 页。
⑤ 李剑鸣：《伟大的历险——西奥多·罗斯福传》，第 187 页。

干一流的人，按照辛克莱的建议去与他碰面，按他提供的线索获得见证人姓名，然后再去这一行业开展工作"，强调"对挑选的人要严格保密"。[1]这一次被派去的是由联邦劳工委员查尔斯·P.尼尔和詹姆斯·B.雷诺兹组成的专门调查委员会。调查结果证明辛克莱揭露的现象确实存在。调查报告无情披露的事实甚至比辛克莱小说中所描写的现象还要严重。加工厂里被毒死的老鼠遍地，没被毒死的老鼠在肉案边爬来爬去。加料斗周围堆着烂绳头、玻璃和木料的碎片及瓦砾石渣等污物和准备装罐的火腿肉混在一起。在加工肉和制作香肠的过程中，有老鼠和其他脏东西污染。[2]有一首讽刺诗吟道：

> 玛丽有只小羔羊，
>
> 眼见它病入膏肓，
>
> 急忙把它送往城镇，
>
> 宰杀后却见鸡的标签贴在羊肉上。[3]

在公众强烈要求对肉类实行检查的形势下，罗斯福于 1906 年 6 月 4 日向国会递交特别咨文，要求国会制定一项法令，授权联邦调查员对肉类生产的全过程进行检查和监督。[4]在罗斯福的压力下，国会很快通过了《肉类检查法》（Meat Inspection Act）。该法令规定对于进入州际贸易和对外贸易的肉类产品的生产过程进行检查，并定出肉类安全生产的规则。[5]

《屠场》一书还成为促使国会通过《纯净食品和药物法》（Pure Food and

---

① 艾尔廷·E.莫里森：《西奥多·罗斯福书信集》（Elting E. Morrison, *The Letters of Theodore Roosevelt*）第 5 卷，剑桥·哈佛大学出版社 1952 年版，第 157 页。

② 托马斯·A.贝利、戴维·A.肯尼迪：《美国的庆典——共和国史》第 2 卷，第 608 页，詹姆斯·K.马丁、兰迪·罗伯茨、史迪文·明茨等：《美国和它的人民》第 2 卷，第 693 页。

③ 托马斯·A.贝利、戴维·A.肯尼迪：《美国的庆典——共和国史》第 2 卷，第 608 页。

④ 詹姆斯·理查森：《总统咨文与文件汇编》（James Richardson, *A Compilation of the Messages and Papers of the Presidents*）第 10 卷，华盛顿 1914 年版，第 7678 页。

⑤ 罗伯特·迪万等：《美国的过去和现在》第 2 卷，第 671 页。

Drug Act）的主要推动力。在 1905 年，塞缪尔·霍普金斯·亚当斯写了一系列文章，揭露在一些食品中掺和过量防腐剂和某些专利药品的危险性，唤起了社会舆论的关注。亚当斯还把这些药的样品送交农业部的哈维·威利博士。到 1906 年 2 月，"美国医学会"（American Medical Association）把亚当斯的 10 篇论文集成"口袋书"出版。亚当斯的书中列举了 264 个经销危险药品的医生和医药公司的名字。该书出版后不久，就售出了 50 万册。① 威利博士对亚当斯提交的样品药进行了检测，并在"妇女俱乐部"（Women's Club）和一些其他群众组织中予以公布。结果激起公众的义愤。他们强烈要求国会和罗斯福总统控制、约束食品和制药业的行为。罗斯福在 1905 年致国会的咨文中建议，"制定一项法律，对州际商务中的假冒和掺假的食品、饮料与药进行管理，这一项法律将保护守法的制造业和商业，也能保证广大消费者的健康与福利。"②《纯净食品与药物法》的提案人是威利博士。1906 年 2 月，国会参议院很快通过了这一法案。其打算是通过在众议院的"长时间的"辩论拖延将它否决，因为在众议院里有些与这些制造商们"休戚相关的朋友"。③ 然而，辛克莱的《屠场》恰在 1906 年 2 月出版。该书立即掀起了公众抗议的轩然大波。在社会舆论的压力下，加速了《肉类检查法》和《纯净食品和药物法》的通过。6 月 30 日，罗斯福签署了国会通过的新法令。

新的《肉类检查法》比 1891 年法令的规定更为严格。过去联邦检查的每年拨款最高也未超过 80 万美元。为保证新检查法的实施，每年拨款的经费增加到 300 万美元。此举旨在保证联邦的检查工作较以往更有效的执行。《纯净食品和药物法》规定禁止在商务贸易中生产和销售掺假和冒牌的食品和药物，并对何谓掺假、冒牌作了严格限定；对违法者处以 200 美元罚款，再犯者则处以 300 美元罚款或一年监禁。④

① 罗伯特·迪万等：《美国的过去和现在》第 2 卷，第 675 页。
② 詹姆斯·理查森：《总统咨文与文件汇编》第 10 卷，第 7392 页。
③ J. 布卢姆等：《美国的历程》下册第一分册，商务印书馆 1993 年版，第 212 页。
④ 李剑鸣：《伟大的历险——西奥多·罗斯福传》，第 187—188 页。

有的美国学者认为这两项法案是对消费者和生产企业都有利的法令。[①]
因为有了两个法令可以在一定程度上一段时期内约束生产企业的不法行为，
阻止腐败、变质、有毒的肉类和食品及有毒害的药物肆无忌惮地流入市场，
坑害消费者。从生产企业来讲，一些大肉类加工商在抵制《肉类检查法》失
败后，宁愿接受这一法令，以联邦的统一检查取代其加工厂所在州进行的时
间不定、标准不一的检查。大企业并以此作为兼并小企业的机会，把不"守
信"的劲敌逐出肉类加工业。"国民肉类加工公司"便是典型的例证。尽管
联邦政府在 1904 年就对它进行了调查，次年最高法院终于下令对其予以解
散。但大肉类加工商根本不理睬这一判决，他们声称事先通知了某个联邦政
府机构，故应在豁免之列。1906 年，这个"说法"就被法院予以确认。从
1902—1910 年，虽然对肉类加工商提出的反托拉斯的诉讼在六起以上，但
每一次他们都设法赖掉。直到 1912 年"国民肉类加工公司"再度面临反托
拉斯的威胁时，它才解散。此后，大肉类加工公司只是变化了一下形式，在
芝加哥财团控制下继续垄断美国的肉类加工业及其销售市场。肉类加工公司
违犯《肉类检查法》的案例也不断发生。

《纯净食品和药物法》存在明显缺陷。如对违法者处罚太轻，也未把广
告宣传列入管理范围等等。实施过程中，用于这项法令的拨款在 20 年内一
直不足。负责执行该法案的威利博士因为得不到罗斯福的有力支持而不得不
于 1911 年愤而辞职。[②]生产商还以"专利权法"与这项法令相对抗。如被查
禁的"基开普治咳药"（Kickapoo Cough Cure）只是换了一个"基开普治咳
糖浆"（Kickapoo Cough Syrup）的标签，就能以新专利产品上市出售。直到
如今，美国每年用于生产违禁食品和药物的费用达 1 亿美元，其中有些产品
竟与 1906 年被威利列入"问题类的产品"相似。[③]由此可见，一项维护消费
权利的法令执行起来是何等不易。

---

①　托马斯·A.贝利、戴维·A.肯尼迪：《美国的庆典——共和国史》第 2 卷，第 607 页。

②　李剑鸣：《伟大的历险——西奥多·罗斯福传》，第 188 页；J.布卢姆等：《美国的历程》
下册第一分册，第 212 页。

③　罗伯特·迪万等：《美国的过去和现在》第 2 卷，第 675 页。

《肉类检查法》和《纯净食品和药物法》的实施，只不过是罗斯福朝改革目标"迈出的第一步"①。这两项立法虽然还有很多不足之处，"却使美国消费者受到了比在当时任何别的国家好一些的保护"②。为通过这些法令，罗斯福首次提出了保护"消费者权利"的观念，这是值得肯定的。通过对这两次立法的考察分析，我们可以看出：任何一项与消费者权利相关法令的制订、出台和实施，都需要有舆论的引导和监督，公众的参与和推动，也需要决策者的决断。这样的法令制订难，认真实施更难。这或许是我们从中得到的一点启示。

三、边疆民主与政治现代化

1.牧业边疆民主

"牧畜王国"的兴起和发展，不仅是内战后美国经济现代化的重要组成部分，而且对美国政治现代化的进程也产生了一定程度的推动和促进作用。"牧畜王国"对美国联邦制的扩大、资产阶级民主政治的发展产生了深刻影响。

牧牛场主和牧羊场主在"牧畜王国"的各个牧区建立起自己的组织——"牧牛者协会"和"羊毛生产者协会"。这些牧业组织发展了美国人的自治传统，体现了西部边疆的民主精神。地域辽阔的"牧畜王国"在美国的远西部，联邦政府在东方。联邦政府无法对西部牧区进行严格的管理和控制。在"牧畜王国"里，牧场是放牧牛羊的固定基地。居统治地位的是经营牧牛公司和牧羊公司的巨商以及牧牛场主和牧羊主。他们与牧牛人、牛仔和牧羊人在这个王国里形成了牧牛者和牧羊者两个利益集团，构成了西部独具边疆特色的牧区社会。牛仔和牧羊人是"牧畜王国"的主要劳动力，对西部牧业的发展作出了巨大贡献。"牧畜王国"的土地所有权广泛而分散。与牧牛业和牧羊业相关的经营管理、土地与水源使用、牧区纠纷、偷盗和牧区生活等诸多独

---

① J.布卢姆等：《美国的历程》下册第一分册，第213页。

② 塞缪尔·莫里森、亨利·康马杰等：《美利坚共和国的成长》下卷，第400页。

特的地方问题，联邦政府都不可能制定具体政策，全靠牧区自己来解决。为了解决这些具体问题，牧牛场主和牧羊场主按照多数人同意的原则，建立起有代表性、有权威性和具有牧业边疆特色的自治组织。牧牛场主和牧牛公司巨商建立的是"家畜饲养者协会"。牧羊主组建的为"羊毛生产者协会"。在一些牧业史著作中，这两类组织被简称为"牧牛者协会"和"牧羊者协会"。在"牧畜王国"里，真正主宰各州、各领地牧区经济和政治的是这些协会。牧牛者协会制订牧区法规，强令进入牧区社会的所有人一律遵守，在牛群围捕、打烙印、繁殖和检疫等方面对牧牛场主实行保护和监督。协会也维护社会治安和审理罪犯，对州和领地的决策者施加影响，使出台的政策反映牧牛场主利益。牧羊者协会也极力维护牧羊主的利益，支持他们同牧牛场主的斗争。在"牧畜王国"里，牧牛场主和牧羊主通过协会实行自己管理自己的方式经营牧牛业和牧羊业。这一反映西部要求扩大民主的自治趋势，在一些州草拟州宪法时得到了充分的体现。南北达科他、爱达荷、蒙大拿和怀俄明等在草拟本州宪法时，都把诸如放牧权、土地和水源的使用、联合经营牧业以及有关扩大民主等地区性法律条款写入其中。内战后在美国出现的争取妇女选举权的斗争，是全美社会民主运动的重要组成部分。怀俄明州宪法率先写入妇女选举权条款。[①] 此举为美国宪法史上破天荒的第一次。这一创举不仅为西部各州相继效仿，而且推动了全美女权运动的深入发展。美国妇女最终在 1920 年获得了选举权。这些不仅逐步改变了西部牧区初创时无章可循、无法可依的情况，使其发展逐步走上了法制化轨道，而且对推动美国资产阶级政治制度进一步民主化起了一定程度的促进作用。在牧牛者协会和牧羊者协会内部讨论问题时，往往是依照"一人一票权"和"多数决定制"原则，通过相关的决议和法规，体现的是西部牧区边疆的直接民主和自治制度。对于这一点，笔者在前面论述牧业组织已作过较多分析。笔者在此强调的是牧牛者协会和牧羊者协会所代表的牧业边疆的民主，主要维护的是大牧场主和

---

① 托马斯·D. 克拉克：《美国边疆——西进运动史话》（Thomas D. Clark, *Frontier America, the Story of Westward Movemen*），纽约 1959 年版，第 751 页；本·巴鲁克·塞利格曼：《美国企业史》，第 260 页。

牧业公司巨商的利益，而不代表牧区社会所有人的利益。这些牧牛者协会和牧羊者协会通过各种规定阻止中小牧场主和宅地移居者入会、禁止他们在牧区自由经营，乃至发动1892年"怀俄明战争"那样的入侵事件便是充分的例证。

2. 扩大联邦共和制

"牧畜王国"的兴起成为远西部地区被吸纳入联邦的一个重要原因。前面我们已经论及"边疆的消失"与战后西部牧牛业和牧羊业的发展有很大的关系。"牧畜王国"在兴起发展过程中，不断开疆扩土，遍及西部广大地区。其中，作为开放牧区而已经正式建立州的在内战前只有得克萨斯、加利福尼亚、俄勒冈和堪萨斯四个州，在内战中成为正式州的只有内华达。科罗拉多因1859年淘金热在当年就要求以州的身份加入联邦，但直到内战爆发后才被国会批准为领地。到1876年它被批准建州时已经完全越过矿业边疆的时代。[①] 第二次淘金热期间，在东起明尼苏达州、西至俄勒冈、南起得克萨斯州，北至美加边界这片广大的地区，只是被划分为在联邦控制下的一些领地（内华达除外——笔者注），还没有一个正式的州建立。内战以后，1867—1890年，相继有内布拉斯加、科罗拉多、南北达科他、蒙大拿、华盛顿、爱达荷和怀俄明实现了由领地到州的转变。犹他在1896年、俄克拉何马在1907年，新墨西哥和亚利桑那在1912年也都以州的身份加入联邦。[②] 在内战以后到20世纪初加入联邦的12个州中，尽管在完成由领地到州的转变中情况各异，因素多种，但是有一点是共同的，即该州的早期开拓都与牧牛业或牧羊业有关。特别是对大平原地区和落基山区的开发，牧牛业和牧羊业更起着先导作用。在这些地区的经济和政治生活中，牧牛场主和牧羊场主占有举足轻重的地位。他们在国会也有重要的影响。如怀俄明领地通过在国会参议院中的代表人沃伦、凯里等人的努力，终于使该领地在1890年以第44个州的身份加入联邦。建立州制是美国吸收西部和加速西部美国化的

---

① 雷·A. 比林顿：《向西部扩张——美国边疆史》，第537页。

② 詹姆斯·K. 马丁、兰迪·罗伯茨、史蒂文·明茨等：《美国和它的人民》（James K. Martin, Randy Roberts, Steven Mintz, *America and Its People*）第2卷，伦敦1989年版，附录A-27页。

一个重要步骤。"牧畜王国"的兴起和发展，对推动西部新州的建立，最终使美国成为濒临大西洋和太平洋、横贯北美大陆的泱泱大国起了重要作用。其结果在政治上扩大了美国的联邦共和制，使西部各州地区的利益与共和国的利益紧密地结合在一起，大大加强了联邦政府作为美利坚民族国家的凝聚力。

3. 体现完善民族性格

美国西部牧区社会的形成和发展，对进一步塑造美利坚民族性格也产生了深刻影响。"流动性"、"拼命赶"和"求实进取"等是构成美利坚民族性格的重要方面。这些民族性格的基本要素，有的在美利坚民族的形成过程中或西进运动初始阶段就已经表现出来，并非是在"牧畜王国"时期才产生的。然而，美利坚民族性格却因"牧畜王国"的特定环境而得到进一步塑造和完善。"牧畜王国"的不断扩展，进一步助长了美利坚民族的"流动性"。在"牧畜王国"里，横向和纵向流动的特点都表现得极为明显。其横向的地区流动表现为东部养牛和养羊人川流不息地向大平原、落基山区移居。太平洋地区的牧羊主也向山区和大平原发展。得克萨斯的牧场主和牛仔要到北部牧区开拓。在"牧畜王国"里，既有开拓者的东西流动融合，又有由南而北的拓居。在西部牧区，牧场主和牧羊人及牛仔之间，没有固定、明显和不能突破的阶级界限。小牧场主及牧羊人和牛仔，可以靠不花钱的青草放牧牛羊，他们如果善于经营，抓住机遇，就有可能发财致富，提高其社会地位，成为牧场主。有的"牧牛大王"原先就是赶牛人。一些牧场主因天灾人祸等原因，失掉自己的牛群或羊群，就会降为牛仔或牧羊人。这种社会地位升降的纵向流动，在"牧畜王国"里表现得也很明显。这种人群的不断流动性影响至今，使美国人成为一个"流动的民族"。[①]

在"牧畜王国"里，开拓者由于受开发实践和思想意识的影响，更进一步发扬了"拼命赶"的精神。牧牛场主和牧羊主要"拼命赶"到公共牧区，取得"优先放牧权"，不断扩大自己的牧场。牛仔和赶羊人长途驱赶牛群、

---

① 雷·A.比林顿：《向西部扩张——美国边疆史》，第 654 页。

羊群，往往长途跋涉数百或千余英里，历时数月。他们要把畜群平安驱赶到目的地，靠的也是"拼命赶"的精神。这种精神影响至今。在现今美国人生活中的很多方面都表现出来快节奏的特点。

在"牧畜王国"里，牧羊人和牛仔是求实进取精神的集中代表者和体现者。牧羊人终年辛劳，长期过着孤独寂寞的生活，只有牧养狗为伴。他们要把羊群赶到牧草丰茂的地方放牧、保护羊群免遭野兽攻击、照料新产的羊羔、剪羊毛和把羊群长途驱赶到育肥地或火车装运站。无论在任何时候，或者遇到多大艰险，牧羊人都恪尽职守。西部牧羊业的繁荣是牧羊人艰苦创业的结果。遗憾的是，他们的历史功绩和表现出来的"求实进取"精神却长期被湮没，在美国的历史和文学著作中很少有所反映。相较之下，牛仔在美国人的心目中却是西部的传奇英雄。牧区艰苦的工作和险恶的环境使牛仔经受了严峻的考验和锻炼，形成了勤劳勇敢、严肃认真、自强不息和不畏艰险的性格特征，具有"求实进取"的精神。因此，牛仔被视为西进运动中征服荒野、开拓边疆的先锋，正义和文明的标志。随着牛仔影响的不断扩大，"求实进取"的精神遂成为美利坚民族性格的一个鲜明特点。尽管美利坚民族性格的形成和发展主要受欧洲和东部思想文化以及政治制度的影响，但来自美国东部和欧洲的开拓者在西进运动中，尤其是在"牧畜王国"这个特定环境里产生的一些新观念、新习惯和得到发展加强的上述性格特点，对进一步塑造和完善美利坚民族性格无疑会产生重要影响。正是这种民族性格和精神，使美国的现代化不断取得丰硕的成果。

第十四章　牛仔文化

第一节　服饰与装备

一、服饰

1. 工装

1886—1887 年历史上罕见的暴风雪过后，西部的牧牛场主结束了先前那种赌博式的粗放游牧经营。带刺铁丝网的大量销售使他们有条件把开放的牧区分割成私人牧场。① 到 19 世纪 80 年代末，美国的铁路网伸展到得克萨斯和西部各地。牛群的运输靠当地铁路便可得以解决。使牛仔早先进行历时数月的长途驱赶已成为历史。"牧区"生活从激动人心的冒险转变为有组织的商业活动。

随着"牧牛王国"的衰落，牛仔长途赶牛的马背生涯在 80 年代末也随之终结。他们成了固定围栏牧场上的雇佣工人。牛仔的大部分时间忙于在牧场内照顾牛，修补铁丝网，除草和干农活。光彩照人的牛仔时代随之逝去。虽然牛仔的黄金时代只不过持续了短暂的 30 余年，但牛仔对美国历史产生了极为深远的影响。甚至在一个多世纪后的今天，牛仔对美国人仍有巨大的吸引力。

牛仔因此成了多种宣传媒体争相描写报道的"主要人物"。"牧区"、"牛镇"和"牛仔"在歌曲、音乐、小说和影视作品中得到充分反映。跃马挥

---

① 乔治·布朗：《美国——一部叙事体历史》（George Brown, *America, A Narrative History*），纽约 1988 年版，第 20 页。

鞭、剽悍好斗的牛仔被描写成传奇式、神话般的英雄，成了经久赞颂不绝的主题。咆哮的牛仔和缕缕炊烟所构成的西部景象，成了"西部小说"、"西部漫画"和"西部影视片"的典型素材。牛仔的工装，演化成了名牌繁多、样式新潮的牛仔服饰系列。其结果形成内容丰富、影响深刻和传播广泛的牛仔文化。

牛仔的工装，已演变成别具特色的牛仔服饰文化。牛仔的服饰包括他的帽子、靴子、工装衣裤、衬衣、马甲、方巾、手套、雨衣和其他一些饰物等等。墨西哥牧牛人的衣着对美国牛仔服的发展有很大影响。牛仔服装中帽子和靴子是最重要的两样东西。

牛仔穿的衣服包括裤子、夹克、马甲、衬衣和皮短裤等。牛仔的紧身长裤是用来保暖和保护腿部的。手能够着的地方还用来划火柴。然而，在东部年轻商人列维·斯特劳斯于1856年到西部前，牛仔们没有质地好且耐磨的工作裤。是年，他把一批粗帆布运抵圣弗朗西斯科。准备出售给加利福尼亚的采矿营地做帐篷用，但销量不大。不过，他发现那里需要大量的工作服。于是，斯特劳斯把帆布做成工装裤，并一炮打响。几年内，列维"极好的裤子"在加利福尼亚供不应求。为此，斯特劳斯在圣弗朗西斯科的巴特里大街98号开了一家工厂，生产工装裤。用质地较厚的蓝斜纹棉布代替了帆布。在易磨处还加了铜铆钉。在早期的牛镇里，牛仔买这样一套工装，需要60—90美元，相当于他的2—3个月的工资。[①] 斯特劳斯因此赚了大钱。他的圣弗朗西斯科公司直到今天仍然经营着。"列维斯"牌工装裤不仅是标准的西部服装，而且到20世纪初，牧场和矿区以外的人也发现这种牛仔裤穿起来舒服、耐磨，适于旅行、运动和进行其他户外活动。为了更好地保护腿部，后来设计制作了短皮套裤。套裤一般用羊皮制成，为的是穿起来舒服适用。皮套裤虽有保护腿的作用，因穿上较热，穿脱也很麻烦，故在工作之余很少有牛仔穿它。

牛仔的衬衣多是色彩鲜艳的法兰绒做的，在两只长袖子的袖口处钉有扣

---

① 罗伯特·R.戴克斯特拉:《牛镇》，第99页。

子。后来，牛仔的衬衣用花格棉布制作，也有白色和灰色等其他颜色的。大多数牛仔常在衬衣外面套一件宽松的马甲。在马甲上有一个大兜，牛仔用来装烟叶、卷烟纸、火柴和其他小物件。牛仔的上衣是短而宽松的夹克，和工装裤一样，大多是用斜纹粗棉布做的。如果不是为了保暖和保护身体，大多数牛仔宁肯不穿夹克。

牛仔用的大印花方巾，绕脖子松松地打个结，以防颈部被太阳或热风灼伤。在尘土飞扬的牛道上，方巾常被牛仔用来遮脸，防止尘土和风沙吹进口鼻和被吸入肺里。大方巾也用来做手巾、止血带或偶尔用来捆东西。牛仔们有时也互相挥舞方巾来传达信号。为了取暖和保护手不被缰绳和套索勒破，牛仔戴着长长的、有曲线袖口的手套。牛仔马鞍后面，还备有很大的油布雨衣。下雨时，牛仔把雨衣穿在身上可以把人马都遮住。

上述各种服饰，都是牛仔为工作方便不可缺少的必需品。既要时髦又要保持温文尔雅，这使牧区妇女的骑装很不舒适。到20世纪初，她们还穿着紧身夹克和笨重的裙子。直到30年代，妇女才和男人一样穿衬衣和马裤。

尽管牧区的工作环境一直在不断地变化，但西部服饰依旧非常流行。除牧区服饰外，还有竞技表演者、音乐家和演员用的色彩纷呈的化装服。为西部影迷们经营的服饰用品商店，更引起人们对西部的怀旧之情。

2. 斯特森帽

现在流行于北美乃至全世界的牛仔帽——"斯特森帽"，是在西班牙帽发展成墨西哥宽边帽的基础上再演变而来的。帽子的宽边是为了挡住牛仔眼前的尘土和泥沙。美国内战以前，牛仔的帽子一般是自制的。样式各异，质量不高。19世纪60年代，新泽西州的年轻制帽商约翰·B.斯特森因健康原因来到西部。他很快发现宽边帽对牛仔的重要性。于是，他于1860年在费城自己开了一家设计、出售牛仔帽的商店。他制作的牛仔帽有一圈宽3.5—5.5英寸的扇沿，帽顶高5—8英寸。在宽边与高顶结合处，绕一条作装饰用的带子，还有一根起固定作用的系带。西南部人喜欢高顶帽和宽帽檐。大平原的北部人与之相反。因此，从帽子的形状就可以辨别出一个牛仔来自何处。不出几年，"斯特森"、"约翰·B"就成了牛仔帽的代名词，普遍受到西部人的欢迎。牛仔们除了戴"斯特森帽"遮挡烈日和风沙外，还用它汲水、煽火、当枕头以及向同伴挥舞致意等。由于斯特森制作的牛仔帽耐磨、质地好，牛仔们称赞它"带不坏，总保持着它的形状"[1]。到1906年，斯特森的公司已雇用1,500名工人，年产200万顶帽子。其中"卡尔斯巴德"和"草原老板"两种帽子最受欢迎，并被广泛仿制。[2]20世纪初，西部帽开始普遍流行起来。到20年代，一种高顶、卷边但并不实用的"十加仑帽"面世后，被纷纷仿制。牛仔帽由工作必需品变成了装饰品。现在，牛仔帽仍很流行。一个外国元首或贵宾到美国西部访问，如果能得到一顶白色的牛仔帽，那便是受到很高的礼遇。

3. 牛仔靴

靴子对牛仔也非常重要。牛仔穿用小牛皮制成的高筒、高跟靴子。大多数牛仔靴高12—17英寸，后跟高1.5—2英寸，靴面高高隆起，没有靴带，靴底较薄。靴子采用高后跟，是为了帮助牛仔在用套索套牛时能牢牢站稳，或绳索跳起时把它踩住。再者，还可以避免牛仔的双脚在马狂奔猛跳时从马镫上滑下。靴底较薄是为了牛仔的脚能很好地感触和踩稳马镫。大多数牛仔靴设计简单质朴，也有一些比较时髦，镶有一些装饰物。牛仔不喜欢大批量生产上市的靴子。他们更喜欢手工缝制的靴子。名为"孤独之星"的靴子是首批受牛仔欢迎的产品。这种靴子在靴筒顶部有一条宽宽的红色标记。在阿比林牛贸易兴旺时期，第一个在那里经营制靴店的托马斯·C.麦金纳尼，每年夏天要雇用10—20人，帮他制作牛仔喜欢的靴子。他制作的靴子每双可以卖到12—30美元。后来，牛仔靴的价钱上升到20—30美元。[3]这对牛仔来说是一笔必须付出的不算小的开销。现在，牛仔靴不仅流传下来，而且有很多新的式样，受到许多青年人的青睐。

---

① 劳伦斯·I.塞得曼：《马背生涯——1866—1896年的牛仔边疆》，第177页。

② 霍华德·R.拉马尔主编：《美国西部读者百科全书》，第270页。

③ 罗伯特·R.戴克斯特拉：《牛镇》，第99页。

二、装备

1. 坐骑与马鞍

在"牧畜王国"里，牛仔是牧牛场主雇用的马背上的劳工。马是牛仔从事艰苦劳动的重要帮手。不论是在牧场还是牛道上，牛仔离了马寸步难行。马也是牛仔在艰险的环境下相依为命的忠实伙伴和朋友。牛仔只有同马结合在一起，才能创造财富，造就"牧牛王国"的繁荣。在不同时期，西部牧区使用的马不尽相同。西班牙殖民统治时期，骑马牧人主要骑未阉的雄马。因为这种雄马半带野性，有耐力，且不易被偷盗。牧人主要凭马的睾丸大小和嘶鸣声的高低来判断它是不是强壮。[①] 到 19 世纪后半期，在西部地区，牛仔干不同的工作会选择不同类型的马。牛仔在"巡边"时骑 4—5 岁口的快速烈性马；在放牧、长途赶牛时，牛仔骑较温顺的矮种马；在蒙大拿牧区，他们则骑更顺从的马。因为那里的牛群大多较易管理。从春至秋，每个牛仔大约要 10 匹马供他骑用。[②] 牛仔骑的马是由牧场提供的。每个牛仔使用的马被称之为"个人用马"，属于他的个人财产。每个牛仔都不想让属于自己的马干太多的活，更不愿意让别人狠使他的马。牧场工头则从整个牧场的工作考虑，不想让更多的马闲着。为了对"个人用马"的数量加以限制，工头要牛仔们参加在夜晚举行的长时间的骑乘奔驰比赛。获胜者就可以拥有他骑的马。马被分配下去以后，工头一般不允许牛仔们私下进行马匹交易。

牧场的每匹马都有自己的名字。每个牛仔对每匹马的名字都非常熟悉。每匹马的名字通常与它的特性、标记或经历的故事有关。牛仔们都喜欢全色的马，即没有杂斑的栗色、棕褐色、暗褐色和全黑色的马。通常见的杂色马只有在西部小说和印第安人地区才经常出现。大多数牛仔认为，这种马是不会成为良驹的"阉马"。一些牛仔骑着杂色马去牛镇会女友，但做工时他们偏爱的是全色马。每个牛仔对每匹马的能力和技巧了解得非常清楚。[③] 牛仔

---

① 戴维·达里：《牛仔文化》，第 17 页。

② 霍华德·R. 拉马尔主编：《美国西部读者百科全书》，第 515 页。

③ 戴维·达里：《牛仔文化》，第 292 页。

非常善待自己的坐骑。除非在追逃炸群的牛或危急时刻，牛仔从来不用马刺狠踢自己的马。有时，为了偏爱自己的马，牛仔还会偷点燕麦喂它，犯点"可原谅的轻微罪行"①。

马鞍是牛仔的"工作台"，由他自己准备。马鞍是由西班牙殖民者带到其拉美殖民地的，后来又传到了美国西部。早期传到新西班牙的马鞍鞍头很小，牧民用起来很不方便。后来，制鞍的工匠对小鞍头的马鞍进行了改造，加大了鞍头。顶部比底部更宽些，约有4—6英寸。制鞍的材料也由较重的木材代替了较轻的木材。这样，套索拴在马鞍头上，不易脱落，骑马人也可以牢牢地抓住它。②到18世纪末，墨西哥北部和得克萨斯已经有了用一层皮革覆盖在木制骨架上的简单、粗朴的马鞍。到19世纪中期，制鞍在加利福尼亚已经很盛行。这种马鞍是用一根生皮条把皮革面、木架等各部捆扎在一起，用一根肚带或腹带从鞍座上勒住，固定在马背上。马鞍没有鞍垂和其他饰物。马镫只是两块经过雕刻的木块。为了乘坐时舒服些，骑马牧人会在鞍座上铺一条毯子，或一块动物毛皮，或者就是一块皮革。后来经过墨西哥制鞍专家的指点，这种马鞍的质量有了很大提高。到19世纪中期，技工们已经制作出了著名的"加利福尼亚鞍"（California Saddle）。其优点是质轻、结实、致密，与马背的形状很相符。马鞍套上后，与马背贴合得非常紧密。这种马鞍，前鞍桥很高，可以防止骑手从前面摔下去。鞍桥用生皮包裹，染上绿色后缝紧，它风干收缩后能产生很大的绷力。马鞍结构中没有铁，用鹿皮绳把各部分结到一起。这样易于零拆开进行修理或清洗。连在马鞍上的马肚带有五英寸宽，是用毛发编成的。木脚镫换成了皮革镫。整个马鞍用一块又大又厚的底垫皮子覆盖，留一个洞露出前鞍桥。垫皮向后，一直盖到马的臀部，保护那里不被雨淋。③"加利福尼亚鞍"比其他鞍具乘坐起来更安全、舒适，并易于驾驭马。

流入北部牧区的马鞍有各种类型。有专为骑乘用的东部马鞍。这种马鞍

---

① 沃尔特·P. 韦布：《大平原》，第254页。
② 戴维·达里：《牛仔文化》，第31页。
③ 戴维·达里：《牛仔文化》，第50—51页。

由移居者经俄勒冈带入了西北部牧区。少数北方牧场主用老式的西班牙马鞍。这些马鞍由加利福尼亚经俄勒冈再传入北部牧区，比东部鞍适合于牧牛。来自得克萨斯的牛仔更喜欢用得克萨斯轻型鞍或一种改装过的墨西哥鞍。轻型得克萨斯鞍的重量只有 12—13 磅。它带有方形皮衬里，后桥后面有短外衬，牛皮垫钉在鞍架上，脚镫很宽。[①]后来非常流行的"平原鞍"（Plains Saddle）出现于 19 世纪 70 年代。这种马鞍有两条马肚带，半个鞍架和后桥用一张皮子包裹着，还有羊皮全衬。"平原鞍"比其他马鞍都结实，但脚镫较窄。最初的鞍架为 15—17 英寸，比其他马鞍架都长。牛仔坐在上面脚和臀都不舒服。1883 年以后，这种马鞍得到改进。[②]

在早期马鞍的演进中，我们可以看到有多种不同类型的马鞍流入美国西部牧区。后来，几乎所有的牛仔都逐渐采用后桥和鞍槽矮小且坐着更舒服安全的马鞍。脚镫大小、鞍桥坡度、用一条还是两条肚带及放在什么部位，都取决于牛仔在马鞍上劳作的习惯。这些细微之处表明对某个牛仔合适的马鞍未必对他人也舒适。

美国西部牧区使用的马鞍，是适应牧牛业的特殊需要而设计和改进的。它白天是牛仔的工作台，夜里是他的枕头。有一句西部的老歌词唱道："10 美元的马上配着 40 美元的马鞍。"[③]对牛仔来说，买一副好马鞍经常要花掉他大量的钱。在当时，如果一个牛仔把很多时间花在马鞍上，那就意味着他认为其马鞍是最好的。[④]在美国西部牧区，最糟糕的事莫过于说一个人"卖掉了他的马鞍"。这暗指此人出卖了真理，或是他做了对不起同伴的事。[⑤]

2. 套索和皮鞭

套索是牛仔骑马工作时使用的主要生产工具，是他双臂的延长。牛仔使

---

①　戴维·达里：《牛仔文化》，第 244 页。

②　戴维·达里：《牛仔文化》，第 245 页。

③　霍华德·R. 拉马尔主编：《美国西部读者百科全书》，第 1057 页。

④　戴维·达里：《牛仔文化》，第 244—245 页。

⑤　霍华德·R. 拉马尔主编：《美国西部读者百科全书》，第 1057 页。

用套索在赶拢或驯马时套住牛犊和马驹。到 17 世纪末，墨西哥的骑马牧人已经能熟练地使用套索套牛。那时套索是用未晒干的生牛皮搓成的。最初，套索的绳长约有 15—20 码，如人的小手指一般粗。[1] 大多数骑马牧人自己制作套索。制套索只需一把刀、一把锥子和一张牛皮。制作人把牛皮钉在树枝上，用刀子将整张牛皮划成一条一条的，刮掉牛毛后把牛皮条拉直，放在水里浸泡。在牛皮条还潮湿时，他就把它们编成四股或八股的绳辫，拧在一起。制成的套索长度从 65—105 英尺不等，还有更长的。多数套索约长 60 英尺，抛出去的长度约有 25 英尺。有些记载提到牧牛人更喜欢用四股绳编成的套索。因为这样的套索比较亮且结实。[2]19 世纪用的生牛皮套索的直径只有 3/8 英寸，但大多数为 1/2 英寸。套索绳由 3—4 股绳条拧成，如果坏了一股，套索便失去价值。[3] 格兰德河以北的牛仔从骑马牧人那里学会了使用套索。牛皮条制的套索是牧民最早使用的一种，在抛出时，它能够很好地保持一个圆圈，且易于操作。

在加利福尼亚，母马尾和鬃也被剪下来编套索。每个牧场里有一群以上的母马用来繁殖马驹。每群母马中有一匹雄马作为种马。这些母马是未经驯服的野马。骑马牧人对这些马的唯一驯化就是让它们组成"群"（Manada）。放牧人经常把母马的鬃毛和尾剪下，拧成绳子作笼头、缰绳和套索。有些套索是用染了色的鬃毛拧成的，很漂亮。放牧人用这样的套索围捕牛、马乃至麋和鹿。雄马的鬃毛和马尾很少被剪掉。因为如果雄马的鬃毛和马尾被剪掉了，牝马们便不喜欢它，再不把它视为种马了。[4] 总的来看，用马鬃和马尾绳制的套索不如牛皮绳制的套索那样流行，使用也不普遍。因为马鬃制的套索很轻，也不如牛皮套索结实。

还有一种套索是由墨西哥牧民带到北部去的。它是用墨西哥龙舌兰纤维制成的。这种套索在得克萨斯西南部和墨西哥北部相当流行。牧民们一般用

---

[1] 戴维·达里：《牛仔文化》，第 21 页。
[2] 戴维·达里：《牛仔文化》，第 34—35 页。
[3] 戴维·达里：《牛仔文化》，第 154 页。
[4] 戴维·达里：《牛仔文化》，第 64 页。

龙舌兰纤维制成 35—75 英尺或更长的套索。[①] 这种纤维十分结实，套索被抛起来，速度非常快。其缺点是在潮湿的天气里会变硬。如果系得紧，很容易损坏。故牧民和牛仔只有在天气干燥和干轻活时才使用它。

墨西哥还有一种西沙尔麻。这种麻的纤维虽然结实，但柔软如棉绳。故用西沙尔麻制的绳索没有像马尼拉麻绳索那么流行。随着马尼拉麻绳的引进，在美国西部使用牛皮绳套索的人也逐渐减少。美国的使用者认为，马尼拉麻绳比产自肯塔基和密西西比河上游河谷的黑干草绳质地优良，甚至比从波罗的海进口的光滑且含乳胶的俄罗斯熟皮绳更好用。美国内战以前，马尼拉麻套索在西部就很流行。设在马萨诸塞州普利茅斯的"普利茅斯绳索公司"（Plymouth Cordage Company）是美国最老和最大的套索绳经销商。到 19 世纪末，它出售的三股马尼拉绳制的套索成了牛仔的爱物。大牧场经常大量购买这样的马尼拉绳制套索。[②] 在套索的一段变软不堪负重后，牛仔就把它剪下来。多数牛仔常把套索拴在两棵树之间拉直，消除扭结，打上动物油脂和石蜡，以保持绳子的柔韧和防水。

得克萨斯人最初跟墨西哥骑马牧人学会使用套索的技法之后，从 18 世纪至 19 世纪初这些技法变化不大。在内战后的一段时期内，多数得克萨斯牛仔至少掌握了五种使用套索的技法。这些技法是掷、松脱、套后蹄、后手松脱和套前蹄等。这些技法有时配合起来使用，用以捉马和套牛。直到今天，在美国西部牧区还在使用。除了上述五种技法之外，得克萨斯在 19 世纪 60 年代后期还流行一种"布劳克法"。此套索技法因用牧场主约翰·R. 布劳克尔的名字而闻名西部牧区。使用套索的牛仔可骑在马上或站在地上，从任何一个位置抛出套索；既可套牛的前蹄和后蹄，也可以套牛角和脖子等部位。牛仔抛出的绳圈很大，能够套成龄且带有野性的长角牛，并制服它。有的著述者称"布劳尔法"为制服桀骜不驯的长角牛的"杀手锏"。[③] 掌握使用套索的技能并能达到娴熟的程度，这是牛仔从事放牧、赶拢和长途驱赶等

① 戴维·达里：《牛仔文化》，第 154 页。
② 戴维·达里：《牛仔文化》，第 155 页。
③ 戴维·达里：《牛仔文化》，第 149—154 页。

劳作时必须具备的基本劳动手段，也是保护自身安全的需要。故牛仔在生产实践中能很好地掌握和运用各种使用套索的技法。

皮鞭也是昔日牛仔使用的一种工具。它有一个约一英尺长的短木把，上面灌满铅或弹丸，为的是增加其重量。在多数情况下，皮鞭用来镇住尥蹶子和只用后脚站立的烈马，或扬鞭催马加速。有时，皮鞭也当棍子使用。[①] 皮鞭也是从墨西哥传入美国西部的。

3. 六响枪

六响枪（Six Shooter）是弹膛内有六颗子弹的左轮手枪。在人们想到牛仔时，便自然而然地联想到手枪。许多昔日西部的神秘气氛大多出自想象，或是持枪歹徒的犯罪活动所造成的。好莱坞影片中所描写的那些牛仔总是带枪驰骋在牧区、进出酒吧，甚至在床上他也离不开枪。真实的牛仔生活与西部影片所表现的大相径庭。在牧牛边疆拓展时期，携带手枪是触犯得克萨斯法律的，出售亦属犯罪行为。然而，这种真相被掩盖了99年。[②] 有时，骑手也会在其马鞍上带一把温彻斯特手枪[③]，用来对付狼群。弗兰克·S.哈斯汀在《S.M.S牧场的故事》中称，他在该牧场生活了17年，从未见过一个牛仔佩戴过手枪。只有牧牛队总是配备一支不论是任何型号的枪。[④] 在前一章论述"林肯县战争"和"约翰逊县战争"时所提及的那些持枪的牛仔，实际是大牧牛场主所雇用的职业枪手。他们或交火于城镇，或追杀在乡野，完全是为了维护大牧牛场主的利益。这些牛仔已成了牧牛大王们雇用的杀手。他们的活动与数万名辛勤劳作的牛仔之真实生活已相去甚远。

在美国西部影片和电视节目中塑造的枪手形象之所以赢得观众并让人产生真实感，是因为创作者抓住了西部的一个真实情况。那就是西进的路上

---

① 戴维·达里：《牛仔文化》，第156页。

② 沃尔特·P.韦布：《大平原》，第254页。

③ "温彻斯特手枪"指科尔特·温彻斯特制造的能装六发子弹的"左轮手枪"，有时亦称"科尔特手枪"。在西部影片中，枪手使用的多是1873年制造的军用手枪。参见理查德·W.斯莱塔：《牛仔百科全书》，第77页；唐·库西科：《牛仔与荒野的西部》，第125页。

④ 沃尔特·P.韦布：《大平原》，第254页。

充满凶险，移居者需要武器保卫自己。到密西西比河以西去冒险创业的移民，不带一支性能好的来复枪或一两把手枪者极少。一路上，他要猎杀野兽吃肉，杀死响尾蛇和其他伤人的动物，保护自身及其财产等等。这一切给了大多数西部人携枪而行的充足理由。[1] 创作者正是抓住这一事实，使"枪手"和"六响枪"成了西部影片的题材和电视作品中不可或缺的人和物。随之还出现了专门研究这些作品的著作《六响枪的奥妙》。[2] 然而，西部片中的枪手生涯已远离了牛仔真实的生活。

第二节　大众文化的奇葩

一、牛仔歌曲

1. 牛仔歌曲的起源

以牛仔为主题的"西部音乐"是牛仔文化的重要组成部分。最初的牛仔歌曲，指的是美国内战前在南部流行的歌曲。因为很多牛仔来自南部，其音乐带有南部的特色。如民歌《巴巴拉·艾伦》和《丁香花上的绿叶》等非常流行。大多数歌曲由老歌谣以及英格兰、苏格兰和爱尔兰的流行歌曲改编而成。

内战以后，由于一些新成员的加入，牛仔队伍在不断地扩大。与之相适应，牛仔歌曲也在发生着缓慢的变化。19世纪60年代的牛仔歌曲多是反映他们的工作和生活为主。《奇泽姆小道》、《单调的牛仔生活》是典型的代表歌曲。此时的歌曲都比较简单。牛仔们经常用传统曲调编唱自己的故事。如《拉雷德大街》（或称《牛仔的挽歌》），就是广为流传的英国歌曲《不幸的浪子》的改编之作。

---

[1] 理查德·W.斯莱塔：《牛仔百科全书》，第136页。
[2] 约翰·G.卡韦尔蒂：《六响枪的奥妙》（John G. Cawelti, *The Six-Gun Mystique*），鲍灵格林1975年版。

尽管很多歌曲围绕牛仔的娱乐而作，但也有不少歌曲是牛仔工作的必需之歌。白天，牛仔的工作极其劳累艰苦，一般他们都无唱歌的情绪。只有在夜幕降临时，牛仔们或在工棚，或在牧牛营地，或在牛道旁才有机会唱歌。夜间值班看护牛群的牛仔，用教堂歌曲或圣歌唱着流行的"牛歌"，使牛知道"朋友就在"身边。有时牛仔也拉拉提琴，使牛安静下来。在这类歌曲中，被称之为《夜牧者之歌》的一首最著名。歌词唱道：

> 哦，小牛犊们慢点，快离开近旁，
> 你们漫游践踏的声音会传遍大地四方；
> 哦，沿路觅食的小牛犊们轻声点儿，
> 不要总是游荡。
> 跑慢点小牛犊们，慢点游荡，
> 嗨—喔，嗨—喔，嗨—喔。
> 哦，我说：小牛犊们，你们何时躺下喔，
> 停止在大地四处游荡？
> 我的马腿已疲乏，我也劳累至极，
> 假如你们逃离，那我怎能安然度过这个晚上。
> 躺下，小牛犊们，躺在地上，
> 嗨—喔，嗨—喔，嗨—喔。
> 哦，静躺着的小牛犊们，你们既然已经躺下，
> 伸展开四肢，躺在巨大开阔的草地上；
> 鼾声如雷，小牛犊们，吞没这荒野的声响；
> 白天已消失，一切从大地离去。
> 静躺，小牛犊们，静静入梦乡。
> 嗨—喔，嗨—喔，嗨—喔。[1]

---

[1] 劳伦斯·I.塞得曼：《马背生涯——1866—1896年的牛仔边疆》，第74页。

牛仔们最害怕夜晚发生牛群惊逃，所以他们轻唱着这催眠的《夜牧之歌》，使牛群安然入睡。这样，他们便能过一个平安之夜。

许多牛仔歌曲出自著名作曲家之手。查尔斯·巴杰·克拉克、D.J.小奥马利、N.霍华德"杰克"·索普、拉里·奇藤登和柯利·弗莱彻都是牛仔歌曲作家。索普1898年从"烟囱湖"把牛赶到得克萨斯。在一个夜晚，他独自在篝火光下，写了《小小的乔》。这首非常著名的民歌引起了所有牛仔的伤感，使许多人记住被人杀死的"小小的乔"。索普收集了19首牛仔歌曲，又写了5首，于1908年出版了第一本关于牛仔的歌曲集《牛仔之歌》。歌曲中包括《男低音萨姆》、《暗褐色斑马》和《牛仔的挽歌》等一些最出色的传统歌曲。1910年，约翰·A.洛马克斯出版了他收集的《牛仔歌曲和其他边疆民歌》。其中包括索普写的一些传统歌曲。这本歌集非常流行。很多歌手学唱这些歌曲。他的歌集也被一些人改写后再版。

2. 牛仔歌曲的主题

牛仔歌曲的主题和韵律因地区而异。牛群、马匹、套牛和骑术在以"牛仔"为主题的基础上，被写入歌曲中。犯罪、失恋、死亡和印第安人等在歌曲中也有所反映。《我骑着一块旧画布》是一首缓慢、平静的民歌。它是按照马的缓慢步速谱写的。

> 我骑着一块"旧画布"，我牵着一匹老母马，
> 我为前往蒙大拿而扔掉了那个"小流氓"。
> 它们被放养在干河谷里，饮水处是那干涸的河床，
> 牛道甚为粗糙，它们的背部全被擦伤。
> ……
> 老比尔·琼斯有两个女儿和一首歌，
> 一个去了丹佛而另一个走错了地方，
> 他的妻子死于押赌注处的决斗中，
> 他依旧从早到晚不停地吟唱。

副歌

哦，在我死时，从墙上取下我的马鞍，

把它放在我的矮马上，

把它从厩中带走，

把我的骨头绑在马背上，把我们的脸转向西方，

我们将骑行在最可爱的大草原上。①

相较之下，《暗褐色斑马》则是一首快板的歌。歌词讥讽一个初学骑马的生手，骑在温顺的马上，也紧张得像呆立的驼峰。虽然他已经留起卷曲的黑胡子，也只不过像一个等待饭菜的夏季寄宿学校的新生。牛仔们以欢快的节奏唱着，期盼着这个初学的生手从马上摔下来。

后来形成的骑马歌《花色草莓》，是根据牛仔诗人柯利·弗莱彻在20世纪20年代的诗谱曲而成。这首歌很快被牧牛人接受，作为一首老牛仔歌曲传唱。这首歌录制了唱片。吉思·奥特里在同名电影中用不同的调子反复吟唱。这首歌被模仿改编为竞技表演的《公牛骑术》歌。牛仔开始骑马或骑公牛，经受他一生经历的最狂暴的骑术表演。歌中唱道：

我像已乘坐在被飓风颠簸的甲板上边，

暴风把甲板弄得破烂不堪。

这是我在牧区所见的一匹最坏的烈马，

它站立在"五分镍币"上，让你无从应变。

我翻滚了两次——最终又回到地面，

我把处死这畜生的那天当作了它的生日。

但我说剩下的那些马我都不能骑，

伙计们，还有一些马活着，它们尚未全死。②

---

① 劳伦斯·I.塞得曼：《马背生涯——1866—1896年的牛仔边疆》，第12页。

② 霍华德·R.拉马尔主编：《美国西部读者百科全书》，第787页。

　　竞技表演是牧牛文化的一种展现和延伸，但这类歌曲并不怎么出名。套牛歌也没有像骑马歌那样流行。这大概是因为竞技表演总不如牛仔的实际生活那样艰苦紧张和真实感人的缘故。

　　流传下来的许多牛仔歌曲，能证明牛仔的生活饱含艰难辛酸。有一首歌是这样唱的：

> 那是 1871 年秋天时节，
> 我想体验牛仔的生活。
> 老板说："牛仔只有欢乐，
> 　　　　不必做丁点工作，
> 　　　　你要干的只是骑在马上，
> 　　　　与水波般的牛群从牛道上一起走过。"
> 哎，可是那位带枪者，
> 又怎么会丧失在 71 年喔！①

　　在漫长的赶牛途中，牛仔们或许是出于对甜蜜生活的热望，或是想宣泄一下个人情绪，他们创作了许多自嘲自慰的歌曲。其传唱方式，通常是民歌小调，具有典型的美国风味。有首歌唱道：

> 昨夜晚我躺在大草原上，
> 把满天星空凝望，
> 心念着小心肝，
> 反复不断地自问自想。
> 一个牛仔能与情人相会在何方？
> 一个牛仔能与情人相会在何方？
> 那通向地狱的路，

---

① E. 戴尔：《边疆方式——老西部生活方式述略》，第 18—19 页。

　　平坦又明亮，

　　可要找那通天堂的路，

　　人们说它狭窄而无光。

　　到底是谁的错？

　　使那么多的汉子，行进在宽阔的牧场上，

　　令他们个个失望！

　　有谁能获得荣誉和财富呢？

　　他们只知道，

　　那狭窄的赶牛小道上黯淡无光。①

　　也有一些牛仔歌曲是歌颂牺牲的英雄的。歌曲体现着牛仔浪漫的性格。故事"犹他的拉罗尔"描述了一个年轻的牛仔，为救老板的女儿而死于惊逃牛群的乱蹄之下。《勒努勒》是这类歌曲中非常流行的一首。歌词颂道：

　　我骑马进入圈场之中，

　　我了解她的一生。

　　只见她昏死过去，

　　但我就依然听得到她的呼喊声：

　　"莱，请安静！勒努勒——

　　我将得到你的心灵"②

3. 牛仔歌曲的变化

　　在 20 世纪早期的数十年间，牛仔歌曲和西部音乐发生了变化。通过索普和洛马克斯的努力，已出版的牛仔歌曲获得了较高的地位。20 年代，由于录音业的兴起，音乐界向世人推出了许多新的歌手和新歌。传统的牛仔歌

---

① E.戴尔：《边疆方式——老西部生活方式述略》，第19页。
② 霍华德·R.拉马尔主编：《美国西部读者百科全书》，第788页。

曲仍在演唱，但录音和广播使它发生了很大变化。《西尔斯·罗巴克曲目》对西部音乐的传播有很大作用。任何一个农村居民，只要看一眼曲目，就会买下一些唱片、歌集、收音机、吉他和吉他学习指导书。

20世纪20年代，美国无线电公司的维克多录制了大量的西部歌曲。其中，包括像弗农·达尔哈特、朱尔斯·韦尔纳·艾伦、埃克·罗伯逊、卡尔·T.斯鲁拉格和亨利"迈克"·麦克林托克等大家喜爱的老歌手的歌。他们的唱片很流行。许多歌曲的歌词也因此被固定下来。

20年代初期，商业广播电台建立起来。一批著名的歌曲家和乐队随之产生。密西西比河以西的第一家商业电台是俄克拉何马的5XT台。1924年，在俄克拉何马布里斯托建立的KVOO电台开始广播，次年成为商业台。1928年，电台移到塔尔斯，成为广播西部音乐的领头者。1924年，奥托·格雷和他的"俄克拉何马牛仔队"的音乐在电台播出《静静的流水》，此曲的传播是那样辽远，以致通过广播传出了堪萨斯城，扩展到中西部和西南部。格雷在国内作了十年西部歌曲的巡回演出。

1929年，吉恩·奥特里灌制的第一张唱片对西部音乐产生了新的影响。1928—1929年，他在塔尔斯通过KVOO演唱了《俄克拉何马唱歌的牛仔》。随后他到了芝加哥，为WLS电台美国传统的《谷库舞》伴唱。1930—1934年，他成了歌星。不久，奥特里为西尔·拉贝尔录制的第一批唱片是吉米·杰斯风格的"布鲁斯"，这批唱片对西部乡村音乐产生了很大影响。1933年，他录制了西部歌曲片。次年，他在电影《肯·梅纳德》中演唱插曲。这部西部影片为他另辟新径。不久，他成了演唱牛仔歌曲的明星。许多西部音乐和牛仔吉他迷都模仿他的歌和演唱风格。

《肯·梅纳德》是他第一次在银幕上演唱西部歌曲。1930年，奥特里首次拉着提琴演唱《在马鞍上的歌》，但实际上是再现了他在电影中建立的西部音乐模式。罗伊·罗杰斯、特克斯·里特、埃迪·迪安、吉米·来克利和约翰尼·邦德多是追随奥特里的牛仔歌手。

黑人音乐家对西部音乐风格的影响在于对歌曲的影响。黑人牛仔对牛仔歌曲的产生和传播作出了贡献。他们的影响突出地表现在对"布鲁斯"和"爵士乐"的发展上。为电影演奏的乐队多得不胜枚举，但吸引住观众并稳固地保留下来的只有"开拓者之子"和鲍勃·威尔斯的"得克萨斯花花公子"。黑人提琴手鲍勃·威尔斯和吉他手赫尔曼·阿恩斯皮格组成"威尔斯·菲德兰乐队"，在得克萨斯的沃思堡周围为家庭晚会和舞会伴奏。随后，由雪茄销售商转为歌手的米尔顿·布朗加入乐队。三人先是为沃思堡的 WBAP 电台演出。1930 年，伯勒斯·米尔电梯公司的 W. 李·奥丹尼尔赞助了他们。次年 1 月，以他的"明星老面皮美国兵"名义为沃思堡的 KFJ 电台广播演出。西部"摇滚乐"从此诞生。1932 年，米尔顿·布朗离去，另组自己的乐队。次年，威尔斯离开原先的乐队。他和他的兄弟约翰尼·李、汤米·邓肯和其他三名乐手在得克萨斯的韦科组织了"花花公子乐队"。1934 年，他们在俄克拉何马城的 WKY 电台演奏了五个节目，被奥丹尼尔逐出该城。是年 2 月 9 日，他们到了塔尔萨，通过 KVOO 把首批节目作了空中广播。鲍勃·威尔斯和他的"得克萨斯花花公子乐队"的演奏在空中传播。

威尔斯的音乐是具有很强节奏感的舞蹈音乐。继承了 20 年代晚期摇滚乐的风格。汤米·邓肯是"花花公子乐队"的一名歌唱家，演唱很注意表达歌的意境。现在这种风格在许多乡村、西部和流行音乐的歌手演唱中依然可以听到。19 世纪牛仔用的乐器不是吉他，而是体积小便于携带的提琴和班卓琴。后来，随着乐队的产生，特别是利昂·费考利夫于 1934 年加入"花花公子乐队"后，吉他弹奏风靡一时。威尔斯带领得克萨斯"花花公子乐队"的一些成员到好莱坞参加电影演出。约翰尼·李和其他队员在米尔斯将军的赞助下，继续在 KVOO 作每日午间空中广播演唱，一直持续到 1958 年。

到 1955 年，牛仔歌曲的提琴伴奏演唱融入摇滚乐中，成为一种流行的伴舞音乐。其他的摇滚乐音乐家是斯佩德·库利、特克斯·威斯、利昂·麦考利夫和皮·威·金。

有许多不朽的牛仔歌曲被美国国会图书馆收藏。这些传世之作包括约翰·A.洛马克斯和艾伦·洛马克斯收集的旧时牛仔唱片。另一些有价值的唱片来源于《真实的牛仔和他们的歌曲》，还有肯尼思·戈尔茨坦编的《不幸的浪子》、伍迪·格思里的《埃尘中的民歌》和亨利·杰克逊的《牛仔：

他的歌曲、民谣和夸夸其谈》)。

二、西部影片

1. 火车大劫案

牛仔文化的另一个重要成分是"西部影片"。在美国电影中，"西部片"最富有吸引观众的持久性，在创作基调上最富弹性，流行范围也最广。至少有 12 部"西部片"可以列入美国伟大的艺术品之中。[①] 一些扮演牛仔的演员，创下了价值数百万美元的个人财产和商业利润。

最有名的早期电影是 1903 年上映的《火车大劫案》。该片有 10 分钟长的故事情节。在此片之前，美国只有像《野牛比尔》等 1 分钟长的原始动画片。《火车大劫案》的导演埃迪·S.波特用史无前例的悬念手法和故事的逻辑性，展现了盗匪在铁路电报局捆绑话务员、抢劫火车和一群疾恶如仇的牛仔追赶逃匪，通过枪战最后以正义战胜邪恶的故事。这部花费 150 美元的影片一上映就引起巨大轰动。[②] 影片结束时，观众一片呼声，有人竟然昏倒在地。于是，模仿的影片接踵而至。诸如《无耻银行大劫案》、《列车小劫案》和《落基山抢劫快讯》等影片迅速推出。特别是第二部《火车大劫案》，简直就是第一部《火车大劫案》的翻版。这些影片虽然得到了很大成功，但缺少一个重要因素——英雄人物。这一缺陷到吉尔伯特·M.安德森做波特影片的临时演员后很快得以解决。

2. 早期西部影片

1910 年以后，牛仔们流入好莱坞，在早期西部电影中临时扮演骑士的角色。他们是来自日益衰落的牧场、角斗场和"西部荒原"表演剧的"难民"。为了避免失业的困境和得到每天 5 美元外加一顿午餐的报酬，牛仔们把好莱坞看作是最后的牛镇。作为替身演员的牛仔，工作不固定，表演也很有危险，还不得不忍受好莱坞的高压及导演和大牌明星的鄙视。做牛仔替身

---

① 霍华德·R.拉马尔主编：《美国西部读者百科全书》，第 366 页。
② 保罗·奥尼尔：《神话的终结》，第 206 页。

演员竞争也很激烈。谁勇敢且经验丰富，谁就可能得到更多的机会。其中埃德蒙·吉布森和阿蒂默斯·瓦尔德·阿考德两人最成功。前者以纯朴的幽默感取胜。后者靠超人的体魄获得成功。吉布森和阿考德因相互打架而增加了各自的知名度。他们因好斗、粗鲁而被人们牢牢记住。在西部神话的形成中这两个人起了重要的作用。他们诱人的形象增加了西部神话的永久性。牛仔在尘土飞扬的街道上枪战，包围运货车厢，拦截公共马车，在边疆酒吧里对抗，保护脆弱的女人，与偷牛贼武装冲突，或追击阿帕契族印第安人等等。不管影片的内容距离历史的真实性有多远，好莱坞的神话制造者们总是为观众的娱乐服务的。牛仔替身的表演和西部蛮荒的景象，使人们能从中感受到在文学作品和表演中所无法得到的那种真实感。

安德森十分精明地意识到：波特导演的电影因为没有一个令人难忘的主要角色，早就错过了商业机会。于是，他与乔治·K.斯波尔组建了"埃萨纳伊电影公司"，并于1908年开始拍摄自己的西部片。是年，他自编自导自演了第一部故事片《布隆乔·比利和女孩》。在这部影片里，他塑造了一个令人激动的牛仔角色。1908—1914年，他导演了375部短剧，而且成为第一个重要的西部演员。[1]他既不漂亮，也不是扮演牛仔的绝好人选，但他的肌肉发达，并最终学会了稳稳地骑马和使用套索。安德森拍的片子一般根据流行的故事和一角钱小说改编而成。每部片子平均耗资800美元，能赚5万美元。[2]在影片中，安德森总把主角塑造成善良而勇于自我奉献的英雄形象。

在提高电影技巧、增加真实感方面，戴维·马克·格里菲斯和托马斯·H.英斯起了重要的作用。他们注重实景拍摄，常要求被雇用的骑手在追击和作战时，做一些危险性动作，以便使影片增加激动人心的色彩。格里菲斯在1908—1913年拍摄的几部影片都十分出色。他在《鼠尾草峡谷的女神》、《最后一滴水》和《流血的枪战》等影片中，重视外景拍摄，塑造了不少鲜明丰满的西部人物形象。格里菲斯开始被人们称为"电影技术之父"。

① 霍华德·R.拉马尔主编：《美国西部读者百科全书》，第367页。
② 保罗·奥尼尔：《神话的终结》，第207页。

英斯虽不具备格里菲斯的创造才能，但他大胆且说话具有很强的说服力。他说服其在纽约的合伙人把目光投向西部影片。他在洛杉矶附近发现了米勒兄弟表演荒野西部剧的"101 牧场"。英斯以每周 2,500 美元的价钱租用了全部经营权，[①] 并准备了牛仔、印第安人、马车、马匹和野牛。在 1912 年，他拍摄了《平原上的战争》、《红种人的战斗》和《印第安人大屠杀与中尉的最后一夜》等影片。这些影片一夜之间使英斯成了著名的影片制作人。从 1913 年起，英斯每周拍摄 1—2 部影片。在很多方面，英斯为后来的大型摄影棚创造了雏形。

同时期，集明星—编剧—导演于一身的威廉·S.哈特对西部影片的发展也作出了重要贡献。哈特早年演过莎士比亚的戏剧，短期到英国学过艺术表演。1913 年，他到了洛杉矶。哈特对大量改变历史的西部片非常不满，他决心在西部片中把真实的历史表现出来。开始，英斯对哈特并不感兴趣，只让他在影片中塑造了许多西部人熟悉的传统角色，而且重视真实的布景和行为模式。他注重塑造"好坏人"的形象。在影片中，他演的"坏人"因为得到有美德的女士的爱而终被挽救。哈特早期的代表作之一是 1915 年拍的《地狱的锁链》。他的影片令人感动，富有真实感。哈特借助电影这个媒体，帮助创造着西部神话，以致他的影片在 10 年中非常流行。到 20 年代中期以后，他严肃的饰演风格渐渐失去了观众。

无声电影时代，哈特唯一的竞争对手是托马斯·E.米克斯。后者因扮演具有特色的牛仔成为受观众喜爱的明星。与哈特相比，米克斯扮演的牛仔更具有魅力。米克斯也自导影片，他追求真实，也突出勇敢的色彩。他的影片比日渐衰落的哈特的影片更具悬念和不可预测性。米克斯使简朴的牛仔成为几代青年所崇拜的英雄。这种英雄形象的影响，比实际生活中的牛仔的影响扩大了很多。这不仅因为米克斯在 300 余部电影中出现，而且因他的服饰、个人背景和演技使他获得了极大的成功。其结果使他在 30 年来一直成为其他制片人所模仿的对象。从纳尔逊·埃迪，到鲍里斯·卡洛夫，没有一

---

① 保罗·奥尼尔:《神话的终结》，第 207 页。

个演员不在至少一部西部影片中出现，很少有制片厂不以西部为影片题材。然而，20—30年代的这类西部影片，除少数几部好的外，大多被人们所轻视而称为星期六的娱乐品。这一时期出现了一位主要的电影明星，他是身材高大的蒙大拿人弗兰克·J.库柏。

3.有声电影

库柏1925年在洛杉矶时还只是一个临时演员。他在小说《弗吉尼亚人》第三次改成有声电影时首次登场亮相。此片取得了巨大的成功，成为第一部被西部人均津津乐道的片子。库柏演的牛仔谈吐文雅、受人尊敬，成为数百万人崇拜的形象。他超过了许多人所塑造的牛仔角色。

在30年代众多扮演牛仔的演员中，吉恩·奥特里获得了成功。他的影片风靡一时。按照影迷的愿望，影片中的牛仔有献身的事迹，有与歹徒搏斗的精神。他们不论在少女或老妇面前都很羞涩，通常要依着马、弯下腰亲吻心爱的女英雄。

如果不是杰希·拉斯基在1924年拍摄《带篷的驿车》出奇制胜，原来风格的西部片可能就不占优势了。该片耗资巨大。1922年，他的预算是500万美元。制片厂总裁在电视讲话中讲，不想把那么多钱花在一部西部片上。拉斯基说："这不是一部西部片，而是一篇史诗"①。从此，史诗风格创作手法被用于西部。该片描述了早期开拓者所面临的种种危险。这部气势雄伟、场面恢宏的影片，拍成后耗费750万美元。1924年，《带篷的驿车》上映后获得极大成功。群众被规模宏大的表演深深感动。一年后，西部史诗片的成就达到顶峰是由颇具天赋的复员军人约翰·福特实现的。福特因拍摄《铁马》一片而成为好莱坞电影制作人之一。该片刻画了早期横贯大陆铁路的修建过程，展现了西部的真实面貌，使历史史诗和西部片的模式结合在一起，在艺术上达到了高峰。福特1926年拍的《公共马车》是典型的代表作，被视为西部片的样本。该片直到1939年对观众还很有吸引力。此后的10年是约翰·韦恩的时代。他在叫得最响的西部片之一《大牛道》中一举成名。后来，

---

① 保罗·奥尼尔：《神话的终结》，第222页。

他成了历时最久，最有名的西部动作片明星。韦恩胜过了米克斯和库珀。他成了好莱坞西部片英雄的体现者。这些西部片之所以难以被人们忘记，就是因为韦恩的脱颖而出。在 30 余年的西部片辉煌时期，韦恩是第 19 位著名的明星。①

上述这些编导和明星在西部片中编织和塑造了牛仔的神话。虽然这些理想化的牛仔形象与真实的牛仔相去甚远，但这些神话并没有削弱牛仔和其他拓荒者到大平原、到远西部的希望。西部影片从不同侧面对美国人产生影响，促使他们不断去实现"美国梦"。20 世纪 60—70 年代以后，制片商们在西部片中注入色情、凶杀、暴力和恐怖的内容和场景，不仅产生了不良社会后果，而且也使新的西部片面目全非。这种状况引起了人们的忧虑，以致近年有人主张把西部片的时间断限在 20 世纪开端到第一次世界大战初期。

三、西部小说

1. 活着的男孩

西部小说是牛仔文化中非常重要的一部分。1890 年前的小说没有任何文学成就，只是一种简单的亚文学形式。牛仔的故事出现于美国内战之前。到 1890 年，西部开放牧区衰落之时，牛仔的神话已经被美国公众所接受。1890—1915 年是牛仔小说创作的繁荣时期。

1890—1915 年的西部故事实际并没有创造神话，但却扩大了牛仔传说的浪漫色彩。牛仔在故事和小说中占据中心地位是在第一批长角牛被赶往阿比林之后。托马斯·皮尔格林于 1879 年出版了他的第一部小说《活着的男孩，或查利和纳绍在得克萨斯》。这是第一部严格意义上的牛仔小说。它取材于得克萨斯到堪萨斯长途驱赶的冒险经历。次年，皮尔格林出版了他的第二部小说《在布莱克山生活的孩子》。该书比其他早期著作重要，因为它描写了牛道的终点站达科他领地的戴德伍德的情景。同年 3 月，斯克里布纳发表了一篇适合成年人阅读的故事《在新沙伦过星期日》。故事描写了道奇城

① 保罗·奥尼尔：《神话的终结》，第 227 页。

的一个星期天。牛仔在故事中登场。这类小说和故事出版的意义在于：人们已意识到需要有人把牛仔挖出来，让所有的人都认识他们。

2. 一角钱小说

19 世纪 80 年代，一些读者期盼着在小说中有牛仔英雄存在。比尔德和亚当斯的出版社就使牛仔在相当短的时期内被大家广泛接受了。一角钱银币的廉价小说创造了许多牛仔形象。此时的牛仔形象还处于事实和神话之间。《野牛比尔》以自传体裁定期出版。难以令人置信的是其中的故事大都是由一名叫科迪·格拉哈姆的士兵所写。他写了近千部小说，有时用一天半时间就能完成一部。这个时期的廉价小说把牛仔描写成一种标准的英雄形象，但这种状况维持的时间并不很长。查尔斯·M.哈维在 1907 年评论道："牛仔作为西部景观中生动的形象已经消失了。现在，一角钱小说中他们的形象已经不多见了"①。

埃默森·霍夫的《哈夫威家中的女孩》出版于 1900 年。这是一部从 19世纪到 20 世纪初牛仔小说过渡时期的一流作品。作者描述了牛仔在长途驱赶中的艰辛，把荒原生活与一个性格坚强、敢打敢冲的边疆人联系在了一起。这部世纪之交的小说，令人感触最深的是：书中对待西部的态度是认真的，完全不同于那些为吸引读者而在书中塞满浪漫色彩的平庸之作。两年后出版的威斯塔的《弗吉尼亚人》，被视为美国文学史上牛仔小说的起点。霍夫的这部小说实际上是为《弗吉尼亚人》起了奠基作用。

在 19 世纪与 20 世纪之交，美国文坛上并无任何迹象表明西部牛仔有一天会成为美国读者的文化偶像。1900 年，还没有人会想到，在不到两年的时间里，牛仔会成为美国民间传说中的传奇英雄，他们的光环竟持续了 60余年之久。然而，牛仔文学的种子已经在美国文学的沃土上播下。经历了半个世纪的时间，它总是要生根、发芽成长和扩散的。威斯塔和霍夫对牛仔文化的种子施肥培育，促成了牛仔小说丰收季节的到来。伴随着 20 世纪的来

---

① 查尔斯·M.哈维：《美国人生活中的一角钱小说》，（Charles M. Harvey, *The Dime Novel in American Life*），《太平洋月刊》1907 年 7 月 C 卷；转引自乔·B.弗兰茨、小朱利安·E.乔特：《美国牛仔——神话与现实》，第 146 页。

临，牛仔小说的时代到来了。虽然此时的读者对西部是什么样子并没有实际的知识，对西部的未来是何种模样也不知道，但作家们已知道如何去开启和满足读者丰富的想象力了。

3. 弗吉尼亚人

1902 年，欧文·威斯塔的小说《弗吉尼亚人》出版。该书被誉为第一部真正的西部小说。虽然这部书不是关于牧牛人，也不是关于牛仔的代表作，但它却把牛仔小说提高到了非常显著的高度。《弗吉尼亚人》取得了巨大的成功。该书和书中集中描写的英雄人物赢得了永久性的承认。对西部故事的长期读者来说，书中的"弗吉尼亚人"已成为人们最崇拜的偶像。与以前的牛仔小说相比，《弗吉尼亚人》中对牛仔描写最为贴切：

> 一名瘦削的青年人，悠闲地倚在墙上……比画中的形象更漂亮。他的宽边帽推在脑后。猩红色的大方巾松松地打个结，从脖子前垂下。他的一个拇指漫不经心地钩住斜挎在髋关节的子弹带上。身上的尘土清晰地表明，他跨越了辽远的地平线，从某个遥远的地方，艰苦地骑行了许多英里而来。①

《弗吉尼亚人》所以经得起时间的考验，在于作者写的西部令人可信，能让东部读者接受。全书自始至终描写的英雄仅仅是一个"弗吉尼亚人"。威斯塔把学校女教师莫利·伍德与没有受过教育的"弗吉尼亚人"、辽阔的西部和东部读者联系在一起。这个"弗吉尼亚人"为亨利法官经营牧场。他向女教师求爱。在一次与印第安人的战斗中，他受了伤，伍德小姐救了他。在医生协助护理下，他恢复了健康。最后，莫莉与"弗吉尼亚人"结了婚。小说以他成了"牧牛大王"和"矿主"结束。这时，他已成为控制着许多土地和企业的重要人物，能给予他妻子所要的一切，并比她希望的还多。作者尽力展现"弗吉尼亚人"勇敢的性格特征。尽管他的学识不如别人，但他强

---

① 欧文·威斯塔：《弗吉尼亚人》(Owen Wister, *The Virginian*)，纽约 1932 年版，第 4 页。

壮健康，聪明诚实，爱好娱乐，对人彬彬有礼，还对妻子有深深的爱。威斯塔几乎把所有民族或种族的英雄品质都集中到了"弗吉尼亚人"身上。《弗吉尼亚人》从出版之日起，在半个世纪的时间里都很有竞争力。很多西部作家的作品，都遵循威斯塔的故事情节而展开。

4. 一个牛仔的日记

尽管《弗吉尼亚人》吸引了众多读者，但评论家们更看中安迪·亚当斯在1903年出版的《一个牛仔的日记》。该书得到了评论家、历史学家和广大读者的赞誉。J. 弗兰克·多比评论说："如果关于牛道的文学消失，那我们也能从安迪·亚当斯的书中晓得赶牛是怎么一回事。"他认为《一个牛仔的日记》是亚当斯写得最好的一部书，"充分展现了牛仔的生活"①。历史学家沃尔特·P. 韦布对亚当斯的《一个牛仔的日记》也赞叹不绝："在有关牧牛王国的小说中，《一个牛仔的日记》是一部经典之作。风格独特，简洁明了，生动逼真"②。此后，亚当斯又写了几部小说，但最好的还是《一个牛仔的日记》。

5. 其他优秀作家

尤金·曼洛夫·罗兹也堪称世纪之交的优秀作家。他出生在内布拉斯加，在堪萨斯长大。罗兹在17岁时成了一名牛仔，他对西部生活有亲身体验。从20世纪的前10年到罗兹去世，《星期六晚间邮报》一直是他发表作品的园地和主要的收入来源。他的小说《莫比·迪克》受到伯纳德·德沃托和多比等人的好评，也受到越来越多的读者的欢迎。罗兹的现实主义增加了该书的价值。事实上，在牛仔小说领域中，除非直到把原型的神话编织成故事，作为美国民众头脑中的一部分，边疆时代的牛仔小说是不会真正被作

---

① 弗兰克·V. 迪林编：《尤金·曼洛夫·罗兹最好的小说和故事》（Frank V. Dearing, ed., *The Best Novels and Stories of Eugene Manlove Rhodes*），波士顿1949年版，第xii—xiii页；J. 弗兰克·多比：《安迪·亚当斯——牛仔的记录者》（J. Frank Dobie, "*Andy Adams, Cowboy Chronider*"），《西南部历史评论》1926年第11卷；转引自乔·B. 弗兰茨、小朱利安·E. 乔特：《美国牛仔——神话与现实》，第161—162页。

② 沃尔特·P. 韦布：《大平原》，第426页。

为经典接受的。

罗兹的合作者亨利·W.菲利普斯的小说也受到欢迎。1902 年他写了《雷德·桑德斯》一书。他在书中塑造了一个令人信服的关键角色——牛仔桑德斯。菲利普斯是使牛仔成为民间英雄的早期作家之一。斯图尔特·E.怀特是位多产作家。他的《生牛皮鞭》属上乘之作。1907 年，他出版了一个集子《亚利桑那的夜晚》。该书展现了他的才能。他像威斯塔一样，使用了神话传说的手法，向人们讲述了老西部一个真实而原始的故事。

威廉·S.波特不像奥·亨利那样出名。他在 15 年内以得克萨斯为背景写了 40 篇故事。[①] 不论在什么时候，在提到美国短篇小说时，都要提到波特。尽管奥·亨利没有使牛仔小说成为不朽之作，但他的《心脏和十字》影响也比较持久。奥·亨利以其艺术性的情节安排、富有同情心的表述而使故事颇具特色。在这篇故事中，他虽然没用牛和牧区作为故事背景，但也能使读者了解西部牧区的真实生活。

乔治·帕图洛也是西部作者中较好的一位。他不仅为《星期六晚间邮报》撰写故事，而且从 1908 年后他的作品出现在各种文学杂志上。他的作品充满了幽默感。帕图洛出版了故事集《未驯服的野马》和小说《威斯康星人牢房的行政长官》。他的小说适合东部人的口味，赚了不少钱。这一时期另一位较优秀的作家是哈梅林·加兰。1916 年，他因出版《他们属于高地牛道》一书而涉足牛仔小说领域，并戏剧性地达到高峰。这部作品虽然迎合了一般读者的口味，但不失为一部艺术作品。

上面论及的威斯塔、亚当斯、奥·亨利和加兰等人，是 20 世纪头 20 年中出现的较优秀的作家。然而，今天，他们的著作已经极少见到。读者在想到牛仔的故事时，想到的不是上述作家，而是一些不太有名气的作者。赞恩·格雷在半个多世纪里拥有数百万读者。马尔福德的小说《霍帕朗·卡西迪》和威廉·M.雷恩的故事，如同格雷的作品一样，仍然长久地被列入阅读书单中。一般公众在想到牛仔时，总是首先想到他们。

---

① 乔·B.弗兰茨、小朱利安·E.乔特：《美国牛仔——神话与现实》，第 167 页。

6.西部流行作家

格雷在西部通俗作家中占据非常重要的位置。半个多世纪之后，他的小说仍能拥有无数读者。1955年春天，纽约出版社在国家级杂志上，为格雷收集他的作品，最后集成出版了25卷之多的著作。他的作品被译成了俄文、法文和西班牙文。什么原因使格雷的小说这样畅销流行？简而言之，在于他作品中的浪漫性。"Grey"这个名字有"灰马"之意，本身就富有浪漫色彩。他的文章题目，如《紫红色的鼠尾草骑士》、《孤星漫游者》和《西部的星光》等，也是遥远的昔日西部的暗示，能使读者在数小时被深深吸引住而不能自拔。格雷在以老西部为背景吸引美国民众方面比任何一个西部作者做得都好。他没有写出什么上乘之作，但他对西部各类人——牛仔、矿工、得克萨斯牧牛场主、偷牛贼，以及西部生活的各个方面都进行了描写，使读者能跟着他的思路走。格雷对美国民众思想的影响很大。当他们想起西部时，就会想起格雷。

弗兰克·H.斯皮尔斯也是写通俗小说的作家。他的《低语的史密斯》在1908年成为最畅销的书。该书三次被好莱坞拍成电影，直到如今还多次再版。[①] 书中描写了一个牛仔后来成为一名成功的铁路侦探的故事。克拉伦塞·E.马尔福德于1907年出版的故事集《卡西迪与酒吧》至少被拍成了25部电影。马尔福德的著作从文学和历史的角度看没有什么意义，但他的着重点是写"暴力"，因此像现在流行的廉价简装小说一样，吸引了许多青年读者。

在流行的牛仔小说领域中，最好的女作家是伯莎·M.马齐夫人。她的第一部小说《飘荡U上的薄片》，以滑稽幽默的笔调写成。马齐夫人的著作忠实于真实的历史背景。多比认为她的小说几乎与罗兹的一样好。

有些作家开始为追求商业效益而写作。戴恩·库利奇1910年推出的描写牧牛场主和牧羊主冲突的《隐藏的水》和次年出版的《得克萨斯人》便属于此类。威廉·M.雷恩出生于英国，在美国西部长大，故善长于描写

---

① 乔·B.弗兰茨、小朱利安·E.乔特：《美国牛仔——神话与现实》，第174页。

牛仔之乡。他的小说使在第一次世界大战中守在壕沟里的英国士兵订了 50
万册。[①] 雷克斯·比奇长于写暴力小说。1915 年他出版了《日落时的心》。

随着牛仔小说的发展，出现了一批喜欢牛仔的青年读者。比德尔和亚
当斯以男孩为主要读者进行创作。安迪·亚当斯在 20 世纪出版了《韦尔
斯兄弟》和《年轻的牧牛大王》。小说描写了韦尔斯兄弟为不能再继续跟
随牛队走的"赶牛人"提供了隐蔽处，因而他们被允许去赶牛。乔治·B.
格林内尔为男孩们写了两本高度纪实性的杰出小说《杰克——年轻的牧场
主》和《杰克——年轻的牛仔》。他把小说的背景设置在他非常熟悉的科
罗拉多牧区。

除上面这些在 1915 年以前用牧场主和边疆人物为题材创作西部小说的
作家外，在《星期六晚间邮报》上还出现了埃莉诺·盖茨、威廉·R.莱顿
和阿尔·J.詹宁斯等新人。虽然他们写出的不一定是最好的西部小说，但他
们的作品却很有影响力。有的学者通过对自 1915 年以来数百部西部小说的
研究，发现这些作家的作品风格与以前的西部小说相比，已有了轻微的变
化。还有些作家为后来纪实性小说的产生打下了基础。其中最好的当数约
翰·H.艾伦的《西南部》。这些作者的著作描写细致，能引起读者的共鸣。
他们是 30 年代或更早的一些西部小说作家的继承者。

上面论及的诸多作家，不论是韦伯、威斯塔，或是格雷等人，开创了美
国西部文学。从某种意义上说，他们是开拓者。

从美国牛仔小说产生和发展的历程中，我们可以看到两个突出的特点：
其一是投合现代美国人的口味；其二是获取商业利润。美国人希望理想的牛
仔风趣幽默而不呆板，刚毅果敢而不优柔寡断，从心所欲而不受人制约，自
立自强而不仰人鼻息。简言之，美国公众希望他们崇拜的牛仔英雄符合现代
人的人格需要。为了投合美国公众的口味，牛仔小说的作者们，把牛仔形象
塑造得越来越高大，使牛仔的形象远离了他的生活实际，成为美国人崇拜的
文化偶像。为了追求商业利润，文化商使牛仔作品尽量投合读者寻求刺激的

---

① 乔·B.弗兰茨、小朱利安·E.乔特：《美国牛仔——神话与现实》，第 175 页。

口味。他们在20世纪初期的牛仔小说中注入了暴力、凶杀的内容。在20世纪的后半期，牛仔作品中除了暴力，还有色情、犯罪和恐怖等不健康的内容。事实表明，能够长期吸引广大读者的不是那些严肃的牛仔小说，而是这些带有精神污染的平庸之作。因此，在文化商的利润不断升腾的同时，也使美国很多青年受到了毒害。

四、牛仔文化的影响

1. 讴歌牛仔的原因

到美国西部去的除了牛仔之外，还有捕兽者、淘金者、伐木者、拓荒农民、牧羊人和联邦军队的骑兵等等。为什么只有牛仔更能引起美国人的崇拜和启发他们的想象力呢？为什么一切文学艺术形式不遗余力地讴歌牛仔、神化牛仔呢？美国历史学家威廉·W.萨维奇说得好："人们很难想象，假如没有牛仔这个形象，美国的文化，不管是粗俗的还是高雅的，会成什么样子。要找其他形象来取代他，简直太难了。什么猿人、太空人、枪手，还有超人，都曾名噪一时，可哪一个也不曾把牛仔的形象给压下去"①。

第一，美国人之所以崇拜牛仔、不忘牛仔，是因为他们怀念牛仔的质朴性格、无畏精神和不朽业绩。牛仔的性格特征代表了美国人民为创造物质财富和追求美好生活而不畏艰辛、乐观向上和不断开拓进取的精神。在公众的心目中，认为牛仔胆大心细、行侠仗义、捍卫尊严、自强不息，体现了19世纪美国人民开拓进取的生活态度和追求幸福的社会价值观念。牛仔为了追求物质财富和美好生活而不断向边疆挺进，为开拓进取不惜冒险和流浪。牛仔所表现的个人主义是19世纪美国人所崇尚的边疆精神的表现形式，代表着美国社会中新的道德价值观念和新的文化。大概是因为牛仔兼具这些当时人们崇尚的个人美德，所以他才会成为美国民众崇拜的文化偶像。早在牛仔驰骋于西部牧区的时代，扮演牛仔就已经变成了非常流行的美国儿童游戏。

---

① 威廉·W.萨维奇：《牛仔生活——重建美国神话》，第5页。

《加尔维斯顿新闻》在 1866 年 8 月 16 日报道说，儿童早在能走时，就偷他妈妈的皮带尺作套索，去套小猫和鸭子。男孩一旦能爬上小马背，就驱马到草地上追赶家畜。在他们长到成年时，最大的雄心就是策马驰骋并征服一匹暴烈的野马或一头孤注一掷的野牛。①

第二，美国人以对牛仔偶像的崇拜，来表达他们对"镀金时代"的厌恶和不满。美国的进步人士认为，"镀金时代"把人变成机器、实行残酷剥削、造成社会地位贫富悬殊，乃至毁灭民主平等精神。"镀金时代"为垄断资本家带来的是财富增长和物质繁荣，为百万富翁们创造了一个豪华、尽情挥霍享受的世界。与此同时，"镀金时代"还造成了美国另一个贫穷的世界。创造了巨大社会财富的工人在工矿企业每天从事超时的高强度劳动，成了机器的附属品。工伤的危险随时存在。工作没有保证。工人们时时都有失业的可能。一旦失业，全家人都得挨饿。1873 年夏天，在马萨诸塞州霍利尔奥，水果摊前的污水沟里，经常有衣衫褴褛、遍身肮脏的饥饿孩子，从污泥脏水中捡拾被丢弃的烂水果。②在城市里，成千上万个工人家庭挤住在贫民窟里。那里污水遍地，疾病肆虐。与这种恶劣环境相比，人们认为，任牛仔驰骋的大草原是保持自然状态的自由世界。生活在那里的男人和妇女能掌握自己的命运。与被贪婪的垄断资本家置于贫民窟和机器旁的美国产业工人相比，"牛仔是作为能自由选择自己命运和有个性特征的英雄人物出现的"③。人们把牛仔的生活方式，看作是英雄的生活方式；把牛仔的生活看作是美国人的理想。这种理想化的产生，正是公众基于对美国向垄断资本主义过渡时期出现的财富分配严重不公和贫富差别悬殊的不满。公众这种理想化的想法，在美国人的头脑中甚至保留至今。

2. 牛仔文化的传播

通过上面的分析，我们可以看出牛仔文化涉及的方面很广，已在衣食住行、精神文化等许多方面深入到现代美国人的生活中。在美国，"无处不感

① 劳伦斯·I. 塞德曼：《马背生涯——1866—1896 年的牛仔边疆》，第 169 页。
② 劳伦斯·I. 塞德曼：《马背生涯——1866—1896 年的牛仔边疆》，第 2 页。
③ 劳伦斯·I. 塞德曼：《马背生涯——1866—1896 年的牛仔边疆》，第 188 页。

受到牛仔的存在，牛仔的信条正在传播"①。牛仔服饰不仅是牛仔文化的重要组成部分之一，而且已演化成美国的民族服装。它已深深融入现代人的生活，产生了广泛而深远的影响。牛仔服饰在 20 世纪中期以后，经历了两次大的变革。60—70 年代，不仅出现了许多名牌产品，而且使牛仔服更加普及。不同阶层、不同职业的男女老幼都喜欢穿这种服装。90 年代，牛仔服饰不断在名模表演的舞台上推出新的名牌时装。尤其是妇女的牛仔服饰系列，更是五彩缤纷。牛仔的幽默语言已经融入现代美国人的日常谈吐中。辽阔的草原，艰苦的牛道历程，造就了牛仔开朗的性格和乐观的精神。牛仔们对艰苦的生活习以为常。为了排除长途赶牛的寂寞，牛仔们会彼此开开玩笑。起绰号成了惯例。他们按照同伴的性格、外表和与众不同的习惯等互相叫着诨名。如"郁闷"的汤普森、"迅捷"的卡斯、"马脸"比尔、"胖子"汉密尔顿、"懒鬼"迪克、"疥疮"杰克和"醋坛子"霍尔等。如果他们之中有谁是秃头，他们就戏称"他与上帝之间没有摩擦"。牛仔们讥讽贪心汉一弯腰就"吞下钉子和起瓶塞钻"，称无用的人为"不值一角钱的牡蛎壳"②。牛仔的语言生动简练，风趣幽默。流传下来的牛仔语言如"炸群"、"肚带"、"套捉"、"赶拢"、"哄骗"、"喊叫"和"新手"等③，已成为美国人每天谈话中的一部分。

牛仔的主题，在美国人的音乐、舞蹈、绘画、戏剧、影视作品和文学作品中被无休止地重复着。牛仔不仅为美国创造了物质财富，而且对美国文化和精神文明的发展也产生了深远影响。牛仔们艰苦创业、开拓进取的精神被视为美利坚民族性格的体现和象征，对美国产生的影响极为深远。由牛仔产生的牛仔文化成了现代美国大众文化的重要组成部分。在 19—20 世纪的故事、小说、音乐乃至今天的影视作品中，牛仔被演义成西进运动的英雄和美

---

① 乔·B. 弗朗茨:《牛仔哲学》(Joe B. Frantz, "Cowboy Philosophy")，载约翰·F. 麦克德莫特编:《边疆再调查》(John F. McDermott, ed., *The Frontier Re-examined*)，厄巴纳 1967 年版，第 180 页；转引自戴维·达里:《牛仔文化》，第 332 页。

② 劳伦斯·I. 塞德曼:《马背生涯——1866—1896 年的牛仔边疆》，第 172—173 页。

③ 劳伦斯·I. 塞德曼:《马背生涯——1866—1896 年的牛仔边疆》，第 2 页。

国民间传说中的传奇人物。牛仔始终是被颂扬的偶像和讴歌的主题。为使各种牛仔文化形式迎合美国人的理想和口味，文学和影视作品把牛仔塑造成了文化偶像，从而掩盖了牛仔的真实生活。加之，文化商为利润驱动，在牛仔文化里注入了暴力和色情等消极因素，使在世界范围内广泛传播的牛仔文化既有精华，也有糟粕。

今天，牛仔文化已不单纯是美国大众文化的重要组成部分，它已融入世界文化之中，成了一种广泛的国际文化现象，并对世界文化产生了巨大的影响。在当今世界，随着国与国之间交流的日益密切，牛仔的服饰、语言、技艺和有关牛仔的一切文化作品都越来越为各国人民所熟悉。牛仔文化已风靡全球。牛仔原本是一个受牧牛场主剥削的特殊劳工阶层，现在竟然成了世界文化中一种典型文化的代表，这或许是美国西部牛仔留给人类的最大、最宝贵的遗产。

由矿工、牛仔的工作服演化成的牛仔服饰不但独具特色和自成系列，而且成为世界服饰文化中的一朵瑰丽奇葩。牛仔服饰在欧美国家非常畅销，在世界其他国家和地区也受到普遍欢迎。中央电视台综艺频道在 1999 年的一次报道中说，1998 年美国牛仔服的销售额高达 37 亿美元。

尽管美国理论界认为西部片在流行性和艺术成就上都比不上美国的通俗小说，但不可忽视的事实是：西部片早就风靡欧美国家，现在又在世界更大范围内传播。一些国家对此感到忧虑，并采取一些措施来保护民族影视业。

当我们刚实行改革开放时，国人曾以好奇的目光注视着穿牛仔服的外国人行走在中国城市的街道上。中国人听着牛仔音乐还很觉新鲜。如今，我们听的音乐、看的影视作品、读的小说和杂志中，都不乏牛仔题材。中国如此，世界上恐怕没有一个国家不受牛仔文化的影响。牛仔文化已同世界其他文化融汇在了一起。改革开放以来，牛仔文化迅速传播到我国，并在许多方面对我们产生了影响。然而，牛仔的真实历史却很少介绍，以致人们还知之不多。研究牛仔和牛仔文化的现实意义在于正确认识牛仔的历史，正确对待分辨牛仔文化。这可以使我们在接受牛仔文化时取其精华，弃其糟粕，以有利于我国现代化物质文明和精神文明的发展。

结语　几点重要启示

世界各国的畜牧业，都要经历由传统原始的游牧方式到现代化定居集约规模经营的转变。一个多世纪前，美国"牧畜王国"的兴起与发展，是其西部牧区由传统游牧生产方式向现代化经营转变的重要阶段。20世纪30年代，美国西部的牧畜业初步实现了这一转变。直到60年代，这一转变才真正完成。我国是世界第二大草原国。改革开放以来，我国的畜牧业已取得了长足的发展和进步。畜牧业产量已居世界前列。我国的几大牧区主要在西部。在我国实施西部开发、构建现代农业产业体系的过程中，如何实现畜牧业的现代化是一个很重要的方面。现在，我国的牧区畜牧业也正经历由传统原始的游牧方式到现代化定居和特色、生态化经营模式的深刻变革。习近平总书记也提出了"加快传统畜牧业向现代畜牧业转变步伐"的要求。① 研究美国"牧畜王国"的兴衰原因，从中吸取经验和教训，对促进西部大开发，推动我国畜牧业的科学发展和实现现代化，有重要的借鉴作用。美国西部牧业发展的历史经验和教训，可以对我们提供一些重要的启示。

首先，美国政府以开放、赠予和优惠的土地政策作为促进西部开发和加快现代化的杠杆。这是一项值得研究的经验。联邦政府通过大片赠予土地支持修建铁路、鼓励各州创办农业技术院校和促进兴办大农牧场推动农业的现代化。就笔者主要论述的美国西部牧业而言，联邦政府优惠的土地政策使大片土地落入大牧牛场主、大牧羊主和牧业公司巨商的手中，促使他们引进大量资本，以大牧业公司和大牧场的形式经营牧牛业和牧羊业。一些牧场不断引进优质牛种和羊种，进行科学的选种育种。在肉类和畜产品加工运输上，

---

① 《让北部边疆风景线更亮丽——以习近平同志为核心的党中央关心内蒙古发展纪实》，《人民日报》(海外版) 2017年8月7日。

逐步实现机械化。其结果是促进了美国西部的牧畜业逐步走向现代化，即以资本化、科学化和机械化的生产取代粗放的原始游牧方式。虽然我国的国情与土地资源状况与美国有很大差异，不能照搬其经验；但是，如何利用土地调动生产者的积极性，这一点是相同的。中国的改革是从农村开始的，农村改革是从解决农民对土地的生产经营自主权开始的。农村的土地是集体所有。我们在改革开始的时候，就实行家庭承包经营的基本经济制度，就是说，农们拥有对土地的生产和经营自主权，此后承包期不断延长。现在我可以直接回答你，农民对土地的生产自主权将长期不变，也就是永远不变。在西部牧区，当地政府把土地和草的生产经营自主权交给农民和牧户。这将能在更大程度上调动农牧民的积极性，促进西部农牧业的现代化，同时也会推动我国各行各业现代化的进一步发展。

其次，美国西部牧牛和牧羊业能蓬勃发展起来，是因为广泛吸收了东部和外国的资金。我国的畜牧业要实现现代化，资金问题也是一个十分突出的问题。在改革开放中，我国百业待兴。国家和地方政府对畜牧业投入的资金远远满足不了其发展的实际需要。因此，如何合理地吸收我国东、中部发达地区的资金和引进外资投入我国的畜牧业，已是当务之急。如前所述，在引进资金的问题上美国西部牧区曾有过盲目性和狂热性的教训。我国西部牧区在招商引资问题上，如何坚持科学发展观，做到积极、稳妥和高效？重视美国西部牧区的经验和教训，我们会得到一些有益的启示。牧牛场主因贪图牧牛业能获得高额利润，在既无精力又缺乏经验的情况下，止不住引资的狂热。当利率超常攀升时，还无节制地贷款，致使许多人因无力偿还而陷入破产的绝境。在有关我国西部牧区的引资报道中，已经有些不尽如人意的例子。

其三，美国"牧畜王国"的繁荣得益于横贯大陆铁路及支线所提供的便利运输条件。一些牧区为了便利牲畜的外运，牧场主们甚至同铁路公司洽谈，希望铁路修到牧区。有的铁路因此在走向上作过调整。目前我国西部牧区的交通仍不算发达。如何改变我国牧区的交通状况已成燃眉之急。改革开放以来，"要想富，先修路"，已逐渐成为我国各地人们的共识。修路，不能完全坐等国家的投资。如何结合我们的国情，借鉴美国改善西部牧区交通的经验，也值得我们深思。如果我国西部牧区的交通状况能不断改善，我国的畜牧业会在已取得的成绩的基础上再上新台阶。便利的牧区交通，既能把我国西北部牧区的牛羊肉和畜产品等迅速运销全国各地，又能瞄准国际市场，向周边国家出口。这样，就会使我国畜牧业的对内对外贸易活跃起来。贸易的不断增长，反过来又会促使我国牧区的繁荣兴旺，带动西北肉类加工业的进一步发展，使我国的畜牧业走科学的持续健康发展的道路。

其四，美国西部"牧畜王国"迅速崛起的一个主要原因，是经营者具有强烈的经济头脑和市场意识。内战刚结束，得克萨斯的牧牛场主只有把四处漫游的数百头长角牛围捕起来送到东部市场卖掉，才能将当地无价值且半野性的长角牛变成财富。为了恢复经济，他们开始了"猎牛"和"赶拢"。在没有围栏界限的辽阔牧区，数个牧牛场主的畜群都混杂在一起。如果不加以区分，就不知道新增幼畜的归属，也无法计算每个牧场主财富的增长。于是，他们先从自发的"赶拢"开始，而后制定"赶拢"法规，进行在"赶拢法"指导下的牧区"赶拢大会"。为了把牲畜及时送到市场，美国西部牧区在拓荒时期就开始了"长途驱赶"。在交通不便利的情况下，牧牛场主自行开辟"赶牛小道"和"赶羊小道"，把畜群送到西进铁路的终点，装火车销往东部市场。"赶拢"和"长途驱赶"都是依照资本主义经济运行方式进行的，使辽远的西部牧区紧紧地同美国东部和欧洲的市场联系在一起。"牧畜王国"从起步伊始，经营者就使牧区同美国的资本主义市场经济结合起来，牧牛和牧羊业被纳入美国现代化的发展轨道。在我国西部牧区，低产低效、没有分工的小农养畜还占较大比重，社会大生产的家庭式牧场和企业化生产尚未全面普及。这些制约着我国畜牧业的现代化进程。现在，我国西部牧区正处在经济转型时期。为了保证我国畜牧业持续、稳定和健康的发展，尽快实现现代化，就必须从小农经济转向社会主义市场经济，从小生产的"户养"转向"专业户"的社会化大生产，建立现代化牧场和畜牧公司。在我国西部牧区向社会主义市场经济的转变中，我们可以借鉴美国西部牧业开发中市场经营的某些经验，结合我们的国情加以利用。这样，有助于我国的畜牧业最终告别传统的游牧方式，走向集约化、现代化的市场经济。

其五，要加大对牧区基本建设的投入，增加抵御自然灾害的能力。"牧畜王国"衰落的惨痛教训之一，是牧场主们为了追求高额利润，在牧区不搞基本建设。在美国西部牧区，旱灾、火灾、蝗灾、沙尘暴和暴风雪等严重的自然灾害经常发生。在内战以后到 19 世纪末，西部的牧业大王几乎不进行防灾、抗灾的基本建设。他们露天放牧牛羊，在公共牧区游牧。牧场少有抗灾救灾的设施，即使在寒冷的北部牧区，也没有坚固的牛棚羊圈。牛羊没有躲避暴风雪的固定藏身处。在防灾抗灾的基本建设上，牧场主几乎没有什么资金投入。他们缺乏抗灾意识，全凭"靠天养牧"，一味向草原索取。在旱灾、火灾和蝗灾毁掉一块草原时，牧场主们便赶着牛群或羊群转到没有受害的牧区。没有人投资去播种草种，恢复被毁的草原。当特大暴风雪来临时，他们的牧场毫无抵抗自然灾害的能力，眼看着牛羊痛苦地挣扎着死去。美国西部牧区在 19 世纪后半期的基本状况是小灾小减产，大灾大减产。1886—1887 年历史罕见的暴风雪使"牧畜王国"遭受了灭顶之灾。在我国的畜牧发展史上，也曾多次发生暴风造成的"黑灾"和大雪酿成的"白灾"，使我们蒙受了巨大的损失。在内蒙古、西藏和新疆等主要牧区，多次遭遇特大暴风雪，灾害造成了严重的经济损失。20 世纪 90 年代到 21 世纪初，来自西部牧区、特别是内蒙古牧区的沙尘暴，曾严重威胁到首都北京的生态环境。沙尘暴到来时，北京天空一片昏暗，大气污染，影响交通、市容及人们正常的工作和生活。经过多年的治理，北京的天空状况已有了根本性的好转，但距"绿水青山"的生态文明建设目标仍有差距，需要我们去继续努力改善环境。要保证北京上空一片蓝天，除北京加强大气治理和环境绿化外，从源头上减少草原沙化尤为重要。长期以来，我国的畜牧业处在"靠天养牧"的恶性循环之中，"大灾大减产"，"小灾小减产"。牧区抵御自然灾害的能力较差。有报道说，自新中国成立以来到 20 世纪 80 年代末，我们投在牧区抗灾方面的资金竟然相当于牧区基本建设的 42%，这实际是一笔负数投资。改革开放以来，我国西部有的牧区开展了治沙还绿的艰苦工作。有的地区已初见成效，沙地披上了绿装。可是，近年严重的蝗灾几乎把多年的努力毁于一且。刚刚绿化过的弱草被蝗虫啃光后仍有沙化的危险。可忧的是政府所能投入的资金远远不够保住这片刚脱沙的草地。我国的畜牧业远远没有摆脱被动抗灾的局面。显然，我国的畜牧业尚未跨越"靠天养牧"的阶段。今后，我们只有更多地向牧区基本建设投资，改善人、畜居住条件，修建坚固耐用的房屋和畜棚，加强天气预报，保护牧区植被，禁止乱砍滥伐，依靠科学规划退牧还草，种植优良牧草，多储冬草料，以现代化的畜牧生产方式代替传统、原始的游牧方式，才能从根本上增加抵御自然灾害的应变能力，尽快从被动抗灾的圈子里走出来。特别是在目前我国畜牧业生产发展较快的形势下，经营者需要保持清醒的头脑，不能盲目片面地为追求利润而忽视基本建设。1886—1887 年美国西部的暴风雪不是使那些因一味向大自然索取且不搞基本建设的牧牛大王们遭了厄运吗？我们应从这一惨痛的历史教训中悟出点道理来。

其六，要科学经营畜牧业，杜绝掠夺式开发，加快草原生态保护支撑体系建设，走可持续发展的道路。美国内战后的西部开发，是在联邦政府采取放任主义政策的情况下进行的。牧业开发之所以成为美国当时最赚钱的行业之一，是因为牧业大王可以侵占印第安人的土地，把属于联邦政府的公地作为为私人牟利的公共牧区。牧牛场主、牧羊主和牧业公司的巨商为了在"不花钱"的国有土地上榨取超额利润，毫无节制地把牛羊从四面八方赶进西部牧区。外国的投资者也来争吃牧业这块"肥肉"。结果导致牧区存畜爆满，超载过牧；造成牛羊争食青草的"牛吃羊""羊吃牛"和"牛羊相残"的局面。牧业大王们无限的发财的欲望使他们以"竭草而牧"的掠夺式开发经营牧牛业和牧羊业，最终毁掉了有限的牧草资源。最初牧草丰茂的牧区在过度放牧的情况下，牧草不断减少。在这样的草地上，牛羊还继续争食，羊群甚至连草根也啃光，致使大片土地沙化。大批拓荒农场主进军大平原后，把北部牧区只适宜于"牧业经营"的土地开垦成农田，使放牧区的面积日益减少，造成农牧争地的局面。"牛羊相残""农牧争地"的掠夺式经营愈演愈烈，以至引发频繁的牧区纷争、流血事件和牧区战争。像"林肯县战争""约翰逊县战争"还成为影响美国政坛的政治问题。美国西部的各牧牛公司为暴利驱使，常把不检疫的牛输往欧洲市场。美国的肉类加工商也常出口带菌肉。英国等欧洲国家对从美国进口的活牛和肉类产品实行严格的检疫，还要求美国实行肉类质量检查。因为质量问题，几乎使美国对欧洲的牛和牛肉贸易中断。其结果造成牛及牛肉价格在美国市场上大跌。美国的羊产量虽然很多，但因质量不高难以打入国际市场，造成在国内供大于求。过多的牛羊，暴跌的价格使许多大牧场主和牧业公司破产，酿成"牛羊吃人"的悲剧。

在"牧畜王国"的发展中，由于经营者实行残暴的掠夺式开发经营，破坏了西部牧区的草原植被和生态平衡，使印第安人陷入了严重的生存危机。到19世纪末，西部牧区已成为美国重要牧畜业生产基地。牧畜业成了大平原地区的主导产业并形成了相当大的规模。然而"牧畜王国"的兴起和发展是以破坏西部土壤和草原植被、浪费牧草资源、灭绝野牛等野生动物、破坏大平原的生物链和印第安人的生存环境为代价的。破坏大草原自然环境和生态平衡的罪魁祸首是牧牛业和牧羊业。继之是在牧区进行的农业开发。在"牧畜王国"流行的是开放牧区的游牧经营方式，任牛羊四处漫游，随意乱啃青草。这对草原植被破坏的速度极快，对牧草资源的浪费极大。农争牧地更毁坏了大片大片的草原。大平原草地的沙化日益严重，甚至有大面积绿地消失。草原的沙化致使20世纪30年代大平原沙尘暴肆虐，并危害到东部大西洋沿岸的人民。大平原本是印第安人的家园。在"牧畜王国"勃兴的过程中，他们没有被融入牧区社会。印第安人赖以生存的野牛群被屠杀殆尽，代之以牧牛大王们的家牛。在美国政府的种族灭绝政策下，失去衣食所依的印第安人在"牧畜王国"里陷入了生存危机之中。西部牧业开发中形成的牧区社会，不是一个不同种族、民族融合与和谐的社会，而是充满暴力竞争、掠夺了印第安人家园的白人牧业大王主宰的社会。在"牧畜王国"形成的过程中，对印第安人的残暴和不义之举是美国西部史上无法挽回的失误。

在20世纪，美国采取了一些"亡羊补牢"的措施来补救毁灭性的牧业开发所造成的巨大损失。为了挽救濒于灭绝的野牛，"美国骏犇协会"（American Bison Society）于1905年建立。随后，美国政府在蒙大拿西部和俄克拉何马建立了两个国家骏犇保护区（American Bison Range）。经过多年努力，现在美国境内的野牛已达 2 万头①，摆脱了被灭绝的危险。在"牧畜王国"里，野马曾被驯养使用，对美国西部开发做作出了巨大贡献。到 20世纪 20 年代，美国已进入汽车时代。20 年代中期，马在城市、农场完全被汽车、卡车和拖拉机等所取代。大量退役马被弃用。一些马在乡野变成了野马。有些马被送到罐头食品厂，制成狗和狐狸等的食品。农场主把大量种饲草的草地改为农田。很多牧场主反对将野马作为公共牧区非生产性动物加以保护。宠物罐头业的发展更给野马带来了灭顶之灾。因为野马捕获者使用了极其残忍的手段屠杀野马，特别是大量雄野马被捕杀，野马的数量锐减，到20 世纪中期仅剩下了少量分散的马群，约为 1.7 万匹。② 为了拯救濒临灭亡的野马，内华达州里诺的一位妇女韦尔玛·B.约翰斯顿发动了一个营救运动。她为促使国会通过一项保护野马的法案进行了长期斗争。③ 在美国，反对保护野马的大有人在，诸如一些牧场主和宠物食品厂主等。一个批评者讥讽地称约翰斯顿为"野马珍妮"。她采用了这个名字的寓意，并为提出一项保护野马的法案不懈努力。约翰斯顿创造性地发动了一个"儿童写信运动"。她通过孩子们给国会议员和联邦政府的说客们写信的方式，使国会在 1959年 9 月 8 日通过了"野马珍妮法案"。该法案规定："利用飞机猎杀联邦土地上的野马是非法的。"④ 在整个 60 年代，约翰斯顿为争取通过一项更重要的国会立法以保护西部土地上所有的野马继续努力。在霍普·赖登等人的帮助下，她发动更广泛的写信运动，并在多种全国性杂志上发表文章。她不懈努

① 《美国百科全书》第 4 卷，1997 年国际版，第 18 页。
② 霍华德·R.拉马尔主编：《美国西部读者百科全书》，第 516 页。
③ 1950 年，约翰斯顿一次驾车跟在一辆运畜货车的后面，她发现有血从货车后滴落下来，她紧随货车驶进了装货点的院内，看到那里集着大量被捕获的野马，准备运往宠物食品厂加工。约翰斯顿随后对此进行了调查。她发现这种以赢利为目的的野马捕杀是合法进行的。野马捕猎者从联邦政府管理和保护牧区土地的机构——"土地管理局"获得了许可证。捕杀者的手段是极其残忍的。他们以卡车、装有报警器的飞机和霰弹枪等现代化装备围剿野马群。或者当场将野马击毙，或者捕捉起来再运到宠物食品厂宰杀。约翰斯顿被其所见震惊，义无反顾地展开了营救野马的活动。
④ 《公共法（86—234）》（Public Law 86-234），载《国会法》（Congress Acts），ABC News，http://www.webcom.com/lady hawkl/。

力的结果，促使美国政府于 1968 年宣布，在普赖尔山建立一个野马保护区。该保护区位于蒙大拿南部，有一小部分在怀俄明境内。占地 3.2 万英亩，漫游着 200—300 匹野马。[①] 经过约翰斯顿等人 20 余年的努力，美国国会终于在 1971 年 12 月 15 日通过一个自由漫游的野马和野驴法案，该法案称："国会查明并宣布：自由漫游的野马和野驴是西部历史和开拓精神的象征。它们在使美国生活方式多样性和丰富人民生活方面作出了贡献。"[②] 依照该法，当自由漫游的野马遭到捕捉、被打烙印、受到惊扰和被屠杀时予以保护。到 20 世纪 70 年代末，美国在内华达州已废弃的尼里斯空军基地的投弹区又建立了另一个野马保护区。为了阻止大平原的土地沙化和沙尘暴频发，美国国会在 1934 年和 1935 年分别通过《泰勒牧草法》和《韩丁免耕法》，实行休耕和轮牧，坚持多年之后才见成效。19 世纪后半期在美国西部牧业开发中的放纵行为和掠夺式开发造成了毁灭性的后果，这使后来这些补救措施付出了极其深重的代价。

我国辽阔的牧区与美国西部牧区的自然条件相似。暖和季节短，寒冬时间长。为了进行美国西部牧业发展的研究，笔者 2003 年利用暑假到内蒙古呼伦贝尔牧区作了一次调查。在那里，笔者参观了农牧场，走访过一些牧户，到过几个放牧点。一些先富起来的牧户的新居比较实用坚固，外观也很漂亮。他们的畜棚整齐坚固。割草机、拖拉机和汽车等现代交通和生产设备也较多。这样的牧户还雇有放牧员。绿草季节，成群的牛羊在草地上放牧，冬季把牲畜圈在棚圈里饲养。这些较富裕的牧业"专业户"或以养羊为主，或以养牛为主，也有的牛羊兼养。他们的经营已具有家庭现代化牧场的雏形，饲养的牛羊数量较多，正在向社会化生产转变。多数"牧户"虽然在改革开放以来也有了较快发展，但与那些先富起来的"牧户"相比还有不少差距。他们的居住条件还较差，没有电灯照明，没有坚固抗寒的畜棚，羊栏是细树枝简单围成的，仅能拦住羊在夜里出栏走失。这

---

① 《国会记录》（*Congressional Record, Dec. 2, 1971*）第 117 卷，第 H11701 页。

② 《普赖尔山野马区》（*Wild Horses of the Pryor Mountains*），载《国会法》，http://www.webcom.com/lady hawkl/。

样的"牧户"或是兄弟合伙，或是夫妻经营，有的也雇放牧员。为了到距离较远的"草甸子"里割牲畜的冬饲料，他们也买了简单的割草机和拖拉机。这些投资主要来自每年出售牲畜的收入。在牧区，笔者只见天然的草地，见不到播种的牧草。在大草原上，经常见到几千亩、甚至上万亩的土地，上面种着油菜。放眼一望，油菜花一片金黄，像是在宽阔的绿地毯上铺上了黄色锦缎，风光煞是迷人。也有些土地种着小麦，但数量不多。油菜地周围的草长得不是很好，还有不少牛群、羊群在这些草地上放牧。笔者曾请教过一些已退休的和在职的牧场基层领导：为什么油菜种得多，小麦种得少？为什么不把这些已开垦的土地种植优质牧草？他们告诉笔者，过去种小麦多，但现在只种一点是为了牧场自用，因为这几年种小麦不赚钱。种油菜是近几年开始的，可以打南方油菜两季上市之间的时间差，比种小麦能多卖点钱。故现在种的油菜多。他们讲当地头几年也试验过种植牧草，但种了一两年，效果不好，还毁地，就不种了。笔者听到这些不禁暗想：早年美国西部牧区在推广人工种植牧草实验时，也遭受过失败。开始牧场主也不愿投资种草。然而，在实验几经失败成功后，种优质牧草广为牧场主采纳。人工种植优质牧草，既可以阻止土地沙化，又可减少"靠天养牧"。或许让我国西部牧区的广大经营者接受这一观点还要假以时日吧！2003年夏，是呼伦贝尔草原地区牧草长得最好的一年，但从海拉尔向东北至额尔古纳市蜿蜒数百里的公路两旁，"风吹草低见牛羊"的风光不再。笔者见公路两旁相隔不远就有一群群羊、一群群牛在草地上争食，下公路走进草地，近处草高只到脚面，再往深处走很远，草也难以齐膝。据一些牧户讲，在这条公路东西两侧的六公里之内，草很难长高，因为有太多的牛羊被赶到这里放牧。只有到额尔古纳以北的草原深处才有过腰或齐膝的高草。然而，那些都分给牧户作"草甸子"了。"牧户"从不在自己的"草甸子"里放牧。那里蓄养高草，为待秋季割下作牛羊的冬饲料。因为牲畜的数量年年增多，冬饲料常常不足，故青草季节牧户们都赶着牛羊到没有分草到户的公共牧区放牧。特别是靠近公路两边的草地上，因放牧的牲畜较多，草还没长起来就被牛羊吃掉了。

短期的牧区见闻难有更深的了解。一方面，那里在改革开放以后有了很大的发展，取得了长足的进步。另一方面，有些牧区的陋习还难以舍弃。一些科学的经营观念和方法接受起来还需要一些时间。牧户重视畜群数量增加忽视质量提高的现象较为普遍。不少牧区还没有走出"靠天养牧"的怪圈。像额尔古纳市下辖黑山头、苏沁等靠近中俄边境地区，一些牧户周围交通条件还很差，防灾抗灾的能力较低。牧区草原沙化的现象依然存在。在改革开放的今天，我国西部牧区虽然不会再有"十年动乱"时期那样强令"弃农改牧"的怪事发生，但只顾眼前利益而毁坏草原的现象仍难以避免。诚如媒体披露的那样，内蒙古某贫困县为了急于引进大的投资项目，把花费了多年努力才恢复的草地开垦成了农田。结果绿色的庄稼没有长出来，由此酿成的沙尘暴使当地居民再难以待下去，投资公司的投资也难以收回。或许是当地的领导急于带领人民脱贫致富，但没有科学发展理念为指导，在有些牧区仍难以走出掠夺式开发的怪圈。

美国西部牧业的兴起与发展，是美国实现现代化进程中的一个重要方面。它既有兴建铁路、广引资金和采用公司经营等好的经验，也有因资本家贪婪造成的过度放牧、农牧争地、牛羊相残、靠天养牧和不增加抵御自然灾害的基本建设等掠夺式经营的惨痛教训。这种资本主义掠夺式经营极大地破坏了牧区的生态平衡，使大片草原沙化，导致"牧畜王国"的大起大落。美国西部牧业的开发和走向现代化的进程，无论是成功的经验，还是失败的教训，对我国正在实施的畜牧业现代化，都不无参考借鉴的价值。

牧业开发是实现农业现代化的重要组成部分。我国西部的牧业开发应坚持科学发展观，走科技支撑、绿色兴牧、健康养牧的可持续发展的道路，注意吸收美国西部牧区开发之长，避免其失误之短。这样会少走弯路。我国西部牧区开发要在高起点上采取现代化的科学经营方式，实行划区轮牧、牛羊分牧和退牧还草，保持牧区的生态平衡，防止草原沙化，打造草原生态安全屏障。这样才能告别"靠天养牧"的被动状况，使我国的畜牧业纳入良性循环的轨道。我们还应使小生产的"户养"转向"专业户"家庭牧场的社会化生产，采用专业化畜牧业与社会化畜牧业并存的方针，建立家庭式牧场和畜牧公司，以畜牧场为中心带动周围牧户科学饲养牛羊，引进优质畜种，提高畜群的质量。牧区的相关机构，要认真落实国家的宏观调控政策，为我国西部牧区的商业化生产创造良好的条件。这样，我国的畜牧业生产就能尽快从小农经济转向社会主义市场经济，告别原始的游牧生产方式，缩短走向现代化集约生产方式的进程。那么，我国西部牧区必将在改变人民的食物结构方面和国民经济的增长中大有作为，在我国的生态文明建设中作出更大贡献。

主要参考文献

一、工具书、资料和历史文献

1. *The Angus & Robertson Concise Australian Encyclopedia*, North Ryde, NSW・London, 1986.

2. *The Australian Encyclopedia*, vol.1, Sydney, 1979.

3. *The Australian Encyclopedia*, vol.5, Sydney, 1979.

4. *The Encyclopedia America*, vol.19, Danbury, 1986.

5. *The Encyclopedia America*, vol.1, Danbury, 1988.

6. *The Encyclopedia America*, vol.26, Danbury, 1991.

7. *The Encyclopedia America*, vol.2, Danbury, 1997.

8. *The Encyclopedia*, vol.4, Danbury, 1997.

9. *The Encyclopedia*, vol.20, Danbury, 1997.

10. *The Encyclopedia*, vol.25, Danbury, 1997.

11. *The Encyclopedia*, vol.26, Danbury, 1997.

12. *Encyclopædia Britannica*, vol.19, Chicago, 1980.

13. *The New Encyclopædia Britannica*, vol.1, Chicago・London, 2002.

14. Albertson, Dean, etc., *The Encyclopædia of American History*, Gilford, 1973.

15. Lamar, Howard R., *The Reader's Encyclopedia of the American West*, New York, 1977.

16. Lamar, Howard R., *The Reader's Encyclopedia of the American West*, New Haven・London, 1998.

17. Porter, Glenn, ed., *Encyclopedia of American Economic History Studies of*

the Principal Movement and Ideas, vol.2, New York, 1980.

18. Shaw, John, ed., *Collins Australian Encyclopedia*, Sydney, 1984.

19. Slatta, Richard W., *The Cowboy Encyclopedia*, Santa Barbara, 1994.

20. Tenenboum, Barbara A., ed. In chief, *Encyclopedia of Latin American History and Culture*, vol.3, New York · London · Mexico City · Sydney · Toronto, 1996.

21. Tenenboum, Barbara A., ed. In chief, *Encyclopedia of Latin American History and Culture*, vol.5, New York · London · Mexico City · Sydney · Toronto, 1996.

22.《简明不列颠百科全书》(*Concise Encyclopædia Britannica*) 第 1 卷，中国大百科全书出版社 1985 年版。

23.《简明不列颠百科全书》(*Concise Encyclopædia Britannica*) 第 2 卷，中国大百科全书出版社 1985 年版。

24.《简明不列颠百科全书》(*Concise Encyclopædia Britannica*) 第 4 卷，中国大百科全书出版社 1985 年版。

25.《简明不列颠百科全书》(*Concise Encyclopædia Britannica*) 第 7 卷，中国大百科全书出版社 1985 年版。

26.《简明不列颠百科全书》(*Concise Encyclopædia Britannica*) 第 8 卷，中国大百科全书出版社 1985 年版。

27.《新英汉词典》(*A New English-Chinese Dictionary*)，增补本，上海译文出版社 1995 年版。

28.《新西汉词典》(*Nuevo Diccionario Espanol-Chino*)，商务印书馆 1986 年版。

29. 王同忆主编译:《英汉辞海》(*The English-Chinese Word-Ocean Dictionary*)（上、下），国际工业出版社 1988 年版。

30. *Congressional Record*, vol.117, Washington, Dec.2, 1971.

31. *Public Law*（86-234），*Congress Acts*, ABC News, http://www.webcom. com/lady hawkl/.

32. *Tenth Census of the U.S. 1880. Productions of Agriculture*, Washington, 1883.

33. *Tenth Census of the United States, 1900. Agriculture*, Washington, 1900.

34. U.S. Department Commerce Bureau of the Census, *Historical Statistics of the United States, Colonial Times to 1970*, New York, 1989.

35. *Wild Horses of Pryor Mountains, Congress Acts*, ABC News, http://www.webcom.com/lady Hawkl/.

36. Dodd, Donald B., compiled, *Historical Statistics of the States of the United States, Two Centuries of the Census, 1790-1990*, Westport, Connecticut·London,1993.

37. McArthur, D.E., *The Cattle Industry of Texas, 1865-1918*, University of Texas Archives, 1918.

38. 米切尔，B.R.主编：《帕尔格雷夫世界历史统计(1775—1993)》美洲卷，经济出版社 2000 年版。

39. Commager, Henry S., *Documents of American History*, vol.1, New York, 1963.

40. Katz, William L., *The Black West, A Documentary and Pictorical History*, Garden City, 1973.

41. Morrison, Elting E., *The Letters of Theodore Roosevelt*, vol.5, Cambridge, 1952.

42. Ridge, Martin, Billington, Ray A., etc., *America's Frontier Story, A Document of Western Expansion*, New York·Chicago, 1969.

43. Richardson, James, *A Compilation of the Messages and Papers of the Presidents*, vol.10, Washington, 1914.

二、专著、编著和译著

1. Abel, Annie H., ed., *The Official Correspondence of James S. Calhoun While Indian Agent at Santa Fe and Superintend of Indian Affairs in New Mexico,*

Washington, 1915.

2. Abbott, Teddy B., Smith, Helena Hantington, *We Pointed Them North*, Norman, 1971.

3. Adams, Andy, *The Log of a Cowboy*, Lincoln, 1903.

4. Adams, Ramon F., *The Cowman & His Code of Ethics*, Austin, 1969.

5. Albert, J. S., *Examination of New Mexico in the Year 1846-47, 30th Congress EX. Dec. No. 41*, Washington, 1848.

6. Aldridge, Reginald, *Life on a Ranch: Ranch Notes in Kansas, Colorado, the Indian Territory and Northern Texas*, London, 1884.

7. Athern, Robert G., *Hight Country Empire, The High Plains and Rockies*, Lincoln, 1960.

8. Atherton, Lewis, *The Cattle Kings*, Lincoln · London,1961.

9. Babbitt, A. T., *The Grazing Interest and the Beef Supply*, Cheyenne, 1882.

10. Bailey, Thomas A., Kennedy, David M., *The American Pageant, A History of the Republic*, vol.2, Lxington · Toronto, 1979.

11. Beach, Richard, *Two Hundred Years of Sheep Raising in the Upper Ohio Area: with Special Reference to Washington County, Pennsylvania*, Washington, 1976.

12. Beck, Warren A., *New Mexico, A History of Four Centuries*, Norman, 1962.

13. Billington, Ray A., *The Far Western Frontier, 1830-1860*, New York, 1956.

14. Billington, Ray A., *Westward Expansion, A History of the American Frontier*, New York, 1974.

15. Branch, E. Douglas, *The Cowboy and His Interpreters*, New York, 1926.

16. Brewer, William H., *Up and Down California in 1860—1864: the Journal of William H. Brewer*, New Haven, 1930.

17. Briggs, Harold E., *Frontiers of Northwest*, New York, 1940.

18. Brisbin, James S., *Beef Bonanza, or How to Get Rich on the Plains*,

Norman, 1959.

19. Brown, George, *America, A Narrative History*, New York, 1988.

20. Burlingame, Merrill G., *The Montana Frontier*, Helena, 1942.

21. Carlson, Paul H., *Texas Woolly Backs, The Range Sheep and Goat Industry*, College Station, 1982.

22. Carman, Ezra A., Heath, H. A., Minto, John, *Special Report on the History and Present Conditions of the Sheep Industry of the United States*, Washington, 1892.

23. Carrent, Richard N., Williams, T. Harry, Freidel, Frank, Brinkley, Alan, *American History*, vol.2, New York, 1987.

24. Carroll, H. B., Haggard, J. V., *Three New Mexico Chronicles*, Albuquerque, 1942.

25. Cawelti, John G., *The Six-Gun Mystique*, Bowling Green, 1975.

26. Charles, Ralph, *Development of Partido System in New Mexico Sheep Industry*, Albuquerque, 1940.

27. Clark, Thomas D., *Frontier America, The Story of Westward Movement*, New York, 1959.

28. Clawson, Marion, *The Land System of the United States*, Lincoln, 1968.

29. Clawson, Marion, *The Western Range Livestock Industry*, New York, 1956.

30. Clay, John, *My Life on the Range*, Chicago, 1924.

31. Cleland, Robert G., *The Cattle on the Thousand Hills Southern California, 1850-1880*, San Marino, 1964.

32. Coe, George W., *Frontier Fighter, The Autobiography of George W. Coe*, Albuquerque, 1951.

33. Collin, Joseph R., The American Past, Chicago, 1987.

34. Coolidge, Dane, *Texas Cowboys*, Tusson, 1985.

35. Coues, Elliot, ed., *The Expeditions of Zebulon Montgomery Pike*, vol.11, New York, 1895.

36.Coulter, E. Merton, *The Confederate States of America 1861-1865*, Baton Rouge, 1950.

37.Cox, James, *Historical and Biographical Record of the Cattle Industry and the Cattlemen of Texas and Adjacent Territory*, San Luis, 1895.

38.Crassweller, Robert D., *Peron and the Enigmas of Argentina*, New York · London, 1987.

39.Crawford, R. M., *Australia*, London, 1955.

40.D., Henry, Mccallum, Frances T., *The Wire That Fenced the West*, Norman, 1965.

41.Dale, E. E., *Cow Country*, Norman, 1942.

42.Dale, E. E., *The Range Cattle Industry*, Norman, 1930.

43.Dale, Edward E., *Frontier Ways, Sketches of Life in the Old West*, Austin, 1959.

44.Dary, David, *Cowboy Culture, A Saga of Five Centuries*, Lawrence, 1989.

45.Davis, William Watts Hart, *EL Gringo: or, New Mexico and Her People*, New York, 1957.

46.Dearing, Frank V., ed., *The Best Novels and Stories of Eugene Manlove Rhodes*, Boston, 1949.

47.Debo, Angie, ed., *The Cowman's Southwest, Being the Reminiscences of Oliver Nelson Freighter, Camp Cook, Cowboy, Frontiersman in Kansas, Indian Territory, Texas and Oklahoma, 1878-1893*, Greendale, 1953.

48.Dick, Everett, *The Sod-House Frontier, 1854-1890*, Lincoln, 1954.

49.Divine, Robert A., Breen, T. H., Fredrickson, George M., Williams, R. Hal, *America, Past and Present*, vol.2, London, 1984.

50.Dobie, J. Frank, *A Vaguero of the Brush Country*, Boston, 1943.

51.Dobie, J. Frank, *Guide to Life and Literature of Southwest,* Dallas, 1995.

52.Dobie, J. Frank, *The Longhorns*, New York, 1943.

53.Dobie, J. Frank, *The Mustangs*, Boston, 1952.

54. Drago, Harry S., *Great American Cattle Trade, the Story of the Old Cow Paths of the East and the Longhorn Highways of the Plains*, New York, 1965.

55. Drago Harry S., *Great American Cattle Trails*, New York, 1965.

56. Drago, Harry S., *The Great Range Wars, Violence on the Grasslands*, New York, 1970.

57. Drago, Harry S., *Wild, Woolly Wicked, The History of the Kansas Cow Town and the Texas Cattle Trade*, New York, 1960.

58. Duke, Cordia S., Frantz, Joe B., *6,000 of Miles Fence: Life on the XIT Ranch of Texas*, Austin, 1961.

59. Durham, Phillip, Jones, Everett L., *The Negro Cowboys*, New York, 1965.

60. Dwyer, Thomas A., *Horse and Mule-Raising in Western Texas*, San Antonio, 1872.

61. Dykstra, Robert R., *Cattle Towns*, New York, 1968.

62. Emory, W. H., *Notes of a Military, Reconnaissance, 30th Congress, 1st Sess. EX. Doc. No. 41*, Washington, 1848.

63. Fehrenbach, T. R., *Lone Star, A History of Texas and the Texans*, New York, 1991.

64. Ferrer, Aldo, *Argentine Economy*, Berkeley・Los Angeles, 1967.

65. Ferris, Robert G., ed., *Prospector, Cowhand and Sodbuster*, Washington, 1967.

66. Forbis, William H., *The Cowboys*, Alexandria, 1977.

67. Foss, Phillip O., *Politics and Grass, The Administration of Grazing on the Public Domain*, Seattle, 1960.

68. Frantz, J., *Texas: A Bicentennial History*, New York, 1976.

69. Frantz, Joe B., Choate, Jr., Julian Ernest, *The American Cowboy, The Myth & The Reality*, Norman, 1955.

70. Freeman, James W., ed., *Prose and Poetry of the Livestock Industry of the United States*, Denver・Kansas City, 1959.

71. Frink, Maurice, Jackson, W. Turrentine, Spring, Agnes W., *When Grass Was King,* Boulder, 1956.

72. Garraty, John A., McCaughey, Robert A., *A Short History of the American Nation*, New York · London, 1989.

73. Gates, Paul W., *The Farmer's Age: Agriculture, 1815-1860*, New York · Evanston · London, 1960.

74. Gragg, Josiah, *Commerce of the Prairies*, Norman, 1954.

75. Green, Donald E., *Panhandle Pioneer: Henry C. Hitch, His Ranch, and His Family*, Norman, 1979.

76. Greever, William S., *The Bonanza West, The Story of Western Mining Rushes, 1848-1900*, Norman, 1963.

77. Gressley, Gene M., *Bankers and Cattlemen*, New York, 1966.

78. Hafen, Le Roy R., Hollon, W. Eugene, Rister, Carl Coke, *Western America*, Englewood Cliffs, 1970.

79. Hagedorn, Hermann, *Roosevelt in the Bad Lands*, Boston, 1921.

80. Haley, J. Evetts, *George W. Littlefield, Texan*, Norman, 1943.

81. Haley, J. Evetts, Goodnight, Charles, *Cowman and Plainsman*, Boston, 1936.

82. Haley, J. Evetts, *The XIT Ranch of Texas, and the Early Days of Llano Eslacado*, Norman, 1953.

83. Hamilton, James M., *From Wilderness to Statehood, A History of Montana, 1805-1900*, Portland, 1957.

84. Hamlin, William L., *The True Story of Billy the Kid, A Tale of the Lincoln County War*, Caldwell, 1959.

85. Haring, Clarence H., *Argentina and the United States*, Boston, 1941.

86. Hastings, Frank S., *A Ranchman's Recollections*, Chicago, 1921.

87. Heath, H. A., *Condition of the Sheep Industry West of Mississippi*, Washington, 1891.

88. Henry, Stuart, *Conquering Our Great American Plains: A Historical Development*, New York, 1930.

89. Hine, Robert V., *The American West, An Interpretive History*, Boston, 1984.

90. Hofstadter, Richard, etc., *The American Republic Since 1865*, vol.2, Englewood Cliffs, 1959.

91. Hollon, W. Eugene, *Frontier Violence*, London · Oxford · New York, 1974.

92. Hough, Emerson, *The Story of Cowboy*, New York, 1898.

93. Hunter, J. Marvin, ed., *The Trail Drivers of Texas*, Austin, 2000.

94. Jackson, W. Turrentine, *The Enterprising Scot, Investors in the American West after 1873*, Edinburgh, 1968.

95. Jordan, Terresa, *Cowgirls, Women of the American West*, Garden City, 1982.

96. Jordan, Terry G., *Trails to Texas, Southern Roots of Western Cattle Ranching*, Lincoln, 1981.

97. Keith, Noel L., *The Brites of Capote*, Fort Worth, 1950.

98. Kupper, Winifred, *Golden Hoof, The Story of the Sheep of the Southwest*, New York, 1945.

99. Lang, Lincoln A., *Ranching with Roosevelt*, Philadelphia, 1926.

100. Laverder, David, *The Great West*, New York, 1965.

101. Lea, Tom, *The King Ranch*, vol.2, Boston, 1957.

102. Lehmann, Valgene W., *Forgotten Legions, Sheep in the Rio Grande Plain of Texas*, El Paso, 1969.

103. Malone, Michael P., *Historians and the American West*, Lincoln, 1984.

104. Malone, Michael P., Roader, Richard B., ed., *Montana's Past Selected Essays*, Missoula, 1973.

105. Martin, James K., Roberts, Randy, Mintz, Steven, *America and Its*

People, London, 1989.

106. Wister, Owen, *The Virginian*, New York, 1932.

107. McCoy, Joseph G., *History Sketches of the Cattle Trade of the West and Southwest*, Columbus, 1951.

108. McDermott, John F., ed., *The Frontier Re-examined*, Urbana, 1967.

109. McGregor, Alexander C., *Coming Sheep, From Open Range to Agribusiness on the Columbia Plateau*, Seattle, 1982.

110. Mercer, A. S., *The Banditte of the Plains or the Cattlemen's Invasion of Wyoming in 1892*, Norman, 1975.

111. Miller, Harold, *New Zealand*, London, 1955.

112. Moor, John H., *The Cheyenne*, Cambridge, 1996.

113. Morison, Samuel E., *Admiral of the Ocean Sea*, Boston, 1940.

114. Nichols, Roger L., ed., *American Frontier and Western Issues, A Historiographical Review*, New York · Westport · London, 1986.

115. Nye, Russel B., *Midwestern Progressive Politics, A History Study of Origins and Development, 1870-1958*, East Lansing, 1959.

116. Oates, Stephen B., ed., *Portrait of America*, vol.2, Boston, 1982.

117. Oden, Bill, *Early Days on the Texas-New Mexico Plains*, Canning, 1965.

118. Oliphant, J. Orin, *On the Cattle Ranges of the Oregon Country*, Seattle, 1968.

119. Osgood, Ernest S., *The Day of the Cattleman*, Chicago · London, 1968.

120. Pakenham, Thomas, *The Boer War*, Johannesburg, 1979.

121. Parkman, Francis, *The Oregon Trail*, New York, 1959.

122. Paul, Virginia, *This Was Sheep Ranching, Yesterday and Today*, Seattle, 1976.

123. Paxson, Frederick L., *The Last American Frontier*, 1910.

124. Pelzer, Louis, *The Cattleman's Frontier, 1850-1890*, Greendale, 1936.

125. Platt, D. C. M., Guido di Tella, *Argentina, Australia and Canada, Studies*

in Comparative Development, 1870-1965, Oxford, 1985.

126.Ponting, Thomas C., *Life of Tom Candy Ponting, Autobiography*, Evanston, 1952.

127.Powers, Stephen, *Afoot and Alone*, Hartford, 1872.

128.Powers, Stephen, *The American Merino: For Wool and For Mutton*, New York, 1887.

129.Raine, William M., Barnes, Will C., *Cattle*, Garden City, 1930.

130.Reps, John W., *Cities of American West*, Princeton, 1979.

131.Richthofen, Walter Baron Von, *Cattle-Raising in the Plains of North America*, Norman, 1964.

132.Richardson, Rupert N., Rister, Carl C., *The Greater Southwest*, Glenn Dale, 1935.

133.Riegel, Robert E., Athearn, Robert G., *America Moves West*, New York · Chicago, 1971.

134.Robbins, Roy M., *Our Land Heritage, The Public Domain 1776-1936*, Lincoln, 1962.

135.Roenigk, Adolph, ed., *Pioneer History of Kansas*, Denver, 1933.

136.Rollins, Phillip A., *The Cowboy*, New York, 1922.

137.Rollins, Phillip A., *The Cowboy, His Characteristics, His Equipment, and His Part in the Development of the West*, New York, 1922.

138.Rollinson, John K., *Wyoming, Cattle Trails*, Caldwell, 1948.

139.Sandoz, Mari, *Old Jules*, Lincoln, 1962.

140.Sandoz, Mari, *The Buffalo Hunters*, Lincoln · London, 1954.

141.Sandoz, Mari, *The Cattle men From the Rio Grande Across the Far Marias*, New York, 1958.

142.Santee, Ross, *Men and Horses*, New York, 1926.

143.Saunderson, Mont H., *Western Stock Ranching*, Minneapolis, 1950.

144.Savage, Jr., William W., ed., *Cowboy Life, Reconstructing an American*

Myth, Norman, 1975.

145. Savage, Jr., William W., ed., *The Cowboy Hero, His Image in American History and Culture*, Norman, 1979.

146. Schlebecker, John T., *Cattle Raising on the Plains, 1900-1961*, Lincoln, 1963.

147. Schmidt, Louis B., Ross, Earle D., *Readings in the Economic History of American Agriculture*, New York, 1925.

148. Scott, John A., *The Story of America*, Washington, 1984.

149. Seidman, Lawrence I., *Once in the Saddle, The Cowboy's Frontier, 1866—1896*, New York, 1973.

150. Shaner, Dolph, *John Baxter Springs: Picturesque Character of Frontier Days*, Baxter Springs, 1955.

151. Shannon, Fred A., *The Farmer's Last Frontier, Agriculture, 1860-1897*, New York, 1945.

152. Siringo, Charles A., *A Texas Cowboy*, New York, 1885.

153. Smith, Helena H., *The War on the Power River*, New York, 1966.

154. Smith, Mark A., *Tariff on Wool*, London, 1955.

155. Snell, Joseph W., *Painted Ladies of the Cowtown Frontiers*, Kansas City, 1965.

156. Sonnichson, Charles L., *Cowboys and Cattle Kings, Life on the Range Today*, Norman, 1950.

157. Spring, Agnes W., *Cow Country Legacies*, Kansas City, 1976.

158. Stavrianos, L. S., *The World Since 1500, A Global History*, Englewood Cliffs, 1982.

159. Steckmesser, Kent L., *Western Hero in History and Legend*, Norman, 1965.

160. Steiner, Stan, *The Ranchers, A Book of Generations*, Norman, 1980.

161. Strahorn, R. E., *Handbook of Wyoming and Guide to the Black Hills and*

Big Horn Regions, Cheyenne, 1877.

162. Stuart, Granville, *Forty Years on the Frontier*, vol.2, Cleveland, 1925.

163. Stuart, Granville, *Pioneering in Montana, The Making of a State, 1864-1887*, Lincoln・London, 1925.

164. Tanner, Ogden, *The Ranchers*, Alexandria, 1977.

165. Taussing, F. W., *The Tariff History of the United States*, New York・London, 1931.

166. Tinkle, Lon, Maxwell, Allen, ed., *The Cowboy Reader*, New York, 1959.

167. Towne, Charles W., *Edward N. Wentworth, Shepherd's Empire*, Norman, 1946.

168. Towne, Charles W., Wentworth, Edward N., *Cattle and Men*, Norman, 1955.

169. Townsend, R. B., *The Tenderfoot in New Mexico*, London, 1923.

170. Turner, Frederick J., *The Turner Thesis, Concerning The Rose of Frontier in American History*, Boston, 1949.

171. Tusba, Jon, *Billy the Kid, His Life and Legend*, Westport・London,1994.

172. Urbanek, Mae, *Ghost Trails of Wyoming*, Boulder, 1978.

173. Utley, Robert M., *Frontier Regulars, The United States Army and Indian*, Lincoln, 1967.

174. Wagoner, J. J., *History of Cattle Industry in South Arizona, 1540-1940*, Tucson, 1952.

175. Webb, Walter P., *The Great Plains*, Waltham・Toronto・London, 1959.

176. Wellman, Paul I., *A Dynasty of Western Outlaws*, New York, 1961.

177. Wentworth, Edward N., *America's Sheep Trails: History, Personalities*, Ames, 1948.

178. Westermeier, Clifford P., *Trailing the Cowboy, His Life and Lore as Told by Frontier Journalists*, Caldwell, 1955.

179. Williams, D. B., ed., *Agriculture in Australian Economy*, Sydney, 1982.

180. Wood, Charles L., *The Kansas Beef Industry*, Lawrence, 1980.

181. Woodman, Jr., David, *Guide to Texas Emigrant*, Waco, 1974.

182. Wooton, E. O., *The Range Problem in New Mexico*, Las Cruces, 1908.

183. Worcester, Don, *The Chisholm Trail, High Road of the Cattle Kingdom*, New York, 1980.

184. Wright, Chester W., *Wool-Growing and Tariff*, Cambridge, 1910.

185. 复旦大学资本主义国家经济研究所编:《美国垄断财团》,上海人民出版社 1977 年版。

186. 何顺果:《美国边疆史——西部开发模式研究》,北京大学出版社 1992 年版。

187. 黄安年:《美国的崛起》,中国社会科学出版社 1992 年版。

188. 李剑鸣:《文化的边疆——美国印第安人与白人文化关系史论》,天津人民出版社 1994 年版。

189. 李剑鸣:《伟大的历险——西奥多·罗斯福传》,世界知识出版社 1994 年版。

190. 刘绪贻、杨生茂主编:《美国通史丛书》,《美国内战与镀金时代——1861—19 世纪末》(本册主编丁则民),人民出版社 1990 年版。

191. 刘绪贻、杨生茂主编:《美国通史》第 2 卷《美国的独立和初步繁荣(1775—1860)》(本卷主编张友伦),人民出版社 2002 年版。

192. 刘绪贻、杨生茂主编:《美国通史》第 3 卷《美国内战与镀金时代(1861—19 世纪末)》(本卷主编丁则民),人民出版社 2002 年版。

193. 王锦瑭、钟文范、李世洞:《美国现代化大企业与美国社会》,武汉大学出版社 1995 年版。

194. 杨生茂、陆镜生:《美国史新编》,中国人民大学出版社 1990 年版。

195. 余志森:《美国史纲——从殖民地到超级大国》,华东师范大学出版社 1992 年版。

196. 布尔斯廷,丹尼尔:《美国人——民主历程》,生活·读书·新知三联书店 1993 年版。

197. 布朗，拉夫尔：《美国历史地理》下册，商务印书馆 1990 年版。

198. 布鲁姆,J. 等：《美国的历程》下册第一分册，商务印书馆 1993 年版。

199. 福克纳，哈罗德·U.：《美国经济史》上、下册，商务印书馆 1993 年版。

200. 列宁：《关于农业资本主义发展规律的新材料》，《列宁全集》，第 27 卷，人民出版社 1990 年版。

201. 列宁：《帝国主义是资本主义的最高阶段》，人民出版社 1979 年版。

202. 马克思：《资本论》第 1 卷，人民出版社 1975 年版。

203. 莫里森，塞缪尔等：《美利坚共和国的成长》下卷，天津人民出版社 1991 年版。

204. 塞利格曼，本·巴鲁克：《美国企业史》，上海人民出版社 1975 年版。

205. 斯蒂尔德，贝阿德：《美国西部开发纪实》，光明日报出版社 1988 年版。

三、论文

1. Baker, Oliver E., "Agricultural Regions of North America, part 10-The Grazing and Irrigated Crops Region", *Economic Geography*, vol.7, 1931.

2. Baumann, John, "On a Western Ranch", *Economist*, vol.76, 1887.

3. Box, Thadis W., "Range Deterioration in West Texas", *Southwestern Historical Quarterly*, vol.71, 1967.

4. Brayer, Herbert O., "The Influence of British Capital on the Western Range Cattle Industry", *Journal of Economic History,* vol.9, 1949.

5. Briggs, Harold E., "Ranching and Stock Raising in the Territory of South Dakota", *South Dakota Historical Collections*, vol.14, 1928.

6. Burton, Harley T., "A History of the J. A. Ranch", *Southwestern Historical Quarterly*, vol.31, 1927.

7. Carlson, Alvar Ward, New Mexico's Sheep Industry, 1850-1900: It's Role in the History of the Territory, *New Mexico Historical Review*, vol.64, 1969.

8. Dale, Edward E., "Ranching on the Cheyenne-Arapaho Reservation", *Chronicles of Oklahoma*, 1928.

9. Dale, Edward E., "The History of Range Cattle Industry in Oklahoma", *American Historical Association, Annual Report for 1920*, Washington, 1925.

10. Dale, Edward E., "The Range Man's Last Frontier", *Mississippi Valley Historical Review*, vol.10, 1923.

11. Dobie, J. Frank, "Andy Adams, Cowboy Chronider", *Southwest Review*, vol.11, 1929.

12. Davis, Rodney O., "Before Barbed Wire: Herd Law Agitations in Early Kansas and Nebraska", *Journal of the West*, vol.6, 1967.

13. Denhardt, Robert M., "The Horse in New Spain and Borderlands", *Agricultural History*, vol.25, 1951.

14. Donald, C. M, "Innovation in Australian Agriculture in Australia", D. B. Williams, ed., *Agriculture in Australian Economy*, Sydney, 1982.

15. Faulk, Odie B., "Ranching in Spanish Texas", *Hispanic American Historical Review*, vol.14, 1965.

16. Fletcher, Robert S., "The End of the Open Range in Eastern Montana", *Mississippi Valley Historical Review*, vol.16, 1929.

17. Fletcher, Robert S., "That Hard Winter in Montana, 1886-1887", *Agricultural History*, vol.4, 1930.

18. Frantz, Joe B., "Cowboy Philosophy", MeDemott, John Francis, ed., *The Frontier Re-examined*, Urbana, 1967.

19. Galenson, David, "The End of the Chisholm Trail", *Journal of Economic History*, vol.34, 1974.

20. Galenson, David, "The Profitability of the Long Drive", *Agricultural History*, vol.51, 1977.

21. Gard, Wayne, "The Impact of the Cattle Trails", *Southwestern Historical Quarterly*, vol.71, 1966.

22. Gard, Wayne, "The Shawnee Trail", *Southwestern Historical Quarterly*, vol.16, 1953.

23. Gordon, Clarence W., "Report on Cattle, Sheep and Swine", *Report on the Production of Agriculture,* Washington, 1883.

24. Gracy, David B., II, "George Washington Littlefield, Portrait of a Cattleman", *Southwestern Historical Quarterly*, vol.68, 1964.

25. Greever, William S., "Railway Development in the Southwest", *New Mexico Historical Review*, vol.32, 1957.

26. Gressley, Gene M., "Broker to the British: Francis Smith and Company", *Southwestern Historical Quarterly*, vol.71, 1967.

27. Gresseley, Gene M., "Teschemacher and deBiller Cattle Company, A Study of Eastern Capital on the Frontier", *Business History Review*, vol.33, 1959.

28. Gressley, Gene M., "The Cattle Trust: A Study in Protest", *The Pacific History Review*, vol.30, 1961.

29. Grubbs, Frank H., Bond, Frank, "Gentleman Sheepherder of Northern New Mexico, 1883-1915", *New Mexico Historical Review*, vol.35, 1960.

30. Guthrie, W. E., "The Open Range Cattle Business in Wyoming", *Annals of Wyoming*, vol.5, 1927.

31. Haley, J. Evetts, ed., "A Log of the Texas-California Cattle Trail, 1854", *Southwestern Historical Quarterly*, vol.35, 1932.

32. Harvey, Charles M., "The Dime Novel in American Life", *Atlantic Monthly*, vol.C, 1907.

33. Havens, T. R., "Livestock and Texas Law", *West Texas Historical Association Year Book*, vol.36,1960.

34. Herrington, George S., "An Early Cattle Drive from Texas to Illinois", *Southwestern Historical Quarterly*, vol.55, 1951.

35. Jackson, W. Turrentine, "Railroad Relations of the Wyoming Stock Growers Association, 1873-1890", *Annals of Wyoming*, vol.19, 1947.

36. Jackson, W. Turrentine, "The Wyoming Stock Growers' Association, Its Years of Temporary Decline, 1886-1890", *Agricultural History*, vol.22, 1948.

37. Jordan, Terry G., "Early Northeast Texas and the Evolution of Western Ranching", *Annals of the American Geographers*, vol.67, 1977.

38. Kahn, Bertha M., "The W-B Ranch on the Missouri Slope", *State Historical Society of North Dakota, Collections*, vol.5, 1923.

39. Laumbach, Verna, "Las Vegas Before 1850", *New Mexico Historical Review*, vol.28, 1933.

40. Lilliencrantz, H. T., "Recollections of a California Cattleman", *California Historical Society Quarterly*, vol.38, 1959.

41. Love, Clara M., "History of the Cattle in the Southwest", *Southwestern Historical Quarterly*, vol.19-20, 1916.

42. Nash, Gerald D., "Rural Society in the Far West, A Comment on the Problem of Values", *Agricultural History*, vol.49, 1975.

43. Nimmo, Joseph, Jr., "The American Cowboy", *Happer's New Monthly Magazine*, vol.57, 1886.

44. Pelzer, Louis, "A Cattlemen's Commonwealth on the Western Range", *Mississippi Valley Historical Review*, vol.10, 1963.

45. Perren, Richard, "The North American Beef and Cattle Trade with Great Britain, 1870-1914", *The Economic History Review*, vol.14, 1971.

46. Porter, Kenneth W., "Negro Labor in the Western Cattle Industry", *Labor History*, vol.10, 1969.

47. Richard, J. A., "Hazards of Ranching on South Plains", *Southwestern Historical Quarterly*, vol.37, 1934.

48. Richardson, Rupert N., "The Future of Great Plains", *Mississippi Valley Historical Review*, vol.30, 1943.

49. Rippy, J. Fred, "British Investments in Texas Lands and Livestock", *Southwestern Historical Quarterly*, vol.58, 1955.

50. Shaw, A. G. L., "History and Development of Australian Agriculture", Williams, D. B., ed., *Agriculture in Australian Economy*, Sydney, 1982.

51. Shelton, Emily J., Johnson, Lizzie E., "Cattle Queen of Texas", *Southwestern Historical Quarterly*, vol.50, 1947.

52. Simpson, Peter K., "The Social Side of the Cattle Industry", *Agricultural History*, vol.49, 1975.

53. Skaggs, Jimmy M., "John Thomas Lytle: Cattle Baron", *Southwestern Historical Quarterly*, vol.71, 1967.

54. Turner, Frederick J., "The Significance of the Frontier in America", *The Turner Thesis, Concerning the Rose of Frontier in American History*, Boston, 1949.

55. Utley, Robert M., "The Range Cattle Industry in Big Ben of Texas", *Southwestern Historical Quarterly*, vol.69, 1966.

56. Wentworth, Edward N., "Eastward Sheep Drives from California and Oregon", *Mississippi Valley Historical Review*, vol.28, 1928.

57. Westerneier, Clefford P., "The Cowboy in His Home State", *Southwestern Historical Quarterly*, vol.58, 1954.

58. Whitaker, James W., "Agriculture and Livestock Production", Nichols, Roger L., ed., *American Frontier and Western Issues, A Historiographical Review*, New York · Westport · London, 1986.

59. Wilson, James A., "West Texas Influence on Early Cattle Industry of Arizona", *Southwestern Historical Quarterly*, vol.71, 1967.

60. 段牧云：《美国西进运动简史》，《美国研究参考资料》1986 年第 11 期。

61. 侯文蕙：《十九世纪的美国西进运动》，《兰州大学学报》1986 年第 6 期。

62.《让北部边疆风景线更亮丽——以习近平同志为核心的党中央关心内蒙古发展纪实》，《人民日报》（海外版）2017 年 8 月 7 日。

后　记

　　拙著即将付梓，不免感慨。回首自己专注于美国西部牧业研究的时光，不觉已过去将近三十载，这一路走来，有艰辛也有收获。而来自诸多前辈、朋友和同事的关怀、关心和帮助，更让我感铭于心，难以释怀。

　　20 世纪 70 年代末，我和著名历史学家丁则民教授相识。此后，我一直得到他的指导和帮助。教学中遇有美国史的难题，我便写信向他请教。丁先生不但每信必回，而且用工整的楷书写成。他为我解惑答疑，开列书目，每次复信少则两三页，多则四五页。1983—1985 年，我到美国访学。丁先生多次写信指导。他强调多读书固然重要，亲身去了解真实的美国社会更重要。

　　1985 年我回国之后，有幸在教学和科研上继续得丁先生的指导和帮助。1988 年暑假，我在去东北师大历史系参加"现代化问题研讨会"时，拜会了丁先生。当时，他正主持一项美国西部史研究项目，希望我承担部分任务。丁先生谈及西部牧业开发的问题尚无人认领。我在美国学习时，对这一问题稍有涉猎，也较感兴趣，便接受了下来。1989 年末，丁先生寄来了美国西部史研究的论文目录，其中有三个关于牧业方面的题目。1991 年，我完成了第一篇论文，经丁先生审定，次年发表在《东北师范大学学报》第 5 期的"美国西部史研究专题"中。至 1995 年末，我在丁先生的指导下，发表了六篇关于美国西部牧业开发的论文。1997 年，我获得了一项北京市教委的科研立项，使这一研究得以继续进行下去。随着研究工作的逐渐深入，丁先生鼓励我写一本关于西部牧业史的专著，并提出了应当把握的基本原则。丁先生在信中曰："我支持你撰写关于美国牧畜王国的专著，因为对这一问题的研究，国内尚属空白……牧畜王国在西部开发中的地位和作用似应作为这一专著的重点问题加以处理。"（丁先生 1998 年 8 月 8 日信）随后，我根据丁先生指导性的意见编写了拙著的框架提纲寄去。丁先生经审阅和"认真思考"之后，在长达四页的复信中提出了他宝贵的修改意见。如先生建议把 19 世纪后半期的西进运动与"牧畜王国"兴起作一概括介绍，这已写在了前言的第一部分。先生强调"怀俄明牧区具有典型意义"，应单列题目；牧区的两大景观是由"自由放牧"的特点决定的，应作介绍；"国际竞争"是"牧畜王国"衰落的一个重要原因，应单列一节等等。（丁先生 1998 年 11 月 29 日信）现在拙著的框架就是根据丁先生的宝贵意见改定的。

丁先生染重病后仍然十分关心我的研究进展情况。1999 年初，先生在鼓励我申请国家社科科研立项的同时，还为我写了建议出版的推荐书。"鉴于目前国内尚无有关美国西部牧业研究的专著，该书是有出版价值的，特别是对当前我国发展牧畜业有一定的借鉴作用。为此，特予以推荐，希望有关方面能支持该书的出版。"（丁先生 1999 年 2 月 4 日《推荐书》）1999—2000 年，我因视力障碍三次摔倒骨折。丁先生不顾身染重病，多次在电话中关心我的恢复情况，告诉我不要着急，慢慢来，等他病情好转后看我的书稿，为我作序。2001 年春节，是我与丁先生最后一次通电话的机会。丁先生说话已较吃力，但他还是叮嘱我要把"西部牧业"的研究坚持下去。不想，那次电话竟成了与先生的永诀。此后不久，先生便仙逝。

我的美国西部牧业研究从起步就得到了丁先生的指导和帮助，直到他离开人世，十余年间，从未间断。丁先生生前，审阅了我写的十余篇拙文。从观点把握、文字表述乃至数字核对和标点使用，他都提出过宝贵的修改意见，为我把了质量关。在准备拙著的写作中，丁先生为我提出了指导性的原则，认真审阅了我的写作提纲，提出了诸多极为重要的修改意见，弥补了我考虑的不周和疏漏。最后，丁先生还为我写了建议拙著出版的"推荐书"。丁先生辞世不久，我的美国西部牧业开发研究获得了"十五"国家社科基金立项。可惜的是在此后的研究中遇到难题再也无法向先生请教了。在失去丁先生指导的十余年里，我的视力越来越差，遇到过不少困难，也有过灰心的时候。然而，一想到丁先生对这项研究的精心指导和关爱，我就振奋起来。可以说，没有丁先生的关爱、指导和帮助，我的研究就不会坚持到底，也不会有拙著的脱稿。我现在感到十分遗憾的是，由于自身的驽钝，未能在先生生前完成这一项研究！现在，我只能写下上面的文字，来表达我对先生的衷心感谢、歉疚和永远的怀念！

拙著得以完成，我要向两位著名历史学家武汉大学的刘绪贻教授和首都师范大学的齐世荣教授表示深深的谢意。2002 年 7 月，我给刘先生寄去 10 万余字的拙稿和两篇拙文，请他审阅。刘先生不顾九旬高龄，慷慨应允。刘先生这种鼓励提携后学的精神令我感动不已，也成为支持我研究和写作的一种动力。拙著书稿全部完成后，刘先生用时一个半月持续不断地逐字审阅了我的拙稿。书稿审读完毕后，他又经过 5 天的认真思考，给我写了一封信，提出了"11 个疑问"。其中，既有观点方面的问题，也有打印错误产生的硬伤。刘先生实际是在为我把质量关。这封信对我进一步修改拙著很有帮助。刘先生知道我视力极差，还把书信打印成大号字，以便于我阅读。先生身上，表现了老一代史学家对后辈的关爱、鼓励，并传授了一种严肃认真的治学精神。我会永远铭记。在我的研究过程中，得到了齐世荣先生的诸多指导和帮助。齐先生审阅过我的拙著初稿和多篇拙文，为我写了建议拙著出版的推荐书。特别是齐先生的指导性意见对我的研究很有帮助。他要我从宏观的高度把握微观问题的研究，把美国"牧畜王国"这一具体的微观问题放在 19 世纪末世界从分散发展到整体的大环境下去考察。这一高屋建瓴的指导使我受益匪浅。

中国社会科学院世界历史研究所的程西筠研究员和北京大学历史系的郭华榕教授，对我的研究工作也给予了很多指导。程先生审阅过我的十余篇拙文的初稿，对每篇都提出了具体且有见地的修改意见。在我撰写拙著的过程中，程先生多次向我谈及以马克思主义的唯物史观指导全书的写作。她不但认真审阅了全部初稿。而且把每页打错的字都一一改正。程先生不仅向我提出了一些宝贵的修改意见，而且还鼓励我今后继续把美国西部牧区社会和牛仔文化等问题研究下去。郭华榕先生也审阅了我的十来篇拙文和拙著初稿，并提出了很多重要的修改意见。在我的研究中，郭先生还多次向我指出，要避免"教科书式的研究"。王章辉研究员、张宏毅教授作为审稿专家，也就拙著给出了建设性的意见。他们的指导对我的研究很有帮助，在此深表谢忱。

在我的研究和写作中，还得到了很多教授学者的支持和帮助。杨玉圣教授和周祥森编审逐字审阅了拙著的全部书稿，指出了不足和疏漏，提出了中肯的修改意见。王明元教授、赵淑慧教授、张德明教授、俞金尧研究员、赵文洪研究员、段启增编审、张丽编审、姚玉民编审和高国荣研究员对我的一些拙文提出过宝贵的修改建议。李剑鸣教授、李世安教授和姚玉民编审对我的拙文进行评介。王旭教授、钟文范教授、马生祥教授、阎照祥教授、程汉大教授、刘文涛教授、马世力教授、董小川教授、黄兆群教授和李勇教授都向我赠送过其大作。徐天新教授对我的研究工作都表示过鼓励和关心。我对他们表示真诚的感谢。

我的研究工作能够开始并坚持下来，是因为得到我在美国的师长和友人的大力支持和帮助。多年来是他们持续不断为我提供美国西部牧业研究所需要的大量英文著作和资料。1990 年，我开始美国西部牧业研究时举步维艰。查阅国家图书馆的藏书，这方面的著作寥寥无几。虽然我知道我的美国导师们已经退休，但在无奈之下，我不得不写信向他们求援。Vanaria 教授（Prof. Louis Vanaria）是我的导师之一，教过我美国通史课和美国史选读课。接到我的信后，他不仅把自己的藏书找了出来，还向历史系的其他教授索书，并为我购买了一些新书。1990 年暑假，我收到了 Vanaria 教授邮寄来的数箱图书资料，使我的研究工作得以开始。为了使我尽快进入研究角色，Vanaria 教授还像指导我学习美国史选读课那样，开列了一个指导我"阅读顺序"的书单。我的主导师 Dahlheimer 教授（Prof. Harry Dahlheimer），是讲授美国外交史的专家。其牧业史藏书不多。但得知我进行研究的项目之后，他把当学生时的用书找了出来，还为我复印了大量 20 世纪早期的资料和著作寄来。Ralston 教授（Prof. Leonard Ralston）是美国西部史专家。我在美国学习时，由于系里指定学的课程是美国外交史和欧洲史等课程，未能选学 Ralston 教授的课。1990 年，他已退休。得知我的研究项目后，他十分高兴，把其大量西部史、牧业史、牛仔史等著作赠予了我，并把他保存到 20 世纪 80 年代末的西部史和西南部史杂志等全部赠我，由 Vanaria 教授剪下其中与牧业有关的文章，全数邮寄给我。Ralston 教授认为一个中国教授研究美国的牧业史是很有趣的事。他经常询问我的研究进展情况，鼓励我坚持下去。我当年就读学校的校长夫人（Mrs. Clark）为了支持我的研究工作，在图书馆为我找书和复印资料寄来。在美国学习期间，我的导师们不仅对我进行了严格的治学训练，而且给了我许多的关爱和帮助。在我遇到困难时，他们对我的教导是"不要放弃"（Don't give up!）和"奋斗"（Struggle!）。我因视力障碍无法打字，我的论文是校长夫人（Mrs. Clark）和导师夫人（Mrs. Dahlheimer）帮我打成的。虽然近 30 年的光阴过去了，美国导师和教授们的教导、关爱和帮助却永远牢记在我心里。如今，我的美国导师们已经是九旬开外的古稀老人，有的还身染重病，仍然无私地关心、支持和帮助着他们的中国学生。这使我难以用语言表达对他们的感激之情。

陈华洽老人是参加过二战的美籍华人。在美国时，曾得到陈先生的关心帮助。他得知我的研究项目后，多次利用到西部旅行的机会，为我寻找了一些相关的著作赠送。2001 年，老人不幸辞世。拙著未能在他生前完成，心中有说不尽的歉疚。

美国加州大学伯克利分校的方凯博士（Dr. Kenneth Foster）与我素不相识，当他从鲁东大学黄兆群教授处得知我的研究缺少资料时，便多次为我复印图书和资料相赠。我在此向他深表谢意。

现在美国的邓道善教授和李玮博士，当年我们曾在纽约州立大学柯特兰学院相处。他们曾复印著作和资料相赠，支持我的研究。现在美国的谭虹女士，为我四处奔波，收集、购买图书和复印资料寄回国内。黄兆群教授在去美国进行访问研究时，也为我复印了不少图书资料相赠。陈学毅先生在美国期间，为我购买、复印了很多图书和资料寄来。我的弟弟周华先生和弟媳何小叶女士，托他们在美国的友人代我搜集资料，购买图书并给予资金上的支持。特别是一些年代久远的孤本、珍本书不允许复印，我的导师和友人是通过查阅、抄录再用电话转告我的。没有众师长和亲友的鼎力相助，我的研究工作是难以完成的。在此我向他们表示衷心的谢忱。

我还要特别感谢北京同仁医院眼科的施玉英教授。我自幼年患高度近视，不到 20 岁就戴上 –2,000 度以上的厚眼镜。到 1996 年，我因眼底黄斑病变和白内障几近失明，不能独自外出，写字两行重叠在一起。从 1996 年至 1999 年上半年，我走遍了北京的各家医院求治，没有一位医生肯为我实施手术。他们都以风险太大和效果不佳等原因婉拒。在极度失望中，我偶尔从广播节目中听到了一则报道施玉英教授的精湛医术和高尚医德的消息。在万般无奈之下，我冒昧地给有国内"第一刀"之称的施教授写了一封信，向她求医。事隔不久，有一天上午，我突然接到施教授的电话，通知我到同仁医院白内障中心就医。当时，我激动不已。放下电话，我呆坐良久，枯目落泪。我深深为施教授救死扶伤的高尚医德所感动。后来，经过各种严格检查，施教授亲自为我做了白内障手术。虽然因我的眼底病变严重，我未能得到期盼中的术后眼前一片光明，但我毕竟得到了 0.03 的视力。靠着这微弱的视力，借助放大镜，使我的研究坚持了下来。如果不是施教授冒风险为我做白内障手术，恐怕我早已双目失明不能工作了。我再次向她表示由衷的感激。

我的研究工作得到了王华博士、李军博士、李国庆博士、凌明、张庆国、郭沛超、王莹、王艾霞、苏昕和硕士研究生刘伟等人的帮助。我因视力障碍不能独自外出，不能使用计算机，不能打字。王华博士帮助我去国家图书馆等处查找资料、借还图书。几年来，我涂涂改改，写了近 3,000 页的稿纸。王华承担了大部分书稿的打字、排版和装订等任务。其他几位博士和硕士也协助我打印了部分稿件和查询过资料。没有他们的支持和帮助，我是无力最终把书稿完成的，我十分感谢他们的无私相助。

本书得到我的工作单位首都师范大学历史学院出版资助。在研究美国西部牧业的二十余年间，两届院领导郝春文教授、刘屹教授对我的研究工作都予以了关心、帮助和支持。我对他们深表感谢。我校社科处领导和段蕾、杨扬、褚怡敏三位老师，对我的研究工作给予了指导和帮助。我亦对他们表示由衷的谢意。

在拙著出版的策划过程中，人民出版社历史编辑室的陆丽云编审给予了很多指导和帮助，她审阅了我数十万字的文稿，提出了许多宝贵的修改意见。我向她深表谢忱。

诚如前言中所讲，由于我自身能力有限，在我的研究中虽竭尽努力，但未必取得预期的理想结果。然而，我必须写下以上较多的文字，以铭记他们的指导、支持和帮助，并表达我对他们的真诚谢意！

周钢谨记

2021 年 12 月于北京

责任编辑：陆丽云

装帧设计：木　辛

图书在版编目（CIP）数据

美国西部牧业研究／周钢 著 . —北京：人民出版社，2022.5

ISBN 978 - 7 - 01 - 021778 - 9

I. ①美…　II. ①周…　III. ①畜牧业经济－经济史－研究－美国

　IV. ① F371.263

中国版本图书馆 CIP 数据核字（2020）第 006427 号

美国西部牧业研究

MEIGUO XIBU MUYE YANJIU

周　钢　著

人民出版社 出版发行

（100706　北京市东城区隆福寺街 99 号）

北京盛通印刷股份有限公司印刷　新华书店经销

2022 年 5 月第 1 版　2022 年 5 月北京第 1 次印刷

开本：710 毫米 ×1000 毫米 1/16　印张：44　插页：8

字数：674 千字

ISBN 978 - 7 - 01 - 021778 - 9　定价：168.00 元

邮购地址 100706　北京市东城区隆福寺街 99 号

人民东方图书销售中心　电话（010）65250042　65289539

版权所有·侵权必究

凡购买本社图书，如有印制质量问题，我社负责调换。

服务电话：（010）65250042